普通高等教育"十一五"国家级规划教材

项目管理

第3版

池仁勇 主编 ／ 王飞绒 余浩 高辉 汤临佳 副主编

清华大学出版社
北京

内 容 简 介

本书系统介绍了项目管理的理论知识和实践操作，以 PMBOK 的知识框架为基础，增加了招投标理论和实务、项目管理软件和 PMP 资质考试情况及题型等内容，是一本融项目管理知识体系介绍和操作能力培养为一体的书籍。

本书主要内容包括：项目管理概论、项目目标与范围管理、项目管理组织、项目经理与人力资源管理、项目计划、项目进度管理、项目成本管理、项目质量管理、项目资源管理、项目采购与招投标管理、项目合同管理、项目沟通和冲突管理、项目风险管理、项目启动和终止管理、项目管理软件、PMP 介绍等。

本书内容系统、知识全面、通俗易懂，结合案例分析，具有很好的知识性和操作性，适合作为高等院校经济管理、工程管理、工业工程等专业的教材和参考书及 MBA 教材，也可作为从事项目管理有关工作的各级公务员、工商企业经理、工程设计和施工人员及参加 PMP 考试人员的参考书。

本书封面贴有清华大学出版社防伪标签，无标签者不得销售。

版权所有，侵权必究。举报：010-62782989，beiqinquan@tup.tsinghua.edu.cn。

图书在版编目（CIP）数据

项目管理/池仁勇主编. —3 版. —北京：清华大学出版社，2015(2024.1重印)
ISBN 978-7-302-41107-9

Ⅰ. ①项… Ⅱ. ①池… Ⅲ. ①项目管理 Ⅳ. ①F224.5

中国版本图书馆 CIP 数据核字(2015)第 172935 号

责任编辑： 高晓蔚
封面设计： 傅瑞学
责任校对： 王荣静
责任印制： 杨 艳

出版发行： 清华大学出版社
    网　　　址： https://www.tup.com.cn，https://www.wqxuetang.com
    地　　　址： 北京清华大学学研大厦 A 座　　　　　　　**邮　　编：** 100084
    社 总 机： 010-83470000　　　　　　　　　　　　　　**邮　　购：** 010-62786544
    投稿与读者服务： 010-62776969，c-service@tup.tsinghua.edu.cn
    质量反馈： 010-62772015，zhiliang@tup.tsinghua.edu.cn
    课件下载： https://www.tup.com.cn，010-83470332
印 装 者： 三河市君旺印务有限公司
经　　销： 全国新华书店
开　　本： 185mm×230mm　　**印　张：** 32　　**插　页：** 1　　**字　数：** 679 千字
版　　次： 2004 年 9 月第 1 版　　2015 年 8 月第 3 版　　**印　次：** 2024 年 1 月第 9 次印刷
定　　价： 69.00 元

产品编号：058528-03

前　言

20世纪90年代后期以来,项目管理成为继MBA、MPA以后的另一热点领域。参加项目管理资质认证考试的人员越来越多,开设项目管理课程的大学也越来越多。清华大学、南开大学等院校都把项目管理作为MBA核心课程,向来自生产第一线的MBA学员讲授项目管理知识,深受学员的欢迎。社会各界学习项目管理课程的积极性与日俱增。

项目管理理论和方法在经济和社会各个领域的应用范围越来越广泛,应用案例也越来越多。所以,项目管理不再是工程项目管理的专利,除了工程项目以外,IT项目、新产品开发及市场营销、研究开发等活动都具有非重复的一次性活动的特征,需要用项目管理的理论和方法进行管理。当今社会,一切都是项目,一切将成为项目。所以,项目管理不仅应用在商业性经营管理上,政府部门的采购活动也越来越多地使用招投标方式,招投标的理论与方法正在深入社会和经济的各个领域。

在上述背景下,近几年,国内介绍项目管理知识的相关书籍如雨后春笋,归纳起来大致有四种类型。第一类为面向工程项目的管理知识。这类书籍比较成熟,使用历史较长。第二类是翻译书籍。它们大多是直接翻译国外教材和著作,这类书籍是国内读者直接了解国外大学项目管理教育内容的一个重要途径。第三类是外国原版教材。这类书籍是直接影印国外原版教材,是国内大学开展双语教学的一种工具。但是,由于语言和体系的差别,很多院校在使用过程中遇到问题。第四类是国内学者在借鉴国外教材和著作的基础上整理而成的教材,这类书籍大多是把各种相关知识进行整合,按照PMBOK的体系,融入人力资源管理理论、管理学原理、网络理论、运作管理理论等知识。上述的尝试无疑对推动我国项目管理知识理论体系的完善做出了重要的贡献,是我国项目管理知识普及进程中的重要环节。

本书的编写,旨在为国内大学工商管理、信息管理、财务管理、旅游管理、营销及工业工程等专业的学生提供一本通俗易懂的参考书。它区别于工程项目管理,更加适合于具有一定管理学知识、技术经济学背景的学生。在这个指导思想下,本书在编写过程中参考了大量的国内外同类教材、PMBOK等,以学生容易理解、接受的方式进行表达,力求有助于学生操作性能力的培养和分析问题能力的锻炼。本书几乎每一章都附有案例、习题,以帮助学生练习。

本书编写的思路主要参考PMBOK的框架,所以,在内容上涉及PMBOK的九大领域知识,介绍每一个领域的知识内容,并且介绍PMP资质考试的题型和基本情况。本书不局限于PMP的内容形式,在内容编排上增加了操作性的知识和内容,如招投标实务、项目管理软件介绍等。所以,本书的特点就是融项目管理知识体系和实务为一体,符合现在对大学生知识能力培养的要求。

　　本书在 2002 年第 1 版、2009 年第 2 版的基础上，根据使用过程中广大师生的反映进行了修订。第 2 版修订的主要内容是增添案例和项目管理软件。第 3 版在第 2 版的基础上对部分章节进行了调整，更新了部分案例，以求更加接近实践。此外，我们和清华大学出版社共同开发了数字化教学资源，更加方便师生教学。详见书后说明。

　　本书可以作为高等院校管理、投资、经济等专业的本科、研究生、MBA 以及相关培训的教材，也可作为从事设计、施工和工程项目建设的单位和个人学习的参考用书，还可作为参加 PMP 考试人员的参考书。

　　本书第 1、第 4、第 11 章和第 14 章由池仁勇编写；第 7、第 9、第 12 章和第 13 章由王飞绒编写；第 2、第 3、第 15 章和第 16 章由余浩编写；第 5、第 6、第 8 章和第 10 章第 1 版由张定华编写，第 2 版由高辉进行了重新编写；全书由池仁勇和汤临佳统稿。

　　由于时间仓促、水平有限，书中缺点和错误在所难免，恳请广大读者和专家给予批评指正。

编　者

2015 年 6 月

目　　录

第 1 章

项目管理概论

学习目标：项目是一次性的任务，它不同于重复进行的生产作业管理，因而，项目管理方法也不同于其他管理。通过本章的学习，主要掌握项目的概念、项目管理的概念，掌握项目的特征、项目管理范围、项目利益相关人及其作用等，了解项目的周期、我国项目管理发展以及最新研究动态。

1.1 项目的概念

什么是项目？为什么经济和企业界越来越多引进项目的概念？原因是项目离我们的经济生活太近、太密切了。

"在当今社会中，一切都是项目，一切也将成为项目。"

——美国项目管理专业资质认证委员会主席，Paul Grace

项目大到北京 2008 年举办奥林匹克运动会，小到举行班级篮球比赛，可以是一项科研活动，也可以是建造一栋大楼。当然，一位残疾人环球旅行也是一个较大的项目，等等。比较典型的项目有：

① 建造一栋大楼、一座工厂或一座水库；

② 举办各种类型的活动，如一次会议、一次晚宴、一次庆典等；

③ 新企业、新产品和新工程的开发；

④ 进行一个组织的规划，规划实施一项活动；

⑤ 组织一次旅行，解决某个研究课题，开发一套软件。

上述项目具有共同的特点，那就是，在资金和时间约束下，完成一次性任务，所以，项目就是一次性任务。但是，这种任务是有时间和资源约束的，漫无目的的休闲不是项目。从这个原则出发，可以判断哪些活动属于项目。

1.1.1 项目的定义

许多相关组织及学者都给项目下过定义，比较有代表性的有以下几种。

① 美国项目管理学会（Project Management Institute，PMI）在其项目管理知识体系 PMBOK 中对项目所下的定义为：项目是为了在规定的时间、费用和性能参数下满足特定的目标而由一个人或组织所进行的具有规定的开始和结束日期、相互协调的独特的活动集合。

② Harold Kcrzncr 博士认为，项目是具有以下条件的任何活动和任务的序列：

- 有一个根据某种技术规格完成的特定的目标；
- 有确定的开始和结束日期；
- 有经费限制；
- 消耗资源（如资金、人员和设备）。

③ R.J. 格雷厄姆认为，项目是为了达到特定目标而调集到一起的资源组合，它与常规任务之间关键的区别是，项目通常只做一次；项目是一项独特的工作努力，即按某种规范及应用标准指导或生产某种新产品或某项新服务。这种工作努力应当在限定的时间、成本费用、人力资源及资产等项目参数内完成。

④ 联合国工业发展组织《工业项目评估手册》对项目的定义是：一个项目是对一项投资的一个提案，用来创建、扩建或发展某些工厂企业，以便在一定周期时间内增加货物的生产或社会的服务。世界银行认为：所谓项目，一般是指同一性质的投资，或同一部门内一系列有关或相同的投资，或不同部门内的一系列投资。

⑤ 从建设角度提出的定义。所谓建设项目就是按照一个总体设计进行施工的基本建设工程。如我国建筑业对"建设项目"的定义是：在批准的总体设计范围内进行施工，经济上实行统一核算，行政上有独立组织形式，实行统一管理的建设单位。

综上所述，不同行业、不同角度对项目定义的描述不同，本书从项目学或项目管理学的角度给"项目"下的定义为：项目是为了完成特定的目标，在一定的资源约束下，有组织地开展一系列非重复性的活动。这个概念包括如下要素。

（1）总体属性

从根本上说，项目实质上是一系列的活动，不是一项工作能够完成整个项目的目标，尽管项目是有组织地进行的，但它并不就是组织本身；尽管项目的结果可能是某种产品，但项目也不就是产品本身。例如，如果谈到一个"工程项目"，我们应当把它理解为包括项目选定、设计、采购、制造（施工）、安装调试、移交用户在内的整个过程。不能把"工程项目"理解为将移交给用户的产品（土木建筑物），确切地说，产品是项目的目的或结果（毕星，2002）。工程项目，特别是建筑安装工程项目，通常相当复杂，经常有多方参与。事实上它是由多个项目所组成的复合项目,组成工程项目的一般有业主的投资项目、咨询者的咨询项目、设计者的设计项目、承包商的承包项目等。现实项目的具体定义依赖于该项目的范围、过程、对结果的明确要求及其具体的组织条件。

（2）过程属性

项目必须是临时性的、一次性的、有限的任务,这是项目过程区别于其他常规"活动和任务"的基本标志,也是识别项目的主要依据。项目的工作活动是一个过程,不是一下子就完成的。

各个项目经历的时间可能是不同的,但各个项目都必须在某个时间内完成,有始有终是项目的共同特点。无休止地或重复地进行的活动和任务确实存在,但是它们不是项目。

（3）结果属性

项目都有一个特定的目标,或称独特的产品或服务。任何项目都有一个与以往其他任务不完全相同的目标(结果),它通常是一项独特的产品或服务。这一特定的目标通常要在项目初期设计出来,并在其后的项目活动中一步一步地实现。有时尽管一个项目中包含部分重复内容,但在总体上仍然应当是独特的。如果任务及其结果是完全重复的,那它就不是项目。

（4）周期属性

项目就是一次性的任务,因此,任何项目有开始必然有结束,结束意味着项目的完结,在开始与结束之间一般要经历几个阶段。

（5）约束属性

项目也像其他任务一样,有资金、时间、资源等许多约束条件,项目只能在一定的约束条件下进行。这些约束条件既是完成项目的制约因素,同时也是管理项目的条件,是对管理项目的要求。没有约束的任务不能够称为项目,无休止地进行下去的任务也不是项目。有些文献把约束表达为目标,例如把资金、时间、质量称为项目的"三大目标",用以提出对项目特定的管理要求。从管理项目的角度看,这样要求是十分必要的,但严格说来,"项目目标"是指项目的结果。在项目管理过程中,不是目标问题,而是约束问题。但是,项目开始和结束时,项目目标是突出的。

1.1.2　项目的特征

项目是指具有一定属性的一类工作活动。这些活动具有许多共性,由一个专门的组织机构实施并在一定的资源约束下进行,有特定的目的,遵循某种工作程序等。一般来说,项目这类工作任务具有如下基本属性。

（1）一次性

一次性是项目与其他重复性的操作、运行工作的最大区别。它有明确的起点和终点,常常没有完全可以照搬的先例,将来也不会再有完全相同的重复。项目大多带有某种创新和创业的性质。一次性是项目的基本属性。

（2）唯一性（独特性）

任何一个项目之所以构成为项目，是由于它有区别于其他任务的特殊要求，或者名称相同、内容不同，或者内容基本相同而要求不同。

（3）多目标性

项目的总任务是单一的，而且具体目标有成本、质量及进度等三个目标。三个目标是相互制约和牵制关系。

（4）生命周期性

任何项目都有其生命周期，不同项目的生命周期阶段划分并不一致。

1.1.3　项目与作业的比较

项目不同于企业的生产，生产是经常性、重复性的活动，可以反复地按照一定的规章制度运行。项目与作业的区别如表 1-1 所示。

表 1-1　项目与作业的区别

项　　　目	作　　业
独一无二的	重复的
有限时间	无限时间（相对）
革命性变革	渐进性改变
不均衡	均衡
目标之间不均衡	目标之间均衡
多变的资源需求	稳定的资源需求
柔性的组织	稳定的组织
效果型	效率型
以完成目标和目的为宗旨	以完成任务和指标为宗旨
风险和不确定型	经验型

1.1.4　项目的分类

项目的定义告诉了人们项目概念的内涵，那么项目概念的外延又怎样呢？人们通过给项目分类来了解项目的范围。

（1）按项目的规模分类

根据投入项目的劳动力、项目持续时间、项目投资额等指标，可以将项目分为大项目、中等项目及小项目。在采用这种方法对项目分类时，不同的国家、不同的行业会有不同的标准。

（2）按项目的复杂程度分类

项目所包含的内容、技术、组织关系、人员关系的复杂程度差别是相当大的，根据这些差别，可以把项目分为复杂项目和简单项目。

（3）按项目的结果分类

项目的结果基本上有两类，即产品和服务。项目也因此主要分为产品的项目和服务的项目这两大类。此外，有的项目结果兼有产品和服务。

（4）按行业分类

按项目所在的行业，可以把项目分成农业项目、工业项目、投资项目、商业项目、水利项目及 IT 项目等。

（5）按项目进展领域分类

按项目进展领域可以把项目分为科研项目、技改项目、工程项目及服务项目等。

1.1.5　项目与企业发展

企业发展的契机是成功运作项目，一个项目运作成功以后，会给企业带来新的发展机遇。例如，一个新产品研发项目成功以后，企业将在开拓市场、提高销售收入、创造利润方面跃上一个台阶。在新的台阶上企业要求得到更新的发展的同时还需要开发更新的项目，寻找新的项目。所以，项目与企业的发展是一个互动的关系，如图 1-1 所示。

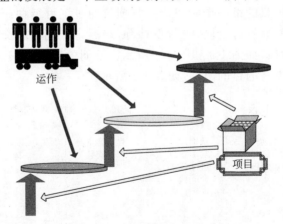

运作

项目

图 1-1　项目与企业发展

1.1.6　项目的三重约束

项目是在一定约束条件下开展活动，约束条件因项目不同而有所区别。一般项目都要在资金、质量和时间的约束条件下进行，如图 1-2 所示。

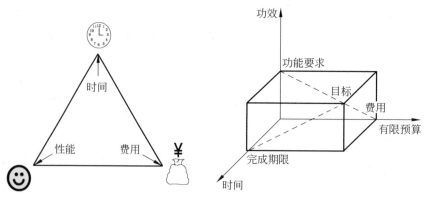

图 1-2　项目约束条件

　　上述三个目标是相互制约的关系，一般来讲，在相同质量要求下，缩短时间意味着要增加资金投入；提高质量意味着增加投入，成本上升。

1.1.7　项目生命周期

　　项目生命周期是指一个项目的开始与结束。例如，当一个组织准备识别某一可能的项目机会时，通常会进行项目的可行性研究，以决定是否应当进行这个项目。从项目生命周期的角度看，可行性研究是项目的第一个阶段。一旦项目通过了可行性研究，并得到批准，那么，项目就进入实施阶段，然后签订合同、进行设计等，最后，竣工验收，交付使用。所以，一般项目生命周期分为四个阶段，如图 1-3 和图 1-4 所示。不同的专业部门对项目生命周期的划分不同，一般都是从组织本身的目的出发，如表 1-2 所示。

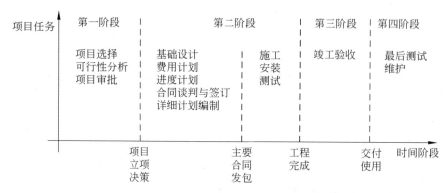

图 1-3　典型建设项目的生命周期

　　项目生命周期有其特性与共性。特性是指每个项目都有一个自己的生命周期，它与项目一一对应，是独一无二的。共性是指任何项目都是经历启动、成长、成熟和终止四个阶段。每

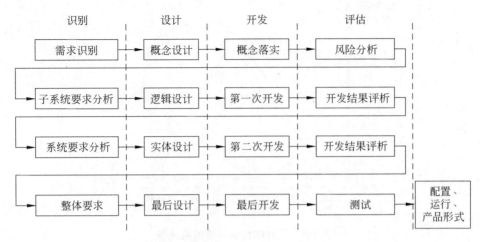

图 1-4　典型软件开发项目的生命周期

资料来源：甘华鸣. 项目管理[M]. 北京：中国国际广播出版社，2002.

表 1-2　不同专业部门对项目生命周期的划分

项目类型	第一阶段	第二阶段	第三阶段	第四阶段
世界银行	项目选定	项目评估	执行与监测	总结评价
银行投资贷款	初选与立项	审查与评估	付款与执行	回收与考核
工程建设项目	可行性研究	详细设计	施工	交工
美国防务系统	方案探索	论证与确认	全面研制	生产使用
中国军用飞机	可行性论证	技术设计	型号研制	生产交付
决策点	里程碑 1	里程碑 2	里程碑 3	
管理状态	立项	准备	实施	结束
项目管理学	构思	开发	实施	结束

资料来源：邱莞华等. 项目管理[M]. 北京：科学出版社，2001.

个项目的全部过程必然经过这四个阶段，少于这四个阶段就不是一个完整的项目；每个项目的过程也不会多于这四个阶段，如果认为项目生命周期可以多于这个范围，那必定是错用了项目的概念。有人提出工程建设项目的生命周期分为四个阶段：项目的前期策划和决策阶段；项目的设计与计划阶段；项目的实施阶段；项目的使用阶段。如果按上述的概念判断，这个项目生命周期划分中少了项目终止阶段，多了项目使用阶段，因此，无法用项目管理的一般理论分析。

项目在不同的周期里资源投入数量是不同的，一般在项目实施阶段资金投入数量最多，劳动力投入也最多，我们以综合资源代表资金、人力等，那么，在实施阶段对资源的使用量达到了高峰，如图 1-5 所示。

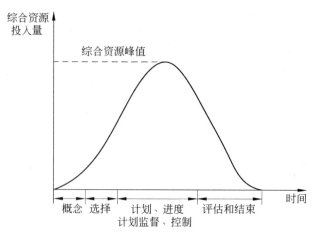

图 1-5　项目综合资源的时间分布

1.2　项目利益相关者

利益相关者(stakeholders)，有些文献称之为干系人(吴之明，卢有杰，2000)，即在项目中有既定利益的任何人员，包括项目发起人以及利益受到项目影响的(受益或受损)个人和组织。例如，项目投资方、经理以及在项目涉及公共设施时的当地居民。

1.2.1　客户或委托人

每个项目都有客户，也叫委托人，它可能是一个人，或者是一个组织，也可能是由多个人组成的一个团体，或是对同一项目结果具有相同需求的许多组织。一般客户提出需求，并与被委托人达成协议之时，也就是项目诞生之时，客户既是项目结果的需求者，也是项目实施的资金提供者。

客户可能是项目的最终用户，也可能不是最终用户。在一些情况下，客户支付项目建设费用，但是，项目建设成功以后，客户把项目销售给最终使用者。例如，房地产建设项目。在另一些情况下，客户委托建设项目，项目建设成功以后，客户直接使用项目。例如，企业技术改造项目。

1.2.2　项目发起人

项目发起人是首先发出命令要求执行项目的人，他可能是客户，但在许多情况下是第三方。例如,一位命令开发新产品的市场部主任。项目发起人负责保证项目得到合适的预算及其他资源,但是,项目的实施和建设是由具体的建设部门进行的。

1.2.3　项目经理

项目经理是对保证按时、按照预算、按照工作范围以及按所要求的性能水平完成项目全面负责的人。项目经理的作用对于项目的成功非常重要,一个项目成功与否和项目经理的能力息息相关,因此,选择一位合适的项目经理是项目成功的开始。

1.2.4　被委托人或承约商

被委托人,即承接项目满足客户需求的项目承建方,又叫承约商。被委托人承接项目以后,根据客户的要求,开始启动项目,从项目启动、规划到项目的实施和收尾的整个管理过程中,被委托人始终处于主导地位。因此,被委托人素质和能力的高低直接关系着项目质量的高低,选择一个好的项目承约商,是创造高质量项目的关键。

现在,客户大多用招标、投标的方式来挑选最好的承约商,用此方式可以在更大的范围内挑选合格的承约商。

1.2.5　供应商

供应商,即为项目的承约商提供原材料、设备、工具等物资设备的商人。为了确保项目目标的顺利实现,项目承约商一般都有自己相对稳定的供应商渠道,保持长期的协作关系,使得承约商和供应商之间有良好的信誉,这使承约商能有效地配置资源,供应商也能获得自己所期望的收益。在买方市场条件下,大宗原材料的供应商也可以采用招投标方式,以提高竞争性。

1.2.6　分包商

由于现代项目技术复杂、工程量较大、客户要求较高,一般承约商很难独自完成项目建设的全部过程,在承接项目之后,都要将总项目中的一些子项目或某一活动再转包给不同的分包商。分包商的参与,将能有效地发挥各自的特长,使得项目能高质量地完成;但同时也增加了项目管理的复杂性,使分包商与承约商之间、各分包商之间,有时很难得到有效的沟通和协调。

1.2.7　其他利益相关者

除了上述项目的直接利益相关者之外，还有一类个人和组织与项目之间有或多或少的利益关系。比如，政府的有关部门、社区公众、项目用户、新闻媒体、市场潜在的竞争对手和合作伙伴等；甚至社会反对团体、项目成员家属等都与项目存在各种关系，如图1-6所示。

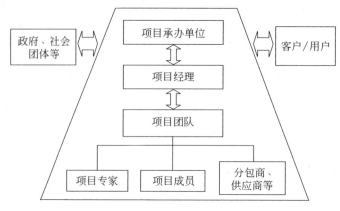

图1-6　项目相关利益者

项目不同的利益相关者对项目有不同的期望和需求，他们关注的问题和重点也不同。例如，业主一般关注项目的完成进度、质量、成本，而设计师往往更注重技术，政府部门可能关心税收、环境，附近社区的公众则希望尽量减少不利的环境影响等。弄清楚哪些是项目利益相关者，他们各自的需求和期望是什么，对项目管理者来说非常重要。只有这样，才能对项目利益相关者的需求和期望进行管理并施加影响，调动其积极因素，化解其消极的影响，以确保项目获得成功。

1.3　项目管理

1.3.1　项目管理的概念

项目管理是伴随着技术进步以及项目的复杂化和大型化而逐渐形成的一门管理学科，项目管理的理念在人们的生产实践中起到越来越重要的作用，应用项目管理理论在实践中取得的成功例子使得人们越来越重视项目管理理论，它对提高项目管理效率起到了重要的作用。

1. 项目管理的定义

所谓项目管理就是对项目进行管理,因此,管理的对象是项目,而不是其他。当然,项目管理属于管理的范畴,项目管理是管理领域的一个分支。

然而,随着项目及其管理实践的发展,项目管理的内涵得到了较大的充实和发展,项目管理已成为一种新的管理方式,形成一门新的管理学科。

上述项目管理包含两种不同的含义,一是指一种管理活动,即一种有意识地按照项目的特点和规律,对项目进行组织管理的活动;二是指管理学科,即以项目管理活动为研究对象的一门学科,它是探求项目活动科学组织管理的理论与方法。前者是一种实践活动,后者是理论体系(白思俊,2002),所以,项目管理既有实践性,又有理论性,项目管理需要理论和实践相结合。

国内外学者从不同的角度定义项目管理。

毕星(2000)认为,项目管理是通过项目经理和项目组织的努力,运用系统理论和方法对项目及其资源进行计划、组织、协调和控制,旨在实现项目特定目标的管理方法体系。他强调项目经理在项目管理中的作用是系统的方法。

白思俊(2002)认为,项目管理就是以项目为对象的系统管理方法,通过一个临时性的专门的柔性组织,对项目进行高效率的计划、组织、指导和控制,以实现项目全过程的动态管理和项目目标的综合协调与优化。这里强调的是系统管理方法和组织,通过组织和系统方法实现项目目标。

PMBOK 对项目管理的描述可以归纳为,为了满足甚至超越项目涉及人员对项目的需求和期望而将理论知识、技能、工具和技巧应用到项目的活动中去,从而平衡时间、范围、成本和质量之间的关系。所以,PMBOK 强调对项目活动中的各种资源和目标的平衡,管理中心是平衡,体现了项目管理的优化思想。

本书认为,项目管理是综合应用理论和经验知识,在各种资源约束条件下寻找实现预定目标的最佳组织安排和管理方法。

所以,项目管理是理论知识和经验的有机结合,两者缺一不可,一个优秀的项目经理应该是具有扎实的理论功底,经过多个项目管理磨炼的管理者。

(1) 项目管理定义的内涵

① 识别相关利益者对项目的要求与期望

- 对项目本身的共同要求与期望。这是所有的项目相关利益者共同要求和期望的内容。例如,对项目范围、项目工期(时间)、项目造价(成本)和项目质量等的共同要求与期望。

- 项目有关方面不同的要求和期望。这是不同的项目相关利益者的需要与期望,包括项目的业主、供应商、承包商、分包商、项目团队、项目所在社区及政府管辖部门等各个方面的要求与期望。

- 项目本身的需要与期望。这是指项目的各种文件明确规定的项目需求与期望。例如，根据委托方的要求，项目团队已经明确的项目工期、项目成本和质量等方面。
- 项目尚未识别的要求和期望。这是指项目各种文件没有明确规定，但是项目利益相关者普遍的要求和期待。例如，环境要求、人文环境、团队和谐等。

② 项目管理的目的是满足甚至超越相关利益者的要求和期望

顾客的要求和期望是以最小的投资获得最大的利益，供应商的要求和期望是获得更多的销售和利润，设计商的要求和期望是在作品和技术上有所突破，承约商的要求和期望是以尽可能低的成本实现客户的质量要求，政府和社区的要求和期望是满足社会公共的需要，等等。他们的要求和期望存在很多的不同，项目管理的目的也就是最大限度地满足各方的利益。

③ 项目管理的根本手段是运用各种知识、技能、方法和工具去开展各种各样的管理活动

为了使项目能够最大限度地满足或超越项目所有利益相关者的要求和期望，就必须开展各种各样的管理活动。项目管理活动与一般的作业管理活动的原理和方法有所不同，所以，项目管理必须综合运用各种知识、技能和方法等，这些知识、方法包括系统分析法，计划方法，网络理论，质量管理方法，成本管理方法，组织、协调和控制方法等。

"知识"是指人类对以前的成功经验和对客观规律的认识和总结；"方法"是指按照这些客观规律去分析问题和解决问题的程序和做法；"工具"是指分析和解决具体问题的手段；而"技能"则是指人们掌握和运用知识、方法和工具的能力。由于项目管理十分复杂和困难，涉及的活动和问题非常广泛，所以，项目管理需要运用各种知识、技能、方法和工具，开展计划、组织、控制等管理活动，以最终满足预先的要求和期望。

（2）项目管理的属性

有关项目管理的本质属性的讨论，可以归纳为以下三种情况。

- 工具说。认为项目管理是一种管理工具（方法），用以解决特定问题，是为项目相关人员有效管理项目提供的一种方法、技能。这种观点强调项目管理的操作性，但是，忽略了项目管理作为一门学科的完整知识体系。项目管理它不仅为项目经理提供一种工具，更重要的是为研究项目管理方法（工具）提供了理论体系，是操作性和学科研究的有机结合。
- 过程说。认为项目管理是管理的过程之一，是计划、执行和控制项目活动的过程，这种过程以具有特定方法为基础，搬用其他方法。这种观点强调过程的控制与管理，忽视了项目管理的目标管理和预期控制。实际上，项目管理成功与否很大程度上取决于对项目目标确定的科学性和合理性，一个目标本身不合理的项目，怎么进行过程控制都是不合适的。
- 管理分支说。认为项目管理是与企业管理（business）和行政管理（administration）并列的一种管理分支。

本书认为,项目管理属于综合理论和实践体系,它既不是纯理论问题,也不是纯实践问题,是边缘问题,也是边缘理论。

现代项目管理是全过程的动态管理,它是指在项目的生命周期内,不断进行资源的配置和协调,不断作出科学决策,从而使项目执行的全过程处于最佳的运动状态,产生最佳的效果。

2. 项目管理的特征

项目管理具有如下特征。

（1）创新性

因为项目本身的独特性、不重复性决定了项目管理需要创新性,任何照搬别人的方法都不可能成功实现项目管理。任何一个项目都有不同于其他项目之处,这种不同就要求在对项目进行管理的过程中采用特殊的方法,只有开展创新才能实现成功。所以,创新是项目管理的核心内容之一。如果项目管理没有创新性,项目建设成功以后就缺乏竞争力。

（2）普遍性

项目作为一种创新活动普遍存在于我们人类的社会活动之中,我们现有的各种文化物质成果在满足人们需要的程度上会随着人们需求的变化而变化,为了更高程度地满足人们的需要,需要具有创新性的开发项目,所以,项目存在于每个企业、政府和社会中。

（3）目的性

任何项目管理都有一定的目的性,最终的目的都是"满足或超越项目所有利益相关者的要求和期望"。项目管理的目的性不仅表现在通过项目管理活动保证或超越那些项目利益相关者的要求,而且通过项目管理发现潜在的要求和期望,探讨满足潜在要求的途径。例如,为一家业主装修房子,不仅要满足业主的需求,而且要开发业主的潜在需求,帮助业主设计,启发业主对装潢的需要。

（4）独特性

项目管理的独特性是指项目管理既不同于一般的生产管理,也不同于常规的行政管理,它是为完成独特的任务而设计的一套完整的管理体系,有自己独特的管理方法、体系和工具。整个项目管理理论系统自成体系。

（5）复杂性

项目一般由多个部分组成,工作跨越多个组织,需要运用多种学科的知识来解决问题;项目工作通常没有或很少有以往的经验可以借鉴,执行中会遇到许多未知因素,每个因素又常常带有不确定性,还需要将具有不同经历、来自不同组织的人员有机地组织在一个临时性的组织内,在技术性能、成本、进度等较为严格的约束条件下实现项目目标等。不确定性、综合性、交叉性决定了项目管理的复杂性。

3. 项目管理的要素

所谓项目管理要素是指项目管理过程中项目经理可以支配的管理要素,它可以是有形的要素，也可以是无形的要素。

（1）资源

资源的概念内容十分丰富，可以理解为一切具有现实和潜在价值的东西，包括自然资源和人造资源、内部资源和外部资源、有形资源和无形资源。如人力资源（human resources）、材料（material）、机械（machine）、资金（money）、信息（information）、科学技术（method of S&T）、市场（market）等。除此之外，还有专利、商标、信誉以及某种社会网络等。特别要看到，我们正处在知识经济的时代，知识作为无形资源的价值表现得更加突出。资源轻型化、软化的现象值得我们重视。我们不仅要管好用好硬资源，也要学会管好用好软资源。

项目管理本身作为管理方法和手段，也是一种资源。由于项目固有的一次性，项目资源不同于其他组织机构的资源，它们都是临时拥有和使用的。资金需要筹集，服务和咨询力量可采购（如招标发包）或招聘，有些资源还可以租赁。项目管理过程要抓住主要资源的管理，不求所有，但求所用。在项目经理可以控制的资源限度之内，最大限度地提高使用效率，合理配置资源。

（2）需求和目标

项目利益相关者的需求是多种多样的。通常可把需求分为两类：必须满足的基本需求和附加获取的期望要求。基本需求包括项目实施的范围、质量要求、利润或成本目标、时间目标以及必须满足的法规要求等。在一定范围内，质量、成本、进度三者是互相制约的，当进度要求不变时，质量要求越高，则成本越高；当成本不变时，质量要求越高，则进度越慢；当质量标准不变时，缩短时间则需要增加成本投入。

（3）项目计划

项目管理的重要环节是制定项目计划，计划制定的正确程度是项目管理成功与否的前提，因此，项目经理的主要职能是制定计划、分配资源、设计组织和检查进度等。

不同项目的计划制定方法不同，现代项目常用的计划制定方法和过程是采用 WBS（工作分解结构）方法对项目进行分解、估算，然后采用网络优化方法进行分析和优化。

（4）外部环境

项目是在一定的外部环境中实施的，环境要素在项目实施过程中发挥重要的作用，项目经理要积极利用环境资源，化解外部矛盾，充分利用积极要素为项目服务。外部环境要素主要包括承约商的无形资产、政府和社区等，积极争取政府、社区对项目的支持，充分发挥无形资产的作用，都可以提高项目管理效率。

1.3.2　项目管理内容

按照 PMBOK 理论体系，项目管理主要包括九大内容体系。

- 项目集成管理

- 项目范围管理
- 项目时间管理
- 项目费用管理
- 项目质量管理
- 项目人力资源管理
- 项目沟通管理
- 项目风险管理
- 项目采购管理

在 ICB(IPMA competence baseline)理论体系中,国际项目管理协会专业资质认证标准把项目管理内容界定为 28 项,如图 1-7 所示。

1.项目与项目管理	15.资源
2.项目管理的实施	16.项目费用与融资
3.按项目进行管理	17.技术状态与变化
4.系统方法与综合	18.项目风险
5.项目背景	19.效果度量
6.项目阶段与生命周期	20.项目控制
7.项目开发与评估	21.信息、文档与报告
8.项目目标与策略	22.项目组织
9.项目成功与失败的标准	23.团队工作
10.项目启动	24.领导
11.项目收尾	25.沟通
12.项目结构	26.冲突与危机
13.范围与内容	27.采购与合同
14.时间进度	28.项目质量管理

图 1-7　项目管理内容界定

PMBOK 和 ICB 对项目管理内容的形式鉴定不同,一个是九大领域,另一个是 28 项内容,但是,实际上两者的主要内容是一致的,只是 ICB 对内容进行了详细的划分。

项目管理涉及许多方面的内容,这些内容可以按照不同的线索进行组织,常见的组织形式主要有 2 个层次、4 个阶段、5 个过程、9 个领域、42 个要素及多个主体。

1. 2 个层次

① 企业层次
② 项目层次

2. 从项目的不同主体角度看

① 业主
② 承约商(设计、施工等)
③ 监理

④ 用户

3. 从项目的生命周期看

① 概念阶段
② 规划阶段
③ 实施阶段
④ 收尾阶段

4. 从项目管理的基本过程看

① 启动过程
② 计划过程
③ 执行过程
④ 控制过程
⑤ 结束过程

5. 从项目管理的职能看

① 范围管理
② 时间管理
③ 费用管理
④ 质量管理
⑤ 人力资源管理
⑥ 风险管理
⑦ 沟通管理
⑧ 采购管理
⑨ 综合管理

6. 从项目管理的知识要素看

① 项目与项目管理
② 项目管理的运行
③ 通过项目进行管理
④ 系统方法与综合
⑤ 项目背景
⑥ 项目阶段与生命周期
⑦ 项目开发与评估

⑧ 项目目标与策略

⑨ 项目成功与失败的判断标准

⑩ 项目启动

⑪ 项目收尾

⑫ 项目的结构

⑬ 项目的内容和范围

⑭ 时间进度

⑮ 资源

⑯ 项目费用和财务

⑰ 状态与变化

⑱ 项目风险

⑲ 效果衡量

⑳ 项目控制

㉑ 信息、文档与报告

㉒ 项目组织

㉓ 协作、团队工作

㉔ 领导

㉕ 沟通

㉖ 冲突与危机处理

㉗ 采购、合同

㉘ 项目质量

㉙ 项目信息学

㉚ 标准与规则

㉛ 问题解决

㉜ 会谈与磋商

㉝ 固定的组织

㉞ 业务过程

㉟ 人力开发

㊱ 组织学习

㊲ 变化管理

㊳ 行销、产品管理

㊴ 系统管理

㊵ 安全、健康与环境

㊶ 法律方面

㊷ 财务与会计

1.4 现代项目管理知识体系与框架

1.4.1 项目管理与其他学科的关系

项目管理之所以作为一个独立的学科,是因为在项目管理实践中发展起来许多独有的知识、技术、技能和手段,例如项目生命周期概念、关键路线法、工作分解结构等,这些是项目管理学科的主体部分。

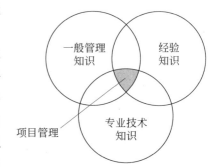

图 1-8 项目管理学科与其他领域知识的关系

从事项目管理还需要许多其他领域知识的支持,这些知识主要有三类。一类是经营管理知识,例如系统科学、行为科学、财务、组织、规划、控制、沟通、激励和领导等;二是专业技术知识,例如软件开发、医药、工程设计与施工、军事、行政、环境保护和社会改革等;三是经验知识(隐含知识),是在项目管理实践中总结出来,固化在项目管理者身上的知识。项目管理学科与一般管理知识、专业技术知识和经验知识领域的关系如图 1-8 所示。项目管理正是这些知识的重叠部分。

1.4.2 项目管理框架

项目管理知识体系是项目管理学科的主体,是项目管理在各种特殊应用领域中都会涉及的共同需要的知识,其中也包括在项目管理中需要的一般管理学知识。

项目管理基本框架为项目管理提供了一个基本的结构,它主要由三部分组成。

① 项目管理基本概念。包括项目、项目管理以及关键术语的定义等。

② 项目及其内部环境。指项目本身及其他与项目相互发生作用和影响的所有方面,包括项目组织、社会文化在项目中的反映、经济条件等。一个称职的项目经理不仅熟悉项目本身的情况,而且熟悉项目所处的内外部环境。

③ 项目过程和整体化。指项目的范围、目标和项目管理各个步骤之间的相互作用和相互关系,这些关系使得项目作为一个整体成为不可分割的有机过程,必须应用系统的方法解决。

1.5　项目管理的发展和我国项目管理的改革

　　项目管理通常被认为始于 20 世纪 40 年代,比较典型的例子是美国研制原子弹的曼哈顿计划。但直到 80 年代,项目管理主要还仅局限于建筑、国防、航天等少数行业。20 世纪 50 年代,在美国出现了关键路径法(CPM)和计划评审(PERT)技术,这是现代项目管理出现的象征。1957 年,美国杜邦公司把 CPM 应用于设备维修,使维修停工时间从 125 小时锐减为 7 小时。1958 年,美国人在北极星导弹设计中,应用 PERT 技术,把设计完成时间缩短了两年。20 世纪 60 年代美国"阿波罗登月计划"使用了网络计划技术,该项目耗资 300 亿美元,2 万多家企业参加,40 多万人参与,动用了 700 万个零部件,由于使用了网络计划技术,各项工作进行得有条不紊,取得了很大的成功。

　　项目管理一出现就举世瞩目,它是指把各种系统、资源和人员有效地结合在一起,采用规范化的管理流程,在规定的时间、预算和质量目标范围内完成项目。项目管理在发达国家已经逐步发展成为独立的学科体系,成为现代管理学的重要分支,并广泛应用于建筑、工程、电子、通信、计算机、金融、投资、制造、咨询、服务以及国防等诸多行业。

　　早在 1965 年欧洲就成立了国际项目管理协会,1969 年美国也成立了项目管理学会。

　　1976 年,美国项目管理学会在蒙特利尔召开研讨会,会议期间,人们开始议论项目管理的通用标准。

　　1981 年,美国项目管理学会委员会同意成立一个小组,系统地整理有关项目管理职业的程序和概念。该项目的建议书提出了三个重点方面。

- 从事项目管理的人员应具备的道德和其他行为(职业道德)。
- 项目管理知识体系的内容与结构(标准)。
- 对从事项目管理职业者成就的评价(评估)。

　　该小组于 1983 年 8 月在美国《项目管理杂志》上发表了上述成果,该报告后来成为美国项目管理学会初步评估和认证计划的基础,该组织于 1984 年认证了第一批职业项目管理人员。此后,又对上述资料进行了一系列的修改,1987 年经由美国项目管理学会委员会批准,最终完成了"项目管理知识体系"。

　　我国从 20 世纪 80 年代初开始接触项目管理方法。当时,一些国外专家和从国外回国的中国学者曾多次在一些场合介绍项目管理,像美国专家 J. A. Bing 于 80 年代初在当时的国家经委大连管理干部培训中心讲授项目管理课程,其后,他又多次在天津大学举办项目管理讲座,他的授课内容也被出版成书,使许多人开始了解项目管理。同济大学丁士昭教授,1982 年在德国进修项目管理回国后,在国内积极宣传项目管理,1983 年在中国建筑学会建筑经济学术委员会举办的项目管理学习班上讲授项目管理方法。这些努力对项目管理在中国的传播起到了重要作用。

此后,国内一些大学开始开展项目管理的教育与研究,项目管理课程在工程管理专业、工商管理专业普遍开设。其中,天津大学工程管理专业在国内起步较早;1988年,中国石油大学出版社翻译出版了R.J.格雷厄姆的《项目管理与组织行为》一书,清华大学出版社于2000年出版了项目管理系列教材等,对研究与开发项目管理起到了重要的作用。

同时,我国开始积极应用项目管理的实践。1982年,在我国利用世界银行贷款建设的鲁布格水电站引水导流工程中,日本建筑企业运用项目管理方法对这一工程的施工进行了有效的管理,收到了很好的效果。这给当时我国的整个投资建设领域带来了很大的冲击,人们确实看到了项目管理技术的作用。

从此,政府部门也开始关注项目管理方法的推广应用。1987年,国家计委等五个政府有关部门联合发出通知,确定了一批试点企业和建设项目,要求采用项目管理方法。1991年,建设部进一步提出把试点工作转变为全行业推进的综合改革,全面推广项目管理。

由此可见,项目管理自从被介绍到我国以来,始终是被重视和积极采用的,也收到了很好的效果。但是,到目前看来,它还只是在建筑业等一些行业有较大的影响,被这部分行业所接受和掌握。这一方面限制了项目管理的应用范围;另一方面,也是更值得注意的,这使人们对项目管理概念产生了误解。在我国,当提到项目管理时,人们直接把它理解成工程建设项目管理了。最近,IT行业应用项目管理的成功例子越来越多,专门针对IT行业的项目管理教材也相继引进、翻译和出版。美国学者Heldman W编著的 *IT Project, Study Guide* 已经被翻译出来并由电子工业出版社出版,美国Augsburg学院的Kathy Schwalbe教授编著的教材《IT项目管理》也由机械出版社出版等。与经济管理其他学科一样,国外项目管理经典原著被相继引进并在我国高校使用,对我国项目管理学科的理论发展起到了重要的作用。

在我国,项目管理成为真正热门的学科是从PMP项目管理师资质认证开始的。

PMP是由全球性专业组织——美国项目管理学会于20世纪80年代初设立的,该组织是目前世界上最大的,由研究人员、学者、咨询顾问和项目经理组建的专业机构。该项认证目前已被全球项目管理界人士所认可。通过认证的专业人员也由80年代的几十名发展到目前的15 000多名,遍布欧洲、北美洲、大洋洲以及韩国、日本、新加坡和中国香港地区,如图1-9所示。中国内地虽然有众多的优秀项目管理人员,但至今无一人获此认证。

在西方发达国家,项目管理的应用已十分普及。因为它的理论与应用方法从根本上改善了管理人员的运作效率,所以项目管理已从最初的国防和航天领域(如"曼哈顿计划"、"阿波罗登月计划")迅速发展到目前的电子、通信、计算机、软件开发、建筑、制药、金融等行业,甚至政府机关。据PMI资格认证委员会主席Paul Grace先生介绍,现在甚至连美国前总统克林顿的每次出访计划都要求按项目管理的方法来安排,所以许多的白宫人员,包括一些安全部门人员都被要求通过PMP资格认证。

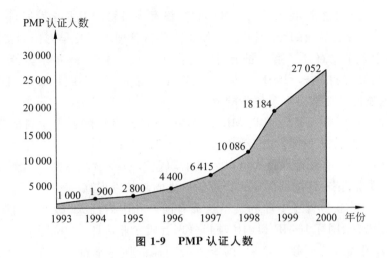

图 1-9　PMP 认证人数

美国项目管理学会的 PMI 资格认证之所以能在如此广的行业和地域范围内被迅速认可,首先是项目管理本身的重要性和实用性决定的;其次,很大程度上得益于该项认证体系本身的科学性。据介绍,PMI 早在 20 世纪 70 年代末就率先提出了项目管理的知识体系(Project Management Body of Knowledge,PMBOK)。该知识体系构成了 PMP 考试的基础。它的第 1 版是由 PMI 组织 200 多名世界各国项目管理专家历经 4 年才完成,可谓集世界项目管理界精英之大成,避免了一家之言的片面性。而更为科学的是,每隔数年,来自世界各地的项目管理精英会重新审查更新 PMBOK 的内容,使它始终保持最权威的地位。另外,获得 PMP 资格认证的专业人员也非一劳永逸,每 3 年 PMI 会重新审查其有效性,只有那些在 3 年内积累了一定的培训和实际从事项目管理经历的 PMP 才能保持其资格的有效性。这就是 PMI 所谓的"专业发展计划"(professional development program)。

由于从提出知识体系到具体实施资格认证有一整套的科学手段,PMI 推出的 PMBOK 充满了活力,并得到了广泛的认可。国际标准组织(ISO)以 PMBOK 为框架制定了 ISO 10006 标准。同时 ISO 通过对 PMI 资格认证体系的考察,向 PMI 颁发了 ISO 9001 质量管理体系证书,表明 PMI 在发展、维护、评估、推广和管理 PMP 认证体系时,完全符合 ISO 的要求,这也是世界同类组织中唯一获此荣誉的。

我国 1991 年 6 月成立中国项目管理研究委员会(PMRC),当时挂靠在西北工业大学。我国于 1993 年开始研究"中国项目管理知识体系"(C-PMBOK),由当时中国优选法统筹法与经济数学研究会项目管理研究委员(Project Management Reasearch Committee,PMRC)发起并组织实施。PMRC 常务副主任钱福培教授负责的课题组于 1993 年向国家自然科学基金委员会申请课题,并于 1994 年获准立项,1994 年正式开始了"中国项目管理知识体系结构的分析与研究"。1996 年,PMRC 作为中国项目管理专业组织的代表加入了国际项目管理协会(International Project Management Association,IPMA),成为 IPMA 的成员国组织之一。

PMRC 的宗旨是致力于推进我国项目管理学科建设和项目管理专业化发展,推进我国项目管理与国际项目管理专业领域的交流和合作,使我国项目管理水平尽早与国际接轨。

1997 年在山东泰安召开了第三届全国项目管理学术交流会,钱福培教授作了《中国项目管理知识体系框架》的报告。2001 年 5 月,我国正式推出了"中国项目管理知识体系"(C-PMBOK),我国项目管理学科有了更新的发展。

在 PMRC 的推动下,项目管理与 MBA、MPA 一起成为我国管理学科的三个热点。《北京晨报》2001 年 2 月 15 日发表文章《项目管理登陆挑战 MBA》;《中华工商时报》2001 年 2 月 19 日也刊登文章说明"项目管理是入世以后最俏职业",一些学员不惜 7 万元学费参加 PMP 的培训。PMP 热潮到来,将把我国项目管理学科推向新的发展高潮。

目前最为热门的项目管理专业的资格认证有国外和国内两大"版本"。国外"版本"主要有三种,美国的 PMP、国际 IPMP 和剑桥项目管理资质专业认证。2002 年 11 月,在多方考察论证各国项目管理资格认证经验之后,国家劳动和社会保障部推出了适合我国实际情况的"中国版的 PMP 资格认证",PMP 向本土化迈出了一步。

2002 年 12 月,中国项目管理师认证考试在北京举行了全国首次试点考试。该项考试刚一推出便引起广泛关注,短短半个月的时间,报名人数达到了近千人,大大超出了举办单位的预料,举办单位不得不提前结束报名。目前,考试已经举行了两次,共有 1 000 多人获得了证书。

我国的项目管理师资质认证从一开始就考虑到与国际接轨,从培训考试到评估、审核,均采用当今国际先进的认证体系和方法手段。不但对项目管理的基础知识、基本技能进行严格的考试,而且严格地考察项目管理者的学历、实践经验、职业道德和相关的法律法规。与国外的认证相比,国内的认证难度要略大一些。中国项目管理师国家职业资格认证是一种对项目管理专业人员知识、经验、能力水平和创新意识的综合评估证明,代表了目前国内项目管理专业资质认证的最高水平。

在国家职业标准中,项目管理师被定义为:掌握项目管理的原理、技术、方法和工具,参与或领导项目的启动、计划、组织、执行、控制和收尾过程的活动,确保项目能在规定的范围、时间、质量与成本等约束条件下完成既定目标的人员。与美国 PMP 认证只有一点不同,中国的项目管理认证共分四个级别:项目管理员(国家职业资格四级)、助理项目管理师(国家职业资格三级)、项目管理师(国家职业资格二级)和高级项目管理师(国家职业资格一级)。考试分为理论知识考试和专业能力考核。理论知识考试和专业能力考核均采用闭卷笔试或者上机考试的方式。理论知识考试和专业能力考核均实行百分制,成绩皆达 60 分以上者为合格。项目管理师、高级项目管理师还须进行综合评审。考试时间为:理论知识 90 分钟,专业能力 150 分钟,综合评审时间不少于 30 分钟。

考核申报条件(各级只需具备以下条件之一)如下。

项目管理员:①取得高中毕业(或同等学力)学历,连续从事本职业工作 3 年以上,经项目管理员正规培训达规定标准学时数,并取得毕(结)业证书;②具有大专以上学历,从事项目管理工作 1 年以上。

助理项目管理师:①取得本职业项目管理员职业资格证书后,连续从事本职业工作 2 年以上,经助理项目管理师正规培训达规定标准学时数,并取得毕(结)业证书;②具有大专学历(或同等学力),连续从事本职业工作 5 年以上,经助理项目管理师正规培训达规定标准学时数,并取得毕(结)业证书;③具有大学本科学历,连续从事本职业工作 3 年以上,经助理项目管理师正规培训达规定标准学时数,并取得毕(结)业证书;④取得硕士学位,连续从事本职业工作 1 年以上。

项目管理师:①取得本职业助理项目管理师职业资格证书后,连续从事本职业工作 3 年以上,经项目管理师正规培训达规定标准学时数,并取得毕(结)业证书;②具有大学本科学历(或同等学力),申报前从事本职业工作 5 年以上,担任项目领导 2 年以上,经项目管理师正规培训达规定标准学时数,并取得毕(结)业证书;③具有研究生学历(或同等学力),申报前从事本职业 3 年以上,担任项目领导 1 年以上,能够管理一般复杂项目,经项目管理师正规培训达规定标准学时数,并取得毕(结)业证书。

高级项目管理师:①取得本职业项目管理师职业资格证书后,连续从事本职业工作 3 年以上,经高级项目管理师正规培训达规定标准学时数,并取得毕(结)业证书;②取得博士学位,连续从事本职业工作 3 年以上,并担任项目管理领导工作 1 年以上,负责过 2～4 项复杂项目管理工作,并取得一定的工作成果(含研究成果、奖励成果、论文著作),经高级项目管理师正规培训达规定标准学时数,并取得毕(结)业证书;③本科以上学历,连续从事本职业 8 年以上,并担任项目管理领导工作 3 年以上,负责过 3～5 项大型复杂项目管理工作,并取得一定的工作成果(含研究成果、奖励成果、论文著作),经高级项目管理师正规培训达规定标准学时数,并取得毕(结)业证书。

1. 项目管理活动的发展趋势

尽管人类的项目实践可以追溯到几千年前,但是将项目管理作为一门科学来进行分析研究,其历史并不长。从 1965 年世界第一个专业性国际组织 IPMA 成立至今不过 40 多年的时间。经过这 40 多年的努力,目前国际专业人士对项目管理的重要性及基本概念已有了初步共识。当前国际项目管理的发展,有三个特点:全球化的发展、多元化的发展和专业化的发展(钱福培,2002)。

(1) 项目管理的全球化发展

知识经济时代的一个重要特点是知识与经济发展的全球化,因为竞争的需要和信息技术的支撑,促使了项目管理的全球化发展。主要表现在国际间的项目合作日益增多,国际化的专业活动日益频繁,项目管理专业信息的国际共享、项目管理学者的国际交流日益频繁,项目管理知识体系国际趋同,等等。项目管理的全球化发展既为我们创造了学习的机遇,也给我们提出了高水平国际化发展的要求。

（2）项目管理应用领域的多元化发展

当代的项目管理已深入到各行各业，以不同的类型、不同的规模出现，项目无处不在，项目管理处处使用。项目应用的行业领域及项目类型的多样性，导致了各种各样的项目管理理论和方法的出现，从而促进了项目管理的多元化发展。

（3）项目管理的职业化、专业化发展

项目管理的广泛应用促进了项目管理向专业化方向的发展，突出表现为项目管理知识体系（PMBOK）的不断发展和完善，学历教育和非学历教育的迅速发展，各种项目管理软件开发及研究咨询机构的出现等。项目经理职业化脚步不断加快，各种项目经理资质考试成为年轻人追求的热点。应该说项目执业资质认证为项目管理的职业化、专业化推波助澜，这也是项目管理学科逐渐走向成熟的标志。

2. 项目管理学科的发展趋势

自20世纪50年代末、60年代初以来，学术界对项目管理的研究基本上是探索现有成熟理论在项目管理中的应用（钱福培，2002），以及如何将本学科领域的专业理论、方法应用于项目管理。例如：计算机、控制论、模糊数学、优化理论等。同时，各行各业的专家们在探讨如何把项目管理的理论、方法应用到本行业中去，如建筑业、农业、军事工业以及近几年呼声很高的IT行业等。

这种双向探索尽管均出自外界的需求，却极大地促进了项目管理自身的发展，使得项目管理也在向两个方向发展。一方面是向学科化方向发展。项目管理吸收各学科的有用部分，逐渐形成自己独立的内容体系。例如：美国PMI于1986年提出的项目管理知识体系（PMBOK），国内外大学所建立的学士、硕士、博士学历教育体系，成人教育的课程体系等。另一方面，为了适应各行业发展的需要，项目管理学科也正在向实用化方向发展，包括各种方法、工具、标准、法规等。如1992年我国推出了GB/T 13400.1～13400.3-92，"网络计划技术"；国际标准化组织于1997年推出了ISO 10006"质量管理—项目管理质量指导"以及各种计算机应用软件系统等。这种跨行业、跨专业、有理论、有实践的学科发展，进一步促进了项目管理专业学科——"项目学"的建立和发展。

1.6　案例分析：北京奥运会项目管理

历经两次申办，7年筹措，2008年8月8日，中国北京终于迎来了奥林匹克盛会。当奥运圣火在"鸟巢"上空熊熊燃烧，中华儿女和全世界各国人民的心都与奥运紧紧相连。这是一场让人回味无穷的体育盛宴，中国给世界交了一份圆满的答案。而且，从未有一个国家像中国这样,赋予一个体育综合运动会如此高的精神和政治含义。这并不仅仅是一次体育盛会,它成就了中华儿女前所未有的国家自豪感,更托起了中华民族体育大国的百年梦想。

奥运会是一个超大规模、涉及子项目种类繁多、各自项目间关联密切、项目干系人众多的组合项目。

从时间上来看,1999 年 9 月 6 日北京 2008 年奥运会申办委员会在京成立,到 2008 年 8 月 24 日奥运会闭幕式,再加上后续的收尾工作,北京奥运会整个项目从开始到结束持续了近十年。

从规模上看,奥运会涉及的参与人员达数百万,包括运动员、技术官员、媒体记者、奥林匹克大家庭成员贵宾(国际奥委会官员及特邀贵宾、国际单项体育组织贵宾、国家和地区奥委会贵宾、合作伙伴和赞助商贵宾等)、国际与国内贵宾、奥运会志愿者、奥运会观众等。

从涉及的子项目看,奥运会将覆盖体育竞赛、国际联络、场馆建设、场馆管理、环境保护、市场开发、票务、技术系统、互联网、安保、交通、注册、餐饮、住宿、观众服务、医疗服务与兴奋剂控制等运动会服务、开闭幕式与火炬接力、主题文化活动、媒体运行、新闻宣传、教育、人事、财务、采购与物流、法律、保险与风险管理、后勤保障等约 40 个领域。

从子项目之间的关联度看,几乎每一个子项目都与其他子项目有很密切的关联关系。这里仅以几个核心点略作描述:体育竞赛,与场馆建设、场馆管理、技术系统、票务、体育器材采购、运动会服务、媒体运行等众多其他领域有直接关系,与所有领域都有间接关系;场馆管理,几乎所有领域赛时均要进入场馆,组成场馆团队,按场馆进行运作;市场开发,所有合作伙伴、赞助商、供应商的征集工作与各领域的实际需求紧密结合;开闭幕式,与体育竞赛、场馆建设、场馆运行、运动会服务、采购与物流等几乎所有领域均有直接关系;风险管理,服务于所有领域,如果涉及风险转移,则以保险方式解决。

从项目干系人看,除奥组委之外,国际方面包括国际奥委会、国际单项体育组织、各国家和地区奥委会、国际媒体、国际合作伙伴和赞助商,国际观众;国内方面包括主办城市政府、中央和国务院相关部委、协办城市(香港、青岛、上海、沈阳、天津、秦皇岛)、国内合作伙伴和赞助商、国内观众等。

所有上述复杂特点集于奥运会一身,因此可以说奥运会已完全超越体育本身,项目的目标也是多维的,"有特色、高水平"是一个综合评价的标准。2001 年 12 月 13 日成立北京奥组委,国际奥委会根据前几届奥运会的成功经验,建议奥组委采用项目管理科学方法统筹奥运会筹办工作。奥组委总体策划部组织全委多次开展项目管理知识与技能培训,邀请国内外项目管理专家针对各领域的管理问题进行专题研究讨论,培养了一批具有项目管理知识、掌握一定的项目管理技能的团队。项目管理在奥运会筹办工作中发挥了重要作用。

在奥运会中应用项目管理不同于一般的项目管理:从单项目管理看,具有相对的独立性,可以应用项目管理的一般方法与工具,可以从项目的生命周期全过程(启动、计划、执行、控制、结束)应用项目管理的工作结构分解、关键路径分析等方法;从多项目组合管理看,宜选择合适的项目管理成熟度模型,确定合理的成熟度目标,选择短期见效的应用工具,确定重点项目以及相关的协作关系,以点带面,实施基于进度计划的项目组合管理模式。从组织机构看,由于奥组委本身与奥运会的生命周期一致,因此应制定不同于航天、IT等项目的战略,初期建立职能式组织机构,根据赛时运行的需求,在场馆化阶段迅速建立起矩阵式组织机构。从与奥组委之外单位的协作关系以及中国国情来看,项目管理的应用要考虑到相关政府机构对项目管理的认识水平,制定切实可行的战略。例如,与北京市政府的协作关系方面,可通过市政府制定奥运会重点工作折子工程等有政府特色的工具,提出需要市政府协作完成的重点工作,并由市政府督查工作的实施进展,确保双方的进度一致、目标一致、资源共享。

北京奥组委自2001年12月13日成立,初期北京奥组委的组织结构是标准的职能结构,包括秘书行政部、总体策划部、国际联络部、体育部、工程部、环境活动部、运动会服务部、安保部、媒体运行部、新闻宣传部、文化活动部、市场开发部、医疗服务部、人事部、财务部、法律部、技术部、监察审计部、信息中心等19个部门,各部门负责本领域内的各项目工作。随着筹办工作的推进,相继增设了物流部、场馆管理部、交通部、志愿者部等部门。

从2006年开始,奥运会筹办工作开始进行场馆化阶段,以职能部门为核心的模式逐步向以场馆为单元的矩阵式组织机构转化,即各部门派出人员加入场馆团队,运行模式转向以场馆为主。从项目管理角度看,此时北京奥组委的计划管理工作是一种弱矩阵的模式,即设于总体策划部之下的项目管理处负责全委的项目管理工作,形式上相当于项目管理办公室(Project Management Office),各部门设立项目管理专职岗位,负责本领域的项目管理工作。

可以看出,将项目管理应用于奥运会筹办工作并非易事,建立一个统一的项目管理信息平台、统一的工作规范、所有参与者使用共同的项目管理语言,对于顺利推行项目管理,并使其为奥运会的成功举办保驾护航具有至关重要的作用。

资料来源:张坚,曹蕾,胡建余.2008年北京奥运会项目管理信息化应用探索[J].项目管理技术,2006,(11):34-38.

李雪,蔡志义.北京奥运会项目管理实践与创新——访奥组委总体策划部[J].科学中国人,2008,(4):90-95.

问题

请谈谈成功项目管理的思想。

本 章 小 结

本章对项目的概念进行了重点论述,依据项目定义可以认识现实经济生活中的项目,并且对项目进行分类。

项目生命周期理论是项目管理理论的重要方面,任何项目都有生命周期,通常理论上把它分为四个周期,在不同的周期,项目管理方法、重点都是不同的。

项目管理是针对项目这种特殊的任务而进行的计划、组织、实施、控制等活动,它是一门独立的学科体系,在实践和理论中越来越引起人们的重视。

习　题

1. 项目概念包含哪些基本要素? 举出你熟悉的项目例子,说明其特点。
2. 项目有哪些特点?
3. 项目生命周期有何规律?
4. 什么是项目管理? 怎样理解项目管理概念?
5. 项目管理有哪些特点? 其基本要素是什么?
6. 项目管理的基本内容是什么?

第 2 章

项目目标与范围管理

学习目标：项目目标是项目成功与否的判断标准,合理确定项目目标是成功项目管理的开始。通过本章学习,要熟练掌握项目目标的概念、特性等,以及如何确定项目目标。项目范围是定义项目工作的内容框架,要掌握项目范围的概念、定义方法和管理方法等。

2.1 项目目标

2.1.1 项目目标的含义与特性

项目目标就是实施项目所要达到的期望结果。一般预期结果是多样的。

项目与常规活动的主要区别在于,项目通常是具有一定期望结果的一次性活动,任何项目都是要解决一定的问题,达到预定的目标。项目实施效果就是判断实现预期目标的程度,所以,项目实施实际上就是一种追求目标的过程。

项目的目标具有如下三个特点。

(1)多目标性

一般项目的目标不是单一的,而是一个多目标的系统,而且不同目标之间彼此相互冲突,要确定项目目标,就需要对项目的多个目标进行权衡(trade off)。实施项目的过程就是多个目标协调的过程,这种协调包括项目在同一层次的多个目标之间的协调、项目总体目标与其他项目目标之间的协调、项目本身与组织总体目标的协调、不同层次项目目标的协调等。

项目无论大小,无论何种类型,其基本目标表现为三个方面,即时间、成本和技术性能(technical performance)。所以,实施项目的目的就是要充分利用可获得的资源,使得项目在既定的时间内,在一定的预算下,获得所期望的技术性能。然而,这三个基本目标之间相互矛盾、彼此冲突。项目管理就是如何统筹这些目标,牺牲多少成本来换取时间,或者以多少的成本代价获取质量,等等。

(2) 优先性

如上所述,项目是一个多目标的系统,因此,不同层次的目标,其重要性必不相同,往往被赋予不同的权重。有些项目对时间优先,有些项目对质量优先,又有些项目对成本优先,这种优先权重对项目经理的管理工作是指导性的,项目经理始终在这些权重的指导下,安排资源、计划和控制。此外,不同的目标在项目生命周期的不同阶段,其权重也往往不同。例如,技术性能、成本和时间作为项目的三个基本目标,是项目在其生命周期过程中始终追求的目标,但其权重在项目生命周期的不同阶段却不相同,技术性能是项目初始阶段主要考虑的目标,成本是项目实施阶段主要考虑目标,而时间往往在项目终止阶段显示出迫切性。另外,不同类型的项目,对这三个基本目标追求的努力程度也有所不同。例如,对于技改项目,可能更加注重成本;对于研发项目,可能更加注重项目技术性能的实现,而且有时为了追求技术性能的实现,宁愿以时间或成本为代价;对于军事项目可能更加关注时间,为了争取时间,宁愿以高成本为代价。

(3) 层次性

项目是分层次构成的,不同的层次有相应的目标,各个层次目标的集合构成项目总目标。对项目总目标的描述一般需由抽象到具体,要有一定的层次性。通常我们把一组意义明确的目标按其意义和内容表示为一个递阶层次结构,因此,目标是一个有层次的体系。它的最高层是总体目标,指明要解决的问题的总的依据和原动力,最下层目标是具体目标,指出解决问题的具体方针。上层目标是下层目标的目的,下层目标是上层目标的手段。越高层次的目标,一般表现为战略性、方向性、非操作性,而越低层次的目标则表现为具体性、明确性、可操作性。一般项目的各个层次目标是相互矛盾和制约的。

对于一个项目来说,目标的具体表达通常有三个层次,即战略性目标、策略性目标和项目实施计划。项目的战略性目标也就是项目总体目标,也叫作项目的使命,通常用以说明为什么实施该项目,实施该项目的意义,是以描述性来表达的;项目的策略性目标也就是项目的具体目标,用以说明该项目具体应该做什么,应该达到什么样的具体结果,通常是用数据指标来说明;而项目实施的具体计划则说明如何实现项目目标,怎样操作,通常为计划安排,涉及日期、人员和资金的安排。这三个层次之间紧密联系,层层落实。项目一般首先制定战略性目标;确定了战略性目标以后制定策略性目标,如时间、质量和投资等;最后,制定行动计划,具体落实到日期安排、人员安排和设备安排等。

正因为项目目标的层次性,所以,要采用渐进的方式逐步实现目标,如果试图同时完成所有的项目目标,只会造成重复劳动,既浪费时间又浪费钱。项目目标只能一步一步地去实现,并且每实现一个目标就进行一次评估,确保整个项目能得以控制。

例如,居家装潢项目的目标确定如下。

① 战略性目标(总体目标):在经济条件许可的情况下创造舒适、典雅、古朴的居室环境。

② 策略性目标(具体目标):要求总预算在 10 万元以内,3 个月内完成房屋(卫生间、厨房、卧室、客厅)的装修,达到国家室内装潢各项指标。

③ 实施计划(具体计划):3 个月的具体日程安排及费用支出计划如表 2-1 所示。

表 2-1　3 个月的具体日程安排及费用支出计划

日　　期	活　　动	费用(元)	负责人
1 月 1 日—15 日	电器安装	15 000	A
1 月 16 日—31 日	卫生洁具安装	15 000	B
2 月 1 日—15 日	家具	30 000	C
2 月 16 日—28 日	地板安装	15 000	D
3 月 1 日—20 日	油漆	15 000	E
3 月 21 日—30 日	验收	10 000	F

该例子中,总体目标说明了房屋装修的原因,具体目标则说明了在时间、预算的约束下具体装修什么以及装修要达到的结果,具体计划则是房屋装修的实施依据。

2.1.2　项目目标确定的意义与依据

如果要确保项目实现其潜在的价值,那么就要对它将要达到的结果有清晰的认识,确定可测量的指标和方法。项目目标要尽可能避免模糊、不可测量性,通常用简练的语言概括项目的目标点,确保每个项目成员都完全清楚项目要达到的结果。项目经理要和关键成员、赞助人一起工作,共同描绘项目的愿景,正确的愿景描述中必须能够回答这样的问题:我们想要提供什么,如何提供? 和客户一起检查愿景的表述,他们会从对项目期望结果的角度帮助你锤炼愿景的表述形式。如果项目可以给客户带来某种价值,那就是最合适的描述指标。

确定项目目标以后,实际上就是明确了项目及项目组成员共同努力的方向。所以,项目目标确定得正确与否对项目成功起着关键的作用,正确的项目目标能够激励项目成功,不合适的目标会造成项目失败。概括起来主要的意义有以下五点。

(1) 明确了项目管理的努力方向

项目目标规定了最终要交付给客户的结果的形式与质量,项目经理只有满足或者超越客户的需求和预期要求,才算是成功的管理,否则就是失败,所以,项目经理必须沿着项目目标努力。

(2) 明确了项目成员的沟通方式

项目目标的确定实际上是一种沟通的方式,这种沟通体现在项目组成员之间,大家为了一个共同目标组成一个项目组,明确了项目目标,也就明确了自己该做什么,如何与其他成员合作;这种沟通还体现在项目组与母公司之间,由于项目目标与公司目标之间有着内在的联系,因此项目组成员一开始就清楚项目是为实现组织的什么目标服务的;另外,沟通还体现在项目与顾客之间,项目的目标实质上就是满足顾客的具体要求,通过目标的确定,项目与顾客之间达成了统一。

（3）产生一定的激励作用

激励具体表现为对项目组成员的激励,每个项目组成员都有一定的个人目标,然而无论是在自觉或不自觉,还是在明确的或含蓄的状态下,项目组成员总是根据项目目标来调整自己的努力程度。因此,项目目标的确定,可以促使项目组成员调整个人目标,使个人目标与项目目标达成一致,这在一定程度上可以激励项目组成员为实现项目目标而努力。

确定项目目标也为制定项目计划打下了基础,并为项目计划指明了方向,实际上,项目计划就是为实现项目目标而服务的。项目计划又是项目组成员的行动指南。

恰当的项目目标能够产生激励,但是,过高或者太低的目标只能使项目组成员产生失望或者颓废情绪。

（4）项目管理指南

项目管理的依据是什么,制定项目进度计划的依据是什么,这就是项目目标。要根据项目目标制定进度计划,根据项目目标确定成本管理计划,根据项目目标确定分包合同等。

（5）项目成功判断依据

项目成功与否,验收是否合格,判断的依据是什么,这些也是项目的目标。

2.1.3　项目目标与企业目标的关系

企业作为一个组织形式,也有其发展战略目标,不同类型的企业发展战略目标不同,有些企业制定全球发展战略目标,有些企业以占领地域市场为发展目标。企业的发展战略目标确定以后,决定了企业实施项目的类型与大小,所以,企业目标与项目目标是主从关系,项目目标要服从于企业目标,实现企业目标需要许多项目的实施来达到。

假设项目是企业内部的项目,而且企业内部的项目不止一个,那么,项目目标与企业战略目标必然有着十分密切的联系,项目目标的实现是为实现企业战略目标而服务的。项目目标与企业战略目标的层次不同,一个好的项目应该明确其本身的目标是什么,由企业的哪些部门参与,是为了实现企业的什么战略目标。它们之间的关系如图 2-1 所示。

图 2-1　企业目标与项目目标的关系

资料来源:毕星.项目管理[M].上海:复旦大学出版社,2000.

图 2-1 表明,任何一个企业无论大小都有一个总体的目标——战略目标,如万向集团的战略目标是"成就为一家拥有思想的现代化公司",实现这个目标的主要举措为实施"三接轨",即接轨跨国公司运作,接轨先进技术,接轨国际主流市场。主要支撑项目已经在全球市场建立了"服务网络",为全球主机及大众客户提供仓储、配送等服务。一般经营性企业的战略目标可能在于利润的增长;一个公用事业机构,其目标可能在于为顾客提供快速而有效的服务。企业各职能部门的目标主要是支持企业的战略目标,为企业战略目标服务。一般小企业的战略目标是维持其生存,所以,企业每个职能部门的目标都将围绕这个目标,销售部门的目标在于销售足够多的产品,生产部门的目标是尽可能降低成本,人事部门的目标则在于招聘足够多的员工以保证企业的正常运作,而企业开发新产品项目的目标也将基于短期的适销对路。

企业战略目标需要内部职能部门的支撑,职能部门的目标服从于、服务于战略目标,然而,职能部门目标的实现,需要各个项目目标的实现,如销售部门的目标要以销售项目的目标实现为基础,人事部门的目标要以培训项目目标的实现为基础。这种层次结构分析是基于这样的假定,即项目的组织结构形式是职能式的,如果项目采取纯项目式的结构,项目目标则直接与企业战略目标相联系。

上述不同层次的目标需要通过企业的政策、运作程序和具体计划联系起来。企业政策是企业制定决策的依据,运作程序则为企业运作提供了一套详细的指导,计划则是实现企业目标方式的具体描述,同时又对实现项目目标具有指导作用。

2.1.4　制定项目目标的方法

项目目标分两个方面确定,一个是项目初始目标的确定,另一个是项目实施目标的确定。项目初始目标是项目发起人或者客户提出的期望结果或产品、服务的形式,而项目实施目标是项目组织为了满足或超越发起人/客户的要求而制定的目标。项目的目标应该被所有项目组成员及组织中各个层次的经理人员所了解。以便于圆满达成目标。

项目目标的确定需要一个过程,在项目的初始阶段,项目目标往往难以非常清晰、具体地描述,随着项目进展,目标界定越来越清晰。要清楚地界定项目目标,首先要明确由谁来确定项目目标,因为不同的人其思考的角度不同;其次,还需要深入分析项目内部的情况和影响项目实施结果的外部环境。

一般项目目标的确定是从一般到具体的逐渐细化过程。下面以工程项目的目标确定过程为例加以说明。

工程项目的目标确定是按系统工作方法有步骤地进行的,它通常包括对情况的分析、问题的定义、提出目标因素、构建目标系统和研究目标系统各因素的关系等工作。

1. 情况分析

目标设计是以环境和项目承办企业发展战略为依据的。根据外部经济、社会环境的变化和企业内部发展战略趋势的变化等,构思项目的意图、作用及产生的影响等。对环境和企业上层系统状况进行调查、分析和评价,以作为项目目标设计的基础和前导工作。经验证明正确的项目目标设计和决策需要良好的计划条件、良好的外部环境和大量有用信息。

情况分析主要包括以下内容。

(1) 拟建工程所提供的服务或产品的市场现状和趋向的分析。

(2) 企业组织形式,企业的发展战略、状况及能力,企业管理系统运行存在的问题。

(3) 企业所有者或业主的状况。

(4) 能够为项目提供合作的其他项目,如合资者、合作者、供应商、承包商的状况;企业高层管理系统中对项目的重视程度,等等。

(5) 自然环境及其制约因素。

(6) 社会的经济、技术、文化环境,特别是市场问题的分析。

(7) 政治环境和法律环境,特别是与投资及项目相关的法律和法规。对环境调查应该尽可能系统,尽可能定量化,用数据说话。调查可以用问卷表进行,也可以收集二手资料,主要应着眼于历史资料和现状,翻阅国内外法规和法律文件,进行必要的归纳和总结,并对将来状况进行合理预测和详细论述。

情况分析方法包括问卷调查法、专家咨询法、ABC 分类法、决策表、价值分析法、敏感性分析法、企业比较法、趋向分析法、回归分析法、市场份额分析法和对过去同类项目的分析方法等。

2. 问题定义

经过情况的分析可以从中认识和引出管理层面的问题,并对问题进行界定和说明(定义)。项目构思所提出的主要问题和需求表现为管理层面的症状,而问题定义是目标设计的诊断阶段,从中研究并得到问题的原因、背景和界限。

问题定义的基本步骤如下。

(1) 对管理层面的问题进行罗列、结构化,即管理层面由几个大问题及几个小问题构成。

(2) 对问题的原因进行分析,将症状与背景、起因联系在一起。这可用因果关系分析法。

(3) 分析问题未来发展的趋势和可能性。要评估这种发展对完成目标的影响,尽可能用时间趋势外推方法进行分析,归纳出定性的结果,从而为确定定量化的项目目标服务。例如,分析开发一个新产品的目标的时候,要对市场需求的可能发展趋势进行定量外推,要分析消费者偏好的变化趋势、估计市场需求量、分析竞争对手的产量和价格,等等。在这个分析的基础上确定新产品的市场定位目标、时间安排和价格定位等。工程项目的问题在使用过程中才会显露出来,是具有隐蔽性的,所以,定义工程项目的问题要分析地基条件、气候环境以及用户的需求等。

3. 提出目标因素

所谓目标因素是构成目标的成分、影响变量等。分为问题目标因素和目标影响因素。

（1）问题目标因素

问题目标因素通常由两个方面决定。一是问题的定义，即按问题的结构，解决其中的各个问题的程度。即为目标因素。二是问题边界的界定，即产生问题对项目的进展会产生什么影响。由于边界条件的多方面约束，造成了问题目标因素的多样性和复杂性。

一个工程项目的可能问题目标因素有如下几类。

① 问题的类型。工程项目问题是指什么，以什么形式产生和发展等，房地产市场价格下跌、楼盘设计不符合市场需要以及材料价格上升等。

② 问题产生的可能性。这是在情况分析的基础上进一步分析的结果，可以用概率分析方法估算问题产生的可能概率。一般抓住小概率的重大事情作为分析的重点，因为小概率事情往往被人们忽视，但是，一旦发生带来的损失就很大。

③ 目标的构成因素。一个工程项目的目标构成应该有销售量、生产量、市场占有率和产品竞争力；拟解决多少人口的居住问题，或提高当地人均居住面积等；增加道路的交通流量或增加行车。

④ 项目自身的（与建设相关）目标、速度和吸引外资数额。包括：工程及规模，即项目所能达到的生产能力规模，如建成一定产量的工厂、生产流水线，一定规模、等级、长度的公路，一定吞吐能力的港口，一定建筑面积或居民容量的小区；经济性目标主要为效用、费用，项目的投资规模、投资结构和运营成本，项目投产后的产值目标和利润目标以及该项目的投资收益率等；项目时间目标，包括建设周期、产品生命期、偿还期或投资回收期等。

⑤ 其他目标因素。提高劳动生产率，如达到新的人均产量、产值水平；人均产值利润；降低生产成本，达到新的成本水平；提高自动化、机械化水平；增加就业人数；对自然和生态环境的影响，对事故的预防；对企业或当地其他产品、部门的连带影响，对企业或对国民经济、对地方发展的贡献；节约能源程度；对企业形象的影响，对企业能力的影响；对烟尘、废气、热量、噪声、污水排放的要求；其他间接目标，如企业能力增长、用户满意程度和工程安全性要求等。

（2）目标影响因素

针对各个项目，分析影响这些目标实现的因素有哪些。一般工程项目的影响因素有几个方面，例如，项目经理管理能力、不可抗拒力量发生、市场价格和政策变化等。

4. 目标确定的要求

项目目标的确定应尽可能明确、具体，并尽可能定量化，可以分析、对比。其基本要求如下。

（1）真实反映管理层的要求,情况分析透彻,问题定义贴切。

（2）反映客观,实事求是、切合实际,既不好大喜功,又不保守,一般经过努力能实现。目标太低,不需要努力就能够实现,不能产生激励的效果;目标太高,实现不了,产生失望,也不能激励。

（3）目标因素的分解、评价要由概要到详细,利用现有的同类项目的数据,进行对比、分析,由集体讨论、归纳,并在逐渐修改、联系、变异和优化的基础上,逐渐完善。

（4）目标因素要有一定的可变性和弹性,即考虑在进一步的研究论证(如可行性研究、设计)基础上,按具体情况能进行调整,特别是在项目实施过程中外部条件发生变化的情况下。同时考虑一定的变动范围,如最高值、最低值区域的划定。

（5）要兼顾项目的短期、中期和长期目标。目标设计必须重视时间因素以及它的影响。目标因素都有一定的时效,即目标实现的时间要求。既要防止目标的短期化,又要防止目标太长缺乏操作性和预测性。如果节省建设项目的投资,也许会造成项目的优势很快消失(运行费极高);同时又防止在长时间内仍未达到最优的利用(如投资回收期过长)。所以许多工程项目经常分阶段投资,分一期、二期工程,甚至三期、四期工程,要考虑到扩建改建及自动化的可能性等。特别对投资回收期很长的项目,应分解成许多实施阶段、分期工程。远景目标通过战略计划(长期计划)来安排,而近期目标必须详细设计、研究,并予以保证,远景目标可以是描述性表达,近期目标要用定量化表达,这样可以形成短期、中期与长期目标的协调一致。

（6）目标因素可以采用相似情况(项目)比较法、指标(参数)计算法、费用/效用分析、头脑风暴法、价值工程法等方法确定。

例如,在工程项目的经济性目标因素分析中,投资收益率常常是重要考虑的因素。主要包括以下因素。

① 资金成本,即投入这个项目的资金筹集费用相应支付的利息。

② 项目所处的行业和部门。不同的行业、不同的部门有不同的基准投资收益率。例如,高科技行业往往要求投资收益率较高,传统行业、基础产业要求的基准收益率较低。人们可以在部门投资利润率基础上调整,但不能完全摆脱它。

③ 项目风险的大小。即项目实施以及生产、销售中的不确定性的大小。当然,风险大的项目,投资收益率应高一点,风险小的可以低一点。一般我们可以用风险贴补率来考虑。把国债和银行存款作为无风险的基准来考虑,在这个基础上加上一定的系数。

④ 通货膨胀的影响。通货膨胀造成货币实际购买力的降低,由于在项目实施过程中资金的投入和回收时间不一致,总是投入发生在前,收入发生在后,所以要考虑通货膨胀的影响。为了达到项目实际的收益,确定的投资收益率一般不低于通货膨胀率与期望的投资收益率(即假如无通货膨胀情况下)之和。

⑤ 其他因素。例如,投资额的大小、建设期和回收期的长短、项目对全局(如企业经营战略、企业形象)的影响等。

5. 目标系统的建立

在确定目标因素的基础上，对整个项目目标进行综合、排序、选择、分解和结构化，形成目标系统、目标层次，并对目标系统进行定量化描述。

6. 研究目标系统各因素的关系

目标因素按性质可以分为两种。一是强制性目标，即必须满足的，通常包括法律的限制、官方的规定、技术规范的要求等。例如，环境保护法规定的排放标准；事故的预防措施；技术规范所规定的系统的完备性和设计标准。这些目标是必须要纳入项目系统中的，否则项目不能成立。在实际工作中，人们常常忽视这些问题，仅注重对项目评价、设计和计划必要的目标因素的研究。二是期望的目标，即尽可能满足、可以作为优化的目标因素。目标因素之间经常有矛盾，例如环保要求和经济效益、自动化水平和就业人数、质量与成本等。通常在确定目标因素时尚不能排除目标之间的争执。但在目标系统设计时，则必须解决这个问题，在这个过程中，各目标因素被分析、对比、逐个修改、联系、变异、增删、优化，并与情况分析联系在一起，形成一个反复的过程。权衡这些目标之间的矛盾通常如下。

(1) 强制性目标与期望目标之间的权衡。例如，最常见的是环境保护要求和经济性（投资收益率、投资回收期和总投资等）相矛盾，这时，必须满足强制性目标的要求，把环境保护作为前提条件。

(2) 期望目标因素的矛盾。例如，投资规模与投资回收期、投资收益率，项目投资回收期与项目建设周期等。如果是定量的目标因素之间出现了矛盾，不能同时兼顾时，可以采用优化的方法，追求技术经济指标最有利（如收益最大化、成本最低），或者确定定量指标优先级别（或定义权重），在不同级别中分别确定。

2.1.5　项目目标确定原则与指标描述

确定项目目标应遵循以下几个原则。

1. 尽可能定量描述

项目目标与企业目标不同。企业目标有战略目标和策略目标。战略目标是规定企业未来发展方向，一般用描述性表达，主要从定性的角度确定发展内涵，在实际运行过程中还需要战略目标具体化。然而，项目是操作层面的内容，项目管理的目标要有操作性、可度量性，便于最后的考核。

2. 应该使每一个项目成员都明确项目目标

项目经理是重要角色，不等于所有的事情由项目经理来做，项目需要全体成员的共同努力,所以,项目管理是一个团队。要调动全员积极性,动员项目团队组成合力,必须要求项目每一个成员都知道项目目标,这样有利于集中力量,形成一个努力局面。

3. 目标是客观现实的,不是理想化的

项目是一个激励,同时目标也是一种惩罚,完成目标将会得到奖赏,完不成目标就会受到惩罚。不切合实际的目标设计不能起到激励作用,也就失去目标原本的作用。所以,确定目标要深入实际进行调查、分析,借鉴同类项目的情况,确定目标不能太理想化,也不能把目标定得太低。

4. 目标描述尽可能简要

实现项目目标是一个复杂的过程,但是,目标本身不是一个复杂的系统,目标要用简要的语言或者数据指标描述,描述目标的时候要尽可能简明扼要。

确定目标是为了考核,与绩效比较以后才能明确目标什么时候实现。含糊其词、模棱两可的目标规定,将给考核工作带来难度,也是产生纠纷的原因之一。

对项目目标的描述要做到如下几个方面:

在项目实施的开始,项目经理最主要的任务是必须准确地界定项目的总目标,通过对总目标的分解便可得到项目实现的目标体系。也就是说,项目目标确定的结果应该是一个目标体系,它们分别涉及项目的时间、费用、技术与产品三个方面,每个方面都可能有一些具体的要求及相对应的目标体系,这也体现了目标的层次性。

对目标的表述,应该回答如下几个问题:①数量(多少);②质量(怎么样);③目标组或项目对象(谁);④时间(什么时间开始,什么时间结束);⑤地点(在哪里)。

同时,在对项目目标进行描述的时候,首先应该确定项目的总体目标,而总目标的描述应该具体、明确,并尽可能定量化,在总目标下再确定分目标。

一般来说,总目标的指标比项目分目标和最终交付成果更倾向于定性。而项目分目标和成果的指标则更倾向于定量,以易于检测。

例如,某个技改项目的目标描述如下。

步骤	事例
a. 确定总目标	年产量提高到 100 万台。
b. 确定目标组	M100-1 型号产量 20 万台;M101-1 型号产量 20 万台;M200-2 型号产量 20 万台;M201-2 型号产量 20 万台;M300-1 型号产量 20 万台。
c. 质量	产品质量达到国标 GB×××-2000 标准。
d. 时间	M100 型号流水线 2000 年 1 月 1 日至 2000 年 12 月 31 日完成,M200 和 M300 型号流水线 2001 年完成。

如果将此目标写成一句话,那就是:××公司在 2000 年和 2001 年期间对 M 系列产品生

产线进行技术改造,使年产量提高到 100 万台,质量达到国家标准。

对指标描述可以用文字,也可以用图表,图 2-2 是某公交公司"客户满意服务"项目的目标考核层次指标。描述项目目标的指标说明如表 2-2 所示。

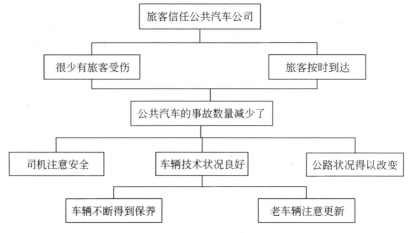

图 2-2　目标描述图

表 2-2　描述项目目标的指标说明

描 述 指 标	说　　　明
确定客观指标体系的必要性	表述总目标、项目目标和交付成果的特征 使管理项目更加客观 提供更加客观的检测和评价基础
指标应具备哪些特征	定量化、相关性、均一性、可测量性
每个目标或成果是否仅有一个指标	每个目标或成果可以建立多个指标体系
是否一定能够找到定量的指标描述目标	理论上是可以的,但是,实际比较困难,有些目标可用定量指标描述,有些可能用定性指标描述。尽可能套用国家、省部或行业的标准。不能定量描述的目标,可以用专家投票的方式进行定量化
指标之间出现矛盾怎么办	各个指标之间可能会相互矛盾,要通过优化处理指标之间的关系

2.2　项目范围

2.2.1　什么是项目范围

在管理中,确定一个有效的范围对项目取得成功非常重要。作为一个管理者,只有确定了项目的工作边界,才能顺利地获得良好业绩。

项目范围是指为了成功达到项目的目标,项目所规定要做的内容。简单地说,确定项目范围就是为项目界定一个界限,划定哪些方面是项目应该做的,哪些是不应该包括在项目之内的(毕星,翟丽,2000)。定义项目管理的工作边界,确定项目的目标和主要的项目可交付成果,是项目管理的基本工作。

Kathy Schwalbe(2003)认为项目范围是所有涉及创造项目产品中的工作和过程。不明确的项目范围定义是造成项目失败的主要原因之一。

戚安邦(2001)认为项目范围是主要项目产出物(在项目范围综述中确定的)进一步分解为更小的、更便于管理的许多组成部分。项目范围定义的目的是提高对项目成本估算、项目工期和项目资源需求估算的准确性,为项目的绩效度量和控制确定一个基准,便于明确和分配项目任务与责任。合理恰当的范围定义对项目的成功至关重要。当项目范围定义不清楚或项目范围管理很糟糕时,项目的最终成本比预期的总成本高。因为,会有许多难以想象的项目变动干扰项目运行,导致实施工作的返工,增加实施时间,降低劳动生产率和项目团队的士气。

上述的定义各有侧重点,但是,总的思想是项目范围是对项目进行界定,是对项目目标的细化和具体化。所以,本书对项目范围的定义描述为:项目范围是指为了便于项目管理、绩效考核,具体化、细化了的项目目标所涉及的具体任务和活动。

本文对项目范围定义的含义包括几个方面,第一,范围界定是项目管理的基础工作;第二,项目范围是对项目目标的细化、具体化;第三,范围应该可以考核和可操作。

毕星(2002)对"范围"一词作了更加详细的解释,指出:

① 产品范围,即一个产品或一项服务应该包含哪些特征和功能。

② 产品规范(specification),即产品所包含的特征和功能的具体表现。

③ 项目范围,即为了交付具有所指特征和功能的产品所必须要做的工作。简单地说就是项目做什么、如何做才能交付该产品。

所以,从另一个角度说,项目范围的定义要以项目所要交付的所有产品的范围定义为基础,这也是一个由一般到具体、层层深入的过程。即使一个项目可能是由一个单一产品组成的,但产品本身又包含一系列组成部分,有其各自的组成部分,每个组成部分又有其各自独立的范围。例如,一个新的电话系统可能包含四个组成部分:硬件、软件、培训及安装施工,其中,硬件和软件是具体产品,而培训和安装施工则是服务,具体产品和服务形成了新的电话系统这一产品的整体。如果项目是为顾客开发一个新的电话系统,要定义这个项目的范围,首先就要确定这个新的电话系统应具备哪些功能,定义产品规范,然后具体定义系统的各组成部分的功能和服务要求,然后明确项目需要做些什么才能达到这些功能和特征。

产品范围的定义就是对产品要求的度量,而项目范围的定义在一定程度上是产生项目计划的基础。两种范围的定义要紧密结合,以保证项目的工作结果能够最终交付一个或一系列满足特别要求的产品。

2.2.2　项目范围定义的作用

确定项目范围也就定义了项目的工作边界,明确了项目的目标和主要的项目可交付成果的形式和内容。项目的可交付成果往往又被划分为较小的、更易管理的不同组成部分。因此,确定项目范围对项目管理来说可以产生如下作用。

(1) 有利于费用、时间和资源的准确性估算

项目的工作边界定义清楚了,项目的具体工作内容明确了,这就为项目所需的费用、时间和资源的估计打下了基础。

(2) 确定进度计划和控制的基准

项目范围是项目计划的基础,项目范围确定了,就为项目进度计划和控制确定了基准。

(3) 有助于清楚地分派任务与责任

确定项目范围也就确定了项目的具体工作任务,为进一步分派任务打下了基础。

(4) 是 WBS 工作分解的对象

项目范围定义以后实际上就已经确定了项目工作的主要内容和大致线条,但是,在编制项目计划时必须进行工作结构分解(WBS),以明确项目各项任务所包含的详细活动及作业。WBS 分解的对象就是项目范围规定的内容。

(5) 项目评估的依据之一

项目进行过程中可能会出现实际进展偏离计划的现象,项目进展过程中以及最终结束时都要进行评估,项目范围及其文件是评估的主要依据。

正确地确定项目范围对项目成功非常重要,如果项目的范围确定得不好,有可能造成最终项目费用的提高,因为项目范围确定得不好会导致意外的变更或额外的费用,从而打断项目的实施节奏,造成返工,延长项目完成时间,降低劳动生产率,影响项目组成员的干劲,等等。

确定项目范围,其结果需要编写正式的项目范围说明书,并以此作为将来项目决策的基础。有些项目管理教科书或项目管理手册中,把确定项目目标与确定项目范围结合起来形成一个文件,叫作项目参考条款(terms of reference,TOR)。项目参考条款包括项目目标、定义项目所应交付的产品(包括中间产品和最终产品)、项目的基本内容等。随着项目的进展,这份文件可能需要修改或细化,以反映这些界限的变化。具体来看,项目范围说明书应该包括以下三个方面的内容。

① 项目的合理性说明。即解释为什么要进行这一项目,它为将来提供了评估各种利弊关系的基础。

② 项目目标。即确定项目成功所必须满足的某些数量标准。项目目标至少应包括费用、时间进度和技术性能或质量标准。项目目标应当有属性(如费用)、衡量单位(如货币单位

元)和数量(如 150 万个)。未被量化的目标往往具有风险。

③ 项目可交付成果的形式和内容。即一份主要的、具体的产品清单,这些产品完全、满意地交付标志着项目的完成。例如,某一软件开发项目的主要可交付成果可能包括可运行的计算机程序及用户手册等。

项目范围说明书可以起到以下四个方面的作用。

① 形成项目的基本框架。使项目所有者或项目管理者能够系统地、逻辑地分析项目关键问题及项目形成中的相互作用要素,使得项目的有关利益人员在项目实施前或项目有关文件书写以前,能就项目的基本内容和结构达成一致意见。

② 产生项目有关文件。用来指导项目有关文件的产生,规划项目目标文件内容等。

③ 形成项目结果核对清单。作为项目评估的一个工具,在项目终止以后或项目最终报告完成以前使用,以此作为评价项目成败的判据。

④ 可以作为项目整个生命周期中监督和评价项目实施情况的背景文件,作为有关项目计划的基础。

2.2.3　项目范围规划

项目范围规划就是确定项目范围并编写项目说明书的过程。项目范围说明书说明了为什么要进行这个项目,形成项目的基本框架,使项目所有者或项目管理者能够系统地、逻辑地分析项目关键问题及项目形成中的相互作用要素,使得项目的有关利益人员在项目实施前或项目有关文件书写以前,能就项目的主要内容和结构达成一致;产生项目有关文件格式的注释,用来指导项目有关文件的产生;形成项目结果核对清单,作为项目评估的一个工具,在项目终止以后或项目最终报告完成以前使用,以此作为评价项目成败的判据;可以作为项目整个生命周期中监督和评价项目实施情况的背景文件,作为有关项目计划的基础。

项目和子项目都要编写范围说明书,一般来说,项目范围说明书要由项目班子来写。项目范围说明书是项目班子与任务委托者之间签订协议的基础。

例如,某投资建设炼油厂的项目业主将新炼油厂的设计任务包给了某设计院。该设计院要求有一份范围说明书,明确设计任务的范围、界限,例如,由码头到炼油厂的输油管线属于不属于本院的设计任务。这份范围说明书就是项目业主和设计院签订设计委托合同的基础。当然,该例的范围说明书是由项目业主还是由设计院来写,两者都可以。

有些时候,在做项目范围规划时,业主已经准备好了项目范围说明书要求的材料,因此项目范围规划工作量不大,不需要做得很详细。大多数项目在编写建议书时就已经明确了成果形式和内容,有些项目许可证就已经写入了项目目标,等等。这时,项目范围说明书只要求把上述内容具体化就可以了。

2.2.4 范围规划的依据

编写项目范围说明书的主要依据如下。

（1）成果说明书

所谓成果，就是任务委托者在项目结束时要求项目管理班子交出的成果，在成果说明书中，对要求交付的成果必须有明确的要求和说明。

（2）项目许可证

项目许可证是正式承认某项目存在的一种文件，大多数情况是企业高层（董事会）对项目的审批文件，工程项目是政府建设管理部门的批准文件，等等。它可以是一个特别的文件形式，也可以用其他文件替代，如企业要求说明书与产品说明书。对于一个承包合同项目来说，签署的合同可以作为卖方的项目许可证。

（3）制约因素

制约因素是限制项目团队行动的因素。例如，事先确定的项目预算将会限制项目小组对项目范围、人员配置以及日程安排的选择。对于一个合同项目，合同条款通常被看成制约因素。

（4）假设前提

假设是指为了制定计划而考虑假定某些因素将是真实的，符合现实的和肯定的。例如，如果项目的某个关键人物到位的时间不确定，项目小组将假设项目某一特别的开始日期，作为该关键人物到位时间的假定。假设常常包含一定程度的风险。

2.2.5 范围规划工具和技术

（1）成果分析

通过对预期成果的分析可以加深对项目成果的理解，预测其结果，确定多余、没有价值的结果，可以采用价值工程的方法。

（2）成本效益分析

成本效益分析就是通过估算项目实施方案的内部成本与收益，以及外部成本与收益，计算项目投资的收益率、投资回收期等财务指标，估计各项目方案的相对优越性。

（3）项目方案识别技术

这里的项目方案指实现项目目标的方案。项目方案识别技术泛指提出实现项目目标的方案的所有技术，例如头脑风暴法等。

（4）专家判断

可以邀请行业专家对各种方案进行评价。任何经过专门训练或具有专门知识的集体或个人均可视为领域专家。

2.2.6 范围规划的成果

经过项目规划以后,可以得到如下结果。

（1）范围说明书

范围说明书可以帮助项目的有关利益集团就项目范围达成共识,为项目实施提供了基础。其内容包括以下几点。

① 项目的合理性说明,即解释为什么要进行这一项目。项目合理性说明可为以后权衡各种利弊关系提供依据。

② 项目成果的简要描述。确定项目成功所必须满足的某些数量标准,通常这些标准应包括费用、时间进度和技术性能或质量标准。且尽可能是量化标准,未被量化的目标往往具有风险。

③ 项目可交付成果,即一份主要的、具有归纳性层次的产品清单,这些产品完全、满意地交付标志着项目的完成。例如,某一软件开发项目的主要可交付成果可能包括可运行的计算机程序及用户手册等。

④ 项目目标的实现程度。

⑤ 附加说明。包括项目的有关假设条件及制约因素的陈述。

（2）范围管理计划

范围管理计划包括以下内容。

① 说明如何管理项目范围以及如何将变更纳入到项目的范围之内。

② 对项目范围稳定性的评价,即项目范围变化的可能性、频率和幅度。

③ 说明如何识别范围变更以及如何对其进行分类。

根据项目的需要,范围管理计划可以是正式的或是非正式的,可以是非常详细的,也可以只是一个大概框架。该计划是整个项目计划的一个附属部分。

2.3 案例分析 1：营销 MIS 项目的目标与范围

一家从事营销管理信息系统(简称营销 MIS)的 IT 公司的市场营销部门,年初制定了一项向国有大中型企业推广营销 MIS 的计划。该营销部门就此成立了几个项目小组,分别就一些行业开展工作。A 先生被任命为其中一个推广项目的项目经理,专门负责向一家大型国有钢铁公司推广营销 MIS。

这家国有钢铁公司的总部设在北京,在全国其他地方还设有 10 个分公司,公司员工总数为 10 000 人(包括各分公司)。公司的产品有着较为稳定的市场,发展前景看好。总公司的高层领导比较保守,对现代信息技术的运用持怀疑态度,但公司的中层职位由一批年轻有为的、具有大学本科学历以上的年轻人担任,他们对现代信息技术抱有很大热情。

该推广项目预计持续 1 年,最初计划从这家钢铁公司总部着手,然后业务向公司其他 10 个分公司拓展。希望到 2000 年初,该 IT 公司能够使这家国有钢铁公司全面使用营销 MIS,并使公司高层领导对这项新的通信技术能够完全接受。

A 先生接受任命后便开始对这家钢铁公司进行调查,调查的内容包括公司的主要产品及其销售数量、公司的赢利情况、公司现在的市场信息系统、公司的营销队伍分布和装备、公司对现代信息技术的了解情况、公司的物料采购系统、公司现有的主要通信方式、营销 MIS 可能对公司管理方式造成的影响。此外,还对公司现有的企业文化、公司有关的规章制度以及高层领导的个性作了分析,并就公司对营销 MIS 的可能的投资规模进行了预测。通过一系列的调查,A 先生提交了项目的可行性分析报告。

通过分析,A 先生认为向这家钢铁公司推广营销 MIS,就这家公司的规模和经济实力来看是完全可行的,关键在于如何去做。

项目经理初步分析了项目的主要任务,制定了大致的推广方案,其中包括:举办营销 MIS 技术演示会,宣传营销 MIS 的优越性,邀请该钢铁公司的高层领导来 IT 公司进行参观考察,面向钢铁公司的高层领导及有关人员开设讲座,宣传最新通信技术的发展及其对现代企业管理的影响,与技术人员进行有关的技术谈判,与高层领导进行有关的商务谈判,争取在年底签署合同。

讨论:如果你是项目经理. 你将如何来具体实施这个项目?

问题

(1)确定该项目的基本假设或实施该项目的基本条件。(该钢铁公司的基本经营状况假设等)。

(2)该项目的目标是什么?

(3)该项目的项目范围怎样?

(4)估计项目整个生命周期中的主要产品,并定义产品特点。

(5)该项目的组织结构怎样? 它需要什么样的项目组成员? 人数多少?

(6)列出项目的所有任务,并把有关任务分配给项目组成员。

(7)针对每项任务估计完成任务所需要的时间。

(8)列出该推广项目的具体日程安排。

2.4 案例分析 2：某工程项目的目标管理

某运动会指挥中心工程,是某运动会指挥枢纽,项目地点位于某市某生态城核心位置,轩文路以东,南外环以南,北湖中路以西,圣贤路以北。主楼 12～17 层;左右配楼 5～7 层,均为框架-剪力墙结构。主楼 2 层地下室,地下 2 层局部为核 6 级人防,配楼带 1 层地下室。地下部分根据主楼与配楼结构分区,分为 3 个独立单体部分。该工程合同总额为 9.6 亿元,计划工期为 746 天。本工程质量目标为确保"泰山杯",争创"鲁班奖",建成后将成为该市的标志性建筑之一。

××集团公司在中标后,对该工程项目进行目标分解,设定各专项目标,具体如下。

1. 成本、利润目标

工程项目的成本、利润主要是通过先进行标价分离,再组织项目部签订项目管理目标责任书的方式确定,根据工程项目的中标价格、预测算的成本及其工程税金或其他成本,得出该工程项目较为准确的利润目标。

2. 工期目标

按合同要求,本工程自 2011 年 9 月 16 日开工,至 2013 年 9 月 30 日竣工验收,工期共计746 天。

3. 质量目标

确保"泰山杯",争创"鲁班奖"或"国家优质工程"奖。

4. 安全生产、文明施工目标

杜绝重大安全事故,年度轻伤负伤频率控制在 1.5‰ 以内,创建"某市标准化示范工地",争创"省、部级安全文明示范工地"。

5. 环境保护与绿色施工目标

按照 ISO 14000 环境管理体系的要求,并依据原建设部 2007 年 9 月发布的《绿色施工导则》,做好现场的环境保护和绿色施工工作。

6. 技术创新目标

(1)争创"某省新技术应用示范工程",并结合本工程特点推广应用建筑业 10 项新技术,包括 10 大项 28 小项(增加钢结构、预应力)。

(2)计划完成企业工法 3 项:黏土地基超流态长螺旋钻孔压灌桩施工工法、钢桁架屋盖分榀提升高空对接施工工法和深井井点降水施工工法。

(3)计划完成质量控制小组活动成果 2 项:外墙干挂石材平整度一次验收合格、保证基坑支护混凝土喷护厚度。

资料来源:刘周学.项目目标管理在建筑企业的应用案例[J].青岛理工大学学报,2011,(5):150-154.

问题

（1）案例中××集团公司对项目进行目标分解是否合适？

（2）项目目标分解在项目管理中起到怎样的作用？

本 章 小 结

本章主要讨论了项目目标及项目范围管理的有关问题。

项目目标即实施项目所要达到的期望结果。项目目标具有多目标性、优先性和层次性等特点。项目目标的确定实际上就是明确了项目及项目组成员共同努力的方向。

项目目标就是实施项目所要达到的期望结果。它明确了项目管理的努力方向，明确了项目成员的沟通方式，产生一定的激励作用，是项目管理的指南、项目成功的判断依据。

项目目标与企业的战略目标层次不同，它们之间的关系可以用一个金字塔结构表示。

对项目目标的描述应该力求反映项目的本质目标，目标的描述应该真实反映管理层的要求，应该清晰、具体、明确，应该是现实的、量化的，目标因素要有一定的可变性和弹性，要兼顾项目的短期、中期和长期目标。项目具体目标中往往包含时间、成本和技术性能三个方面。

目标的制定方式可以作为执行和指导一个组织实现目标的管理手段。因此，目标管理可以作为一种有效的项目管理工具。在管理中，确定一个有效的范围对项目取得成功非常重要。作为一个管理者，只有确定了项目的工作边界，才能顺利地获得良好业绩。项目范围是指为了成功达到项目的目标，项目所规定要做的内容。简单地说，确定项目范围就是为项目界定一个界限，划定哪些方面是项目应该做的，哪些是不应该包括在项目之内的。项目管理中的范围可以指产品范围或产品规范和项目范围。

确定项目范围的结果就是编写项目范围说明书。项目范围说明书应包括如下内容，项目目标、项目的合理性说明和项目的可交付成果。

习　　题

1．如何理解项目目标及其特点？

2．简述确定项目的意义。

3．简述确定项目目标的依据。

4．什么是项目范围？

5．简述确定项目范围的意义。

6．简述确定项目范围的工具。

第 3 章

项目组织管理

学习目标：一个项目一旦确立，首先将要面临两个问题。第一，必须确定项目与公司的关系，即项目的组织结构；第二，必须确定项目内部的组成。本章将从组织的一般概念出发，重点介绍三种主要的项目组织结构形式，即职能式、项目式和矩阵式组织结构，以及它们的优缺点。还将讨论选择合适的项目组织形式所要考虑的一些关键因素。

3.1 项目管理组织的概念

项目组织是项目管理的基本职能与内容之一，它的主要目的是充分发挥项目管理职能，提高项目管理的整体效率，以达到项目管理的目标。由于项目本身的特性使得项目组织管理对于项目的成功而言十分重要，而项目经理作为项目组织的领导者也就变得更为重要了。

3.1.1 项目组织

一个项目一旦确立，首先就要面临两个问题：第一，必须确定项目与公司的关系，即项目的组织结构；第二，必须确定项目内部的组成。同时还应考虑与其内外组织有密切联系的环境问题。

1. 组织

组织是管理的一种重要职能，其一般概念是指各生产要素相结合的形式和制度。通常，前者表现为组织结构，后者表现为组织的工作制度，一般所说的组织是指组织结构。组织结构一般又称为组织形式，反映了生产要素相结合的结构形式，即管理活动中各种职能的横向分工和层次划分。组织结构运行的规则和各种管理职能分工的规则即是工作规则。

组织结构总是要适应组织活动的需要的,它不但贯穿于管理活动的全过程和所有方面,并随着其中各种因素的变化而变化,而且组织结构本身也是一个系统的概念。

2. 项目组织的含义

在项目中,项目管理人员一般要通过组织取得项目所需要的资源(资金、技术、人员等)。他们必须知道应该如何管理这些资源才能实现项目的目的。组织机构一经确立,项目团队就可以开始制定计划来管理项目的各个方面。由此我们把项目组织定义为:为完成特定的项目任务而建立起来的,从事项目具体工作的组织。该组织是在项目生命周期内临时组建的,是暂时的,只是为了完成特定的项目目标而组建的。项目组织与其他组织一样,要有良好的领导、计划战略、内外沟通、人员配备、激励机制以及积极向上的组织文化等。

3.1.2　项目组织的特点

项目是一次性的活动,客观上同样存在着组织设计、组织运行、组织更新和组织终结的生命周期,要使组织活动有效地进行,就需要建立合理的组织结构。因此项目组织具有它自己的特点。

1. 项目组织具有生命周期

项目组织与项目一样有其生命周期,要经历建立、发展和解散的过程。项目组织是具有生老病死规律的有机体,不可能长盛不衰。例如,项目创意组织可能是某个咨询公司或机构中的一个研究小组,甚至个人。项目组织在不断地更替和变化。组织的一个基本原则是因事设人,所以应根据项目的任务设置机构,因岗用人;事毕境迁时,项目组织应及时调整,甚至撤销。

2. 项目组织具有柔性

项目要有机动灵活的组织形式和用人机制,即所谓的柔性。项目组织千万不能来了走不得,定了变不得,不用去不得,用得进不得,变成一个迟钝、僵化、无生命的机体。项目组织的柔性还反映在各个项目利益相关者之间的联系都是有条件的、松散的;他们是通过合同、协议、法规以及其他各种社会关系结合起来的;项目组织不像其他组织那样有明晰的组织边界,项目利益相关者及其个别成员在某些事务中属于某项目组织,在另外的事务中可能又属于其他组织。此外,项目中各利益相关者的组织形式也是多种多样的。

3. 项目组织具有适应项目一次性的特点

项目组织与其他组织(例如政府机关、军队、医院或学校)不一样,具有临时性。一般说来，项目完成之后，项目班子就解散。有些项目组织虽然不解散，由原班人马或经过改组继续承接新项目，或将完成的项目投入使用，自己成为永久性的经营者，但从项目管理的角度来看，改变了任务的项目组织是一个新组织、企业或机构，即变成了另外一个组织。在大多数项目组织中，成员抱有临时观点，很少有人视项目组织为自己的长久归宿。

4. 项目组织讲求专业化

专业化可使成员提高工作效率，提高熟练程度。但专业化需要付出相应的代价。专业化也有一个极限，即一个人所能忍受的工作单调性程度。分工和专业化产生了协调问题，项目组织是解决这个问题的有效工具。项目组织内人员必须协调一致，整合组织内个体行为，以求最大效率。

5. 项目组织注重权威和统一指挥

项目组织领导的权威有助于贯彻命令和形成组织凝聚力。统一指挥可避免因政令不一而造成的推诿和混乱。

3.1.3　组织机构

1. 项目组织机构的特征

组织机构是支撑项目正常运转的运筹体系，是项目的"骨骼"系统。组织机构包括 3 个关键部分：第一，指定了正式的汇报关系，包括层级中的级别数量以及经理与主管的控制范围；第二，确定了构成部门的个人以及构成组织的部门；第三，设计了系统来确保部门之间的有效沟通、协调和整合。没有组织机构，项目的一切活动便无法进行。为此，在设置项目组织机构之前，必须了解项目组织机构的特点。

（1）组织目标单一，工作内容庞杂

项目组织的目标很明确，即进度快，质量好，费用省。为实现这一目标，需要进行的工作内容却十分庞杂，是一个纵横交错的系统工程。从纵的方向看，项目组织既要与上级主管部门保持联系以取得指导和支持，又要通过对下属单位的合理组织，搞好有机协调工作；从横的方向看，项目组织要妥善处理好各类关系，如建设项目中要与地质勘查单位、工程设计单位、投资者、工程施工队、物资供应商，以及提供水、电、风、气、土地、道路等的有关部门协调关系，甚至还要与司法、保卫、安全、绿化等业务部门打交道。因此要有计划、有组织地处理好各种经济关系、行政关系和人事关系等，争取得到各方面的理解、支持和配合，使项目能按预定计划顺利实施。

（2）项目组织是一个临时性机构

项目组织因开发建设项目而设立，项目完成后，组织的使命结束，因而随之解体。

（3）项目组织应精干高效

项目组织体系必须精干，成员少而精，讲求实效。要广纳各方面的优秀人才形成合理的智力结构，使组织体迸发出巨大的能量。

（4）项目经理是项目组织的关键

目前，国内外都在实行"项目经理责任制"，项目经理是组织指挥现代项目的核心，是项目组织的关键。因此，选聘好项目经理，是项目组织工作的重要任务。

2. 项目组织机构的设置原则

设置项目组织机构的目的是要组织各方力量，完成项目的任务，因此项目组织机构的效能高低就成为决定项目成败的关键之一。项目组织机构设置没有固定的模式，根据项目的不同生产工艺技术特点、不同的内外部条件，设置不同的组织机构形式。但是，无论具体形态如何不同，总的要求还是从项目的实际出发，选择和确定项目的组织机构，保证项目稳定、高效地运行。设置项目组织机构应遵循以下原则。

（1）有效管理幅度原则

管理幅度是指一个主管能够直接有效地指挥下属的数目。一个主管能直接而有效地指挥下属的人数是有限度的，既不是愈多愈好，也不是愈少愈好。如何选择适宜的管理幅度应根据项目的实际情况，考虑以下因素的影响。首先是领导者面对的问题的复杂程度。一般而言，高层领导面对的往往是难度较大、较复杂的决策性和方向性问题，所以直接领导的人数不宜多；基层领导处理日常的、规范性的事务，有可能多领导一些人。其次是领导者才能的高低。能力较强的领导人员能够在不降低组织效率的前提下，比相同层次、相同工作的其他领导人领导较多的人员而不感到过分紧张。最后是被管理者的素质，一组高度熟练和胜任的工作人员所需要的指挥、监督就要少一点。在这种情况下，管理幅度可适当加宽。

管理幅度与管理层次密切相关。机构内分设的自上而下或自下而上的机构层次称为管理层次。一般来说，项目内部最高领导人和最基层职工之间，如果层次过多，上报与下达的情况经多层次辗转到达接收人，往往会七折八扣，导致信息失真甚至扭曲。因此，许多人主张组织中的层次应尽可能得少。

（2）权责对等原则

权力是在规定的职位上行使的权力。领导人员率领隶属人员去完成某项工作，必须拥有包括指挥、命令等在内的各种权力。责任是在接受职位、职务后必须履行的义务。在任何工作中，权与责必须大致相当。更移权力时，必须同时更移与权力相应的责任。如果要求一名经理履行某些责任，那就要授给他充分的权力。如果这些权力是授给他的，但该经理不能承担相等的责任，那么就应收回这些权力或者对他的职务做某些更动。

（3）人职匹配原则

管理人员的才智、能力与担任的职务应相匹配。设计了各种职位、职务之后，就要安排相应的人员就任，或通过培训使其胜任工作。因为每种职位、职务都有其所要求的能力水平。

无论管理工作或体力劳动，都可以区分为脑力的或体力的。通过对每个职工进行考查、测验以及面谈等，了解其知识、经验、才能和兴趣，再进行评审比较，使项目组织能够做到将现有或可能有的职工的才能与各种职务的要求相适应，即人职匹配。如果遇到缺乏某种工作需要的职工而一时又找不到合适人选时，也可考虑工作的重新修改、设计和安排，直到可以找到适当的人员来充任为止。理想的组织机构设计，必须具备修改和调整的可能性，设置的组织机构必须具有灵活性。

（4）命令统一原则

下级机构只能接受一个上级机构的命令和指挥。一个机构不能受到多头指挥。上下级之间的上报下达都要按层次进行，一般情况下不得越级。执行者负执行之责，指挥者负指挥之责，在指挥和命令上，严格实行"一元化"的层次联系。

（5）效果与效率原则

效果是指组织机构的活动要有成效，组织机构不但要能保证项目的进行，同时要有成果。效率是指组织机构在单位时间内取得成果的速度。在单位时间内取得成果的过程中，各种物质资源的利用程度、工作人员的工作效率、操作者的劳动效率、整个组织机构的工作效率等，都反映出组织机构的效率。效率不高，反应迟缓，说明整个机构或机构的某些方面已经不适应客观要求了。

3.1.4　项目组织环境

在项目实施的过程中，项目组织将会与公司内部和社会的许多方面发生各种各样的关系。能否有效地处理好这些关系，直接影响到项目实施的效率和效益。

1. 项目组织环境类型

在项目组织的环境中，项目组织与其他各方面的关系多种多样。下面讨论一些较有普遍意义的关系。

（1）同公司外部各单位的工作关系

① 买卖交易关系。主要指与委托人（投资者、发包单位或使用单位）的关系。

② 行政监督与管理关系。主要指与社会主管部门（行政监督、质量监督等部门）的关系。

③ 竞争与协作关系。主要指与其他单位（竞争单位、合作单位、分包单位、供应单位及银行等）的关系。

（2）同公司内部有关部门的关系

① 隶属领导关系。主要指与公司经营班子和公司内各种综合管理部门的关系。

② 经济协作关系。主要指与公司内某些独立核算的职能部门的关系。

③ 竞争协作关系。主要指与其他项目组织的关系。

2. 处理原则

面对各种错综复杂的工作关系，不可能找出一种放之四海而皆准的处理方法，但可以从项目实践活动中总结出一些具有一般意义的原则。

① 要根据不同工作关系的客观性采取不同的处理方法。经济关系主要依靠经济办法来处理；行政管理关系就应在明确责任的基础上采取必要的强制手段；公司内部的经济协作关系就需要靠公司内部的分工、分责、分权与分利来解决。

② 要树立一切为用户服务的观念。项目管理得好坏、项目最终成果的评价主要取决于用户对项目的满意程度，所以项目组织必须根据一切为用户服务的观念来处理与委托人的关系。

③ 协作的原则。现在很多项目组织都是以分工协作为特征的，搞好与有关方面的协作关系是项目管理的重要内容和提高效率的必要条件。所以在处理各种工作关系时，不能只盯着矛盾的其中一个方面，必须把注意力转移到统一的方面来，组织好项目的综合实施。

3.2 项目管理组织的类型及其优缺点

就项目这种一次性任务的组织而言，客观上同样存在着组织设计、组织运行、组织更新和组织终结的生命周期，要使组织活动有效地进行，就需要建立合理的组织结构。

项目组织结构的基本形式主要有：职能式组织结构、项目式组织结构、矩阵式组织结构和虚拟组织结构等。

3.2.1 职能式组织结构

1. 职能式组织结构的含义及特点

职能式组织是根据项目管理中工作任务的相似性来设立管理部门的。它是当今世界上最普遍的组织形式。这是一个金字塔形的结构，高层管理者位于金字塔的顶部，中层和基层管理者则沿着塔顶向下分布。图 3-1 是一个典型的职能式组织结构图。

其中，项目成员表示各职能部门派出参加项目的员工，虚线表示项目协调的范围。

一个项目可以作为公司中某个职能部门的一部分，这个部门应该是对项目的实施最有帮助的或是最有可能使项目成功的部门。例如，某公司要开发一个财务会计信息系统，这个项目可以被安排在财务部的下面，直接由财务部门经理负责。

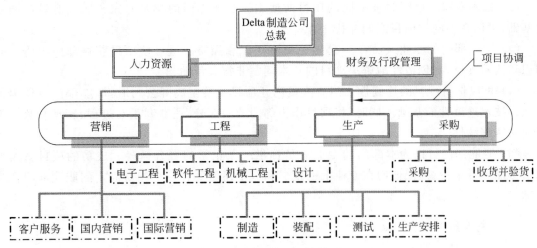

图 3-1　职能式组织结构图

职能式组织结构最显著的特点就是管理层次比较分明,高层、中层、基层管理者按照管理的结构层次依次分布,它是一种传统的组织形式。在职能式组织结构中,每一个部门都有不同的义务和责任。例如,在一家制造企业,意味着工程、制造、设计和市场等各部门都是分开的,每个部门只按照既定的职能履行职责,而在一所大学中,其可能设立的职能部门有教学、财务和后勤等。

特定的职能部门安排人们从事某种特定的活动,从而特别有效地将不同专业力量集中在一起,如工程师、会计师和设计师等,他们由于被聚集在一起而使各自的专业技术能力得到增强,这将有利于他们之间的相互学习与交流,以更有效地攻克本职能领域内的项目难关。

根据职能标准来设计部门,是一种最自然、最方便、最符合逻辑的思维,大多数企业都普遍采用这种组织结构。采用职能式结构的企业进行项目工作时,一般核心在新产品开发上。企业从营销、财务、设计、制造和采购等部门中挑选出一批项目成员,成立新产品开发项目组,并任命一人为项目经理,领导项目组进行新产品开发。这些项目成员大多是兼职的,也有部分是专职的。兼职的项目成员身负双重职责,一方面并未离开原来的工作职务、工作岗位;另一方面还要肩负着新产品开发的重任。这样,有时就不可避免地要产生冲突,当原来的职能岗位和项目组与某个成员的任务发生矛盾时,就需要更多的协调,因为该成员身受双重领导,即项目经理和原职能部门领导的管理,有时这种协调可能会超出项目经理的权限。

2. 职能式组织结构的优点

(1) 在人员的使用上具有较大的灵活性。只要选择了一个合适的职能部门作为项目的上级,那么这个部门就能为项目提供它所需要的专业技术人员。这些人员可以被临时地调配给项目,待所要做的工作完成后,又可以回来做他们原来的日常工作。

（2）技术专家可以同时被不同的项目所使用。职能部门的技术专家一般具有较广的专业基础，可以在不同的项目之间穿梭工作。

（3）同一部门的专业人员在一起易于交流知识和经验。这可使项目获得部门内所有的知识和技术支持，对创造性地解决项目的技术问题非常有帮助。

（4）可以保持项目的连续性。当有人员离开项目组甚至离开公司时，职能部门可作为保持项目技术连续性的基础。同时，将项目作为部门的一部分，还有利于在过程、管理和政策等方面保持连续性。

（5）职能部门可以为本部门的专业人员提供一条正常的晋升途径。成功的项目虽然可以给参加者带来荣誉，但他们在专业上的发展和进步还需要有一个相对固定的职能部门作为基础。

3. 职能式组织结构的缺点

（1）不关注客户利益。这种组织结构使得客户不是活动和关心的焦点。职能部门有它自己的日常工作，项目及客户的利益往往得不到优先考虑。

（2）工作方式有缺陷。职能部门的工作方式常常是面向本部门活动的，而一个项目要取得成功，其采取的工作方式必须是面向问题的。

（3）责任不明确。在这种项目组织结构中，有时会发现没有一个人能承担项目的全部责任，由于责任不明确，往往是项目经理只负责项目的一部分，另外一些人则负责项目的其他部分。这肯定会导致协调的困难和混乱的局面。

（4）与客户沟通较困难。这种混乱局面也会使对客户要求的响应变得迟缓和艰难，因为在项目和客户之间存在着多个管理层次。

（5）项目常常得不到很好的对待。项目中与职能部门利益直接有关的问题可能得到较好的处理，而其他不直接有关的问题很有可能遭到冷落。

（6）项目成员积极性不高。调配给项目的人员，其积极性往往不是很高。项目被看做不是他们的主要工作，有些人甚至将项目任务当成额外的负担。

（7）各职能部门间缺乏交流。技术复杂的项目通常需要多个职能部门的共同合作，但他们往往更注重本领域，而忽略了整个项目的目标，并且跨部门之间的交流沟通也是比较困难的。对职能型结构的优势与不足归纳如表3-1所示。

3.2.2　项目式组织结构

1. 项目式组织结构的含义及特点

当环境迅速变化时，专业分工和集中管理所带来的问题就变得突出，由此就形成了项目式组织（如图3-2所示）。

表 3-1 职能型结构的优势与不足

对项目管理的优势	对项目管理的不足
(1) 项目在组织的基本职能结构中开发,不需要打断企业的日常活动,也不需要调整企业结构 (2) 促进知识深度和智力资产的开发 (3) 为员工考虑到常规的职业发展道路,项目团队成员仅需完成要求的工作,同时与他们的职能部门保持最大的联系	(1) 职能孤立使得跨部门的合作比较困难 (2) 缺乏对顾客的关注 (3) 由于结构问题,沟通缓慢,项目直接所有权的缺乏以及职能部门间优先权的竞争,导致项目需花更长的时间来完成 (4) 各职能部门的利益与履行的义务不同,导致项目局部优化

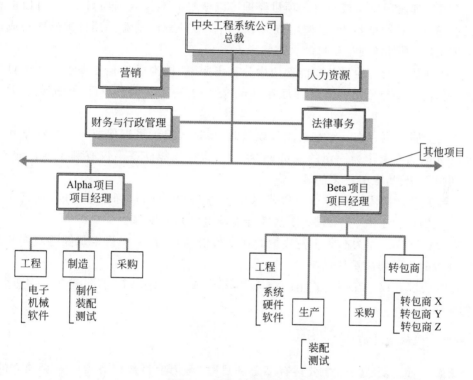

图 3-2 项目式组织结构图

从职能式的组织结构到项目式的组织结构有一个演变的过程。随着企业的壮大,企业项目(或产品)的增多,任何一个职能部门都感到管理工作的日益复杂,而管理范围又限制了他们增添直属下级管理人员的能力。管理学家和管理工作者经过探索,最终按照企业项目(或产品)的分类对企业的组织结构进行改组,形成了项目式组织结构。

这种组织结构最突出的特点就是"集中决策,分散经营",即总公司控制着整个公司的重大决策和战略目标,分公司或事业部独立经营,这是在组织领导方式上从集权制迈向分权制的一种改革。

在项目式的组织结构中,每个项目都拥有自己的项目经理和所必需的职能部门,自行进行项目开发,独立进行核算,其运作机理与一个总公司的分公司无异。项目式组织结构与职能式组织结构最明显的差异就在于：前者有自己独立、完整的组织及项目队员,项目经理对项目队员有完全的控制权;而后者的组织结构趋于松散,人员具有一定的随机性,由于项目队员具有双重身份,项目经理往往难以控制。这种项目式的组织结构常用于一些规模大、项目多的公司。

2. 项目式组织结构的优点

（1）项目经理对项目全权负责。项目经理可以全身心地投入到项目中去,可以像总经理管理公司那样管理整个项目,可以调用整个组织内部或外部的资源。项目组的所有成员直接对项目经理负责,项目经理是项目的真正领导人。

（2）沟通途径简洁。项目从职能部门中分离出来,使得沟通途径变得简洁。项目经理可以避开职能部门直接与公司的高层管理者进行沟通,提高了沟通的速度,也避免了沟通中的错误。

（3）成员全职。当存在一系列的类似项目时,项目式组织可以保留一部分在某些技术领域具有很好才能的专家作为固定的成员。事实上,这种技能储备不仅有利于项目的成功,而且能为公司争得荣誉,吸引更多的客户。

（4）能够充分发挥团队精神。项目式组织结构中,项目的目标是单一的,项目成员能够明确理解并集中精力于这一个目标,团队精神能够得以充分发挥。

（5）决策速度快。权力的集中使决策的速度得以加快,整个项目组织能够对客户的需求和高层管理者的意图作出更快的响应。

（6）命令协调一致。在项目式组织结构中,每个成员只有一个上司,避免了多重领导、无所适从的局面。

3. 项目式组织结构的缺点

（1）资源配置重复。当一个公司有多个项目时,每个项目部门有自己一套独立的班子,会造成人员、设施、技术及设备等的重复配置。

（2）不适于规模小的企业。由于项目式组织结构要汇集大量专业人才,不适于人才匮乏或规模较小的企业。

（3）聘用所需时间长。为了保证项目的需要,项目经理往往需要提前储备一些关键资源,如在某一特殊时期需要储备某些方面的技术专家。而且聘用的时间往往比所需要的时间长。

（4）对项目成员要求较高。理想的项目团队成员要求是全才,因此对人力资源要求较高。

（5）项目结束以后成员安排困难。项目完成以后，项目成员要回到原来的职能部门，给职能部门安排人员造成困难。

（6）容易造成组织规章制度执行上的不一致性。在相对封闭的项目环境中，行政管理上的大打折扣现象时有发生，而且辩称这样做是为了应付用户或技术上的紧急情况。"他们对我们的问题不理解"，已成为无视上级意见的轻松借口。

3.2.3　矩阵式组织结构

1. 矩阵式组织结构的含义及特点

职能式组织结构和项目式组织结构都有各自的不足之处，要解决这些问题，就要在职能部门积累专业技术的长期目标和项目的短期目标之间找到适宜的平衡点。矩阵式组织结构正是为了最大限度地发挥项目式组织和职能式组织的优势，尽量避免其弱点而产生的一种组织方式。事实上，职能式组织和项目式组织是两种极端的情况，矩阵式组织则是两者的结合，它在职能式组织的垂直层次结构上，叠加了项目式组织的水平结构。

矩阵式组织就是在同一组织结构中把按职能划分部门和按项目划分部门相结合而产生的一种组织形式。这种组织形式既最大限度地发挥了两种组织形式的优势，又在一定的程度上避免了两者的缺陷。图 3-3 就是一个典型的矩阵式组织结构系统图。

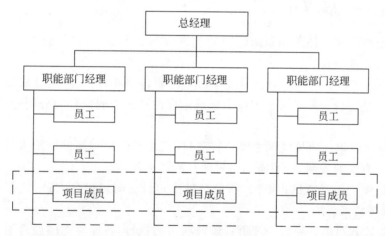

注：虚线圈表示项目协调范围。

图 3-3　矩阵式组织结构图

在矩阵式组织结构中，一维（如纵向）可以按管理职能设立工作部门，实行专业化分工，对管理业务负责；另一维（如横向）则可按规划目标（产品、工程项目）进行划分，建立对规划目标总体负责的工作部门。在这样的组织系统中，存在垂直的权力线与水平的权力线，在矩阵的某一节点上,执行人员既要接受纵向职能部门发出的指令,又要服从横向管理部门作出的工作安排,接受两个方面的双重领导。

矩阵式组织结构的主要特点是按两大类型设置工作部门,它比较适合项目管理的组织。例如,一个企业为开发某种新产品,从原有组织中的各相关职能部门抽调有关的不同专业人员,组成开发新产品的项目班子,由新产品项目经理负责。参加该项目的人员,就要接受双重领导。项目经理负责新产品的总体开发,他有权调动各种力量,为实现项目目标而集中精力工作。产品部门可以是临时的,完成任务以后就撤销,并不打乱原来设立的职能部门及其隶属关系,具有较大的机动性和适应性。这种结构形式加强了各职能部门的横向联系,便于沟通信息。组织内部有两个层次的协调,为完成一项特定工作,首先由产品经理或项目经理与职能经理进行接触协调,当协调无法解决时,矛盾或问题才提交高层领导。

也正因为存在纵横两大类型的工作部门,矩阵式组织结构的命令源是非线性的,但也非多个,而是出现两条指挥线,命令源有两个,是二维的,存在交叉点。因此在矩阵式组织结构中,纵向管理部门与横向管理部门各自所负责的工作和管理的内容必须明确,要确定某一工作的主体负责部门,即应决定是以纵向管理部门为主还是以横向管理部门为主。否则,容易造成推诿扯皮,责任不清、双重指挥的混乱现象。由此可看出,矩阵式组织结构的有效运转关键在于两大类型部门的协调与两类部门的职责分工明确。同时,它对人员的要求较高,需要组织中各个部门工作人员的理解。

2. 矩阵式组织结构的类型

根据项目组织中项目经理和职能经理的职责权利的大小,可以将组织分为弱矩阵式、平衡式和强矩阵式三种形式。

(1)弱矩阵式组织。由一个项目经理来负责协调各项项目工作,项目成员在各职能部门为项目服务。但是项目经理没有多大权力来确定资源在各个职能部门分配的优先程度,即项目经理有职无权。

(2)强矩阵式组织。项目经理主要负责项目,职能部门经理辅助分配人员。项目经理对项目可以实施更有效的控制,但职能部门对项目的影响却在减小。

强矩阵式组织类似于项目式组织,项目经理决定什么时候做什么;职能部门经理决定派哪些人,使用哪些技术。

(3)平衡矩阵式组织。项目经理负责监督项目的执行,各职能部门经理对本部门的工作负责;项目经理负责项目的时间和成本,职能部门经理负责项目的界定和质量。一般来说,平衡矩阵很难维持,因为它主要取决于项目经理和职能经理的相对力度。平衡不好,要么变成弱矩阵,要么变成强矩阵。矩阵式组织中,许多员工同时属于两个部门——职能部门和项目部门,要同时对两个部门负责。

3．矩阵式组织结构的优点

（1）项目是工作的焦点。有专门的人即项目经理负责管理整个项目，负责在规定的时间、经费范围内完成项目的要求。因此矩阵式组织具有各项目式组织的长处。

（2）可以分享各个部门的技术人才储备。由于项目组织是覆盖在职能部门之上的，它可以临时从职能部门抽调所需的人才。当有多个项目时，这些人才对所有项目都是可用的，从而可以大大减少像项目式组织中出现的人员冗余的情况。

（3）减少了项目组织成员的忧虑。项目组成员对项目结束后的忧虑减少了，虽然他们与项目有很强的联系，但他们对职能部门也会有一种"家"的亲密感觉。

（4）反应快捷灵活。对客户要求的响应与项目式组织同样快捷灵活，而且对公司组织内部的要求也能作出较快的响应。

（5）增加决策层对项目的信任。矩阵式组织的项目中会有来自行政部门的人员，他们会在公司规章制度的执行过程中与公司保持一致性，这至少可以增加公司领导对项目的信任。

（6）可以平衡资源以保证多个项目的完成。当有多个项目同时进行时，公司可以平衡资源以保证各个项目都能达到其各自的进度、费用及质量要求。公司可以在人员及进度上统筹安排，优化整个系统的效率，而不会以牺牲其他项目去满足个别项目的要求。

（7）应用广泛。项目式组织和职能式组织是两个极端的情况，而矩阵式组织在这两者之间具有较广的选择范围。职能部门可以为项目提供人员，也可以只为项目提供服务，从而使得项目的组织具有很大的灵活性。所以矩阵式组织可以被许多不同类型的项目所采用。

4．矩阵式组织结构的缺点

（1）权力的均衡使工作受到影响。在矩阵式组织中，权力是均衡的。由于没有明确的负责者，项目的一些工作就会受到影响。当项目成功时，大家会争抢功劳；而当项目失败时，则又会争相逃避责任。

（2）容易使项目经理之间产生矛盾。多个项目在进度、费用和质量方面能够取得平衡，这既是矩阵式组织的优点，又是它的缺点。因为这些项目必须被当作一个整体仔细地监控，这是一项艰难的工作。而且资源在项目之间流动容易引起项目经理之间的争斗，每个项目经理都更关心自己项目的成功，而不是整个公司的目标。

（3）项目与职能部门的责权不清。在按矩阵方式组织的项目中，项目经理主管项目的行政事务，职能部门经理主管项目的技术问题。这种做法说起来简单，但项目经理在执行过程中要将项目和职能部门的责任及权利分清楚，却不是件容易的事。项目经理必须就各种问题，如资源分配、技术支持及进度等，与部门经理进行谈判。项目经理的这种谈判、协调能力对一个项目的成功是非常重要的，如果项目经理在这方面没有很强的能力，那么项目的成功将受到怀疑。

（4）违反了命令单一性的原则。因为项目成员至少有两个上司，即项目经理和部门经理，因此当他们的命令有分歧时，会令人感到左右为难，无所适从。项目成员需要对这种窘境有清楚的认识，否则他们会无法适应这种工作环境。

3.2.4　虚拟组织

1. 虚拟组织的含义和特点

世纪之交的企业组织构架发生了剧烈的变化。企业规模缩小和成本控制结合在一起，产生了"虚拟组织"。它是几个组织的联合，目的是为顾客创造新的产品或服务。这种结构往往由一个核心企业或由几个核心企业组成。核心企业协调网络交流，并利用一群供应商、合作制造商、装配商和其他合作者将产品送到客户手上。图 3-4 为虚拟组织的示例。

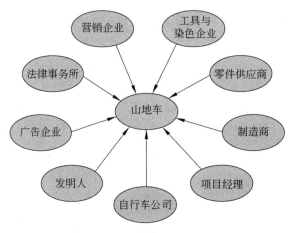

图 3-4　山地车虚拟项目

2. 虚拟组织的优点

（1）最显著的是降低成本。企业对于外包的服务具有价格竞争力，特别是将其外包到海外时。管理费用将大幅下降，因为企业内部不需要再保留已外包的服务了。

（2）项目能够得到高水平的专业人员和技术。公司不需要保持技术领先，而是集中开发自己的核心竞争力，让有专长的企业去完成项目有关部分。

（3）有更大的灵活性。企业不再受自身资源的限制，可以将自己的资源和其他公司的专长结合起来，在更广的领域实施项目。

3. 虚拟组织的缺点

（1）不同组织的专业人员间的协调将非常有挑战性，特别是当项目要求紧密合作和互相适应时。在每一方的工作成果都有明确定义且工作独立的情况下，这种项目管理结构运作得最好，如建筑项目。

（2）可能会对项目失去控制。如果核心团队依赖其他组织但却没有直接的权威，一方拿不出成果来，整个项目可能停滞，这样，核心团队的长期生存就取决于参与的各组织的实际绩效。

（3）最后，虚拟组织更容易产生人际冲突。因为来自不同组织的项目参与者没有共同的价值观、优先级和文化，交流有限，项目成功的核心——信任和能力难以形成。许多虚拟项目现在是在电子环境中运作的，人们通过计算机、传真机、计算辅助设计系统、可视电话等进行联系，很少见面。

3.3 项目组织的选择

3.3.1 项目组织结构设计

所谓项目组织结构的设计，就是把实现项目组织目标所需完成的工作范围、工作任务划分为性质不同的业务工作，然后按照工作性质组建不同的部门，同时确定各部门的职责与权限。

项目组织结构在组织工作中乃至整个项目管理中的作用，是随着项目组织规模的扩大和业务关系的复杂而日益显著的。在传统的项目管理中，项目的工程量及复杂性都相对较小，故而项目组织的规模较小，分工也较简单，尚未形成职能完整、相对严密的组织结构。项目经理大都属技术型的管理人才，即项目经理是因为在该组织中就此项目具有一定的权威性而被任命为领导者的，这种项目管理尚属于技术纽带型，管理者的管理多从个人的经验出发，使项目管理具有一定的随机性和不规范性。随着管理科学的发展，以及现代工程项目的大型化、复杂化要求的日益提高，对项目管理逐渐提出了新的要求，众多的管理学家和项目管理者们从不同的角度对项目组织结构进行了许多有益的探讨。随着系统论、数学技术以及计算机网络技术在管理上的应用，项目组织结构的设计也日趋完善。

项目组织结构随着管理科学的发展以及众多现代技术的应用而不断变更，除了几种基本类型以外，在实际的管理工作中，还出现了许多混合式的项目组织机构。尽管项目组织结构日益复杂，类型演化越来越多，但任何一个项目组织结构都存在着三个相互联系的问题：管理层次如何划分？部门如何确立？职权如何划分？由于组织内外环境的变化影响着这三个相互关联的问题,组织结构的形式以此三个问题为基础发生了众多的变化。因此,要进行项目组织结构的设计,就要正确处理这三个问题。

1. 组织结构设计的原则

在进行项目组织结构设计时,必须注意以下几个基本原则。

(1) 目标性原则

项目组织结构设计的根本目的,是为了产生组织功能,实现项目管理的总目标。从这一根本目标出发,就会因目标设事,因事设机构、定编制,按编制设岗位、定人员,以职责定制度、授权力。

(2) 精干高效原则

项目组织结构的人员设置,应以能实现项目所要求的工作任务为原则,尽量简化机构,做到精干高效。人员配置要从严控制二三线人员,力求一专多能、一人多职。同时,还要增加项目管理班子人员的知识含量,着眼于使用和学习锻炼相结合,以提高人员素质。

(3) 业务系统化管理原则

由于项目是一个开放的系统,是由众多子系统组成的一个大系统,多个子系统之间,子系统内部各单位工程之间,不同组织、工种、工序之间,存在着大量结合部,这就要求项目组织也必须是一个完整的组织结构系统,恰当分层和设置部门,以便在结合部上能形成一个相互制约、相互联系的有机整体,防止出现职能分工、权限划分和信息沟通上的相互矛盾或重叠现象。这就要求在设计组织结构时以业务工作系统化原则为指导,周密考虑层间关系、分层与跨度关系、部门划分、授权范围、人员配备及信息沟通等,使组织机构自身成为一个严密的、封闭的组织系统,并能够为完成项目管理总目标而合理分工及和谐协作。

(4) 管理幅度原则

管理幅度亦称管理跨度,是指一个主管人员直接管理的下属人员数量。跨度大、管理人员的接触关系就会增多,处理人与人之间关系的数量也随之增大。跨度 N 与工作接触关系数 C 的关系公式为

$$C = N(2^{n-1} + N - 1)$$

这就是有名的邱格纳斯公式,是个几何级数。当 $N=10$ 时,$C=5\,210$。跨度太大时,领导者及下属常会应接不暇,故必须使管理跨度适当。然而跨度大小是与分层多少有关的。不难理解,层次多,跨度就会小;层次少,跨度就会大。这就要根据领导者的能力和施工项目的大小进行权衡。美国管理学家戴尔曾调查过 41 家大企业,它们的管理跨度的中位数在 6~7 人。对施工项目的管理层来说,管理跨度更应尽量少些,以集中精力于施工管理。例如,在鲁布革工程中,项目经理下属 33 人,分成了所长、科长、系长和工长四个层次,项目经理的跨度是 5。项目经理在组建组织结构时,必须认真设计切实可行的跨度和层次,画出结构系统图,以便讨论、修正,并按设计组建。

（5）指挥统一原则

组织结构中要有合理的层次、位置，安排和使用能够担负起责任并在责任范围内具有权威的人员，并使其保持相应的决策权和指挥权。必须创造人尽其才的环境，这与上一原则是对应的。只有统一的指挥，而不能发挥每个人的专长，压抑人员的主动性与创造精神的组织是难以实现其目标的。所以，组织结构中要有恰当的分权、恰当的分工。

（6）利于控制原则

失控是失败的先兆，保持控制才能实现目标。合理的管理跨度有助于实现有效的控制，这里关键的问题在于信息的沟通。所以，组织结构设计还必须考虑各种报告、汇报的方式、方法和制度。

2. 组织结构设计的内容

在项目管理理论中，项目被视为一个系统，项目组织同样也是一个系统，因此项目组织结构的设计是一个系统设计工作。这个系统存在着由人组成的组织结构和由工作形成的结构，以及这些结构间的联系。

项目组织结构的设计内容主要包括系统的结构、组织规划和系统内流程的设计。

（1）系统的结构

项目的系统结构主要是指项目是如何组成的。项目各组成部分之间出于其内在的技术联系或组织联系而构成一个项目系统。

① 分析项目本身的结构，即分析项目的组成，以及各组成部分之间的联系。项目的各组成部分实际上是一个个小项目。项目的分解过程也是项目目标和资源的分解过程，这种分解的方式也称为项目分解结构（project breakdown structure，PBS）。通过对项目结构的分解，我们就能清楚地得到对项目范围的定义、项目各组成部分之间的组织和技术的联系。我们可以更进一步地将项目分解为具体的任务，并将这些任务进行分类，以此作为组织设计的依据和基础。

② 项目组织在项目实施中，各项目利益相关者之间具有一定的组织联系，这种组织联系包括各组织之间的合同关系、管理关系、供货关系等。这种组织联系的存在，使若干个组织形成一个项目的组织系统。研究其构成模式，项目管理人员可以在项目规划阶段，对这种组织联系进行模式设计，以保障项目实施中组织协调工作的顺利和有效。如在工程招标之前，对承包模式进行分析和比较，就有利于在合同履行期间，将施工单位纳入统一的项目协调和控制之中。

（2）组织规划设计

组织规划是指根据项目的目标和任务，确定相应的组织结构，以及如何划分和确定相关部门，这些部门又如何有机地相互联系和相互协调，共同为实现项目目标而各司其职又相互协作。组织规划应该明确谁做什么，谁要对何种结果负责，并且在各部门及个人之间有非常明确的任务分工和管理职能分工，以消除由于分工含糊不清而造成的执行障碍，此外还要提供能反映和支持项目目标的控制、决策和信息沟通网络。在组织结构中，任何部门的设置和分工都是为项目的目标和任务服务的。没有任务的部门或对项目建设无任何贡献的部门，对于项目管理来说都是毫无意义的，也非项目组织规划所考虑的。在组织结构中设立一个组织职务时，它必须有其存在的意义和价值，必须体现出各种明确的目标、主要责任和有关活动的明确定义，以及一个能被充分理解的职权范围。这样，担任该职务的人员就会知道所要完成的目标，以及他该做什么。此外，我们还应该明白，项目组织结构并非静止不变的，而是由具体的项目目标和任务决定的，一旦目标和任务发生了变化，组织结构就应作相应的调整。

（3）系统内流程设计

系统的结构会对系统的功能产生重要影响。因此，一个项目系统是否成功实现其目标，实质上取决于其各构成因素之间的关系网络和这种相互关系的集成。

我们通过项目结构分解得到项目组成的各工作单元，同时在组织规划中，我们得到各组织单元。所有这些工作单元之间、组织单元之间的相互关系和它们与外部环境之间的相互关系可以划分为信息关系和物质关系。

信息关系主要存在于管理范围中的各工作单元之间，以及各管理组织单元之间、实施组织与外部项目环境之间。信息流程的设计，就是将项目系统内各工作单元、组织单元的信息渠道及其内部流动着的各种业务信息、目标信息和逻辑关系等作为对象，确定在项目组织内的信息流动的方向、交流渠道的组成和信息流动的层次。信息流程的设计直接影响到项目管理工作的效率，必须密切结合组织结构，满足项目有关各方的信息交流和沟通的要求。

物质关系主要存在于管理系统内的各工作单位的物质流组成、数量和方向等。物质关系的最大特征是要符合物质守恒定律，即物质不会随意增减。而信息关系则不符合物质守恒定律。

一个组织中的工作部门、工作部门的等级，以及管理层次和管理幅度设计确定之后，由于各个工作部门之间内在关系的不同，就构成了组织结构的不同模式。当然，一个组织内部和外部的各种变化因素都会对组织结构产生影响，引起组织结构模式上的变化。随着人类社会的发展，尤其是随着大工业化的产生和发展，组织结构也在不断地演变和发展。

3. 不恰当的组织设计的不良影响

在组织论中并没有好的或者坏的组织结构之分，只有适合或不适合的组织结构。对于项目管理来说，项目外界环境和内部条件的社会和技术的影响因素因时而易，因项目而异，没有一种万能的组织结构。而不适合的组织结构往往会出现下列五种情形。

① 项目的技术标准和质量状况达到管理层的要求，而投资、进度却不令人满意。

② 组织内部的团体或成员主观上愿意支持项目的实施，而在实际工作中却做得不好。

③ 专家和技术人员没有受到应有的重视。

④ 不同的技术小组或个人之间为进度和质量问题相互推卸责任、相互指责。

⑤ 有时项目目标达到了,但项目成员的个人目标却没有实现。

4．项目组织设计的依据

项目组织设计的依据有项目的环境和项目的目标,要对这两项进行具体分析,设计出一种适合该项目的组织系统。

(1) 项目的环境

一般来说项目经理的主要任务是投资控制、进度控制、质量控制以及组织协调等。但是,实践经验表明,一个项目的成功与失败常常与项目经理直接控制之外的一般环境中的各种因素有关。经过研究发现,项目经理的确需要对项目目标进行定义,编制各种计划,规划各种资源,并控制投资、质量进度。然而,仅有这些内部的管理机制是不够的,成功的项目经理还必须对项目环境中关键性的参与者和各种因素进行管理。

① 宏观环境(如图 3-5 所示)。宏观环境对于大多数项目而言是既定不变的,但对于大型长期项目而言,则必须关注宏观环境的各种变化以及对项目的可能影响。

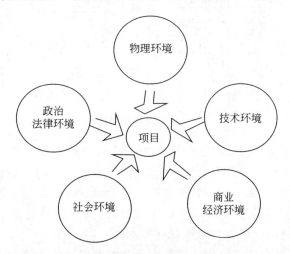

图 3-5　项目组织宏观环境

② 微观环境。项目的微观环境是指与项目系统有直接联系的,并对项目实施有着直接影响的因素。在这些因素中,最为重要的两个因素是项目主管部门、公共团体和机构。在具体的项目实施过程中,项目主管部门可能希望利用其行政管理权力对项目实施影响,这种行政权力往往成为对项目实施影响很大的干扰因素。在大型公共项目中,这种情况最为严重。

(2) 项目的目标

项目的目标通常涉及 3 个方面:投资、进度和质量。以工程项目为例,工程项目的目标是一个目标系统,其核心是项目的投资目标、进度目标和质量目标这三大目标。围绕这个目标系统,工程项目管理的具体任务主要是投资控制、进度控制、质量控制、合同管理、信息管理和组织协调等工作,而具体的项目实施则是土地的购置、工程设计、施工招标、工程施工和材料设备的采购等。工程项目管理组织的设置也正是围绕项目的目标以及如何对项目实施进行目标控制而确立的。

① 项目目标的优先次序。在有限的资源条件下,不可能满足各方面的最高要求,某些项目要求在保证一定质量的基础上追求高速,即进度优先;而某些项目质量的要求严格,进度其次;有些项目则以尽量节约成本为最优先的目标。

② 项目目标的层次性。项目目标的层次性参见图3-6。

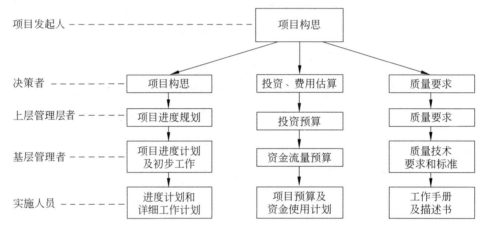

图3-6 项目目标层次图

③ 项目目标的阶段性。项目的生命周期中每一阶段的主要任务都不同,其主要目标也不同。在很多项目中,项目实施具有明显的阶段性,即每一阶段的项目任务具有其独特性质,但各阶段又是相互关联的。如工程项目的实施可分为设计准备阶段、设计阶段、施工阶段、动工前准备阶段和保修期等,每一阶段都有具体的目标,即项目总目标中有各阶段的子目标。这时,项目管理组织人员的配置在各阶段就有所不同。

例如,在设计阶段,项目管理组织的任务主要是控制设计的质量和进度,同时控制设计的概算和预算等。在这一时期,项目管理的组织就可能以设计阶段项目管理人员为主,而不需要太多的现场管理人员。而项目进行到施工阶段以后,项目管理组织又要充实和加强施工现场管理的力量。

可见,项目管理的组织需要随着项目目标的变化而进行调整,既要从组织措施上保证必需人员的到位,又要防止人力资源的浪费。

3.3.2 项目组织结构模式的选择

越来越多的实践证明,项目的成功与否与项目经理所拥有的自主权与权威性大小有直接关系。采用何种项目组织结构模式需要考虑以下几方面的因素。

在组织层面上,第一个问题是项目管理对企业的成功有多重要,项目工作在核心工作里占多大比重。如果 75% 以上的工作包括项目,组织就应该考虑转变成为一个完全项目导向的组织;如果组织既有标准产品又有项目,就比较适合矩阵式结构;如果组织的项目很少,组建非正式的组织就可以了。临时的任务团队可以根据需要组建,也可将项目外包出去。

第二个关键问题是可获得资源。矩阵结构的优点在于多个项目和职能部门分享资源,同时设立正式的项目领导。对于关键人员仅仅投入个别项目的组织,矩阵系统较为合适,也可以选择专业的项目团队,但将缺乏内部资源的项目外包出去。

根据以上两个问题,组织需要评估当前的实践并找出需要进行的变革,以便更有效地管理项目。强有力的项目矩阵需要时间和坚强的领导。如从职能型组织转变成矩阵型组织,开始时是一种弱的职能型矩阵,是因为职能部门经理抵制将权力转移给项目经理。经过一段时间,组织结构最终慢慢转变为项目矩阵结构,并且许多组织建立了项目管理办公室负责项目管理工作。

项目层面上的问题在于:为了顺利完成项目,项目管理需要多大的自主性?有研究指出,影响项目管理结构选择的 7 个因素是:项目规模大小;战略重要性;新颖性和创新需要;整合的需要(涉及多个部门);环境复杂程度(涉及众多外部因素);预算时间限制;需求资源的稳定性。这 7 个因素的层次越高,项目经理和项目团队就越需要拥有更大的自主性和更多的权力,就需要采用专业的项目团队或项目矩阵结构了。

我们前面分别介绍了项目的三种主要组织结构模式,即职能式、项目式和矩阵式,其主要特征如表 3-2 所示。其实这三种组织结构有着内在的联系,矩阵式结构是介于职能式和项目式之间的一种结构形式(如图 3-7),随着某种组织结构的工作人员人数在项目团队中所占比重的增加,该种组织结构的特点也渐趋明显;否则,则相反。

表 3-2 主要项目组织结构的特征

组织形式 特征	职能式	项目式	矩阵式		
			弱矩阵式	平衡矩阵式	强矩阵式
项目经理的权限	很少或没有	很高甚至全权	有限	小到中等	中到大等
全职工作人员的比率	几乎没有	85%～100%	0～25%	15%～60%	50%～95%
项目经理任务	兼职	全职	兼职	全职	全职
项目经理常用头衔	项目协调员	项目经理	项目协调员	项目经理	项目经理
项目管理行政人员	兼职	全职	兼职	兼职	全职

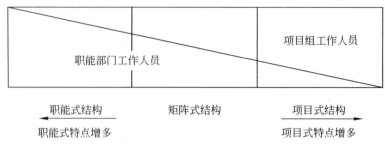

图 3-7　组织结构的变化

由于三种组织结构各有自己的优点和缺点，因此，企业家应根据自身状况选择适合自己的项目组织形式。

在具体的实践中，如何进行组织形式的选择没有一个可循的公式，只能在充分考虑各种组织结构的特点、企业的特点、项目的特点和项目所处的环境等因素的条件下，作出较为适当的选择。由此我们需要了解哪些因素制约着项目组织的实际选择。

3.3.3　一个项目组织选择的例子[①]

某公司是一家手提计算机生产企业，现在的任务是：设计、生产和销售一种多任务的便携式个人电脑，配置包括 2.0GB 处理器、2G 内存、120GB 以上硬盘，重量不超过 1.5 千克以及点阵式彩色显示器，电池正常操作下可用 20 小时以上，零售价不超过 2 万元。经过分析，上述任务可以进行如下分解。

项目的关键任务　　　　　　　　　　　　相关的组织单元

A. 描述产品的需求　　　　　　　　　　市场部、研发部

B. 设计硬件，作初步测试　　　　　　　研发部

C. 筹备硬件生产　　　　　　　　　　　生产部

D. 建造生产线　　　　　　　　　　　　生产部

E. 进行小批量生产及质量和可靠性测试　生产部、质保部

F. 编写（或采用已有的）操作系统　　　软件开发部

G. 测试操作系统　　　　　　　　　　　质保部

H. 编写（或采用已有的）应用软件　　　软件开发部

I. 测试应用软件　　　　　　　　　　　质保部

J. 编写所有文档，包括用户手册　　　　生产部、软件开发部

K. 建立服务体系，包括备件、手册等　　市场部

---

① 资料来源：文献 4。

L. 制定营销计划	市场部
M. 准备促销演示	市场部

这些任务可以分成四类。

- 设计、生产、测试硬件。
- 设计、编制、测试软件。
- 建立生产和服务、维修体系。
- 营销策划,包括演示、宣传等。

根据以上分析,项目需要下面一些子系统。

- 设计软件的小组和设计硬件的小组。
- 测试软件的小组和测试硬件的小组。
- 组织硬件生产的小组。
- 营销策划小组。
- 文档编写小组。
- 管理以上各小组的行政小组。

这些子系统涉及公司的五个部门,其中软件设计小组和硬件设计小组的工作关系非常密切,而测试小组的工作则相对独立,但测试的结果对软件和硬件设计的改善很有帮助。

该计算机公司在人力上完全有能力完成这个项目,在硬件和操作系统的设计上也能达到当前的先进水平,但要将零售价控制在 2 万元以下,需要有更先进的技术。这个项目预计持续 6~8 个月,是目前为止该公司投资最大的项目。

根据以上的概要信息,可以清楚看出,职能式项目组织不适合该项目,因为项目涉及多个部门,很难将它划归为某一个部门。项目式组织结构或矩阵式组织结构都是可行的,如果要作选择的话,只要人员费用增加不是太大,项目式组织更好,因为项目式组织的管理更简单,容易集中人力、物力,便于管理。

3.4 案例分析:AT&T 公司的项目管理重组[①]

1988 年,由于美国政府解除了对电话行业的管制,AT&T 公司宣布它将被分解为 19 个独立的战略业务单元(strategic business units)。商用通信系统(business communications systems,BCS)就是其中的一个业务单元,它的重点是客户程控交换机市场。与母公司分离之后,BCS 的经营者们意识到,过去老的经营方式在新的开放式市场中不再具有竞争力,他们必

---

① 资料来源:文献 4。

须对整个经营过程进行重组。他们决定按项目管理的方式进行重组,这将使他们更好地控制企业的经营状况,并给企业带来竞争优势。由此,他们为自己设定的目标是:成为本行业中项目管理的领先者。

在这之前,AT&T 已经在许多活动中使用过项目管理方法,不过是以截然不同的方式实现的,它强调的是协调的作用,通过完成任务单中的活动来达到完成项目的目的。但是这种项目协调的地位是较低的,且被看作一项临时性的工作,只是为某些人在某个职能部门获得更好的职位创造机会。通常对表现良好的项目参与者的奖励就是提升其在职能部门的位置,然后脱离项目管理。

BCS 认识到,要使这一战略获得成功,必须改变企业内部项目管理的现状和现行的组织结构,需要培养职业化的项目经理,并建立一整套的支持体系,以提高他们的项目管理能力,发展他们的项目管理职业道路。因此,做两三年项目,然后回到职能部门的管理思想必须转变,必须对项目管理树立职业荣誉感,以项目管理为职业。同样重要的是,必须改变过去视拯救困难项目为英雄行为的观点,转而鼓励项目经理从一开始就胜任自己的工作,并善始善终。BCS 面临的挑战是如何安全度过向纯项目管理组织转变的这几年。

项目管理重组本身就是一个大的项目,包括项目经理候选人的选拔、教育和培训、职业发展、组织重构及方法的开发等。从组织结构的角度考虑,在公司层次上成立了一个全国项目管理(national project management)组织,直接向服务运营副总裁汇报。全国项目管理主任下辖三位项目主任(分管遍布全国的项目)、一个系统支持机构和一个行政支持部门。大项目经理、项目经理及其下属向项目主任汇报。这种结构形成了一个完整的、自我控制的项目管理群体。

项目管理的职业道路如下。

- 受训者:接受 6 个月的项目管理岗位培训。
- 成本、进度分析工程师:担任 6～18 个月的项目经理助理,直接向项目经理汇报。
- 现场经理:做 6～12 个月的现场经理,负责一个大型的现场,向大项目经理汇报。
- 小项目经理:独立负责一个 100 万～300 万美元的项目。
- 项目经理:负责一个 300 万～2 500 万美元的项目。
- 大项目经理:负责一个长达多年的 2 500 万美元以上的项目。

为挑选项目经理的候选人,BCS 专门制定了一个人才持续计划,该计划在组织内部挑选有潜力承担中高层管理责任的人选。挑选的标准包括:人际领导技能,口头及书面沟通能力,全局观念,政治敏锐性,乐观精神,敢作敢为,不断进取的精神,统筹规划的能力,责任心和可靠性等。

现在,BCS 的项目管理组织包括在丹佛的行政管理人员,以及遍布洛杉矶、旧金山、亚特兰大、芝加哥、华盛顿特区及纽约的项目经理群组。这些项目经理们现在管理着总数超过 5

亿美元的项目,这些项目的规模为 100 万～9 200 万美元。项目管理方式被认为是最适合该领域的工作方式,也为 AT&T 的竞争对手树立了榜样。

问题

请谈谈 BCS 实施项目管理重组的成功之处。

本 章 小 结

本章首先介绍了组织、项目组织的基本概念和设置组织机构的基本原则,然后着重介绍了项目的各种组织结构形式,以及每种组织结构形式的优缺点。描述了选择合适的项目组织结构的过程,并给出了一个具体的例子。本章的重点如下。

(1) 如果一个项目要采取职能式组织结构,则应考虑将其安置在与项目成员有切身关系或对项目成员有帮助的职能部门之下。这种方式有其优点,但缺点也是比较严重的。

(2) 项目式组织结构也有其优点和缺点,虽然缺点没有职能式组织那么严重,但也是比较明显的。

(3) 矩阵式组织结构是职能式和项目式两种组织方式的结合,力求拥有两者的优点。矩阵式组织结构虽然取得了一定的成功,但也不能忽略它给管理方面带来的困难。

(4) 上述三种组织形式也可以有很多变化,一些特殊的项目也可以采用一些特殊的组织方式。最合适的形式应能够兼顾项目的特点和项目组织形式的优缺点,扬长避短。

(5) 选择项目组织形式的过程如下。

① 确定项目要完成的主要成果。

② 确定完成这些成果的关键任务,以及公司中与这些任务有关的组织单元。

③ 将关键任务进行排序,并将它们分解成合理的工作步骤。

④ 确定完成这些工作步骤的项目子系统,及各子系统之间的合作关系。

⑤ 确定对项目组织形式会产生影响的因素,如项目特点、限制条件等。

(6) 无论项目大小,每个项目都应设置项目管理办公室。

(7) 较大的项目,除了项目经理以外,还应该包括项目工程师、制造工程师、现场经理、行政管理员、项目管理会计及支持服务经理。

(8) 项目经理需要在组建项目组的时候制定组内交流的目标,并且决定与组内每个成员进行交流的形式和频度。

习　　题

1. 下面三句话常被用来描述矩阵式组织环境,你是否同意? 请说明理由。

① 矩阵式项目组织能够更充分地使用人员。

② 项目经理和部门经理必须就谁占主导地位达成一致意见。

③ 矩阵式组织中,做决策需要不断地权衡时间、成本、技术风险及不确定因素等。

2. 项目式组织的一个缺点是,可能使项目技术人员在一些项目所不涉及的技术领域陷于落后的境地。请举出项目经理避免这种缺点的几种做法。

3. 你打算怎样组织项目去开发一个复杂的新产品,如一种新型的彩色传真复印机? 如果是一个相对简单的产品,如一种新的磁盘驱动器,你又如何组织项目呢?

4. 你采用哪种形式来组织下面的一些项目?

① 一家银行的投资银行部的投资项目。

② 一个公司的基础研究实验室的研究项目。

③ 一个跨国建筑公司的项目。

④ 一个城市的公共交通项目。

⑤ 一个管理咨询公司的咨询项目。

第 4 章

项目经理与人力资源管理

学习目标：对完成项目目标至关重要的是项目经理，而不是程序和技术；程序与技术仅仅是协助人员做好工作的工具。例如，一位画家为完成一幅画像要有颜料、画布和画笔，但这些工具只有通过与画家的技能和知识相结合，才能完成一幅画像，这样的原理同样适用于项目管理。本章将讨论项目管理中非常重要的人物——项目经理以及项目团队和项目人力资源管理，将介绍项目经理的素质特征、职责、职位及高效项目团队的创建和人力资源管理的基本知识。

4.1 项目经理

项目经理是项目团队的灵魂，是决定项目成功与否的关键人物。项目经理是负责管理整个项目的个人，他既是项目的领导者、组织者、管理者和项目管理决策的制定者，也是项目重大决策的执行者。项目经理需要领导和组织好自己的项目团队，需要做好项目的计划、实施和控制等一系列的管理工作并制定相应的各种决策。但是有关项目工期、质量和成本等方面的重大决策还需要由项目业主或项目最主要的相关利益者做出。项目经理对于项目的成败而言是非常重要的，所以他必须具有很高的概念性技能、人际关系技能和专业技能，他必须具有较高的个人综合素质，能够积极与他人合作，能够自我激励和努力工作，能够激励他人和影响他人的行为，为完成项目目标服务。

4.1.1　项目经理的设置

项目经理制自 1941 年在美国产生以来，在发达国家得到普遍推广。而我国则最早是在建设工程项目中实施了项目经理的制度，1983 年 3 月由国家计委颁发的《关于建立健全前期工程项目经理的规定(草案)》提出建立项目经理负责制，这是加强我国项目管理工作的一项有力的组织措施。项目经理在项目管理系统中的作用日益受到重视。

目前，项目经理是企业法人代表在项目上派出的全权代表，这就决定了项目经理在项目管理中的中心地位。项目经理制也已经在建设、IT 和制药等行业中得到广泛的应用。项目经理根据其委托对象的不同，可分为业主的项目经理、受业主委托代业主进行项目管理的咨询机构的项目经理、设计单位的项目经理和施工单位的项目经理等四种类型。

1. 业主项目经理

业主的项目经理即投资单位领导和组织一个完整工程项目建设的总负责人。一些小型项目的项目经理可由一个人担任，但对一些规模大、工期长且技术复杂的工程项目，则由工程总负责人、工程投资控制者、进度控制者、质量控制者及合同管理者等人组成项目经理部，对项目建设全过程进行管理。业主也可配备分阶段项目经理，如准备阶段项目经理、设计阶段项目经理和施工阶段项目经理等。

2. 咨询机构的项目经理

当项目比较复杂而业主又没有足够的人员组建一个能胜任管理任务的管理班子时，就要委托咨询机构来组建一个替代自己进行项目管理的咨询班子，咨询公司所派出的项目管理总负责人即为项目经理。咨询机构可以代理业主进行项目建设全过程或其中某一阶段的管理。此时，业主一般来说仍要有一个以自己的项目经理为首的项目管理班子，因为有许多重大问题的决策仍需由业主自己作出决定，有许多工作是咨询机构代替不了的。不过，由于委托了咨询机构，业主的项目管理班子可以小一些，精干一些。

3. 设计单位的项目经理

设计单位项目经理即设计单位领导和组织一个工程项目设计的总负责人。设计单位的项目经理对业主的项目经理负责，从设计角度控制工程项目的总目标。

4. 施工单位的项目经理

施工单位的项目经理即施工单位中一个工程项目施工的总负责人，是施工项目经理部的最高负责者和组织者。项目经理部由工程项目施工负责人、施工现场负责人、施工成本负责人、施工进度控制者、施工技术与质量控制者、合同管理者等人员组成。

业主、设计单位和施工单位如有担当项目管理工作的合适人选,当然是委派本单位人员任项目经理为佳,如果缺乏合适的人选则可委托工程项目管理咨询公司派人任项目经理。由于项目大小不一,组织管理的复杂程度不同,因此,项目经理及其工作班子成员的组成及人数不可能有统一的标准组织模式,应视具体情况而定。

4.1.2　项目经理的职责

项目经理应确保全部工作在既定的资源和成本的约束下,按时、保质地完成,从而使客户或委托方满意。项目经理的职责就是进行项目的计划、组织和控制,以实现项目的目标,在满足客户需求的同时,为本单位实现利润。简单地说,项目经理的职责就是领导项目团队实现项目的目标,就是协调团队成员的活动,使他们成为一个高效统一的整体,有效地完成各自的工作。

1. 项目经理的对外职责

(1) 成功实现项目目标,争取客户的最大满意度

这是项目经理的根本职责。他的一切工作,包括组织团队、制定计划、控制管理、实现有效沟通等都要以此为核心。

(2) 不断开拓团队生存的外部空间

项目经理要努力为整个团队的工作,为整个项目目标的实现,去协调好团队与各利益相关者的关系,营造一个有利于团队发展和项目运行的空间环境。

(3) 负责对外谈判

项目经理可以直接参加谈判,但更主要的责任还是做好谈判的组织管理工作,并对整个谈判小组的工作及谈判结果负责。

(4) 收取客户支付的费用

及时从客户处收取必需的费用,也是项目经理的一项重要的对外职责。这项工作可以由项目经理直接去做,也可以由团队中的其他成员去完成,但项目经理必须对此负责。

2. 项目经理的对内职责

(1) 确定项目目标

为了确保项目尽可能地一次性成功,满足客户需求,项目经理需要根据具体情况确定项目的总目标和阶段性目标。目标明确之后,项目经理才有了进行后续工作的依据。如组织团队、制定计划等,都要围绕项目目标来进行。

(2) 组织项目团队

在组织团队的时候,项目经理首先要获得所需的团队成员,然后再选择合理的组织形式

和组织结构,把项目团队运转顺畅。其次,要明确项目团队中费用、进度和质量的控制者及其责任,使项目的控制落到实处。最后,还应对项目不同部分之间的关系进行协调,以实现各方面的有效沟通。

（3）报告工作意图

向团队成员报告项目目标和自己的工作设想,一方面可以显示自己的领导能力,树立自己的威信;另一方面也是项目经理今后工作发展的第一步。及时做好工作意图报告工作,可以激励项目团队中全体成员,也可以为项目的成功准备一个良好的开端。

（4）制定并执行计划

在制定计划的过程中,项目经理可以集合团队成员来共同完成。计划要尽可能详尽,要充分发挥各种资源的作用。计划一经制定,各方面都要严格按照计划实施。

（5）负责资金的到位

项目经理要保证项目和项目管理资金需要的满足,取得和收回应当由团队使用的款项,确保团队有足够的资金。同时,项目经理还要使资源在团队内部得到合理的配置。

（6）负责组织并提出项目报告

项目经理要向客户和上级提出项目报告,反映项目进展中遇到的困难和问题。这并不是说这些工作全部都要由项目经理亲自去准备,而是说项目经理要对项目报告负责。项目经理不可能对每一个问题的全部细节都了如指掌,但对一些关键性问题应该清楚掌握。

4.1.3 项目经理的能力要求

项目经理需要承担的责任非常广泛,包括直接指导和间接影响,管理"硬"的技术细节,控制"软"的人员问题,保证项目资源的获取,构建并激励项目团队,处理好战略远景和日常工作中的沟通问题。项目经理就是一个小型CEO,要从整体上进行管理,并关注项目管理的整个过程。一位卓越的项目经理,应该具备以下特质。

1. 有效的沟通能力

项目利益相关者对于项目成功有着重要的作用,项目经理需要通过谈判对项目发起人或者高层管理者施加影响,获得他们的支持。"假如他们对于你所做的一切一无所知,那么他们将认为你什么都没做"。项目经理沟通的方式、他们所传递的信息以及讨论项目时的举止,都将向其他重要的项目利益相关者传递信息。不管是通过会议与演讲、文章、口头通知还是非正式的网络,项目经理都必须熟练地进行沟通。

项目经理所采用的一种最重要的沟通方式是召开具有建设性的会议,会议是通报项目状况、将个体团队成员的贡献集体化、建立整体感以及保证所有项目利益相关者及时获取关于项目状况信息的重要方式。

2. 领导能力

领导力是激发团队人员的自信、使组织获得他们的支持并实现组织目标的能力。对项目经理而言,领导是一个过程,通过这个过程来影响项目团队,使他们完成工作。承认合作关系是领导力的关键,项目经理需要通过有目的的交流,给予团队成员以说"不"的权力,明确共同的责任和绝对的忠诚来营造自己与成员间的合作氛围。

有效的项目管理需要采取参与和顾问式的领导方式。项目经理以这种方式为项目团队提供导向和教练作用。这种方法较之等级制的独断的和指挥性的管理方式更行之有效。领导作用要求项目经理提供指导而不是指挥工作。项目经理所需做的工作是制定准则和纲要,然后由项目队员自己决定怎样完成任务。领导有方的项目经理从不强制人们怎样做工作。

项目领导工作要求项目成员的参与和授权。项目经理要使队员参与到那些涉及自身利益的项目的决策中去,并在自己的职责范围内拥有决定权。这样,他们会承担责任,不辜负信任,按时在预算范围内开展工作。

应给成员授权,让他们可以做出与其工作相关的决策。同时,项目经理应制定一个明确的纲领,而且,如果合适的话,还应包括一些限制。

3. 人员训导能力

成功的项目经理会对项目成员进行训练和培养。他将项目视为每个成员增加自身价值的良好机会,这样,每个成员在项目结束时,就拥有了比项目开始时更丰富的知识和竞争能力。项目经理应创造一种学习环境,使员工能从他们所从事的工作中,从他们所经历或观察的事件中获得知识,他应经常就自我发展的重要性与团队交流意见。为鼓励这样的活动,要在项目团队会议上论述自我发展的重要意义。另外,可以在开始分配项目任务时约见团队成员,鼓励他们根据自己的任务去扩展其知识和技能。优秀的项目经理应相信所有成员对组织都是有价值的,他们通过不断的组织学习,可以做出更大的贡献。通过鼓励成员积极进取,项目经理还可以突出强调自我提高的意义。

有能力的项目经理会鼓励成员进行创新、承担风险、做出决定,这是学习和发展的良机。他们承认在学习和发展过程中,犯错误是难免的,但他们不会制造失败的恐惧。项目经理应尽可能给成员分配很全面的任务,使他们的知识更加丰富,能出色地完成任务。

另外,有经验的项目经理还常常鼓励阅历不足的成员向经验丰富的成员学习。项目经理培养成员的最后一种方法是让新手参加正式的培训课程。

4. 系统思考和决策能力

杰出的项目经理必须具有果断及时的决策能力。决策就是在某种工作方针的各个抉择方案中做出选择。决策是计划工作的核心。如果没有制定决策,即没有对资源进行调配以及对信誉进行承诺，那么计划的目的也就不存在了。到那时，只能说是对计划工作进行了研究和分析。有时，项目经理把决策当成他们的中心工作，因为他们必须不断地对诸如做什么、谁去做、何时做以及如何做等问题做出抉择。然而，制定决策是计划工作的一个步骤，事实上每个决策都必须与另一些计划相衔接，所以不能孤立地去判断某个工作方针正确与否。

杰出的项目经理必须能够从战略上进行思考，考虑项目的宏观规划。同时每一天都有可能发生危机，遇到来自内部、外部的挑战，这就需要项目经理具有果断及时的决策能力，在看到整片"森林"的同时，能用最好的方式处理每棵"树木"出现的问题，保持两者的平衡。

5. 处理压力和创造性地解决问题的能力

当项目工作陷入困境，或因为成本超支、计划延迟，以及设备和系统的技术问题而无法实现目标，客户要求变更工作范围，或团队内就某一问题的适宜解决方案产生争议时，压力可能会更大，有时甚至会使项目工作变得困难重重。这时，项目经理不能急躁，必须保持冷静。项目经理应能够应付不断变化的局势，因为即使是精心拟订的计划，也会遇到不可预见的情况，导致突然的震荡。项目经理要保持镇定，使项目团队、客户和公司上层管理者不因惊慌和挫折而陷入困境。在某些情况下，项目经理要在项目团队与客户或团队与上层管理者之间起缓冲作用。如果客户或公司上层管理者对项目进程不是十分满意，项目经理要承担责任，以免使项目团队受到打击。在与项目团队就不足之处进行沟通时，要用一种激励的方式来鼓励他们迎接挑战。当然，项目团队有时也会抱怨客户的要求或不愿做出变更，这时同样需要项目经理充当缓冲器，把这些埋怨适当化解，然后将其转化为需要团队成员克服的奋斗目标。

项目经理要有幽默感，幽默能帮助项目经理处理压力，打破紧张局面。项目经理要锻炼身体，增加营养，保持健康体魄，以增强处理压力的能力。项目经理也可为团队组织一些活动，如球类比赛或爬山旅行，使项目团队从压力中解脱出来。

项目经理还应是个解决问题的专家，具备分析问题和识别问题的技巧，能提出创造性的建议并付诸实施，开发新的更好的做事方法，挑战已建立的旧秩序。尽早发现问题，就会有充裕的时间来设计出成熟的解决方案。另外，如果及早发现问题，解决问题的花费会少一些，对项目其他部分的影响也会小一些。

项目经理要鼓励项目团队成员及早发现问题并独立将其解决。如果一个问题很严重，并可能影响到项目目标的完成，团队成员就要提前与项目经理交流有关情况，以便他能带领大家一起解决问题。一旦发现了这样的问题，项目经理可能需要更多的资料并进行询问调查，澄清事实，从而弄清问题的实质及其复杂性。然后，项目经理应向团队成员询问一些如何解决问题的建议，并与相应的成员一起，利用分析技术，对有关信息做出估计，并提出最佳的解决方案。项目经理要具有洞察全局的能力，能观察到解决方案对项目其他部分的影响，包括对与客户及上层管理者的人际关系的影响，这一点是很重要的。

4.1.4　项目经理的权限

权力和职责在某种程度上是对等的,项目经理要实施项目管理,必须有一定的权限。项目经理的权力是确保其承担责任的前提条件。项目经理的权限主要有决策权、用人权和财务权。

1. 独立决策权

除了少数重大决策外,大部分问题可以让项目经理自行决策,无须经过冗长、费时的请示批准。许多问题和商业机会都具有时效性,迟缓决策不仅会影响效率,而且可能错过时机,甚至造成无法挽回的损失。项目经理应拥有足够的决策权,能对项目利益相关者的要求做出直接的、负责的答复,包括必要的承诺。

2. 自主用人权

项目经理有权招聘项目管理人员,指派岗位,指挥和调动工作,考核和奖惩业绩,以及解雇人员等。

3. 足够的财务权

实际经验告诉我们,拥有财权,并将其个人得失和项目盈亏联系在一起的人,能够较周全地、负责地顾及自己行动的后果。反之,不掌握财权,其个人得失与项目盈亏无关的人,其行动往往带有盲目性,或缺乏“主人翁”的意识和责任心。项目经理应掌握财和物的使用权及分配权。

4.1.5　项目经理的选拔

由于项目经理对于项目的成功与否具有直接的影响,因此选任合适的项目经理是公司高层领导在组建项目班子时应重点考虑的问题。公司高层领导针对某一项目选择合适的项目经理时,必须清楚了解项目经理的工作能力、特长和不足之处。项目经理既可以从外部进行招聘,也可以从内部进行挑选。

1. 外部招聘

外部招聘就是公开发布招聘信息,规定应聘人员的政治品质、业务水平和领导能力等方面的要求。有时还应规定学历、领导工作经历、外语水平和年龄等的限制。应聘者先将本人简历送交招聘单位审查,招聘单位从中挑选出一部分,再进行面试、考核。这种公开招聘的方法,有利于人才流动,可促使人才更快成长,达到人尽其才的目的。聘用的前提是工作的需要,要达到这一聘任目的,必须在实行择优聘任和竞争聘任的同时,严格按法定的程序进行。

（1）科学设置岗位

用人单位运用职位分类的原理,依据岗位的工作性质、责任轻重、难易繁简程度和所需资格条件,对现有专业技术的岗位情况进行全面调查、分析和评价,根据编制和工资总额,设置若干不同层次的岗位,规范其岗位职责,使编制定员与聘任数量、档次有据可依,使专业技术人员的选拔、任用、考核、升迁和奖惩工作有序地进行,充分发挥岗位设置的核心作用。

设定的岗位及所需人员条件要向本单位员工公布。对外招聘时,要做好宣传工作,以便于专业技术人员根据自己的条件和岗位空缺情况进行申报。

（2）成立选聘机构,规定选聘程序

由单位有关领导组成选聘领导小组,由单位人事部门根据选聘领导小组研究制定的聘用计划和规定,在一定范围内发布招聘启事。应聘者材料经人事部门筛选后,符合基本条件者的材料将被提交选聘领导小组审议。然后用人单位可以采取面试的方法对符合基本条件的应聘者进行考察,由选聘领导小组成员综合打分,并根据打分情况进行取舍,最后由人事部门正式通知本人,并将聘任结果公布。

（3）制定具体管理办法

① 明确聘期。科研、工程等项目的聘用期限可以与某项科研课题的计划时间相同。正式聘用前,需要经过一定的试用期(一般为3个月),如能胜任,才正式任命。

② 明确双方的义务和权利。应聘人有权向聘任方提出享受上级规定的继续教育时间、发挥技术专长的工作条件和相应的工资福利待遇。在聘期内,应聘人必须履行岗位职责,接受考核、检查。当受聘者丧失履行相应的职务职责条件,不能完成本单位交给的工作任务时,或不认真履行职责时,聘任单位可以解除聘约。

③ 签订聘约。聘约由单位行政领导与应聘人当面签订,在全体大会上宣布聘任情况并颁发聘书。这种仪式,可以使双方产生责任感,并使受聘者产生荣誉感,激发其工作积极性。

④ 加强聘后管理。聘后通过考核制度建立考绩档案,并按干部管理权限进行管理。在考核中,以履行岗位职责的工作实绩为主要内容,实行定性考核与定量考核相结合,平时考核与聘任期满考核相结合;考核同晋升、奖惩相结合。

2. 内部选拔

除一些项目的经理需公开招聘以外,目前更多的项目经理是从公司内部选拔和培养的。平时,公司对一些兴趣广泛、有才能的人,应特别注意培养,有意识地更换其工作岗位,让他们熟悉业务。比如,在工程技术部门工作若干年以后,就让他们担任一个部门的负责人或项目经理的助理;当他们对全面的工作,如进度计划、预算、成本和技术工作等比较熟悉后,就可以让他们负责一个小项目;若干得成功,再担任规模较大的项目经理,在实践中逐步培养他们。

选拔项目经理的具体做法有以下几种。

（1）评议法

评议法是项目领导人在一起，逐个评议有可能被选拔出来担任经理的人员。这种评议的基础性工作是审核候选人的历史功绩、学习成绩和日常工作等考核记录，既要看学历、专业，更要看实际工作能力。

（2）行动测定法

行动测定法是模拟一些项目实施中的紧急情况，让选拔对象去处理，看他处理问题是否抓住了要害，是否坚决果断，是否发现了更深层次的问题并注意到各类问题之间的内在联系等等，最后评定其能否被任命为项目经理。

（3）评议中心法

评议中心法是将候选人置于一个专门进行人员挑选评议的机构中，由一些专业的评议人员对候选人进行心理上和实际工作能力上的考核和测定，最后做出评价，为挑选合格的项目经理提供依据。

从公司内部选择项目经理有以下好处。

① 他们熟悉公司的组织、制度、流程和合同关键人物，有助于更快更好地完成任务。

② 他们的人事记录比较完整，可以最大程度地授予其项目管理的责任和权力。

③ 具有良好记录的项目经理及其班子比较受客户欢迎。

4.1.6　项目经理的培养

公司在挑选、录用项目经理的时候，虽然进行了大量的工作，采用了考试、测试及其他科学方法，但项目经理并不是一开始就具备完成规定工作所必需的知识和技能的。同时，公司是在不断变动的经济技术环境中生存和发展的，这就要求项目经理的知识、技能和工作态度必须与这种不断变动的外部环境相适应，即其知识、态度应不断更新，技能应不断提高。因此，公司为使他们尽快掌握必要的知识、技能，就有必要对他们进行培训。

培养项目经理主要可以采取以下方法。

1. 实践训练

① 与有经验的专业人员一起工作。

② 与项目班子成员一起工作。

③ 不断承担不同的项目管理责任。

④ 调换工作岗位。

⑤ 严格的现场工程实践。

⑥ 与顾客打交道。

2. 理论培训与学习

① 课程学习、研究班、专题讨论。

② 模拟、游戏、案例。

③ 集体练习。

④ 专业会议。

⑤ 学术会议、研讨会。

⑥ 阅读书籍、行业期刊、专业杂志。

3. 管理技能培训

① 熟悉项目管理的各职能部门。

② 建立合适的项目组织。

③ 熟悉项目支持系统。

④ 项目管理制度、流程的执行与改进。

项目经理的培训可以采用一种综合性的方法，使其分别通过实践锻炼、正规学习和研讨会等方式获得必需的技能。

4.2　项目团队

项目团队是项目组织的核心，现代项目管理十分强调项目团队的组织建设和按照团队的方式开展项目工作，因此项目团队管理成了现代项目管理模式中的一个十分重要的内容。

理想的项目团队能在既定的时间、既定的预算成本内成功地实现项目的目标。在理想的项目团队中，每位队员都能获得事业的发展和个人的进步。

4.2.1　项目团队的概念和特征

1. 项目团队的概念

现代项目管理认为：项目团队是一组个体成员为实现一个具体项目的目标而组建的协同工作的队伍。项目团队的根本使命是在项目经理的直接领导下，为实现具体项目的目标，完成具体项目所确定的各项任务而共同努力，并协调一致、有效地工作。项目团队是一种临时性的组织，一旦项目完成或终止，项目团队的使命即已完成或终止，项目团队即告解散。

需要注意的是,仅仅把一组人员调集在一个项目中一起工作,并不能形成团队。项目团队不仅仅是指被分配到某个项目中工作的一组人员,它更是指一组互相联系的人员同心协力地进行工作,以实现项目目标,满足客户需求。而要使这些人员发展成为一个有效协作的团队,一方面需要项目经理作出努力,另一方面也需要项目团队中每位成员积极地投入到团队中去。一个有效率的项目团队并不一定能决定项目的成功;而一个效率低下的团队,则注定会使项目失败。

2. 项目团队的特征

就如项目本身具有独特性一样,没有哪两个项目团队会一模一样。但是,从宏观角度分析,项目团队仍具有一定的共性。项目团队能否有效地开展项目管理活动,主要体现在以下三个方面。

（1）合理的分工与协作

项目团队的使命就是完成特定项目的任务,实现特定项目的既定目标。它没有也不应该有与既定项目无关的其他的使命或任务,团队成员既分工又合作。

（2）高度的凝聚力与民主气氛

一个有成效的项目团队,必定是一个有高度凝聚力的团队,能使团队成员积极热情地为项目成功付出必要的时间和努力。

（3）共同的目标

每个组织都有自己的目标,项目团队也不例外,正是在这一目标的感召下,项目队员才凝聚在一起,并为之共同奋斗。

① 项目团队有一个共同愿景。这是团队之所以存在的主观原因,每个队员都清楚地了解它,认同它,都愿为共同愿景的实现而奉献全部心力、体力与智力。

② 项目团队有着明确的共同目标。这一目标是共同愿景在客观环境中的具体化,并随着环境的变化而有相应的调整,但每个队员也都了解它、认同它,都认为共同目标的实现是达到共同愿景的最有效途径,即团队不能在如何达到共同愿景的问题上有太大的分歧。

③ 团队队员都了解共同目标的实现对组织的重要性。

④ 共同愿景和共同目标包容了个人愿景与个人目标,充分体现了个人的意志与利益,并且具有足够的吸引力,能够引发团队成员的激情。

⑤ 依据实事求是的原则,通过评估与选择,团队能制定并执行有效的策略。

4.2.2　项目团队的创建与发展

一般意义上的团队是由于在兴趣、爱好、技能或工作关系等方面的共同目标而自愿组合,并经组织授权、批准的一个群体。例如,学校中有相同兴趣的师生所组成的各种兴趣小组或团队；政府机关中有相同爱好的人组成的篮球队、足球队；企业中有相同技能的人组成的起重、运输、装配等队伍，等等，这些都是一般意义上的团队。通常，团队的目标与组织的目标是一致的，所以各种团队是企业或组织在实现自己目标的过程中一种必不可少的有形力量。项目团队是由于"工作关系"方面的共同目标而组建的团队，它也属于一般意义上的团队范畴，所以在团队创建与发展方面也有一般团队建设与发展的特性。

1. 创建项目团队的原则

项目团队的组织没有固定的模式，应根据项目的不同特点、不同的内外部条件，采用不同的组织形式。但是，无论具体情况如何不同，组织项目团队的总的要求还是应从项目的实际出发，保证项目稳定、高效地运行，以成功实现项目目标。创建项目团队应遵循以下原则。

（1）有效管理宽度原则

管理宽度是指一个主管能够直接有效地管理下属的人数。一个项目经理的管理宽度是有限的，往往要受到以下因素的影响。

① 问题的复杂程度。一般而言，项目所要处理的问题难度越大、复杂程度越高，项目经理直接管理的人数就越少。相反，如果处理的是些日常性、规范性的事务，那么管理者的管理宽度就可能大一些。

② 项目经理及团队成员的才能高低。能力较强的项目经理能够在不降低团队效率的前提下，比相同层次、相同工作的其他项目经理管理较多的人员。同样，一个高度熟练和胜任的团队成员所需要的管理就要少一些。这样，项目经理的管理宽度就可以加大。

③ 授权程度。项目经理将管理权授予得越多，他们要亲自处理的具体问题就越少，管理宽度就可以大一些；反之，管理宽度就应该小一些。有的项目经理很不放心把权力交给下属，其实，应该通过训练，把部分权力适当交给下属，由他们处理某些问题，这样既锻炼了下属，又扩大了管理宽度。

（2）权责对等原则

权是在规定的职位上行使的权力。责是在接受职位、职务后必须履行的义务。在任何工作中，权与责必须大致相当。变动权力时，必须同时变动与权力相应的责任。如果要求一名项目经理履行某些责任，那就要授予他充分的权力。如果这些权力已授给他，但该项目经理却不能承担相等的责任，那么就应收回这些权力或者对他的职务做某些变动。

（3）职能匹配原则

项目团队成员的才智、能力与担任的职务应相匹配。每种职位所要求的能力水平不同，因此组织团队应尽可能使才位相称、人尽其才、才得其用、用得其所。理想的团队组织，必须具备修改和调整的可能性，必须具有灵活性。在缺乏某种工作需要的成员而又一时找不到合适人选时，可以考虑把项目工作进行修改、设计和安排，直到找到适当的人员来充任。

（4）单一指令原则

团队成员只能接受一个上级的命令和指挥。一个成员不能受到多头指挥，否则团队成员就会不知所从。上下级之间的上报下达都要按层次进行，一般情况下不得越级。执行者负执行之责，指挥者要负指挥之任，在管理上，尽量实行"一元化"的层次联系，做到政出单门。

（5）效果与效率统一原则

效果是指项目团队的活动要有成效，即"做正确的事"。项目团队不但要能保证项目的进行，同时要有成果。效率是指项目团队在单位时间内取得成果的速度，即"正确地做事"。在单位时间内取得成果的过程中，各种物质资源的利用程度、团队成员的工作效率，都反映出项目团队的效率。效率不高、反应迟缓，说明这个项目团队的某些方面已经不适应客观要求，需要改进。

2. 项目团队的组成

一个完整的项目团队不仅包括项目领导、项目成员，即项目经理、经理班子，以及团队队员，还应有自己独特的任务和目标。例如，三峡工程项目团队的主要任务和目标就是要完成三峡工程的建设任务，并实现水利、电力目标。当然，在不同的时期和阶段，同一项目团队会有不同的任务和目标，项目团队正是在不断地完成一项项任务，实现一个个目标的进程中，才逐渐发展、成熟和壮大的。

项目团队到底需要哪些角色，他们应承担什么样的职责，这主要是由团队所担负的任务与期望达到的目标来确定。通常而言，项目团队主要包括项目经理、项目经理班子、一般团队成员、团队顾问和项目专家等角色。有时，这些角色不一定要由不同的人来承担，根据实际情况，一个人同时也可以担任多个角色。在一个真正的项目团队中，团队角色往往极具弹性，成员要么轮流担任某个角色，要么在相互间的配合中很难分清到底是谁担任了某个角色。对于一个高效的项目团队而言，重要的是各个角色必须有人来承担，至于到底是谁承担了某个角色并不重要。

项目经理的职责，我们已在上文介绍过，下面分别介绍其他几个角色的职责。

（1）团队成员的职责

① 帮助保持并扩大团队共同努力的成果；维护团队的团结；保护团队的荣誉；保守团队的机密。

② 在团队会议开始前做好准备，准时参加团队会议，并积极参与讨论，针对团队的问题发表自己的观点，提出相应的解决办法；努力促进团队达成共识；接受并支持团队的一致决定。

③ 争取保质、保量、按时或超标完成团队分给自己的任务；努力改进团队的工作绩效；与其他队员密切协作；随时向其他项目成员提供帮助；必要时愿意做"分外"工作，以保证团队目标的实现；需要时，为团队的利益挺身而出。

（2）项目专家的职责

① 作为某一专业的专家，应就团队在项目工作过程中碰到的有关专业性问题提出自己的看法与建议，这需要其掌握充分的信息资料并发挥自己的专业知识与技能。

② 加强与其他类型的专家之间的切磋，努力拓宽自己的视野；在解决团队碰到的问题时，既要充分运用自己的专业技能，又不能存有专业偏见，一切以提高团队集体绩效和促进团队发展为目标。项目专家既可以是团队的永久成员，也有可能是团队从外界临时聘来的专业人员。

（3）项目团队顾问的职责

① 向总公司高层领导汇报有关团队的优点与缺点，向项目组织高层领导提供关于怎样建设团队的咨询，帮助组织高层制定团队建设的战略。

② 对团队的经理与成员以及团队建设涉及的各个部门的有关人员包括高层管理者，进行团队建设的培训。

③ 在团队建设的过程中提供各类指导与帮助。主要包括帮助团队在团队组建期建立团队目标、挑选团队队员、制定工作准则与管理规范等；在团队震荡期帮助解决团队的各种冲突，帮助团队成员逐渐适应并胜任新的角色；在团队规范期帮助团队形成良好的团队文化，消除不良的团队倾向；在团队执行期帮助团队有效地发挥其功效，密切注视团队的每一项成就和每一个进步，不断地帮助团队巩固已取得的成果，把握好是向团队伸出援助之手还是让团队自行解决问题的分寸。

3. 项目团队的发展阶段

项目团队的发展是一个动态的过程，尽管如此，团队经历的几个阶段很容易识别，一般需要经历形成、冲突、规范、执行和解散 5 个阶段。各阶段的描述如表 4-1 所示。图 4-1 则列示了项目团队的组建过程。

表 4-1　项目团队的发展阶段

阶段	描述
形成	成员开始相互熟悉，为项目和团队制定基本规则
冲突	随着成员开始反抗权威，并透露幕后的动机和偏见，冲突出现
规范	成员在操作程序上达成一致，共同工作，建立起密切的关系，致力于项目的进展
执行	团队成员一起工作，完成他们的任务
解散	团队随着项目的完成或团队成员的重新分配而解散

（1）形成阶段

项目团队的形成阶段是项目团队的初创和组建阶段。这一阶段是一组个体成员转变为项目团队成员的阶段。在形成阶段，团队成员从原来不同的组织调集到一起，大家开始相互认识，每个成员都试图了解项目目标和他们在团队中的合适角色，并急于开始工作。

在这个阶段，一方面，团队成员收集有关项目的信息，试图弄清楚项目是干什么的和自己

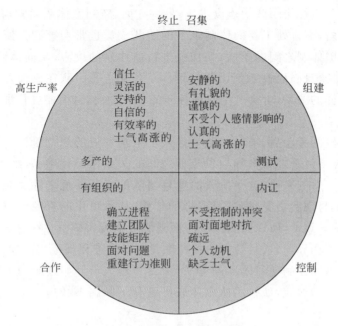

图 4-1　项目团队组建过程

应该做些什么;另一方面,团队成员谨慎地研究和学习适宜的举止行为。他们从项目经理处寻找或相互了解,以期找到属于自己的角色。

这时,项目经理要对项目团队进行必要的指导和建构工作,要向团队成员解释清楚项目的目标和目的,说明工作范围、质量标准、预算及进度计划等。

当成员了解并认识到有关团队的基本情况后,就为自己找到了一个合适的角色,并且有了自己作为团队不可缺少的一部分的意识。当团队成员感到他们已属于项目时,他们就会承担起团队的任务,并确定自己在完成这一任务中的参与程度。当解决定位问题后,团队成员就不会感到茫然,从而有助于建立其他关系。

在这个阶段,行为的一些初步标准开始形成,包括交互行为准则。项目领导者的任务是制定标准并为此后的合作和成员积极的态度营造氛围。

（2）冲突阶段

冲突是成员对初始规则的自然反应,最初的领导形式、报告的关系、工作规范以及成员之间的行为可能受到置疑,可能还会重新制定。冲突主要包括:①成员与组织技术系统之间的不协调。例如,团队成员可能对团队采用的信息技术系统或新的制作技术不熟悉,经常出差错,这时最紧迫的任务是进行技能培训,使成员迅速掌握团队采用的技术。②成员与组织制度系统之间的不协调。一方面,在团队建设中,组织会在其内部建立起尽量与团队运作相适应的制度体系,如人事制度、考评制度和奖惩制度等,这些制度有可能是不完善的,也有可能不为已习惯于原有体制的成员所适应,这时所要做的工作是使成员尽快适应新的体制,并根据实际情况和客观环境加快团队的建设步伐；另一方面，新制度体系通常与传统体制并存，不仅新旧体制会有矛盾，而且处于新旧体制之下的团队成员也常会感到无所适从，这时应做的工作是尽量消除新旧体制之间的矛盾，并加强推行新体制的决心，从而消除团队成员狐疑观望的态度，使之尽快全身心地投入到团队建设和工作中。③团队在成长过程中，与公司其他部门要发生各种各样的关系，也会产生各种各样的矛盾冲突，这需要进行很好的协调。

（3）规范阶段

在经受冲突阶段的考验后，项目团队就进入了正常发展的规范阶段。此时，项目团队成员之间、团队成员与项目管理人员和项目经理之间的关系已经理顺了，绝大部分个人之间的矛盾也得到了解决。总的来说，这一阶段的项目团队的矛盾要低于冲突阶段。同时，个人期望得到调适，基本上与现实情况（即项目要做的工作、项目可用的资源、项目的限制条件和自己与他人关系等）相一致了，所以团队成员的不满情绪也大大减少。在这一阶段，项目团队成员已接受并熟悉了工作环境，项目管理的各种规程得以改进和规范化。项目经理和项目管理人员逐渐掌握了管理和控制项目团队的方法，项目管理人员开始逐步向下层团队成员授权，项目团队的凝聚力开始形成，项目团队全体成员已有了归属感和集体感，每个人觉得自己已经成为团队的一部分。

在这一阶段中，最重要的是要形成新型的团队规范和增强团队的凝聚力，以形成有力的团队文化。这种团队规范与团队在组建之初所规定的行为准则会有所差别，它是经过一段时间的激荡后才形成的，并为团队成员普遍遵从。团队规范属于一种群体规范，其形成与维持源于群体的压力，当群体中某位队员与多数队员的意见或行为不一致时，他会感到一种无形或有形的压力。团队规范的产生与群体压力的存在对于规范团队队员的行为、整合出强大的团队合作力极有帮助，但它们也会导致从众行为。因而，团队在规范期可能会隐藏一些重要的危险，即团队成员由于害怕冲突的再次发生或屈于群体压力而陷入沉默，不把好主意说出来，盲目从众。这时团队建设的任务，一是要使团队规范的本身内容合乎情理，并为大家衷心接受；二是要鼓励成员个性的发挥，提高成员的责任感与权力，不压抑个性；三是要创造条件和营造氛围来鼓励队员为团队的成长及目标的实现尽职尽责、尽心尽力。在规范期，团队会逐步成型，能形成适当的行为规范、和谐的团队价值观，能调动成员的活力与热忱，增强团队的凝聚力。注重培养成员对团队的认同感、归属感和一体感，能营造成员间互相协作、互相帮助、互敬互爱、关心集体、努力奉献的精神氛围。团队能否顺利度过规范期以及团队形成的规范是否真正高效有力，将直接影响团队建设的成败与最终的绩效。

（4）执行阶段

执行阶段是团队发展的第四阶段，经过了形成、冲突和规范阶段，团队成员的状态已达到了最佳水平。在这一阶段，成员们积极工作，为实现项目的目标而共同努力。成员能进行真诚、及时、有效的沟通，并能相互信任、相互依赖，进行有效的分工合作。这是一个工作效率很高的阶段，每位成员都明确自己的职责，善于迎接各种挑战，整个团队已熟练地掌握处理内部冲突的技巧,并能集中集体的智慧做出正确的决策,解决各种困难和问题。在项目的执行中,团队成员加深了相互之间的了解,增进了友谊,并且创造了一个和谐、融洽的工作气氛。每位成员都以项目的顺利进展、团队所取得的成绩为荣,成员们有极强的归属感和集体荣誉感。

在本阶段,项目经理应积极主动地让成员分担领导权力和责任,从而把更多的时间和精力投入到团队整体对项目计划的执行之中,把注意力集中到关于预算、进度控制、工作范围及计划方面的项目业绩。这一阶段是士气最高、绩效最好的阶段之一。

(5)解散阶段

项目的团队不可能永远持续下去,当项目结束的时候,团队成员就会被解散,回到组织相应的部门。有时候,团队会故意慢慢地减小团队规模。比如在一个设计系统工程项目中,随着系统各部分完成,团队的设计工程师就不再需要,将会被重新分配。在其他一些情况下,团队完成任务后,立刻解散所有成员。不管是在哪个项目中,在项目的最后阶段,团队成员很可能对他们将来的任务或新职责表现出担忧,项目经理了解这个问题是非常重要的,项目经理需要关心团队成员的真实顾虑,如果有可能的话,尽力使团队成员向新任务平稳过渡。

4.2.3　项目团队的任务和目标

向总公司或外部客户提供产品或服务是项目团队的基本任务和目标。某企业为了开发一种新产品,成立了企业内部的新产品开发项目小组。这个项目小组实际上就是项目团队,其基本的任务和目标是为企业设计和开发一种新产品。这类性质的项目团队具有一定的临时性,当新产品开发成功后,项目团队多数会解散,团队队员又回到原来的职能部门。通常情况下,更多的是比较稳定的项目团队。此类项目团队在完成一个任务和目标以后,又将迎接新的项目、新的挑战。

具体而言,在项目的进程中,项目团队需要完成下列任务和目标。

(1)规划与实施项目方案

面对任务或问题,所有团队都必须制定相应的计划并努力施行。

(2)进行绩效管理

团队必须自身或与其上级主管单位及相关单位一道来设置工作目标,激励工作行为,评估工作绩效和决定工作奖酬等。

(3)提高能力与绩效

团队需要不断提高自己的工作能力,提高队员间相互合作的技能,改善工作程序,加强各项训练,努力促进自身成熟并取得好成绩。

(4)进行团队外界管理,与外界取得协调

团队只有与外界取得协调,才能保障自身的顺利发展和项目工作的顺利进行,取得整个组织的成功。

（5）帮助或影响更高层的决策

团队不仅要完成自身分内的工作，而且有义务为更高层的决策提供信息与建议。尤其是事关总公司的发展方向与资源分配等影响广泛的问题时，团队有权力也有责任参与并影响更高层的决策。

4.2.4　项目团队的精神

项目团队的精神，就是项目队员为了团队的整体利益和目标而相互协作、共同努力的意愿与作风。其内涵主要包括以下几个方面。

（1）成员对团队有强烈的归属感和一体感

在团队与其队员之间的关系方面，团队精神表现为团队队员对团队的强烈归属感与一体感。团队队员强烈地感受到自己是团队的一员，并且由衷地希望能够把自己的前途与团队的命运联系在一起，愿意为团队的利益与目标尽心尽力。归属感与一体感主要来源于团队利益目标与其成员利益目标的高度一致。团队通过一系列的安排使它与其成员结成一个高度牢固的命运共同体，无论是在物质上还是在精神上，团队与其成员都是息息相关的。团队还通过持久而强大的教育宣传及文化氛围，在潜移默化中培养成员对团队的共存共荣意识及深厚久远的情感。

（2）团队是个有机整体

在团队成员之间的关系上，团队精神表现为成员间的相互协作，从而形成有机的整体。团队成员彼此相互依存、同舟共济、共同奋斗。成员之间一要互敬互重，待人礼貌谦逊；二要相互宽容，能容纳各自的差异性、独特性，在发生过失时，能见大义而容小过；三要彼此信任，能以诚待人、一诺千金，相互能深信不疑、委以重任；四要相互帮助，在工作上能互相协作、共同提高，在生活上彼此关怀；五要在利益面前互相礼让。团队成员在互动过程中逐渐形成了一系列的行为规范，他们能和谐相处，充满凝聚力。

（3）团队成员对团队事务全方位投入

在项目团队的事务上，团队精神表现为团队成员对团队事务的尽心尽力及全方位的投入。一方面，团队在发展过程中及处理团队事务时，努力争取团队成员的全方位投入，培养成员的责任感，让队员参与管理、共同决策，以充分调动其积极性、主动性和创造性；另一方面，团队成员衷心地把团队的事视为自己的事，工作积极主动、认真勤勉、尽职尽责，充满活力与热情。

团队精神是一个相对的概念。从深度上来讲，团队精神有程度的差别。但是通常而言，团队精神应建立在团队与个人利益相对统一的基础之上。从广度上而言，一个团队中可能只有少数几个人具有团队精神，也可能是多数人甚至是全部成员都具有团队精神。在后一种情况下，团队通常能取得辉煌的成功。当团队中只有少数人具有团队精神时，团队精神可能会逐渐弥漫扩展到整个团队,也可能会逐渐消失,这时,对团队精神的维护与培育就显得格外重要。另外,团队精神还有一个范围。通常,大团队精神要比小团队精神好,团队利益优先是处理团队精神范围问题的一个重要原则。

4.2.5　项目团队的文化

项目团队的文化是其在发展过程中所形成的,为团队队员所共有的思想、作风、价值观念和行为规范,它是一个项目团队所特有的信念和行为模式。一个具有文化底蕴的项目团队,就像一个具有文化修养的人一样,处处都显现出自己独特的行为模式。

项目团队的文化涉及组织的各个层次,渗透于项目的各项工作中。一般来说,团队的文化主要包括以下几个方面。

（1）团队精神

团队精神是团队文化的表现形式。它是支撑项目团队生存和发展的支柱,是在生产、经营和管理的实践活动中形成的、代表广大员工精神面貌的一种行为。通常可以用言语或队歌等形式表达出来。

（2）团队价值观

团队价值观是一个团队的基本观念和信念。它是指项目团队所有成员参照一定依据,遵循一定的计价模式对团队的生产经营行为、提供的服务以及社会声望和信用等的总看法。它具体地向队员说明什么是成功,并在队员中树立起成功的标准。

（3）团队目标

团队目标是团队文化以团队经营形式表现出来的一种观念形态文化。在实践中,团队目标是作为一种意念、一种符号、一种信息传达给全体队员的。团队目标可以划分为三个层次:整体目标、部门目标、小组目标或成员目标。通过团队目标的实现,团队不断发展壮大。

（4）团队道德

团队道德是调整队员之间以及项目组织与队员之间关系的思想意识和行为规范的综合。它是一种特殊的行为规范,是团队规章的必要补充。通过它,项目成员能在什么是对、什么是错,什么可被接受、什么不可被接受等问题方面取得共识。

（5）团队制度

团队制度是项目组织在项目管理的实践活动中所生成和发展起来的一种文化现象。它既是处理各种工作关系的各种规章制度、组织形式和行为准则,又是项目组织为实现其赢利目标而要求队员共同遵守的办事规程。

（6）团队礼仪

团队礼仪是团队日常已经形成习惯的一系列文化活动的总称。这些礼仪活动体现了组织对队员的期望与要求,包括团队交流和社会礼仪、工作礼仪、管理礼仪等。它以形象化的形式,将团队的价值观灌输给全体队员。可以说,没有团队礼仪,也就没有团队文化。

在一个具有文化底蕴的项目团队中,队员们有强烈的归属感和一体感。好的文化激励着团队队员,队员们努力奋斗、要求上进的精神又大力地促进着团队文化的建设,两者相得益彰。

4.2.6　团队绩效的影响因素

当一个项目团队缺乏团队精神时就会直接影响到团队的绩效和项目的成功。在这种情况下,即使每个项目团队成员都有潜力去高效率地工作,但是由于整个团队缺乏团队精神,团队将难以达到其应有的绩效水平。除了团队精神以外,还有一些影响团队绩效的因素,下面就指出了这些影响因素以及相应的建议。

1. 领导不力

领导不力是指项目经理不能够充分运用职权和个人权力去影响团队成员的行为,并带领和指挥团队为实现项目目标而努力。这是影响项目团队绩效最根本的一个因素。作为项目经理,应该懂得依据项目团队内的多种准则来调整其领导方式,包括团队组成方式、动力水平、成员经验和技能水平。要不时地问自己一些诸如"我做得怎么样?"的问题,并不时地问管理人员和团队成员"我该怎样改进我的领导工作?"等问题,积极征求团队对自己工作的反馈意见,努力做好团队的领导工作。因为领导不力不但会影响项目团队的绩效,而且会给整个项目的完成带来灾难性的后果。

2. 目标不明

目标不明是团队失败最普遍的原因之一。在项目执行过程被打断、目标不停地更改或者缺乏沟通时,团队全体成员未能充分了解项目目标,以及项目的工作范围、质量标准、预算和进度计划等方面的信息。目标不明确将产生多种不同理解,导致成员之间产生隔阂,并经常产生与项目目标不一致的理解。每个成员都从对自己有利的一面去理解它,目标被用来支持个人利益而不是团队利益。这种情况下,项目经理不但要向团队成员宣传项目的目标和计划,而且要向他们描述项目的未来结果及其所带来的好处。项目经理不但需要在各种会议上讲述这些情况,而且要认真回答团队成员提出的各种疑问。如有可能还需要以书面形式把这些情况的说明提供给项目团队中的每位成员。在每次项目进度情况总结会议上,项目经理要定期说明项目目标,要经常了解团队成员对要完成的任务存在的疑问。项目经理一定要努力使项目团队成员清楚地知道项目的目标。

3. 缺乏沟通

缺乏沟通是指项目团队成员们对项目工作中发生的事情知之甚少,项目团队内部和团队与外部之间的信息交流严重不足。这不但会影响一个团队的绩效,而且会造成决策错误。一个称职的项目经理必须采用各种信息沟通手段,使项目团队成员及时地了解项目的各种情况,使团队与外界的沟通保持畅通和有效。项目经理能够采用的沟通方法包括:会议、个人面谈、问卷、报表和报告等形式。对相关的项目文件,如计划、预算、进度计划以及报告材料,也要不断更新,并及时公告给全体团队成员。团队成员不同的职能和专业背景也可能是阻碍沟通顺利进行的原因,技术人员,比如工程师,使用专业术语非常轻松,但对于非专业技术人员就很难理解。解决沟通问题的关键是,项目经理要积极建立团队成员之间信息共享的标准,在团队中营造一种公开坦诚交流的氛围。

4. 职责不清

项目职责不清是指项目团队成员对他们的角色和责任的认识含糊不清,或者是在管理上存在着一些团队成员的职责重复问题。项目经理在项目开始时就应该使项目团队的每位成员明确自己的角色和职责,以及他们与其他团队成员之间的角色联系和职责关系。项目团队的成员也可以积极地要求项目经理界定和解决职责模糊不清的地方,以及明显存在的责任重复问题。在项目团队制定项目计划时,要利用工作分解结构、职责矩阵、甘特图或网络图等工具去明确每个成员的职责。另外,最好把这类文件复印发放给每个团队成员,使他们不仅知道自己的职责,还能了解其他成员的职责,以及这些职责是如何有机地构成一体的。

5. 激励不足

激励不足是指项目经理在项目管理中所采用的各种激励措施力度不够,或者是缺乏激励机制和工作。这也是很重要的一个影响团队绩效的因素。因为这会使项目团队成员产生消极思想,从而严重地影响团队的绩效。激励不足的项目团队成员可能会对项目目标的追求力度不够,或者对项目工作不太投入。要解决这一难题,项目经理需要采取各种各样的激励措施,这包括运用目标的激励作用(向每个成员说明其角色对项目的重要意义)、工作挑战型的激励作用、提高薪酬的激励作用以及满足个人职业生涯需要的激励作用等。项目经理应该知道每个成员自己的激励因素,并创造出一个充满激励的工作环境。

6. 规章不全

规章不全是指项目团队没有合适的规章去规范整个团队及其成员的行为和工作。在这种情况下,团队成员们会觉得一个团队里每个人的工作都无章可循。这种局面同样会造成项目绩效的低下。一般在项目开始时,项目经理就要制定基本的管理规章和工作规程。每项规章或规程以及制定这些规程的理由都要在项目会议上向团队做出解释说明,并把规程以书面形式传达给所有团队成员。当然,如果某些规程对项目工作不再有效,项目经理要接受有关废止或理顺规程的建议。

7. 成员流失

组织中普遍存在着这样一个问题：将团队成员临时调到一个项目中，但出乎意料的是他们不愿再回到先前的项目中去。项目团队成员流失率越高，项目经理想增强项目团队的凝聚力就越困难。此外，不断地增加或减少项目团队成员，会产生团队需要重新学习和重新划分职能的问题。由于学习曲线效应，研究发现，向一个正在进行中的团队增加人员通常会产生延迟项目进度的效果。新成员需要时间去赶上项目进度，他们不清楚项目的构成和团队之间的原来关系，同时他们也不明白团队的内部动态。虽然对项目经理来说最好的情况是在没有成员流失的情况下开展项目，但实际情况却是不得不考虑成员流失，并且还要考虑在成员流失时为使项目进度变更最小而需采取的对策。为了避免这种情况，项目经理应与各职能部门经理保持良好的工作关系，以便能提前知晓团队成员的动态，从而提前做好替换人员的准备。

4.3 高绩效项目团队管理

在建立高绩效的项目团队方面，项目经理起着关键作用。其职责包括招聘新职员、召开会议、确立团队身份、创建共同的目标或愿景、管理奖励制度以促进团队协作、协调决策的制定、解决团队内部的冲突以及在士气低落时鼓舞人心。项目经理应充分利用有利于团队发展的条件因素，及时消除不利于团队发展的因素。

4.3.1 招聘项目成员

两个重要的因素影响着项目成员的招聘，一是项目的重要性，二是项目的管理结构。对于优先级比较高的项目，项目经理可以全权决定哪些人员是必需的；对于不太重要的项目应使用劝说法使其他领域的人员加入团队。

要得到必要成员，项目经理必须和职能经理通力合作。即使项目团队的成员是全职的，也要警惕其他部门是否需要他们，避免树敌。招募志愿者方式的价值不可忽略，因为同意承担项目工作是建立个人对项目承诺的第一步，这种承诺在项目遇到困难时对于保持士气至关重要。

选择团队成员时，需要注意以下成员素质。

（1）问题解决能力。

（2）可获得性。很容易获得的成员并非是团队想要的，与之相反，如果被聘人员已有大量工作，他们就无法投入更多的精力。

（3）技术专长。警惕那些对某一技术了解过多的人，他们可能是技术爱好者，乐于学习新的东西，但是要让他们安定下来工作可能会比较困难。

（4）可信度。参与人员的声誉有助于提高项目的可信度，因此雇用一定数量的"胜利者"会增加成员对项目的信心。

（5）政治关系。要与重要的、可能不易合作的项目相关群体建立合作关系，雇用与这一群体已有良好关系的人不失为项目经理的明智之举。

（6）野心、创造性与活力。这些品质可以弥补其他方面的许多不足，因此其作用不容小觑。

4.3.2　召开项目会议

第一次项目开工会议对团队的早期运行至关重要。第一次项目开工会议，项目经理力图实现三个目标。第一个是介绍项目概况，包括项目的范围和目标、总体时间表、方法和程序。第二个是确定团队发展模型中提到的个人所关注的问题：我们为什么在这？还有哪些团队成员？每个人是否各得其所？我们在做什么？为什么？第三个也是最重要的目标，即建立描述团队如何合作才能完成项目的任务。项目领导风格将在第一次会议中形成印象。

会议本身有很多种形式，对于重大项目来说，开工会议持续一两天并不罕见，且经常安排在偏远的地方，以免受到干扰。但是在相反情况下，关键的操作原则是 KISS（keep it simple stupid）。不管何种情况下，项目经理都需要迅速建立起具有操作性的基本规则，以便规范团队的合作方式。这些基本规则不仅涉及组织和程序方面的事项，而且还有名义事项，诸如团队成员之间如何接触等。以下是需要解决的基本事项。

（1）计划决策

- 如何开发项目计划？
- 用什么样的工具来支持项目？
- 要用哪一特定的项目管理软件包？
- 谁会接触到计划信息？
- 团队外的哪些成员会参与计划？
- 所有参与者的具体角色和责任都有哪些？
- 需要通知哪些人有关决策的事项，用什么样的方式保持联络？
- 成本、时间和绩效之间的相对重要性如何？
- 项目计划过程中的可交付物是什么？
- 每种可交付物应该采用什么样的格式？
- 每次交付完成后，谁应该表示同意并签字？
- 交付对象是谁？

（2）跟踪决策

- 如何评估项目进程？
- 项目追踪的详细程度应该如何？
- 团队成员之间如何相互获得信息？
- 他们大约多长时间获得一次这样的信息？
- 由谁来制作并发布报告？
- 需要通知哪些人项目进展的情况，怎么通知他们？
- 对每一位听众来说，什么样的内容、格式是适当的？
- 会议召开地点，谁主持，怎么安排日程，怎样记录信息？

（3）管理变动决策

- 变动是怎样开始的？
- 谁掌握同意变动的权利？
- 怎样记录并评估计划的变动？

（4）关系决策

- 在项目进展中，团队要与什么部门或组织打交道？
- 每一组织的角色和责任各是什么？
- 怎样与所有的参与方保持联系，如何通知他们有关可交付物、时间表、项目预期等事项？
- 团队成员之间如何沟通？
- 什么样的信息可以或不可以进行交流？

4.3.3　确立团队身份

在组建团队时，项目经理经常面临的一个挑战是缺少全职参与的团队成员，专业人员在项目的不同阶段参与，而对于专业人员来说，每一个项目都让他们分散精力，结果也因此动力不足。通过发展独一无二的团队身份，项目经理努力使团队尽可能形式化，从而使参与人员对此身份在情感上有一种归属感。其中，团队会议、团队成员联合办公、团队名称及团队仪式是常见的工具。

4.3.4　创建共同愿景

愿景涉及的是项目绩效的无形因素，使团队共同认为的关于项目完成结果怎样、如何在一起工作和客户如何接受项目的愿景。项目愿景的定义没有它的作用那样重要，项目愿景激励成员付出最大的努力，另外，愿景将不同背景和工作安排的专业人员结合到一个统一的愿望下来。

有效愿景有四个重要的性质：第一,必需能够进行交流;第二,要有战略意识,要考虑到项目的目标、约束、资源和机会,项目愿景是具有挑战性的,但是实现是可行的。第三,项目经理必须相信愿景,激情是形成有效愿景的重要因素;最后,它还是激励他人的源泉。

4.3.5　管理项目奖励系统

项目经理负责管理奖励系统,以促进团队的绩效和额外的努力,项目是以一种鼓舞人心的远景进行管理,还是为完成而完成,项目向参与者展开了一幅变化的风景,一个学习新技能的机会,以及打破部门限制的良机。

大多数的项目经理赞同使用群体奖励法,因为项目大多是集体合作的成果,奖励系统只有鼓励团队工作才能算是合理的,不管个人成就如何,强调个人的做法势必会破坏团队的团结。但有时也需要奖励个人绩效。这样做不仅能对额外的努力进行补偿,还能告诉他们,什么样的行为是大家的榜样,项目经理需要建立一套非正式的奖励系统,它独立于公司制定的正式的奖励系统。用来激励和承认个人贡献的奖励有：表扬信,公开承认突出的工作,工作安排,灵活性。个人奖励需要明智的使用,只有团队中的每一个人都承认某一位应该得到特殊的奖励,这时才适合使用个人奖励。

4.3.6　协调决策制定过程

项目过程中会遇到一些不仅需要团队成员的集体智慧,也需要项目相关方参与的问题。当它能够提高重要决策质量时,应该使用集体智慧。参与可以减少抵制,确保对策的支持。以下是管理集体决策的一些指导性建议：

项目经理在引导群体制定决策的过程中发挥着关键作用,要推动群体内的讨论,使团队成员就最佳的可能方案达成一致意见。推动群体决策的制定主要涉及四个重要步骤。

(1) 问题识别。项目经理不能以选择方式(例如,我们应该做 X 还是 Y)来陈述问题,而是应该识别隐含的问题。针对这些问题,可能有这样或那样潜在的解决方法。这样团队成员就可能自己想出解决方案,而不是从备选方案中选择。

(2) 生成备选方案。一旦问题的性质达成一致意见,下一步就是产生各种解决方案。如果问题的解决需要创新,可以使用头脑风暴法。这时,团队成员将所有可能的选项列在挂图或黑板上。在此期间,项目经理给大家评论和评估各想法的机会,鼓励成员们"站在别人的肩膀上",超越别人的思想或者把它们整合到自己的思想体系中。其目标是产生尽可能多的选项。

(3) 进行决策。在这一阶段,设定一套评价标准是很有用的。很多情况下,项目经理可以利用项目的优先级,让群体成员估计各选择方案对成本、时间和绩效以及缩小问题差距的影响。在讨论过程中,项目经理力图使群体成员形成一致意见,需要定时作出总结,使群体成员随时了解项目进程要保护代表少数观点的成员,保证这样的观点也能得到公平的对待。保证每个人都有机会发表看法,而不是由一个人或一群人主导谈话的进行。当发生冲突时,要参与舆论测试,确定群体成员的共同点和争论源,通过提问的方式确认是否达成一致。最后经过深思熟虑的磋商,团队就项目最佳方案达成"意见汇合点"。

（4）跟踪。一旦制定和实施了决策,很重要的一点就是团队要找时间来评估决策的效果。如果决策没能产生预期的答案,那就应该探究其中的缘由,并从中吸取教训,使其成为项目团队集体记忆的一部分。

4.3.7　管理项目团队中的冲突

在项目过程中,分歧和冲突的出现是很自然的。对于功能性冲突和功能紊乱性冲突需要区别对待,鼓励前者,管理后者。它们之间的区分标准是看其如何影响项目绩效,而不是看个人感觉如何,只要是推进项目目标的,冲突就是功能性的。

共同的远景能够超越项目中的分歧,建立共同目标,以功能性的方式消除争端。缺乏共同目标,就没有调和差异的共同基础。有时,问题不是因为存在冲突,而是因为没有冲突。经常因为时间的压力、自我怀疑以及保持团队和谐的愿望,成员们不愿意表示反对。项目经理可以制定某个人扮演唱反调的角色,或者要求群体成员用15分钟的时间找出团队不应该采取某一行动方案的所有原因,从而使团队内的争议"合法化"。

对于功能紊乱性冲突的管理有以下的解决方式。

（1）调停冲突

经理干预进来,力图使用推理和劝说、建立选择方案等办法协商解决冲突,其中一个关键是尽力找大家共同的基础。有时,经理可以站出来表示,说明输/赢之间的交换已经升级,对每个人来说,已经转化为输/输,现在是作出让步的时候。

（2）仲裁冲突

在听取各方的陈述后,项目经理提出解决冲突的办法,目的不是决定谁是赢家,而是想让项目成功。一种所罗门王方法是宣布一个各方都不会喜欢的解决方法,然后给反对方两个小时时间,让其提出一个双方都能同意的更好的解决方案。

（3）控制冲突

通过消除差异或加入幽默的方式来缓解冲突的紧张气氛是一个有效的战略。如果大家情绪高涨起来,经理可以终止彼此的接触,希望第二天大家的头脑会冷静一些。如果冲突继续升级,就需要重新调整项目的安排,使冲突双方不要在一起工作。

（4）接受冲突

有些冲突对项目进展是有利的,因为冲突可以促进团队成员相互激励、竞赛。

（5）消除冲突

当冲突升级到不能忍受的地步时，经理就开除相关的项目成员。

4.3.8　唤起团队的活力

在长期的项目中，有时团队会变得疲沓，失去锐气。项目经理需要采取行动，用项目的目标重新唤起团队的活力，促进士气高涨。这样做有正式和非正式两种方式。非正式的方式如，让大家观看《肖申克的救赎》，重新唤醒大家的希望和对成功的责任，另一个方法是让项目的发起方对"队伍"进行一次鼓动谈话。一次友好的挑战可以使大家重新变得精力充沛，比如，某位项目发起人承诺如果项目恢复正常并且完成下一个里程碑，他将做五道菜招待大家。有时需要采取比较正式的行动，召开正式的团队建设会议，以改善团队的工作进程。会议的目的是通过更好的管理项目需求和群体进程来提高项目团队的效率，这是团队自我审视其绩效、行为和文化的过程，目的是消除功能紊乱性行为、加强功能性行为。项目团队评论其绩效、分析行事方式并建立战略以改善运作。

4.4　虚拟项目团队管理

建立一个由兼职和全职人员混合而成的高绩效项目团队是一项具有挑战性的任务。虚拟项目团队（virtual project team）团队成员分布在不同的地理区域，见面的机会很少。例如，惠普的集成电路业务总部和一部分研发设备位于加利福尼亚的帕洛阿尔托，有两个晶片装配生产车间位于俄勒冈的科瓦利斯和科罗拉多的柯林斯堡，而包装装配过程则主要在新加坡和韩国进行，经常需要各个地方的专业人员参与同一个项目。当团队成员分布于不同时区和大陆时，直接沟通的机会就会受到严重限制，电子沟通，如互联网、电子邮件和视频会议在虚拟项目中发挥着重要的作用，它们是沟通的主要手段。

管理虚拟项目团队所面临的两大挑战是建立信任和有效的沟通模式。信任是虚拟项目管理的关键。在传统的团队里，成员们能够看到某个人说的是否和其做的相符，虚拟团队成员之间不同，他们只能依赖远距离成员所说的话。与此同时，信任一个你可能只见过一两次面或根本未见过面的人是很难的。地理上的分隔也阻碍了正式的社会交往，而在团队成员间建立同志式的友谊是非常重要的。

项目经理怎样促进虚拟团队内部的信任呢？首先，如果在开始阶段不能举行面对面的会议，经理们需要在初次的电子交流中交换社会信息——都是哪些人以及每个人的背景信息。其次，他们需要为每位团队成员设定明确的角色。理想的情况是给每位成员分配具体的任务，使他们能立即对项目做出自己的贡献。项目报告和技术信息以及笑话、标识和格言都应该以电子方式自由分享。大多数项目软件能够直接连接到互联网,项目的网上站点可能会变成项目成员的电子俱乐部。最后,项目经理必须在所有的信息中表现出积极性和行动导向,这一精神可以感染其他团队成员。

管理虚拟项目团队的第二个挑战是建立有效的沟通模式。E-mail和传真是很好的交流手段;对于不可视的电子沟通形式来说,视频会议是个重大的进步。但是,这种媒介价格昂贵,而且实时交往只能在最先进、最昂贵的系统上才能实现。即便使用最好的系统,经理们也必须要克服时区差异、文化差异和寻找方便的开会时间等问题。下面是缓解沟通问题和提高虚拟团队绩效的一些提示。

（1）尽可能安排见面。举行全体团队成员都参加的开工会议,大家可以彼此见面和交流。然后,在项目的主要结合点举行其他会议,将有助于加强团队成员之间的联系和促进问题的有效解决。

（2）使团队成员保持对项目整体运行情况的了解。使用共享软件或开发一个中心接触点,比如网站或LAN账户,由此向成员们提供及时更新的项目日程安排。团队成员需要了解他们在整个规划中的位置。

（3）保持团队成员间沟通。虚拟的团队在交往时经常碰到困难,用互联网时间安排软件来存储各个成员的日程表,及时了解成员的工作进展。

（4）制定行动规则以免延误。团队成员不仅需要就什么信息共享、何时以及如何使信息共享达成一致,而且要他们就如何回答以及何时回答这些问题达成一致。

（5）制定清晰的规范和协议,对假设和冲突进行初步处理。因为大多数沟通是不可见的,项目经理不能观察到形体语言和面部表情,以此判断事情的状态。如果通过沟通的方式迫使成员们更清楚地解释他们的观点、行为和感兴趣的东西,项目经理就要探讨得更深入一些;他们一定要为是否得到理解进行复查。

从很大程度上讲,管理虚拟的项目团队和管理常规的项目团队没有什么区别,关键是在约束条件下工作,为团队成员建立有效的沟通方式,将他们的才能结合起来,从而完成项目。

4.5　案例分析：项目经理的关键作用

案例A： ××先生是某领域的大型数据库项目的项目经理,在此项目一期的时候,各类问题便层出不穷。

在项目中,××先生与各项目干系人没有建立有效的沟通,根本无法让他们了解项目进展情况。甚至连项目开发人员自身对项目整体情况也没有清楚的认识,而只管自己那一部分,对其他工作则不闻不问;项目一旦开始,直到项目结束才能准确知道产品的情况。整个开发过程完全是一种黑盒模式,项目组成员无法把握准确进度,无法保证项目质量。

到了项目后期才发现销售模块开发进度过慢,不得已加班加点,仓促交工,项目质量连自己都不放心,大量的 BUG 遗留在这一部分,产生许多隐患,维护的工作量甚至超过了开发,导致系统维护成本过大。用户抱怨颇多,维护人员更是怨声载道。

在项目交工时,客户提出运输模块提供的信息无法满足制作报表的要求,并抱怨这个变更早就通知过项目组,可××先生作为项目经理竟然全然不知,结果是来回扯皮。

在编码设计时,开发人员为了节省时间,只是粗粗地写了设计,就去编码。等编码结束时,发现和××先生原来所理解的出入甚大,只得推翻重来,不但工作量增加了,而且成本超支严重。

资料来源:王德新.IT 项目管理中项目经理的关键作用[D].对外经济贸易大学,2004.

案例 B:某软件公司任命其副总作为项目经理,负责某通信企业大客户管理项目。在项目前期,项目经理与客户谈需求,但只和对方谈了 1 小时,就回来写需求规格说明书。写完后交给一个 8 人的开发小组实现。工期 3 周,软件架构是 B/S 模式,开发语言为 JAVA,数据库用 ORACLE。

开发小组拿到大客户需求规格说明书,由于是公司副总写的,比较信任,没有提任何问题,就开始设计,分配具体的功能模块给每个人,然后加班加点赶进度,因为只有 3 周时间。在这 3 周里,没有任何人打扰这个开发小组,公司里也没有人和这个项目的用户——某通信企业谈论项目需求是否有变动,双方的理解是否相同。在 3 周的最后一天夜里,已经到了凌晨一两点钟,项目的各模块终于整合到了一起,再做联调。在主要功能联调通过后,项目组的全体人员被告知可以回去睡觉了。隔天,项目组成员来到公司就被告知,大家做的大客户管理软件已经让客户看过,一半功能不符合要求,需要做较大修改。大家非常气愤,质问当初的软件需求规格说明书是怎么写的,是否得到客户的认可,是否有客户的签字。

这不仅是公司财力和人力的浪费,也是对公司士气的一种打击,是员工对公司认同的一种削弱。

资料来源:李辉. 软件项目经理胜任力特征及案例研究[D].北京邮电大学,2007.

问题

(1) 在上述案例中,项目经理的主要职责是什么?

(2) 案例 A 和案例 B 中的项目经理分别存在哪些不足之处?

本　章　小　结

本章主要围绕项目经理、项目团队在项目及企业中的地位和作用,讨论了项目经理的责任与权力、项目经理的素质特征以及项目经理的挑选和培养以及项目团队的目标、任务及创建与发展。

项目经理是项目的灵魂,对项目成功担负着重要的责任。项目经理与职能部门经理及企业总经理在企业中所担任的角色,各自所应承担的责任、权利与义务各不相同。部门经理是某一领域的专家,是直接的技术监督者,习惯于运用分析的解决问题的方式。项目经理通常是通才,是项目的促成者,应该运用系统的解决问题的方式。项目经理应承担的责任体现在三个层次上,即对企业应承担的责任、对项目应承担的责任以及对项目小组成员应承担的责任。项目经理的具体职责则可通过对计划、组织、指导和控制等几个方面进行具体描述。项目经理具有挑选项目组成员的权力、制定项目有关决策的权力以及对项目所获得的资源进行分配的权力。

项目经理应该具备多方面的能力,包括获得充分资源的能力、组织及组建团队的能力、权衡项目目标的能力、应付危机及解决冲突的能力、谈判及广泛沟通的能力、领导才能及管理能力、技术能力以及创业能力。项目经理所应具备的性格特征应该是:诚实、正直、热情、善于沟通、敏感、快速、进取心、精力充沛、坚韧不拔又善解人意。

项目经理的挑选应遵循如下原则:考虑候选人的能力、敏感性、领导才能及应付压力的能力。要避免选择不合适的项目经理,就要注意避免片面考虑成熟、强硬的管理作风、技术专家和面向顾客等因素。项目经理的挑选方式有以下几种:由高层领导委派、由企业和客户协商选择及竞争上岗。项目经理人选应从参加过项目的工程师中选拔,作为项目经理人选应具有足够深度和广度的项目管理实际阅历。项目经理的培训方式主要有在职培训和概念培训等。

项目团队的任务和目标为:规划与实施项目方案;进行绩效管理;提高能力与绩效;进行团队外界管理,与外界取得协调;帮助或影响更高层的决策。

创建项目团队的原则为:有效管理宽度原则;权责对等原则;职才匹配原则;单一管理原则;效果与效率原则。

习　　题

1. 说出项目经理为什么需要沟通? 你做得怎样?
2. 你的上级是否了解你的工作?
3. 生活中你是否常激励你的朋友和你一起做事,效果如何?
4. 回忆一下你所做过的项目,成绩卓越或业绩平平的原因是什么?
5. 虚拟一个项目,设想你是项目经理,列出你所想到的领导方法。

第 5 章

项目计划

学习目标：项目计划是项目组织根据项目目标的规定,对项目实施工作进行的各项活动做出周密安排。通过本章的学习,主要掌握项目计划的概念、项目计划的类型、目的与内容等基本知识,以及项目计划的过程、制定项目计划的方法与工具等内容。

5.1 项目计划概述

"凡事预则立,不预则废"。任何项目管理都是从制定项目计划开始,项目计划是有效协调项目工作、推动项目工作顺利进行的最重要的工具。项目计划也是决定项目成败的关键,制定一个良好的项目计划是项目管理的一个关键过程。事实证明:差的项目计划最终会付出进度延迟、质量低劣、不能满足期望的代价。可以用图 5-1 所示的痛苦曲线来表示好的计划与差的计划在项目管理生命周期中不同阶段所付出的努力和代价的变化。制订项目计划的确是"痛苦"的,但会减少项目后期的不确定性。不做计划则可能在开始后就陷入泥潭,这种"痛苦"将会不确定地增加。所以本章就要帮助大家掌握制定计划的方法与技能,比较科学地制定项目计划,减少"痛苦"。

5.1.1 计划

计划是组织为实现一定目标而科学地预测并确定未来的行动方案。计划确定需要完成什么和怎样才能完成。计划是与实际进行比较的基准,如果发生了偏差,才可以采取纠正措施。计划是事先对未来应采取的行动所做的规划和安排,所以制定计划就是根据既定目标,确定行动方案,分配相关资源的综合管理过程。具体而言,就是通过对过去和现在、内部和外

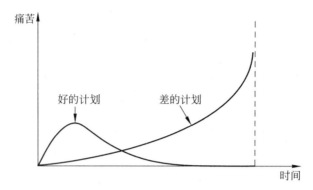

图 5-1　项目管理生命周期痛苦曲线

部的有关信息进行分析和评价，对未来可能的发展进行评估和预测，最终形成一个有关行动方案的建议说明——计划文件，并以此文件作为组织实施工作的基础。计划通常需要在多个方案中进行分析、评价和筛选，最终形成一个可行的、能够实施并达到预期目标的、最优的、实现资源最佳配置的方案。

计划可以给出方向，减小变化的冲击，使浪费和冗余减至最少，以及设立标准以利于控制。首先，计划是一种协调过程，它给管理者和非管理者指明方向。其次，通过促使管理者展望未来，预见变化，考虑变化的冲击，以及制定适当的对策，计划可以减小不确定性，它还使管理者能够预见到行动的结果。再次，计划可以减少重叠性和浪费性的活动。在实施之前的协调过程可以发现浪费和冗余，进一步，当手段和结果清楚时，低效率的问题也就暴露出来了。最后，计划设立目标和标准以便于进行控制，如果我们不清楚要达到什么目标，怎么判断我们是否已经达到了目标呢？在计划中我们设立目标，而在控制职能中，我们将实际的绩效与目标进行比较，发现可能发生的重大偏差，采取必要的校正行动。没有计划，就没有控制。

5.1.2　项目计划

1. 项目计划的概念

项目计划是项目组织根据项目目标的规定，对项目实施工作进行的各项活动做出周密的安排。项目计划围绕项目目标的完成系统地确定项目的任务、安排任务进度、编制完成任务所需的资源预算等，从而保证项目能够在合理的工期内，以尽可能低的成本和尽可能高的质量完成。

2. 项目计划的目的与作用

项目计划是项目实施的基础，要使项目达到预期目标，就必须有一个好的项目计划。一方面，项目计划将便于高层管理部门与项目经理、职能经理、项目组成员及项目委托人、承包商之间的交流沟通,项目计划是沟通的最有效工具。另一方面,项目计划通过项目范围和目标的制订,通过确定项目的技术规范、质量标准、进度指标、成本指标以及人员和其他资源使用指标等,为项目控制确定了基线(baseline),指导项目管理。

项目计划的作用具体表现在以下 6 个方面。

(1)可以确定项目目标,确定项目管理范围,明确时间进度表、资源配置,落实责任,以便按要求去指导和控制项目的工作。

(2)可以使项目组成员明确自己的奋斗目标、实现目标的方法、途径及期限,并确保以时间、成本及其他资源需求的最小化实现项目目标。

(3)可以促进项目组成员及项目委托人和管理部门之间的交流与沟通,增加顾客满意度,并使项目各工作协调一致,并在协调关系中了解哪些是关键因素。

(4)可作为进行分析、协商及记录项目范围变化的基础,为项目的跟踪控制过程提供了一条基线,可用以衡量进度、计算各种偏差及决定预防或整改措施,便于对变化进行管理。

(5)可以了解项目难点和重点以及里程碑,并制订相应对策,以应对项目管理过程中的不确定性,从而降低风险。

(6)可以把叙述性报告的需要减少到最低量。用图表的方式将计划与实际工作对照,使报告效果更好。这样也可以提供审计跟踪以及把各种变化写入文件,提醒项目组成员及委托人如何做出这些变化。

3. 项目计划的特征

项目计划的制定需要经过信息收集、目标确定、工作分解结构、责任认定及界定活动等步骤完成,内容包括时间、成本和质量等。项目计划具有以下特征。

(1)系统性。项目计划本身是一个系统,由一系列子计划组成,各个子计划不是孤立存在的,彼此之间相对独立,又紧密相关。从而使制定出的项目计划也具有系统的目的性、相关性、层次性、适应性和整体性等基本特征,使项目计划形成有机协调的整体。

(2)目标性。任何项目都有一个或几个确定的目标,以实现特定的功能、作用和任务,而任何项目计划的制定正是围绕项目目标的实现而展开的。项目计划具有目标性。

(3)经济性。项目计划的目标不仅是要保证在规定的时间内完成规定质量的工作,同时还应保证使用尽量少的成本与资源,即经济性。所以在计划制定过程中需要提出多个方案,从中"选优"。

(4)动态与适应性。这是由项目的生命周期所决定的。一个项目的生命周期短则数月,长则数年,在这期间,项目环境常处于变化之中,使计划的实施偏离项目基准计划,因此项目计划要随着环境和条件的变化而不断调整和修改,以保证完成项目目标,这就要求项目计划要有动态性,以适应不断变化的环境。

(5)整体与职能性。项目计划的制定和实施不是以某个组织或部门内的机构设置为依据，也不是以自身的利益及要求为出发点，而是以项目和项目管理的总体及职能为出发点，涉及项目管理的各个部门和机构。

5.2 项目计划的形式与内容

项目计划作为项目管理的重要内容，贯穿项目过程，随着项目的进行，其形式与内容也发生变化。

5.2.1 项目计划的形式

项目计划按计划制定的过程，可分为概念性计划、详细计划和滚动计划三种形式。

（1）概念性计划

概念性计划通常称为自上而下的计划。概念性计划的任务是确定初步的工作分解结构图（即 WBS 图），并根据其中的任务进行估计，从而汇总出最高层的项目计划。在项目计划中，概念性计划的制定规定了项目的战略导向和战略重点。

（2）详细计划

详细计划通常称为由下而上的计划。详细计划的任务是制定详细的工作分解结构图，该WBS 图需要详细到为实现项目目标必须做的每一项具体任务。然后由下而上再汇总估计，成为详细项目计划。在项目计划中，详细计划的制定提供了项目的详细范围。

（3）滚动计划

滚动计划意味着用滚动的方法对可预见的将来逐步制定详细计划，随着项目的推进，分阶段地重估自上而下计划制定过程中所确定的进度和预算。每次重新评估时，对最后限定日期和费用的预测会一次比一次更接近实际。最终就会有足够的信息，范围和目标也能很好地确定下来，给项目的剩余部分准备由下而上的详细计划。

滚动计划的制定是在已经编制的项目计划基础上，每经过一个阶段（如一周、一月、一季度等，这个时期叫滚动期），根据变化了的项目环境和计划实际执行情况，从确保实现项目目标出发，对原项目计划进行主动调整。每次调整时，保持原计划期限不变，而将计划期限顺序逐期向前推进一个滚动期。

5.2.2 项目计划的内容

项目计划的形式有不同性，但在内容上存在一定的一般性。例如，它一般包括项目的整体介绍、项目的组织描述、项目所需的管理程序和技术程序，以及所需完成的任务、时间进度和预算等。其中,项目整体介绍和概述包括项目名称、项目以及项目所需满足的简单描述、发起人的名称、项目经理与项目组主要成员的姓名、项目可交付的成果和重要资料清单。许多项目,特别是 IT 项目,会涉及一些专门行业或技术专用的术语,把定义和缩写词列出有利于理解。项目组织情况的描述包括组织结构图、项目责任、其他与组织或过程相关的信息。

项目的管理和方法、项目任务、设备采购和资源供应、项目进度信息、整体项目的财务预算、应急计划和支持计划的内容与知识领域内容相关,本书结构体系也是按照知识领域安排,所以简单介绍。

1. 项目范围计划

项目范围计划就是确定项目范围并编写项目说明的过程。项目范围计划分析为什么要进行这个项目,并通过项目组织、工作任务的明确,形成项目的基本框架;产生项目有关文件格式的注释,用来指导项目有关文件的产生;形成项目结果核对清单,作为项目评估的一个工具,在项目终止以后作为评价项目的依据。

2. 项目进度计划

进度计划是表达项目中各项工作的开展顺序、开始及完成时间和相互逻辑关系的计划。通过进度计划的编制,帮助项目管理和参与人员了解项目的进程安排和需要花费的时间,成为进度控制和管理的依据。按进度计划所包含的工作范围不同,可分为总体进度计划和分项进度计划。进度计划也是成本、资源供应等计划编制的依据,如果进度计划不合理,将导致人力、物力使用的不均衡,影响经济效益。

3. 项目成本和资源计划

成本计划是根据项目目标和进度安排所进行的项目成本估算和使用情况。成本包含了完成项目各项任务所需要的资源(人、材料和设备等)的费用之和,并成为项目成本控制的基线。成本计划与资源计划密切相关,资源计划就是要决定在每一项工作中用什么样的资源以及在各个阶段用多少资源。

4. 项目质量计划

质量计划包括与保证项目质量有关的所有活动。质量计划不仅规定了项目所提供产品、服务及结果应达到的质量标准,而且规定由谁监控,应使用哪些程序和相关资源,并且规定了针对具体要求和重点控制环节编制的对设计、采购、项目实施、检验等质量管理环节的质量控制方案。

5. 项目采购计划

采购计划是根据项目资源计划的安排,从项目管理者角度出发,识别需要从项目组织外部采购来得到满足的项目资源。采购计划应充分考虑项目特点、采购形式、合同特点和分包商。采购计划不仅包括资源,还包括一些服务和技术的采购。预先安排一个切实可行的物资和技术资源供应计划,将会直接关系到项目的成本和进度。

6. 项目风险管理计划

风险管理计划是项目风险管理的重要环节和文件,针对风险识别、分析和评价结果,指出影响项目的主要风险,并为降低风险的影响制订应对策略和保障措施,保证项目顺利进行。

5.3　项目计划的编制

在项目管理中,计划编制是比较复杂的阶段,因为计划过程就是将项目的设想变成计划并使之具体化,是一种在过去经验基础上的预测。在这个过程中将对项目进行全面规划,并形成文件。一般在这一阶段的启动条件是合同中所约定的。计划过程结束时,将产生一系列计划类文件,如范围管理计划、进度管理计划和成本管理计划等。对于小型的项目,这些计划可能合并在一起,统称为项目管理计划。而大型项目被分解为许多计划,除了较为宏观的主计划外,还有一些与具体项目活动有关的子计划。这些计划编制的过程和步骤基本相同。

5.3.1　项目计划编制的分解和整合

如上所述,项目计划的内容涉及多个知识领域,表现在形式上就是一个整体计划可能是由多个子计划构成的。那么在项目整体计划制订的过程中,各子计划的制订就贯穿在其中,即计划过程。计划过程应完成的工作量要同项目的范围、规范与大小,以及指导项目实施所必需的信息、资料和文件多少相适应。图5-2列出了计划各子过程及其相互之间的联系。

项目计划的某些子过程,彼此之间相互依赖,前一过程不完成,后一过程就无法开始。例如,在安排项目活动的时间,估算其费用之前必须首先明确其内容、性质和范围。这类子过程可称为依赖性过程,主要有:范围规划、项目分解、活动定义、确定活动顺序、活动持续时间估计、编制进度计划、资源规划、费用估算、编制费用计划和编制项目计划等。项目规划过程中还有些子过程之间的关系要视项目的具体性质而定,可称为保证性过程,主要有:质量规划、组织规划、沟通规划、采购规划、询价规划、风险识别、风险量化和制定应对措施等。

这些子过程往往要反复多次进行才能完成项目计划的制订。另外,项目计划不像数学那样精确,同一个项目,不同的人就会做出不同的项目计划。由此可见,计划是一个动态、持续的过程,编制项目计划要考虑项目具体的方面,也要考虑项目整体;既要有具体方面的计划,也要有项目整体的计划,即项目计划。项目计划可以是阶段性计划,也可以是全过程计划。

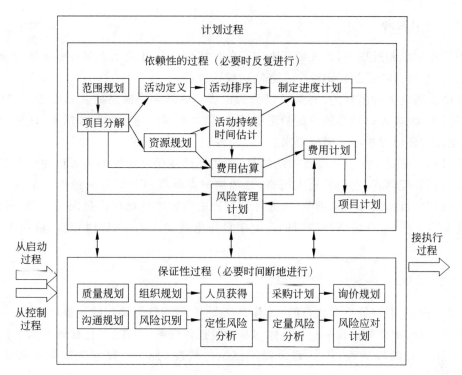

图 5-2　计划各子过程及其相互之间的联系

5.3.2　项目计划编制的步骤

在项目计划制定过程中主要回答以下一些基本问题：项目做什么、怎样做、谁去做、何时做、在哪儿做及花费多少。

（1）什么（what）。项目经理与项目团队应当完成哪些工作。这是项目经理和项目组成员在检查技术目标时要回答的。

（2）怎样（how）。如何完成这些工作和任务。解决这一问题时可利用工作分解结构（work breakdown structure，WBS），WBS 是项目必须完成的各项工作的清单。

（3）谁（who）。确定承担工作分解结构中每项工作的具体人员。

（4）何时（when）。确定各项工作需要多长时间，以及具体于何时开始，确定每项工作需要哪些资源等。

（5）哪里（where）。确定各项工作在什么地方进行。

（6）多少（how much）。确定 WBS 中每项工作需要多少经费。

针对以上问题就可以开始项目计划的各步骤。

1. 定义项目目标

在项目计划编制过程中,首先要清晰定义项目目标。该过程建立在对需求进行分析的基础上,使客户与执行项目的组织或个人之间达成一致。

项目的需求是多种多样的,通常可以分为两类:一是必须满足的基本需求,包括项目的范围、质量、成本、进度以及必须满足的法规要求等;二是需要重视的附加需求,例如对开辟市场、争取支持及环境保护等方面的要求。

项目目标也确定了项目需要提供的结果,往往已经在项目建议书和可行性研究报告中写出。但就项目管理而言,它们一则太简略,二则侧重点放在项目目标的最终结果方面。由于项目计划要实现目标的每一个细节,因此计划过程中确定的目标应该是现实的、面向结果的、可度量的和定量的,并且应该是清晰的。由项目需求所确定的项目目标是项目任务/工作分解的基础。

2. 任务（工作）分解

任务（工作）分解就是把粗线条的、涵盖面较大的、不能具体操作的任务（工作）,分解成较小的且容易管理、实施和检验的包含具体细节的可操作任务（工作）。这样做是为了提高估算成本、时间和资源的准确性,提供测量和控制执行情况的基准,便于明确职责和进行资源分配。

3. 建立逻辑关系

建立逻辑关系是假设资源独立,确定各项任务之间的相互依赖关系。通过网络图、甘特图等工具,表明了为实现项目,各种活动之间的必要次序和先后关系,描绘了项目的进程。

4. 为任务分配时间

根据经验,并结合项目的任务分解情况,给任务分配可支配的时间。并在网络图上计算各任务的时间,得出项目的总工期。

5. 为任务分配资源

确定实施项目活动需要哪些物理资源(人力、设备和材料)以及每种资源将需要多少,并且在此基础上进行成本估算和采购计划。

6. 反复调整,制定项目各方面的具体计划

如果某种资源在某一时间的需要量大于资源的可供量,那么就要进行资源平衡。或者延长工作时间,这是一个反复调整的过程。在此基础上,形成风险管理计划等。

7. 评估、形成整体计划

在调整过程中,形成多个方案,对方案进行评估,最后确定方案和写出项目计划书。

5.4　项目计划工具

在此介绍几种在开始制定项目计划时就会用到的工具,这些工具在项目管理中能起到很好的作用,后续章节中还会对这些工具的应用进行详细的介绍,本节着重介绍它们的原理和形式。

5.4.1　工作结构分解图

工作分解结构图(work breakdown structure,WBS)是将项目按照其内在结构或实施过程的顺序进行逐层分解而形成的结构示意图。它可以将项目分解到相对独立的、内容单一的、易于成本核算与检查的工作单元,并能把各工作单元在项目中的地位与构成直观地表示出来;WBS 图是实施项目、创造最终产品或服务所必须进行的全部活动的一张清单,也是进度计划、人员分配和预算计划的基础。

WBS 是一个重要的工具,用来帮助项目经理定义要执行的工作以达到项目目标。它为将工作组织和分解到一个适当详细的层次提供了一个框架,从而便于计划和控制。WBS 这一概念最初是在 20 世纪 60 年代初由美国国防部和航天局开发的,从那时起,WBS 就成了项目管理中一个关键的组成部分。

1. WBS 图的层次与表示方法

图 5-3 是一个新软件包开发与安装项目的 WBS 图。

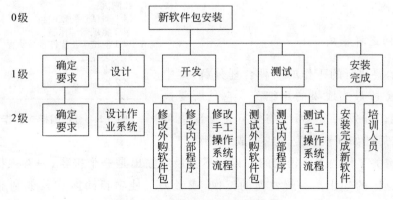

图 5-3　新软件包安装的 WBS 图

由于工作分解既可按项目的内在结构，又可按项目的实施顺序，项目本身的复杂程度、规模大小也各不相同，从而形成了 WBS 图的不同层次。

图 5-4 6 级 WBS 图

根据项目管理中的相关术语定义，WBS 图的基本层次如图 5-4 所示。

其中，活动、任务和工作包是常见的层次。

（1）活动（activity）：在项目过程中实施的一项工作的组成部分，在标识描述中包含一个表示其动作的动词。一个活动通常有一个期望的持续时间、期望成本和期望资源需求。活动被细分为任务。

（2）任务（task）：工作的一般内容，它可能没有被包括在 WBS 中，但是是某项工作被进一步分解的组成部分，这种分解可以由对该项工作负责的个人来做。

（3）工作包（work package）：WBS 中最低级的工作，为定义活动或特定的向个人和组织分配责任提供了逻辑基础。工作包也指要求完成的一项具体工作组成部分或过程，如一个报告、一个设计或一个文档的全部需求或其中的一部分、一个硬件或一项服务。

在现实项目分解中，有时层次较少，有时层次会更多。

WBS 图有两种通用的形式：第一种形式类似于组织机构图（如图 5-3 所示），只不过方框表示工作活动而不是表示机构，也可以认为就是组织机构图；第二种形式是缩排式工作分解结构（如图 5-5 所示），是直接明了的活动清单，这种形式易于使用，在计算机上可以完全以文本形式做出，但它不能像图形那样显示项目的范围。

```
新软件包开发
1. 确定要求
  1.1 确定需要
2. 设计
  2.1 设计作业系统
3. 开发
  3.1 修改外购软件包
  3.2 修改内部程序
  3.3 修改手工操作系统流程
4. 测试
  4.1 测试外购软件包
  4.2 测试内部程序
  4.3 测试手工操作系统流程
5. 安装完成
  5.1 安装完成新软件包
  5.2 培训人员
```

图 5-5 直接缩排式工作分解结构

2. WBS 的逻辑基础

WBS 表示要执行的工作的一种合理分解，集中于对产品、服务或最终成果的再细分。它是所要执行工作的大纲。开发一个 WBS 需要有关输出或可交付成果的零部件如何被装配成或集成为最终产品的知识，或者有关工作的主要领域的知识。不管最终输出是一个报告、一架飞机或一个电子系统，都需要这样的知识。了解要做的工作，或者为了使项目团队和其他利益相关者加入

WBS 的开发都需要获得这一专业知识。

在建立一个 WBS 和评估分解逻辑时,百分之百规则是最重要的标准。该规则是指:一个 WBS 元素的下一层分解(子层)必须百分之百地表示上一层元素的工作。

在图 5-3 中,百分之百规则意味着"确定要求＋设计＋开发＋测试＋安装"等于"新软件包安装"项目中百分之百要执行的工作,不存在上述某个范畴以外的项目活动。在自上而下的分解过程中,大多数计划人员都会自觉遵守这一规则。但要注意的是,在所有层都要遵循这个规则。只有每一层的分解都遵循百分之百规则,那么在准备项目进度计划时,百分之百的相关活动才会被确定,同时百分之百的成本或资源需求才能在计划阶段被识别。

有不同类型的项目,就有不同类型的 WBS,每一个 WBS 又有独有的元素。但是所有的 WBS 结构都有图 5-6 所示的 4 种类型中的两种或更多种第二层元素。

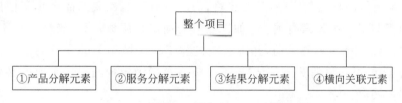

图 5-6　不同类型项目 WBS 分解逻辑图

前三种 WBS 元素来自项目类型,横向关联元素则是在三种项目分解的第二层次中都可能用到的。这四种类型的项目元素分解原理如下。

(1) 产品项目分解:对可交付产品物理结构的细分是最通用和最容易开发的 WBS,所有这类项目都有一个有形的输出产品,如软件、建筑物、水坝、用户手册等。产品的分解就是对即将输出的产品的自然物理结构的分解,某些产品的分解需要分为更多层次,这是由产品及其组件的性质决定的。

(2) 服务项目分解:服务项目没有有形的、结构性的可交付成果,它的输出是一个为别人做的工作实体,如会议、宴会和婚礼等。项目的分解是基于一种对相似和相关的工作元素、职能或技术进行逻辑分组的方法。这种类型项目的 WBS 通常都是最初自下而上开发的,以一系列的活动作为开始,并把这些活动按逻辑范畴或职能分组。

(3) 结果项目分解:结果性的项目也没有一个有形的、结构性的可交付成果,它的输出是一个过程的结果,过程产生一个产品或一个结论:癌症研究、新药物开发等。该工作分解是一系列可接受的步骤,因为一个结果型项目往往有一系列计划过的、准确定义的步骤,是基于过程的项目,有几个产品共同达到理想的结果。

(4) 横向关联元素:这是横跨产品所有内容的一种分解,如建筑设计、安装或系统测试。

这些元素通常是技术性的或支持性的,在第二级中可能有不止一个这种类型的元素。横向关联元素将 WBS 横向截断,将每一层的同级元素都联结起来,并代表如下的工作:支持产品大类的开发或内容;导致产品生成的下一个步骤。横向关联元素经常包括次要的或中间的可交付成果,如支持产品可交付成果的分析报告。支持主要的硬件(或软件)产品可交付成果的数据经常被识别为一个横向关联元素的子部分或工作包。对不同的 WBS 的分析确定了横向关联元素的三种类型:集成的、分析的和过程的。

3. WBS 的制订步骤

在运用 WBS 对项目进行分解时,推荐步骤如下。

(1) 识别项目目标,尽量用量化、清晰的语言或方式描述。

(2) 通过明确地识别主要输出是产品、服务或是结果来确定项目类型。

(3) ①如果项目的输出是产品,第二级将包括产品名称、次要产品名称和横向关联元素。确保所有输出都与第二级元素有关。②如果项目的输出是服务,第二级将包括不同类型工作的顶级分组。识别尽可能多的活动,并将它们按与工作领域相关的逻辑关系进行分类(自下而上的综合)。③如果项目的输出是结果,第二级将包括为实现结果所采取的必要的、公认的主要步骤和横向关联因素。

(4) ①对于产品的 WBS,将产品元素分解为产品的逻辑物理结构,把横向关联因素分解为支持工作。②对于服务型 WBS,将第二级 WBS 元素分解为逻辑职能工作领域。③对于结果型 WBS,将第二级 WBS 元素分解为要达到元素的目标或输出所采取的特定的标准过程。

(5) 审查每一级工作元素,以保证确认了全部的工作;加上必要的元素。在产品型 WBS 中,确保加上了必要的集成元素。

(6) 继续将元素分解到工作包级。当下一级可能是活动或未知时停止分解,直到完成了进一步的分析或计划。

(7) 与项目利益相关者一起审查 WBS,并进行必要的调整,以确保覆盖了项目的所有工作。

(8) 编码,完善,上报审批。

4. WBS 的编码

为了简化 WBS 的信息交流过程,常利用编码技术对 WBS 进行信息转换。图 5-7 所示是某地区安装和试运行新设备项目的 WBS 图及编码。

在图 5-7 中,WBS 编码由 4 位数组成,第一位数表示处于 0 级的整个项目,第二位数表示处于第 1 级的子工作单元(或子项目)的编码;第三位数是处于第 2 级的具体工作单元的编码;第四位数是处于第 3 级的更细更具体的工作单元的编码。编码的每一位数字,由左至右

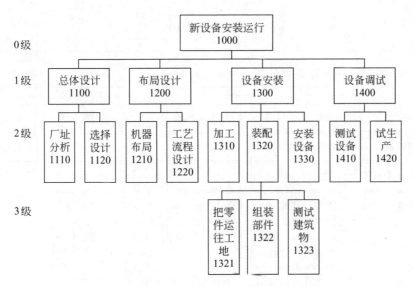

图 5-7 新设备安装的 WBS 图

表示不同的级别,即第一位代表 0 级,第二位表示 1 级,第三位是 2 级,第四位是 3 级。

在 WBS 编码中,任何等级的一个工作单元,是其全部次一级工作单元的总和。如第二个数字代表子工作单元(或子项目),即把原项目分为更小的部分。于是,整个项目就是子项目的总和。所有子项目的编码的第一位数字相同,而代表子项目的第二位数字不同,最后两位数字是零。

与此类似,子项目代表 WBS 编码第二位数字相同、第三位数字不同,最后一位数字是零的所有工作之和。例如,子项目 2(即布局设计)是所有 WBS 编码第二位数字为 2、第三位数字不同的工作单元之和,因此子项目 2 的编码为 1200,它由机器布局(1210)和工艺流程设计(1220)组成。

鲁布革水电站项目是我国项目管理实践的一个成功典范,图 5-8 是该项目的 WBS 图及编码。

在制定 WBS 编码时,责任和预算也可用同一编码数字制定出来。就职责来说,第一位数字代表最大的责任者——项目经理,例中的第二位数字代表各子项目的负责人,第三和第四位数字代表 2、3 级工作单元的相应负责人。

关于预算,有着同样的关系,即第 0 级的预算量是整个项目的预算。各子项目的预算是项目总预算量的一部分,所有子项目预算的总和等于整个项目的预算量。这种分解一直持续到各 2、3 级工作单元,详见表 5-1。

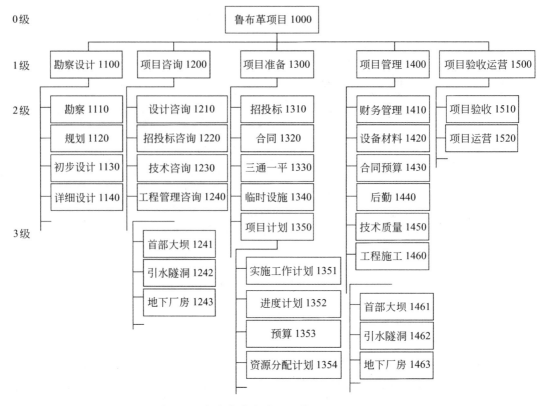

图 5-8 鲁布革水电站项目的 WBS 图及编码

表 5-1 表示预算和责任的 WBS 编码

WBS 编码	预算（万元）	责任者	WBS 编码	预算（万元）	责任者
1000	5 000	王新建	1320	1 200	齐鲁生
1100	1 000	设计部门	1321	500	金震
1110	500	李岩	1322	500	乔世明
1120	500	张德仑	1323	200	陈志明
1200	1 000	设备部门	1330	300	赵志安
1210	700	钱江林	1400	1 000	生产部门
1220	300	宋晓波	1410	600	秦益明
1300	2 000	基建部门	1420	400	徐青
1310	500	纪成			

5.4.2 责任矩阵

责任矩阵(responsibility matrix)是用表格形式表示完成工作分解结构中工作细目的个人责任的方法。这是一种很有用的工具,因为它强调了每一项工作细目由谁负责,并表明每个人在整个项目中的角色和地位。表 5-2 是与图 5-3 新软件包安装的工作分解结构相关联的责任矩阵图。

表 5-2 新软件包安装的责任矩阵

WBS	组织责任者	项目经理	项目工程师	程序员
确定需求		○	▲	
设计		○	▲	
开发	修改外购软件包	□	○	▲
	修改内部程序	□	○	▲
	修改手工操作系统流程	□	○	▲
测试	测试外购软件包	□	●	▲
	测试内部程序	□	●	▲
	测试手工操作流程	□	●	▲
安装完成	完成安装新软件包	●	▲	
	培训人员	●	▲	

▲ 负责 □ 通知 ● 辅助 △ 承包 ○ 审批

责任矩阵的栏目中可填各种数字或符号。表 5-2 中的各种符号用以表明各类职责,如负责、通知、辅助、承包和审批等。表 5-3 是鲁布革水电站项目的责任矩阵。

表 5-3 鲁布革水电站项目的责任矩阵

WBS	项目经理	土建总工	机电总工	总会计师	工管处	财务处	计划合同处	机电设备处	C合同处	设计院	咨询专家	电力局	水电部	中技公司	十四局	大成
设计	●	●	●	●						▲	●	□	○	□	□	□
招投标	●	●	●	●		●	●			▲	●	○	□		□	□
施工准备	▲	●	□	□						○	□	□			▲	□
采购	○	□	●	●				▲		●	●					
施工	○	▲	●	□		●				●	●				▲	▲
项目管理	▲	●	●	●	●	●				●	●				□	□

▲ 负责 □ 通知 ● 辅助 △ 承包 ○ 审批

在项目计划制定初期，就可以应用责任矩阵，在项目实施的任何时期，当信息交流方面出现困难或因责任不明导致计划的某些方面不能落实时，可再次应用责任矩阵。

5.4.3　项目行动计划表

1. 项目行动计划表的基本要素

项目行动计划表是指为了实现项目目标，而将有关的一系列活动或任务进行细分，并按内在的层次关系把所需的资源、前项任务、持续时间等加以记录所形成的表格。表 5-4 所示是行动计划表的基本要素。

表 5-4　行动计划表

递送：				
完成的措施：				
关键约束条件和假设：				
任务	估计资源	前项任务	估计持续时间	分配给

表 5-4 中的所有要素并非在每种情况下都是必需的，有时资源的数量可能不重要，有时可能以截止日期代替持续时间，要根据具体情况而定。

2. 项目行动计划表的表现形式

项目行动计划表在不同的项目组织中，有不同的表现形式。

（1）GoZinto 图式

GoZinto 图是以著名的意大利数学家 Zepartzat Gozinto 教授的发明而命名的。图 5-9 显示了以 GoZinto 图的形式表达的行动计划表。

（2）备忘录式

一个行动计划也可以备忘录的形式用文字表达出来，如表 5-5 所示。

（3）表格式

表格式是更普遍使用的一种行动计划表示方法，如表 5-6 所示。

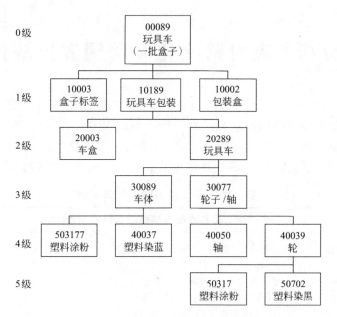

图 5-9　玩具车 GoZinto 图

表 5-5　某学术会议筹备备忘录式行动计划

备　忘　录
为了使会议在 2004 年 12 月 10 日顺利召开,我们必须照下表行动: 2004 年 6 月 4 日 召开筹备组会议,讨论会议组织及日程安排,分工到个人。筹备组组长由李明担任。 2004 年 6 月 20 日 邮寄分发会议通知,由赵玲负责。 2004 年 8 月 30 日 审定录用的会议论文。由王军负责,邀请有关专家审阅会议论文。 2004 年 9 月 5 日 邮寄录用通知给论文作者,落实与会人数,由赵玲负责。 2004 年 12 月 5 日 布置会场,预订客房,安排用车,预计膳食,由张林负责。

表 5-6　某学术会议筹备表格式行动计划

名称:学术会议筹备

步　骤	日　期	负责人	前项任务
1. 召开筹备组会议,日程安排,人员分工。	2004.6.4	李明	—
2. 寄会议通知。	2004.6.20	赵玲	1
3. 审定录用论文稿件,专家参与。	2004.8.30	王军	2
4. 寄录用通知,落实与会人数。	2004.9.5	赵玲	2,3
5. 布置会场,订车、安排住宿与膳食。	2004.12.5	张林	4

5.5　案例分析：应对跨文化和跨国界挑战的 WBS

由于在文化、法律、期望以及沟通等方面的不同，国际间的项目经常会遇到困难。格罗夫、哈罗威尔和史密斯建议为国际项目开发一种类似的 WBS。实际上，这是一个项目中的另一个项目，其目的是管理项目的国际性方面，以减少对主要项目的影响。

其中一个不一般的特性是 WBS 表述的格式。该项目的 WBS 结构如表 5-7 所示。

表 5-7　用类活动描述的 WBS 举例

应对跨文化和跨国界挑战的项目的 WBS

1. 确定、分配、资助和掌管"文化风险管理(CRM)团队"
　1.1　CRM 团队的责任(见下面 2～9)
　1.2　CRM 团队在项目单元中的结构和功能上的定位
　　1.2.1　分配的预算及责任编号；报告的确定的关系
　　1.2.2　项目经理及项目成员的分派条件、轮换和确定
　　1.2.3　来自 CRM 团队的正式的情况报告；时间及发布计划
2. 跨文化和跨国界的信息收集
　2.1　识别收集相关信息的方法
　　2.1.1　公司内现有的方法：HR、T&D、图书馆等
　　2.1.2　出版材料：书籍、期刊和杂志文章、网络
　　2.1.3　信息提供者：国内的"有经验者"、跨文化顾问
　2.2　相关信息的收集与分类
　　2.2.1　商业、规章、法律、国际贸易
　　2.2.2　宗教、家庭、教育、经济、政治等
　　2.2.3　工作关系、工作风格、激励、沟通、决策
　　2.2.4　与当地受训者及社会有关的技术传递问题
　2.3　研究并评估收集到的最相关的信息
　2.4　在整个项目团队中发布所选择的信息，如有必要，翻译成母语
3. 项目计划与公司业务实践风险评估
　3.1　评估项目目标、WBS、预算以及时间基准内的跨文化和跨国界风险
　3.2　评估在国外的公司业务、质量、员工实践能力中的风险
　3.3　准备一个正式的风险评估陈述
4. 提供给项目经理的战略及建议
　4.1　开发战略，包括为避免/减少重大的、已意识到的风险而建立的具体的 WBS
　4.2　给高层管理者的具体的减低风险战略的建议
5. 适应和支持国外的项目人员
　5.1　确定国外项目负责人在项目现场通常会碰到的困难
　5.2　确定公司内外部合作与帮助的来源
　5.3　直接或通过顾问为项目负责人开发并提供支持性服务
　　5.3.1　建立并分发指导手册

续表

应对跨文化和跨国界挑战的项目的 WBS

    5.3.2　亲自处理项目负责人在实践中的变更并增加所关心的其他内容

    5.3.3　提供出发前在国内的文化、语言培训

    5.3.4　确定保健/安全、R&R、危机支持、紧急事件的处理步骤

6. 国内、国外项目负责人及公司总部人员的整合

    6.1　比较国外与国内的工作风格与关系模式

    6.2　评估总部/现场的关系及沟通逻辑

    6.3　比较国外与国内的社会风俗及娱乐传统

    6.4　确定工作安排及活动,以逐渐整合不同的团队

      6.4.1　工作风格及同事关系预期、报告安排

      6.4.2　公司总部/现场之间的关系、沟通措施

      6.4.3　对新同事的欢迎,庆祝成功的里程碑

      6.4.4　针对不同文化团队传统的社交假期安排

7. 提供跨文化和跨国界培训

    7.1　确定项目成员关心的跨文化和跨国界问题

    7.2　比较国内外培训和教育的传统

    7.3　开发和提供对项目成员的培训和指导

8. 文化冲突破坏了开发的遏止战略

    8.1　预测最可能出现的跨文化冲突/误解情形

    8.2　开发 CRM 团队责任的战略以缓解冲突

9. 基于 CRM 团队实际经验的组织学习

    9.1　包括质量方面的跨国界/跨文化风险的降低

    9.2　准备并周期性发布 CRM 团队的正式情况报告

    9.3　换上有高潜能的人员作为文化风险管理者和 CRM 团队成员

    9.4　听取高层政策制定人员和团队成员的报告

    9.5　广泛分发 CRM 全部工作的总结报告

    这个 WBS 表面上看是"活动"的形式,但实际上在每一个 WBS 元素中都包括了其要执行的工作的文档,描述所做的工作。第三级元素是工作包,描述了每一个元素将要完成"什么"工作。此 WBS 描述了一个成功完成的项目,所以它很好地实现了其工作目标。

    有几个主要的领域具有要获得的输出产品或结果,包括:项目风险评估及战略的开发、国外项目人员的定位和支持,国内人员与国外项目负责人以及总公司人员的整合,跨文化、跨国界培训的提供及伤害防止战略的开发等。这种复杂项目的 WBS 开发人员要确保遵循"百分百"原则,这是非常重要的。

    在横向关联领域中,收集信息是一个分析性元素,为许多其他领域提供输入。横向关联的项目管理元素分为两个部分:元素选拔、分配、资助和督导 CRM 团队以及元素组织学习。

    同一个项目的另一种 WBS 可构造如图 5-10 所示的形式。每一个二级 WBS 元素上的数字都对应于表 5-7 中的 WBS 元素,这些元素可能被转移或合并到图中,以简化 WBS 各项。"调研和信息"元素是一个横向关联分析性元素,"项目风险"和"人员"只为主要可交付成果的

产品分解提供了基础。"项目风险"元素涉及跨文化和跨国界元素对主要项目工作的影响。"人员"元素的输出与针对国外项目人员、国内及总公司人员的计划的产品、服务和结果有关。

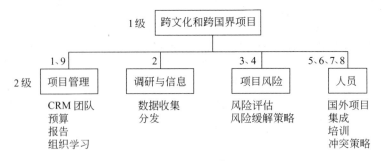

图 5-10　跨文化和跨国界项目 WBS

问题

(1) 跨文化和跨国界项目 WBS 的表达方式有什么特点？

(2) 在国际项目中，如何将跨文化和跨国界的项目管理 WBS 与项目其他元素结合在一起？

本 章 小 结

本章从项目计划的概念开始，首先介绍了项目计划的定义、类型、目的、作用、特征以及项目计划内容等基本知识，然后讲述了项目计划的过程与项目计划的工具等内容。本章是项目管理的基础。

任何项目管理都是从制定项目计划开始的，项目计划是有效协调项目工作、推动项目工作顺利进行的最重要的工具。项目计划是决定项目成败的关键，制定一个良好的项目计划是项目管理的一个关键过程。

项目计划是项目组织根据项目目标的规定，对项目实施工作进行的各项活动做出周密安排。项目计划的主要目的是指导项目的具体实施。项目整体计划中应该列举并总结各种计划的重要内容，这些计划如范围管理计划、进度管理计划、成本管理计划、质量管理计划、人员管理计划、沟通管理计划、风险管理计划和采购管理计划等。项目计划都包括总则、项目目标、实施方案、合同、进度安排、资源、人力资源、评价及潜在问题等基本要素，而项目计划的类型与内容随着不同的分类标准与方法有不同的形式。

项目计划是一个动态、持续的过程，编制项目计划要考虑项目具体的方面，也要考虑项目整体；既要有具体方面的计划，也要有项目整体的计划，即项目计划。制定项目计划过程的步骤为：①定义项目目标；②任务（工作）分解；③建立逻辑关系；④为任务分配时间；⑤为任务分配资源；⑥反复调整，制定项目各方面的具体计划；⑦评估、形成整体计划。

进行项目计划的常用工具是工作分解结构图、线性责任图及项目行动计划表等三种。工作分解结构图(WBS)是将项目按照其内在结构或实施过程的顺序进行逐层分解而形成的结构示意图。WBS 是实施项目、创造最终产品或服务所必须进行的全部活动的一张清单,也是进度计划、人员分配、预算计划的基础;责任矩阵是将工作分解结构图与项目的有关组织机构图对照,将所分解的工作落实到有关部门或个人,并明确表示出有关部门(或个人)对组织工作的关系、责任和地位,责任矩阵可用于项目组织工作中分配任务和落实任务;项目行动计划表是指为了实现项目目标,而将有关的一系列活动或任务进行细分,并按内在的层次关系把所需的资源、前项任务和持续时间等加以记录所形成的表格。

习　　题

1. 什么是项目计划,如何理解项目计划的重要性?

2. 项目计划的基本特征有哪些?

3. 项目计划如何分类,内容是什么?

4. 项目计划过程有几大步骤?

5. 制定 WBS 的基本步骤有哪些,如何确定工作分解的详细程度?

6. 你是否同意 WBS 级数越多,就越能明白完成目标所需的步骤?

7. 简述 WBS 制定的逻辑原理。

8. 什么是责任矩阵,责任矩阵对计划管理者有何作用?

9. 讨论责任矩阵是怎样与工作分解结构联系起来的。

10. 项目行动计划表的表现形式有哪些?

11. 什么是线性责任图(LRC 图)? LRC 图对计划管理者有何作用?

12. 讨论线性责任图是怎样与工作分解结构联系起来的?

13. 项目行动计划表的表现形式有哪些?

14. 针对一个具体项目,对其进行工作分解,画出 WBS 图、线性责任图,编制行动计划表。

第 6 章

项目进度管理

学习目标：项目进度管理是指在项目实施过程中，对各阶段的进展程度和项目最终完成的期限所进行的管理。通过本章的学习，主要了解项目进度计划制定的过程和方法，掌握关键路线法和计划评审技术，能根据计划和实际执行情况发现偏差，并采取措施及时纠偏，达到对进度的有效控制。

6.1　项目进度计划

在项目的管理中，时间是最重要的约束条件之一。如果项目不能在合同工期之内完成，就要受到相应的惩罚。而且，时间问题还同时牵涉到项目的范围、成本和质量等方面，如果时间管理得不好，其他问题也就不可能管理好。在项目的进行过程中，进度问题也是发生得最为普遍，同时也是最为突出的问题，所以进度管理是保证整个项目在计划预期的时间内成功实施的重要一环。项目进度管理是指在项目实施过程中，对各阶段的进展程度和项目最终完成的期限所进行的管理。它包括为确保项目按时完成所需要的所有过程、活动历时估算、制定进度计划、进度控制等。

进度就是将项目行动计划转换成一个运作时间表，可以作为监控项目活动的基础，而且将其与计划结合起来，就构成项目管理的一种主要工具。由于项目工作一般缺少日常运作的联系性，并且常常有很多复杂的问题需要协调，所以进度计划的职能在项目环境中比其在运作中的作用更加重要。

项目进度计划制订是根据项目活动定义、项目活动排序、项目活动工期和所需要资源进行分析并编制项目进度计划的工作，其目的是控制项目时间和节约时间，保证项目能够在满足其时间约束条件的前提下实现其总体目标。项目进度计划是项目进度控制的基准，是确保项目在规定的合同工期内完成的重要保证。

6.1.1　项目进度计划的制定过程

项目时间管理前期工作及项目其他计划管理所生成的各种文件都是项目进度计划编制所要参考的依据。具体包括：项目工作分解结构；项目活动历时估算；项目的承包合同；项目的各种约束和假设条件和项目的设计方案。其中，活动也称为工序。

项目的进度计划制定包括以下过程。

（1）项目活动定义

项目活动定义是确定为了完成在工作分解结构中规定的目标而必须进行的具体活动。它把项目的组成要素细分为可管理的更小的部分，以便更好地管理和控制。根据项目章程、项目范围说明书、项目工作分解结构、项目假设及约束条件和历史信息来定义，并具有一个期望的持续时间、期望成本和期望资源需求，成为进度计划的基础。

（2）项目活动排序

活动排序过程包括识别项目活动之间的关联和依赖（逻辑）关系，并据此对项目活动的先后次序进行安排，形成相应的文档。活动必须被正确地加以排序以便今后制定可行的进度计划。各活动之间的关系包括强制性依赖关系、可自由处理的依赖关系和外部依赖关系。强制性依赖关系就是所做工作中固有的依赖关系。它们通常包括实际约束条件。如在建筑施工中，只有基础工程完成才能进行上部结构施工。这种依赖关系也称为硬逻辑关系。可自由处理的依赖关系是指由项目队伍确定的依赖关系。例如建筑施工中某些装饰工程可以与结构工程并行施工。这种依赖关系也称为软逻辑关系。外部依赖关系就是项目活动与非项目活动之间的依赖关系。例如软件项目中的测试可能依赖于外部供方提供的硬件设施。

排序可由计算机执行（利用计算机软件）或手工排序。对于小型项目手工排序很方便，对大型项目的早期（此时项目细节了解甚少）用手工排序也是方便的。手工排序和计算机排序应结合使用。

（3）项目活动时间（历时）估算

活动历时估算，就是评定完成每个单项活动所需要的工作时间数。在此基础上可以进行工作计划的制定与项目进度控制，并给各种活动分配相应的资源，而项目成本是和完成项目所需要的时间紧密相关的。但对活动时间的估算也会受到约束和资源条件的限制。

（4）编制项目进度计划

通过分析项目活动的定义、项目活动的排序、项目活动历时的估算和项目活动资源要求的假定等信息，来编制项目的进度和计划，包括定义项目的起止日期，及其具体实施方案和措施。

6.1.2　项目进度计划的时间参数

项目进度计划需要反映项目中每一活动的计划和实际的开始日期、完成日期和历时；也要反映活动在不影响项目完工时间的情况下，其开始时间是否可以浮动，这个浮动时间又称为时差（float）。在大多数的项目进度计划中，都记录下列五种时间日期：最早开始时间（earliest start time，ES）、最早结束时间（earliest finish time，EF）、最迟开始时间（latest start time，LS）、最迟结束时间（latest finish time，LF）和时差。另外还有一些相关参数，如基线（baseline）日期、计划（scheduled）日期和实际（actual）日期。

（1）活动历时（D）

工期是完成活动所必需的时间。在每个活动开始之前，都有一个估算的周期，而在每一个活动开始之后完成之前，也可以估算剩余的周期。一旦活动完成就可以记录实际周期。换句话说，如果知道了活动的开始时间，就可以预测结束时间，反之亦然。

（2）最早开始时间和最早结束时间

ES 是指某项活动可能开始的最早时间，可以在项目的预计开始时间和所有正常的工期估计基础上计算出来。EF 是在活动最早开始时间的基础上加上活动的工期（历时）计算出来的，即 $EF=ES+D$。

（3）最迟开始时间和最迟结束时间

LF 是指为了使项目在要求完工时间内完成，某项活动必须完成的最迟时间。可以在项目的要求完工时间和所有正常的工期估计基础上计算出来。LS 是为了使项目在要求完工的时间内完成，某项活动必须开始的最迟时间，即 $LS=LF-D$。

（4）时差

如果最迟开始时间与最早开始时间不同，那么该活动的开始时间就可以推迟或延迟，称为时差，即

$$时差＝最迟开始时间－最早开始时间$$

如果活动历时是不变的，那么最早和最迟开始时间的差值与最早和最迟结束时间的差值是一样的（在大多数计划系统中，也确实这样假定）。

时差为零的活动是关键活动，这些关键活动历时决定了项目的总工期。如果项目的计划安排得很紧，以使项目的总工期最短，那么就要有一系列的时差为零的关键活动。这个系列的关键活动构成关键路线（critical path）。具有很大时差的活动叫作松弛活动或称为非关键活动，在进行优化时，可以通过非关键活动填补由关键路线造成的资源需求缺口来平衡资源。时差很小的活动叫作准关键（near critical）活动，这些活动应该得到类似关键活动一样的重视。

（5）计划、基线和计划安排时间

计划、基线和计划安排时间是在最早和最迟时间之间的，我们选择用以完成工作的时间。这些时间就是计划日期（planned dates）。然而，项目开始时计划的日期可能又与我们当前计划的日期不同。记录最初的计划日期是很重要的，因为这是我们控制时间的一个尺度。这个最初的尺度也就是基线日期（baseline date），当前的计划就是计划安排日期（scheduled date）。

6.1.3　项目活动的持续时间(历时)估算

项目活动的持续时间(历时)估算就是根据过去经验和项目条件估算出完成一项活动所需要的时间。活动的持续时间是计划过程的核心。它不仅可用来设定给定活动的开始和结束时间,还可以根据其前导活动的累积持续时间计算最早开始时间,根据其后续活动的累积持续时间计算最迟结束时间。

一个活动的持续时间(历时),即完成一项活动所需的时间,通常取决于要完成的工作所需投入资源量和完成该工作所能投入资源量。当然,在实际投入资源量计算中,还要在这个粗略的估算上加上其他一些因素,包括:非项目活动消耗掉的损失时间;人们完成工作时的冲突,即增加一倍工人并不能只是使工期降低一半,这是由于人员工作界面上的相互制约而降低了工作的效率;人们完成工作时的交流沟通,即当多个人共同完成一项工作时,他们就需要彼此交流工作的细节以使工作得到良好的进展。

同时,完成一项活动所需的时间,除了取决于活动本身所包含的任务的难度和分量之外,还要受到其他许多外部因素的影响。例如,项目的假设前提和约束条件、项目资源的供给等。在具体估算上,常采用以下几种方法。

(1) 经验类比估算法

对于项目管理和实施人员,项目中的有些活动可能和以往所参加的项目类似,借助以往的经验可以对现在进行项目中的活动历时进行估算。需要注意的是,需要估算的活动的任务、人员、资源配备等要与经验数据相似;在部分不相似的情况下,要进行适当修正,这也包括时间、地域上的修正。

(2) 利用历史数据法

在很多行业都有关于历时估算相关的数据和信息保存,这些数据可以作为估算的基础。常用的定额也可以用来计算,如:

$$每日完成量＝定额工作量×每天投入工时$$
$$工序时间＝工序的实物工程量/每日完成量$$

(3) 德尔菲法

德尔菲法又称专家调查法,是 20 世纪 40 年代末由美国兰德公司首先使用,并很快盛行的一种调查预测方法。这是一种集中利用一个群体的知识来获得的估计。由主持估算的管理者,选定相关领域专家,与专家建立直接联系,通过函询不断调整估算结果,其中专家之间不相互联系,直到得出比较一致的结果。

当然,对于极少数应用新技术、新工艺的工序,在既无经验可循又无定额可查时,由设计、施工和管理人员研究协商确定。

6.1.4　项目进度计划的分类

常用的制定进度计划的方法和形式有以下几种。

（1）关键日期法

关键日期表是最简单的一种进度计划表，它只列出一些关键活动和进行的日期。通常是在 WBS 的给定级别上，给出一些活动的带有部分或全部时间日期的列表。项目进度计划的这种表示形式能够给出一个综合性的清单，但不够直观。表 6-1 是一个项目的工作任务分配表。尽管这个清单显示了时差，但很难看出时差的直观表现。

表 6-1　某项目的工作任务分配表

某项目的工作任务分配表				
活　　动	周期（周）	最早开始（周）	最早结束（周）	时差（周）
A	30	0	30	0
B	20	30	50	0
C	30	30	60	10
D	20	50	70	0
E	10	70	80	0

（2）甘特图

甘特图是进度计划最常用的一种工具，又称横道图、条形图，最早由 Henry L. Gantt 于 1917 年提出。它以一段横向线条表示一项活动，通过横向线条在带有时间坐标的表格中的位置来表示各项活动的开始时间、结束时间和各工作的先后顺序，整个进度计划都由一系列的横道组成。横道图简单明了、容易绘制，也容易理解，各项活动的起止日期和持续时间都一目了然，使用横道图，可使进度计划更为直观。但多数横道图不能反映出各个活动是否为关键活动和时差。更重要的是横道图无法利用计算机来进行计算分析，从而使得计划的实施过程中的调整变得较为困难。图 6-1 是表 6-1 中的项目的简单的甘特图。

（3）网络计划

网络计划是在计划、进度安排和控制工作中很有用的一种技术。其中关键路线法（critical path method，CPM）和计划评审技术（program evaluation and review technique，PERT）是 20 世纪 50 年代后期几乎同时出现的两种计划方法。PERT 是由美国海军与洛克西德航空公司合作，于 1958 年为北极星潜艇/导弹项目开发出来的。CPM 则是由美国杜邦公司在同期开发出来的。在时间应用中，PERT 是非肯定型网络计划方法，一直主要用于研发项目，CPM 是肯定型网络计划方法，更多用于建筑项目上。这两种计划方法是分别独立发展起来的，但其基本原理一致，即用网络图来表达项目中各项活动的进度和它们之间的相互关系，并在此基础上进行网络分析，计算网络中各项时间参数，确定关键活动与关键路线，利

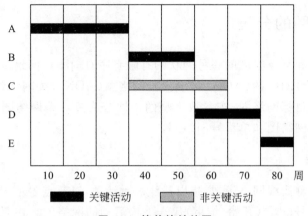

图 6-1　简单的甘特图

用时差不断地调整与优化网络,以求得最短工期。然后,还可将成本与资源问题考虑进去,以求得综合优化的项目计划方案。因为这两种方法都是通过网络图和相应的计算来反映整个项目的全貌,所以又叫做网络计划技术。本章将对这两种技术做详细介绍。

　　此外,后来还陆续出现了一些新的网络计划技术,如图示评审技术(graphical evaluation and review technique,GERT)、风险评审技术(venture evaluation and review technique, VERT)等。

　　很显然,采用以上几种不同的进度计划方法,其本身所需的时间和费用是不同的。关键日期表编制时间最短,费用则最低。甘特图所需时间要长一些,费用也高一些。CPM 要把每个活动都加以分析,如活动数目较多,还需用计算机求出总日期和关键路线,因此花费的时间和费用将更多。PERT 法因为涉及不确定因素的分析,可以说是制定项目进度计划方法中最复杂的一种,所以花费的时间和费用也最多。

　　应该采用哪一种项目进度计划方法,主要考虑的因素包括:项目的规模大小、项目的复杂程度、项目的时间性、对项目了解程度、项目中关键活动的作用、掌握相应技术的人员和设备。当然,根据情况不同,还需要考虑客户的要求,以及能够用在进度计划上的预算等因素。

6.2　关键路线法

　　关键路线法是以网络图为基础,计算网络中各项时间参数,确定关键活动与关键路线,利用时差不断地调整与优化网络,以求得最短工期的进度计划工具。它所针对的是活动历时已经确定的情况。

6.2.1 网络图的分类

网络图是由箭线和节点组成的一种网状的有限有序有向图。网络图有很多种分类方法，按表达方式分为双代号网络图（AOA）和单代号网络图（AON）；按网络计划终点节点个数分为单目标网络图和多目标网络图；按参数类型的不同分为肯定型网络图和非肯定型网络图。本节主要介绍双代号网络图和单代号网络图。

1. 双代号网络图

双代号网络图又称箭线网络图，是指以箭线表示活动，以节点表示工作之间的连接点，并以箭线两端的节点编号 (i,j)（开始/结束）代表一项活动的网络图。在双代号网络图中，节点表示事件，活动由连接两个节点的弧（箭线）表示，每个活动因此就可由这两个节点的数字来标识，有时还往往在箭线的上方标明活动的名称，而在箭线的下方标明活动的持续时间，箭头节点和箭尾节点分别表示活动的结束时间和开始时间。

在我国，这种类型的网络应用极为普遍。图 6-2 是用双代号网络图表示的图 6-1，活动 A 变成了活动 $(1,2)$，活动 B 变成了活动 $(2,3)$，等等。由于不同的活动不能由相同的两个节点来标识，因此活动 B 和活动 C 分别结束在节点 3 和节点 4 上，然后用一个虚活动（dummy activity）连接起来。因为活动是通过节点联系起来的，因此逻辑依存关系只能是结束—开始型的，不过，如果引入虚活动，也可以表示其他三种节点式关系。

2. 单代号网络图

单代号网络图又称节点网络图，是以节点表示活动，以箭线表示活动之间的逻辑关系，每一节点的编号都可以独立代表一项活动的网络图。节点一般用圆形的或方框形式表示，在其内标明活动的名称、编码和活动的持续时间。图 6-3 是有 4 个活动 A、B、C、D 的简单的节点式网络图，其中，活动 B 和 C 在活动 A 之后，D 在 B 和 C 之后。虽然事件一般不能像在双代号网络图中那样通过节点清晰地表示出来，但事件发生的时刻，可以通过计算准确地计算出来。

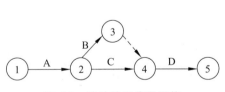

图 6-2　简单的双代号网络

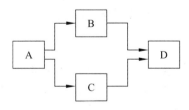

图 6-3　简单的单代号网络

　　在实际工作中,不同的人倾向使用的网络图不同。20 世纪 50 年代,人们早期的项目都是由单代号网络图完成的,直到 20 世纪 60 年代,才出现双代号网络图。因此,箭线式网络图的运用要更广泛些。然而,由于下面几个原因,有经验的项目经理,都倾向于选择节点式网络图。另外还有杂合型网络图,这种类型的网络是前两种类型的综合。活动(工作)既可以由方框(节点)表示,又可以由线条(箭线)表示,这里不做详述。

6.2.2　网络图的绘制

　　绘制项目网络图的一般过程为:首先根据活动之间的逻辑关系的分析结果,按网络计划逻辑关系的正确表示方法,从没有紧前活动的活动画起,自左至右逐步把活动按照逻辑关系组合在一起;然后按照从左向右、从大到小给节点编号;最后按照网络图的绘图规则进行检查和调整,使网络图布局合理,表达清楚。

1. 双代号网络图的绘制

　　在双代号网络中,活动之间逻辑关系的基本表达方式见表 6-2。

表 6-2　用网络图表示的逻辑关系

序号	逻辑关系描述	双代号网络图表达方式	单代号网络图表达方式	工序名称	紧前关系
1	A 完成后,B 才能开始			B	A
2	A 完成后,B 和 C 才能开始			B C	A A
3	A 和 B 完成后,C 才能开始			C	A、B
4	A 和 B 完成后,C 和 D 才能开始			C D	A、B A、B
5	A 和 B 完成后,C 才能开始,且 B 完成后,D 才能开始			C D	A、B B

绘制双代号网络图需要遵守下列规则。

（1）网络图由总开工节点开始，按照活动的顺序向右绘制，直到完工节点。

（2）网络图是有向图，图中不能出现回路。

（3）活动与箭线一一对应，每项活动在网络图上必须用，也只能用连结两节点的一根箭线表示。

（4）任意两个节点间最多只能有一条箭线。为了表示多个同时开始而且同时结束的平行活动，可以引入虚活动。

（5）箭线必须从一个节点开始，到另一个节点结束，不能从一条箭线中间引出其他箭线。

（6）每个网络图必须也只能有一个始点事项和一个终点事项，不允许出现没有紧前活动或没有紧后活动的中间活动。如果在实际工作中发生这种情况，应将没有紧前活动的节点用虚箭线同网络始点连接起来，将没有紧后活动的节点用虚箭线同终点连接起来。

2. 单代号网络图的绘制

由于单代号网络图和双代号网络图是网络计划的两种表达方式，因此关于双代号网络图的活动逻辑关系及绘制规则也基本适用于单代号网络图。需要说明的是：①在单代号网络图中，活动之间逻辑关系的基本表达方式见表6-2；②单代号网络图中不会出现双代号网络图中的虚工序，但会不可避免地出现箭线交叉，可用暗桥将交叉线区分（见表6-2中的第四种情况）；③若有多个没有紧前活动或紧后活动的节点（活动），应当增加开始和结束节点，保证网络图只有一个起点和一个终点。活动的历时为零，且不消耗资源。

6.2.3　网络图时间参数的计算

网络图的时间参数主要包括：活动最早开始时间、活动最早结束时间、活动最迟开始时间、活动最迟完成时间和活动总时差等。时间参数的计算，主要就是计算这些参数，此外还需要通过计算时差找到关键活动和关键路线。网络图的时间参数计算通常采用图上计算，计算结果直接标注在网络图上，对于大型的网络计划多采用编制计算程序在计算机上进行计算。

1. 双代号网络图时间参数的计算

双代号网络图的时间参数除了上述的五个参数外，还包括两个节点时间参数：节点最早时间 ET_i 和节点最迟时间 LT_i。所以开始节点和结束节点编号分别为 i 和 j 的工序（活动）其时间参数表示为：活动最早开始时间 ES_{ij}、活动最早结束时间 EF_{ij}、活动最迟开始时间 LS_{ij}、活动最迟结束时间 LF_{ij}、活动总时差 TF_{ij}。以下结合图6-4中的双代号网络图进行计算。

（1）节点时间参数的计算

网络图参数计算首先计算节点时间参数的最早时间，从左向右沿箭线方向进行计算。节点最早时间是以网络计划开始时间为零,相对于这个时间,沿着各条线路到达每一个节点的时刻。显然,起始节点,即 1 号节点的最早时间为零。图中任一节点 j 的最早时间,是指以该节点为结束节点的紧前活动全部完成,以这个节点为开始节点的紧后活动可能开始的时间。因此应取紧前各活动开始节点 I 的最早时间与该活动历时之和中的最大值。用公式表示如下:

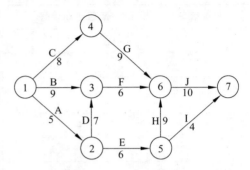

$$\begin{cases} ET_1 = 0 \\ ET_j = \max_i \{ET_i + D_{ij}\} \end{cases}$$

图 6-4 双代号网络图计算

计算过程见表 6-3,计算结果标注在每个节点上方左侧的框内,见图 6-5。

节点的最迟时间是以该网络计划的计划工期作为网络图终点节点的最迟时间,逆向推算各节点的最迟时间。因此,终点节点 n 的最迟时间为计划工期,或等于最早时间,保证项目用时最短。网络中任一节点 i 的最迟时间是指以这个节点为开始节点的紧后活动最迟必须开始的时间。也就是说该节点的紧前活动最迟在这个时刻必须全部完成,否则延误工期。因此,节点最迟时间等于该节点的各紧后活动结束节点 j 的最迟时间与该活动作业时间之差中的最小值。用公式表示如下:

$$\begin{cases} LT_n = 总工期(或\ ET_n) \\ LT_i = \min_j \{LT_j - D_{ij}\} \end{cases}$$

计算过程见表 6-3,计算结果标注在每个节点上方右侧的框内,见图 6-5。

表 6-3 双代号网络图节点最早、最迟时间计算表

节点编号	紧前活动代号	计算过程	节点最早时间
1	—	$ET_1 = 0$	0
2	1-2	$0+5=5$	5
3	1-3	$0+9=9$	12
	2-3	$5+7=12$	
4	1-4	$0+8=8$	8
5	2-5	$5+6=11$	11
6	4-6	$8+9=17$	20
	3-6	$12+6=8$	
	5-6	$11+9=20$	
7	5-7	$11+4=15$	30
	6-7	$20+10=30$	

续表

节点编号	紧后活动代号	计算过程	节点最迟时间
7	—	$LT_7 = ET_7 = 30$	30
6	6-7	$30 - 10 = 20$	20
5	5-6	$20 - 9 = 11$	11
	5-7	$30 - 4 = 26$	
4	4-6	$20\;9 = 11$	11
3	3-6	$20 - 6 = 14$	14
2	2-3	$14 - 7 = 7$	5
	2-5	$11 - 6 = 5$	
1	1-2	$5 - 5 = 0$	0
	1-3	$14 - 9 = 5$	
	1-4	$11 - 8 = 3$	

（2）活动的最早可能开始时间与活动的最早可能结束时间

活动的最早可能开始时间取决于其紧前各活动的全部完成时间，依次它等于该活动的开始节点的最早时间；活动的最早可能结束时间等于活动最早可能开始时间加上活动的作业时间。用公式表示为：

$$\begin{cases} ES_{ij} = ET_i \\ EF_{ij} = ES_{ij} + D_{ij} \end{cases}$$

计算过程沿网络图流向进行，见表6-4；计算结果标注在活动箭线上方的框内，见图6-5。

（3）活动的最迟必须开始时间与活动的最迟必须结束时间

活动最迟必须结束时间应等于它的结束节点的最迟时间；活动最迟必须开始时间等于活动最迟必须结束时间减去活动作业时间，用公式表示为：

$$\begin{cases} LF_{ij} = LT_j \\ LS_{ij} = LF_{ij} - D_{ij} \end{cases}$$

计算过程逆网络图流向进行，见表6-4；计算结果标注在活动箭线上方的框内，见图6-5。

（4）时差

活动的时差又叫工作的机动时间或富裕时间，常用的时差有总时差和自由时差两种。活动总时差是指一个活动可以利用的机动时间，即由于活动最迟必须结束时间与最早可能开始时间之差大于活动作业时间而产生的机动时间。利用这段时间延长活动的历时或推迟开工，不会影响计划的总工期。用公式表示为：

$$TF_{ij} = LF_{ij} - ES_{ij} - D_{ij} = LS_{ij} - ES_{ij} = LF_{ij} - EF_{ij}$$

计算过程沿网络图流向进行，见表6-4；计算结果标注在活动箭线上方的框内，见图6-5。

活动的自由时差是指在保证其紧后活动按最早可能开始时间开工的前提下，活动可以利

用的机动时间。也就是说活动可以在这个时间范围内自由地延长或推后,不会影响其紧后活动的开始。用公式表示为

$$FF_{ij} = ET_j - EF_{ij}$$

计算过程沿网络图流向进行,见表 6-4;计算结果标注在活动箭线上方的框内,见图 6-5。

表 6-4　双代号网络图时间参数计算表

活动	最早可能开始时间 $ES_{ij} = ET_i$	最早可能结束时间 $EF_{ij} = ES_{ij} + D_{ij}$	最迟必须开始时间 $LS_{ij} = LF_{ij} - D_{ij}$	最迟必须结束时间 $LF_{ij} = LT_j$	总时差 $TF_{ij} = LS_{ij} - ES_{ij}$	自由时差 $FF_{ij} = ET_j - EF_{ij}$
A	0	0+5=5	5-5=0	5	0-0=0	5-5=0
B	0	0+9=9	14-9=5	14	5-0=5	12-9=3
C	0	0+8=8	11-8=3	11	3-0=3	8-8=0
D	5	5+7=12	14-7=7	14	7-5=2	12-12=0
E	5	5+6=11	11-6=5	11	11-11=0	11-11=0
F	12	12+6=18	20-6=14	20	14-12=2	20-18=2
G	8	8+9=17	20-9=11	20	11-8=3	20-17=3
H	11	11+9=20	20-9=11	20	11-11=0	20-20=0
I	11	11+4=15	30-4=26	30	26-11=15	30-15=15
J	20	20+10=30	30-10=20	30	20-20=0	30-30=0

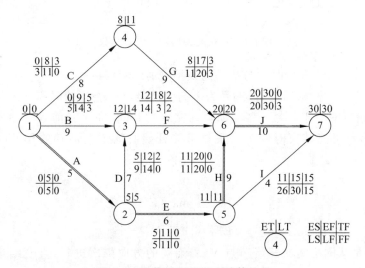

图 6-5　双代号网络图上计算结果

（5）找出关键路线

关键路线就是从网络计划的起始节点到终点节点作业时间最长的线路,其用时即为工期。关键路线上各活动总时差为零或为负值,这些活动为关键活动。一个网络图中可能有多

条关键路线,且至少有一条关键路线。

图中的关键路线为 A—E—H—J,用双实线或红线标注,见图 6-5。

2. 单代号网络图时间参数的计算

单代号网络图没有节点时间参数,其余时间参数的含义与双代号网络图相同,为了便于比较,仍以图 6-4 的项目为例,用单代号表示为图 6-6,并标注图上计算结果。下面介绍用图上计算法计算单代号网络图的时间参数。

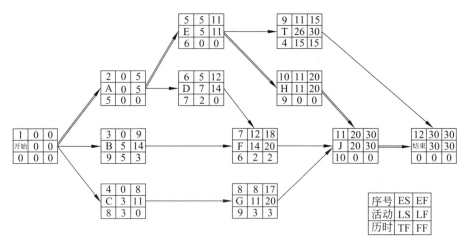

图 6-6　单代号网络图上计算结果

(1) 活动的最早可能开始时间与活动的最早可能结束时间

首先假定网络图中开始活动,即编号为 1 的活动最早可能开始时间为零。任意一个活动 j 的最早可能开始时间等于其紧前各活动全部完成的时间,即为紧前各活动最早可能结束时间中的最大值;最早可能结束时间等于最早可能开始时间加上活动的作业时间。用公式表示为:

$$\begin{cases} ES_1 = 0 \\ ES_j = \max_i(EF_i) \\ EF_j = ES_j + D_j \end{cases}$$

其计算顺序是从网络图的开始节点,顺着箭线的方向依次进行,直至结束节点。计算过程见表 6-5,并标注在节点上方,见图 6-6。

(2) 活动的最迟必须开始时间与活动的最迟必须结束时间

首先假定网络计划的结束活动的最迟必须结束时间等于该活动的最早可能结束时间,或等于计划工期。任意一个活动 I 的最迟必须结束时间等于其紧后各活动最迟必须开始时间中的最小值;最迟必须开始时间等于其最迟必须结束时间减去活动作业时间。用公式表示为：

$$
\begin{cases}
LF_n = EF_n \\
LF_i = \min_{j}(LS_j) \\
LS_i = LF_i - D_i
\end{cases}
$$

其计算顺序是从网络图的结束节点，逆着箭线的方向依次进行，直至开始节点。计算过程见表 6-5，并标注在节点下方，见图 6-6。

（3）时差

单代号网络图的时差含义与双代号网络相同，只是计算公式有所不同。如下：

$$TF_i = LS_i - ES_i = LF_i - EF_i$$

$$FF_i = \min_{j} ES_j - EF_i$$

其计算顺序是从网络图的开始节点，顺着箭线的方向依次进行，直至结束节点。计算过程见表 6-5，并标注在节点上方，见图 6-6。

同样，可以找到网络图的关键路线为开始—A—E—II—J—结束，用双实线在图中标注。

表 6-5　单代号网络图时间参数计算表

活动	紧前活动	最早可能开始时间 $ES_j = \max_{i}(EF_i)$	最早可能结束时间 $EF_j = ES_j + D_j$	总时差 $TF_i = LS_i - ES_{ii}$	自由时差 $FF_i = \min_{j} ES_j - EF_i$
开始	—	$ES_1 = 0$	0	0−0=0	0−0=0
A	开始	0	0+5=5	0−0=0	5−5=0
B	开始	0	0+9=9	5−0=5	12−9=3
C	开始	0	0+8=8	3−0=3	8−8=0
D	A	5	5+7=12	7−5=2	12−12=0
E	A	5	5+6=11	5−5=0	11−11=0
F	B D	9 12,12	12+6=18	14−12=2	20−18=2
G	C	8	8+9=17	11−8=3	20−17=3
H	E	11	11+9=20	11−11=0	20−20=0
I	E	11	11+4=15	26−11=15	30−15=15
J	F G H	18 17 20,20	20+10=30	20−20=0	30−30=0
结束	I J	15 30,30	30+0=30	30−30=0	0

续表

活动	紧后活动	最迟可能结束时间 $LF_i = \min_j(LS_j)$	最迟可能开始时间 $LS_i = LF_i - D_i$
结束	—	$LF_n = EF = 30_n$	$30 - 0 = 30$
J	结束	30	$30 - 10 = 20$
I	结束	30	$30 - 4 = 26$
H	J	20	$20 - 9 = 11$
G	J	20	$20 - 9 = 11$
F	J	20	$20 - 6 = 14$
E	H I	11,11 26	$11 - 6 = 5$
D	F	14	$14 - 9 = 5$
C	G	11	$11 - 8 = 3$
B	F	14	$14 - 9 = 5$
A	D E	14 5,5	$5 - 5 = 0$
开始	A B C	0,0 5 3	$0 - 0 = 0$

6.3 计划评审技术

计划评审技术（PERT）是一种双代号非确定型网络分析方法，其最大的特点就是活动的历时实现不能完全确定，采用概率分析的方法进行预测。

6.3.1 活动历时的估计

项目活动历时是一个受诸多不确定因素影响的随机变量，通过随机过程分析，该活动出现各种可能持续时间服从 β 分布，如图 6-7 所示。

常用的是采用三点估计的方法，即在 PERT 中对每一项活动估算出三个历时值。①最乐观估计时间 a：在最顺利条件下完成该活动所需要的时间，即完成该活动最短的估计时间。②最可能估计时间 m：在正常情况下完成该活动所需要的时间，即完成该活动最大可能的时间。③最悲观估计时间 b：在最不利条件下完成该活动所需要的时间，即完成该活动最长的时

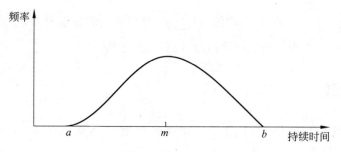

图 6-7　三种时间估计值的β分布曲线

间或称最保守的估计时间。

用这三种时间就可以粗略地描述活动历时的分布,那么项目活动(工序)的期望完成时间可以由以下经验公式求得:

$$t_E = \frac{a + 4m + b}{6}$$

项目活动(工序)完成时间的方差:

$$\sigma^2 = \left(\frac{b - a}{6}\right)^2$$

6.3.2　其他时间参数的估计

概率型网络图与确定型网络图在工时确定后,对其他时间参数的计算基本相同,没有原则性的区别。所以对于概率型网络图,当求出每道工作的平均期望工时 t 和方差 σ^2 后,就可以同确定型网络图一样,用前面介绍的有关公式计算有关时间参数及总完工期 T。

由于它们的工作工时本身包含着随机因素,所以整个任务的总完工期也是个期望工期。它是关键路线上各道工作的平均工时之和 $T = \sum t$,所以总完工期的方差就是关键路上所有活动的方差之和 $\sum \sigma^2$。若工作足够多,每一工作的工时对整个任务的完工期影响不大时,由中心极限定理可知,总完工期服从以 T 为均值、以 $\sum \sigma^2$ 为方差的正态分布。

为达到严格控制工期,确保任务在计划期内完成的目的,可以计算在某一给定期限 T_s 前完工的概率。可以指定多个完工期 T_s,直到求得有足够可靠性保证的计划完工期 T_s^*,将其作为总工期。用公式表示为

$$P(T \leqslant T_s) = \int_{-\infty}^{T_s} N\left(T, \sqrt{\sum \sigma^2}\right) \mathrm{d}t$$

$$= \int_{-\infty}^{\frac{T_s - T}{\sqrt{\sum \sigma^2}}} N(0, 1) \mathrm{d}t$$

$$= \Phi\left(\frac{T_s - T}{\sqrt{\sum \sigma^2}}\right)$$

式中：$N\left(T,\sqrt{\sum\sigma^2}\right)$——以 T 为均值、$\sqrt{\sum\sigma^2}$ 为均方差的正态分布；

$\quad N(0,1)$——以 0 为均值、1 为均方差的标准正态分布。

6.3.3 举例

已知某一项目计划网络图（图 6-8），该项目计划中各活动的 a、m、b 值（单位为周）如图 6-8 和表 6-6 的第 2～4 列。要求：

（1）每项活动的平均工时 t 及均方差 σ；

（2）确定关键路线；

（3）在 25 周前完工的概率。

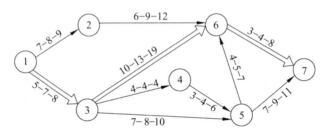

图 6-8　某一工程项目网络计划及各活动的 a、m、b 值

解　（1）用三种时间估计法计算公式，计算出各项活动的平均历时 t 和 σ，填入表 6-6 第 5、6 列中。

表 6-6　某一项目计划中各活动的 a、m、b 值及平均工时 t 和 σ

工　　作	a	m	b	t	σ
1-2	7	8	9	8	0.333
1-3	5	7	8	6.833	0.5
2-6	6	9	12	9	1
3-4	4	4	4	4	0
3-5	7	8	10	8.167	0.5
3-6	10	13	19	13.5	1.5
4-5	3	4	6	4.167	0.5
5-6	4	5	7	5.167	0.5
5-7	7	9	11	9	0.667
6-7	3	4	8	4.5	0.883

（2）根据总时差的计算公式，只需按 t 值计算出各活动的最早开始时间 ES，最迟开始时

间 LS,就可以计算各活动总时差 TF,如表 6-7 所示。

表 6-7 某一工程项目各活动的最早开始时间、最迟开始时间和总时差

工 作	ES_{ij}	LS_{ij}	TF_{ij}
1-2	0	3.333	3.333
1-3	0	0	0
2-6	8	11.363	3.333
3-4	6.833	6.999	0.166
3-5	6.833	6.999	0.166
3-6	6.833	6.833	0
4-5	10.833	10.999	0.166
5-6	15	15.166	0.166
5-7	15	15.833	0.833
6-7	20.333	20.333	0

从表 6-7 中可知,时差为零的活动序号为 1-3、3-6、6-7,所以关键路线为 1—3—6—7
(图 6-8),总完工期为 24.833 周。

(3) 由于关键工作为 1-3、3-6、6-7,所以

$$\sqrt{\sum \sigma^2} = \sqrt{\sigma_{1,3}^2 + \sigma_{3,6}^2 + \sigma_{6,7}^2} = \sqrt{0.5^2 + 1.5^2 + 0.833^2} \approx 1.787$$

应用上述公式,在 25 周前完工概率为:

$$P(T \leqslant 25) = \int_{-\infty}^{\frac{25-24.833}{1.787}} N(0,1) \mathrm{d}t = \Phi(0.099) = 53.98\%(查正态分布表得出)$$

即此计划在 25 个月前完工概率为 0.5398。

6.4 项目进度控制

进度计划是根据经验或预测方法对未来作出的安排,在实际执行过程中,由于人力、物资设备的供应和其他条件等因素的影响而出现大大小小的偏差是常有的事。所以,在制定详细科学的进度计划之后,还要在项目进行过程中不断监控项目的进程,发现偏差,采取有效措施使项目按预定的进度目标进行,避免工期的拖延,这一过程称为进度控制。

6.4.1 进度控制的内容与步骤

进度控制的内容主要包括:确定进度是否已经发生变化;对造成进度变化的因素施加影响,以保证这种变化朝着有利的方向发展;在变化实际发生和正在发生时,对这种变化实施管

理。进度控制必须与项目整体变化控制的其他控制过程如成本、质量控制过程紧密结合。

进度控制主要包括以下四个步骤：

（1）进行进度的跟踪与监控，通过执行情况报告分析进度，找到哪些地方需要采取纠正措施。

（2）确定应采取哪种具体的纠正措施。

（3）修改计划，将纠正措施列入计划，形成变更报告。

（4）重新计算进度，调整进度计划，并估计计划采取的纠正措施的效果。

如果计划采取的纠正措施仍无法获得满意的进度安排，则必须重复以上步骤。

6.4.2　进度控制的工具和技术

在项目进度控制分析系统中，管理者常采用以下技术和工具。

1. 进度跟踪报告

进度跟踪报告可以用一个简单的表格形式跟踪需报告的信息。这里介绍来自 IBM 公司的规范报表，见表 6-8。

表 6-8　项目进度报告

内部进度报告			
姓名	项目名称	本周结束日期	
关 键 问 题		是	否
任务范围有变化吗？ 超过目标日期了吗？ 估算有问题吗？ 有技术问题吗？ 有评审问题吗？			
对跟踪项目的解释			
下一周任务计划			
问题和办法			
完成人/日期		评审人/日期	

通过项目进度跟踪报告，可以及时发现进度出现的偏差。

2．趋势预测

图 6-9 给出的是根据实施与计划的偏差进行的趋势预测。对项目中某一特定的任务，OPS 代表计划中的预算、所得值或进度，OAS 是实施中的统计的数据，S 为当前时刻。管理者根据实际的偏离情况并假设对已发生的偏差不采取纠正行动，预测实施按 SF 轨迹运行才能按预期实现项目最终目标。对于新的计划轨迹，管理者应该考虑是否存在实现问题、应采用哪个替代方案、成本和资源需求如何、要完成哪些任务等。

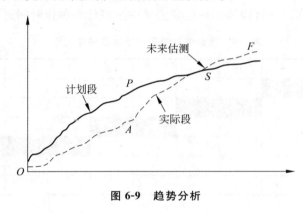

图 6-9 趋势分析

3．因果分析法

因果分析可通过下面四步完成。

（1）明确问题。如延期问题或超概算问题。

（2）查找产生该问题的原因。为从系统角度充分认识各方原因，应组织具有代表性人物并采用头脑风暴法进行。

（3）确定各原因对问题产生的影响程度。

（4）画出带箭头的鱼刺图。

有效进度控制的关键是尽可能早地、果断地将主要精力放在出现问题的活动上，通过这些技术和工具的使用，将会达到好的管理效果，保证项目的顺利进行。

项目的进度控制往往与成本控制、质量控制结合在一起，具体内容在成本控制部分介绍。

6.5 案例分析：某制药公司综合信息服务系统软件开发项目

某制药公司下设有五个制药分厂，公司总部设在大城市，分厂则在城市的郊区。集团形成了一套具有自己特色的销售网络，在每个较大城市设办事处，由办事处分别派出其销售代表到以该办事处为中心的周边地区开展业务。为使集团公司能够管理、监控每个办事处与每个销售代表的销售数量和销售额，了解销售药品的品种并跟踪价格、库存和竞争对手的情况，公司决定建立一个跟踪系统。为了使生产制造与销售情况挂钩，更好地掌握所需产品品种以及数量的变化，最终适应这种变化需要，随时调整生产品种和数量，该集团公司决定由信息系统部负责开发一个综合信息服务系统。该系统的主要内容包括：生产制造事业部的生产管理、库存控制系统以及为销售部建立的跟踪系统。

在项目成员共同的努力下，项目经理找出了系统需要完成的所有主要任务，并建立了工作分解结构和责任矩阵。项目经理还根据要完成的主要任务制作时间进度，见表6-9。

表6-9　综合信息服务系统项目进度简表　　　　　　　周

活动	负责人	5	10	15	20	25	30	35	40	45	50
系统调查	赵	■									
系统分析	王		■	■							
系统设计	李				■	■					
系统开发	陈						■	■	■		
系统测试	孙									■	
系统实施	周										■

在项目总体计划准备阶段，项目经理要求这个项目能在50周内完成，而且希望尽可能早地完成该项目。但为了更深一步了解每项活动能否在预计的时间开始以及在要求的时间内完成，必须对每一个项目的最早开始时间和结束时间以及最迟开始时间和结束时间进行计算。首先列出各活动的紧前活动和工期，见表6-10。然后通过网络图正向推算的方法计算出最早开始时间和最早结束时间，项目工期要求为59周，见表6-10。于是，通过网络图反向推算的方法计算最迟开始和最迟结束时间，并假设网络图中最后一项活动"准备实施报告"的最迟结束时间为第50周，即项目要求完工时间。最后计算每项活动的总时差，见表6-10。

表6-10　综合信息服务系统项目活动进度计算表

序号	活　动	紧前活动	工期估计（周）	最早开始时间	最早结束时间	最迟开始时间	最迟结束时间	总时差
1	收集数据	—	3	0	3	−8	−5	−8
2	可行性分析	—	4	0	4	−9	−5	−9
3	准备问题界定报告	1、2	1	4	5	−5	−4	−9
4	与用户见面	3	5	5	10	−4	1	−9
5	研究现有系统	3	8	5	13	−2	6	−7
6	明确要求	4	5	10	15	1	6	−9
7	准备系统分析报告	5、6	1	15	16	6	7	−9
8	数据输入、输出	7	8	16	24	9	17	−7

续表

序号	活　动	紧前活动	工期估计 （周）	最早开 始时间	最早结 束时间	最迟开 始时间	最迟结 束时间	总时差
9	数据处理及建立数据库	7	10	16	26	7	17	−9
10	分析评估	8、9	2	26	28	17	19	−9
11	准备系统设计报告	10	2	28	30	19	21	−9
12	开发软件	11	15	30	45	21	36	−9
13	开发硬件	11	10	30	40	26	36	−4
14	开发网络	11	6	30	36	30	36	0
15	准备开发报告	12、13、14	2	45	47	36	38	−9
16	软件测试	15	6	47	53	38	44	−9
17	硬件测试	15	4	47	51	40	44	−7
18	网络测试	15	4	47	51	40	44	−7
19	准备测试报告	16、17、18	1	53	54	44	45	−9
20	培训	19	4	54	58	45	49	−9
21	安装	19	2	54	56	47	49	−7
22	准备实施报告	20、21	1	58	59	49	50	−9

通过计算，需要找出关键路径，归于本系统的开发，所有总时差为−9 的活动均在关键路线上。对于关键路线上总时差为−9 这一点的处理，项目经理与公司的高层领导进行了广泛磋商与讨论，并强调第一次就开发出良好系统的重要性，没有必要为赶进度而设计出不利或不合适的软件，这样可能会导致集团更大的损失。经过项目经理的努力，终于使高层确信，应将整个项目完成时间延长 9 周，同时又额外增加了 1 周时间以防意外事件的发生。

问题

（1）项目经理在编制进度计划时应考虑哪些因素？

（2）在该综合信息系统软件开发的进度计算过程中，为什么会出现负的时差？

（3）在项目网络图的时间参数计算中出现负时差，应如何处理，是否一定要延长项目完成时间？

本 章 小 结

本章讨论了项目进度管理的有关各方面问题，包括项目进度计划的种类和制订进度计划的方法。在对项目活动定义并排序之后，运用经验类比估算法、历史数据法及德尔菲法等可以确定活动的历时，然后采取关键日期法、甘特图和网络计划等工具形成进度计划。

网络计划包括肯定型网络计划方法，如 CPM，以及非肯定型网络计划方法，如 PERT。网络计划方法原理是用网络图来表达项目中各项活动的进度和它们之间的相互关系，并在此基础上进行网络分析，计算网络中各项时间参数，确定关键活动与关键路线，利用时差不断地调整与优化网络，以求得最短周期。双代号网络图和单代号网络图是常用的网络图表示方式，其绘制规则和步骤类似。其主要时间参数包括最早可能开始和结束时间、最迟可能开始和结束时间。通过自由时差和总时差的计算，可以找到关键工序和关键路径，确定工期。计划评审技术则通过活动历时的三点估计，计算期望值和方差，计算网络图的时间参数确定工期。对于一些新技术和复杂的工程，利用 PERT 进行工期估计和进度计划是有效的工具。

进度计划是进度管理的第一步，确立了管理的目标，在项目实施过程中，由于人力、资源和其他条件因素的影响，进度计划在执行过程中经常会发生偏差。要及时发现偏差，并采取有效措施修正偏差，不断调整进度计划，保证项目顺利完成。控制的主要工具和技术包括偏差分析法、趋势预测法、关键比值法和因果分析法。在控制过程中，进度与成本往往联系在一起。

习　题

1. 项目进度计划的目的是什么？

2. 项目进度计划有哪几种，选用进度计划方法主要考虑哪些因素？

3. 项目活动历时如何估计？

4. 某技术改造项目的活动清单如表 6-11 所示，请画出单代号网络图，并计算参数。

表 6-11　某技术改造项目活动清单

活动名称	A	B	C	D	E	F	G	H	I	J	K	L	M	N	O
持续时间（月）	1	1.5	0.8	2	1.5	3	2	1.5	6	7	4	1.5	1	1	1
紧前活动	—	A	A	BC	B	BC	B	BC	DE	FG	GH	IJ	J	JK	LN

5. 某项目基本数据见表 6-12，请按要求完成下列各项：

(1) 试绘制该项目 PERT 双代号网络图；

(2) 确定该项目完成的平均时间和方差。

表 6-12　某项目数据　　　　　　　　　　　　　　　　　　　月

活动名称	A	B	C	D	E	F	G	H	I	J	K	L	M	N	O
紧前活动	—	A	A	BC	B	BC	B	BC	DE	FG	GH	IJ	J	JK	LN
a_i	1	1.5	0.5	2	1.5	2.5	2	1.5	5.5	6.5	3.5	1	0.5	1	0.5
b_i	1.4	2.4	1.5	3	2.1	4.5	3.4	3	8.5	10	6	2.5	2	2.5	2.5
m_i	1.2	1.8	1	2.5	1.8	3.5	2.4	1.8	7	8.5	5	2	1.2	1.2	1.2

6. 项目进度控制的工具和技术有哪些？

第 7 章

项目成本管理

学习目标：项目成本管理是指在项目进程中控制实际发生的成本不超过项目预算，并保障项目顺利进行的管理过程。包括项目成本计划编制，项目成本估算、项目预算编制和项目预算控制等方面的管理活动。通过本章的学习，主要掌握项目成本和项目成本管理的概念，了解项目资源计划编制，掌握项目成本估算、预算和成本控制等方法。

7.1 项目成本管理概述

传统的项目管理中，成本、进度和质量是并重的三个方面；在现代项目管理中，成本管理仍然是项目管理中的一个重要因素。项目的成本计划是成本控制的基础，与资源需求预测共同构成成本管理的过程。为进度和质量管理提供基础和保证。

7.1.1 项目成本

成本是商品在生产和流通过程中所消耗的各项费用的总和。在项目中，成本就包含了为完成项目目标所进行的活动中所消耗的各项费用的总和。项目的费用则包括了项目消耗的人力、设备和物资等各种资源的价值。所以项目成本取决于项目所需要消耗的资源种类、数量和质量；同时项目管理水平也会影响到项目成本。不同项目各自的条件和情况不同，成本支出自然也就不同。

关注项目成本，不只关心项目成本总和，还要关注成本的组成。按不同的划分方法划分成本，所得到的结果不同，根据费用发生的阶段及用途，项目成本可分为以下几个部分。

（1）项目定义和决策成本。项目的定义和决策对项目的建设和建成后的经济效益、社会效益有很大的影响，为了对项目进行科学的定义和决策，在项目的启动阶段，必须做调查研究、技术经济分析、可行性研究等前期阶段的论证工作,这些工作所花费的费用就构成了项目定义和决策成本。

（2）项目设计成本。通过了可行性研究的项目还必须进行设计,这些工作所花费的费用就构成了项目的设计成本。

（3）项目的获取成本。为了获得项目,项目组织必须开展一系列的询价、选择供应商、广告、承发包、招投标等工作,这些工作所花费的费用就是项目的获取成本。

（4）项目实施成本。在项目实施过程中,为完成"项目产出物"而耗用的各种资源所构成的费用统称为项目实施成本。具体包括：人工成本、物料成本、设备成本、其他费用和不可预见费。

另外,影响项目成本的因素有项目消耗的资源数量及其价格、项目的工期、项目的范围等。项目成本与工期的关系十分密切、复杂,当成本计划受到限制时,可能就不能保证全速的进程和赶工。

7.1.2　项目成本管理概念

项目成本管理就是在规定的时间内,为保证实现项目目标,对项目实际发生的费用支出所采取的各种控制措施和过程。对于任何项目,其最终的目的都是想要通过一系列的管理工作取得良好的经济效益。项目的成本管理包括在批准的成本计划下完成项目所需要的一系列过程,即资源需求预测、成本估算和预算、成本控制。这些过程与其他管理过程相互作用,完成项目的整体管理过程。资源需求预测是确定实施项目活动所需要的资源的种类、数量以及投入时间,从而生成项目资源需求清单。项目成本估算是估计完成项目所需资源成本的近似值,从而得到项目成本的估计值和项目成本管理计划。项目成本预算是将整体成本估算配置到各单项工作,以建立一个衡量成本执行绩效的基准计划。项目成本控制是控制项目预算的变化,从而生成修正的成本估算、更新的成本预算、完工估算和经验教训等。

项目成本管理首先关心的是完成项目过程所需要的所有资源的成本,同时也应该考虑到项目决策对使用项目产品成本的影响。例如,限制设计审查次数可以降低项目成本,但可能增加顾客的运营成本。所以项目成本管理也应贯穿全生命周期成本。另外,在许多应用领域,成本所包含的内容在不同技术领域、项目不同阶段和项目不同利益相关者角度有不同内涵。

以建筑工程项目为例,和其他项目一样,具有一个从概念、开发、实施到收尾的生命周期,其间,会涉及业主、设计、施工、监理等众多的单位和部门,它们有各自的经济利益。例如,在概念阶段,业主要进行投资估算并进行项目经济评价,通过成本收益计算和资金筹措计划,从而作出是否立项的决策。在招标投标阶段,业主方要根据设计图纸和有关部门规定来计算发包造价即标底,作为项目全过程的计划成本;承包方要通过成本估算来获得具有竞争力的报价。在设计和实施阶段,项目成本控制是确保将项目实际成本控制在项目预算范围内的有力措施。这些工作都属于项目成本管理的范畴,但成本内涵和管理范围不同,在以下各节有详细介绍。

7.1.3　项目资源计划与成本计划

项目资源计划就是指分析和识别项目的资源需求,确定项目所需投入的资源种类、数量和投入时间,从而制定出科学、合理、可行的项目资源供应计划的项目成本管理活动。项目资源计划的编制是在项目范围计划、项目进度计划以及项目质量计划的基础上,通过专家判断和资料统计等方法完成的。

其中,项目资源描述是重要一环。项目资源描述是关于项目工作所需资源种类、数量以及投入时间的描述和说明。相关历史信息是指项目组织内部和外部所积累的类似已完工的项目的资料,包括项目的资源计划和实际所消耗的资源信息等。参考这些历史资料,采用统计分析的方法,可以制定出拟建项目的资源计划。所以,积累或搜索翔实的类似项目的历史资料,是制定科学的资源计划的保证。各类资源的定额也是项目资源计划编制的依据,因为在项目资源计划的编制中,有些资源的消耗量可以直接套用国家、行业或地区的统一定额来计算。项目的组织政策中有关项目组织获得资源的方式、手段方面的方针策略和项目组织在项目资源管理方面的方针政策,对资源实际获得有直接的影响,所以,在制定项目资源计划和成本计划时要予以充分的重视。

资源计划确定后,就可以根据资源的需求和安排制定成本计划。根据成本计划详细程度和估计的精确程度,可以分为项目估算与预算,形成估算书和预算书,作为成本计划的输出。

7.2　项目成本估算

项目成本估算就是估计未完成项目的各个工作所必需的资源费用的近似值,包括项目决策、设计和施工所需要的全部费用。项目成本估算通常是在项目的决策阶段进行的,在这个阶段,往往是进行多方案的比较,成为项目决策的重要依据。同时项目方案的制定还不是非常详细,所以估算的数值也往往是整体的、相对粗略的。

7.2.1　项目成本估算的类型

项目决策阶段包括机会研究及项目建议书阶段、初步可行性研究阶段和详细可行性研究阶段。随着项目可行性研究的进展,每个阶段所具备的条件和掌握的资料不同,成本估算的准确程度也不相同。因此,成本估算工作在一些大型项目的成本管理中都是分阶段做出不同精度的成本估算,然后再逐步细化和提高精度的。

以基本建设投资项目为例,大量的建设工程项目都属于此类,其总成本包括建筑安装工程费用、设备和工器具购置费用、工程建设其他费用、预备费和建设期贷款利息等。其投资估算可以分为三个阶段。

1. 投资机会研究及项目建议书阶段的投资估算

这一阶段主要是选择有利的投资机会,明确投资方向,提出概略的项目投资建议,并编制项目建议书。该阶段工作比较粗略,投资额的估计一般是通过与已建类似项目的对比得到的,因而投资估算的误差率可在±30%左右。这一阶段的投资估算是作为领导部门审批项目建议书、初步选择投资项目的主要依据之一,对初步可行性研究及估算起指导作用。

2. 初步可行性研究阶段的投资估算

这一阶段主要是在投资机会研究结论的基础上,进一步弄清项目的投资规模、原材料来源、工艺技术、厂址、组织机构和建设进度等情况,进行经济效益评价,判断项目的可行性,作出初步投资评价。该阶段投资估算的误差率一般要求控制在±20%左右。这一阶段的估算是作为决定是否进行详细可行性研究的依据之一,同时也是确定哪些关键问题需要进行辅助性专题研究的依据之一。

3. 详细可行性研究阶段的投资估算

这一阶段主要是进行全面、详细、深入的技术经济分析论证阶段,要评价拟建项目的最佳投资方案,对项目的可行性研究提出结论性意见。该阶段研究内容详尽,投资估算的误差率应控制在±10%以内。这一阶段的投资估算是进行详尽的经济评价、决定项目可行性、选择最佳投资方案的主要依据,也是编制设计文件、控制初步设计及概预算的主要依据。

以下重点介绍项目成本的估算方法。

7.2.2　类比估算法

类比估算法就是指利用以前已完成的类似项目的实际费用估算当前项目成本的方法。这种方法简便易行,是经常使用的粗略估算的方法之一。为了提高估算的准确性,就要求被估算的项目与以前的项目有较高的相似程度,包括项目特征、相距的时间和地点的远近。所以要运用类比估算法,首先要有大量较为详细的同类项目的历史信息,便于专家利用一些数学方法进行多次估算,并得到相对准确的估算成本;其次由于价格指数变化和地域不同,特征类似的项目也可能由于发生时间和地点不同,所需要的成本不同,应该运用相应系数进行调整。

以建设项目为例,运用类比估算法时,要尽量利用建筑规模、结构特征和装饰要求类似的已有项目进行成本估算,再进行调整,具体见例7-1。

例7-1　某公司拟在A城市建设办公楼一座,该公司3年前曾在B城市建设相同办公楼一座,这座办公楼的实际成本为3 100万元。两栋办公楼都是10层框架结构,建筑面积和建筑材料都相同。但外墙装饰材料有所不同,A楼为干挂石材,每平方米价格为1 000元;B楼为外墙墙砖,每平方米价格为600元,外墙面积为7 000平方米。另外,3年来人工平均工资上涨10%,其他资源的价格不变。在B楼的成本中人工费用占20%。根据上述材料,用类比法估算B楼成本。

解　$C = 3\,100 + 3\,100 \times 20\% \times (1 + 10\%) + 7\,000 \times (0.1 - 0.06) = 4\,062$(万元)

7.2.3　参数模型法

参数模型法就是根据项目可交付成果的特征计量参数,如电力建设项目以"千伏安"衡量,公路建设项目以"公里"衡量,民用建设项目以"平方米"衡量等,通过估算模型来估算费用的方法。参数模型可能是简单模型,如每千伏安成本、每公里成本和每平方米成本等;也可能是相对复杂的理论或经验模型,如以下的生产规模指数法和分项比例估算法。

1. 生产能力指数法(生产规模指数估算法)

生产能力指数法是根据已建成的、性质类似的建设项目或生产装置的投资额和生产能力及拟建项目或生产装置的生产能力估算拟建项目的投资额。计算公式为

$$y = x \left(\frac{C_2}{C_1} \right)^n C_f$$

其中:x——已建类似项目投资额;

　　y——拟建项目投资额;

　　C_1——已建类似项目设备投资;

　　C_2——拟建项目设备投资;

　　C_f——不同时期、不同地点成本调整系数;

　　n——生产规模指数。

上述公式中,关于生产规模指数n,靠增大设备或装置的尺寸扩大生产规模,取0.6～0.7;靠增加相同的设备或装置的数量扩大生产规模,取0.8～0.9;若已建类似项目或装置的规模与拟建的差别不大,在0.5～2之间,则可近似取为1。

2. 分项比例估算法

以拟建项目中主要的或投资比重大并与生产能力直接相关的设备投资(如设备费)为基

数,根据已建成的同类项目或装置的各种费用等占设备投资的百分比,求出相应的费用,再加上拟建项目的其他费用,构成总投资。公式如下:

$$E = C(1 + f_1 P_1 + f_2 P_2 + f_3 P_3 + \cdots) + I$$

其中:E——拟建项目的投资额;

$\qquad C$——拟建项目的设备投资;

$\qquad P_1,P_2$——已建项目中建筑安装和其他工程费等占设备费的百分比;

$\qquad f_1,f_2$——由于时间因素引起的定额、价格和费用标准等变化的调价系数;

$\qquad I$——拟建项目的其他费用。

例 7-2 已知年产 1 250 吨的工业项目,主要设备投资额为 2 000 万元,其他附属项目投资占设备投资比例以及由于建造时间、地点、使用定额等方面的因素,引起拟建项目的综合调价系数见表 7-1,工程建设其他费用占项目总投资的 20%。先拟建一个年产 2 500 吨的类似工业项目,应用生产能力指数法和分项比例估算法计算拟建项目总投资。

表 7-1　投资比例及调整系数表

序号	分项项目	占设备购置费比例/%	综合调整系数
1	土建工程	30	1.1
2	设备安装工程	15	1.2
3	水暖电工程	30	1.1
4	设备购置投资	100	1.1

解　① 根据生产能力指数法计算拟建项目的设备投资额

$$C = 2\,000 \times (2\,500/1\,250)^1 \times 1.2 = 4\,800(万元)$$

② 根据其他项目投资占设备投资的比例,用分项比例估算法,求拟建项目的投资额 E

$$E = C(1 + f_1 p_1 + f_2 p_2 + f_3 p_3 + \cdots) + kE$$
$$= 4\,800 \times (1 + 30\% \times 1.1 + 15\% \times 1.2 + 30\% \times 1.1) + 20\%E$$
$$E = 4\,800 \times 1.84 \div (1 - 20\%) = 11\,040(万元)$$

7.2.4　自下而上法

自下而上法就是根据项目 WBS,先估算 WBS 底层各基本工作单元的费用,然后逐层向上汇总,最后得到项目总成本的估算值。在估算各工作单元的费用时,要先估算各工作单元的资源消耗量,再用各种资源的消耗量与相应的资源单位成本相乘得到各种资源消耗费用,然后再汇总得到工作单元的总费用。

虽然自下而上法的费用估算方法精度相对较高,但是当项目构成复杂、WBS 的基本工作单元划分较小时,估算过程的工作量会较大,相应的估算工作费用也较高。而且要求估算人员掌握较为详细的项目所消耗的单位成本(或价格)以及消耗量的信息。这一点也使得它比前两种估算方法更为困难,从而使这种方法具有花费时间长、代价高等缺点。

同时,高层管理人员认为自下而上的预算具有风险,他们对下级人员上报的预算并不很信任,认为下级人员会夸大所需要的数目,并片面强调自己的重要性。所以只是在一些 WBS 简单、规模较小和任务专业性弱的项目中采用这种方法。

当然,有些新型项目找不到类似的项目或相关信息,则可以采用德尔菲法来请专家参与估算。

7.2.5　项目成本的调整

对成本估算结果产生影响的因素很多,如资源是实施进度计划的物质基础,项目成本计划之前又要进行资源需求预测。当项目资源进行调整,或进度发生变化,都会引起成本估算的变动。所以成本计划在使用之前必须适当加以处理和调整。这些调整有些不可能完全予以把握,不过其中有些因素更为常见也更为重要一些,如资源价格的变化。对这一问题的最为常见的解决方法是:以一定比例增加所有成本估算,更为有效的方法是确定哪些投入在项目成本中占据重要比重,然后对其中每一种估计其价格变动的方向和速度,这种情况在例 7-1 和例 7-2 中已经涉及。

确定占据重要地位的投入相对而言比较容易,例如一个 3 年期的项目,假设没有考虑价格变动时大致估算为 300 万元,其中材料费用占 50%,即 3 年 150 万元,设在 3 年内均匀投入,也就是每年 50 万元。显然材料费用在项目成本中占据重要地位,需要估计其日后的价格变动趋势,设预测所涉及材料费用每年平均上涨 10%,则可以预期第二年的材料费用将是 55 万元,第三年将是 60.5 万元,3 年共计 165.5 万元。对于其他费用也可以进行类似估算调整。

这种预算调整还可以更为细致地进行。例如区分各种不同工作人员的费用,考察时常常会发现不同工作人员的工资(及其他)的上涨速度是不同的,因此在调整时可以采用不同人员不同预期工资上涨率的方式使得预算更为精确。

这种调整过程精确到何种程度往往取决于管理者能够容忍多大程度的估算误差。例如上例中管理人员认为可以容忍 5% 的误差,则如果不进行以上调整,使材料费用的增加如上所述,误差会达到 15.5 万元,占 150 万元的 10% 以上,一旦其他方面出现问题,就很容易使得预算误差超过所允许的范围,因此这一影响因素在进行估算时应加以考虑。

在影响成本估算的其他因素中,还存在人为的因素。例如较高层的管理人员为了向上级证明项目的合理性,往往倾向于低估成本,而直接参与项目工作并对其成败负责的工作人员为了安全保险起见则倾向于高估成本。

无论在计划和估算时如何仔细,事情也总不会如预想的那样运作,在实际工作中,总会发生各种各样的意外事件,预算只是项目成本控制的第一步,还需要良好的后续检查与控制才能保证一个项目以可能的最低成本完成。

7.3 项目成本预算

项目预算是在费用估算的基础上，估计 WBS 上每一个具体的工作所需要的成本。一方面进一步调整成本估算，提高成本计划的精确性；另一方面作为衡量项目执行情况和控制成本的基准之一。

7.3.1 项目成本预算编制过程

项目成本预算是在项目估算完成之后的项目预算阶段，为项目活动分配预算，确定成本定额和项目总预算，规定项目不可预见费的划分与使用规则等。项目成本预算的主要依据是：项目成本估算文件、项目的工作分解结构和项目进度计划等。项目成本预算计划的编制工作包括确定项目的总预算、项目各项活动的预算，根据资源和进度计划进行调整完成成本计划编制。

针对一些专业技术性较弱的项目，如组织会议等，确定项目各项活动的预算可以采用"自上而下"的方法。按照项目所划分的工作分解结构，将项目总成本逐级分摊到项目的各个工作包，然后，再根据各个工作包的活动构成，将每一个工作包的成本分摊到各项活动。在分摊过程中，既可以采用"自上而下"分解的方法，也可以采用"自下而上"汇总的方法。也就是说，先根据每项活动的规模，套用相应的预算定额计算出活动的工作量，并进一步计算出所需要的资源种类和数量，每种资源的数量与单价相乘就可得到活动的成本。然后，再将活动的成本逐级向上汇总为工作包的成本，各工作包的成本再向上汇总为整个项目的总成本。

但是对于一些专业技术性较强的项目，预算的进行不仅要受到估算的控制，其进行阶段也一般是在专业设计完成之后，再根据项目特点和特征，"自下而上"，根据每项活动的规模，套用相应的预算定额计算出活动的工作量，并进一步计算出所需要的资源种类和数量，每种资源的数量与单价相乘得到活动的成本。逐步汇总得到总成本预算。以建设工程项目为例，图 7-1 表示了一般建设工程项目的成本分解和汇总情况。

7.3.2 项目成本预算编制工具

项目成本预算编制的基础之一是 WBS，另外还有一个重要的信息就是每个工作的资源消耗量和资源单价。对于像建设工程项目这些大型复杂项目，如果每次都自己估算这些数据基本上是不可能的。所以定额就成为编制预算的重要工具。

所谓定额就是一种规定的额度。在现代社会经济生活中，定额几乎无时无处不在。就生

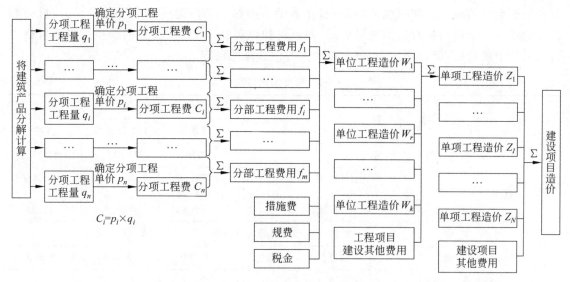

图 7-1 建设工程项目成本分解及汇总

产领域来说,工时定额、原材料消耗定额、原材料和成品储备定额等,都是企业和项目管理的重要基础。以建设工程项目为例,工程建设定额是指在工程建设中单位产品上人工、材料、机械和资金消耗的规定额度,反映在一定的技术水平下,完成工程建设中的某项产品与各种生产消费之间特定的数量关系。

工程建设定额可以按照不同的原则和方法对它进行科学的分类。按照定额反映的物质消耗内容分类,可以分为劳动消耗定额、机械消耗定额和材料消耗定额三种;按照定额的编制程序和用途分类,可以分为施工定额、预算定额和概算定额等;按照投资的费用性质分类,可以分为建筑工程定额、设备安装工程定额、建筑安装工程定额、工器具定额以及工程建设其他费用定额等;按主编单位和管理权限分类,可以分为全国统一定额、行业统一定额、地区统一定额、企业定额和补充定额。各种类型定额相互区别,相互联系。

定额的制定均有比较科学的方法,以建筑安装工程定额为例,可以采用以下方法。

(1)劳动量定额消耗量。有时间定额和产量定额两种形式,主要采用计时观察法,对施工过程进行观察、测时,计算实物和服务产量,记录施工过程所处的施工条件和确定影响工时消耗的因素。从而测算出生产单位产品所需要消耗的人工工时。

(2)机械台班定额消耗量。也可以采用计时观察法,测定施工机械每个工作日的生产能力和产量。

(3)材料定额消耗量可以通过现场技术测定法、实验室实验法、现场统计法和理论计算法确定。

表 7-2 是某省建筑工程预算定额手册中砌墙的部分内容。砌墙类型分 1 砖厚墙、1/2 砖厚墙和方柱,工程量单位为 $10\mathrm{m}^3$。在表格的下半部分显示了各种工作所需要消耗的人力、材

料和机械台班消耗量。同时也可以发现,在表中下半部分第四列还显示了各种人力、材料和机械的单价。单价与相对应消耗量相乘,即可得到该项目 $10m^3$ 工程量的价格。当然价格也可以采用市场价格,但有了定额,就可以大大方便预算的制定。

表 7-2 砌砖墙预算定额 $10m^3$

项　目			标　准　砖		
			1 砖厚墙	1/2 砖厚墙	方柱
基　价（元）			**1 826**	**1 939**	**1 975**
其中		人工费（元） 材料费（元） 机械费（元）	377.00 1 431.84 17.43	491.40 1 433.13 14.75	507.00 1450.53 17.43
名　称		单位	单价（元）	消　耗　量	
人工Ⅱ类		工日	**26.00**	**14.500**	**18.900**	**19.500**
材料	标准砖 240×115×53 混合砂浆 水 其他材料费	千块 m³ m³ 元	211.0 131.02 1.95 1.00	5.290 2.360 1.100 4.300	5.540 2.000 1.100 —	5.430 2.310 1.100 —
机械	灰浆搅拌机 200L	台班	44.69	0.390	0.330	0.390

7.4　项目成本的控制

项目的成本控制是控制项目预算的变更并及时进行调整以达到控制目的的过程。具体来讲,就是指采用一定方法对项目形成全过程所耗费的各种费用的使用情况进行管理的过程。项目的成本控制主要包括跟踪成本执行以寻找与计划的偏差;确保所有有关变更被准确地记录在费用计划中,防止不正确、不适宜或未核准的变更纳入费用计划;尽量采取措施纠正偏差。

7.4.1　项目成本控制的内容及其步骤

项目成本控制的主要目的是控制项目成本的变更。所以,项目成本控制的范围涉及对可能引起项目成本变化因素的控制(事前控制)、项目实施过程中的成本控制(事中控制)和当项目成本变动实际发生时对于项目成本变化的控制(事后控制)。具体包括以下内容。

(1)成本计划的调整。在编制项目成本计划时,无论做了多么充分的工作,也可能会出现疏漏和不足,出现遗漏或不必要的工作;而项目所处的环境总是在或多或少地发生着变化,有很多与成本相关的因素会发生变化,如利率的调整等。所以及时调整和完善成本计划是控制的内容之一。

(2) 成本监督。审核各项费用,确定是否进行项目款的支付,监督已支付的项目是否完成,并作实际成本报告。

(3) 成本跟踪。作详细的成本分析报告,并向各个方面提供不同要求和不同详细程度的报告,确保实际需要的项目变动都能够有据可查;防止不正确的、不合适的或未授权的项目变动所发生的费用被列入项目成本预算。

(4) 成本诊断。包括成本超支量及原因分析、剩余工作所需成本预算和项目成本趋势分析。

有效地控制项目成本的关键是经常及时地分析项目成本管理的实际绩效。至关重要的是尽早发现项目成本出现的偏差和问题,以便在情况变坏之前能够及时采取纠正措施。项目成本问题越早提出,对项目范围和项目进度的冲击就越小。否则,项目成本要控制在预算内,可能不是要缩小项目范围,就是要推迟项目工期进度或者降低项目质量。

从以上成本控制的内容可以看出,具体进行项目成本控制的步骤如下:首先要熟悉项目的目标和整体计划、熟悉项目内容和技术方案、对项目成本进行分类便于管理;其次要跟踪和监督项目成本实施;最后发现偏差,分析原因,并采取措施进行纠偏,减少影响。

7.4.2　项目成本控制的方法

1. 因果分析法

因果分析可通过下面四步完成。

(1) 明确问题。如延期问题或超概算问题。

(2) 查找产生该问题的原因。为从系统角度充分认识各方原因,应组织具有代表性人物并采用头脑风暴法进行。

(3) 确定各原因对问题产生的影响程度。

(4) 画出带箭头的鱼刺图,如图 7-2 所示。

由于项目的成本目标不是孤立的,它与项目的质量、进度、工作范围和工作量等都密切相关。所以项目成本的超支常常并非成本控制本身的问题,也可能是因为项目质量标准的提高、项目进度的调整、项目实际工程量比计划工作量有所增加、市场物价的变化、汇率变化和通货膨胀等因素。所以,有时成本超支情况必须结合合同、技术和管理等综合措施来解决。

2. 偏差分析法

偏差是指实际成本、进度或质量指标对相应计划间的偏离。由于控制的反馈性,组织中各管理层都经常利用偏差来验证预算和进度系统。

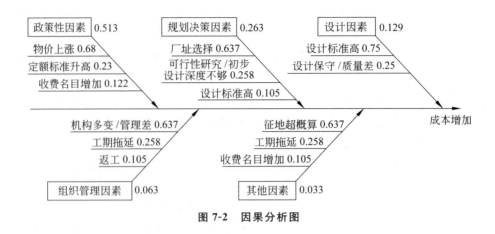

图 7-2　因果分析图

成本和进度偏差的数学公式为

$$CV = BCWP - ACWP（负数 CV 表明出现超支；反之，则节支）$$

$$SV = BCWP - BCWS（负数 SV 表面落后计划；反之，则超计划）$$

其中：CV——成本偏差；

　　　SV——进度偏差；

　　　BCWS——计划工作预算；

　　　BCWP——已完成工作的预算，有时又称为"所得值"；

　　　ACWP——完成工作实际成本。

在进行成本和进度偏离计划程度分析时，为更好地说明问题，常用计划偏差率反映实际与计划的偏离程度。即

$$CVP = CV/BCWP$$

$$SVP = SV/BCWS$$

其中：CVP——成本偏差率；

　　　SVP——进度偏差率。

在验证预算和进度系统时，必须同时比较成本偏差与进度偏差。因为成本偏差只是实际成本对预算的偏离，它不能用于测量实际进度对计划进度的偏离。而进度偏离亦不能反映成本偏离情况。例如某一任务，计划在前 4 周投资 40 万元，统计结果是 4 周后实际花费 33 万元。因此 BCWS＝40，ACWP＝33。光从这两个参数，对该项目的实施状况有多种可能的猜测。但如果 BCWP＝30，那么可以肯定该计划实施进度落后且超出预算。

偏差值是控制分析中的一个关键参数，因而应向各级组织汇报。对于不同的项目或同一个项目不同阶段或不同管理层次，对偏差的控制程度不一样，制度偏差允许值的方法也不同。它们主要取决于以下内容。

① 所处生命周期阶段。

② 所处生命周期阶段的时间长短。

③ 项目总时间的长短。

④ 估算方式。

⑤ 估算精确度。

图 7-3 反映了项目在不同阶段,偏差允许值大小的变化。由于随着时间的推移,风险减少了,因而偏差允许也可降低。

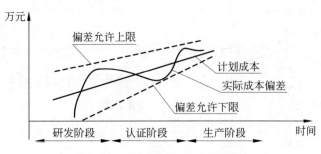

图 7-3 项目周期阶段成本偏差

3. 关键比值法

特别是在大项目中,常常通过计算一组关键比值加强控制分析。关键比值计算如下:

$$关键比值＝(实际进度/计划进度)×(预算成本/实际成本)$$

在这里,将(实际进度/计划进度)称为进度比值,将(预算成本/实际成本)称为成本比值,则关键比值由进度比值和成本比值组成,是这两个独立比值的乘积。无疑,就单个独立比值而言,当大于 1 时,项目活动实施状态应该是好的,但一个大于 1,一个小于 1,状态如何呢?关于如何利用关键比值进行状态分析,以表 7-3 中资料为例进行解析。

表 7-3 关键比值计算

任务号	实际进度		计划进度	预算成本		实际成本		关键比值
1	(2	/	3)	(6	/	4)	=	1.0
2	(2	/	3)	(6	/	6)	=	0.67
3	(3	/	3)	(4	/	6)	=	0.67
4	(3	/	2)	(6	/	6)	=	1.5
5	(3	/	3)	(6	/	4)	=	1.5

① 任务 1。无论进度还是成本,都是实际值低于计划值。如果进度推迟,没有大的问题。

② 任务 2。成本一致,但实际进度滞后。由于进度的落后,有可能存在成本的超支。

③ 任务 3。进度一致,但超支。

④ 任务 4。进度一致,进度超前,意味着节省了一笔成本。

⑤ 任务5。进度一致,而实际成本低于预算,等于节约了一笔费用。一般,关键比值是1附近的,不需要采取控制行动。而对于不同的项目、不同的任务,关键比值的控制范围不同。图 7-4 是某一项目的用于跟踪和监控项目任务的关键比值设定。

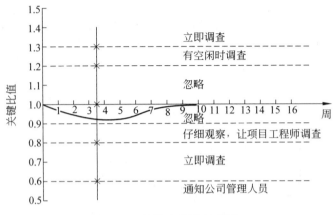

图 7-4　关键比值控制范围

7.5　案例分析：三峡工程的投资管理

我国的长江三峡工程经过几十年的争论、论证和 10 年的建设,随着 2003 年 6 月 1 日三峡大坝的下闸蓄水而初战告捷。至此,三峡工程已经彻底打消了人们的种种疑虑,并以良好的投资控制和逐步放大的投资效应,成为西部开发乃至长江开发的重要龙头。其成本和资金管理也取得重大成果。

1. 控制有效——三峡总投资不超过 1 800 亿元

按照 1993 年 5 月末的价格水平,国家批准三峡工程投资概算为 900.9 亿元,其中用于大坝、船闸和电站等枢纽工程的投资为 500.9 亿元,三峡移民费用为 400 亿元。这个概算是静态的投资概算,因为三峡工程施工期长达 17 年,这期间每年的物价指数都是变化的,每年都要按照当年的物价指数与 1993 年的价格相比进行价差的调整。此外由于三峡建设资金中有近 30% 的资金来源于银行贷款和企业债券,17 年建设期间利率也是浮动的,每年须支付利息和到期本金。把物价指数形成的价差和银行利息加起来,就是动态投资。把静态投资和动态投资加起来,才是实际投资总额。1994 年预测,到 2009 年三峡工程竣工时,三峡工程投资总额为 2 039 亿元。

为确保不突破国家批准的概算,三峡工程对投资实行"静态控制,动态管理"的方针。其做法是：强化设计、招标和合同管理全过程的投资控制,建立和完善项目管理责任制；推行全面预算管理,将执行概算控制价细化分解到年,加强过程控制,强化概算控制手段;推行限额设计,按照"公开、公平、公正"的原则依法组织招投标,编制工程项目实施控制价;推行全面预算管理,费用实行归口负责,进行经常性的投资跟踪预测和风险分析;优化成本结构,加大设备技术改造的力度,有效控制生产成本费用。

严格的投资控制和国家宏观经济形势向好,物价指数平稳和银行利率下调,为三峡工程实现投资控制创造了条件。根据 2003 年工程进展和物价、利息趋势预算,若国家不发生大的政策调整,经济形势不发生大的波动,预计三峡工程总投资不会超过 1 800 亿元,工程总投资完全可以控制在国家批准的概算之内。

2. 进展顺利——一半投资干了大半工程

三峡工程从 1993 年开工至 2003 年,已经完成投资 910 多亿元。在这些投资中,三峡枢纽工程即大坝、电站、船闸等工程建筑物的投资占 415.5 亿元,移民搬迁安置花去 376.7 亿元,支付银行贷款利息 118 亿元。

那么,按照 1 800 亿元的投资总额,三峡工程的钱花了一半,工作量完成了多少呢?

从 2003 年枢纽工程和移民搬迁总量来看,大致完成了 70% 的工作量,也就是说,三峡用一半的投资已干了大半的工程。开工以来,三峡工程建设进展十分顺利,所有重要目标都如期实现。三峡工程主要建筑物包括大坝、电站厂房和通航建筑物。全长 2.3 公里的大坝已经建成了其中的 1.6 公里,大坝中最为关键的泄洪坝段已全线完成。已建成的大坝同 580 米长的混凝土围堰相连接,使三峡工程能够将坝前水位拦蓄到海拔 135 米高程,并为通航发电创造条件。另外一段长 600 多米的大坝即将开始浇筑;计划装机 26 台 70 万千瓦机组的电站厂房目前已完成其中 14 台机组厂房的建设,首批 4 台发电机组已全部进入总装和调试阶段;通航建筑物中投资额达 80 多亿元人民币的永久船闸已经建成通航。用于船舶快速过坝的三峡升船机已经设计定型,在 2005 年开工建设。整个枢纽工程的工期略有提前。

三峡工程在总进度目标的前提下实行分项目控制进度的编制,并据此编制分项招标进度,按照进度计划签订合同、控制进度,通过合同管理及时调整分部进度,以确保关键路线上的控制进度目标的实现。这样,既保证了进度要求,又使投资得到节省。

3. 成本合理——资金来源稳定可靠

三峡工程开工以来,不仅拥有稳定、可靠的资金来源,而且形成了多渠道的筹资格局。整个建设资金成本合理,资本结构良好。三峡工程资金渠道主要来自 5 个方面。

(1) 1992 年国务院决定,全国每度用电量征收三厘钱作为三峡工程建设基金,并免交各种税费,专项用于三峡工程建设。征收范围为全国除西藏以及国家扶贫的贫困地区的农业排灌以外的各类用电量。1994 年,三峡基金征收标准提高到每度四厘钱。1996 年,三峡工程直接受益地区及经济发达地区征收标准提高到每度七厘钱。这部分资金约占工程投资总需求的 40%。

（2）将年发电 150 亿～160 亿度的葛洲坝电厂上交的利润和所得税转作三峡工程建设基金，用于三峡工程建设，并将三峡电站 2003—2009 年建设期的发电收益投入工程建设。这两部分资金约占三峡总投资的 20%。

（3）国家开发银行从 1994—2003 年每年为三峡工程提供贷款 30 亿元，总额 300 亿元，贷款期限 15 年。三峡工程还使用了部分中短期商业银行贷款和商业承兑汇票，满足中短期资金需要，改善负债结构，降低融资成本。1998 年分别与中国建设银行、中国工商银行、交通银行签订了总额为 40 亿元、30 亿元、30 亿元的三年期贷款协议。国家开发银行和商业银行的贷款约占三峡工程投资总需求的 20%。

（4）1997 年三峡总公司首次进入国内资本市场，面向社会公开发行第一期企业债券（96 三峡债），募集资金 10 亿元，期限 3 年。此后，又分别于 1999 年、2000 年、2001 年、2002 年发行 98 三峡债、99 三峡债、01 三峡债、02 三峡债。三峡总公司累计已发行 5 期企业债券，募集资金 160 亿元，按期兑付到期债券本金 20 亿元，债券余额 140 亿元。企业债券募集的资金最终约占三峡投资总需求的 10%～12%。

（5）利用国外出口信贷。在左岸电站机组、高压电气设备对外招标过程中，利用出口国政府提供的出口信贷及国际商业贷款，在引进设备和技术的同时引进国外优惠资金。1995 年委托中国银行与加拿大 EDC 签订了 1 250 万美元出口信贷协议，提款期 3 年，还款期 10 年。1997 年委托国家开发银行同国外银行签订左岸机组招标，利用外资协议总金额 11.2 亿美元，利用外资方式为出口信贷和商业贷款，出口信贷约占 60%，期限 19～21 年，商业贷款约占 40%，期限 15～17 年，德国、法国、加拿大、瑞士、西班牙、巴西、挪威 7 个国家提供了出口信贷，以德累斯顿银行为牵头行和以法兴业银行与香港汇丰银行为牵头行的两个银团提供了商业贷款，参与提供贷款的银行共 26 家。1999 年通过左岸电站高压电气设备的国际招标采购，再次成功引进外资 1.8 亿美元。三峡工程还使用国家外汇储备贷款 1 亿美元用于进口大型施工设备。出口信贷约占三峡总投资的 6%～8%。

截至 2003 年，三峡工程已累计筹集到位资金 926 亿元。在三峡投资总额中，国家投入的资本金，即三峡基金和葛洲坝电厂发电收入，占工程投资总额的 60%。这样既使三峡资金来源稳定，又解决了工程建设初期的建设风险与资金需求的矛盾，减轻了三峡工程的财务压力。

利用资本市场融资给三峡工程带来明显的效益。据三峡工程开发总公司财务部门的测算，自 1997 年 11 月大江截流之后的二期工程建设开始利用债券融资以来，和银行长期贷款利率相比，已经降低工程投资约 3 亿多元，2002 年 9 月开始发行的一期债券，每年还能降低工程投资约 5 000 万元。

问题

（1）三峡工程这样的大型项目，技术复杂、活动内容多、工期非常长，在进行成本估算和预算时应注意什么问题？

（2）在项目成本控制中，如何将进度结合在一起进行分析？

（3）大型项目的成本筹措和支付应注意哪些问题？

本 章 小 结

本章讨论了项目成本管理的内容，主要包括：项目成本计划、项目成本估算、项目成本预算和项目成本的控制。传统项目管理中，成本、进度和质量是管理的重要目标；在现代项目管理中，成本管理仍然是贯穿项目管理全过程的重要内容。

利用本章中所讨论的编制成本估算及预算方法，可以使项目经理在项目开始之前对完成项目所需要的各方面因素有更为确切的把握，也有利于高层管理人员对项目进行管理和控制。项目成本估算的重要方法包括类比估算、参数模型法和自下而上法，前两种方法使用方便、应用较广，但精度较低。随着项目进程，采用自下而上的方法进行预算，成为提高项目成本计划精确度的重要步骤。项目成本预算的中心任务是估计项目中各种资源的使用量，本章讨论了其编制方法，并结合项目的专业技术特征进行说明。由于预算的具体过程和内容与项目的具体特性和相关会计统计惯例有关，在项目之间存在很大差异，所以本章的讨论主要侧重于预算的基本思想方法。

项目成本控制往往和进度控制结合在一起，通过因果分析法可发现引起成本增加的很多原因，例如，偏差分析法和关键比值法就是成本控制和进度控制的结合，可以发现问题从而采取措施进行纠偏。

习　　题

1. 为什么说项目成本管理是很重要的工作？

2. 以建设工程项目为例，说明成本的构成及其影响因素。

3. 成本估算有哪些方法，各有什么特点？

4. 成本预算的核心任务是什么，如何提高预算的准确性？

5. 引起项目成本增加的原因有哪些，可以采用哪些措施纠偏？

6. 已知某项目计划完成时间为 12 个月，有关费用的数据如下：BCWS＝184 000 元，BCWP＝160 000 元，ACWP＝200 000 元，BAC＝960 000 元。请计算：

（1）该项目的费用偏差、进度偏差、费用执行指数和进度执行指数。

（2）该项目进展如何，是否提前或延误，提前或延误了多少？

第 8 章

项目质量管理

学习目标：项目质量管理在项目管理中占绝对重要的地位。通过本章的学习，希望能对项目质量管理有一个准确的认识，了解质量、质量特性、质量管理和全面质量管理等概念，掌握质量管理计划的制订依据与过程、质量控制的方法、质量保证的相关措施，以及质量审计的依据与过程等。

"百年大计，质量第一"是项目建设的永恒主题，质量管理是整个项目管理体系中的重要环节，在项目管理中占有十分重要的地位。项目的可靠性来自质量管理，质量管理工作要求仔细周到地营造一个能够清楚界定所有的要求，使业务每次都能够正确地完成，与员工、供应商和顾客建立起良好关系的公司文化。确保项目的质量是项目管理人员、科学研究和工程技术人员及广大职工的神圣使命。

8.1 项目质量管理概述

项目质量管理的概念与一般的质量管理的概念有许多相同之处，也有许多不同之处。这是由项目的一次性和独特性等特性所决定的。因此要理解项目质量管理的概念首先要清楚一般的质量管理的概念。

8.1.1 质量的基本概念

在日常生活中，人们每天都要消费各种各样的产品和服务。这些产品和服务有好有坏，这些"好坏"不仅表明了它们的质量，也间接地反映了一个企业或组织的质量管理水平。质量和质量管理是日常生活中天天、事事都会遇到的问题，"质量"是人们在日常工作和生活中使用频率相当高的一个名词,也是质量管理中的一个核心概念。

1. 质量的定义

对于什么是质量有许多不同的说法,所以其定义有多种。其中美国著名的质量管理学家朱兰对于质量的定义和国际标准化组织(International Standard Organization,ISO)对于质量的定义最具权威性。这两种定义的具体描述与含义如下。

(1) 朱兰的质量定义

美国质量管理学家朱兰(J. M. Juran)博士认为:质量就是产品的适用性,即产品在使用时能够满足用户需要的程度。

这一定义从两个方面对质量做出了规定。一是“质量就是产品的适用性”。这表明只要产品适用,就是达到质量要求的产品。二是“产品在使用时能够满足用户需要的程度”。这表明产品质量的高低取决于产品能够在多大程度上满足用户对于该产品的具体需要,满足需要程度高的产品就是高质量的产品,满足需要程度低的产品就是低质量的产品。

(2) 国际标准化组织的质量定义

国际标准化组织在其《质量管理与质量保障术语》(以下简称《术语》)中对于质量的定义是:“质量是反映实体(产品、过程或活动等)满足明确的或隐含的需要的能力特性总和。”

由上述定义可以看出质量包括如下的含义。

① 所谓“实体”是指承载质量属性的具体事物。反映质量的实体包括产品、过程(服务)和活动(工作)三种。其中“产品”是指能够为人们提供各种享用功能的有形实物;“过程”是指为人们带来某种享受的服务;而“活动”是指人们在生产产品或提供服务中所开展的工作。

② 质量本身的含义是指“实体”能够满足用户需求的能力和特性的总和。这表明质量的高低并不取决于“实体”的各种能力特性是否都是最好的,只要“实体”的能力和特性总和能够满足用户的需求即可。当然,这里的需求包括满足用户“明确的和隐含的”两类需求。其中“明确的需求”一般是在具体交易合同中标明的,“隐含的需求”一般是需要通过市场或用户调查获得的。

③ 对于不同“实体”,质量的实质内容不同,即“实体”满足用户明确或隐含的需求的实质内容不同。具体地说,对产品而言,质量主要是指产品能够满足用户使用要求所具备的功能特性,一般包括产品的性能、寿命、可靠性、安全性、经济性和外观等具体特性。对服务(过程)而言,质量主要是指服务能够满足顾客(包括内部顾客)所期望的程度。由于服务质量取决于用户对于服务的预期与客户对于服务的实际体验两者的匹配程度,所以人们对于服务质量的要求(期望)在不同的时间和情况下也会不同,而且顾客对于服务质量的体验与期望会随时间和环境的变化而变化。对活动(工作)而言,质量一般是由工作的结果来衡量的,工作的结果既可以是工作所形成的产品,也可以是通过工作而提供的服务,所以工作质量也可以用产品

或服务质量来衡量。这样工作质量决定了工作产出物（产品或服务）的质量，因此工作质量的管理是最为基础的质量管理工作。

（3）质量与等级

质量不同于等级，等级是"对功能、用途相同但质量要求不同的实体所作的分类和排序"。低质量是需要解决的问题，低等级则不是。例如，软件产品可以是高质量（无明显错误、文件可读性好等）和低等级（有限的功能）；也可以是低质量（故障多、顾客手册组织差等）和高等级（大量功能）。确定和传达所需的质量和等级标准水平，是项目经理和项目队伍的责任。一般来说，质量被设想为具有上等价值的东西，在金钱价值上意味着好、较好或最好。然而，好的质量不等同于高质量或高价值，它只意味着提供了顾客所需要的、满足了他们的标准或规格、具有一定可靠性以及适合他们需要的价格的产品。发电站的水轮机需要达到一定纯度标准的高质量的水，但这种水由于缺乏应有的矿物质不适合饮用。对后者来说，水的质量就是不好的，好的质量并不意味着高质量。

2. 质量特性的概念

质量特性就是产品或服务为满足人们明确或隐含的需要所具备的能力、属性和特征的总和。不同的产品或服务能够满足人们不同的需要，所以这些产品和服务各自有不同的质量特性。

硬件和流程性材料类别的产品质量特性可归纳为以下六个方面。

① 性能。它反映了顾客和社会的需要对产品所规定的功能。

② 可信性。它反映了产品可用性及其影响因素——可靠性、可维修性和保障性。

③ 安全性。它反映了把伤害或损害的风险限制在可接受的水平上。

④ 适应性。它反映了产品适应外界环境变化的能力。

⑤ 经济性。它反映了产品合理的生命周期费用。指产品的质量应该是使用价值与价格统一的适宜的质量。

⑥ 时间性。它反映了在规定时间内满足顾客对产品交货日期和数量要求的能力以及随时间变化适应顾客要求的能力。

软件类别的产品质量特性有功能、可靠性、便于操作、效率、可维修性、可移植性、保密性和经济性等，质量特性要由过程或活动来保证。对质量的"满足需要"要有正确的理解，不能只限于满足顾客的需要，还要考虑到社会的需要，法律、法规、环境、安全、能源利用和资源保护等方面的要求。ISO 9000.1—1994 中提出了受益者的概念，满足需要应满足"全体受益者"的需要，包括顾客、员工、所有者、分供方和社会。必须强调，只有用户才能最终决定质量。图 8-1 显示了某建筑工程项目的质量目标，其实也反映了对该项目质量特性的要求。

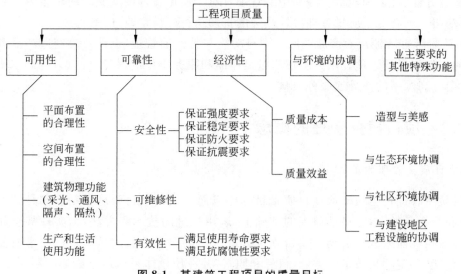

图 8-1 某建筑工程项目的质量目标

8.1.2 质量管理的概念

1. 朱兰博士(J. M. Juran)的定义

所谓"质量管理,是制定与贯彻质量标准方法的综合体系"。任何组织的基本任务就是提供能满足用户要求的产品("产品"包括货物和劳务),这样的产品既能给生产该产品的组织带来收益,又不会对社会造成损害。其中满足用户要求的这一基本任务,提供了质量管理的基本定义:"质量管理就是适用性的管理、市场化的管理。"

2. 国际标准化组织的定义

国际标准化组织认为:"质量管理是确定质量方针、目标和职责,并在质量体系中通过诸如质量策划、质量控制点和质量改进使质量得以实现的全部管理活动。"

国际标准化组织从质量管理活动涉及的内容和方法的角度对质量管理下了定义。由这一定义可以看出,质量管理是一项具有广泛含义的企业管理活动,它包括下述几个方面的内容。

(1)质量管理是涉及从企业质量方针的制定到用户对质量的最终体验这一全过程的管理活动。它是一项贯穿在企业产品生产和服务提供的全过程的各阶段、各项工作中的专门针对质量保障和提高的管理活动。

(2)质量管理是各级管理者的一项重要管理职责,包括从最高管理者的质量管理决策的制定（"质量方针、目标和职责"等）到中层管理者对于质量管理的实施（"质量策划、质量控制"等）以及基层管理者对于质量管理方针政策的贯彻执行（"质量改进"等）。

（3）质量管理既涉及对产品或服务本身功能与特性的管理，也涉及对制造产品和提供服务过程的工作质量的管理。因为工作质量是产品和服务质量的保障，所以只有高水平的工作质量，才会有高水平的产品或服务质量。

8.1.3　项目质量管理的概念

1. 项目质量管理的定义

项目质量管理是指为确保项目质量目标要求而开展的项目管理活动。它是指在一定技术、经济和社会条件下，在科学原理的基础上，运用先进的技术和方法，为实现甚至超越预期的项目质量目标而采取的活动。项目质量管理包括了保证项目满足其目标要求所需要的整个过程，包括"确定项目质量的方针、目标和职责，并在质量体系中通过诸如编制质量计划、质量控制、质量保证和质量审查，实施全面管理"。其根本目的是保障最终交付的项目产出物符合质量要求。因此，项目质量管理必须涉及对项目及项目产品两个方面的管理，任何方面没有满足质量要求都将给部分甚至全部项目带来严重的消极后果。项目质量管理包括两个方面的内容：其一是项目工作质量的管理；其二是项目产出物的质量管理。项目产出物的质量是靠项目工作的质量来保证的。现代项目管理中的质量管理是为了保障项目的产出物能够满足项目业主（或客户）以及项目各方面相关利益者的需要所开展的对于项目产出物的质量和项目工作质量的全面管理工作。项目质量管理的基本概念包括：项目质量方针的确定、项目质量目标和质量责任的制定，项目质量体系的建设，以及为实现项目质量目标所开展的项目质量计划、项目质量控制和项目质量保障等一系列的项目质量管理工作。

现代项目管理认为，全面质量管理的思想必须在项目质量管理中使用和贯彻。项目质量管理必须按照全团队成员都参加的模式开展质量管理（全员性），项目质量管理的工作内容必须是贯穿项目全过程的（全过程性），从项目的初始阶段、计划阶段、实施阶段、控制阶段，一直到项目最终的结束阶段，项目的质量管理要特别强调对项目工作质量的管理，强调对项目的所有活动和工作质量的管理（全要素性），因为项目产出物的质量靠项目的工作质量来保障。

2. 项目质量管理的过程

项目质量管理包括三个主要过程。

（1）质量计划编制

质量计划编制包括确认与项目有关的质量标准及其实现方式，质量标准是质量计划编制的重要组成部分。对于一个 IT 项目，质量标准可能包括允许系统升级、为系统计划一个合理的响应时间及确保产生一致的、准确的信息。质量标准也适用于信息技术服务。例如，可以设置标准,规定从帮助界面到获得帮助响应需要多长时间,运送一个保修硬件的部件需要多长时间等。

（2）质量保证

质量保证包括对整体项目绩效进行预先的评估以确保项目能够满足相关的质量标准。质量保证过程不仅要对项目的最终结果负责,而且要对整个项目过程承担质量责任。高级管理层应强调全体员工在质量保证活动中发挥作用,自身也要发挥带头作用。

（3）质量控制

质量控制包括监控特定的项目结果,确保它们遵循了相关质量标准,并识别提高整体质量的途径,这个过程常与质量管理所采用的工具和技术密切相关。例如,帕累托图、质量控制图和统计抽样。

3. 质量管理与其他项目管理的关系

项目管理是运用科学的理论和方法对项目进行计划、组织、指挥、控制和协调,实现项目立项时确定的技术、经济和时间等目标,交付给业主满意的产品或服务。业主满意是质量管理所追求的目标。

质量管理是现代项目管理的重要组成部分,是实现业主满意的关键。它强调客户的满意,通过理解、管理和影响客户需求从而达到或超过客户的期望。这需要符合规范(项目应生产出其承诺的产品)和适合使用(产品和服务必须满足实际需要)的标准。质量管理认为避免错误的成本总是大大低于补救错误的成本,所以总是力图尽早找出并解决问题。质量管理认为,成功需要队伍的全员参与,但为成功提供所需资源仍然是项目管理的责任。质量管理注重阶段内过程,例如戴明等学者描述的"计划—执行—检查—措施"的质量环,是和阶段与过程的组合类似的。

质量管理是一个项目的性能(功能)、成本和进度三项指标实现的重要领域,任一方面不能满足质量要求,都可能给项目及其相关者带来负面效应。如当质量达不到要求时,就意味着技术性能的降低,甚至失败和报废;对质量问题的处理,需要投入资金,相应会加大成本;质量问题造成的反复,必然延缓进度。质量与性能、成本、进度三项指标又是相辅相成的,如在进度不允许延迟,处理质量问题造成突破预算又不能追加时,不得不降低质量要求,这对研制者和使用者都是一个苦果。

4. 质量管理与项目阶段

一个完整的项目可以划分为若干个阶段,例如,在软件开发项目中,软件开发过程基本可以划分为如下几个阶段:需求分析、总体设计、详细设计、编码设计、模块集成、软件测试和定版发行等。在工程开发项目中,可以把整个过程扩展为以下六个阶段:可行性研究、方案设计、初步设计、详细设计、工程实施和试运行等。

项目的不同阶段常常是由不同的人来实施。例如,在以上工程项目的各个阶段中,可行性研究一般由设计单位或用户自行完成,也可委托具有该类项目评估经验的项目咨询机构完成。方案设计、初步设计和详细设计由工程设计单位完成,工程实施由工程施工单位完成。每个阶段的工作重点不一样,负责人的注意力和强调的重点可能不同,从而客户的需求在每个阶段都可能被曲解,设计队伍可能产生一个满足建议阶段目标的设计,但没有考虑顾客的最终需求。尽管顾客最初需要的描述对保证项目的质量至关重要,但在整个项目生命周期中,人们还经常忽略这些需要。因此,需要实施试验检查以保证设计能够达到顾客需求。

在整个生命周期中,项目工作不可避免地会出现失误。一般的观点是,越早检测出错误,改正错误所需的花费越低。造船、汽车制造和软件业的经验都证明了这一点。以造船业为例,一般认为,存在这样一个比率：1∶3∶8,即在设计阶段花1元钱改正的错误,在建造阶段需花3元钱来改正,在下水试验阶段改正则需花8元。再如软件制造业,在软件使用阶段改正一个错误的花费比在设计阶段发现并改正这个错误所需的花费高250倍。据统计,40%以上的软件错误发生在需求说明和设计阶段。所以,对任何项目来说,都应该尽早地发现和纠正错误,这对于提高项目质量至关重要。

5. 质量成本与项目质量战略

由于项目业主在选择项目的承建商时,常常将质量列入考评的主要指标,与成本、速度和生产能力等指标一道,综合判断承建商的实力,以往项目工程中的优等质量,成为一个项目承建单位日后获得项目订单的重要资本,因此,现代企业均非常重视项目的质量。

遗憾的是,项目的质量、成本和速度等指标间常常存在冲突,需要项目的管理者从战略的角度进行权衡,形成指导项目工作的项目质量战略,更加有效地保证项目质量。

质量成本指企业为提高产品质量而支付的费用和因质量问题而产生的费用之总和,它反映质量管理活动和质量改善效果间的经济关系。质量成本项目构成可以分成四大类。

(1) 内部事故成本。指工作失误导致产品生产过程中的费用增加。内部事故成本的体现方式包括废品返修复检产生的原材料和劳动投入损失、不合格品的降级使用导致的收入损失、质量原因而造成的停工导致的产量下降损失等。

(2) 外部事故成本。指在产品交付使用后,由于质量问题生产方需要向顾客提供的赔偿,包括维修、赔偿和折价处理费用等。

(3) 鉴定成本。指生产商在生产过程中,为了保证产品质量而进行的各种检验鉴定工作的成本,包括进料检验的劳务费、检测设备折旧维修费、检测的材料消耗以及进行产品质量评审的费用。

(4) 预防成本。指为提高工作与产品质量而采取各项预防措施产生的成本,包括质量计划工作费用、质量培训费用、质量信息收集与处理费用、质量审核费用和质量改进措施费用等。

对上述的质量成本项目进行进一步分析,可以发现,内部事故成本和外部事故成本均是事故成本,与产品质量以及生产产品的工作质量成反比关系。当工作质量较低时,产品质量相应也较低,出现较多的质量事故,引发出更多的成本支出。此现象表现在图 8-2 中,体现为一条与产品质量成反比的曲线。而鉴定成本和预防成本则均是项目团队成员为了提高产品质量作出的努力。在正常的情况下,积极的努力总会得到积极的回报,产品质量与鉴定成本和预防成本成正比。

项目质的总成本需要汇总上述两大类的成本项,综合地绘制出图 8-2 中的总成本曲线。从图 8-2 中可以清楚地看到,在产品质量过高或过低的情况下,项目的质量总成本均比较高,质量总成本的最低点 K 为最佳质量成本点。在质量达到最佳成本点之前,事故成本常常在总成本中占主导地位。此时应以改进产品质量为主要工作。在质量达到最佳成本之后,在总成本中,鉴定成本和预防成本常常开始占主导地位,此时提高检验工作效能,对降低鉴定成本非常重要。

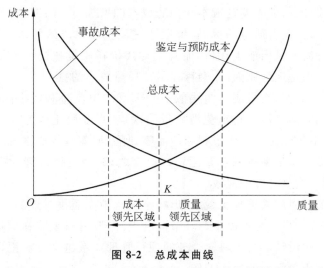

图 8-2 总成本曲线

资料来源:戴大双.现代项目管理[M].北京:高等教育出版社,2004.

质量成本曲线提示项目管理者在进行项目的质量管理工作之前,首先要对该项目的质量定位从整体战略方面做出提前的安排。要获得较低的质量成本,必须选择适度的质量。当整个项目建设采用低成本为主要战略时,质量战略需要与之配合,以降低质量总成本为主要目标。此时,项目的质量常常选择图 8-2 中的成本领先区域。当整个项目建设采用质量领先战略时,工作的主要目标为提高产品质量。此时,项目的质量常常选择图 8-2 中的质量领先区域。

质量战略需要解决的另外一个课题是质量费用投入方向的选择问题。在以往的对质量成本进行分析的工作中,大量的统计资料表明,在以往的工作中,各种不同的质量成本在总成本中所占比例大致如表 8-1 所示。其中，大量的成本发生在事故成本方面。

表 8-1　质量成本构成比例

质量成本项目	占总质量成本的比例/%	质量成本项目	占总质量成本的比例/%
内部事故成本	25～40	鉴定成本	10～50
外部事故成本	20～40	预防成本	0.5～5

从表 8-1 中的信息可以发现，在以往的质量管理方式下，质量费用支出主要发生在事故成本方面。现在的质量管理理论则强调质量问题在预防方面的投入。有资料显示，一些企业通过强化质量问题的预防工作，虽然预防成本增加了 3%～5%，但质量事故发生率明显下降，总质量成本下降 30%。从上述统计中，许多有关人员提出增加质量预防与鉴定成本投入、优化质量管理效果的建议，国外的一些质量管理专家甚至得出了将预防成本控制在 10%、检验鉴定成本控制在 40% 是最佳的质量成本组成结构的结论。

从质量成本曲线分析，随着鉴定成本和预防成本的增加，产品的质量水平随之提高，产品的缺陷大大减少。但是，随着质量的提高，继续改进质量所付出的预防与鉴定成本将不断增加，换言之，提高质量需要付出成本代价，而且此种代价在质量超过一个特定程度时，成本上升的速度不断增加。正是这个原因，才会存在最佳质量成本的概念。

然而，近期的发现表明，质量成本曲线似乎并未反映出质量和成本间的全部关系。质量管理名家菲利浦·克罗斯比甚至提出免费质量的观点，克罗斯比认为，如果能够建立科学合理的质量管理体系，不仅能做到工作过程和产品零缺陷，消除事故成本，同时还能用较少的相信群众与鉴定成本维系质量系统的正常运转。换言之，一个设计合理、有效运行的质量管理体系，将大大改善项目质量管理的成效。

上述理念体现到项目质量管理实践中，形成了强化预先质量管理的模式。项目的管理者将更多时间、精力和资金投入到产品生产环节前的设计、原材料采购和项目计划制定环节，做到防患于未然。同时对设计与实施科学合理的项目管理体系越来越重视，构建健全的项目质量管理体系成为当前质量管理的核心工作。

8.2　项目质量计划

8.2.1　项目质量计划的概念

项目质量计划是指确定项目应该达到的质量标准和如何达到这些质量标准的工作计划与安排。项目质量管理的基本原则之一是：项目质量是通过质量计划的实施所开展的质量保障活动达到的，而不是通过质量检查达到的。因此，项目质量管理是从对项目质量的计划安排开始的,是通过对于项目质量计划的实施实现的。项目质量管理通过这一过程,努力控制和杜绝返工以及质量失败等消极后果的出现,最终使项目达到质量要求。

8.2.2　质量计划的依据

项目质量计划的前提条件是编制项目质量计划的依据,包括编制项目质量计划所需的各种信息和文件,具体有以下五种。

(1) 项目的质量方针

项目的质量方针是项目组织和项目高级管理层规定的项目质量管理的大政方针,是项目组织如何实现项目质量的正式描述和表达,是一个项目组织对待项目质量的指导思想和中心意图。任何一个项目组织都必须制定自己的质量方针,因为它是制定项目质量计划的根本出发点。在项目的定义与决策阶段,项目经理和项目的高层人员应了解该方面的要求以及与项目质量计划制定有关的信息。例如,有关项目工作分解结构、项目进度计划和项目成本计划等方面的信息。

(2) 范围陈述

由于项目的范围陈述说明了投资者的需求以及项目的主要要求和目标,因此范围陈述成为项目质量计划确定的主要依据和基础。

(3) 产品描述

尽管产品描述的相关要素可能在范围陈述中予以强调,然而产品的描述通常包含更加详细的技术要求和其他的内容,它对于项目质量计划的制定非常有用。

(4) 标准和规则

项目质量计划的制定必须考虑到任何实际应用领域的特殊标准和规则,这些都将影响项目质量计划的制定。

(5) 其他工作的输出

除了上述范围陈述、产品描述、标准和准则之外,其他方面的工作输出也会对项目计划的制定产生影响。比如,采购计划就要说明承包人的质量要求,从而影响项目质量管理的计划。

8.2.3　制定项目质量计划的方法

项目质量计划的制定方法有很多,一般会根据项目所属专业领域的不同而不同。最常用的项目质量计划编制方法有如下几种。

1. 成本-收益分析法

成本-收益分析法也叫经济质量法。这种方法要求在制订项目质量计划时必须同时考虑项目质量的经济性。项目质量成本是开展项目质量管理活动所需的开支,项目质量收益是开展项目质量活动所带来的好处(如质量保障的主要好处是减少返工、提高生产率和降低成本等)。质量成本-收益分析法的实质是通过运用这种方法编制出能够保障项目质量收益超过项目质量成本的项目质量管理计划。

任何一个项目的质量管理都需要开展两个方面的工作。一是质量保障工作,这是防止有缺陷的项目产出物形成的管理工作。二是质量检验与质量恢复工作,这是通过检验发现质量问题,并采取各种有效方法恢复项目质量的工作。在这两个方面的工作中,项目质量存在两种不同的成本:质量保障成本和质量纠偏成本。两者的关系是:质量保障成本越高,质量纠偏成本就越低;质量保障成本越低,则质量纠偏成本就越高。项目的质量收益就是通过努力降低这两种质量成本而获得的收益。项目质量的成本—收益法就是一种合理安排和计划项目的这两种质量成本,使项目的质量总成本相对最低,而质量收益相对最高的一种项目质量计划的方法。

2. 质量标杆法

质量标杆法是指利用其他项目实际或计划的项目质量结果或计划作为新项目的质量比照对象,通过对照、比较,制订出新项目质量计划的方法。它是项目质量管理中常用的有效方法之一。这里所说的其他项目可以是项目组织自己以前完成的项目,也可以是其他组织完成的项目。

3. 流程图

流程图是一个由箭、线联系的若干因素关系图。流程图在质量管理中的应用主要包括如下几个方面。

(1) 系统流程图或处理流程图

系统流程图或处理流程图主要用来说明系统中各种要素之间存在的相互关系。通过流程图可以帮助项目组提出解决所遇到的质量问题的相关方法。图 8-3 就是一个系统处理流程图的例子。

(2) 原因结果图

原因结果图主要用来分析和说明各种因素和原因如何导致或者产生各种潜在的问题和后果。

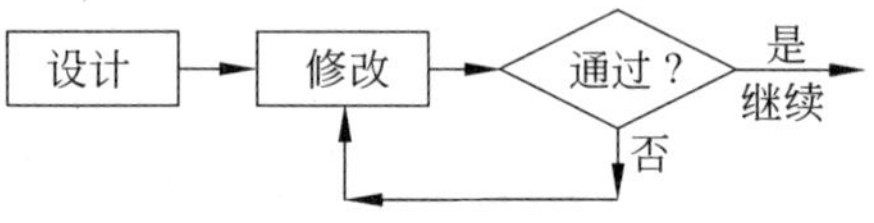

图 8-3　系统处理流程图

4. 试验设计分析法

试验设计是一种分析技术,可用来找出对项目结果影响最大的因素。例如,汽车设计人员希望确定怎样组合才能使隔振弹簧和轮胎以合理的成本获得最理想的汽车行驶性能。试验设计也可以用于权衡成本与进度。

8.2.4　制定项目质量计划的步骤

项目质量管理计划编制的步骤如下。

（1）了解项目的基本概况，收集项目有关资料。应重点了解项目的组成、项目质量目标和项目拟定的实施方案等具体内容。所需收集的资料主要有实施规范、实施规程、质量评定标准和类似的项目信息等。

（2）确定项目质量目标树，绘制项目质量管理组织机构图。按照项目质量总目标和项目的组成与划分，进行逐级分解，建立本项目的质量目标树。然后根据项目的规模、特点、进度计划和质量目标树，配备各级质量管理人员和设备等，确定各级人员的职责，建立项目的质量管理机构，绘制项目质量管理组织机构图。

（3）制定项目控制程序及其他。项目的质量控制程序主要包括初始的检查实验和标识程序、项目实施过程中的质量检查程序、不合格项目产品的控制程序、各类项目实施质量记录的控制程序和交工验收程序等。然后，还应该单独编制成册的项目质量计划。

（4）项目质量计划编制后，经相关部门审阅、项目总工程师审定和项目经理的批准后颁布实施。当项目的规模较大、施工项目较多或某部分的质量比较关键时，也可按单项工程、单位工程和分部工程，根据工程进度分阶段编制项目的质量计划。

项目的质量计划，特别是项目的质量目标树，是在对项目设计文件和项目特点进行充分分析的基础上制定的，因此具有很强的针对性，尤其是对项目的总体质量目标而言。

然而由于影响项目实施的因素非常多，如设计的变更、意外情况的发生和项目环境的变化等，均能够对项目质量计划的顺利实施起到阻碍和限制作用，因而在项目质量计划实施的过程中，必须不断加强质量计划执行情况的检查，发现问题，及时调整。例如，在项目实施的过程中，由于受主客观因素的影响，偶尔会发生某部分项目的实施质量经检验后未能达到原质量计划规定的要求，从而给项目质量目标带来不同程度的影响。此时在项目总体目标不变的前提下，应根据原质量计划和实际情况进行比较分析，及时发现问题，及时调整，并制定出相应的技术保证措施，对原计划作出适当的调整，以确保项目质量总目标的圆满实现，满足顾客对项目产品或服务的质量要求。

8.3　项目质量控制

8.3.1　项目质量控制的概念与任务

1. 项目质量控制的概念

项目质量控制就是要使项目的质量目标能够实现。但是，质量本身也是一个系统，它以总体目标为核心,包括设计质量、设备质量、项目实施质量、设备安装质量以及其他质量等目标。因此,质量控制就是要使系统的质量目标得以实现。

项目质量控制和项目质量保证的最大区别在于:项目质量保证是从项目质量管理的组织、程序、方法和资源方面为项目质量做"保驾护航"工作,而项目质量控制是直接对项目质量进行把关。项目质量保证是一种预防性、提高性和保障性的质量管理活动,而项目质量控制是一种过程性、纠偏性和把关性的质量管理活动。虽然项目质量控制也分为项目质量的事前控制、事中控制和事后控制,但是其中的事前控制主要是对项目质量影响因素的控制,而不是从质量保证的角度对项目各方面要素开展的保障活动。当然,项目质量保障和项目质量控制的目标是一致的,都是确保项目质量能够达到项目组织和项目业主(或客户)的需要。所以在项目开展的工作和活动中,两者有交叉和重叠,只是工作方法和方式不同而已。

2. 项目质量控制的任务

质量控制是项目控制的一个重要组成部分,其主要包括如下任务。

(1) 保证业主取得与其所花费用相当并符合其要求的工程成果。

(2) 为项目经理管理的工程质量提供独立、公开的评价。

(3) 及时发现和纠正工程项目在实施过程中出现的问题,以避免或减少这些问题带来的损失。

(4) 掌握项目检查及试验记录等有关资料,以便证明项目是按有关规定、规程等进行的。当与有关方面产生纠纷时,这些资料还可以作为解决纠纷的客观依据。

8.3.2 项目质量影响因素的控制

影响项目质量的因素主要有人、机械、材料、方法和环境五大方面。因此,事前对这五方面因素进行严格的控制,是保证项目质量的关键。图 8-4 显示了这五个方面因素控制的相关联系。

1. 人的控制

人,是指直接参与项目的组织者、指挥者和操作者,既可以作为控制对象,避免产生失误,又可以作为控制动力,充分调动人的积极性,发挥人的主导作用。

在项目质量管理中应根据项目特点,本着人尽其才、扬长避短的原则来控制人的使用。通过加强思想素质教育、劳动纪律教育、职业道德教育和专业知识培训等手段,提高人的主观能动性,达到以工作质量保证工序质量、促进项目质量的目的。

在项目质量控制中,应从以下几方面来考虑人的素质对质量的影响。

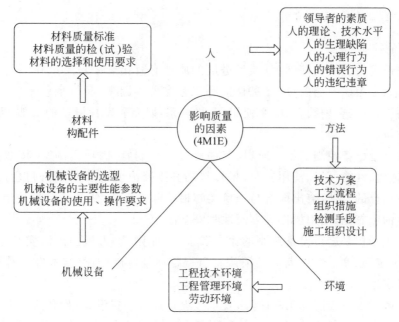

图 8-4 影响工程质量因素的控制

（1）人的技术水平与生理缺陷

面对技术复杂、难度大和精度高的工序或操作，人的技术水平往往对质量起着直接作用。因此，对人的技术水平进行考核是必需也是必要的。而对于一些特殊的工作环境，也要充分考虑人的实际情况。例如，有高血压、心脏病的人，不能从事高空作业和水下作业；反应迟钝、应变能力差的人，不能操作快速运行、动作复杂的机械设备；视力、听力差的人，不宜参与校正、测量或用信号、旗语指挥的作业等。否则，容易引起安全事故，产生质量问题。

（2）人的心理行为和错误行为

人是社会化的，其劳动态度、注意力、情绪和责任心等在不同地点、不同时期由于社会经济、环境条件和人际关系的影响而变化。所以，对某些需要确保质量万无一失的关键工序和操作，一定要努力做到稳定情绪，保证正常工作。

人在工作场地或工作中吸烟、嬉斗、错视、错听和误判等属于错误行为，极有可能影响质量或造成事故。所以，对有危险源的作业现场，应严禁吸烟、嬉戏；当进入强光或暗光环境对工程质量进行检验测试时，应经过一定时间使视力逐渐适应光强度的改变，然后才能工作，以免发生错视；在不同的作业环境，应采取不同的色彩、标志，以免产生误断或误动；对指挥信号，应有统一明确的规定，以保证畅通，避免干扰。这些措施均有利于预防发生质量事故。总之，在使用人的问题上，应从政治素质、思想素质、业务素质和身体素质等方面综合考虑，全面进行控制。

2. 设备的控制和方案的控制

（1）设备的控制

设备是项目实施的物质基础，对项目进度的质量有直接影响。所以在项目实施阶段，监理工程师必须综合考虑现场条件、设备性能和工艺等各种因素，参与承包单位机械化施工方案的制定和评审，使之合理装备、配套使用、有机联系，以充分发挥设备的效能，力求获得较好的综合经济效益。

设备的选择是设备控制的第一阶段，其原则是因地制宜、因项目制宜，按照技术先进、经济合理、生产适用、性能可靠、使用安全、操作轻巧和维修方便的要求，贯彻执行机械化、半机械化与改良相结合的方针，突出设备与项目实施相结合的特色，使其具有满足项目的适用性，保证项目质量的可靠性，使用操作的方便性和安全性。

设备的合理操作是进行设备控制的第二阶段，其原则是"人机固定"，实行定机、定人、定岗位责任的"三定"制度。操作人员必须认真执行各项规章制度，严格遵守操作规程，防止出现安全和质量事故。

设备的检收是设备控制的第三阶段，要求按设计造型购置设备；设备进厂时，要按设备的名称、型号、规格和数量的清单逐一检查验收；设备安装要符合有关设备的技术要求和质量标准；试车运转正常，要能配套投产。

设备安装阶段主要是控制每一个分项、分部和单位工程的检查、验收和质量评定；安装完成后，还要参与和组织单体、联体无负荷和有负荷的试车运转；不能忽视对设备的检验。

最后的设备检验阶段要求有关技术、生产部门参加，重要的关键性大型设备，应由总监理工程师（或机械师）组织鉴定小组进行检验。一切随机的原始资料、自制设备的设计计算资料、图纸、测试记录和验收鉴定结论等应全部清点，整理归档。

（2）方案的控制

方案正确与否，对项目的进度控制、质量控制能否顺利实现有着直接影响。方案考虑不周会拖延进度、影响质量、增加投资。因此，监理工程师在参与制定和审核方案时，必须结合项目实际，从技术、组织、管理和经济等方面进行全面分析、综合考虑，确保方案在技术上具有可行性，在经济上具有合理性，并有利于项目质量的提高。

影响项目质量的环境因素较多，有技术环境、管理环境和劳动环境等。环境因素对质量的影响具有复杂而多变的特点。例如，气象条件变化万千，温度、湿度、大风、暴雨、酷暑和严寒都直接影响工程质量，往往前一工序就是后一工序的环境，前一分项、分部工程也就是后一分项、分部工程的环境。因此，根据项目特点和具体条件，应该严格有效地控制好影响质量的环境因素。

对环境因素的控制，涉及范围较广，在拟定控制方案、措施时须全面考虑、综合分析，才能达到有效控制的目的。

3. 材料的质量控制

加强材料的质量控制,是提高项目质量的重要保障,也是实现投资控制目标和进度控制目标的前提。这是因为材料是项目实施的物质条件,材料质量是项目质量的基础,材料质量不符合要求,项目质量也就不可能符合标准。

(1) 材料质量控制的要点

① 主要材料订货前,使用单位应将样品(或看样)、有关订货厂家的情况以及单价等资料向监理工程师申报,经监理工程师同设计、项目组织研究同意后方可订货。

② 对项目实施中用的主要材料,进场时必须具备正式的出厂合格证和材质化验单。如不具备或对检验证明有疑问时,应向使用单位说明原因,并要求使用单位补检。所有材料检验合格证均须经监理工程师验证,否则一律不准使用。

③ 所有材料必须具有厂家批号和出厂合格证。

(2) 材料质量的检验方法

材料质量检验是通过一系列的检测手段,将取得的材料质量数据与材料的质量标准相对照,借以判断材料质量的可靠性,从而确定能否在工程中使用。同时,也有利于掌握材料质量信息。

材料质量的检验方法有外观检验、书面检验、理化检验和无损检验四种。

① 外观检验是由监理工程师对材料样品从品种、规格、标志和外形尺寸等方面进行直观检查。

② 书面检验是由监理工程师对材料质量保证资料、试验报告等进行审核。

③ 无损检验是在不破坏材料样品的前提下,利用超声波、X射线和表层探测仪等仪器进行检测。

④ 理化检验是借助试验设备、仪器对材料样品的化学成分、机械性能等进行科学的鉴定。

8.3.3 项目质量控制的依据

项目质量控制的依据有些方面与项目质量保障的依据是相同的,而有些方面则不同。项目质量控制主要有如下依据。

(1) 项目质量控制计划

编制项目质量计划时,要明确提出项目质量控制计划。

(2) 项目质量工作说明

在项目质量计划编制过程中,要明确项目质量的工作说明。

(3) 项目质量控制标准与要求

项目质量控制标准是根据项目质量计划和项目质量工作说明所制定的具体项目质量控制的标准,根据项目质量目标和计划提出项目质量最终要求,制定控制依据和参数。通常这种参数要比项目目标和依据更为严格和更具操作性。因为,如果不严格,就会经常出现项目质量的失控现象,同时要采取相应的项目质量恢复措施,从而形成较高的质量成本。

(4) 项目质量的实际结果

项目质量实际结果的信息是项目质量控制的重要依据。主要包括项目实施的中间过程的结果、项目产出物的最终结果以及项目工作本身的质量结果。只有具备这类信息,人们才能将项目的质量要求和控制标准进行对照,从而发现项目质量问题,并采取项目质量纠偏措施,使项目质量保持在受控状态。

8.3.4 项目质量控制的方法

对项目质量进行控制的工具和方法主要有以下七种。

1. 散布图法

散布图法又叫相关图法,是利用直角坐标系表示两个变量间相互关系的一种图表。这种方法是将影响质量特性因素的各对数据用点填列在直角坐标图上,以观察判断两个质量特性之间的关系,对项目的质量实行有效控制。散布图的绘制方法很简单。首先,要搜集调查因素的有关数据,X 与 Y 应一一对应,为保证必要的判断精度,数据最好取 30 组以上;其次,根据所测得的观测值 X 与 Y,以坐标点形式一一将其标注于直角坐标系中,即可得到所要的散布图。具体方法可以参考统计学中回归分析的理论和方法。

2. 帕累托图法

帕累托图法又叫主次因素排列图法。它是找出影响质量的主要因素的一种简单而有效的方法。影响质量的因素很多,主要因素往往只是其中少数几项,但由它造成的废品却占总数的绝大部分。

帕累托图中有两个纵坐标,一个横坐标,几个长方形,一条曲线。左边的纵坐标表示频数,右边的纵坐标表示频率,以百分数表示。横坐标表示影响质量的各项因素,按影响大小从左向右排列。曲线表示各影响因素大小的累计百分数,通常把累计百分数分为:0～80％为 A 类因素,称为主因素;80％～90％为 B 类因素,称为次要因素;90％～100％为 C 类因素,称为一般因素。主要因素找到后,就可以集中力量加以解决。图 8-5 是一种影响质量因素的帕累托图。

3. 因果图法

因果图法又称特性要素图法或鱼刺图法,如图 8-6 所示。

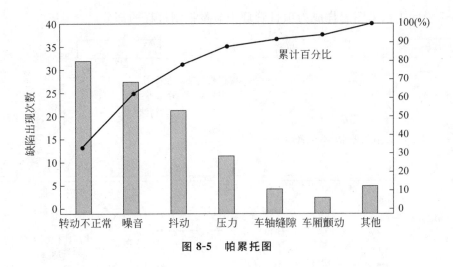

图 8-5　帕累托图

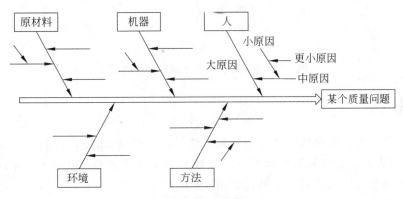

图 8-6　因果图的基本形式（4M1E）

该方法首先确定结果（质量问题），然后分析造成这种结果的原因。前面已经提过，造成质量问题的原因主要有五大方面：人、机器、原材料、方法和环境，即 4M1E 因素。可预先将这五个因素列入原因箭线的小方框中，然后把各种原因从大到小、从粗到细分解，直到能够采取措施消除这些原因为止。构建因果图有四个步骤。

（1）确认。问题的范围需要确认。在构建因果图的开始阶段可以使用排列图等技术。

（2）目标。指定在这个阶段需要设置的目标。构建因果图所涉及的每个人都要清楚将达到什么目标。

（3）构建。构建因果图对涉及的项目组成员来说是个很好的机会，能够激励他们参与解决问题。

（4）思考。对这时候出现的想法进行深思熟虑是很必要的。这是一个思考期，每个人都能估计形势的影响，并设计出相应的行动方案。

图 8-7 说明了因果图怎样成为项目管理中质量控制过程的部分。

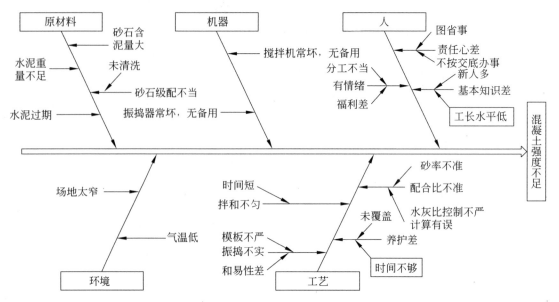

图 8-7 因果图在项目质量控制中的应用

4. 控制图法

控制图法是一种动态的质量分析与控制方法，又称为管理图法。控制图不仅可以判别质量稳定性，评定工艺过程中的质量状态以及发现和消除工艺过程中的失控现象，而且可以为质量评比提供依据。控制图的基本形式如图 8-8 所示。

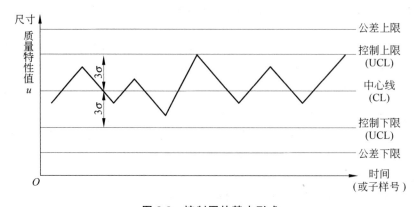

图 8-8 控制图的基本形式

控制图的纵坐标表示质量特性值，而横坐标为取样时间或子样号。在控制图上分别标示有上下公差界限、上下控制界限和中心线。

在项目进行中,按规定的时间抽取子样,测量质量的特性值,将测得的数据用点一一描在控制图上,并将点连接起来就得到了控制图。

在正常情况下,统计量相应的点分布在中心线附近,在上下控制界限之内,表明项目过程处于稳定状态。反之则意味着项目出现了异常。一旦发现生产过程处于不稳定状态,需要及时查明原因,采取调解措施,确保项目达到稳定状态。当控制状态处于正常状态时,图上的点在控制界限范围内和在中心线两侧附近活动。

根据实践,异常情况主要为以下几点。

(1) 连续 7 点或更多点在中心线同一侧。

(2) 连续 7 点或更多点有上升或下降趋势。

(3) 连续 11 点中至少有 10 点在中心线同一侧。

(4) 连续 14 点中至少有 12 点在中心线同一侧。

(5) 连续 17 点中至少有 14 点在中心线同一侧。

(6) 连续 20 点中至少有 16 点在中心线同一侧。

(7) 连续 3 点中至少有 2 点或连续 7 点中至少有 3 点落在 2 倍与 3 倍标准偏差控制界限之间。

(8) 点呈周期性变化。

如果出现上述情况,应引起注意,查明原因。

5. 检查表法

检查表又称调查表、统计分析表等。检查表是质量控制中最简单也是使用得最多的手法。它是利用统计图表来记录和积累数据,并进行整理和粗略分析影响产品质量因素的一种常用图表。常用的调查表有缺陷位置调查表、不良品原因调查表、频数分布调查表和投资超计划原因调查表。表 8-2 是一种铸件的不良品原因调查表。

表 8-2　不良品原因调查表

地面起砂原因	出现房间数	地面起砂原因	出现房间数
砂含泥量过大	16	水泥标号太低	2
砂粒径过细	45	砂浆终凝前压光不足	2
后期养护不良	5	其他	3
砂浆配合比不当	7		

6. 直方图法

直方图法是通过对抽查质量数据的加工整理,找出其分布规律,从而判断整个项目过程正常与否的一种方法。具体步骤是:将测得的质量数据进行分组,每组所包含的数据即为频数,组的中间值(中心值)为每组上下界限值的平均数。

　　绘制直方图是以横坐标为组的组距，纵坐标为频数，画出一系列直方形，每个直方形的面积等于数据分布范围内的个数，故所有直方形面积之和就是频数的总和，即应为1。

　　将直方体顶部相连得一条光滑曲线，曲线一般符合正态分布规律，在接近中心处频数最高，当标准偏差 σ 小时，分布曲线峰高坡陡，说明质量稳定性好；反之，σ 大时，分布曲线就峰低坡缓，质量稳定性差。各种类型的直方图如图8-9所示。

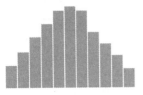

对称分布（正态分布）
生产过程正常，质量稳定

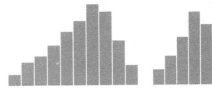

偏态分布
由于技术、习惯原因所产生的偏态分布，为异常生产情况

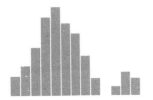

孤岛分布
短期内不熟练的工人替班造成

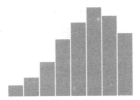

陡壁分布
由剔除不合格品、等外品或
超差返修后造成

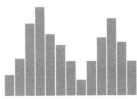

双峰分布
由两种不同的分布
混在一起检查的结果

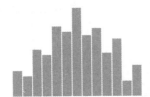

锯齿分布
分组的组数不当、组距不是测量单位的
整数倍或测试时所用的方法和读数有问题

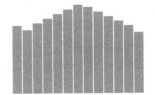

平峰分布
生产过程由缓慢变化的因素起
主导作用的结果

图8-9　各种类型的直方图

7. 分层法

　　分层法又称分类法，是把收集来的原始质量数据按照不同目的加以分类整理，以便分析影响质量的具体因素的方法。分层可从不同的角度分，如按设备、工艺方法、原材料、操作者和检测手段等进行分类。分层的目的是为了分清责任、找出原因。分层法没有独立的固定图表，常与排列图、调查表等其他统计方法结合起来应用，例如分层的排列图、分层的直方图等。

　　分层法的原则是：使同一层次内的数据波动或差异幅度尽可能小，层与层之间的差别尽可能大,否则起不到归类汇总的作用。

分层法的应用步骤如下。

(1) 收集数据或意见。

(2) 将采集的数据或意见根据目的不同选择分层标志。

(3) 分层。

(4) 按层归类。

(5) 画分层归类图。

8.3.5　项目质量控制的步骤

就实施质量控制的过程而言,质量控制就是监控项目的实施状态,将实际状态与事先制定的质量标准进行比较,分析存在的偏差及产生偏差的原因,并采取相应对策。这是一个循环往复的过程,对任一控制对象的控制一般都按这一过程进行。该控制过程主要包括以下步骤。

(1) 选择控制对象。项目进展的不同时期、不同阶段,质量控制的对象和重点也不相同,这需要在项目实施过程中加以识别和选择。

(2) 为控制对象确定标准或目标。

(3) 制定实施计划,确定保证措施。

(4) 按计划执行。

(5) 跟踪观测、检查。

(6) 发现、分析偏差。

(7) 根据偏差采取对策。

上述步骤可归纳为四个阶段:计划、执行、检查和处理。在实施质量控制中,这四个阶段循环往复,形成"戴明循环",如图 8-10 所示。"戴明循环"(由美国质量管理专家戴明(W. E. Deming)博士提出)倡导一种持续改进的方法,也称为 PDCA 循环。P(plan)代表计划,即通过市场调研来确定质量管理的目标以及为实现此目标所需的各种方法和对策;D(do)代表执行,即将制定的方法和对策付诸实施;C(check)代表检查,即对实施的结果进行检查;A(action)代表处理,即对检查出来的问题进行控制,并总结经验。

图 8-10　PDCA 循环

计划阶段的主要工作任务是确定质量目标、活动计划和管理项目的具体实施措施。该阶段的具体工作是:分析现状,找出质量问题及控制对象;分析产生质量问题的原因和影响因素;从各种原因和因素中确定影响质量的主要原因或影响因素;针对质量问题及影响质量的主要因素制定改善质量的措施及实施计划，并预计效果。

执行阶段的主要工作任务是根据计划阶段制定的计划措施，组织贯彻执行。该阶段要做好计划措施的交底和组织落实、技术落实和物质落实。

检查阶段的主要工作任务是检查实际执行情况，并将实施效果与预期目标对比，找出存在的问题。

处理阶段的主要工作任务是对检查的结果进行总结和处理。其具体工作包括：总结经验，纳入标准，即通过对实施情况的检查，明确有效果的措施，制定相应的工作文件、工艺规程、作业标准以及各种质量管理的规章制度，总结好的经验，防止再次发生同样的问题。

将遗留问题转入下一个控制循环。通过检查，找出效果仍不显著或效果仍不符合要求的措施，作为遗留问题，进入下一个循环，为下一期计划提供数据资料和依据。

8.3.6　项目质量控制的结果

项目质量控制的结果是项目质量控制和质量保障工作的综合结果，也是项目质量管理全部工作的综合结果。主要包括以下内容。

1. 项目质量的改进

项目质量的改进是指通过项目质量的管理与控制带来项目质量的提高。项目质量的改进是项目质量控制和项目质量保障工作共同作用的结果，是项目质量控制最为重要的一项结果。

2. 接受项目质量的决定

接受项目质量的决定包括两个方面。一是项目质量控制人员根据项目质量标准对已完成的项目工作结果进行检验后，对该项工作结果所做出的接受和认可的决定。二是项目业主（或客户）或其代理人根据项目总体质量标准对完成的整个项目工作结果进行检验后，对项目做出的接受和认可的决定。一旦做出了接受质量的决定，就表示一项工作已经完成，或一个项目已经完成，如果做出不接受项目质量的决定就应要求返工。

3. 返工

返工是指在项目质量控制中发现某项工作存在着质量问题并且其工作结果无法被接受时，通过采取行动将有缺陷的或不符合要求的项目工作变成符合要求或符合质量要求的一项工作，它也是项目质量控制的一种结果。返工的原因有三个：一是质量计划考虑不周；二是质量保障不力；三是出现意外原因。返工所带来的不良后果有三个：一是延误项目进度；二是增加项目成本；三是影响项目形象。

重大返工或多次返工有时会导致项目成本突破预算及无法在批准的工期内完成项目。在项目质量管理中,返工是最严重的质量问题,因为这是一种坏的质量控制结果,是一种质量失控的结果,项目团队和组织应尽量避免返工。

4. 核检结束清单

核检结束清单是项目质量控制工作的一种结果。当使用核检清单开展项目质量控制时,已完成核检的工作清单也是项目质量控制报告的一部分。这一项目质量控制的结果通常可以作为历史信息使用,以便在下一个项目能够对项目的质量控制做出必要的调整和改进。

5. 项目调整

项目调整是项目质量控制的一种阶段性和整体性的结果。它是根据项目质量控制中所出现的问题(一般是比较严重的,或事关全局性的项目质量问题),或者是根据项目各方提出的项目质量变动请求对整个项目的过程或活动立即采取的纠正和改变。在某些情况下,项目调整是不可避免的。例如,当发生了严重的质量问题或重要的项目变更等情况,都会出现项目调整的结果。

8.4　项目质量保证

项目质量保证包括确定质量标准,建立质量控制流程以及质量系统的评估。它是在质量系统内实施的有计划的、系统性的活动,是质量管理的一个更高层次,是对质量进行规划、控制的过程。质量问题在很大程度上可视为技术工作或作为技术管理的一项重要内容,质量控制程序和质量保证体系的建立,都必须围绕技术工作进行。项目质量保证的作用是提出质量改进措施,提高项目质量。质量提高包括为提高项目效率和效果而采取的措施,从而向项目利益相关者提供额外收益。

8.4.1　项目质量保证的概念与工作内容

1. 项目质量保证的概念

项目质量保证是指在执行项目质量计划过程中,经常性地对整个项目质量计划执行情况所进行的评估、核查与改进等工作,这是一项确保项目质量计划能够得以执行和完成的工作,是使项目质量能够最终满足项目质量要求的系统性工作。换句话说,对项目实施过程的管理活动不断地进行检查、度量、评价和调整的活动,就是质量保证。质量保证是质量管理的一部分,包括正式活动和管理过程,即定期评价项目的全部性能,提供项目满足质量标准的证明,以确定该项目能满足相关的质量标准,通过这些活动和过程保证应交付的产品和服务满足要求的质量层次。由该定义可知,"质量保证"是一个专用名词,具有特殊的含义,与一般概念"保证质量"有较大区别。保证满足质量要求是质量控制的任务,就项目而言,即使用户不提质量保证的要求,项目实施者仍应进行质量控制,以保证项目的质量满足用户的要求。质量保证包括两个方面。一是向项目管理组织和执行机构的管理层提供的内部质量保证。通过开展质量管理体系评审以及自我评定,根据证实质量要求已达到的见证材料,使管理者对组织的项目体系和过程的质量满足规定要求充满信心,并可以提高项目的运作效率。二是向用户和有关人员提供的外部质量保证。为了向顾客和第三方等方面提供信任,使他们确信组织的项目体系和过程的质量能满足规定的要求,具备持续提供满足顾客要求的项目产品或服务质量保证能力。只有产品或服务的要求能充分完整地反映顾客和其他相关方的需要和期望,质量保证才能提供足够的信任度。

用户是否提出质量保证要求,这对项目实施者来说是有区别的。用户不提质量保证要求,项目实施者在项目进行过程中如何进行质量控制就无须让用户知道。用户与项目实施者之间只是提出质量要求与提供项目验收这样一种交往关系。如果项目较简单,其性能完全可由最终检验反映,则用户只需把住"检验关"就能得到满意的项目成果,而不需知道项目实施者是如何操作的。但是,随着技术的发展,项目越来越复杂,对其质量要求也越来越高,项目的有些性能已不能通过检验来鉴定。就这些项目来说,用户为了确信项目实施者所完成的项目达到了所规定的质量要求,就要求项目实施者证明项目设计、实施等各个环节的主要质量活动确实做得很好,且能提供合格项目的证据,这就是用户提出的"质量保证要求"。针对用户提出的质量保证要求,项目实施者就应开展外部质量保证活动,就应对用户提出的设计、项目实施等全过程中的某些环节的活动提供必要的证据,以使用户放心。

可见,质量保证的作用是从外部向质量控制系统施加压力,促使其更有效地运行,并向对方提供信息,以便及时采取改进措施,将问题在早期加以解决,以避免可能造成的更大的经济损失以及其他损失。

2. 项目质量保证的工作内容

项目质量保证既包括项目工作本身的内部质量保障,也包括为项目业主(或客户)和其他项目利益相关主体提供的外部质量保障。为了保证项目的质量所需开展的项目质量保证工作主要有以下几个方面。

(1) 清晰的质量要求说明

没有一个需要达到什么样的质量的清晰概念,项目组织就无法开展项目来保证工作质量,也就没有项目质量保障的方向和目标。对于项目来说,质量保障的首要工作是提出项目的质量要求,既要有清晰的项目最终产出物的质量要求,又要有清楚的项目中间产出物的质量要求。这些项目中间产出物既包括项目工作的既定里程碑,又包括项目具体活动生成的可交付中间产品。对于项目中间产出物的质量要求越详细越具体,整个项目的质量保障也就会越周密、越可靠。

(2) 科学可靠的质量标准

项目质量保障工作还需要进行科学可行的质量管理标准设计。这是根据以前的经验和各个不同的国家、地区和行业的质量设计得出的适合于具体项目质量保证的项目工作和项目产出物的质量标准。项目环境和一般运营企业的环境有很大差别,一般运营企业每天的工作都可以作为制定第二天工作标准的依据,而在项目环境中,许多工作都是一次性的。但是,项目同样需要根据各种资料和信息,制定出具体、科学、可行的质量标准。这对于项目的质量保障来说是至关重要的一项工作。

(3) 组织建设项目质量体系

组织建设项目质量体系是一项项目质量保障中的组织工作。这一工作的目标是要建立和健全一个项目的质量体系,并通过这一质量体系去开展项目质量保障的各项活动。一般说来,如果没有一套健全的质量体系,任何项目的质量保障都是无法实现的。由于这个原因,在项目质量保证中最为重要的工作之一就是建立和不断健全项目的质量体系。项目质量体系是为实施项目质量管理所需的组织结构、工作程序、质量管理过程和质量管理的各种资源所构成的一个整体。正因为质量体系是质量管理的基础,是质量管理工作的组织保证,一个项目组织只有建立了有效的质量体系,才能够全面地开展项目质量管理活动。

(4) 配备合格和必要的资源

在项目质量保障中需要使用各种各样的资源,这包括人力资源、物力资源和财力资源等。因此,项目质量保障的另一项工作内容就是要为项目质量配备合格和必要的资源。如果项目聘用的人员不熟悉项目的专业工作,不管是缺乏经验还是缺少培训(因为项目的一次性,所以项目的培训较少),都会给项目的质量带来问题。同样,如果缺少足够的资金和必需的设备手段,项目质量管理人员就无法开展项目质量的保证和控制活动,这也会给项目质量造成问题。所以在项目质量保证工作中必须配备合格和必要的资源。例如,不管是对于专业人员(工程师、信息技术人员、研究人员和管理人员),还是对于技术工人(电工、机械工人和编程人员),在他们承担项目工作之前,必须经过严格的考核,对于各种物料和设备在投入使用之前必须经过严格的测试。

(5) 持续开展有计划的质量改进活动

项目质量保证是为了保证项目产出物能够满足质量要求,通过质量体系所开展的各种有计划、有系统的活动。项目质量保证的一项核心工作,是持续开展一系列有计划的、为确保项目实际质量的审核,以评价质量的改进工作。其中,最主要的是持续的质量改进工作。质量改进是为向项目组及项目业主(或客户)提供更多的收益而在项目组织内部所采取的、旨在提高项目活动的效果和效率的各种措施。实际上项目质量改进是一种持续改进与完善的项目组织活动,这包括对项目工作和项目产出物的持续改进和完善、对项目实施作业与作业方法的持续改进与完善,以及对项目管理活动的持续改进和完善。

8.4.2　项目质量保证的依据

项目质量保证的依据有项目质量管理计划和项目质量控制监测结果。项目质量保证必须满足可操作性的要求。

1. 项目质量管理计划

项目质量管理计划是将与项目有关的质量标准标识出来,提出如何达到这些标准要求的设想。它是关于项目质量工作的全面计划和安排,同时还是有关项目质量保证工作的目标、任务和要求的说明文件。因此,它是项目质量保证的最基本的依据。

2. 项目质量控制监测结果

项目质量控制监测结果是质量控制测试和测量的记录,其记录格式用于比较和分析。根据质量控制监测结果对不同的问题采取相应的措施予以解决。质量控制和质量保证的某些活动相互联系,质量保证属于质量控制活动的验证和审核。但它们又有区别,质量控制侧重于控制的措施,质量保证则侧重于控制结果的证实,以提供适当的信任。尤其要注意的是,质量保证要满足可操作性。

8.4.3　项目质量保证的常用方法

1. 项目质量保证体系

科学合理的质量保证体系是项目管理的重要组成部分。为了使项目建设顺利进行,保证各项指标达到预期要求,很多项目都要建立完善的质量保证体系。

2. 项目质量保证的常用方法

项目质量保证的常用方法有预先规划、技术检验和质量活动分解三种。

（1）预先规划

在编制质量规划时,预告和提出针对可能出现的质量问题的纠正措施,应单独形成质量保证大纲。要注意的是,应正确规定保证范围和等级。质量保证范围和等级要力求适当,范围小了,等级低了,可能达不到全面质量管理的要求;范围大了,等级高了,会增加管理的工作量和费用。等级划分应依据有关法规进行,如对核电站的质量保证、等级的划分应按国家核安全法规划分为质保一级、质保二级和质保三级。

（2）技术检验

技术检验指通过测试、检查和试验等检测手段确定质量控制结果是否与要求相符。上文所述的质量计划编制的方法也可以用于质量保证。

（3）质量活动分解

质量活动分解指对与质量有关的活动逐层分解，直到最基本的质量活动，以实施有效管理和控制。分解有多种形式，矩阵式是常用的形式，例如以物项（设计、制造、采购、施工等）为列，管理活动为行，行列相交点为各种质量管理活动。

8.4.4　项目质量的监督和监理

项目质量的好坏，不仅关系到项目各相关方的利益，而且关系到国家和社会的公共利益，对项目质量进行监督管理是政府有关部门的重要职责。对于不同类型的项目，项目质量监督管理的内容、范围和任务也不相同。如工程项目质量监督工作的主要内容包括：工程开工前，对受监工程的勘察、设计、施工单位的资质等级和营业范围进行核查；工程施工中，按照监督计划对工程质量进行抽查；工程完工后，在施工单位验收的基础上对工程质量等级进行核验等。

监理是指具有相应资质的监理企业接受委托人的委托，承担项目管理工作，并代表委托单位对项目承担者的行为进行监控的专业化服务活动。以建设工程项目监理为例，建设工程监理是监理单位接受建设单位的委托和授权，进行的旨在实现建设项目投资目标的微观监督管理活动。建设项目监理应当遵循守法、诚信、公正和科学等准则。施工阶段的建设监理内容主要有：目标规划、目标控制、组织协调、信息管理和合同管理等。

承包单位的项目经理部有义务向项目监理机构报送有关方案，并应该按照施工合同及监理规范的有关规定，向项目监理机构报送有关文件供监理机构审查，接受项目监理机构的审查意见。同时，承包单位还应该接受项目监理机构的指令，即在监理的范围和权限内，承包单位应当接受监理人员对于承包单位不履行合同约定、违反施工技术标准或设计要求所发出的有关监理工程指令。然而，项目监理机构与承包单位的项目管理机构是平等的，两者的管理人员都是为了工程项目的建设而工作。承包单位的任务是提供工程建设产品，对所生产或建设的产品负责。监理单位提供的是针对工程项目建设的监理服务，对自己提供的监理服务水平和行为负责。双方只是分工不同，不存在地位高低的问题或谁领导谁的问题。

8.5　项目质量审计

8.5.1　项目质量审计概念

项目质量审计是按审计程序预先编写的检查提纲所进行的一种有记载的活动，不仅包括审计质保单位,而且包括质量纲要涉及的每个部门,通过核查质量保证体系及其管理程序是否得到遵守来评价其各项功能的运行情况,督促责任部门采取预防或纠正措施,使之符合质量纲要的规定。

质量审计的分类方法有两种。第一种方法按审计的目的分为内部审计和供应商审计(外部审计)两类。第二种方法是按审计性质分为四类:第一类是指确认管理程序是否符合合同或政府要求的统计审计;第二类是确认人员、机器、材料、法规和环境等是否符合工艺规范的工艺审计;第三类是对已完工的或已验收的产品要重新检验质量的产品审计;第四类是确定供应商内部质量系统文件与订货方合同上质量要求的符合程度的供应商审计。

质量审计是项目质量管理的重要组成部分,对于加强项目管理有着重要意义。例如,微软公司建立了项目的阶段审核制,在每个项目结束时,公司质量控制机构(QA)根据相应的软件开发管理规范及应用要求对阶段成果进行评议控制,确保应用开发的顺利进行及交付的应用系统能够满足用户的使用需要,确保交付系统能够代表公司的整体技术水平,同时也有利于规避软件开发风险。再如,上海航空工业公司引进了这一管理方法,也取得了显著效果,其质量保证系统达到了美联邦航空条例有关飞机总装厂的全部要求,得到了飞机总装线生产许可认证书。中美合作生产的 MD-82 飞机的质量完全达到了麦道公司的标准。

8.5.2　项目质量审计的依据

项目质量审计的依据通常有:有关政策、条例、合同、质量管理计划和质量保证结果等。

(1) 有关政策、条例和合同。例如,国家法令规定,有关各方对人员、机器、法规及环境等有特殊要求等。这是项目是否达到顾客满意程度的关键要求,自然成为质量审计的首要依据。

(2) 质量管理计划。它将把与项目有关的质量标准标识出来,提出如何达到这些标准要求的设想。

(3) 质量保证的结果。它是质量审计的输入。

8.5.3　项目质量审计的一般程序

在实际操作过程中,质量审计通常是按照一定的程序展开的。项目质量审计的一般程序是:审计准备、实施审计、提出审计偏差报告、审计报告发生后的跟踪、建立审计档案。

1. 审计准备

审计准备主要是收集资料、编写计划,明确审计的目的、所涉及的范围和功能、要接触的部门、要通知的个人、要审阅的文件;围绕审计依据,收集政府条令、合同协议、指令文件、工程图纸和采购指令等；按审计计划编制检查提纲，列出需要审计的主要项目及要审计的专题。

2．实施审计

实施审计过程中，当发现明显偏差时，应与现场管理人员进行讨论，对照程序详细记录，取得客观证据。

3．提出偏差报告

偏差报告是内部审计的基本文件。偏差是指程序条款的一种不合格情况。偏差报告应由被审计人员书面答复，审计员对其进行审计，如不符合要求则退回，重新答复直至满意为止；如被认可，即进入验证阶段，进行现场复查，以证实偏差已被纠正。

4．审计报告发生后的跟踪

纠正措施开始后，审计员应进行跟踪以巩固审计成果，维护审计的权威性。

5．建立审计档案

建立审计档案指将提纲、调查结果及所有审计状态报告形成审计档案。

8.5.4　项目质量审计的作用

质量审计是项目质量管理的终结，通过审计，可以最终检验项目是否达到业主的要求，或有关项目描述的要求。项目立项时的交付件（产品/工程的最后成果），即记录项目最终状态的项目目标文件，随项目的发展，该文件可能要进行修订或细化，应包括项目论证文件、项目的最后成果和项目质量目标等内容。

1．项目论证文件

项目论证文件解释该项目为什么立项，这是进行最后质量审计的依据。

2．项目的最后成果

项目的最后成果对产品项目来说是交付件，对建设项目来说是竣工的工程，都应该有一个概览清单，标明怎样全面和令人满意地完成项目目标。

3．项目质量目标

项目质量目标，即项目完成的质量量化标准，应有明确的属性（如优、良、中）、尺度（如国际标准、国家标准、企业标准）和量值（如控制幅度、与类似项目的比较值）。

另外，通过审计，有关各方可以总结经验和教训，促进工作水平的提高。

8.6　全面质量管理

8.6.1　全面质量管理的概念与特点

1. 全面质量管理的概念

全面质量管理的英文简称为 TQM。最早提出全面质量管理的是费根堡姆，他对全面质量管理下的定义是，"为了能够在经济的水平上，考虑到充分满足顾客要求的条件下进行市场研究、设计、制造和售后服务，把企业内各部门的研制质量、维持质量和提高质量的活动构成为一体的一种有效的体系"。全面质量管理是提供优质产品所永远需要的优良的产品设计、加工方法以及认真的产品维修服务等活动的一种重要手段。

全面质量管理的基本原理与其他概念的基本差别在于：它强调为了取得真正的经济效益，管理必须始于识别顾客的质量要求，终于顾客对他手中的产品感到满意，为了实现这一目标而指导人、机器和信息的协调活动。

著名的质量专家 J. M. 朱兰博士，在 1994 年 5 月美国质协 49 届年会上提出："全面质量管理包括了'世界级质量'需要采取的全部行动。目前最完整的行动目录包括在美国波多里奇奖评审的标准中。"日本质量管理专家石川馨教授经过四十多年的研究，对质量管理总结了下面一段话："新的质量管理是经营的一场思想改革。在全公司范围内实行新的质量管理，将会实现企业素质的改善。随着产业的进步和文化水平的提高，质量管理将变得越来越重要。质量管理的目的，我认为首先是为了要生产出物美价廉的产品并大量出口，增强日本的经济实力；提高工业技术水平，实现技术出口，以确立日本的经济基础。最终，对于企业，可以使用户、职工和股东获得合理的利益；对于国家，国民的生活水平将得到提高。"

2. 全面质量管理的特点

根据 ISO 8402 标准对全面质量管理下的定义和世界著名质量管理专家对全面质量管理含义的阐述，以及我国企业推行全面质量管理的实践经验，归纳起来，全面质量管理的最主要的特点如下。

（1）客户满意是第一原则

"用户至上"是十分重要的指导思想。"用户至上"就是树立以用户为中心，使产品质量和服务质量全面地满足用户要求。产品质量的好坏最终以用户的满意程度为标准。为了使这一指导思想有效地贯彻落实，满足顾客需求，对产品性能进行定量描述的质量功能配置（QFD）方法在工业发达国家得到广泛应用，并获得巨大的经济效益和社会效益。QFD 体现了开发产品应以市场为导向,以顾客的需求为唯一依据的指导思想,把产品的性能(功能)放在产品开发的中心地位,对产品性能进行定量描述,实现对功能的量化评价。

（2）事前主动进行质量管理

事前主动进行质量管理是全面质量管理区别于质量管理初级阶段的特点之一。进入 20 世纪 90 年代后,即时生产(JIT)、精良生产(lean product)和敏捷制造(agile manufacturing)等对事先控制提出了更高的要求。在产品的生产阶段,除了统计过程控制(SPC)外,新的基于计算机的预报、诊断技术及控制技术受到越来越广泛的重视,使生产过程的预防性质量管理更为有效,预防性质量管理在设计阶段更为重要。在产品设计阶段采用故障模式的影响分析和事故树分析等方法找出产品薄弱环节,加以改进消除隐患已成为全面质量管理的重要内容。

（3）利用现代化的信息技术和手段加强质量管理

信息技术、计算机集成制造的发展为企业实施全面质量管理提供了有力的支持。便利的、及时的、正确的质量信息是企业制定质量政策、确定质量目标和措施的依据。质量信息的及时处理和传递也是生产过程质量控制的必要条件,计算机辅助质量(CAQ)系统及集成质量系统在计算机网络及数据库系统的支持下不仅可及时地获得正确的质量信息,有效地实现对全过程的管理,而且使得企业的全体人员以先进的、高效的方式参与全面质量管理。

（4）强调全员参与和人的因素

全面质量管理阶段格外强调调动人的积极因素的重要性。实现全面质量管理必须调动人的积极因素,加强质量意识,发挥人的主观能动性。采用质量管理小组方式将职工组织在一起,激发职工的主动精神和协作精神,最大限度地发挥每个雇员的聪明才智。公司利益与个人利益息息相关,企业应注重发展雇主和雇员之间牢固的信任关系,使每一个雇员都为提高产品质量、满足用户需要献计、献策。

全面质量管理有符合产品质量形成规律和市场竞争规律的理念。例如用户与企业对比,用户永远第一;质量与数量对比,质量永远第一;预防和把关对比,预防永远第一;近期与长远对比,长远永远第一。另外还有"用户完全满意是企业永无止境的追求"、"质量是企业永恒的主题"、"用户永远是对的"、"用户的投诉是礼物"、"顾客驱动的质量"等。这些理念指导企业面向市场、面向用户,以用户完全满意赢得用户的忠诚,使企业经营长期取得成功。

全面质量管理特别强调灵活的适用性,不要求生搬硬套。推行全面质量管理,开展活动的重点应该是解决生产经营中的问题和难题。"活动"应紧密结合经济环境的变化,在不同的经济环境下,企业全面质量管理的重点也应随着经营需要而变化。企业应根据竞争形势的需要,确定"活动"的内容和重点,没有千篇一律的模式和一成不变的内容。例如日本很多企业,根据经济形势的变化,提出以全面质量管理来渡过经济危机,调整全面质量管理在企业活动中的重点和目标,使日本企业渡过 20 世纪 70 年代的石油危机;80 年代后期,渡过日元升值出口减少的经济危机。

8.6.2 全面质量管理的基本原理

全面质量管理的基本原理适用于任何制造过程。由于企业、行业和规模的不同，方法的使用也不同，但基本原理仍然是相同的。方法上的差别可概括为：在大量生产中，质量管理的重点在产品；在单件小批生产中，重点在控制工序。

全面质量管理贯穿在工业企业生产过程的所有阶段。首先是向用户发送产品，并且进行安装和现场维护服务。要有效地控制影响产品质量的因素，就必须在生产或服务过程的所有主要阶段加以控制，这些控制就叫质量管理工作。建立质量管理体系是开展质量管理工作的一种最有效的方法与手段。质量成本是衡量和优化全面质量管理活动的一种手段。

全面质量管理是上层管理部门的工具，即可以用来委派产品质量方面的职权和职责，以达到既可以免除上层管理部门的琐事，又可保留上层管理部门确保质量成果令人满意的手段的目的。原则上，总经理应当成为公司质量管理的"总设计师"，同时，他和公司其他主要职能部门还应促进公司在效率、现代化和质量控制等方面的发挥。质量管理组织既可为有关人员和部门提供产品的质量信息和沟通渠道，又可以为有关的雇员和部门参与整个质量管理工作提供手段。质量管理工作必须有上层管理部门的全力支持，如果上层管理部门的支持不够热情，那么，对公司内其他人宣传得再多也不可能获得真正的效果。

全面质量工作中，无论何时、何处都会用到数理统计方法。但是，数理统计方法只是全面质量管理中的一个内容，它不等于全面质量管理。在公司的范围内应该逐渐认真地开展全面质量管理活动，选择一两个质量课题加以解决并取得成功，然后按这种方式一步一步地实施质量管理计划。

8.6.3 全面质量管理的任务和内容

1. 全面质量管理的任务

在项目管理中运用全面质量管理的思想，就是追求持续稳定地向用户提供满意的产品的目标。从使用价值角度讲，就是要提高项目各有关部门和每个人的工作质量，经济合理地生产用户满意的产品，及时地、如数地向市场提供人们需要的物美价廉的产品。使企业生产的产品，不仅能在国内享有信誉，而且能打入国际市场，占有一定的地位。也就是说，全面质量管理的目标具有多元性，要从产品的质量、数量、价格和服务等方面综合满足用户的需要。

全面质量管理要求"一切为用户着想"和"一切使用户满意"。具体的，一般应做到以下几个方面。

（1）要保证生产出适合用户所需要的质量水平的产品。

（2）要以用户认为合理的价格销售产品并获得必要的利润。

（3）要保证必要的生产数量。

（4）在用户需要时,要及时提供必要的服务。

2. 全面质量管理的内容

全面质量管理内容非常丰富,在不同行业,全面质量管理的内容不尽相同,但都体现出其基本思想和特点。

这里仅以生产制造型项目为例简要介绍全面质量管理的大致内容。概括起来讲,生产制造型项目中的全面质量管理内容有以下几个方面:设计试制过程的质量管理、生产制造过程的质量管理、辅助生产过程的质量管理和产品使用过程的质量管理。

（1）设计试制过程的质量管理

产品设计试制过程的质量管理是全面质量管理的首要环节。这里的设计过程包括市场调查、产品设计、工艺准备、试制和鉴定等过程(即产品正式投产前的全部技术准备过程)。设计试制过程是产品质量的最早孕育过程,搞好开发、研究、设计和试制是提高产品质量的前提。这一过程质量管理的主要任务体现在两个方面:一是保证和促进设计质量;二是设计的质量易于得到生产过程的保证,并获得较高的生产效率和良好的经济效益。

（2）生产制造过程的质量管理

这里的制造过程是指对产品直接进行加工的过程。它是产品质量形成的基础,是项目管理的基本环节。它的基本任务是保证产品的制造质量,建立一个能够稳定生产合格品和优质品的生产系统。在这个过程中,重点抓好以下几个方面的工作:加强工艺管理、组织好技术检验工作、掌握好质量动态和加强不合格品管理。

（3）辅助生产过程的质量管理

为了保证基本生产过程实现预定质量目标,保证基本生产过程的正常进行,必须加强对辅助生产过程的质量管理。这一过程一般包括:物资供应的质量管理、工具供应的质量管理和设备维修的质量管理。

这里指的辅助过程是指为保证制造过程正常进行而提供各种物资技术条件的过程。它包括物资采购、动力生产、设备维修、工具制造、仓库保管和运输服务等。制造过程的许多质量问题往往同这些部门的工作质量有关。辅助过程质量管理的基本任务是提供优质服务和良好的物质技术条件,以保证和提高产品质量。

（4）产品使用过程的质量管理

使用过程是考验产品实际质量的过程,它是项目全面质量管理的出发点和落脚点。产品使用过程的质量管理的基本任务是提高服务质量(包括售前服务和售后服务),保证产品的实际使用效果,不断促使企业研究和改进产品的质量。它主要的工作内容有:开展技术服务工作、处理出厂产品质量问题、调查产品使用效果和用户要求。

产品使用过程的质量管理既是项目质量管理的归宿又是项目质量管理的出发点。这一过程关键要抓好三方面的工作：技术服务工作、产品使用效果和使用要求调查、处理出厂产品的质量问题。

8.7 案例分析：黄河小浪底工程项目质量管理

1. 严格招标管理，优选有质量信誉的承包单位

1992年，小浪底工程主体土建工程国际招标程序严格按照世界银行的要求及国际工程师联合会(FIDIC)推荐的程序进行，整个招标过程严格按照资格预审、招标投标和开标评标3个阶段12个步骤进行。对35家公司组成了9个联营体和2家独立公司进行投标，按照国际竞争性招标程序的要求，业主于1993年8月31日下午在中国技术进出口总公司北京总部举行公开开标仪式。评标工作历时4个月。从1994年2月12日—6月28日进行了合同谈判。

经过严格的筛选和审查，选定黄河承包商（责任方为意大利英波吉罗公司）为一标大坝工程的承包商，中德意联营体（责任方为德国旭普林公司）为二标泄洪排沙系统工程的承包商，小浪底联营体（责任方为法国杜美兹公司）为三标引水发电系统工程的承包商。

1994年7月16日业主与3个中标承包商正式签订了合同。招标工作在水利部和世界银行的监督下完成。

小浪底工程的其他土建工程国内标、机电安装标和机电设备及金属结构设备采购招标工作，是严格按1995年水利部发布的《水利工程建设项目招标投标管理规定》进行的。通过严格的招标程序选择素质高、能力强和信守合同的承包单位，是保证工程质量的基础和关键。

2. 建立质量管理体系，健全质量管理制度

《水利工程质量管理规定》要求，水利工程质量实行项目法人（建设单位）负责、监理单位控制、施工单位保证和政府监督相结合的质量管理体制。小浪底建管局作为业主，小浪底咨询有限公司是工程监理单位，3个主体工程土建标的国际承包商联营体和一个机电安装工程标的国内承包商联营体分别负责各自的标段施工，水利部工程质量监督总站在小浪底工地设立了工程质量监督项目站，行使政府监督职能。

建管局还吸收参建各方质量负责人组建小浪底工程建设质量管理委员会，负责领导质量管理工作，督促各个合同参战单位组织建立质量管理网络。

小浪底工程咨询有限公司作为监理单位根据业主的授权和合同的规定对承包商进行车间图审查、施工措施审查、施工过程监控、原材料检验、缺陷处理、工程验收等工作，建立了以总监理工程师为中心、各工程师代表部分工负责的质量监控体系。并根据合同规定的检测工作需要，成立了测量计量部、质量管理试验室和原型观测室等，通过测量计量、试验检测和原型观测等手段，实行质量监督，保证工程建设的全过程都在工程师的动态跟踪和监控之下。

咨询公司在健全组织机构的基础上建立健全了"工程质量责任制"、"现场监理跟班制"、"质量情况报告制"、"质量例会制"和"质量奖罚制"。

承包商按照合同规定以质量经理为中心成立了专门的质量管理部门和建立了质量监控试验室等。各工区分工负责、现场质量监控与质量管理职能部门相结合,内部实行全天候 24 小时监控的质量保证体系,业主还聘请国内水利水电专家组建了"小浪底工程建设技术委员会",聘请加拿大 CIPM 国际咨询公司的专家组,及时解决重大技术质量问题,为搞好小浪底工程质量提供了可靠的技术保证。

针对小浪底工程的特点,依据 89 个国内规范标准和 145 个国际规范标准,编制了与国际标准接轨的工程技术规范列入合同文件。随工程进展还完善了技术质量管理的规章制度,如《小浪底工程质量管理规定》、《国际标验收工作规定》、《关于加强技术管理的若干规定》、《工程质量月报制度》和《工程质量例会制度》等,这些技术规范和规章制度,为工程质量提供了制度的保证。业主、工程师和承包商按照我国的建设工程项目质量管理的要求,组建了各自的质量保证体系,并且完全置身于政府委托的监督部门的监控之下,是 FIDIC 合同条件和我国质量管理法规实践的结合。

3. 严格施工程序,强化施工监理

FIDIC 合同条件特别强调工艺过程的质量控制。工程师必须坚持在施工现场和承包商一起对工程质量的过程进行监督和签认,一个国际标就有数万张的双方签认单,每一张签认单内都有质量内容的反映,分清了双方的责任和过程。监理工程师在施工阶段质量控制的主要目标是对承包商的所有施工活动和工艺过程进行质量监控,以确保工程质量符合技术规范的要求。

承包商按照合同规定做好工艺控制和工序质量自检,工序结束时,自检合格后由工程师值班员检查、认证。未经认证,不得进入下道工序施工。

现场监理人员全天跟班监督承包商按设计文件、规程、规范和经工程师批准的图纸、方法、工艺与措施组织施工;对施工过程中的实际资源配备、工作情况、质量问题、环境条件和安全措施等进行核查,填写值班记录;下班时,经承包商专管人员签字认可,交工程师代表助理或值班工程师审核后签字备案。在实施质量控制过程中,监理人员根据具体情况确定质量控制的重点,强化监督检查,以确保工程施工质量。对于关键的施工工序,例如基础、钢筋布设、模板架立等均建立有完整的验收程序和制度。

小浪底工程建设期间,工程监理人员配备充足,高峰人数超过 600 人,做到哪里有承包商的活动,哪里就有工程监理人员。

4. 严守技术标准,加强质量检验

工程师的质量试验室是工程试验、检测的合同授权单位。工程师试验室进行系统的试验和检测,并以工程师的检测和试验结果作为最终依据。

根据合同规定,承包商自身要进行质量保证试验,以确保其实施的工程质量达到合同技术规范和有关标准的要求。

对于水泥、粉煤灰、硅粉、添加剂、混凝土骨料和钢筋等原材料的试验,在一定数量的原材料中抽取试样由承包商做试验,试验时必须有工程师在场。

工程师试验室除按合同规定完成自己的试验任务外,还派人对承包商试验室的各项检测活动进行监督。对于原材料试验以及混凝土、喷混凝土和砂浆等制品,按技术规范要求,在一定数量的制品中由承包商在工程师的监督下抽取试样,并由工程师进行检验、试验。检验结果经汇总、分析和质量评价后及时按周、月上报。对于锚杆,按技术规范要求,按实际安装数5%的比例,在工程师监督下进行拉拔试验,以确保全部锚杆符合要求。

工程师试验室对承包商拌和楼进行 24 小时监控。监督控制拌和楼使用的配合比、计量、拌和时间、设备率定、混凝土取样、混凝土和易性和出机口温度等。

为了把好混凝土入仓的最后一道关口,入仓前在施工现场,由工程师进行混凝土坍落度、掺气量、容重和温度的检验。

混凝土标号较多,浇筑仓面也较多,为了避免卸车出现差错,实行混凝土送料单制度。每车混凝土均要携带送料单,标明混凝土类别、配合比编号和浇筑部位。混凝土运到卸车地点,接收人核查后签字,一份留存,另一份返回拌和楼。

对于大坝填筑材料,包括各种土料、反滤料和堆石料压实前后的检验,由工程师试验室派员在现场 24 小时跟班进行监督与检验。碾压后检验合格填单签字后,才能填筑下一层。

在小浪底承包商的支付申请上,各代表部对现场申报的项目经过试验室、测量部原观室的合格签认后方可批准申报,没有这几个部门的质量合格签认,不予支付。

5. 加强安全监测,提供质量信息

小浪底工程咨询公司测量计量部除了负责施工测量、测量检查和工程量计量外,还承担外部观测的任务。在工程安全和质量控制中负有重要责任。该部按规定进行了测量控制点检查、与承包商的联合测量和工程测量检查(包括金结安装、仪器定位和混凝土模板),每次均严格遵循技术规范要求施测,保证了开挖和填筑量收方计量工作无差错,保证了左岸山体上百条纵横交错的洞室测量位置无误,并提供了大量外部变形观测资料和信息,保证了工程施工的质量和安全。

小浪底工程咨询公司原型观测室负责对承包商原型观测仪器的采购、标定、埋设、安装及现场观测的全过程进行监理。不仅要保证观测仪器的埋设和安装质量,而且要及时提供已埋设仪器的观测数据。小浪底工程地质条件差,地下洞室群密集,加之进出口高边坡都有稳定问题,建筑物结构又十分复杂,施工期原型观测仪器测读资料的及时反馈对工程施工安全和保证工程质量起着重要作用,在进出口边坡施工中所起的作用更为突出。观测室对承包商埋设、安装的原型观测仪器进行全过程严格监理,小浪底工程安装埋设的各类观测仪器与设施共计 3 201 支,当时主体工程失效/异常的仪器设施共计 218 支,占总仪器数量的 6.8%。

6. 采用先进技术,提高工程质量

在工程实践中,小浪底工程采用先进技术,从而提高工程质量,加快工程进度,降低工程成本。如:排沙洞混凝土衬砌环形无黏结预应力,利用孔板环消能改建导流洞为孔板泄洪洞,主坝防渗墙横向槽孔填充塑性混凝土保护下的平板式接头,中子法检测压力钢管回填混凝土和接触灌浆质量等。大块多层 DOKA 组合平面大模板,这种模板表面平整度高,模板刚度强,不易变形,经小浪底使用后,目前在国内已经得到推广。

7. 狠抓关键部位,确保质量

(1) 小浪底工程压力钢管和水轮机蜗壳均为进口高强度钢板的焊接结构

为了确保焊接质量,严格执行合同条款和技术规范有关焊接的质量要求,焊工需经现场考核合格后持证上岗,无损检测人员必须具备资格并经过监理工程师的现场严格审查。要求承包商严格进行焊条管理、焊件预热、层间温度控制、背缝处理、焊缝打磨和无损检测,并满足外观的各项具体要求。在蜗壳焊缝的质量控制方面,还有 VOITH 公司驻工地代表的随时检查监督,对偏离规范的做法及时予以制止和纠正。

承包商无损检测人员对焊缝进行检查的过程中,监理工程师一直在现场监督并随同承包商一起检查,对承包商检测结果有疑问时,还可以任意抽检。只有确认检查结果 100% 合格后,现场监理工程师才在承包商填写的超声波、磁粉、渗透和射线检查记录上签字。

(2) 导流洞改建孔板泄洪洞,其关键技术是孔板环的设计、制造和安装

孔板内圆锐沿处的金属防护体——孔板衬套是由具有较强抗磨蚀、抗冲击和抗腐蚀性能的白口铸铁加工而成,每个孔板的衬套分为 300 多块。过流表面的允许误差要求小于 2mm,加工铸造难度大,安装精度要求高。承包商对此也十分重视,一方面认真研究,提交了详细的安装方案;另一方面,在收到孔板衬套后,在事先制作的混凝土平台上按照 1∶1 的比例对每一个孔板的衬套都进行了试拼装,对每一块衬套试拼装结果进行了测量和记录。有问题的,业主、厂家、监理和承包商现场及时研究解决。为了保证万无一失,承包商还在试验场模拟孔板环的实际施工情况,浇筑了一块中心角为 30°的孔板环,并在上面按实际情况安装了孔板衬套,达到了实际练兵的目的。由于思想上高度重视,措施稳妥,并进行了模拟浇筑和安装试验,承包商和工程师都做到了心中有数,切实保证了这一关键项目的施工质量完全符合设计要求。

(3) 上游围堰主河槽部分的旋喷灌浆防渗墙,由于混凝土设计标号低,不易用取芯样试验来检查成墙质量,只能用严格的工艺控制措施来予以保证

根据旋喷灌浆机械设备的性能,现场单桩和围井试验及挖坑检验确定施工工艺和各种技

术参数,从而保证桩体直径和成墙厚度。施工时严格控制钻孔的偏斜率以保证墙体的连续性,控制浆液配比、压力和钻杆提升速度以保证墙体强度和抗渗性。实际检测结果是:工程所有桩径均达到技术规范要求不小于 1.2m 的规定,408 个孔的最大偏斜为 1.52%,对于偏斜率大于 1%的两个孔,提升速度均做了调整,从而保证了墙体的连续性。墙体质量满足技术规范要求,质量优良。

（4）小浪底地下厂房是特大型地下厂房,而其安装桥机轨道并支持桥机运行的岩壁吊车梁则是国内最大的

在岩壁梁上行走的两台 2×250t 桥机将承担 6 台 30 万 kW 水轮发电机组的吊装任务,最大件转子的吊重接近两台桥机并机运行的设计荷载 1000t。为检验桥机的性能并考验岩壁梁的施工质量,进行了最大吊重达 1100t、国内最大的桥机负荷试验,取得了大量现场检测资料。通过试验,一方面说明了两台 2×250t 桥机满足正常使用要求;另一方面岩壁梁的预应力锚杆荷载、钢筋应力变化和岩壁梁与岩面间裂缝开度均远小于设计规定的限值,说明岩壁梁施工质量优良,桥机运行安全。

8. 严格工程验收,加强缺陷处理

（1）工程验收

根据《水利水电建设工程验收规程》,小浪底工程咨询公司编制发布了《工程验收工作规定》,健全了工程验收的领导机构和工作班子,明确了验收工作内容、工作程序和要求。把 FIDIC 合同条件下的合同管理和我国国内的质量管理法规结合起来。

① 验收组织

单元工程验收,由各标工程师代表部组织验收。分部工程验收,由验收委员会办公室主持,由业主、监理、设计和运行单位代表参加,并邀请质监站参加验收。

阶段验收和竣工验收,由国家计委和水利部主持,组织有关部门代表组成“工程验收委员会”进行验收。

② 验收程序

单元工程完成后,由承包商自检合格后,书面向工程师代表部申请核查,工程师代表部派人按合同有关规定认真进行核查和评定。重要的单元工程（包括隐蔽工程）,由工程师代表组织并邀请设计、地质人员参加验收确认,明确评定结果。

分部工程或者各个中间完工项目完成后,由承包商自检合格,整理好施工图纸和有关资料,并按照 FIDIC 合同条件的规定,写出请验报告,对工程质量做出合格评价后报工程师代表部审核。工程师代表部初步评定后,报请“工程验收委员会办公室”组织验收。对工程质量状况作出评审,对验收中要求处理的质量问题按照合同要求,列出缺陷部位和性质,以缺陷责任的表格形式发给承包商,由工程师代表部责成承包商处理,处理合格后办理分部工程或者中间完工项目验收移交签证手续。

阶段验收由业主向水利部申报,由国家计委会同水利部主持验收。验收申报前,参加工程建设各方按合同规定和国家验收规程提供翔实资料,并对存在的问题进行认真处理或作详细说明。业主负责,组织监理、设计和施工等单位进行验收报告的编写和有关验收的准备工作。

（2）工程质量缺陷和事故处理

施工中发现质量缺陷,工程师代表部及时向承包商发出修补质量缺陷指令,承包商提出修补方案,工程师审查、批准;工程师也可提出建议修补方案。事后双方以文件方式确认。质量缺陷修补完成后,由代表部验收。

对施工中出现的质量事故,工程师代表部会同承包商对事故的状况进行检查和详细记录,必要时进行拍照或录像,双方检查人员在记录上签字确认。承包商要写出质量事故报告,说明事故的原因,分析其危害程度,提出具体处理办法和整改措施。上报工程师,经工程师批准后进行处理,处理完工后由代表部组织验收。

对重人质量事故,工程师代表及时报告总监理工程师和业主总工程师。总监理工程师会同业主总工程师根据事故具体情况召开质量管理委员会或专题会议,对事故处理作出决策。

工程师对于承包商的缺陷责任期十分重视,在缺陷责任期内工程师根据气温和工程运行等不同情况,都要进行巡视检查,发现问题及时通知承包商安排处理,以便在缺陷责任期满时,能够按时通过检查评定和验收。

小浪底国际工程各标的单元、分部、单位工程验收始终与工程阶段完工、支付紧密同步,其缺陷责任期的结束和工程最终验收、最终支付也是同步的,值得我们学习和借鉴。

2002 年,小浪底工程初步竣工验收评价为:在 60 个单位工程总数中,重要的单位工程总数为 41 个,其中评为优良的为 40 个,优良率为 97%。质量评定为工程总体优良。至今已蓄水运行 4 年多,最高水位已接近设计最高水位,监测资料表明,工程运行安全可靠。

问题

（1）黄河小浪底工程项目中可以借鉴的质量管理经验主要有哪些?

（2）如何在质量管理过程中实现各个部门的协调?

本 章 小 结

质量管理是整个项目管理体系中的重要环节,本章从质量的概念和特点开始,介绍了朱兰博士和国际标准化组织所作的两个典型的质量定义,并把质量与等级作了区分。项目质量管理的概念与一般质量管理的概念有相同之处,又有不同之处。项目质量管理更注重对项目质量目标的实现。项目质量管理的基本过程包括了项目质量计划编制、项目质量保证和项目质量控制。质量计划编制过程中通常可采用成本-收益分析法、质量标杆法、流程图与试验设计分析法。对项目实施过程的管理活动不断地进行检查、度量、评价和调整的活动,就是质量保证。质量保证的方法有预先规划、技术检验和质量活动分解,但都需要有可靠的质量保证体系作支撑。在质量控制中涉及对人、机械、材料、方法和环境的五大控制，可采用质量变异分析法、主次因素排列图法、控制图法和相关图等方法。质量控制的结果就是通过质量的改进来达到质量的目标。另外，质量审计和全面质量管理的原理、方法也常常被用在质量管理当中。本章的重点和难点是项目质量计划、项目质量控制的常用方法。

习　题

1. 质量的含义是什么？什么是质量特性？

2. 质量和等级如何区分？

3. 质量管理的含义是什么？项目质量管理与其他管理的关系是什么？

4. 简述项目质量计划的依据及方法。

5. 项目质量保证的常用方法有哪些？

6. 项目质量控制的常用方法有哪些？

7. 对影响项目质量的因素的控制主要包括哪些方面？

8. 项目质量控制和项目质量保证的区别表现在什么地方？

9. 什么是全面质量管理？它的特点及原理是什么？

10. 试列举几个你身边有关质量控制的例子。

第 9 章

项目资源管理

学习目标：项目资源管理主要涉及一个项目所需要的资源数量与种类，然后在项目中实施，并尽量使资源均衡与进度最短的资源配置等内容。通过本章的学习，主要掌握项目资源及项目资源计划的概念，理解资源对制定项目计划的影响，掌握项目资源计划的编制方法；掌握在工期和资源约束下的资源均衡与配置方法，并了解多个项目资源配置有效的原则。

9.1 项目资源计划

在完成项目的任何一项活动中都需要消耗资源，而且在活动的极限工期和正常工期的范围内，完成一项活动所需的时间随着所获得的资源的质量和数量的变化而变化。在资源充分保证的情况下，可以按最短的工期完成，如果不按活动的必需资源来供应其资源，那么项目就要延期。然而，一个项目的资源投入量总是有限的。所以就要通过制定资源计划来合理安排资源，确保它与项目计划进度相匹配，避免由于资源配置不合理造成项目工期拖延、实际成本超预算的后果。项目资源计划就是确定在项目的每一个活动中需要多少什么样的资源并合理配置。

9.1.1 项目资源分类

资源是指生产资料或生活资料的来源。项目资源包括项目实施中需要的人力、设备、材料、能源及各种设施等。在项目管理中，对所使用的资源进行分类的方法很多，常见的有以下两种分类方法。

（1）根据会计学原理对项目所需要的资源进行分类，将项目实施所需要的资源分为劳动力成本（人力资源）、材料成本及诸如分包、借款等其他"生产成本"。这是一种最常见的划分项目资源的方法。

（2）根据项目所需要的资源的可获得性进行分类，主要可以分为可以重复使用的资源，如普通劳动力和设备，这类资源可以用于相同范围的项目的各个时间阶段；消耗性的资源，这类资源在项目的开始阶段，往往是以总数形式出现的，并且将随着时间的推移而被消耗掉，如各种材料或计算机的机时；双重限制资源，这类资源在项目的各个阶段的使用数量是有限制的，并且在整个项目的进行过程中此类资源总体的使用量也是有限制的。在项目实施过程中，资金的使用就是一个典型的双重限制资源。

一般情况下，在制定计划的过程中，对于那些消耗性的资源和有限制的、需要定期使用的资源，应该给予单独考虑。也就是说，在制定项目计划时，既要保证对没有约束的资源的有效使用，又要强调对有约束资源的使用进行严格的控制。如果是根据确定的进度计划来分配资源，那么需要决定能否以现有的资源完成进度计划。

但是在项目的开始阶段，把项目所需要的各种资源准确地分配到各个活动中去，常常是不可能做到的事情。这是因为在最初的阶段，潜在的不确定性掩盖了项目的各个活动对资源的需求。从这个意义上来说，资源计划的制定应该是一个连续不断的过程，它贯穿于项目的整个生命周期。

9.1.2　项目的资源需求

项目的资源需求是多种多样的，如果某个单项工程需要单一的某种资源，那么，这个项目的资源计划的制定工作相对来说是比较容易的；如果某个项目同时需要使用多种资源，那么编制计划和安排进度的工作就变得比较复杂；当几个项目之间存在相关性时，这项工作就更为复杂。有些情况下，可以通过使用大量的廉价资源，最大限度地达到使用贵重资源或限制供应的资源的效果，达到合理配置。

在实际工作中，项目的生命周期也影响着项目对资源的需求。在项目的初始阶段，工作重点是工程设计，这项工作需要受过高等培训的人员，例如系统分析师、财务计划员和设计工程师来承担。在接下来的阶段中，实施工作逐渐成为工作重点，而且对各种设备和材料的需求也在不断增加。资源需求与项目生命周期的各个阶段的关系可以用图形清楚地表示出来。图9-1表示在某项目生命周期的各个阶段，对劳动力和材料这两种资源的需求状况。

在图9-1中，曲线（a）表示随着时间的变化，该项目对工程师的需求变化情况。从该条曲线的变化趋势，可以看出，项目对工程师的需求在项目的高级开发阶段达到最高点。曲线（b）表示对非专业人员的需求随着项目进展的变化情况。其中在项目的详细设计和生产两个阶段对非专业人员的需求达到了最高点。曲线（c）表示该项目在各个阶段对各种材料的需求变化情况。

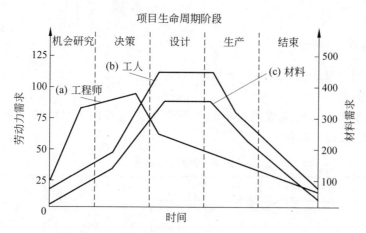

图 9-1　项目生命周期典型资源需求状况

项目对材料需求的最高点,同曲线(b)的情形类似,也发生在详细设计和生产两个阶段。

大多数情况下,项目管理人员可以通过认真仔细的计划制定和控制工作,来改变图 9-1 中各条曲线的形状。利用进度计划中的时差是一种改变项目对资源的需求状况的有效方法。由于项目的某项活动总是可以在计划确定的范围内开始,所以,通过尝试采用不同的分配方式,就可以达到较高资源利用率和较低的成本支出。同时,在一些项目中,对资源使用的限制可能会使项目中的某些活动超过它们的最迟开始时间而导致延期。一旦发生这种情况,除非管理人员立即采取补救措施,否则,整个工程项目延期是不可避免的。

9.1.3　项目资源计划的编制

项目资源计划就是确定在项目的每一个活动中需要多少什么样的资源并合理进行配置。

1. 项目资源计划编制的依据

项目资源计划编制依据的主要信息包括:范围陈述、工作分解结构、项目工作进度计划、资源描述、历史信息和组织策略等。其中,项目资源描述是关于项目工作所需资源种类、数量以及投入时间的描述和说明。相关历史信息是指项目组织内部和外部所积累的类似已完工的项目的资料,包括项目的资源计划和实际所消耗的资源信息等。参考这些历史资料,采用统计分析的方法,可以制定出拟建项目的资源计划。所以,积累或搜索翔实的类似项目的历史资料,是制定科学的资源计划的保证。各类资源的定额也是项目资源计划编制的依据,因为在项目资源计划的编制中,有些资源的消耗量可以直接套用国家、行业或地区的统一定额来计算。项目的组织政策中有关项目组织获得资源的方式、手段方面的方针策略和项目组织在项目资源管理方面的方针政策,对资源实际获得有直接的影响,所以,在制定项目资源计划时要予以充分的重视。

2. 项目资源计划编制的工具

项目资源计划编制工具主要有以下几种。

（1）资源数据表

资源数据表是用来说明完成项目中的各种资源在进程内各时间段上数量的需求情况。表 9-1 是一个资源数据表的例子。

表 9-1　资源数据表

资　　源	1	2	3	4	5	6	7	8
程序员（人）	2	3	5	5	5	3	3	2
评估员（人）				1	1	1	1	2
计算机设备（台）	3	3	6	6	6	3	3	3

在表 9-1 中，第一行表示了软件开发项目的进度，共 8 周，第一列表示项目需要的主要资源项目，其中数量表示了项目所需各种资源的数量。

（2）资源甘特图

资源甘特图是用来反映各种资源在项目周期内各个阶段用于完成哪些工作的情况，见图 9-2。

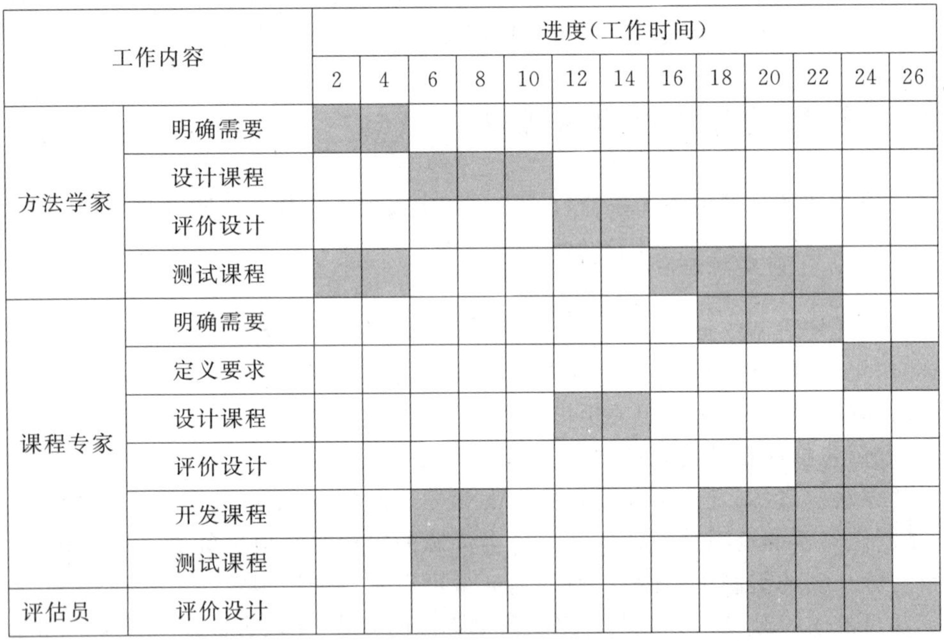

工作内容		进度（工作时间）												
		2	4	6	8	10	12	14	16	18	20	22	24	26
方法学家	明确需要	■	■											
	设计课程			■	■	■								
	评价设计						■	■						
	测试课程	■	■							■	■			
课程专家	明确需要													
	定义要求												■	
	设计课程						■							
	评价设计											■		
	开发课程			■	■						■	■		
	测试课程			■	■					■	■			
评估员	评价设计									■	■	■	■	

图 9-2　资源甘特图

（3）资源负荷图

资源负荷图与资源数据表类似，给出在项目各个周期内的各个阶段所需要的资源的数量，按项目进度安排所需要的不同人力资源的合计数量。很明显，这个图的横坐标就是项目进度，所以可以与甘特图联合使用。以人力资源为例，一个项目的活动历时和资源需求见表 9-2。其中，假定该项目的资源使用率保持不变，那么，总工日＝每周需要的工日×活动持续时间。如果资源的使用率发生变化，就应该分别确定每一时间区段的资源需要状况。

表 9-2　项目中的资源需求

活动	紧前活动	持续时间（周）	每周需要的工日	需要的总工日
A	—	8	16	128
B	—	6	8	48
C	A	12	6	72
D	A、B	10	4	40
E	—	10	10	100
F	C、D、E	6	18	108
G	F	8	14	112

可以根据项目中每个活动都按最早时间开始，根据逻辑关系绘制甘特图，每周所需要的人力资源用工时数表示，可以得到人力资源负荷图，见图 9-3。图中上半部分为甘特图，下半部分为项目周期内每周需要的人力资源数量，以工时表示。该图方便、直观，便于统计和使用。

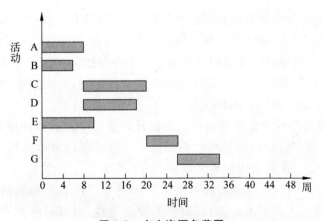

图 9-3　人力资源负荷图

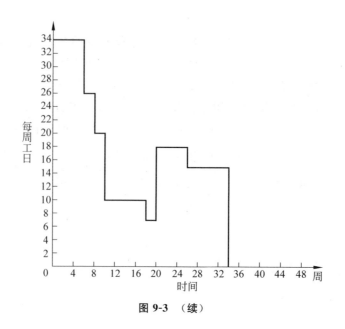

图 9-3 （续）

9.2 项目资源均衡和资源分配

9.2.1 项目资源管理的内容

要保证项目进度计划的顺利执行就必须保证项目资源的合理配置，所以项目资源的分配受着项目总工期和其中每一项任务历时的限制。当项目资源分配比例不均衡时，要在不影响工期的前提下，在系统内部对资源分配进行调整。当资源的分配超出了系统所能供给的最大资源限量时，要对导致资源冲突的任务的时间安排进行调整，从而更新初始进度计划。所以在项目资源管理中主要涉及以下内容。

（1）在制作进度计划时考虑资源约束。资源计划是一个项目经理决定要获得哪些资源、从哪里获得、何时得到它们及如何使用它们的过程。通过项目进度安排，结合项目资源的描述，就可以编制进度和资源相适应的资源计划。

（2）按计划使用资源。项目经理的一个重要职能是在项目实施期间监督和控制资源的使用和效果。如果技术人员供不应求，或材料和设备短缺，则重新编制进度计划就是头等管理工作。短缺和不确定会给最好的计划带来严重的破坏。资源的有效利用对在项目生命周期的各个阶段降低项目成本和加快项目进度都有很大的意义。

（3）在项目规定时间范围内平衡资源的使用。资源均衡是制定使资源需求波动最小化的进度计划的一种方法。平衡资源用度有以下几个好处：首先，如果给定资源的用度情况在整个使用时段内近似于固定的，就不再需要大量的资源传送管理工作；其次，如果资源用度情况是均衡的，项目就可以使用"准时制"库存策略，而不用过多地担心供货量有误的问题；再次，当资源得到均衡的时候，相关的成本也会趋于平衡，便于成本筹措和避免不必要的额外费用。

（4）在可使用资源有限的情况下，保证最短项目进度。对于一个项目，在一定时间内所能提供的资源（人力、物力、财力）总是有一定限制的，在一段时间内所能提供的最大数量称为资源限量。如果网络计划安排多项活动在某一时段内同时进行，单位时间内需用的某一种资源量（称为资源强度）大于资源限量时，就产生供不应求的矛盾，必须调整计划加以解决。

要保证项目进度计划的顺利执行就必须保证项目资源的合理配置，所以项目资源的分配受着项目总工期和其中每一项任务历时的限制。当项目资源分配比例不均衡时，要在不影响工期的前提下，在系统内部对资源分配进行调整。当资源的分配超出了系统所能供给的最大资源限量时，要对导致资源冲突的任务的时间安排进行调整，从而更新初始进度计划。以下重点介绍后面两项内容。

9.2.2　工期约束下的资源均衡问题

资源均衡（resource leveling or smoothing）是制定使资源需求波动最小化的进度计划的一种方法。这种方法是为了尽可能均衡地利用资源并满足项目的进度计划。因为对于劳动力来说，资源的成本将随着雇佣人数和培训人员的需要而增加；对于材料来说，使用量的波动意味着短缺需求的增加，因而要更加重视材料计划的制定与控制工作。

为了便于研究项目的资源需求和活动的进度安排之间的关系，假定在下面讨论的项目中只使用一种资源，即劳动力资源。以表 9-2 的项目为例检查一下项目的资源需求是否均衡。

图 9-3 为该项目各活动按活动最早开始时间进行的进度计划的甘特图和资源负荷图。从图中可以看出，如果项目各活动按活动最早开始时间进行，则在项目的早期阶段，该计划对资源的需求量最大。在该项目中，最早的 6 个星期，每周共需要 34 个工日。如果每周工作 5 天，那么该项目在最初的一个半星期中，每天需要 34/5=6.8 工日，即 7 个专业人员。项目经理可以通过安排加班、两班轮换或者使用临时工等方法，保证满足每天对专业人员的需求。在该项目中，对资源的最低需求出现在第 19 和 20 周，每周只需 6 个工日。因此，本项目的最早开始计划使项目对资源需求的变化范围很大，最高为每周需 34 个工日，最低为每周 6 个工日，变化范围为 34-6=28 个工日。资源需要量变化比较大。

由于进度计划的确定影响着项目对资源的需求，所以，在该项目中，项目均沿活动最早开始时间进行的甘特图与沿活动最迟开始时间进行的甘特图之间存在着一定的差别。图 9-4 给出了该项目活动按照最迟开始时间进行的甘特图和资源负载图。从图 9-4 中可以看出，在最迟开始计划中,对资源需求的最高点从最早开始进度计划的第1周到第1.5周,转移到了第0.5周到第2周,并且资源使用的最大值也从每周34个工日减少到每周24个工日,最小值没有改变,仍为每周6个工日,这样,在最迟开始计划中,该项目的资源需求的变动范围减小到24－6＝18个工日。

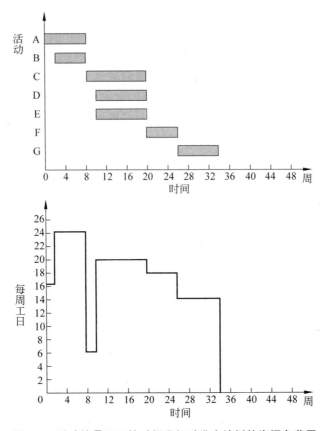

图9-4　活动按最迟开始时间进行时进度计划的资源负荷图

由此可见,在这两种项目进程下,总工期都是34周,但对于劳动力的需求差别却很大。如何能够在保证工期不变的情况下来调整资源需求,就是资源均衡。这是一个反复试验法,即为了保持资源需求均衡水平而推迟那些非关键活动的最早开始时间,当然只能推迟非关键活动,否则会使项目超过进度安排。下面结合前面提到的案例,说明资源均衡的一般操作步骤。

(1) 计算各阶段平均的工日数。在前面项目中,整个项目总共需要608个工日。由于该项目的工期是34周,所以,每周需要608/34＝17.9个工日,为方便起见,以每周需18个工日计。

(2) 以项目各活动按最早开始时间进行时的进度计划和非关键活动为依据,从那些具有最大单时差的活动开始,逐渐推迟某个活动的开始时间。在每一次变更以后,检查重新形成的资源需求图,使变更后的资源需求逐步接近计算的平均值。挑选资源变动最小的计划作为资源均衡的结果。

在该项目中,通过有关图形,可以看出活动 E 有 10 周的自由时差,是所有活动中最大的时差。因此,我们首先从活动 E 开始,把它的最早开始时间向后推迟 6 周,使其在活动 B 结束之后再开始。这样第 1 周至第 6 周的资源需求减少了 10 个单位。各活动在不同的时间阶段对资源的需求量如表 9-3 所示。

表 9-3　资源需求量(一)

周	2	4	6	8	10	12	14	16	18
需求量(工日)	24	24	24	26	20	20	20	20	10

周	20	22	24	26	28	30	32	34
需求量(工日)	6	18	18	18	14	14	14	14

从表 9-3 中可以看出,资源需求的最大值是每周 26 个工日,最小值为每周 6 个工日。由于需求的最大值出现在该项目的第 8 周,并且活动 E 具有更进一步向后推迟的潜力,所以,可以考虑将活动 E 安排在活动 A 完成之后再开始,以减少资源需求的波动范围,节约资源。这时,资源需求量表变为如表 9-4 所示。

表 9-4　资源需求量(二)

周	2	4	6	8	10	12	14	16	18
需求量(工日)	24	24	24	16	20	20	20	20	20

周	20	22	24	26	28	30	32	34
需求量(工日)	6	18	18	18	14	14	14	14

从表 9-4 中可以看出,资源的最大需求量是每周 24 个工日,发生在第 1 周至第 6 周;最小的资源需求量仍然是每周 6 个工日。该项目中,资源需求的变化范围减少至 24-6=18 个工日。

活动 B 有 2 周的时差,如果我们将活动 B 作为第二个调整对象,把它向后推迟 2 周,其结果只能使第 8 周资源需求量从每周 16 个工日,增加到每周 24 个工日,并没有使该项目的资源需求的波动范围减小。所以,不能将活动 B 作为第二个调整对象。

现在,我们把注意力转向最后一个具有积极意义的单时差的活动 D,按计划活动 D 将在第 10 周开始,如果将活动 D 的开始时间向后推迟 2 周,那么,可以得到新的资源需求量表。

从表 9-5 中可以看出,资源需求的最大值仍是每周 24 个工日,但是,最小的资源需求量变为每周 10 个工日,所以,该项目资源需求的变动范围减少至 24-10=14 个工日。这个变化范围，同其他的调整方案相比，包括最早开始和最迟开始方案，是比较小的。从这个角度来说，在该项目中，我们在不延长整个项目工期的情况下，做到了使资源需求的变化最小化，最大限度地达到了资源的均衡使用。

表 9-5　资源需求量（三）

周	2	4	6	8	10	12	14	16	18
需求量（工日）	24	24	24	16	16	20	20	20	20
周	20	22	24	26	28	30	32	34	
需求量（工日）	10	18	18	18	14	14	14	14	

图 9-5 是与表 9-5 相对应的项目的甘特图和资源负荷图。

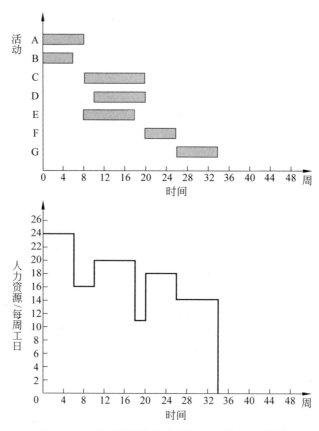

图 9-5　实行资源均衡后的甘特图和资源负荷图

对于规模较小的项目来讲，上述的操作步骤是非常实用和有效的，但是对于寻找最优方案来说，并不是十分可靠的方法。为了改善这种状况，可以采用一个类似的办法，即从项目各活动按最迟开始时间进行时的进度计划着手,考虑所有时差的活动,检查这些活动向项目开始方向移动时的影响。在某些项目中,管理人员的任务也许是在一定的范围内保持资源的最大使用,而不仅仅是保持资源均衡。如果通过重新调整项目中的关键活动不能满足要求,那么,可以通过适当延长 1 个或几个活动的工期来减少每日的资源需求。

如果几个项目共同使用多种不同类型的资源,并且活动的数目很大时,资源的均衡问题就会更加复杂。针对这种情况,人们已经开发出多种成熟的应用软件,用来解决项目管理中的资源均衡问题。

9.2.3　资源约束条件下的资源分配

在安排进度时,往往是根据经验确定资源需求情况,并假设资源是可获得的。实际上,很多的项目都受到来自资源的约束条件的制约,其直接结果是可能导致活动的延期完成或者中断,从而使项目原有的计划无法按期实现。所以在资源使用的约束条件下,通常运用关键路线法(CPM)不能求得项目的完成日期。因为在项目的进行中,经常出现这样的情况:在项目的一个或者多个阶段上,发生资源的需求超过了实际可以利用的资源的现象,同时,该项目的非关键活动的时差又不足以解决上述问题。因此,应用这种方法可能导致项目完工时间的延长,当然并不都是如此。

资源约束进度安排方法(resource-limited scheduling)是在各种可得资源的数量不变的情况下制定最短进度计划的一种方法。它是在最小时差的原则下反复地将资源分配到各个活动中去的一种方法。在几个活动同时需要同一有限资源的情况下,拥有最小时差的活动将拥有资源配置的优先权;如果资源还有闲置,再优先分配给时差最小的活动,依次类推。若当其他活动也需要这种资源,而该资源已经全部分给较高优先权的活动时,低优先权的活动就得推迟了;但随着这些活动时差的增大,它们也具有越来越高的优先级。

仍然以前面的表 9-2 项目为例,假设该项目的资源约束为每周 18 个工日。项目的关键工序有 A、C、F 和 G。所以首先从 A 工序开始分配资源,因为活动 A 占用了 18 个工日中的 16 个工日,所以,活动 B 只能在活动 A 完成之后再开始。活动 B 的紧后活动是活动 D,这种逻辑关系导致了活动 D、F 以及 G 的延期完成。项目工期延长到 44 周,原来的关键工序也发生了变化,如图 9-6 所示。

为避免产生延期,项目经理可以采取一些技术手段。如调整活动。即对于项目中,假定对于活动 A 和活动 B 来讲,每周仅有 22 个工日可供利用。活动 A 是关键活动,按计划它要占用 16 个工日(每周),那么,活动 B 每周只有 6 个工日可供利用。由于活动 B 总共需要 6 周×8 工日/周＝48 个工日,所以,可以安排活动 B 每周 6 个工日,用 8 周的时间完成,且不影响工期。如果每周仅有 18 个工日可供利用,那么,可以采取将活动 B 的工期延长为 5 周、每周 5 个工日的方案。

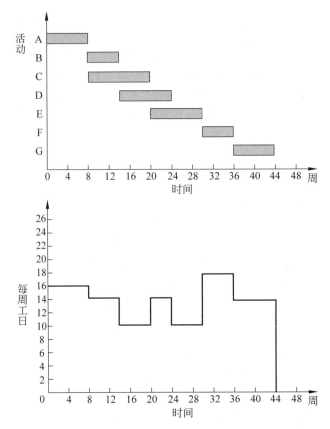

图 9-6　每周资源最多为 18 工日时的甘特图与资源负荷图

　　有些情况下，项目经理使用可以更换的资源来解决问题，例如，分包商和劳动力机构都是额外的劳动力来源。当然，这样做的成本可能相应高一些，所以，最合适的方法就是把费用超支与进度拖延相比较，加以协调考虑。

9.2.4　利用约束条件进行项目管理

　　在工作检查和流程检查进度计划使用的"瓶颈"概念可以沿用在项目的资源管理中。瓶颈资源由于在使用上受到诸多限制，因此常常导致项目活动的延期完成。如果一个项目需要多种资源，那么，瓶颈资源可能会减少那些昂贵资源或稀缺资源的使用，而增加这些瓶颈资源，相对来说是比较便宜的。例如，在工程建设项目中，施工单位通常要租借多台起重机，相比较而言，它们应该称做贵重资源。如果给每台起重机只配备一个操作工，可能会导致起重机被闲置。这是因为在施工时，某个活动可能同时需要这两种资源。从经济学的角度来说，在廉价资源不能充分使用的风险下，保证最大限度地使用贵重资源是合理的选择。所以，如果租借来的每台起重机,每天需要工作 14 个小时而每个操作工每天只能工作 8～10 小时的话,那么,合理的做法是雇用两个操作工,共同使用 1 台起重机,实行两班轮换制,这样 2 人每天至少可以工作 16 个小时,允许每个操作工每天有 2 个小时的空闲时间。因为同租借的起重机相比较,操作工的价格是比较便宜的。

然而,资源的闲置预示着效率低下,这应该引起项目管理人员的重视,并检查一下是否能将闲置的资源变为他用。资源使用率与成本和准时完成项目同样是项目评估期间的一个关键因素。在制定计划和检查的过程中,应该突出这些因素。

9.2.5　多项目进度安排资源配置的有效性

截至目前,在讨论资源分配和资源均衡技术时,假设每个项目的实施都由一个组织进行单独管理。在一个公司中,往往同时有多个项目在进行,它们可能存在技术、资源和预算方面的相关性,这些项目也为多个项目安排进度和分配资源的工作较单个项目的情况更为复杂一些。最常用的方法是把几个项目当作一个大型项目的多个元素,就可以使用为单个项目进度计划和资源管理所开发的技术。另一种解决方法是把所有项目考虑成完全独立的,当然并不完全现实。这两种方法会导致不同的进度安排和资源配置结果。但对每一种方法而言,概念都是一样的。

同时有几个项目,每一个项目都有各自的活动构成、预定期限和资源需求。另外在未能满足时间、成本和绩效目标的情况下,不同的项目所受到的奖惩可能会不一样。通常来讲,多项目的问题就是要确定一个加入到一套运行中的项目中来的新项目配置资源,并设定相应的完工日期。这需要开发一种有效的多项目进度安排资源配置系统。其有效性表现在三个方面:进度滑移、资源利用和在制品库存。

(1) 进度滑移常被认为是最重要的标准,即在项目完工时超过项目预定工期或交货期的时间。进度滑移极有可能导致罚款支出,并使收益下降,还可能引发其他项目的滑移。加快项目进度以防止滑移情况出现的做法可能会严重地扰乱整个组织,从而使由资源短缺所导致的滑移又在其他项目中出现。当项目产生进度滑移时,延误交货期而丧失信誉对所有生产者都是严重的打击。

(2) 资源使用情况为工业公司所特别看重,这是因为满足资源需求的工作具有较高的成本。能有一种平衡资源使用的高峰和低谷的资源配置系统是非常理想的状况,但要将其实现也是极为困难的。同时还必须确保预期的绩效,因为在一个多项目组织中,所有的项目都在争夺同样的稀缺资源。另外改变人力资源储备预计的成本也非常高昂。

(3) 在制品库存数量涉及由于部分资源的短缺而等待处理的工作数量。大多数工业组织都在在制品库存上占用了很多的资金,这可能表明公司缺乏效率,并且常常是公司费用的一种主要源头。相应的补救办法需要在在制品库存成本和资源成本(通常是指资本设备)之间寻求一种平衡，以压缩在制品的库存水平。

所有这些标准不可能同时达到最优，通常需要进行权衡。某个企业必须确定在任何给定的情况下，哪种标准是最为适用的，并且进而使用该标准去评估不同的进度安排和资源配置选择。

现在公司中常用"先到先做"法则管理多项目，表面看起来能够迎合顾客的"公平"观念。但研究表明，最小松弛优先法则，即把各项活动按松弛量（时差）大小进行排列，松弛量最小的优先，这是最好的总体优先法则，通常可以导致最少的项目滑移、最小的资源闲置时间和最小的系统占用时间。

9.3　案例分析：安吉尔工程公司

安吉尔工程公司主要从事化学制品和材料业务，工厂有两条产品生产线：工业化学制品和计算机原材料。工厂经理负责这两个工厂日常管理，但每个工厂分别由管理它的公司副总裁控制一系列的项目、优先权和人力控制。两个工厂均只对各自的公司副总裁负责。化学制品分公司 1978 年就已经成立，1994 年材料分公司成立，以一种房东和租户的关系位于化学制品分公司处。两个分公司关系比较松散。

公司内部项目大多关于建筑和工程，但它们通常都是为了支持生产的。工程部和建筑部涉及整个组织资源的项目，由项目协调人来指挥。通常是任命产品线的员工来暂时担任项目协调人，协调产品线的项目，而且他同时还需干好分内的工作。分公司经理以技术技能为基础来任命项目协调人，并向工厂经理汇报。

基本上，项目可以从任何有项目协调人的分公司启动。项目协调人草拟出项目的范围，提交到项目工程组。工程组根据项目的大小来安排设计承包人。根据优先权，工程组把项目纳入他们设计的时刻表，制定出说明书，接受报价。在项目设计进行到 60%～75% 时，建筑成本就能够估算出来。项目和估算准备成文之后，逐级向工厂和总公司申报，等待批准和授权。授权后，设计阶段完成，开始订购材料。接下来项目转到建筑部进行施工。这时，项目协调人安排在他部门中要完成的项目工作，很少和施工人员打交道。在一般情况下，协调人担当项目经理的角色，必须考虑时间、资金和资源的约束。

安吉尔工程公司有 300 个项目列在 1998—2000 年之间完成。但在这两年中，只有不到 10% 的项目在预定的时间、成本和绩效约束下完成。产品经理发现在资源运用方面越来越难以作出承诺，因为危机总是发生，包括一些火灾。

每个人都知道，利润来源于生产制造。一旦制造方面出现危机的时候，产品线经理就会从项目中撤出资源，自然项目就会遭受损失。项目协调人也试图给时间表留一些余度来应付意外事件，但很少成功。

工厂 300 个项目的分类如表 9-6 所示。

表 9-6　安吉尔公司项目分类

项目数	金额范围	项目数	金额范围
150	少于 5 万美元	20	100 万～300 万美元
70	5 万～20 万美元	10	400 万～800 万美元
60	25 万～75 万美元		

公司意识到必须处理项目存在的问题,工厂经理决心仔细听取员工的感觉。以下是他们的想法:

"我们最感到头疼的是那些不到 20 万元的小项目,我们能不能对大项目进行正规的项目管理,而对小项目采取灵活的手法?"

"为什么我们要用计算机程序来控制我们的资源?这些复杂的系统毫无用处,因为它们不能解决防火问题。"

"我们产品线经理们没有认识到有效计划资源的必要性。公司的资源分配是由感情而不是需要来决定。"

"有时候产品经理作出了承诺,但项目协调人却无法让他一直遵守承诺。"

"如果项目一开始就没有很好的计划,管理人员就没有权利总是要求我们这些产品线经理来进行弥补。"

"如果管理层不想雇用更多的资源,为什么应该是我们这些产品经理来遭受损失?也许我们应该砍掉一些没用的项目。我认为管理层设计出这些项目仅仅是为了花掉分配下来的资金。"

问题

(1) 资源规划会对项目的进度和成本产生哪些影响?

(2) 安吉尔工程公司在项目资源使用上存在什么问题?

(3) 多个项目的资源配置应注意什么问题?

本 章 小 结

本章以讨论项目中使用的资源的种类作为开始,根据资源的可获得性提出了分类体系,分析在项目生命周期内资源需求的特点和对进度管理的影响。编制项目资源计划是大多数项目需要进行的工作,资源数据表、资源甘特图、资源负荷图是常用的编制工具。

项目通常要受到时间和资源的约束,资源管理的两个重要内容就是在工期约束条件下进行资源平衡和资源约束条件下的进度安排。资源平衡是指项目周期内各阶段资源需求波动较小,对于成本和管理都是非常重要的,在进度计划确定的条件下利用活动时差进行调整达到均衡。而大多数项目同时受到资源条件的限制,就必须根据最小松弛原则进行项目进度调整,保证项目活动的资源供应,但这种情况往往导致项目延期。特别是在一个公司中可能进行多个项目,它们在时间、资源和绩效方面相互关联,给进度安排和资源配置带来更多的难题,必须寻找有效的评价标准。

习　题

1. 列举项目中用到的 10 种资源,用本章中的分类法对资源分类。

2. 讨论在制定进度计划时为什么需要配置资源。

3. 什么是资源约束? 举出几个例子。

4. 给出项目中一种"瓶颈"资源的例子,在什么条件下这种约束可以解除?

5. 在平衡进度计划对,特别是当活动会消耗多种资源时,有哪些困难?

6. 资源约束进度安排方法会使项目按进度进行吗? 如果这样,应该怎么做?

7. 表 9-7 给出关键路线分析的结果,表 9-8 列出了项目中每个活动需要的工人数。要求:

(1) 画出项目的网络图。

(2) 分别按最早开始和最迟开始时间画出横道图(甘特图)进度计划。最多需要多少工人?

(3) 分别按最早开始和最迟开始时间画出资源需要曲线。

(4) 试用本章介绍的方法最大限度均衡资源(需要的工人)。注意活动(0,1)和(1,3)不需要手工工人,所以这两个活动的进度可以独立于资源均衡程序。

(5) 假设活动(0,1)和(1,3)分别需要 8 个和 2 个工人,试进行资源均衡并画出相应的甘特图和资源需要图。

表 9-7　关键路线分析

| 活动 (i,j) | 持续时间 L_{ij} | 最　　早 | | 最　　迟 | | 总时差 TS_{ij} | 自由时差 FS_{ij} |
		开始 ES_{ij}	结束 EF_{ij}	开始 LS_{ij}	结束 LF_{ij}		
(0,1)	2	0	2	2	4	2	0
(0,2)	3	0	3	0	3	0	0
(1,3)	2	2	4	4	6	2	2
(2,3)	3	3	6	3	6	0	0
(2,4)	2	3	5	4	6	1	1
(3,4)	0	6	6	6	6	0	0
(3,5)	3	6	9	10	13	4	4
(3,6)	2	6	8	17	19	11	11
(4,5)	7	6	13	6	13	0	0
(4,6)	5	6	11	14	19	8	8
(5,6)	6	13	19	13	19	0	0

表 9-8　各个活动需要的资源

活 动	工人数	活 动	工人数	活 动	工人数
(0,1)	0	(2,4)	3	(4,6)	5
(0,2)	5	(3,5)	2	(5,6)	6
(1,3)	0	(3,6)	1		
(2,3)	7	(4,5)	2		

第 10 章

项目采购与招投标管理

学习目标：项目采购与招投标管理在项目管理中占据重要的位置，是项目管理的重要方法。通过本章学习，掌握项目采购的概念、过程与方法，熟练掌握最佳采购量的计算方法。熟练掌握项目招投标概念、方法，掌握项目文件的内容、格式，学会编写招标文件，掌握投标策略。

采购（procurement）是项目管理过程中的一个重要环节，其重要性体现在以下几个方面：一是采购费用占项目投资的比重很大，一般要占项目投资的50％～60％；二是采购物资的质量、成本对项目目标完成有重要的影响；三是采购过程在整个项目管理中占据较大的工作量，是与项目外部交往的过程，不确定因素较多。采购往往涉及相当多的外部部门，不具有重复性，采购的时间与整个项目的实施进度相适应，而且往往要考虑的是项目整个生命周期的费用，而不是只考虑最初的采购价格。一般来说，承包商提供货物和服务是根据客户发出的要约的要求，可能是多方竞争报价的结果，也可能是与单个客户直接谈判的结果。

采购是一个市场竞争的过程，采购物资报价、供应商的寻找和市场行情的变化等都要受许多因素的影响。项目采购不是简单的买卖过程，它涉及全过程的跟踪与管理，在采购管理过程中还涉及招投标管理、合同索赔等。

10.1 项目采购概述

10.1.1 项目采购的概念

采购就是努力获得，或设法得到，或采办的意思。项目采购与一般的商品买卖含义不同，商品买卖是一种简单的交易,而采购除了产品交易以外,还包括事前的准备、事中管理和事后保修等。PMBOK 将项目采购管理定义为:"为达到项目范围而从执行组织外部获取货物和(或)服务所需的过程",通常把货物和(或)服务(无论是一项还是多项)称为"产品"。这里的所谓"执行组织"一般可称为业主或者业主代表,是业主方管理机构。世界银行贷款项目中所涉及的采购,其含义不同于一般概念上的商品购买,它包含以不同方式通过努力从项目管理组织外部获得货物、土建工程和服务的整个采办过程。因此,世界银行贷款中的采购不仅包括购买货物,还包括雇用承包商来实施土建工程和聘用咨询专家来从事咨询服务。

项目采购是一个过程,它包含的买卖双方各有其自己的目的,以商定的方式相互作用。本章所讨论的项目采购是在考虑了买者与卖者之间的关系之后,从买者的角度来进行的。当买者为承包商时,卖者就是分包商;当买者是货物购买者时,卖者就是供应商。不管哪种情况,基本的采购过程不会改变,都是通过买卖双方协商、签约、交易和管理。

在工程项目中,当业主采购承包商来承担施工任务时,承包商(卖者)一般都把他们承担的提供货物或服务的工作当成一个项目来管理。在这种情况下:

① 买主就成了顾客(业主),因而就成了项目的一个主要利益关系者;

② 卖主的项目管理班子必须关心项目管理的所有过程,不仅仅是项目采购过程;

③ 分包合同的条款和条件就成了项目管理、采购过程的关键依据。

项目采购管理过程中合同条款一般由买方先起草,双方经过一定时间的协商和准备才能达成采购合同,采购合同是项目管理的一个依据。

项目采购可以分为货物采购(也称有形采购)和服务采购(也称无形采购),不仅包括购买货物,而且还包括雇用承包商来实施土建工程和雇用咨询专家来咨询服务,如图 10-1 所示。

$$
\text{项目采购}\begin{cases}\text{有形采购}\begin{cases}\text{货物采购}\\ \text{土建工程采购}\end{cases}\\ \text{无形采购——咨询服务采购}\end{cases}
$$

图 10-1　项目采购方式

1. 有形采购和无形采购

世界银行贷款项目的采购按其内容可分为有形采购和无形采购,有形采购是指货物、劳务采购,无形采购是指咨询服务采购。

(1) 货物采购

货物采购属于有形采购,是指购项目建设所需的投入物,如机械、设备、仪器、仪表、办公设备、建筑材料(钢材、水泥、木材等)和农用生产资料等,并包括与之相关的服务,如运输、保险、安装、调试、培训和维修等。

货物采购又可以分为大宗货物和定制货物,大宗货物是企业批量生产的产品,市场上有批量供应的商品,项目采购过程相对比较容易。另一种货物是市场上没有现成的产品供应,需要通过寻找供应商专门定制的产品,主要是专业设备,这种货物采购需要与供应商专门签订供销合同。合同是采购管理的主要内容和依据。

（2）土建工程采购

土建工程采购也属于有形采购，是指通过招投标或其他商定的方式选择工程承包单位，也就是选择合格的承包商承担项目工程施工任务。如修建高速公路、居民住宅、桥梁、水利工程、污水处理等，土建工程采购内容还包括与之相关的服务、技术、人员培训和维修等。

在工程项目管理中，土建工程采购是项目管理工作的重要部分，因为，选择一个合适的承包商等于完成了项目管理的一大半工作，所以，严格按照市场方式选择承包商是项目采购管理的一条原则。

（3）咨询服务采购

咨询服务采购不同于货物采购，它属于无形采购，主要是聘请咨询服务公司或者个人咨询专家。咨询服务的范围很广，有可行性研究专家咨询、技术专家咨询、监理、培训和设计等。

① 项目可行性研究咨询。许多项目在投资之前都要进行相关的市场调研、论证等工作，社会上专门有从事这类工作的机构、公司和资深专家，聘请或者委托他们进行论证工作既可以节省人力、物力，又可以保证论证的准确性和可信度。例如，项目可行性研究报告、工程项目现场勘查和设计等业务。

② 工程设计和招投标文件编制服务。

③ 项目管理、施工监理等管理服务。

④ 技术援助、培训等服务。

⑤ 信息咨询聘请顾问等。

世界银行贷款项目采购工作的依据是世行《采购指南》和《聘请咨询专家指南》中规定的规则和程序，这两份指南为实施世界银行贷款项目的机构在安排项目所需土建工程、货物和咨询服务采购时提供指导。贷款协议决定了借款方和世界银行之间的法定关系，《采购指南》适用于贷款协议中规定的采购，而借款方和提供土建工程、货物和咨询服务的供货方的权利和义务则受制于招标文件或建议书邀请函以及借款方和供货方之间签订的合同。

2．招标采购与非招标采购

按照供货的竞争程度来分，项目采购可以分为招标采购和非招标采购。

（1）招标采购

招标采购主要包括国际竞争性招标、有限国际招标和国内竞争性招标。

（2）非招标采购

非招标采购主要包括国际、国内询价采购（或称"货比三家"）、直接采购、自营工程等，以下分别详述。

3．采购的范围

一般采购的业务范围包括如下几项。

（1）确定所要采购的货物、土建工程、性能、数量和合同或标段的划分等。

（2）市场供求现状的调查分析。

（3）组织进行招标、投标、合同谈判和签订合同。

（4）合同的实施与监督。

（5）合同执行中对存在的问题采取的必要行动或措施。

（6）合同支付。

（7）合同纠纷的处理等。

4．采购与项目执行的关系

以世界银行项目为例，世界银行一般只能给具体的建设和开发项目提供贷款，也就是对经过仔细挑选、认真准备、切实评估、严密监督和系统评价的具体项目给予贷款。所以，每一个世界银行贷款项目（下称项目）都要按照规定的程序，经历一个从开始到结束的周期性过程，这就是我们常说的项目周期。世界银行项目周期一般包括六个阶段：项目的鉴别（或称鉴定、选定或确定）、项目的准备、项目的评估、项目的谈判和签订、项目的执行与监督、项目的总结与评价。其中最后一个阶段又与新项目的探讨与设想相联系，使周期本身不断地更新。

如图 10-2 所示的周期循环的示意图中，项目的执行与监督阶段通常要持续比较长的时间，覆盖了项目的整个建设期甚至建设期以后的一段时期。如果说，项目周期中的其他阶段主要是由世界银行人员负责执行具体任务，那么，这一阶段的项目执行任务主要是由借款国的具体项目单位——项目业主来负责。世界银行在这一阶段对项目进行过程进行监督与检查，采购必须要按照世界银行贷款项目采购指南进行。

图 10-2　世界银行项目周期

项目的执行，就是指项目资金的具体使用，即为项目提供并完成所需的材料、设备、土建工程施工以及相应的咨询服务等，这是一个将其设想的项目目标按照设计内容付诸实施的具体执行过程。项目的采购是这一阶段的主要工作内容，此外，还有与之紧密相联的贷款资金的支付和配套资金的使用问题，以及相应的机构建设、技术援助及人员培训等工作。

所以，如果说，项目执行是项目周期中最长的重要一环，那么，项目采购就是确保项目达到既定目标的主要步骤。

5．项目采购管理的重要性

任何项目的执行都离不开采购活动，如农业项目需要采购农用机械、种子、农药和化肥；

水利项目需要得到钢材、水泥、水泵和其他排水设备；工程项目需要采购承包商来提供施工服务；技术援助项目需要聘请咨询专家；科研项目需要通过采购研究专家来完成科研活动。这些项目投入物都是通过采购获得的。可以说，采购工作是项目实施过程的重要、关键环节。采购管理成功与否是一个项目实施成败的决定因素。如果采购管理不当可能会出现设备、材料的质量问题，使成本上升，最终导致项目不能成功。因为，项目成功的基础是需要合格的承包商、优良的原材料、设备等，这些都是通过采购获取。项目的成本构成中，承包商费用、原材料、设备仪器等占据绝大部分，所以，只有控制采购成本，项目管理的经济效益才能体现。

以世界银行项目为例，采购管理的重要性主要体现在以下几方面。

（1）采购工作是项目执行中的关键环节并构成项目执行的主要内容。采购工作能否经济有效地进行，不仅影响着项目成本，而且也关系着项目的预期效益能否充分发挥。一般来说，世界银行贷款是按照项目实施中实际发生的费用予以支付的，而采购的延误直接影响着支付的进程，即支付的快慢基本上是由采购的进度来决定的。以往的项目管理经验表明，在项目执行中，支付的滞后绝大部分是由采购的延误造成的。采购问题一直是历次世界银行贷款项目大检查中重点讨论的课题，也是有关的研讨会所关注的问题，已越来越成为人们所重视的问题。

（2）采购管理对项目总体成本有重要影响。项目采购工作涉及巨额资金的管理和使用，招标投标过程又充满商业竞争，如果没有严密而规范化的程序与制度，就会给贪污、贿赂之类的腐败或欺诈行为和严重浪费现象提供滋生的土壤，给项目的执行带来危害。因此，采购工作必须严格按照世界银行《采购指南》的规定办事，在讲求经济和效率的同时，增加透明度，实行公开竞争性招标，严格按事先公布的标准公开地进行评标，并切实执行新《采购指南》中关于反腐败、反欺诈行为的规定，加上上级主管部门和世界银行在招标过程的重要步骤上的把关审查，必能从制度上最大限度地防止贪污、欺诈和浪费等腐败现象的发生，控制项目实施成本，提高项目管理经济效益。

（3）通过采购管理能够提高项目管理的经济效益，保证项目性能。按照世界银行规定，采购要兼顾经济性和有效性两个方面，要使这两个方面有机地和完美地结合起来，也就是使采购的货物或工程，既要费用低、质量高，又要在合理的时间内尽早完成，避免或减少延误。认真遵循这些原则，就可以有效地降低项目成本，促进或保证项目的顺利实施和如期完成。

（4）采购管理涉及世界银行成员国家的经济利益和世界银行的融资。世界银行贷款的资金来源于成员国的捐款和国际资本市场。捐款国希望通过国际竞争性招标方式促进本国产品和施工或咨询服务的输出，因此，采购工作是否公正合理，直接影响着世界银行能否从其成员国家和国际资本市场上筹集到足够的资金，以实现其帮助发展中国家提高生产力、促进经济增长的目标，同时也关系到世界银行贷款是否得以合理分配的问题。

（5）借款国在项目采购中可利用世界银行的国内供货商和国内承包商优惠政策，促进本国制造业和工程承包业的发展。

所以,无论什么项目管理,采购管理始终是重要的环节和任务,业主往往对采购管理有许多的规定,项目经理也重视亲自管理采购工作,各国政府对项目采购工作程序和方法也有相应的规定和限制。

10.1.2　项目采购管理的原则

世界银行贷款项目采购工作的依据是世界银行《采购指南》和《聘请咨询专家指南》中规定的规则和程序,这两份指南为实施世界银行贷款项目的机构在安排项目所需土建工程、货物和咨询服务采购时提供指导。贷款协议决定了借款方和世界银行之间的法定关系,《采购指南》适用于贷款协议中规定的采购,而借款方和提供土建工程、货物和咨询服务的供货方的权利和义务则受制于招标文件或建议书邀请函以及借款方和供货方之间签订的合同。世界银行在《采购指南》中对项目采购提出四个方面的基本要求,这也就是它的采购政策或采购原则,这些原则具体地体现为确保任何一笔贷款只能用于提供该贷款的既定目的,并充分考虑经济性和效率性,而不应关心政治或其他非经济因素的影响或考虑,且世界银行为此制定了详细的程序(见图 10-3),而项目实施的具体采购程序还应取决于项目的具体情况。世界银行对采购的基本要求可以概括为以下四个方面。

1. 经济性和效率性

项目的实施,包括所需货物和土建工程的采购,需要讲究经济效益和效率性。如前所述,采购是项目实施或执行阶段的关键环节和主要内容,所以这里对采购的经济性和效率性特别予以强调。而货物(包括设备)和土建工程这两项采购额,按世界银行的统计,大约占其总支付额的 90%,而在这两项采购额中,货物约占 70%,土建约占 20%,服务约占 10%。采购要在经济上有效,也就是说,所采购的工程、货物和服务应具有优良的质量,以及在合理的、较短的时间内完成采购,以满足项目工期的要求。

2. 均等的竞争机会

世界银行作为一个国际合作性机构,愿意给予所有来自发达国家和发展中国家的合格投标人一个竞争的机会,以提供银行贷款项目所需的货物和土建工程及咨询服务。

在采购中给予合格竞争者均等的机会,就是要使所有来自世界银行合格货源国,即世界银行成员国和瑞士的公司都可以参加世界银行贷款项目的资格预审、投标和报价;所提供的货物、服务和与之相关的配套服务(如运输、保险等)也必须来源于合格货源国;所有来自合格货源国的厂商的资格预审申请、投标文件和报价都必须受到公正对待。但是,新《采购指南》对会员国家又有新的规定,提出,一个会员国的公司或在一个会员国制造的货物,如果属于下

图 10-3　项目采购管理

列情况，则可以被排除在外：如果根据法律或官方规定，借款国禁止与该国的商业往来，但前提是要使银行满意地认为该排除不会妨碍在采购所需货物或土建工程时的有效竞争；或为响应联合国安理会根据《联合国宪章》第七章作出的决议，借款国禁止从该国进口任何货物或该国的个人或实体进行任何付款。

3. 促进借款国承包业和制造业的发展

世界银行作为一个国际开发机构，愿意促进借款国的承包业和制造业的发展。

鼓励借款国厂商单独或与外国合格厂商联合、合作。借款国可以通过世界银行规定的评标中的优惠政策，赢得更多的中标机会，以促进本国经济的发展。规定符合以下条件的借款国厂商可以受到评标中的国内优惠。

（1）设备评标的国内优惠

1995 年开始实行的这种评标优惠，将原《采购指南》的条件作了一定程度的提高，即在国际竞争性招标的前提下，对于提供在借款国内生产的货物的投标，只要其生产成本至少有相当于 30% 出厂价的金额是在借款国内构成的（原为 20%），就可以在评标过程中享受 15% 的国内优惠。

（2）土建工程评标的国内优惠

国内人均（年）收入在 635 美元（随世界经济的变化而调整）以下的世界银行成员国承包商可以在工程项目评标中享受 7.5% 的国内优惠，享受该优惠的国内承包商和国内与国外承包而组成的联合体必须符合世界银行规定的条件。

4. 透明度

强调采购过程中的透明度的重要性，这是在以前的《采购指南》中指出的经济有效、机会平等和发展国内产业的三项原则上新增加的一条重要的要求。虽然，以前的《采购指南》也强调了透明的公共采购过程，但如今的着重强调更有利于提高采购过程的客观性，也是对《采购指南》第二章中的国际竞争性招标（ICB）的各项要求的一种支持。一些新增条款，如"利益冲突"、"公共部门参与招标，必须是财务、法律自主的"以及反欺诈及腐败条款，都是增加透明度的具体措施。

10.1.3　项目采购管理中的有关角色

项目的采购管理可以说是项目组织在采购项目所需产品（或服务）中所开展的管理活动。在项目的采购管理中，主要涉及四个方面的利益主体以及他们之间的角色互动。他们是项目业主（或客户）、项目组织（包括承包商或项目业主（或客户）组织内部的项目团队）、资源供应商以及项目的分包商。项目业主（或客户）一般是项目的发起方、出资方，是项目最终成果的所有者或使用者，同时也可以是项目资源的购买者。承包商或项目团队是项目业主（或客户）的代理方，它对项目业主（或客户）负责，为了完成项目目标必须管理好采购任务。然后从项目业主（或客户）那里获得补偿。资源供应商是为项目组织提供项目所需资源的工商企业组织，它直接与承包商或项目团队交易，满足项目的资源需求。当项目组织缺少某种专业人才或资源去完成某些项目任务时，他们可能会雇用分包商（或者专业技术顾问）来实施这些任务。分包商可以直接对项目组织负责，也可以直接对项目业主（或客户）负责，他们从项目组织或项目业主（或客户）那里获得劳务报酬。这四个角色在项目采购管理中的关系如图 10-4 所示。

项目业主（或客户）与项目组织，项目组织与分包商和供应商，项目业主（或客户）与分包商和供应商之间都会有委托代理关系，而项目组织与资源供应商之间则是产品买卖关系，或者说是采购关系。在项目的采购管理中，管理的主要内容是这种资源采购关系，要处理好他

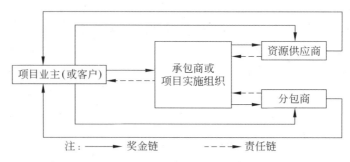

注：——→ 奖金链　　- - - -→ 责任链

图 10-4　项目采购中的角色关系图

们之间的关系。

在项目的采购管理中，这四个主要角色之间的有效的沟通、积极的互动可以使项目管理获得成功，反之就会发生项目因为资源不到位而产生实施进度受阻或项目失败的风险。在实际的项目采购管理中，资源的计划和采购工作主要是由负责项目实施的承包商或项目团队开展和主持的，项目业主（或客户）直接进行采购的情况是较少的。因为项目组织是资源的直接需求和使用者，最清楚项目各个阶段的具体资源需求。

10.2　项目采购的过程

10.2.1　项目采购的准备过程

项目采购是一项很复杂的工作。它不但应遵循一定的采购程序、原则，更重要的是，项目组织及其采购代理人，在实施采购前必须清楚地知道所需采购的货物或服务的各种类目、性能规格、质量要求和数量等，必须了解并熟悉国内、国际市场的价格和供求情况、所需货物或服务的供求来源、外汇市场情况、国际贸易支付办法、保险、损失赔偿惯例等有关国内、国际贸易知识相关商务方面的情报和知识。上述这些准备都要在采购实施之前完成，稍有不慎，就可能导致采购工作的拖延、采购预算超支、不能采购到满意的或适用的货物或服务，而造成项目的损失，影响项目的顺利完成。

做好这些准备工作并不是一件容易的事情，是一项深入细致的市场调查和技术研究过程，涉及许多知识和经验问题。所以，任何采购管理人员必须学习采购知识和方法，借鉴相关经验。

（1）做好项目设计是采购的先决条件。一个项目的技术水平决定所需采购的内容，方式和资金，采用最先进的技术、设备固然有很多益处，但先进设备和技术往往价格昂贵，而且如果其他产品或服务不能配套，必然很难充分发挥先进技术和设备的作用。此外，还应考虑到项目的技术和劳动力密集程度,项目使用者的技术能力、素质。

(2) 应考虑到采购项目技术要求的高低会影响供货一方的竞争性。技术参数要求过高,一般投标人望而生畏,有条件参加投标的承包商不多,结果就会削弱投标的竞争性,就有可能使价格得以抬高。反之,要求水平过低,潜在的承包商多、面广,竞争性也会增大,因而会增加采购过程本身的管理工作量、费用,延长时间。所以,合理设计项目技术水平既关系到项目本身的实施情况,也关系到项目采购管理,选择一个恰到好处的项目技术是一项非常重要的前提工作。项目的技术水平应选定在什么等级上,应根据具体项目的目标而定。项目所需要的技术水平在项目计划和规划时就应慎重选定,务求以最低成本取得最佳效益。然后随着项目的进展逐步编制和完善采购计划。

(3) 熟悉市场情况,掌握有关项目所需要的货物及服务的市场信息。缺乏相关的市场信息,或者市场信息不完善,采购中往往会导致错误的判断,以致采取不恰当的采购方法,或在编制预算时作出错误的估算。良好的市场信息机制应该包括以下四个方面。

① 建立重要的货物源的档案,以便需要时能随时提出不同的供应商所能供应的货物的规格性能及其可靠性的相关信息,档案中应该包括所有市场供应商的产品、技术、价格、地址、通信和经营历史等信息。

② 建立同一类货物的价格目录,以便采购者能利用竞争性价格得到好处,比如商业折扣。

③ 对市场情况进行调查研究,作出预测,使采购者在制定采购计划、决定如何捆包及采取何种采购方式时,能有比较可靠的依据作为参考。

④ 估计项目所需货物的时间表,哪种货物什么时候需要到货、检验、入库手续等。

当然,项目组织不大可能全面掌握所需货物及服务在国际及国内市场上的供求情况和各承包商(或供应商)的产品性能规格及其价格等信息。这一任务要求项目组织、业主、采购代理机构通力合作来承担。采购代理机构尤其应该重视市场调查和市场信息。必要时还需要聘用咨询专家来帮助制定采购计划,提供有关信息,直至参与采购的全过程。

10.2.2　采购计划

项目采购计划是在考虑了买卖双方之间关系之后,采购者(买者)从方便项目实施的角度出发所制定的采购安排,这是采购过程的第一步。

项目采购计划过程就是识别项目的哪些需要可以通过从项目实施组织外部采购产品、设备或者服务来得到满足。采购计划应当考虑合同和分包合同(例如,买主经常希望对所有分包决策施加某种程度的影响或控制)。采购计划一般要对下列事项做出决策。

(1) 通过一家总承包商采购所有或大部分所需要的货物和服务(例如,选择一家设计施工公司来完成一项基本建设设施;选择一家系统集成公司来研制某一电脑软件系统;成立一家合资企业承担一项工程项目），在这种情况下，从询价到合同终止的各个过程都只要实施一次。

（2）向多家承包商采购很大部分需用的货物和服务。在这种情况下，从询价直至合同终止的各个采购过程都要在采购进行过程中的某个时候为每一个采购活动实施一次。这种方法一般都要有订货和采购专家的支持才能进行。

（3）采购小部分需用的货物和服务。这时，从询价直到合同终止的各个采购过程也要在采购进行过程中的某个时候，为每一采购活动实施一次。这个方法在使用时有没有订货和采购咨询专家的帮助都能进行。

（4）咨询服务采购。这种方法常用于研究和科技开发项目（当实施组织不愿别人得到项目技术信息时）和许多小型的、机构内部的项目（当寻找和管理某种外部来源的费用可能超出潜在的节省时），这时，从询价到合同终止的各个过程都不必实施。

1. 采购计划制定的依据

（1）范围说明

范围说明书说明了项目任务内容，提供了在采购计划过程中必须考虑的项目要求和策略的重要资料。随着项目的进展，范围说明书可能需要修改或细化，以反映这些界限的所有变化。范围说明应当包括对项目的描述、定义以及详细说明需要采购的产品类目的参考图或图表及其他信息。具体包括以下内容。

① 项目的合理性说明（设计说明书）。解释为什么要进行这一项目、项目存在的意义和作用。

② 项目可交付成果（执行说明书）。这是一份主要的、属于归纳性的项目清单，其完整、令人满意的交付，标志着项目的完成。

③ 项目目标（性能说明书）。项目成功必须要达到的某些数量标准。项目目标至少必须包括费用、进度和质量标准。项目目标应当有性能上、计量单位和数量值上的描述，一般有量化的考核标准，定性的目标会留下争议。

（2）产品说明

项目产品（项目最终成果）的说明，提供了有关在采购计划过程中需要考虑的所有技术问题或注意事项的重要资料。项目产品说明越在早期阶段一般比较粗略。而后则越来越详细，这是随着成果特性的逐步深入了解必然产生的结果。产品的描述实际上勾画了所要达到的性能、内容，采购必须围绕产品说明展开。

（3）采购活动所需的资源

项目实施组织若没有正式的订货单位，则项目管理班子将不得不自己提供资源和专业知识支持项目的各种采购活动。

（4）市场状况

采购计划过程必须考虑市场上有何种产品可以买到、从何处购买、采购的条款和条件是怎样的,以及市场产品的价格和性能的比较。

（5）其他计划结果

只要有其他计划结果都可供使用,如项目成本初步估算、质量管理计划等,都要在采购计划过程中加以考虑。

（6）制约条件和基本假设

由于项目采购存在着诸多变化不定的环境因素,项目实施组织在实施采购过程中,对变化不定的社会经济环境作出的一些合理推断,就是基本假设。制约条件和基本假设的存在限制了项目组织的选择范围。

2. 采购计划制定应分析和处理的几个问题

（1）所采购的设备、货物或服务的数量、技术规格、参数和要求。

（2）所采购的设备、货物或服务在整个项目实施过程中的哪个阶段、什么时间使用。

（3）所采购的每一种产品间彼此的联系。

（4）全部产品采购如何分别捆包,每个捆包应包括哪些类目。

（5）每个捆包从开始采购到到货需要多少时间,从而制定出每个捆包采购过程各阶段的时间表,并根据每个捆包采购时间表制定出项目全部采购的时间表。

（6）采购资金需求时间表,以便于资金预算。

（7）对整个采购工作协调管理。

3. 外购与自制的分析

项目实施组织总会拥有一些采购产品的选择权,包括是自制或外购、短期租赁或长期租赁、国内购买还是国外购买等的选择。

（1）自制或外购分析

利用转折点分析法进行自制或外购选择决策分析,这是一般的管理技术,它是根据成本原理来确定某种具体的产品是否可由实施组织自己生产出来,还是外部购买。

例 10-1　某项目实施需用甲产品,若自制,单位产品变动成本为 12 元,并需要另外增加一台专用设备价值 5 000 元;若外购,购买量大于 3 000 件,购价为 13 元/件;购买量小于 3 000 件时,购价为 14 元/件。试问:该项目组织如何根据用量作出甲产品取得方式的决策?

解　在此例进行分析时,有三条成本曲线,根据此题的特点采用转折点分析法较为便利。

设:x_1 表示用量小于 3 000 件时外购产品转折点(如图 10-5 所示);

x_2 表示用量大于 3 000 件时外购产品转折点;

x 表示产品用量。

那么,用量小于 3 000 件时产品外购成本为 $y=14x$;

用量大于 3 000 件时外购成本为 $y=13x$;

产品自制成本为 $y = 12x + 5\,000$。

根据上述成本函数可求

转折点 x_1：$12x_1 + 5\,000 = 14x_1$，得 $x_1 = 2\,500$（件）。

转折点 x_2：$12x_2 + 5\,000 = 13x_2$，得 $x_2 = 5\,000$（件）。

将三条成本曲线及转折点用图 10-5 来表示。

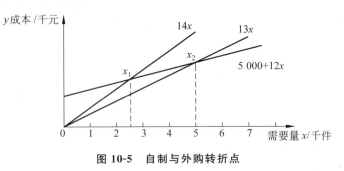

图 10-5　自制与外购转折点

从而,可以得到决策分析的结果如下。

- 当用量在 0～2 500 件时,外购为宜;

- 当用量在 2 500～3 000 件时,自制为宜;

- 当用量在 3 000～5 000 件时,外购为宜;

- 当用量大于 5 000 件时,自制为宜。

自制或外购分析还必须考虑项目实施组织的发展前景和项目的目前需要的关系,考虑购买固定费用的分摊问题。例如,购买一项自制设备（一般为长期资产,如施工设备、个人电脑）,而不是去租赁,从目前成本上看往往不合算。但是,如果项目承包商以后还会承担类似的项目,继续使用这项资产,则购买费中的固定资产分摊就会较少,购买成本降低,这种情况下,项目组织应选择购买而不是去租赁设备资产。

（2）短期租赁还是长期租赁

选择短期租赁还是长期租赁也是出于成本的考虑,一般短期租赁是按天计算,而长期租赁是需要交纳固定费用,然而按天计算变动费用。

例 10-2　一个公司若短期租赁一种设备,租金按天计算,每天 100 元;如果长期租赁,租金每天为 60 元,但必须在开始时交纳固定手续费用 6 000 元。

在这种情况下,进行短期或长期租赁选择,也要根据项目对设备的预计使用时间来确定,分析短、长期租赁的成本转折点如下。

设在预计租期为 x 天时,长、短期租赁费用相等。

则

$$100x = 6\,000 + 60x$$

得

$$x = 150（天）$$

因此,若公司预计租用设备不超过 150 天,应该选择短期租赁,如果预计租赁时间超过

150 天时,应该选择长期租赁。

（3）经济采购订货模型

如果一个项目已经确定了采购的货物类目、数量和供应商,那么,下面的问题就是决定采购进货时间和进货批量(分别用 T 和 Q 表示),按照采购管理的目的,需要通过合理的进货批量和进货时间,使存货的总成本最低,这个批量叫作经济订货量或经济批量。有了经济订货量,可以很容易地找出最适宜的进货时间。那么,货物采购成本的计算公式如下:

TC(货物采购总成本)＝TC$_a$(取得成本)＋TC$_c$(储存成本)＋TC$_s$(缺货成本)

其中:

$$TC_a = F_1 + \frac{D}{Q}K + D \cdot U$$

$$TC_c = F_2 + K_c \cdot \frac{Q}{2}$$

式中: F_1——订货固定成本(采购机构的基本开支),与订货次数无关;

D——产品年需用量;

Q——每次进货批量;

K——每次订货变动成本(差旅费、邮资、通信费等);

U——产品进货单价;

F_2——储存固定成本(包括折旧、仓库职工工资等);

K_c——产品储存单位成本。

则:

$$TC = F_1 + \frac{D}{Q}K + D \cdot U + F_2 + K_c \cdot \frac{Q}{2} + TC_s$$

① 经济订货量基本模型

经济订货量基本模型需要设立的假设条件是:

· 项目能够及时补充存货,即需要订货时便可立即取得存货;

· 能集中到货,而不是陆续入库;

· 不允许缺货,即无缺货成本,TC$_s$ 为 0;

· 需求量确定,即 D 为已知常量;

· 产品单价不变,不考虑现金折扣,即 U 为已知常数;

· 项目现金充足,不会因现金短缺而影响进货;

· 所需产品市场供应充足,不会因买不到需要的产品而影响其他。

设立了上述假设后,存货总成本的公式可以简化为

$$TC = F_1 + \frac{D}{Q}K + D \cdot U + F_2 + K_c \cdot \frac{Q}{2}$$

当 F_1、K、D、U、F_2、K_c 为常数时,TC 的大小取决于 Q。为了求出 TC 的最小值,对上式

求导数,并令其等于零,就可以得到经济订货模型如下:

$$Q^* = \sqrt{2KD/K_c}$$

在经济订货量 Q^* 下,订货总成本 TC 达到最小。

经济订货模型的变形形式有如下几种。

每年最佳订货次数公式:

$$N^* = \frac{D}{Q^*} = \frac{D}{\sqrt{2KD/K_c}} = \sqrt{DK_c/2K}$$

存货总成本计算公式推导:

$$TC(Q^*) = \frac{KD}{\sqrt{2KD/K_c}} + \frac{\sqrt{2KD/K_c}}{2}K_c = \sqrt{2KDK_c}$$

最佳订货周期公式推导:

$$t^* = \frac{1}{N^*} = \frac{1}{\sqrt{DK_c/2K}}$$

例 10-3 某项目每年耗用某种产品 3 600 千克,该产品单位成本为 10 元,单位存储成本为 2 元/(千克·年),一次订货成本为 25 元/次。那么

$$K = 25(元)$$
$$D = 3\ 600(千克)$$
$$K_c = 2(元)$$

根据经济订货模型可得

$$Q^* = \sqrt{2KD/K_c} = \sqrt{\frac{2 \times 25 \times 3\ 600}{2}} = 300(千克)$$

$$N^* = \frac{D}{Q^*} = \frac{3\ 600}{300} = 12(次)$$

$$TC(Q^*) = \sqrt{2KDK_c} = \sqrt{2 \times 25 \times 3\ 600 \times 2} = 600(元)$$

$$t^* = \frac{1}{N^*} = \frac{12}{12} = 1(月)$$

② 经济订货量基本模型的扩展

如果经济订货量的基本模型的上述假设条件发生变化,计算方法就发生变化。为使模型更接近于实际情况,具有较高的可用性,须逐一放宽假设,同时改进模型。分以下几种情况改进模型。

- 订货提前期。实践中,项目的存货不能做到随用随时补充,因此不能等存货用完再去订货,而需要在没有用完前提前订货。提前订货的情况下,项目组织再次发出订货单时,尚有一定的库存量,这个库存量称为再订货点,用 R 来表示。它的数量等于交货时间(L)和每日平均需用量(d)的乘积,即

$$R = L \cdot d$$

需要订货提前期的时候,在例 10-1 中,假定项目从发出订货到货物运到需要 10 天,每天需要 10 千克的使用量,那么

$$R = L \cdot d = 10 \times 10 = 100（千克）$$

即项目在尚存 100 千克存货时,就应当再次订货,等到下批订货到达时(发出再次订货单 10 天后),原有库存刚好用完。此时,经济订货量、订货次数和订货间隔时间等并无变化,只是订货时间提前了 10 天,不是当库存用完了立即订货,而是,当库存只有 100 千克的时候,发出订货单。订货提前期的情况如图 10-6 所示。

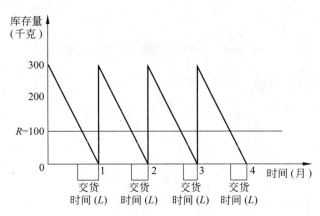

图 10-6　订货提前期

- 存货陆续供应和使用。上述的假设与实际情况仍然存在差距,是假设存货一次全部入库,故存货增加时存量变化为一条垂直的直线(如图 10-6 所示)。实际上,各批存货可能陆续入库,存量陆续增加。尤其是产成品入库和在产品的转移,几乎总是陆续供应和陆续耗用的。这种情况下,需要对上述基本模型做一些修改。仍然通过例子来说明。

在例 10-1 中,假定每日送货量(P)为 30 件,每日耗用量(d)为 10 件,单价(U)为 10 元,存货数量的变动如图 10-7 所示。

设每批订货数为 Q,由于每日送货量为 P,故该批货全部送达所需天数则 $= \dfrac{Q}{P}$,称为送货期。因产品每天耗用量为 d,故送货期内的全部耗用量 $= \dfrac{Q}{P} \cdot d$;

由于产品边送边用,所以每批送完时,最高库存量 $= Q - \dfrac{Q}{P} \cdot d$;

平均库存量 $\overline{E} = \dfrac{1}{2}\left(Q - \dfrac{Q}{P} \cdot d\right)$。

那么,该项目一年的订货成本为

$$\mathrm{TC}(Q) = \frac{Q}{D} \cdot K + \frac{1}{2}\left(Q - \frac{Q}{P} \cdot d\right) \cdot K_{\mathrm{c}} = \frac{Q}{D} \cdot K + \frac{Q}{2}\left(1 - \frac{d}{P}\right) \cdot K_{\mathrm{c}}$$

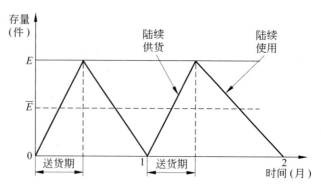

图 10-7 陆续送货情况下的存货数量

对上式求导，可以得到 TC 为最小时的订货量

$$\frac{Q}{D} \cdot K = \frac{Q}{2}\left(1 - \frac{d}{P}\right) \cdot K_c$$

则

$$Q^* = \sqrt{\frac{2KD}{K_c}\left(\frac{P}{P-d}\right)}$$

将这一公式代入总成本计算公式，化简得到

$$\mathrm{TC}(Q^*) = \sqrt{2KDK_c\left(1 - \frac{d}{P}\right)}$$

例 10-1 的计算结果如下：

$$Q^* = \sqrt{\frac{2 \times 25 \times 3\,600}{2} \times \left(\frac{30}{30-10}\right)} = 367（件）$$

$$\mathrm{TC}(Q) = \sqrt{2 \times 25 \times 3\,600 \times 2 \times \left(1 - \frac{10}{30}\right)} = 490（元）$$

陆续供应和使用的经济订货量模型，还可以用于自制和外购的选择决策。因为自制产品属于边送边用的情况，单位成本可能较低，但每批产品投产的生产准备成本比一次外购订货的订货成本可能高出许多。外购产品的单位成本可能较高，但订货成本可能比较低。要在自制产品和外购产品之间做出选择，需要全面衡量它们各自的总成本，才能得出正确的结论。用例 10-4 来说明利用经济订货模型求解自制与外购的决策。

例 10-4 某项目使用的 A 产品，可以外购，也可以自制。如果外购，单价 4 元，一次订货成本 10 元；如果自制，单位成本 3 元，每次生产准备成本 600 元，每日产量 50 件。产品的全年需求量为 3 600 件，储存变动成本为零件价值的 20%。每日平均需求量为 10 件。

解 （1）外购产品的总成本

$$Q^* = \sqrt{\frac{2KD}{K_c}} = \sqrt{\frac{2 \times 10 \times 3\,600}{4 \times 0.2}} = 300（件）$$

$$TC(Q^*) = \sqrt{2KDK_c} = \sqrt{2 \times 10 \times 3\,600 \times 4 \times 0.2} = 240(元)$$

$$TC = D \cdot U + TC(Q^*) = 3\,600 \times 4 + 240 = 14\,640(元)$$

（2）自制产品的总成本

$$Q^* = \sqrt{\frac{2KD}{K_c}\left(\frac{P}{P-d}\right)} = \sqrt{\frac{2 \times 10 \times 3\,600}{4 \times 0.2} \times \left(\frac{50}{50-10}\right)} = 335(件)$$

$$TC(Q^*) = \sqrt{2KDK_c\left(1-\frac{d}{P}\right)}$$

$$= \sqrt{2 \times 10 \times 3\,600 \times 4 \times 0.2 \times \left(1-\frac{10}{50}\right)} = 107(元)$$

$$TC = D \cdot U + TC(Q^*) = 3\,600 \times 3 + 107 = 10\,907(元)$$

由上述计算结果得知，自制总成本为 10 907 元，低于外购成本 14 640 元，所以，项目应该选择自制的方式供应产品。

- 有保险储备情况下的经济订货模型。上述是在存货的供需稳定且确知，即每日需求量不变、交货时间也固定不变的假设前提下成立。实际上，每日需求量可能变化，交货时间也可能变化。按照某一订货批量（如经济订货批量）和再订货点发出订单后，如果需求增大或送货延迟，就会发生缺货或供货中断。为防止由此造成的损失，就要多储备一些存货以备应急之需，称为保险储备（安全储备量）。这些储备在正常情况下不动用，只有当存货过量使用或送货延迟的紧要时期才动用。保险储备如图 10-8 所示。

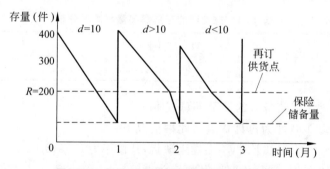

图 10-8　保险储备情况下的存货数量变动

图 10-8 是在例 10-2 的基础上增加保险储备的情况，年使用量（D）为 3 600 件，已计算出经济订货量为 300 件，每年订货 12 次。又知全年平均日需求量（d）为 10 件，平均每次交货时间（L）为 10 天。为防止需求变化引起缺货损失，设保险储备量（月）为 100 件，再订货点 R 由此而相应提高为

$$R = 交货时间 \times 平均日需求量 + 保险储备$$

$$= L \cdot d + B = 10 \times 10 + 100 = 200(件)$$

如图 10-8 所示，在第一个订货周期里，$d = 10$，不需要动用保险储备；在第二个订货周期内，

$d>10$，需求量大于供货量，需要动用保险储备；在第三个订货周期内，$d<10$，不仅不需动用保险储备，正常储备也未用完，下次存货就已送到。

建立保险储备，可以使项目避免缺货或供应中断造成的损失，但存货平均储备量加大却会使储备成本升高。研究保险储备的目的，就是要找出合理的保险储备量，使缺货或供应中断损失和储备成本之和最小。方法上，可先计算出各种不同保险储备量的总成本，然后再对总成本进行比较，选定其中最低的。

设总成本为 $TC(S,B)$，缺货成本为 C_S，保险储备成本为 C_B，则：

$$TC(S,B) = C_S + C_B$$

设单位缺货成本为 K_u，一次订货缺货量为 S，年订货次数为 N，保险储备量为 B，单位存货存储成本为 K，则

$$C_S = K_u \cdot S + N$$
$$C_B = B \cdot K_c$$
$$TC(S,B) = K_u \cdot S \cdot N + B \cdot K_c$$

现实中，缺货量 S 具有概率性，其概率可根据历史经验估计得出。保险储备量也可以根据经验选定，这时可以根据概率方法计算经济订货量。以下结合例 10-5 说明计算方法。

例 10-5 假定某产品的年需要量 $D=3\,600$ 件，单位储存变动成本 $K_c=2$ 元，单位缺货成本 $K_u=4$ 元，交货时间 $L=10$ 天。已经计算出经济订货量 $Q=300$ 件，每年订货次数 $N=12$ 次。交货期的存货需要量及其概率分布如表 10-1 所示。

表 10-1 交货期的存货需要量与概率分布

需要量	70	80	90	100	110	120	130
概率（P_1）	0.01	0.04	0.20	0.50	0.20	0.04	0.01

解 （1）不设置保险储备量的情况下总成本

即令 $B=0$，且以 100 件为再订货点。此种情况下，

当需求量为 100 件或其以下时，不会发生缺货，其概率为 $0.75(0.01+0.04+0.20+0.50)$；

当需求量为 110 件时，缺货 10 件，其概率为 0.20；

当需求量为 120 件时，缺货 20 件，其概率为 0.04；

当需求量为 130 件时，缺货 30 件，其概率为 0.01。

因此，期望缺货为

$$S_0 = (110-100) \times 0.2 + (120-100) \times 0.04 + (130-100) \times 0.01 = 3.1(\text{件})$$
$$TC(S,B) = K_u \cdot S_0 \cdot N + B \cdot K_c = 4 \times 3.1 \times 12 + 0 \times 2 = 148.8(\text{元})$$

（2）保险储备量为 10 件

即 $B=10$ 件，以 110 件为再订货点。此种情况下，

当需求量为 110 件或其以下时，不会发生缺货，其概率为 $0.95 \times (0.01+0.04+0.20+0.50$

+0.20)；

当需求量为 120 件时，缺货 10 件(120－110)，其概率为 0.04；

当需求量为 130 件时，缺货 20 件(130－110)，其概率为 0.01。

$B=10$ 时缺货的期望值 S_0、总成本 $TC(S,B)$ 可计算如下：

$$S_0 = (120-110)\times0.04 + (130-100)\times0.01 = 0.6(件)$$

$$TC(S,B) = K_u \cdot S_0 \cdot N + B \cdot K_c = 4\times0.6\times12 + 10\times2 = 48.8(元)$$

(3) 保险储备量为 20 件

同样可以计算如下：

$$S_0 = (130-120)\times0.01 = 0.1(件)$$

$$TC(S,B) = 4\times0.1\times12 + 20\times2 = 44.8(元)$$

(4) 保险储备量为 30 件

即 $B=30$ 件，再订货点 130 件。此种情况下可满足最大需求，不会发生缺货，因此：

$$S_0 = 0$$

$$TC(S,B) = 4\times0\times12 + 30\times2 = 60(元)$$

最后，比较上述不同保险储备量的总成本发现，当保险储备量为 20 件时，总成本为 44.8 元，达到了最低。故应确定保险储备量为 20 件，或者说应确定以 120 件为再订货点。

4. 采购计划的制定结果

采购计划是指项目中整个采购工作的总体安排。采购计划包括项目或分项采购任务的采购方式、时间安排、相互衔接以及组织管理协调安排等内容。根据上述计算，编制的采购计划应该包括如下内容。

(1) 采购内容安排计划

在制订采购计划时，要把货物、工程和咨询服务分开。编制采购计划主要安排好以下几件事情。

① 采购设备、工程或服务的规模和数量，以及具体的技术规范与规格，使用性能要求。

② 采购时分几个阶段或步骤，哪些安排在前面，哪些安排在后面，要有先后顺序，且要对每批货物或工程从准备到交货或竣工需要多长时间做出安排。一般应以重要的控制日期作为里程碑式的横条图或类似图表，如开标、签约日、开工日、交货日和竣工日等，并应定期予以修订。

③ 货物和工程采购中的衔接。

④ 如何进行分包或分段，分几个包或合同段，每个包或合同段中含哪些具体工程或货物品目。

对一个规模大、复杂、工期有限的工程项目，准备阶段一定要慎重研究并将整个项目划分成合理的几个合同段，分别招标和签订合同。在招标时对同时投两个标的标价要求提出一个折减百分比，可以节省筹备费(调遣费、临时工程费)，也使同时对一项目投几个标的公司中标的机会加大，对业主的花费（付出的总标价）较少，双方都有利。我国许多高速公路项目和大型住宅项目都是划分标段，分别招投标。

⑤ 采购工作如何进行组织协调等。采购工作时间长、敏感性强、支付量大、涉及面广，比如工程采购中业主的征地拆迁工作、配套资金的到位等都与各级政府部门关系密切。与设计部门、监理部门的协调工作、合同管理工作，也占很大比重。组织协调工作的好坏，对项目的实施有很大影响，必须制定相应的组织协调计划。

（2）采购管理计划

采购管理计划应当说明采购过程将如何进行管理。具体应包括以下内容。

① 应当使用何种类型的合同。

② 是否需要有独立的估算作为评估标准，由谁负责，以及何时编制这些估算。

③ 项目实施组织是否有采购部门，项目管理组织在采购过程中自己能采取何种行动。

④ 是否需要使用标准的采购文件，从哪里找到这些标准文件。

⑤ 采用何种招标形式，由什么部门实施。

根据项目的具体要求，采购管理计划可以是正式的，也可以是非正式的；可以非常详细，也可以很粗略。此计划是整体项目计划的补充部分。

（3）产品说明

产品说明，也叫要求说明，它相当详细地说明了采购项目，以便潜在的承包商确定他们是否能够提供该采购项目的货物或服务。产品说明的详细程度可以视采购项目的性质、买主的要求或者预计的合同形式而异。产品说明在采购过程中可能被修改和细化。例如，潜在的承包商可能建议使用比原来规定的效率更高的方法或成本更低的产品。每一个单独的采购项目都要求有单独的产品说明。但是，多种产品或服务可以组成一个采购项目，使用一个产品说明。

产品说明应尽可能清晰、完整和简洁。其中应包括对所有要求的附属服务的说明（例如，承包商报告及对采购来的设备给予项目完成后的运行支持）。在某些应用领域，对于产品说明的内容和格式已有具体的规定，比如各种形式的政府订货。

（4）采购注意事项

① 为更好地组织好采购工作，要建立强有力的管理机构，并保持领导班子的稳定性和连续性。切实加强领导，保证采购工作的顺利进行。

② 要根据市场结构、供货能力或施工力量以及潜在的竞争性来确定采购批量安排、打捆分包及合同段划分。土建合同在采用 ICB 方式招标时，规模过小则不利于吸引国际上实力雄厚的承包商和供货商投标，合同太多、太小也不便于施工监理和合同管理。

③ 在确定采购时间表时，要根据项目实施安排，权衡贷款成本，采购过早、提前用款，要支付利息；过迟会影响项目执行。因此，要权衡利弊，做出统筹安排。

④ 加强领导和监督，防止采购过程中的行贿受贿等腐败行为。项目采购是最容易产生腐败的环节，供应商可能会采取各种手段行贿采购人员，在制定采购计划时要考虑这种情况

产生的可能性,及时采取防止措施。

⑤ 及早制定采购计划。根据采购周期以及项目周期和招标采购安排的要求,一般来说,在采购计划制定完毕之后,下一步要做的工作就是编制招标文件(包括在此之前的资格预审文件),进入正式采购阶段,有些项目还要进行市场调查等。所以,采购过程是非常复杂和烦琐的,为了使采购实施有充分的时间,应该尽早制定采购计划。

10.2.3　项目采购方式的选择

1. 采购方式分类

根据项目本身的要求、项目面临的宏观和微观环境的不同,项目采购可以选择的方式多种多样。不同的采购方式又分别适用于不同的项目采购规模、不同的资金来源渠道、不同的采购项目对象的性质和要求。因此,在项目实施过程中,有必要选择适当的采购方式。而且还可能出现在同一项目中同时使用多种不同的采购方式的情况,多种采购方式的合理组合使用,有助于提高采购效率和质量。

按采购方式可分为招标采购和非招标采购。

① 招标采购主要包括国际竞争性招标采购、有限国际招标采购和国内竞争性招标采购。

② 非招标采购主要包括国际询价采购、国内询价采购、直接采购和自营工程等。

采购方式分类如图 10-9 所示。

一般采购的业务范围包括如下内容。

① 确定采购需求,如货物的种类、规模、品种和数量等。

② 调查分析市场供求现状。

③ 确定采购的方式是招标还是非招标方式。若

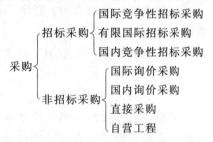

图 10-9　采购方式分类

用招标方式,采用哪种具体方式,是国际还是国内竞争性招标,还是其他采购方式。

④ 招标采购要组织进行招标、评标、合同谈判和签订合同;而非采购方式则要制定采购计划、采购认证、订单认证等。

⑤ 合同的实施与监督。

⑥ 合同管理,包括合同执行中对存在的问题采取的必要行动或措施、合同支付、合同纠纷的处理等。

2. 常用的项目采购方式介绍

（1）公开竞争性招标

公开竞争性招标,又称为无限竞争性招标,是由招标单位通过报刊、广播和电视等公开媒

体工具发布招标广告,凡对该招标项目感兴趣又符合投标条件的法人,都可以在规定的时间内向招标单位提交意向书,由招标单位进行资格审查,核准后购买招标文件,进行投标。公开竞争招标的方式可以给一切合格的招标者以平等的竞争机会,能够吸引众多的投资者,故称为无限竞争性招标。

根据项目采购的规模大小、要求的货物和服务的技术水平的高低以及资金来源,公开竞争性招标又可根据其涉及的范围大小,分为国际竞争性招标和国内竞争性招标。

公开竞争性招标优点为:竞争公平而激烈;在更加广的范围内选择承包商;有利于选择最佳承包商。

公开竞争性招标缺点为:准备工作较多;可能会出现低水平标书;增加采购管理费用。

公开竞争性招标主要适应对象是技术简单、规模较小的项目。

（2）有限竞争性招标

有限竞争性招标,又称为邀请招标或选择招标,是由招标单位根据自己积累的资料,或由权威的咨询机构提供的信息,选择一些合格的单位发出邀请,应邀请单位（必须有三家以上）在规定时间内向招标单位提交投标意向,购买投标文件进行投标。

有限竞争性招标优点为:缩短评标周期和费用;有利于项目迅速开工;节省招标管理费用。

有限竞争性招标缺点为:竞争不公平;不能有效地发现潜在的供应商;采购价格可能会提高。

有限竞争性招标一般适用于技术复杂、规模巨大的项目,潜在的竞争者数量有限。

（3）询价采购

询价采购（议标）即比价方式,一般称作"货比三家"。它适用于项目采购时即可直接取得的现货采购,或价值较小,属于标准规格的产品采购。有时也适用于小型、简单的工程承包。

询价采购是根据来自几家供应商（至少三家）所提供的报价,然后将各个报价进行比较的一种采购方式,其目的是确保价格的竞争性。这种方式无须正式的招标文件,具体做法同一般的对外采购区别不大,只不过是要向几个供应商询价进行比较,最后确定采购的厂家。

询价采购优点为快速启动作业。

询价采购缺点为因缺乏竞争导致成本大幅度上升。

询价采购适应对象为应急工程、项目中只有个别公司掌握技术的特殊环节。

（4）直接签订合同

直接签订合同是在特定的采购环境下,不进行竞争而直接签订合同的采购方法。这主要适用于不能或不便进行竞争性招标或竞争性招标优势性不存在的情况下。例如,有些货物或服务具有专卖性质,只能从一家制造商或承包商处获得;在重新招标时没有一家承包商愿意投标等。

（5）自制或自己提供服务

自制或自己提供服务不是一种严格意义上的采购方式,而是由项目实施组织利用自己的人员和设备生产产品或承包建造工程。这可能是由于项目的一些特殊要求或是项目组织从成本效益原则分析的结果所决定的。

为了避免发生高成本和低效率的问题,采用这种方式进行采购前应尽可能地作详细的设计,并估算成本,在实施过程中,应建立严格的内部控制制度,进行进度、投资和质量控制。

10.3　项目招标实务

10.3.1　招标的一般程序

招标的一般程序如图 10-10 所示,世界银行项目公开招标程序如图 10-11 所示。

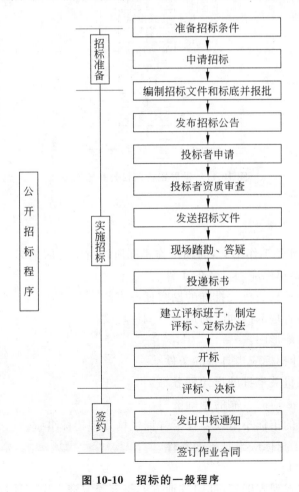

图 10-10　招标的一般程序

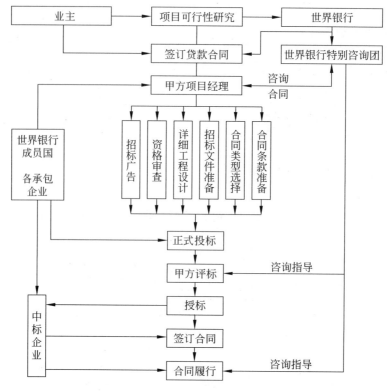

图 10-11　世界银行项目公开招标程序

1. 准备招标条件

不同项目招标的准备工作不同，前期工作不同阶段所实行的招标应当具备相应的条件。

（1）建设项目勘察招标应当具备的条件

① 具有经过有审批权的机关批准的勘察任务书。

② 具有建筑规划管理部门同意的用地范围许可文件。

③ 有符合要求的地形图。

（2）建设项目设计招标应当具备的条件

① 具有经过审批机关审批的设计任务书。

② 具有开展设计必需的可靠的基础资料。

③ 已成立了专门的招标小组或委托了咨询机构代理招标事宜。

（3）建设项目施工招标应当具备的条件

① 核算已经被批准。

② 建设项目已正式列入国家、部门或地方的年度固定资产投资计划。

③ 建设用地的征用工作已经完成。

④ 有能够满足施工需要的施工图纸及技术资料。

⑤ 建设资金和主要建筑材料、设备的来源已经落实。

⑥ 已经建设项目所在地规划部门批准,施工现场的"三通一平"已经完成,并列入施工招标范围。

(4) 委托招标时用户应当办理和提供的条件

① 用户可自愿向其认为合适的招标机构或国家指定的招标机构办理委托招标手续。

② 用户办理委托招标手续。用户办理委托招标手续须提供:

- 项目建议书的批准文件;

- 项目可行性研究报告;

- 国际招标的引进项目还应提供项目可行性研究报告的批准文件或公司董事会批准的有关文件;

- 委托招标书;

- 招标保证金,我国规定机电设备招标的保证金为委托招标设备总金额的 2%,大型项目可酌减,招标保证金可以是银行出具的招标保证金保函、现金、支票或银行汇票;

- 资金落实证明。

③ 接受委托后,招标方和委托方共同确认招标类型。一般项目招标的基本条件可以概括为以下几条:

- 投资概算已获批准;

- 项目已列入公司投资计划;

- 项目已获得政府许可;

- 已完成总体设计和拟招标工程的单体设计;

- 所需资金已落实;

- 已具备买方市场。

2. 招标申请

对于建设项目招标,招标单位要填写相关的"建设工程施工招标申请表",有上级主管部门的需经其批准同意后,报送政府招标管理机构审批。

招标申请表包括以下内容:工程名称、建设地点、招标建设规模、结构类型、招标范围、招标方式、要求施工企业等级、施工前期准备情况(土地征用、拆迁情况、勘察设计情况、施工现场条件等)、招标机构组织情况等。

3. 编制招标文件、标底

招标文件编制质量的优劣,直接影响到采购的效果和进度。招标文件是招标者招标承建项目或采购货物、服务的法律文件，是投标人准备投标文件和投标的依据，是评标的依据，是签订和履行合同的依据，因此，招标文件一定要认真编写。尽早准备招标文件是解决采购拖延的一个关键措施，各项目单位要充分利用现有的各种招标文件范本，以加快招标文件的编制与审批程度。

标底由招标单位自行编制或委托具有编制标底资格的咨询公司或专业机构编制。以工程项目为例，其内容包括：工程造价、施工工期和水泥、钢材、木材的数量等。

接受编制标底的单位不得同时承接投标单位的标书编制业务。编制标底以招标文件、设计图纸及有关资料为依据。标底价格及工期计算，应执行现行的建筑工程综合预算定额、安装工程预算定额、市政工程顶算定额和建设部建筑安装工程工期定额等相关规定。计算标底费率时，应考虑招标工程可能发生的各种费用等因素。

标底造价应控制在经批准的概算或修正概算范围内。

招标单位编制的标底应在报送招标文件的同时，连同批准的工程计划任务书一起报送政府招投标管理机构确定最终合理标底。

对建设工程施工招标的标底，标底编制单位等有关部门在开标前必须严格保密，不得泄露。

4. 发布招标公告或直接邀请有关厂商

（1）国际性竞争招标必须通过国际公开广告的途径予以通知，使所有合格国家的投标者都有同等的机会了解投标要求，以形成广泛的竞争局面。采购总公告应包括：贷款国家，贷款者及贷款金额、用途，国际竞争性招标方式采购的范围，货物或工程大体内容，发行资格预审文件或招标文件的时间，负责招标的单位名称、地址等（可参考如图 10-12 所示的招标公告式样）。

（2）国内竞争性招标是在国内刊登广告，并根据国内招标要求进行，这时广告只限于刊登在国内报纸或公开的杂志上，可以用本国语言，而不必翻译成英语。

5. 资格预审

凡是大型复杂的土建工程、大型成套复杂设备或专门的服务，或交钥匙合同、设计与施工合同、管理承包合同等，在正式组织投标之前要先进行资格审查，对投标人是否有资格和足够的能力承担这项工程或制造设备预先进行审查，以便缩小投标人范围，使不合格的厂家避免因准备投标而花费大量的开支，也使项目单位减轻评标的负担，同时有助于确定享受国内优惠的合格性等。

（1）资格预审中主要考虑的内容
① 经验和以往承担类似合同的经历。
② 为承担合同任务所具有的或能配备的人员设备、施工或制造能力的情况。

××市轨道交通 2 号线人防防护设备施工监理项目招标公告

所在地区：××　　发布日期：2014 年 1 月 5 日

招标公告编号：JXZD[2013]275-1(NCGD093)

1. 招标条件

××市轨道交通 2 号线人防防护设备施工监理项目已获批准建设，招标人为××轨道交通集团有限公司。项目资金已落实具备招标条件，现对该项目进行公开招标，邀请有兴趣的潜在投标人参加投标。

2. 招标范围和工程概况

××市轨道交通 2 号线一期工程由站前南大道站至辛家庵站，沿线分别穿越西客站规划区、红角洲片区、红谷滩新区、旧城中心区、城东片区等，主要途经××高速客运西站、国际体育中心、红谷滩大学城、××中央商务 CBD、阳明路、八一广场、××火车站等大的客流集散点，不仅连通了新旧两城的核心区域，还分别覆盖了××老城与××新城南北向走廊上最重要的地区。一期工程线路全长约 23.78km，均为地下线，共设置车站 21 座，其中换乘站 6 座，平均站间距约 1.14km，并在高速客运西站与辛家庵站预留远期延伸条件。本次招标内容为人防防护设备施工监理。

本项目的招标包括以下范围：××市轨道交通 2 号线一期工程人防设备施工监理招标项目（除××西站、卧龙山站、地铁大厦站、八一广场站）包括并不限于：××市轨道交通2号线一期工程全线（除××西站、卧龙山站、地铁大厦站、八一广场站）人防设备出厂前验收、施工安装、预埋件安装、安装调试、参与配合系统联调等相关工程的监理项目阶段和缺陷责任期的监理服务，包括但不限于人防设备安装工程施工前、施工过程中及施工完后的相关专业技术咨询服务工作。本工程人防监理的工作范围：对 2 号线一期工程人防设备施工安装工程施工准备至竣工验收期间的质量控制、进度控制、投资控制、合同管理、信息管理、工作协调、安全监理（含第三方监测）、施工合同标工程结算审核、文明施工、环境保护等实施全面管理；对工程缺陷责任期内承包人实施的本工程的未完成工作、缺陷修补与缺陷调查工作，提供监理服务。

3. 投标人资格标准

投标人必须是中华人民共和国境内（不含香港、澳门和台湾地区）注册的独立法人，能提供本次招标的服务；

具有国家人民防空办公室颁发的丙级及丙级以上人民防空工程建设监理资质；

没有处于被责令停业，投标资格被取消，财产被接管、冻结，破产状态；

在最近三年内没有骗取中标和严重违约及重大工程质量问题；

项目总监理工程师具有国家人民防空办公室颁发的人民防空工程建设监理执业证书，年龄 55 周岁以下，具有工程师以上职称；

不接受联合体投标。

4. 报名方法

报名地点：××省××公共资源交易中心五楼（红谷滩丰和大道××××号）。

报名时间：2014 年 1 月 13 日—1 月 17 日，每日上午 9:00—11:00，下午 14:00—16:00（法定公休日、节假日除外，逾期不予受理）。

投标人在报名时须提交以下材料：

企业法定代表人证明书（法定代表人报名时）或法定代表人授权委托书（被授权人报名时）及本人有效身份证明；

单位介绍信；

报名时由招标代理机构对投标人是否符合条款规定进行审查，审查结果只表明投标人符合购买招标文件的初步条件。投标人是否满足招标文件规定的资格条件以评标委员会审查意见为准。

5. 递交投标文件地点及开标时间

开标时间：2014 年 2 月 17 日上午 9:30。

递交投标文件及开标地点：××省××公共资源交易中心（××市红谷滩丰和中大道××××号）。

6. 招标文件售价

招标文件售价为人民币 500 元，招标文件售后不退，本次招标文件不提供电子文档。

7. 联系方式

招标人：××轨道交通集团有限公司

联系人及电话：陈××：0791-86×××××（工作时间 9:00—17:00）

招标代理机构：深圳市××招标有限公司

联系人及电话：李××：158×××××××、139×××××××　　传真：0××-83×××××

图 10-12　招标公告式样

③ 财务状况。一般要审查前三年的财务状况。

④ 法律地位，包括所有权、注册情况以及联合体、分包安排等情况。

⑤ 资质等级。

（2）资格预审的程序

资格预审的程序如下。

① 由项目单位或由项目单位委托的招标代理、设计或咨询等单位协助编制资格预审文件。

② 邀请符合条件的单位参加资格预审。由项目组织或委托单位的招标代理机构发出资格预审通知，通知内容包括项目单位名称、项目名称、工程规模、主要工程量、计划开工时间、完工时间、发售资格文件的时间、地点和价格及接受资格预审的截止时间等。

③ 发售预审资格文件和提交资格预审申请，按照通知规定的时间提交资格预审申请表。

④ 按照事先规定的标准和方法对申请人进行资格预审，确定参加投标的单位名称。

6. 发售招标文件

对已经通过资格预审的单位发售招标文件，发售招标文件可以通过邮局寄达，招标文件一般要收取成本费，招标单位不能从发售招标文件上获取利润。

7. 投标

（1）投标准备

为了使投标人有充分的时间组织投标，从发售招标文件到投标要有一定的时间间隔。投标时间的确定要特别考虑以下几点：

① 要根据实际情况合理确定投标文件的编制时间。例如，土建工程投标就要牵涉许多问题，投标人要准备工程概算、编制施工计划、考察项目现场、寻找合作伙伴和分包单位等，如果投标准备时间过短，投标人就无法完成或不能很好地完成各项准备工作，投标文件的质量就不会十分理想，进而影响后面的评标。

② 对大型工程和复杂设备，招标人要组织标前会和现场考察。

③ 对投标人提出的书面问题要及时予以澄清、答复。

（2）投标文件的提交和接受

在规定的投标截止日期之前提交的标书才能被接受（一般以邮戳日期为准）。凡是在截止日期过后收到的标书，要原封退还，不得拆开。收到投标后，要签收或通知投标人确认已收到提交的标书，并记录收到的日期和时间。

在收到投标文件至开标之前，所有的投标文件均不得启封，并要妥善保存。为了提高透明度，投标截止时间与开标时间一般要求同一时间。

8．开标

（1）开标方式

公开开标要在招标公告中规定的时间、地点公开进行，并邀请投标人、公证人员等参加。开标时，要当众宣读投标人名称、投标价格、有无撤标情况、有无提交合格的保证金以及其他合格的内容，凡投标文件中附有降价、提价和折扣等附加条件都要当众宣读，未宣读者视为无效，在招标过程中不予考虑。

（2）开标程序

① 招标项目主持人宣布开标开始，宣布参加开标人员名单，包括招标方代表、投标方代表、公证员、法律顾问和拆封人（包括审查人、唱标人以及记录人名单）。

② 公证人检查投标箱的密封情况，在得到公证人的证明以后，在公证人监督下将投标箱打开，取出投标函件，并经公证人确认密封无误后，分类登记并校对件数。

③ 拆封人拆封。

④ 审查人检查投标文件本身有无缺件、修正、证明不符等情况，符合招标要求者可转入唱标，不符合者不允许投标人补充投标，不予唱标。

⑤ 唱标人按照投标书正本所载，高声宣读投标者名称、投标项目、总报价金额、交货期和优惠条件等内容。投标书通常不必全文宣读，记录人做好记录。

⑥ 投标人对所唱标内容确认无误，有问题可以及时澄清。

⑦ 公证人发表公证词，证明开标结果有效，并出具公证文件。

我国司法公证机关在招标活动中具有公证检查、公证监督和公证证明三大职能，它对招标活动的全过程公证，从法律上保证招投标双方的行为是合法、真实、有效的，这对约束招投标双方的行为、维护双方利益，起到重要的作用。

（3）无效投标文件

开标时审查人如发现投标文件有下列情况之一的即为无效。

① 投标文件未在规定的投标截止时间之前送到，或者未按统一格式密封送达或邮寄到投标地点。

② 凡与招标文件规定不符、内容不全或以电讯形式投标的投标文件。

③ 因不可抗力造成的遗失、损坏的投标文件。

④ 标函未加密封，标书未按规定的格式填写或字迹模糊辨认不清。

⑤ 未加盖本单位和负责人的印鉴。

9．评标

（1）评标的依据与原则

评标的依据只能是招标文件、投标文件或经公证后的补充文件，不能以别的文件、别的理由或某单位某人的意见为依据,这是由招标的公平竞争的属性决定的。评标的原则是"公正、公开、科学、严谨",这是评标工作成败的关键。对投标文件的评议,要采取科学的方法,综合比较各标的物的性能、质量、价格、交货期和投标方的资信情况等因素,客观地进行评议,使评议结果能准确地反映投标方的实际情况,并对方案作出公正的评价。评委的工作作风要坚持"严谨"原则,认真负责,一丝不苟,力求避免差错失误,或被假象蒙蔽,从而导致评议结果的偏差和不公。经评委评标以后,应筛选出优选方案,提供给业主择优,选定中标方。评委会在评议投标方的标的物时,应遵循以下原则。

① 先进性原则。所选择的投标方案技术上应在本行业或本地区是先进的。具体表现为设计方案及产品方案的先进性、工艺的先进性、设备选型的先进性、生产组织的先进性、技术经济指标的先进性。在坚持先进性原则的同时应注意所选择的先进技术必须是成功的、成熟可靠的。

② 适应性原则。技术并不是越先进越好,任何一项先进技术都是根据特定的需要,针对一定的条件研制、发展而成的,它只在该条件下表现最大功效,换个条件就不一定显得适宜。因此采用先进技术要考虑与当地市场、资源、技术水平和技术政策等的适应性,适应生产要素的现有条件。

③ 系统性原则。所有的技术方案都不是孤立存在的,其本身由许多小系统组成,而且与周围的环境有着密切的联系。因此方案内部诸因素之间以及方案与更大系统应保持协调和匹配。例如:选择的设备首先要与原来生产系统和国民经济中上下有关联的生产系统相适应;其次要与产品品种、规格选择协调、匹配;最后是主机与辅机之间、硬件与软件之间相互协调、匹配。这样选中的设备群体能够形成符合特定生产能力要求的最佳组合。

④ 效益原则。作为招标方总希望找到一个技术上最先进可靠,同时费用又最低的报价,但它们往往是互相对立的。评标就要从这个矛盾的对立中找出一个最佳的平衡统一点,即经过技术、经济全面鉴别、比较以后得出的对招标方最经济合理和最有成效的投标方案。所谓最经济合理和最有成效的投标是指设备、工程或货物在整个服务期内效益最佳的投标方案。服务期内效益应考虑微观经济效益和宏观社会经济效益两个方面。

(2) 评标委员会

评标委员会由招标方负责组建。评委会由招标方的代表和技术、经济、法律等方面的专家组成。评标工作由评委会负责,而不是其他行政领导机构,也不是某些业务主管部门。只有评委会有权对不符合招标文件要求的投标文件决定其部分废标或全部废标,也只有评委会提供的中标优选方案才有效,具有法律效力。

(3) 评标的基本程序

评标的基本程序如图 10-13 所示,一般经过开标、阅标、询标、技术商务评审、撰写评审报告、定标和授标等过程。

① 阅标。阅标是指评委会全面、充分地审阅研究投标文件,以便确定投标书对招标文件

的响应程度。评阅标书的主要条件如下。

- 投标书对招标文件所列条件的规定有没有实质性的偏离。而实质性的偏离是指违反招标文件的规定,从根本上影响了采购货物的数量、质量或交货期,或从根本上违反了招标人应有的权利或投标人合同条款的义务。
- 投标书的完整性。投标书是否包括招标文件规定的全部文件和内容。例如土建项目应包括报价单、工程进度计划表、施工方案、资金使用计划、主要施工设备清单等。设备招标项目应包括报价、交货期、设备结构、性能指标、能源消耗资料、备品备件清单、分项报价单和现场调试资料等。凡是招标文件中已提出要求的,投标人必须与报价单同时递交,才能被认为是完整的。

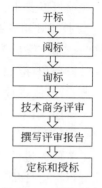

图 10-13　评标过程

- 报价计算的正确性。分项报价与总价是否有算术上的计算错误,是否有遗漏或者增补? 如单价与总价有出入,以单价为准。如小写与大写有出入,以大写为准。计算错误应予以修改,不能作为废标的理由。如修改计算错误显然会给投标方带来严重的财务损失,投标者可选择接受修改或者撤销其投标。

对设备招标项目可以考虑的制约因素有以下几方面。

- 报价。根据招标文件规定的价格范围,与投标报价比较,可筛选报价过高或过低的投标,余下的进入下层次的筛选。
- 工艺、设备对指定原料的适应性。通过市场调查及当地原料可获能力的分析,选定本项目采用的原料品种、规格和质量,分析各投标的适应性,筛除不适应的投标。
- 产品质量。确定尚可接受的产品质量最低标准,达不到此标准的投标可以筛除。
- 技术先进性。采用的工艺、技术将过时或已过时的投标予以筛除。
- 交货期。交货期超出招标文件规定的期限的投标予以筛除。
- 设备寿命。设备寿命短于尚可接受的期限的投标予以筛除。
- 与当地能源、水质和厂房等生产条件的适应性。如当地可供该项目的电力为 500kW,则超过 500kW 的设备就难以接受。如在设备采购招标时现有厂房不可能作更改,则不能在现有空间布置的投标方案就得筛除。
- 环境污染。若投标方案环境污染严重,达不到环保部门的要求则予以筛除。

经过以上评阅,被遴选出的投标书,才有资格进入投标、评审和商务评审阶段。

② 询标。由于投标书的内容不可能面面俱到,评标委员会往往需要了解到比投标书内容更多的信息,评标委员会有权要求投标人进行澄清,澄清后获得的问题答复,由投标方以书面形式提供,并由投标方或投标方全权代表签字后可以作为投标文件的一部分。因此投标人在补充提交解释资料时,应当持慎重态度。

评委可以要求投标人澄清问题,但不得透露任何评审情况,也不能讨论标价的变更问题。

③ 技术评审。技术评审的目的是进一步确认投标方完成本项目的技术能力,以及他们提供的技术方案的先进性、经济性和可靠性等,为定标提供依据。

对设备招标项目技术评审主要包括以下内容。

- 工艺流程评审。工艺流程评审采用不同的工艺,需要具备不同的条件并会产生不同的结果。工艺是否符合先进性、适应性、经济合理性和安全可靠性是技术评审的主要内容。

工艺的先进性通过其技术经济参数,如产品质量、原材料消耗、燃料动力消耗和劳动生产率等进行综合评价。

从理论上讲,项目拟采用的工艺越先进越好,但是先进的工艺,有的往往由于对原材料的要求过高、配套设备跟不上或技术不易掌握而达不到预期的生产目标。应以招标文件提出的生产条件为基准,分析工艺流程的适用性。

合理的工艺流程应符合下列条件:原材料从其投入到成品产出的过程顺畅、便捷、具有连续性,以便于提高劳动生产率、设备利用率和建筑设施的利用程度,降低产品成本,保证产品质量;使产品能满足招标文件提出的要求。

工艺的安全可靠性是指项目所选择的工艺必须是成熟的和安全可靠的。如果投标方提供的工艺在国内外尚无成功的范例,应慎重行事。对于那些在国内外还是初次采用的工艺,必须对使用中可能遇到的风险和困难进行细致研究,必要时应组织专家考察该工艺在国外同类企业中的使用情况,以确保运行中的安全可靠性。

- 设备评审。设备评审主要评审以下内容。

主要设备和辅助设备之间生产能力配置是否合理,整体上是否协调、平衡,能否达到招标文件的要求。

设备配套性,不仅要看主要设备与辅助设备、生产设备与工艺装备等在数量上、技术指标及参数上的协调、配合程度,还要研究它们在技术水平上是否相适应。

设备的可靠度,即该设备在规定条件下,在预定的时间内,无故障地完成规定功能或发挥额定生产能力的概率,这是保证产品质量和产量的重要条件。

设备的经济合理性,指设备在符合招标文件要求的前提下的经济指标。评价设备经济合理性的方法有:

生命周期成本法。指设备在其整个生命周期中的成本比较。有些设备价格较低,但是使用成本较高;另一些设备价格虽高,但是使用成本较低。生命周期成本法就是计算整个生命周期的成本,选择最低的生命周期成本设备。

年成本法。设备的年成本主要包括原材料、能源消耗、运转维修费、设备操作人员工资和设备折旧费等。在其他条件相同的情况下,年成本最低者为最佳设备选择方案。计算年成本时,要考虑资金的时间价值。

综合效益分析法。采用生命周期成本法、年成本法比较各投标设备的前提是各投标设备的功能或预期产出基本相同。对于产出不同的设备方案比较,可根据设备综合效益指标进行选择。即计算各个设备方案的净现值(NPV)或者净年值等指标,然后进行比较,选择最优的方案。

- 安装、调试验收和投产中有关问题的评审。大型的设备、仪器、生产线、生产工厂承包工程,一般要供方负责安装、调试,并经双方根据规定的技术经济指标进行验收,合格后正式投产。这类项目在评审中应对下列问题予以考虑:考核验收产品的型号、规格和数量;采用什么原材料和元器件生产产品;考核验收的内容、标准、方法和次数;考核验收产品的地点和时间安排;考核验收用的关键专用测试仪器和设备;试验结果评定方法。
- 技术综合评价。技术综合评价就是对以上的分析作出总结性说明,提出综合性看法。一般从工艺、设备等方面对技术的先进性、适用性、经济性、合理性、可靠性、安全性以及操作、维修的灵活与方便等作出总结性评价。

④ 商务评审。商务评审的目的是从成本、财务和经济分析等方面评定投标报价的合理性和可靠性。以设备招标项目为例,商务评审通常考虑下述内容:投标价格;各分项报价;备件价格;售后服务;买方检验、设计联络、培训人员费用;技术服务费用;迟交罚款;货物性能罚款或减款;运输费、保险费;考核验收;投标人对支付条件有何要求或给予招标方何种优惠条件;进一步评审投标人的财务实力和资信可靠程度;分析投标人提出的财务建议。

⑤ 评审报告。综合技术评审和商务评审两方面的结果,并提出推荐意见。评审报告通常由三部分组成:叙述招标过程简况(包括投标人名单、报价清单);对每份报价书作出评价摘要,列出需要进一步商谈的问题,提出总评价推荐意见;作为分析依据的各种计算细表等资料。

⑥ 定标和授标。定标就是根据评委会提出的中标优选方案,由业主确定中标方案。授标是在最后确定中标人以后,招标单位应立即向中标人发出"中标通知书",并与其商量确定合同事宜,商定签约的时间、地点。然后退回投标保证金。至于中标人的投标保函,在签订合同,并由承包商递交了履约保函后才能退还。

中标方应按中标通知书中规定的时间、地点,派全权代表前来签订合同,并按合同条款提交履约保证。若中标方未在规定的时间内签订合同,或者双方就合同条款事宜不能达成一致意见,则招标方有权取消签约或没收投标担保,可以在优选方案中另外确定中标方。

(4) 废标——拒绝全部投标

在招标文件中通常都规定招标方有权废标,即拒绝全部投标。但如果招标方出于"压低标价"的目的而废标,然后又以同样条件再次招标,这是绝对不允许的。

只有出现下述情况,评委会才有权提出本次招标活动的作废。

① 所有投标书在实质上均未按招标文件的要求编制。

② 所有的报价大大超过标底,招标单位无法接受投标。

③ 发现有不正当竞争,如投标方串通作弊。

按照国际惯例,只有对原招标文件中的规定、规范或其他条件重新加以审订修改或对项目予以修改后才能重新招标。

10.3.2　常用的定标方法

1. 综合评议法

综合评议法是指评委会按照招标文件,通过技术评审、商务评审以及当面澄清和资格预审等过程对投标方的了解与分析比较,评委依据其经验对上述内容作综合判断,然后投票决定中标人。

设备招标项目主要从以下几方面进行评定:

① 报价的合理性;

② 设计方案、工艺的先进性、适用性、合理性;

③ 设备的先进性、可靠性、配套性;

④ 设备的寿命及经营成本;

⑤ 维修服务、备件供应;

⑥ 交货时间、安装调试、竣工时间;

⑦ 运输条件;

⑧ 标准化;

⑨ 投标方信誉及执行合同能力;

⑩ 投标方提供的优惠条件。

建筑项目综合评议的主要内容包括:

① 标价;

② 质量;

③ 工期;

④ 承包能力;

⑤ 企业信誉;

⑥ 其他条件(包括材料供应、协作条件及服务范围)。

综合评议法的优点是充分运用了评委成员的经验。在投标方比较难以量化评价的情况下使用,这种方法的比较优势是很容易进行判断的,缺点是带有主观意志。

2. 最低评估价法

最低评估价法是指根据招标文件,将影响中标的因素都折算成一定的货币值,计入投标价格中,以综合最低价为标准确定中标方。计入投标价的费用包括以下内容。

(1) 买方运费、保险费和其他费用。

(2) 关于交货期。招标文件中明确规定交货的日期,同时也规定可以考虑的最晚交货日期,并在招标文件中说明投标方所提出的不同交货日程将被如何评价。一般地,提前交货的投标并不给予投标优惠,延迟交货按照一定计算方法折算费用,最后加总到投标价内。

(3) 关于付款条件。如招标方在付款期限上与招标文件的要求有较大的偏离,可以按照贴现率计算出延期付款的现值,然后以现值为基础比较标价。

(4) 备件价格。计算生命周期内备件的费用,计入投标价格之内。

(5) 关于检修、零件、标准化及售后服务,把这些因素进行计算折换成费用。

(6) 关于货物的性能、产量及质量。如果质量好、产量高、性能稳定、运行及维修费用少的投标,给予一定比例的优惠,即在投标价中减少一定金额。

(7) 关于技术服务及培训费用。如果投标商在技术服务上条件优惠,可以帮助招标商节省一部分安装、调试、培训费用,可以给予一定比例的折扣,即在投标价中减少一定金额。

3. 计分法

计分法将评定中考虑的因素赋以一定的分值,对各投标方案按这些因素分别进行打分(一般打分采用百分制),得分最高者为中标单位。

采用计分法的一般程序是:

(1) 列出评标的指标;

(2) 制定各项指标的评价标准,规定每个项目的最高分、最低分和等级标准,以及评分的综合处理方法;

(3) 参加评标的人员根据有关资料和经验,给出每项的评价分数;

(4) 将每项所得的分数进行归纳整理,得出总评价分;

(5) 按得分高低,排出优劣次序,以得分最高者为中标单位。

某工程项目的评分项目及其分数分布如表 10-2 所示。

4. 层次分析法

在招标中,绝大多数情况是各种投标方案都有其优缺点,有时各个指标相互矛盾。招标方为了达到预期目标,对方案进行综合评价,赋予每个指标一定的权重。层次分析法就是通过两两比较的重要性来确定指标的权重,然后对投标方案进行排序。

表 10-2　评分项目及评分方法

序号	评 分 项 目		分值	投标 1	投标 2	投标 3	投标 4	……
1	工程造价		40					
2	材料用量	钢材	5					
		水泥	5					
3	建设工期		10					
4	工程质量保证		10					
5	企业素质及信誉		30					
6	总分		100					
7	排序							

10.3.3　招标文件

项目招标必须准备好招标文件，一般项目招标文件的要求有四个方面。

① 能为招标人提供一切必要的资料与数据。

② 招标文件的详细程度和复杂程度应随项目不同而不同。

③ 招标文件应包括招标邀请信、招标人须知、投标书格式、合同格式、合同条款（包括通用条款和专用条款、技术规范、图纸和工程清单以及必要的附件、保证金）。

④ 使用世界银行发布的适当的标准招标文件（如表 10-3 所示）。使用时可以作必要的修改和补充，以适应项目具体的情况。但是，任何变动只能在招标资料表和项目的专用条款中做出，范本中的标准条款和文字不能变动。

表 10-3　土建工程招标文件范本（世界银行提供）

国际竞争性招标（ICB）范本				国内竞争性招标范本	
卷次	篇章	文件名称		章次	文件名称
I	1	招标邀请书		0	招标通告
	2	投标人须知		1	投标人须知
	3	招标资料表		2	合同通用条款
	4	合同通用条款		3	合同专用条款
	5	A，标准合同　B，项目专用条款		4	技术规范

续表

国际竞争性招标(ICB)范本			国内竞争性招标范本		
Ⅱ	6	技术规范		5	投标书和投标保证金及职工工资
Ⅲ	7	招标书、投标书附录、招标担保书格式		6	工程量清单
	8	工程量清单		7	资格审查资料格式
	9	合同协议书格式,履约承保和动员费预付款担保格式		8	合同协议格式和中标通知书格式
	10	世界银行资助的采购中提供货物、土建和服务的合格性		9	履约保证金和动员费预付款保证金格式
	11	图纸		10	图纸

1. 招标文件内容

（1）投标邀请书

经过资格预审,投标邀请书(invitation for bids)只发给预审合格的投标人。投标邀请书应包括如下内容。

① 业主的地址。

② 如何得到招标文件的信息和每套招标文件售价(只能收取工本费和邮资)。

③ 要求的投标保证金的形式和金额或比例。

④ 投标书递交的地点和截止时间。

⑤ 开标的地点和时间,并允许投标人代表出席开标仪式。

编写招标邀请书时,尽可能参考现有的范本,针对项目的特点作一些修改(可以参考如下范本)。

投标邀请书〈式样〉

(投标人全称)：××××××公路建设项目

1. 为兴建(项目名称)工程,(业主名称)决定(或委托我单位)对(合同工程名称)工程施工进行招标。经资格预审合格,现邀请贵单位参加投标。

2. 工程概况及招标范围

（1）工程概况：

（2）招标范围(或分标情况)：

（3）主要工程量：

（4）工期要求：

（续）

3. 贵单位可凭本邀请书自××××年××月××日至××××年××月××日(法定节假日除外)到招标单位购买招标文件或查阅有关资料。招标文件每套收取工本费人民币×××元,不予退还。

4. 贵单位在递交投标文件时,应同时出具一笔金额为人民币 10 万元的投标保证。

5. 现场考察定于××××年××月××日××时进行,届时请自行到(详细地址)集中。

6. 标前会议将于××××年××月××日××时在(详细地址)举行。

7. 送交投标文件截止期为××××年××月××日××时,请将投标文件送达(详细地址)。对迟到的投标文件,招标单位将不予接受。

8. 我单位将于××××年××月××日××时在(详细地址)公开开标。届时,投标人须选派代表参加。

招标单位：(名称、盖章)

地　　址：

联 系 人：

电　　话：

传　　真：

邮政编码：

年　　月　　日

（2）投标人须知

投标人须知的作用是具体制定投标原则,提供给投标人应当了解的投标程序,以使其能够提交响应性的投标。投标人须知的主要内容包括：工程范围；工期要求；奖金来源；投标商的资格(必须资审合格)以及货物原产地的要求；利益冲突的规定；对提交工作方法和进度计划的要求；投标语言；投标报价和货币的规定；备选方案；修改、替换和撤销投标的规定；标书格式和投标保证金的要求；评标的标准和程序；国内优惠规定；投标截止日期和标书有效期及延长；现场考察,开标的时间、地点等,评标方法等。投标人须知式样详见本章附件：投标须知。

（3）合同通用条款及专用条款

不同类型项目的合同条款是差异的,货物采购、咨询服务采购和工程项目招投标的合同条款都存在差异,其中以土建工程项目合同条款最为复杂,国际招标项目更加复杂。土建工程国际招标合同通常采用国际咨询工程师联合会(FIDIC)编纂的土建工程施工国际通用合同。我国建设部和工商行政管理局也制定相应的工程项目合同通用条款,适用于中国境内土建工程条件。专用条款为针对具体工程而对通用条款所作的补充。主要内容介绍如下。

① 定义及解释。对什么是业主、承包人、工程师、工程师代表、工程、造价等的含义均有明确的解释及所包括的内容。如工程的含义应包括永久工程及临时设施在内。又如造价应包括现场的或非现场的管理费在内等。

② 工程师和工程师代表的职责和权利。工程师是由业主任命,并书面通知承包人,作为

业主的全权代表执行一切施工及合同事宜,他有权根据合同规定,发布指令,做出决定,承包人应照办。工程师代表对工程师负责,主要担任工程的监督和检查施工材料及质量,在他的权限内,他对承包人所发的书面指令与工程师所发具有同等约束力,但他没有更换承包人、通知工程延期、增删或变更工程内容的任何义务与权利。

③ 转让和分包的规定。承包人如无业主事先同意,不得将合同或其一部分转让给别人,承包人不得将整个工程分包出去。除合同另有规定外,承包人如无工程师的事先书面同意,也不得将任何部分工程分包给别人,分包人如有工程过失时,则承包人并不能减轻对合同所承担的责任和义务。

④ 有关合同文件的规定。对合同所使用的语言和文字,应遵守的法律、合同文件的相互解释、图纸的保管和补充等都有明确的规定。

⑤ 承包人的一般义务。合同明确规定承包人应尽的各种义务,如在签订合同时应提交履约保证书,对标书中的单价及总价应包括承担合同中规定的全部责任,应办理工程保险和第三方保险等事宜,并规定如不办,则由业主代办的补救办法,保证现场的安全,提供所需的劳动、材料和施工机械,保证工程质量和进度,对所雇职工的行为应保证遵守一切法令、规定及交通规则,对在施工中发掘的化石、文物等贵重品均应上交给业主,此外,平时应保持现场整洁,并应进行完工清理等均有明确的规定。

⑥ 对劳动力的要求。规定所有劳动力应由承包人招聘并负责安排有关交通、住房、饮食等事宜,保证受雇人员不吸毒及携带武器,并采取一切预防传染病和防止不法行为等措施。

⑦ 对施工材料和操作工艺的要求。规定对材料和操作工艺均应符合合同规定的型号和品种,也应符合工程师的指标要求,对材料样品及其检验费一般均应由承包人负担,对隐蔽工程在复查前必须得到工程师的检验及批准,对不合格的工程及材料应予拆除等。

⑧ 有关开工及延期的规定。一般在接到工程师的书面通知后,承包人应立即开工,业主应提供现场场地,承包人应承担进出现场通行的一切费用。承包人应按合同规定的期限完工。如因工程变更或天气影响等非承包人原因而延长工期时,必须由工程师决定延长期限,并规定承包人应及时向工程师提出书面报告,否则工程师将不予考虑。

⑨ 维修及缺陷的规定。维修期按工程师签发的完工证明之日起算。承包人在规定维修期间,根据工程师的要求,对缺陷、裂缝等不合格处负责修理。如属于其他原因造成质量问题时,则其修理费用可作为额外工作量由业主付款。如承包人未按上述工程师要求进行维修,则业主有权雇用别人完成,其费用由业主向承包人索取,或在支付承包人的款项中扣除。

⑩ 变更及增减账的规定。工程师有权要求承包人对某些工程的质量或数量加以增减,其单价如合同中有者,即以合同单价计算;如合同中缺项时,由业主(工程师)和承包人共同商定,如不能取得一致意见时,则工程师有权确定合理价格。

⑪ 机械设备、临时设施和材料进出现场的规定。承包人的机械设备及材料等一旦运进现场,即被认为是该工程的专用物,在完工前如无工程师的同意,不得迁出现场。但在完工后

应协助承包人办理出口及海关等手续。

⑫ 确定工程量的规定。国际通用合同条件规定工程量表中的数量是预计量,而不作为承包人完成的实际正确数量。工程师应根据合同,通过现场量方以确定已完工程的价值。在现场量方中,承包人应密切配合工程师共同进行,如承包人不参加时,则即以工程师量的数量为依据。

⑬ 暂定数额的含义及动用规定。暂定数额系指在合同中包括的并在工程量表中单独列出的数额,供施工中供应材料、服务或不可预见等之用。此项费用可按工程师的决定,部分、全部使用或不用。在支付暂定数额时,如工程师认为需要,承包人应提供一切价单、发票和收据等凭证。

⑭ 指定分包人的定义及与承包人的关系。分包人是指由业主或工程师所指定的专家、商人、技术人员等在合同的暂定数额内施工或提供材料等的人员,或从承包人处分包到的工程中从事上述工作的人员。如承包人有理由反对时,可以拒绝这些分包人。指定分包人的义务和责任与承包人相同,并应保证承包人免受责任与义务方面的损失。指定分包人完成工程的价款由承包人支付,并向工程师提供证明。如业主直接付款给分包人时,则应从支付给承包人的价款中扣除。

⑮ 支付工程款的办法。施工机械和材料的预付款按专用条款规定支付(一般为总承包额的 10%～20%)。工程(包括永久工程和临时设施)施工中间付款,每月按进度结算一次,由工程师签发证明,付款中须扣除合同规定的保留金所占百分比,外币部分按合同规定的比例及兑换率计算。

⑯ 业主对承包人违约的补救办法和行使权限的规定。如承包人破产、放弃合同、无故拖延开工、不按合同规定施工以及无视工程师的反对任意分包工程而有损工程质量等情况时,业主为此发出书面通知的 14 天后,有权进驻现场,驱逐承包人并自行完成工程或另雇他人施工,并有权使用现场机械设备、临时设施及材料。承包人被逐后的付款要在维修期结束后,并扣除延期损失赔偿和请其他人施工的费用,如超过合同总价时,应由承包人偿还或作为欠款处理。

⑰ 对遇到特殊风险时的规定。特殊风险是指战争、军事政变、入侵等所造成的风险。承包人对特殊风险不承担责任,并有权要求业主对此而造成的工、材料等损失支付款额和合理的利润。

⑱ 对施工中途停止的规定。施工中途停止是指合同签订后,如发生战争双方无法控制的其他情况,不能履行合同义务,则合同如已按上述"特殊风险"规定终止时,业主支付承包人的已建工程款额也与上条规定相同。

⑲ 发生争端的调解办法。如业主或工程师与承包人之间就合同方面发生争端,首先应提交工程师解决,工程师接到任何一方请求后的 84 天内,将仲裁决定通知业主及承包人,并可作为最后决定,对双方均有约束力。如双方不满,则提起法院调解仲裁。

⑳ 对业主违约的规定。业主未按时向承包人付款、宣告破产或由于未曾预料的原因经

济不支,无法继续履行其合同义务,而正式通知了承包人,均为业主违约。承包人有权宣布终止其受雇所应负的义务,并在按规定办理通知手续的 14 天后,从工地撤离施工机械。业主应按合同规定付款,并支付有关的损失或亏损费用。

㉑ 对调整工程造价(费用)的规定。如在专用条件中规定了合同价格,可按工资、材料价格的涨落或任何影响工程施工成本的高低而调整;或由于工程所在国的法令、规章发生变化而使承包人的工程费用有影响时,则合同价格应由工程师开具证明后可作相应的调整。

㉒ 关于货币与兑换率的规定。如由于工程所在国政府对货币和货币兑换率进行限制而使承包人在合同价格上产生亏损或损失时,则业主应予以补偿。承包人在投标书中要求以一定的比例支付多种货币时,则其兑换率应按投标书呈递截止期间 30 天以工程所在国中央银行所决定的通告兑换率为准。

(4)技术规范

一套精确、明晰的技术规范可使投标书更符合实际而更具竞争力。在技术规范中要明确规定采用的技术标准,优先采用国际标准、国家标准、部标准或者行业标准,没有相应的标准可以借鉴的,要比较详细地描述技术规范。

(5)投标函

在招标文件中要对投标函的格式、投标书附录和投标保证金格式等作规定,以方便评标。

① 投标书格式:汇总了投标人中标后总的责任。

② 投标书附录:包括履行担保的格式、维修内容等。

③ 投标保证金格式,又称银行保证函格式。

(6)工程量清单(工程项目)

工程量清单包括前言、工程细目、计日工表和汇总表。

招标文件提供的工程数量表只作参考,不作为预结算依据。投标人应根据所提供的施工设计图符合纸和有关资料,自行编列分项工程并计算每个分项工程的数量,填写综合单价和总价,此分部分项工程的数量应是完成施工设计图全部内容的工程数量,如不符,则应以完成施工图所载的全部招标工程内容为准,但所差工程数量及费用不另行支付。除非合同另有规定,工程数量表中有标价的综合单价和总价均已包括了实施和完成合同工程所需的劳务、材料、损耗、机械、质检、安装、缺陷修复、管理、保险、税费、利润等费用,以及合同中明确的其他责任、义务。

(7)合同协议书格式

招标文件一般对合同协议书的格式作一些规定,通常要求中标的投标人填写三种格式。

① 合同协议书格式。合同协议书对工程名称、甲乙双方的责任、权利和义务要作相应的规定,明确规定项目工期的完成时间、其他条款的内容和重要性秩序等内容。可参考以下式样。

合同协议书〈式样〉

甲方(××公司)为××工程,接受了乙方(　　　　　　)对本工程的投标,为明确双方的责任、权利及义务,经双方协商签订如下协议:

1. 本协议书中的名词和用语均与下文提到的合同条款中规定的含义相同。

2. 下列文件构成整个合同不可分割的整体,各文件相互补充,若有不明确或不一致之处,以下列次序在先者为准。

(1) 双方的补充协议或合同期内经双方签署的备忘录。

(2) 合同协议书。

(3) 双方签署的合同谈判备忘录。

(4) 合同专用条款。

(5) 合同通用条款。

(6) 中标通知书、投标书和招标书。

(7) 与本合同有关的其他文件。

3. 本合同总价款为人民币 ×××万元。

4. 本合同工程的施工期为100天,××年××月××日前必须完工。

5. 甲、乙双方均保证按照本合同的约定,承担和履行各自的全部责任和义务。

6. 本协议书由双方法定代表人签署并加盖公章后生效。工程经竣工验收合格、保修期满、合同总价款及保修金结清后合同终止。

7. 本协议书正本二份,双方各执一份,具有同等法律效力,副本四份,双方各执二份。当副本与正本不一致时,以正本为准。

甲方：××公司	乙方：
法定代表人：	法定代表人：
签字日期：	签字日期：
单位地址：	单位地址：
联系电话：	联系电话：
传真：	传真：
邮政编码：	邮政编码：
开户银行：	开户银行：
账号：	账号：
签约日期：	签约日期：
签约地点：	签约地点：

② 履行银行保函格式。投保人在发送投标书时必须提供保证金,保证金可以是现金,也可以由银行开具保函,保函要按照招标文件规定的格式开具。可参考以下式样。

投标银行保函〈式样〉

致业主：开发中心

　　鉴于（投标人姓名）_____（以下称投标人）已拟向贵方递交建设工程项目的投标书（以下称标书），根据招标文件的规定，投标单位须按规定的投标金额由其委托的银行出具一份投标保函（下称保函）作为履行招标文件中规定的义务担保。我行同意为投标人出具人民币（大写）壹佰伍拾万圆整（RMB：1 500 000.00 元）的保函作为向贵方的投标担保。如果：

　　（1）投标人在标书中规定的标书有效期内撤回标书，或

　　（2）投标人在标书有效期内接到贵方所发的中标通知书后，

　　　　（a）未能或拒绝根据投标人须知的规定，按要求签署协议书，或

　　　　（b）未能或拒绝按投标人须知的规定，提供履约保证金。

　　我行保证在收到贵方索款的书面要求后，凭贵方出具的索款凭证，向贵方支付上述款项。

　　本保函在投标人须知的投标有效期后28天（含第28天）或延长的投标有效期满后28天内保持有效。推迟标书有效期无须通知银行，任何索款要求应在上述日期前交到银行。

_____

银行名称：

（盖章）

_____

　　银行代表签字：

　　日期：　　　年　　　月　　　日

　　银行地址：

　　邮编：　　　　　　　　　　　　电挂：

　　电话：　　　　　　　　　　　　传真：

　　③ 银行预付款保函。一般工程施工项目对中标的投标商还应该由银行预付一定金额的保证金，作为履约承包合同的保证金，投标时可以由银行出具预付款保函。可以参考以下式样。

履约担保格式〈式样〉

致：（业主名称）

　　鉴于（承包人）（下称承包人）已接到了贵方关于（工程名称）的中标通知书。并保证按合同规定承担该工程的实施、完成和任何缺陷的修复。我方愿意出具人民币叁拾万元的支票给贵方，作为承包人履行合同规定责任和义务的担保。

（续）

本担保金额支付完毕,在工程竣工验收合格 15 天后确认无违约时,业主应全部退还给我方。

法定代表人：

或其授权的代理人：（签字）

银行地址：

邮　　编：

电　　话：

传　　真：

日　　期：

（8）图纸

工程施工项目招标文件中应该有设计图纸,提供的图纸是投标者进行工程预算的计算依据,应该尽可能详细地为投标者提供相应的设计图纸以及说明书。

2．编制标底

业主在招标过程中还须完成的另一项工作是制定标底,业主可以委托有资格的咨询单位或估价公司来进行这项工作。标底的作用之一是业主预先明确自己在拟建项目上的财务义务,其二是衡量投标人报价的准绳,也是评标的主要尺度之一。

工程施工项目的标底主要以施工图预算为基础来编制,也有以概算定额或扩大综合定额为基础以及以平方米造价包干为基础编制的。下面分别介绍这些方法。

（1）以施工图预算为基础的标底

① 基本内容

施工图预算是根据图纸及施工组织说明,按照预算定额规定的分部分项工程子目,逐项计算出工程量后,再套用定额单价（又称单位估价表）确定直接费,然后按规定的系数计算间接费、计划利润以及不可预见费等费用,从而计算出全部工程造价。其特点是工程子目划分符合施工实际情况,工料消耗比较详细明确。如无设计和材料价格上的变化,其造价是比较准确的。采用这种办法来编制标底比较准确可靠,为了便于开标与投标单位的报价相核对,并判断各报价的合理性,以有利于正确评标,标底的内容及格式可参照表 10-4 和表 10-5。

表 10-4　某工程项目标底汇总表及其费用　　　　　　　　单位：元

序号	工程项目	总造价	直接费	间接费	计划利润	材料差价	附注
1	××工程						
2	××工程						
3	室外工程						
	合　　计						

表 10-5　单位工程标底表

序号	预算定额编号	工程项目名称	单位	数量	单价	合价	备注

② 编制程序

- 首先要熟悉施工图纸及说明,不够明确的地方应要求设计单位交底或澄清。其次要勘察施工现场,对现场条件及周围环境进行实地了解,以作为考虑施工方案、计算土方工程量的依据。另外还要进行市场调查,掌握材料价格动向,以有利确定材料差价。
- 计算工程量。应以施工图纸与说明和当地的预算定额、工程量计算规则为依据,根据工程实际情况所确定的施工方法、施工机械等,分部分项地逐项计算工程量,计算结果列成工程量表,它不但是确定标底的重要依据,同时也是招标文件的重要组成部分,供投标人填报单价。
- 单价的确定。方法之一是直接选用预算定额基价(或称单位估算表),方法之二是编制补充单位估价表。后者应根据施工详图和预算定额的编制原理、方法及材料价格等合理地确定工料消耗水平及预算价格,以便开标后作为审核投标单位所报工程单价的依据。
- 计算直接费及其他费用。直接费为工程量与单价的乘积,按分部分项计算。此外还应包括其他直接费,如工程水电费、二次搬运费、大型机械进退场费、高层建筑超高费等。当地预算定额有规定的,应按规定计算,否则应根据工程具体情况酌情处理。在直接费的基础上按一定的百分比确定间接费、计划利润、税金等各项,以上合计即为建筑工程造价。
- 计算主要材料数量和差价。计算主要材料的消耗量,并根据供应条件计算预算价格和市场价格的差价(按规定不另计费)。主要材料一般包括钢材、水泥、木材、玻璃、沥青,以及水、暖、通风、电气材料等。
- 不可预见费等。包括各项包干和不可预见费,以及贷款利息、施工期间工资和材料价格变化预测、保险费等均应逐项分析,确定后列出。
- 标底。上述各项之和即为标底,标底算出后必须复核并分析其是否合理。如发现其超出批准的概算或修正概算时,应全面地加以调整,以保证控制在正常范围内。

(2) 以概算为基础的标底

概算由设计单位在初步设计(或扩大初步设计)阶段编制,在施工设计阶段,如发现概算有较大出入,应编制施工图修正概算。当前,有不少设计单位直接按施工图编制概算,其编制依据及方法基本上与施工图预算相同,所不同的只是采用了概算定额而不是预算定额而已。概算定额是在预算定额基础上,经过全面测算将某些次要项目的工程数量归并于主要工程项目,并综合计算其价格的。如在砖墙基础中,综合了砌砖、挖土、回填、运土和防潮层等内容,而只以砖砌体立方米计量和计价,因此,根据概算定额确定的造价与以预算定额所计算的基本类似,一般还有些富余。采用概算定额编制标底的方法可以减少编制工作量。

（3）标底与概预算的关系

以上所介绍的几种方法是通过编制概算或预算来确定标底的,但是有了概算或预算是否就有标底? 对一般性的民用建筑和定型化的简单工业项目,概算或预算的准确性较高,足以采用总价方式来招标承包,投标人所报单价和概预算可以直接对比,在这种情况下,概算是可以当做标底的,可以不另外重新编制标底,这是对标底编制方法的借用和简化,不是通用的情况。其他项目还是要求专门编制标底,而不是简单地借用概预算,标底应该是一个介于概算和预算之间的东西,可委托设计单位和咨询公司编制,以不突破被批准的概算为准。

10.4　项目投标实务与技巧

每个投标人都希望自己能够中标,而每项采购只有一个投标人（或者没有）能够中标,因此,如何提高投标人的中标机会是每个投标人都很关心的问题。这就需要编写好投标书,掌握标书技巧。

10.4.1　投标的概念

投标是投标人对招标人发出的某项目招标采购公告或邀请的响应。投标是投标人在同意招标人拟定文件的前提下,估计自身条件,按照招标文件的要求,编制对招标文件有实质性响应的投标文件,按时送达招标人,参与开标、询标答辩,获取中标（或落标）通知,签订经济合同的全过程。

1. 投标的特点

投标与一般的销售或承包的贸易谈判形式相比,具有程序性、时效性和一次性的特点,是供应商或承包商在买方市场上的集中竞争。

2. 投标应具备的条件和所需提供的文件资料

（1）招标公告、资格预审文件或招标文件中规定的法人、其他组织或公民。

（2）具有招标文件要求的资格证书,代理投标商除有本企业的上述资格证书外,还应具有生产厂家的授权委托文件。

（3）具有完成招标任务所需的相应人力、物力和财力,或是经资格预审合格者。

（4）按照招标文件要求，编制完整的投标文件。

（5）联合投标时，要有能代表合作方企业的资格证明文件和授权委托文件等。

（6）投标保证金。

（7）提供近期承担类似项目的情况或质量检验合格证书。

招标采购中，招标文件都对投标人的资格作出明确的规定。如德国复兴信贷银行向发展中国家提供贷款的招标项目，规定只有在德国注册的公司才能参加投标，所提供的货物和服务必须是德国的。《亚洲开发银行贷款采购指南》中规定，对普通资金贷款的采购，付款只限于亚洲开发银行成员国制造的货物或者提供的服务；对特别基金贷款的采购、付款仅限于提供贷款资金的发达国家和所有发展中国家制造的货物或提供的服务。世界银行贷款招标的采购，只有世界银行成员国和瑞士的公司可以参加投标。货物采购必须是这些国家制造或提供的合格的产品或服务。中国的金融机构提供贷款采购，投标人资格规定，所在国及地区与中华人民共和国有友好关系及经贸关系的、并有能力提供招标货物和服务的国内外制造商或供货商均为合格的投标人。

10.4.2　投标工作程序与办法

投标过程如图 10-14 所示。

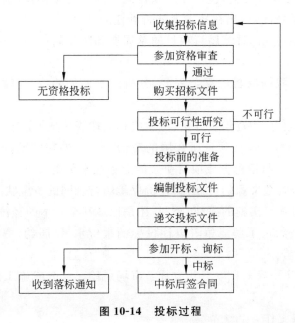

图 10-14　投标过程

（1）收集招标信息

努力从各种渠道获取招标信息，根据招标公告或招标单位的邀请以及其他适当的途径，选择符合本单位承担能力的项目,直接与招标人联系,要求参加投标。

（2）参加资格审查

投标人得到招标信息后,应及时向招标人索取资格预审文件,按照统一的要求和格式,填报资格预审文件,按时寄到指定的地点。

（3）购买或领取招标文件

及早获取招标文件,以便为投标赢得充分的准备时间。获得招标文件后,首先要理解投标人须知、招标文件内容;其次要认真研究整个项目的技术商务的要求。对招标文件有不清楚的地方或发现错误、疏漏,应及时要求招标人澄清和答疑。

（4）投标项目的可行性研究

决定投标与否,是一个十分重要、复杂的问题。投标成功,投标人会赢得一次创造效益、扩大信誉和提高知名度的机会,反之,投标失败,则会损失大量的人力、物力和时间。因此,投标人应根据自身拥有的条件、优势和外部环境,对各方面有利的和不利的因素进行分析,对欲投标的项目进行筛选判别。同时邀请有关经济、技术、法律以及行政方面的专家,讨论投标项目,集思广益,慎重选择和评价投标,防止盲目投标带来的经济损失,以免标价过高,不能中标,或者标价过低,中标后造成亏损或出现无力履行合同的危险局面。

评估论证投标可行性,一般从以下几方面进行。

① 对项目进行综合技术分析,包括完成项目需要的各类工作量,项目的设计、实施水平,需要的技术能力和劳动技能,得出在技术上能否胜任的结论。

② 对项目进行周期分析,计算履行项目的总周期和阶段周期,得出能否按期完成任务的结论。

③ 人员素质分析,根据项目的复杂程度,分析配备人员的技术、体力、思想素质,评价其能否完成任务。

④ 投标人的承受能力、物资供应分析,考察投标人能否按质、按量、按时实施项目。

⑤ 项目实施环境分析,包括项目所在国的政治、经济、外交状况,施工条件,交通运输条件,生活和文化环境,以及与招标方或项目业主的业务往来历史。

⑥ 资金分析,分析资金来源的可靠性,评价保障履行合同的资金状况。

⑦ 利润分析,是对项目实施的赢利、微利,还是保本甚至亏本的经济核算。

⑧ 投标竞争情况分析,了解竞争者以往投标的报价水平、履约、资信等情况,对比分析,初步断定自身的优、劣势。

⑨ 风险预测。风险一般来自以下几方面:市场风险、生产或施工风险、金融风险、其他风险和政治风险。

（5）投标前的准备工作

在制定投标文件前,组建强有力的投标专门班子、完成各项考察、进行技术交流、参加标前会议、分析调查招标的意图、掌握竞争对手的状况、物色代理人或合作者、办理注册登记手续、开具投标保证金保函,有的项目还需要组建联合投标体。不同种类、性质的投标项目,工作可能不同,但是准备工作的充分与否,是投标的基础,对投标取胜起着至关重要的作用。

① 成立投标班子,配备专门人员,责任分工明确。投标班子领导人应是业务知识全面、组织能力强,能对全盘工作起领导和指导双重作用的单位负责人,一般由企业经理承担,职责是组织、指挥和协调投标过程中的各项工作,对投标过程中的重大问题作出决策并负主要责任。

投标班子由具有招标投标知识、经济管理、专业技术、市场营销、法律、外语等专业素质较强的人员组成,必要时还可以聘邀外单位的有关专家。在整个投标过程中严守投标报价和机密情报。组建投标班子后,要立即按招标期限确定工作日程分工,履行职责。

② 认真研究招标文件。投标班子首先应认真研究招标文件,了解其内容和要求,尤其对项目的技术要求和质量标准、投标文件的合同条款、投标人须知、投标格式要进行认真分析研究。

③ 做好投标项目的情报工作。针对项目,收集全面、详细的情报信息,诸如坏境调查、现场勘察、招标的意图和竞争对手的情况等。尤其要通过各种渠道了解竞争对手的数量、名称等。

④ 物色代理人。为参与国际招投标,有时需在招标国或地区聘请代理人,授权其代表委托人进行投标及有关活动。

有些国家把聘请当地代理作为国际投标的法定手续。如菲律宾政府规定,投标人若没有在该国设立分支机构,须聘用经合法注册的当地代理方能投标,其他类似的国家还有日本、印度、哥伦比亚、韩国、葡萄牙和科威特等一些国家。我国在上述国家投标时,需遵循这些国家惯例。

(6) 编制投标文件

① 投标文件的编制原则

投标文件不仅受投标截止日期、招标文件要求以及标价的约束,而且还受到其他投标竞争对手的牵制与影响,因此,在编制中应掌握有关原则。

- 严格按照招标文件的要求,提供所有必需的资料和材料,在形式和内容上满足招标文件的要求。
- 投标文件中的各项条款是中标后签订合同的依据,具有法律的效力,因此在用词上力求准确、严谨完整。
- 投标文件发出之前,投标文件必须严格进行密封,如要进行补充和修正,应按招标文件的规定进行。

② 投标文件的内容

- 投标文件分正本、副本,并注明"正本"、"副本"等字样,评标时以正本为准。

- 投标文件包括投标书、投标者资格、资信证明文件、投标项目（设备）方案及说明、投标价格表以及货物说明一览表、招标文件中规定应提交的其他资料或投标方认为需加以说明的其他内容、投标保证金。
- 提供反映投标企业历史、资金、技术、质量、管理、服务及成就等方面优势的资料，无论招标人要求与否，都要主动介绍。如科技成果证书、优质工程或优质名牌产品的荣誉奖状、报刊介绍等的复印件。
- 投标文件中使用的数据、单位名称及符号要符合规定的标准。
- 要注重投标文件的制作和装帧，要做到内容完整、章节清楚、文字简洁，还需注重印刷、装帧的质量。

（7）递送投标文件

投标文件必须在招标文件规定的投标截止时间前送达招标人。投标文件必须一次递交，其包装和印记要按照招标文件的规定制作。投标人或委托代理人递送均可。

（8）参加开标、询标

① 参加开标，应认真记录所有投标人的报价、供货范围、设备规格型号、交货期或工期等唱标内容。如有与投标文件不符地方可当场澄清。

② 询标。在评标过程中，一般不允许投标人就其投标主动与买主联系，任何试图为中标而施加影响的企图都可能导致投标被废除，但允许投标人就其投标文件受邀而进行澄清。投标人对招标机构提出的各种问题须做出认真的答复，争取进一步向招标机构介绍所供货物及服务的技术规格、性能与价格组成，同时投标人还可利用澄清的机会，实施为中标而采取的决策方案。这个过程称为询标。

（9）签订合同

招标结束后，中标一方与招标单位根据标书的有关承诺及招标书的有关要求签订合同。

10.4.3　投标报价与报价决策技巧

投标报价是投标的核心，也是中标的关键。报价要建立在科学分析和可靠计算的基础上，要能够比较准确地反映项目的标底，高则不利于竞争，低则风险太大。恰如其分地报价，是一项科学性、技巧性极高的繁杂工作。报价成功与否要受到许多因素的影响，关键是竞争对手和标底。

1. 投标报价

一般报价由投标项目整体估价成本、风险费和预期利润三部分组成。

① 对于工程、货物、服务及其成本的计算，国内外已有一些现成的模式、图表和计算公式，这里不再赘述。

② 风险费主要由以下几部分组成。

- 价格上涨费：承包或制造成本因材料价格、设备价格和劳动力价格上涨而造成的浮动费用，可以乘以风险系数。
- 不可预见费：由意外事故、自然灾害引起的费用。
- 货币贬值：由于通货膨胀、汇率变动而引起的货币贬值。
- 其他不可预见的成本：如业主不能按时付款、有关方面违约等风险造成的费用。
- 预期利润：应根据不同的利润指标而相应地进行测算和调整。

在对招标项目进行调查研究，核定工作量，确定单价，经过风险分析，明确预期利润后，进行汇总，得出基础投标价格。然后对高、中、低标价进行分析，结合竞争对手情况及招标方意图对不合理费用进行适当调整，最终依据投标策略，确定投标报价。

2. 确定投标报价的注意事项

（1）合理确定取费标准。在确定报价时，必须调查和认定投标项目的各种费用的取费标准，才能确定合理的投标报价。

（2）核实工作量。认真核实投标项目的工作量，使投标价格真实、可靠，具有可比性。

（3）精确计算单价，核实总价。

（4）经济效益分析。确定报价要围绕投标所追求的赢利目标，对报价和盈亏进行分析计算。

3. 投标报价决策技巧

投标的目的是要中标，而中标是综合实力所决定的，包括技术、质量、交货期、信誉和价格等，其中，投标报价也是中标的重要因素之一。在有些地方法规规定最低报价中标制度情况下，标价就成为竞争的焦点了。

一般投标人按照招标文件的要求及所提供货物与服务的种类、质量、数量，计算出总的价格，还不能算是投标价格。如果以此价格作为投标价格报送出去，中标的把握不一定大。因为投标是一种竞争，在众多的竞争对手同时投标的情况下，首先就要价格具有竞争性，否则就很难中标。

首先需要计算出高、中、低三套报价，基础标价即中等水平价，是用常规计算方法得出的标价；保本标价即低水平价，为无任何利润的盈亏平衡点报价；最高标价即高水平价，对可能发生的各种风险给予最大的风险系数，把不可预见费估在最高值上，同时还要获取最满意的利润，这样计算出的标价是封顶价。

测算三套报价后，还需要充分考察分析该投标项目的外部和内部条件，根据项目环境、项目造价的特殊因素以及投标人自身具备的技术、生产、管理条件，自身的收益期望值以及原材料、成本的价格上涨等因素制定一个报价范围。

其次，投标竞争者的投标条件也是影响报价的主要因素。投标者多寡、竞争实力的强弱、主要竞争对手的优势和所有投标者的投标态度，分析可能出现的过高、过低的特殊报价都是制定报价策略时必须考虑的因素。不同国家、地区，不同行业的预算编制标准存在差异，不同国家、地区的价格水平也不尽相同。投标报价方案还需摸索业主的标底值范围。

（1）高价策略

对于符合下列情况的投标项目，可以采用高报价。

① 专业要求高的高技术项目。

② 在技术、质量上的特殊要求的项目。

③ 业主对工期或交货期要求甚短，设备、劳力超常规的项目。

④ 支付条件不理想的项目。

⑤ 投标竞争对手少的项目。

⑥ 自身在各方面占据绝对优势的项目。

⑦ 实施条件差的项目。

（2）常规价格策略

在招标文件出现某些技术要求不明确，技术条件、参数不精确，投标人捉摸不透招标商的意图的情况下，可以先按常规价格报价。在对竞争对手的投标报价分析之后，或者待开标后视竞争对手的报价及其情况，利用询标答辩进行补充和调整价格。

（3）开拓市场、保本策略

投标商为了开拓新的市场，树立信誉，以便逐渐开拓扩展业务，有时不得不采取保本的策略，甚至低于成本价进行投标。此种策略适用于以下情况。

① 投标企业急于寻找用户。

② 施工或供货、服务条件好，工作量大，操作、制造简便易行。

③ 投标对手多，竞争激烈。

④ 支付条件好。

⑤ 项目风险小。

（4）风险加价策略

招标人欢迎能够承担并善于承担风险的投标人。风险加价策略是指除了按正常的已知条件编制标价外，对于整体项目中的变化较大、风险高的项目，在招标人强烈要求投标承担不可预见的风险时，投标人要经过全面预测、充分考虑各种风险因素和程度，在标价中明确加入适当的风险系数，争取招标人提高对风险的支付费用，以保证稳定的投标利润期望值。

（5）综合分包报价策略

在分包商直接对总包商负责的分包方式中，分包工程由总包商统一"报价"，总包商应先约定选定的分包商报价，或对分包项目进行招标，分包价的高低直接影响总承包人的收益和风险。如果由业主直接与分包商签订合同，总包商只负责为分包商提供必要的工作条件，协调工程进度和向业主收取一定的管理费,这种分包方式中,总包商可以适当将风险大的项目分包出去,以利于报价的竞争力。

10.4.4　投标决策与竞争策略

1. 投标决策方法

所谓投标决策的方法是指投标人在决策活动中针对具体情况研究和采取的方法。投标人的决策活动体现于投标竞争的全过程,贯穿于投标活动的每一步。

(1) 投标决策的要素

投标决策的要素主要是投标目标决策、投标时间决策、投标技术方案决策、方案可行性与择优决策及投标的经济效益决策。

(2) 投标决策的程序

合理的投标决策程序包括以下四个步骤(见图 10-15)。

图 10-15　投标决策程序

2. 投标竞争策略

(1) 制定投标策略的重要性

投标决策受投标策略的制约和影响。投标策略贯穿于投标竞争过程的始终,在投标与否、投标的积极性与目标的制定、投标方案与报价、询标答辩等决策的大小环节中,都无法脱离投标策略。投标竞争的胜利不仅仅取决于实力的强弱,与竞争的策略和技巧也有着密切的关系和依存性。投标策略正确与否是投标成败的关键。

(2) 制定投标策略的原则

不同投标商、项目可能会有不同的投标策略,正确的投标策略要遵循以下几个原则。

① 法制原则。投标策略必须遵守有关政策、法律、法规。

② 经济效益原则。坚持投标的经济效益取向,不做亏本生意。

③ 创新和风险原则。勇于创新和敢冒风险,才能把握时机,在竞争中发挥效应。

④ 一致性原则。投标策略与企业的整体发展策略相一致,以利于保证企业经营目标的实现。

(3) 投标策略与技巧

① 搜索信息,了解竞争对手,知己知彼

投标信息始终是投标决策的关键,把握投标竞争的发展态势,掌握竞争对手和招标人的情况，才能制定正确的策略和及时调整竞争策略，争取主动。

投标项目的信息来源有：招标通告；招标文件；从各种商业协会获取；通过洽谈会、展览会或企业自行出访获取；从业主或招标人了解招标计划和要求；咨询机构。

② 组建强有力的投标班子

投标班子人员的素质、求实严谨的作风、知识结构、投标班子领导的管理水平和公关能力是至关重要的，尤其要搭配好班子的知识结构，要有技术人员、财务人员、项目管理人员、信息人员和营销人员等，进行合理的分工与合作。

③ 扬长避短，组织优势，充分竞争

投标的实质是竞争，是投标者之间技术、质量、管理、经验和信誉等综合实力的较量。投标者必须扬长避短，在投标文件中突出自己的有利方面。例如，有些承包商在管理上有优势，能够降低管理成本，就应该突出投标价格；另一些承包商在信誉、质量上有优势，应该突出质量竞争，在合理标价的条件下，提出优秀质量方案。

竞争夺标中，其优势集中体现在设计、技术和工艺或者施工管理、质量、交货期或工期以及报价上。一家投标商不可能具备上述所有方面的优势，在分析招标单位的意图和要求情况下，突出一两个方面的优势，迎合招标商的要求。

我国企业在国际投标中的优势有：技术比较适合第三世界国家；劳动力资源充足，劳务价格较低，技术水平整齐；我国企业在国外特别是第三世界享有较高的信誉，遵守所在国法律，不享受任何特权，企业形象好。

我国企业在国际投标中的不足之处是：技术水平与发达国家存在一定差距；信息渠道少，对不同国家的投标环境了解少，投标经验不足；资金实力尚不雄厚。

④ 运用辅助手段

- 技术交流。投标人通过技术交流，了解业主方对招标的总体设想，特别是在业主尚未确定招标文件的技术部分和具体规格、性能的情况下，通过技术交流可以影响招标方对招标文件中的技术规格、技术方案、供货范围等有关部分的编制，使得业主或招标人考虑或倾向于投标人供给特点，将投标的某些优势列入招标文件之中，这对于投标人十分有利，会为投标取胜打下一个良好基础，收到先声夺人的成效。

- 选择合适的投标代理人。国际投标，投标代理人选择当地信誉好、有影响力、社会地位较高的单位较为有利。选择条件是：口岸有利、知名度高、信誉好、收费较低。

- 走联合投标之路。所谓联合投标，即由两家及两家以上企业根据投标项目组成单项合营，注册成立合伙企业或结成松散的联合集团，共同投标，联合投标成员需要签订协议，规定各自的义务，分别提供设备及劳动力，中标后由其中一成员作为合同执行的代表，进行负责，其他成员则受协议条款的约束。联合投标可以起到扩大投标人的实力、分散风险、减少损失等作用。

10.5　案例分析：咨询公司的招标过程

A公司是一家有几十年历史的咨询公司,承担过许多世界银行贷款项目的咨询工作,该公司招标评标的做法和要求很具有借鉴意义。现介绍如下。

1. 评标的原则

A公司认为,评标的目的是要围绕技术、进度、质量、费用以及商务条款等有关条件评选出合适的投标商,必须公正、平等、公开地对待所有满足招标文件要求的投标商。为此,评标工作必须做到：按照招标规定的程序进行;保守机密;认真对待每份投标书。

2. 评标的过程

（1）预筛选

评标过程的第一步是对所有投标书进行初步筛选,去除不符合招标文件规定的、有明显缺点的投标书,而对其他合乎要求的投标书进行评估。

（2）对投标书进行评估分析

评标者对每份投标书都要进行认真仔细的评估分析。评估围绕以下7个方面进行。

① 技术评估。投标商的投标方案在技术上必须是可以接受的,这包括：性能——投标书所提供的设备应能满足项目的性能要求;质量——投标书所提供的设备在预定的寿命使用期内应能满足项目需要的质量标准;材料选择——投标书对于某些关系到项目寿命的特殊材料要求是否给予满足;特定的标准——投标是否按照规定的或允许参照的标准。

② 进度。投标书是否能够满足项目要求的工程进度,应该进行仔细审查。如果投标书不能满足保证项目工程建设所必需的进度要求,而且项目进度又不能改变,则该投标书应予以否定。

③ 费用分析。费用分析应包括下列内容：基本价——投标的材料或设备的价格;运费——运到工地的实际费用;风险费用——由于设备价格和工人费用涨价所需增加的费用。用户支出的总费用还须包括：现场服务费用、安装费用和运行试车费用。

④ 商务条款及条件。投标书中提出的商务条款和条件是否与招标文件规定的条款和条件相一致,以下内容尤其应该注意。支付条款：投标商往往提出各种不同的支付条款。责任：应该尽可能地将设备制造商对工程所负的责任表示为投标商的责任,投标商对这方面若有异议必须要得到法律部门和用户的确认。投标商所提出的异议和偏离均应按风险和有关费用条款来进行评估。

⑤ 与预算比较。应该对投标书的报价与项目的预算费用进行比较,目的是使用户了解

项目总费用是否发生了大的变化,并找出产生差别的原因。

⑥ 财务能力。要检查投标商的报价与其年度经营额是否有超常规的比值,投标商是否有足够的财务能力不依靠预付款或抵押借款去完成其投标内容的工作。

⑦ 与安装施工有关的条款。对包括安装施工的投标,尚需分析:劳动力来源;施工设备是否能满足工作范围、难度和进度的要求;项目关键岗位是否由有经验的人员负责;投标商选定的分包商是否有经验和特长。

(3) 投标书的澄清

经过对投标书的详细分析,可能会发现投标书中的疏漏、含混不清和不符合要求之处,应给予投标商以澄清修正的机会。澄清修正必须以书面方式提供。

对于相比其他投标超乎寻常的低报价(例如低于30%),更应该给予仔细检查和澄清;投标人可能有合理的经济优势;投标人可能对工作范围有误解;投标人可能寄希望于将来提出进一步的要求而力图先中标。

(4) 评估的详细程序及考虑的因素

评估的详细程序是根据项目的复杂性、项目的费用和风险程度决定的。复杂性、风险性较高的为重要项目投标书;复杂性、风险性较小的为次要项目投标书。

在评估重要项目时,要对投标书作全面详细的分析,因为重要项目风险也较大。

风险一般分两类:在评估过程中由于对投标商了解不够细致而造成的风险;由于签订了一份"差"合同(或采购单)而造成的风险。

选错投标商造成的风险有:总的评标估价(包括投标报价和其他因素费用的总和)比其他投标者高;中标的设备达不到项目的技术要求。

一份"差"合同(或采购单)造成的风险有:合同执行过程中将出现纠纷,对有关条款及调价、通货兑换率等要进行过多的谈判;今后需要过多的管理费用;发生违约事件时,对项目费用和进度可能造成损失;其他不可预见的损失。

3. 评标的组织形式

评估有较大风险的重要项目投标书,A公司认为有效的组织形式是组织专题评标组,这个组织由以下项目成员组成。

① 负责技术及施工事项的工程技术人员。

② 负责分析条款及条件、价格、进度的采购部人员。

③ 负责协调评估计划和编制预算比较费用或标底的财务计划部人员。

④ 负责协调设计人员实施有关事项的施工人员。

次要项目投标书的评估一般不需由工程技术、财务和施工等部门参加组成评标小组,而由采购部门单独负责。评估方法是从最低报价的投标书开始,依次进行评估,直到找到可以接受的投标书为止。

4. 评标的批准

按照世界银行采购指南的规定,咨询公司的评标结果须报用户批准和经世界银行审查。根据项目的不同,按照事先与用户的协议,报批文件可以分如下两类。

① 建议书:包括哪些人参加了投标、获胜的投标商、投标承诺的金额。

② 推荐书:包括哪些人参加了投标、倾向于授予哪个投标商中标、推荐的理由(技术的、商务的、进度、估价)、请求批准的预定日期。

问题

(1) 对投标书的评估过程中要注意哪些问题?

(2) 评估投标书的失误可能会造成什么后果?

(3) 评标小组如何组织?

本 章 小 结

本章介绍了项目采购概念,它是不同于一般的商品买卖,是为达到项目范围从执行组织外部获取货物和(或)服务所需的过程。因而,项目采购可以分为有形采购和无形采购,招标采购和非招标采购。采购是项目管理的重要环节,工程项目采购费用占项目全部实施费用的绝大部分,所以,采购管理关系项目实施质量和费用。

项目采购要遵循一定的程序,一般项目采购的程序分为准备招标条件、申请招标、编制招标文件和标底并报批、发布招标公告、投标人申请、投标人资格审查、发送招标文件、现场踏勘和答疑、投递标书、建立评标班子、制定评标指标和办法、开标、评标,发中标通知,签订合同等过程。

编制招标文件是采购管理的一个重要环节,招标文件包括:招标公告、投标邀请书、投标人须知、标底、合同通用条款和专用条款、保函格式等。

评标是招投标管理的重要部分,开标也要按照法律程序进行,成立专门的评标委员会,委员组成要具有代表性。在公证人员、投标人代表在场条件下,按照一定的程序开标、阅标、询标、技术评审、商务评审、撰写评审报告、定标与授标。

投标实务虽然不是项目采购的内容,但是作为招投标过程的一个组成部分,本章介绍了投标的过程、标书编写方法、投标策略等理论和实践,可以为项目采购管理提供另一方面的参考。

习 题

1. 采购有哪几种类型?

2. 采购在项目管理中的作用主要表现在哪些方面?

3. 采购管理应遵循哪些原则?

4. 采购管理过程包括哪些,分别如何管理?

5. 如何选择采购方式,应该注意哪些问题?

6. 招标过程如何,它们都包括哪些内容?

7. 什么是招标条件,一般项目的招标条件有哪些?

8. 什么是标底,标底有什么作用? 如何编制标底?

9. 为什么要进行资格预审? 如何进行预审?

10. 什么是评标,评标的程序如何?

11. 什么是阅标、询标?

12. 技术评审与商务评审有什么区别与联系?

13. 什么是综合评议法?

14. 什么是最低评估价法?

15. 什么是计分法?

16. 招标文件包括哪些?

17. 投标须知应该包括哪些内容,起什么作用?

18. 什么是投标,投标条件有哪些?

19. 投标程序有哪些?

20. 为什么报价在投标中很重要,如何选择报价策略?

21. 某项目每年需要某产品 5 760 件,日平均需要量 16 件。如果项目自制,则日产量为 40 件,每次生产准备成本为 280 元,每件年储备成本为 0.5 元,每件生产成本为 48 元;若外购单价为 55 元,一次定购成本为 50 元,请问该产品应该自制还是外购?

22. 某项目对某一产品年需求量 $D=1\,800$ 件,经济订货量 50 件,单位缺货成本 100 元,单位存货储存一年的平均成本为 50 元。在订货间隔期内的需求量和概率如表 10-6 所示。

表 10-6 订货间隔期内的需求量和概率

需求量(件)	需求量的概率	需求量(件)	需求量的概率
47	0.05	51	0.25
48	0.10	52	0.13
49	0.20	53	0.05
50	0.22		

试计算会有安全储备量的再订货点。

23. 某项目每年耗用某种产品 3 900 千克,该产品单位成本 15 元,单位存储成本 3 元,一次订货成本 25 元。则经济订货量多少,订货周期多少?

本章附件：投标须知

一、总则

本次招标工作是按照《中华人民共和国招标投标法》、《工程建设项目货物招标投标办法》组织和实施,并接受相关管理部门的指导和监督。

1. 适用范围

本招标文件仅适用招标内容中所叙述的招标项目。

2. 定义

2.1　招标人系××××××××××。

2.2　投标人系响应本次招标,参加本次投标竞争的制造厂家或供应商。

2.3　货物系指卖方按合同要求,须向买方提供的一切材料、设备、机械、仪器、备件、配件、工具、手册及其他技术资料和文字材料。

2.4　服务系指合同规定卖方须承担的指导安装、技术协助、校准、培训、售后服务以及其他类似的义务。

3. 合格的投标人

3.1　合格的投标人,详见招标公告中投标人必须具备的资格条件并经评标委员会审查通过的。

3.2　合格的投标货物和服务,所述的"货物"是指制造、加工或实质上装配了主要部件而形成的货物。商业上公认的产品是指基本特征、性能或功能上与部件有着实质性区别的产品。若投标货物属于国家实行许可证制度或生产注册证制度的,则必须具备相应有效的证书。

4. 投标费用

投标人应承担其参加投标所涉及的一切费用,不管投标结果如何,招标人对上述费用不负任何责任。

二、招标文件

5. 招标文件的组成

5.1　本招标文件包括目录所示内容及所有按本须知第6、7条发出的补充资料。

5.2　相关图纸。

除上述所列内容外,招标人的任何工作人员对投标人所作的任何口头解释、介绍、答复,只能供投标人参考,对招标人和投标人无任何约束力。

5.3　投标人应认真阅读招标文件中所有的事项、格式、条款和技术规范等。投标人没有按照招标文件要求提交全部资料,或者投标没有对招标文件在各方面都作出实质性响应是投标人的风险，并可能导致其投标被拒绝。

6. 招标文件的解释

6.1　投标人在收到招标文件后，若有问题需要澄清，应于 2015 年 6 月 12 日 17 时前，将问题传真至×××××××××。

6.2　投标人应仔细阅读和检查招标文件的全部内容。如发现缺页或附件不全，应及时向招标人提出，以便补齐。如有疑问，应在投标人须知前附表规定的时间前以书面形式（包括函件、传真等可以有形地表现所载内容的形式，下同）要求招标人对招标文件予以澄清。

6.3　招标文件的澄清将在投标人须知前附表规定的投标截止时间 5 天前以书面形式发给所有购买招标文件的投标人，但不指明澄清问题的来源。投标人认为制作文件时间不充分的，请在投标截止时间前书面提出，否则视为有足够时间编制投标文件并准时投标。

6.4　投标人在收到澄清后，应在投标人须知前附表规定的时间内以书面形式通知招标人，确认已收到该澄清。

7. 招标文件的修改

7.1　在投标截止期前 3 天，由于各种原因，不论是自己主动提出还是答复投标人的澄清要求，招标人可能会以补充文件的形式修改或完善招标文件。

7.2　补充文件作为招标文件的组成部分，对投标人起约束作用。

7.3　如果修改招标文件的时间距投标截止时间不足 3 天，不延长投标截止时间（投标人对此如有疑异，请在答疑截止时间前书面向招标人和招标代理机构提出，否则，视为有足够时间编制投标文件并按时投标）。

7.4　招标人对所有投标人提出的书面将以招标文件补充文件的形式发给所有获得招标文件的投标人，但不说明询问的来源。

8. 招标文件的效力

招标文件是招标投标的有效依据，也是中标后签订合同的依据，对招标投标双方均具有约束力，凡不遵守招标文件规定或对招标文件的实质性内容不响应的投标，将可能被拒绝或以无效标处理。

三、投标文件

9. 投标文件的语言及货币

投标文件及投标人与招标人之间与投标有关的来往通知、函件和文件均应使用中文（是外文的应该翻译成中文，并以中文为准）。除在技术规格书中另有规定外，计量单位应使用公制单位；投标货币为人民币。

10. 投标文件的组成

投标人的投标文件应包括以下内容：

10.1　商务标

（1）投标函；

（2）法定代表人证明及授权委托书；

（3）投标设备数量、价格表；

（4）商务偏离表。

10.2　投标资格、资质证明文件

（1）营业执照（复印件）；

（2）生产许可证（复印件）；

（3）制造厂家的唯一授权书（供应商须提供）；

（4）产品型式试验报告（如有）（复印件）；

（5）投标人业绩。

10.3　技术标

内容可以是资料、图表或说明；包括：

（1）产品样本及技术规格书；

（2）产品的主要技术、结构、性能、特点和质量水平的详细描述；

（3）产品的供货范围及零部件清单，其中：零部件需说明制造商和国别；

（4）专用工具和备品备件清单及报价，并承诺该备品备件报价在质保期满 4 年后的 N 年内不上涨（N 由投标人自定）；

（5）投标人推荐的供选择的配套零部件表；

（6）产品制造、安装、验收标准；

（7）主要工艺装备和主要检测设施的拥有情况和现状；

（8）质量手册或关于质量管理、质量体系、质量控制、质量保证的详细介绍；

（9）产品的技术服务和售后服务的内容和措施；

（10）距招标人最近的服务网点的详细介绍，包括资质资格、技术力量、工作业绩、服务内容及承诺；

（11）优惠条件

a. 投标人承诺给予招标人的各种优惠条件。此类优惠可以是设备价格、运输、保险、安装、调试检验、付款条件、技术服务、售后服务等方面的优惠。

b. 当优惠条件涉及《投标设备数量、价格表》中的各项费用时，必须与投标价格相统一。

c. 投标人应承诺在 N 年内对设备控制系统等软件提供免费升级（N—由投标人自定）。

（13）技术偏离表。投标人可以在投标文件中对招标设备的技术、规格要求提出推荐和替代意见，但所提出的意见应优于招标文件中提出的相应要求。

（14）投标人认为需要提供的其他文件及资料。

11. 投标文件填写说明

11.1　投标文件格式

投标人应按照招标文件中所提供的投标文件格式填写并装订成册。

11.2 投标函和开标一览表为在开标仪式上唱标的内容，投标人应按格式填写，统一规范不得自行增减内容。

11.3 商务和技术偏离表

投标设备如与招标设备在商务条款和型号、规格、技术参数、性能、工艺、材料、质量技术标准等方面有偏离，应填写《偏离表》，若不填写，视作无偏离，响应招标文件的要求。

11.4 投标人在投标文件中提供的一切证件的原件、复印件或影印件必须保证其真实性。否则，经有关部门查实，将按规定处理。

11.5 投标报价

本次从采购项目的投标报价为：竣工验收、设备移交、质保期满前的合同总价。

11.5.1 本次采购设备要求报包干总价。

(1) 设备报价（单价及总价）；

(2) 备品备件报价；

(3) 销售相关税费；

(4) 运输及保险费；

(5) 其他报价。

注：a. "报价方式"以"工地及通过验收价"一次报清，即所供应货物运抵招标人指定地点及通过验收的一切费用均包含在投标总价中，如以后工程中已实施而未列入报价的费用将被视为投标人优惠，招标人均不予支付。

b. 安装所需辅材一次报入投标总价，除设计变更增减外，以后不作调整。

11.5.2 在投标过程中，投标人应提供一份有关投标设备在质保期满后维修和保养合同范本。此合同应有下列内容：

a. 服务范围；

b. 服务期限；

c. 服务内容（备品备件清单和单件报价清单）；

d. 服务费；

e. 不负责任的内容；

f. 双方负责的内容；

g. 其他。

11.5.3 招标人要求分类报价是为了方便评标，但在任何情况下不限制招标人以其认为最合适的条款签订合同的权利。

11.5.4 本项目只允许一次报价，不允许以开标后调整的报价作为评标的依据（但按本招标文件投标须知投标文件错误的修正并经评标委员会认定或经投标人确认同意的除外）。

12. 投标有效期。

12.1 投标文件在投标截止日期之后90个日历天内有效。

12.2　在原定投标有效期满之前,如果出现特殊情况,招标人可以以书面形式向投标人提出延长投标有效期的要求,投标人对此须以书面形式予以答复。投标人可以拒绝这种要求而不被扣留投标保证金,同意延长投标有效期的投标人需要相应延长投标保证金的有效期,在延长期内本须知第 13 条的规定依然适用。

13. 投标保证金

13.1　投标人应提供一份不少于投标须知前附表中所述金额的投标保证金,此保证金是投标文件的一个组成部分。投标保证金应由投标主体出具(不得由其分公司、办事处或项目部等出具,否则无效)。投标保证金交纳凭证的复印件应封装在投标文件中。

13.2　投标保证金可采用支票、汇票方式,投标人应在投标截止时间之前提交。

13.3　投标保证金交至:

(1) 收款人(全称):××××××××××

(2) 开户银行:

(3) 账号:

13.4　对于未能按要求提交投标保证金的投标人,招标人可以视为不响应投标而予以拒绝。

13.5　未中标投标人的投标保证金在招标人与中标人签订合同后的 10 个工作日内无息退还。

13.6　中标人的投标保证金在按要求提交了履约保证金、签署合同并生效后无息退还。

13.7　投标人如有下列情况之一者,将被没收投标保证金:

(1) 投标有效期内撤回投标文件的;

(2) 拒绝接受投标文件(包括澄清确认的内容)中已确认的承诺或条款的;

(3) 中标人未能在规定期限内提交履约保证金的;

(4) 中标人在规定期限内由于自身原因未能根据规定签订合同的;

(5) 经查实有串通投标、抬标行为的。

14. 投标文件的份数和签署

14.1　投标人需递交投标文件"正本"一份和"副本"四份,电子文档一份,并明确注明"正本"和"副本",电子文档的封袋需注明投标单位名称及项目名称。投标文件的正本和副本、电子文档如有不一致之处,以正本为准。

14.2　投标文件的正本与副本均应使用不能擦去的墨水打印或书写,由投标人法定代表人(或授权代表)亲自签署并加盖法人单位公章和法定代表人(或授权代表)印鉴。

14.3　全套投标文件应无涂改和行间插字,除非这些删改是根据招标文件的修改发生的,或者是投标人造成的必须修改的错误。修改处应由投标文件签署人签字证明或加盖印鉴。

14.4　由于字迹模糊或表达不清引起的后果由投标人负责。

四、投标文件的递交

15. 投标文件的密封与标志

15.1 投标文件分两册装订,第一册包含商务标和投标人资格、资质证明文件,第二册技术标。

15.2 投标人应将投标文件的正、副本分别密封在内层包封内,再密封在一个外层包封中,并在内包封上标明"投标文件正本"或"投标文件副本",外层包封应在密封处加盖投标人和法定代表人(或授权代表)印鉴。

15.3 内层和外层包封都应写明招标人名称和地址、工程名称、招标编号,并注明开标以前不得开封;在内层包封上还应写明投标人名称与地址、邮政编码;以便投标出现逾期送达时能原封退回。

15.4 如果内外层包封没有按上述规定密封并加写标志,招标人不承担投标文件错放或提前开封的责任。由此造成的提前开封的投标文件将予以拒绝,并退还给投标人。

16. 投标截止期

16.1 投标人应按前附表规定的日期、时间和地点递交投标文件。

16.2 招标人可以按本须知第7条规定以补充通知的方式,酌情延长递交投标文件的截止日期。在上述情况下,招标人与投标人在投标截止期方面的全部权利、责任和义务,将适用于延长后新的投标截止期。

17. 投标文件的修改与撤回

17.1 投标人在递交投标文件以后,可以修改或撤回其投标,但投标人必须在规定的投标截止期之前将修改或撤回的书面通知递交到招标机构。

17.2 投标人的修改或撤回通知,应按本须知第15条规定编制、密封、标志和递交(在内层包封上标明"修改"或"撤回"字样)。

17.3 在投标截止期之后,投标人不得对其投标作任何修改。

17.4 从投标截止期至投标人在投标书格式中确定的投标有效期期满这段时间内,投标人不得撤回其投标,否则其投标保证金将按照本须知第13.7条的规定被没收。

18. 迟交的投标文件

18.1 招标人将拒绝并原封退回在本须知第16条规定的截止期后收到的任何投标文件。

五、开标

19. 开标

19.1 招标人将于前附表规定的时间和地点公开开标。开标时投标人的法定代表人或其授权代表(以下统称投标人代表)必须按招标文件规定的时间参加开标,开标前须出示本人有效身份证(或港澳台通行证、护照,下同)的原件,投标人授权代表还必须同时出示投标授权书原件(或说明投标授权书原件装订在投标文件内),以证明授权代表的身份和被授权范围,并由招标人代表验证确认。至投标截止时间,送达投标文件的投标人少于三个的,应停止开标,招标人应依法重新组织招标。

19.2　投标文件启封前,投标人代表应首先检查各自投标文件的密封状况与递交时是否一致。所有投标文件的密封状况与递交时一致的,则招标人代表应按照投标文件提交的先后顺序进行开标。

19.3　开标会议在有关公正机构或管理机构的监督下进行,由招标代理机构组织并主持。唱标人应如实按投标文件当众宣读投标人全称、投标报价、修改内容、交货期以及招标人认为适当的其他内容。投标人代表应对唱标内容及记录结果当即进行校核确认。如发现唱标内容或记录结果与投标文件不一致时,应在签字确认前当场提出,并经招标人代表、公证人、唱标人和记录人核实后,当即予以纠正。

19.4　在开标时没有启封和没有读出的投标文件(包括本须知第 17.2 条提交的修改书),在评标时不予考虑。没有启封和读出的投标文件将原封退回给投标人。

19.5　投标人在投标截止时间前递交投标文件撤回函的,并按招标文件要求进行了密封的,其投标义件将不被拆封。

19.6　当投标人及其投标文件出现如下情况时,经公证机构或监督部门确认后,其投标文件可视为无效,不进入进一步的评审:

(1) 在投标截止时间以后送达的;

(2) 投标文件未按规定标志、密封的;

(3) 投标人法定代表人或授权代表未带本人身份证(原件)或法定代表人授权的委托人未带授权委托书(原件)的;

19.7　唱标结束后,投标人代表应在开标记录上签字确认。招标人代表、唱标人、记录人、公证人均应在开标记录上签字。投标人代表未在开标记录上签字的,均视为对开标结果予以默认。

开标结束后,如发现开标结果与投标文件不一致者,除评标委员会认定的特殊情况应另行处理外,其开标结果不予纠正。

六、评标

20. 评标内容的保密

20.1　公开开标后,直至宣布授予中标人合同为止,凡属于审查、澄清、评价和比较投标的所有资料,有关授予合同的信息,都不应向投标人或与评标无关的其他人泄露。

20.2　投标文件的审查、澄清、评价和比较以及授予合同过程中,投标人对招标人和评标委员会施加影响的任何行为,都将导致取消其投标资格。

20.3　合同授予后,招标人不对未中标人就评标过程情况以及未能中标原因作任何解释。未中标人不得向评委或其他有关人员处获取评标过程的情况和资料。

21. 投标文件的初审

21.1 评标会议由招标人依法组建的评标委员会负责。

21.2 评标委员会将审查投标文件是否完整、总体编排是否有序、文件签署是否合格、投标人是否提交了投标保证金、有无计算上的错误等。

21.3 在详细评标之前,根据本须知第24条的规定,评标委员会要审查每份投标文件是否实质上响应了招标文件的要求。评标委员会决定投标的响应性只根据投标本身的内容,而不寻求外部的证据。

21.4 实质上没有响应招标文件要求的投标将被拒绝。投标人不得通过修正或撤销不合要求的偏离或保留从而使其投标成为实质上响应的投标。如发现投标文件存在以下情况之一的,经评标委员会审核认定,作为符合性审查未通过予以废除,不再进入详细评审:

(1) 投标书未经法定代表人(或授权代表)签署、未加盖投标人公章;

(2) 投标人的资格不满足国家有关规定或招标文件载明的投标资格条件的;

(3) 与招标文件有重大偏离的;

(4) 投标人提交两份或多份内容不同的投标文件,或在一份投标文件中对同一招标货物报有两个或多个报价,且未声明哪一个为最终报价的,按招标文件规定的提交备选投标方案的除外;

(5) 投标有效期不满足招标文件要求的;

(6) 未按招标文件要求提供投标保证金的;

(7) 扰乱会场秩序,经劝阻仍无理取闹的;

(8) 有欺诈行为进行投标的;

(9) 法律、法规及招标文件规定的其他废标情况。

22. 投标文件错误的修正

22.1 评标委员会将对确定为实质上响应招标文件要求的投标文件进行审核,看其是否有算术错误,修正错误的原则如下:

22.1.1 如果用数字表示的数额与用文字表示的数额不一致时,以文字数额为准。

22.1.2 当设备出厂单价与数量的乘积与合价不一致时,以单价为准,并修改合价。当分项累计与设备总价不一致时,以标出的分项价格为准,修改总价。

22.2 按上述修改错误的方法,调整投标文件中的投标报价。经投标人确认同意后,调整后的报价对投标人起约束作用。如果投标人不接受修正后的投标报价则其投标将被拒绝,其投标保证金将被没收。

23. 投标文件的澄清

23.1 为了有助于投标文件的审查、澄清、评价和比较,投标人对需澄清的问题应作出书面答复,书面答复须投标人法定代表人或授权代表签字并作为投标文件的组成部分。

23.2 投标人对投标文件的澄清不得更改投标报价或投标的实质性内容,按照本须知第

22 条规定校核时发现的算术错误不在此列。

24. 投标文件的评价与比较

24.1 在评价与比较投标文件时将根据评标、决标的规定,对投标人的投标报价、产品性能和可靠性、备品备件供应和售后服务承诺、交货时间和安装竣工时间、经营信誉和合同付款条件及合同执行能力、同类产品的业绩等方面进行评价,其中涉及的各类证明及证书以在投标文件中附有清晰的复印件为准。

24.2 评标委员会在对所有投标文件进行综合评估后,向招标人提交评标报告并按符合性通过且最终得分由高至低的排序推荐前两名投标人为中标候选人。不保证最低报价者中标。

七、授予合同

25. 定标方式

招标人依据评标委员会推荐的中标候选人确定中标人。

定标由招标人负责,依据七部委 12 号令及 30 号令的规定确定中标人。已确定中标的第一中标候选人放弃中标的、或者因不可抗力提出不能履行合同的,或者招标文件规定应当提交履约保证金而在规定的期限内未能提交的,或者事后发现在招投标过程中存在串通投标、弄虚作假等违法违规行为的,招标人可以确定排名第二的中标候选人为中标人,依次类推。

26. 中标通知

26.1 在投标有效期内,招标人将以书面形式通知中标人。

26.2 招标人在向投标人授予中标通知书时,有权按单价变更数量和服务内容。

26.3 招标人将向未中标的投标人发出决标通知。对决标结果不负责解释。

27. 招标代理服务费

本项目不需考虑招标代理费。

28. 签订合同

28.1 中标人应按中标通知书规定的时间与招标人签订经济合同,并提交履约保证金。

28.2 招标文件、中标人的投标文件及投标修改文件、评标过程中有关澄清文件及经投标人法定代表人或授权代表签字的询标回复和中标通知书均作为合同组成部分。

28.3 拒签合同的责任

中标人接到中标通知书后,在规定时间内借故否认已经承诺的条件而拒签合同或拒交履约保证金者,其投标保证金不予退回,并赔偿招标人由此造成的直接经济损失。

29. 履约保证金

29.1 中标人在合同签订后 5 天内,应按照合同条款的规定,向招标人提交合同总价的 10% 的履约保证金。履约保证金以电汇、汇票、支票形式支付。

29.2 如果中标人没有按照上述 27、28 规定执行,招标人将有充分理由取消该中标决定,并没收其投标保证金。在此情况下,招标人可将合同标授予下一个中标候选人,或重新招标。

第 11 章

项目合同管理

学习目标：通过本章的学习，能对项目合同形成一个清晰的概念，熟练掌握项目合同的特征、分类、选择，以及对项目合同从谈判、签订到实施等各个阶段事务的处理，同时对于项目合同的分包管理、索赔管理等也有一定的了解。

项目合同是法人之间就项目共同达成的协议，是项目当事人就项目事务和双方的责任、义务和权利自愿签署的法律性文件，是保证项目正常实施、保护双方合法权益、监督双方履行义务的法律保证。项目合同的签署与执行是当事人合作的过程。良好的合作是合同正常实施的基本保证。对项目合同的管理就是希望双方当事人在合同执行过程中加强沟通与合作，在合作中通过协商消除分歧，在完成项目、实现项目目标上寻找共同点。

11.1 项目合同管理概述

11.1.1 项目合同的特点、构成要素

1. 合同的基本概念与法律特征

合同又称契约，是指双方或者多方当事人（自然人或法人）关于订立、变更、解除民事权利和义务关系的协议。合同具有如下的法律特征。

（1）合同是一种法律行为。这种法律行为使订立合同的双方当事人产生一定的权利义务关系，受到国家强制力的保护，任何一方不履行或不完全履行，就要承担经济的或者法律的责任。

（2）合同是双方的法律行为。合同的签订必须是双方当事人意思表示一致，合同才能成立。

（3）合同应是合法的法律行为。合同是国家规定的一种法律制度，双方当事人按照法律规范的要求达成协议，从而产生双方所预期的法律效果。合同必须符合国家法律、行政法规的规定，为国家承认和保护。

（4）双方当事人在合同中地位平等。即双方当事人应当以平等民事主体地位协商订立合同，任何一方不得把自己的意志强加于对方，任何机构和个人不得非法干预，这是当事人自由表达其意志的前提，也是双方当事人权利、义务相互对等的基础。

（5）合同关系是一种法律关系。这种关系不是一般的道德关系。合同制度是一项重要的民事法律制度，它具有强制的性质，不履行合同要受到国家法律的制裁。

综上所述，合同是双方当事人依照法律的规定而达成的协议。合同依法成立，即具有法律约束力，在合同双方当事人间产生权利和义务的法律关系。合同正是通过这种权利和义务的约束，促使签订合同的双方当事人认真、全面地履行合同。

2. 项目合同的基本构成要素

项目合同，是指项目业主或其代理人与项目承包人或供应人为完成一个确定的项目所指向的目标或规定的内容，明确相互的权利义务关系而达成的协议。项目合同的类型虽然众多，但大多数应具有五个构成要素。

（1）合同的彼此一致性。项目合同必须建立在一个双方均可接受的提议基础之上。

（2）报酬原则。项目合同要有一个统一的计算和支付款项的方式。

（3）合同规章。只有当承包商依据合同规章进行工作时，他们才会受到合同的约束，并享受合同的保护。

（4）合法的合同目的。合同中必须有一个合法的目的或标的物，它应当不是法律所禁止的。

（5）依据法律确定的合同类型。项目合同要反映双方的权利及义务，这将作用于合同的最终结果，而合同的类型也取决于此。

3. 合同的组成文件

合同文件通常包括六个基本部分。

（1）总标单。即投标书（按项目组织招标规定的统一格式，写给招标委员会的投标总体认可）。

（2）协议书。通常很简短，只要求双方签字，承包商要按照合同、图纸和说明书进行工作并承担责任。

（3）合同的一般条件和标准规范。合同的一般条件及标准规范是所有产品都要遵守的，特殊规范是标准规范的补充，可由工程师来指定引用。

（4）特殊条件。是为货物或服务等特殊需要所做的规定。

（5）采购项目类目。

（6）附录。包括前述部分的补充、更改或修正。

11.1.2　项目合同的作用

项目合同具有以下作用。

（1）可明确建设项目发包方和承包方在项目实施中的权利和义务。具体体现在：项目合同是承发包双方行为的准则，项目合同对承发包双方起制约作用，明确承发包双方的权利和义务的相互关系。它以平等、协商的契约关系取代了传统项目管理中的行政命令关系。

（2）是建设项目实施阶段实行社会监理的依据。要对建设工程实行社会监理，项目合同是必不可少的依据。离开项目合同，监理也就失去了据以衡量的标准。项目合同的出现，使得项目的实施、管理更为有效，更为科学。

（3）是建设项目实施的法律依据。项目合同一般都具体地规定了项目的标的、所要达到的要求、起始时间和终止时间以及一些约束内容等，这些条款和内容使在项目实施中有明确的目标和依据。项目合同在法律上还有如下作用：依法保护承发包双方的权益；追究违反项目合同方责任的法律依据；调解、仲裁和审理项目合同纠纷的依据。

（4）项目合同有利于国际间的相互交流与协作。项目合同的规范化，有利于我国项目管理企业进入国际市场，参与国际竞争，还有利于我国引进外资，引进国外的技术项目。

11.2　项目合同的分类与选择

11.2.1　项目合同的分类

项目合同按不同的分类方法，其分类也不同。

1. 按签约各方的关系分类

（1）工程总承包合同

工程总承包合同是项目组织与承包商之间签订的合同，所包含的范围包括项目建设的全过程（土建、安装、水、电、空调等）。

（2）工程分包合同

工程分包合同是承包商将中标工程的一部分内容包给分包商，为此而签订的总承包商与分承包商间的分包合同。允许分包的内容一般在合同条件中有规定，如菲迪克合同条件就规定"承包商不得将全部工程分包出去。如（工程师）同意分包（指部分分包），也不得免除承包商在合同中承担的任何责任和义务"。也就是说签订分包合同后，承包商仍应全部履行与业主签订的合同所规定的责任和义务。

（3）货物购销合同

货物购销合同是项目组织为从组织外部获得货物而与供应商签订的合同。

（4）转包合同

转包合同是一种承包权的转让。承包商之间签订的转包合同，明确由另一承包商承担原承包商与项目组织签订的合同所规定的权利、义务和风险，而原承包商从转包合同中获取一定的报酬。

（5）劳务分包合同

通常称劳务分包合同为包工不包料合同或叫包清工合同。分包商在合同实施过程中，不承担材料涨价的风险。

（6）劳务合同

劳务合同是承包商或分承包商雇用劳务所签订的合同。提供劳务一方不承担任何风险，但也难获得较大的利润。

（7）联合承包合同

联合承包合同指两个或两个以上合作单位之间，以共有承包人的名义共同承担项目的全部工作而签订的合同。

2. 按合同承包范围的大小分类

（1）交钥匙合同

交钥匙合同要求的项目工作范围和工作量最大。所谓"交钥匙"，是指乙方要承担项目的所有任务，包括设计、采购、施工、检查和试车等。按照合同的要求，乙方完成所有工作以后，就把项目移交给甲方使用。这就好像乙方按甲方的要求盖好了房子，把钥匙交给甲方，甲方就可以开门去住了。

这种合同方式最适合于承包商非常熟悉的且技术要求高的大型的合同项目。同时，业主必须很有经验，能够同承包商讨论工作范围、技术要求、工程款支付方式和监督施工的方式、方法等。这样，与业主找许多专业公司分包相比，找一家大公司总包最省事。有许多规模大、复杂的土木、机械、电气项目使用这种合同方式取得了成功。

（2）设计—采购供应—施工合同

在设计—采购供应—施工合同下，承包商只负责设计、供应与施工。

（3）设计—采供合同

这种形式下，承包商只负责设计和采购供应，施工由其他单位负责。凯洛格公司在中国建设的大型化肥厂就类似这种形式。因为是由美方设计的，原材料采购也是由美方负责，但施工是由中方派出的施工队负责。

（4）承包设计合同

承包商只负责设计。

（5）施工承包合同

承包商只负责施工。

（6）技术承包合同

承包商只提供技术服务。

（7）劳务承包合同

承包商只提供劳务，主要是技术工种。

（8）承包管理服务合同

承包商负责提供管理服务，负责整个项目的管理。

（9）项目咨询服务合同

承包商负责提供项目的咨询服务。

3. 按合同计价方式分类

（1）固定价或总价合同

这种类型的合同就是把各方面非常明确的产品的总价格固定下来。如果该产品不是各方面都很明确，则买主和卖主将会有风险。买主可能得不到希望的产品，或者卖主可能要支付额外的费用才能提交该产品。固定价合同还可以增加激励措施，以便达到或超过预定的项目目标。

① 总价合同的适用条件

总价合同是由投标人按照招标文件的要求报一个总价，这个总价包括完成设计图纸和技术规范上规定的所有工程的价格，中标人一旦按这个价格签订合同，就要履行合同中的所有义务。所以有时把这种方式称为包干制。当具备以下条件时可以采用这种方式。

- 设计图纸和规范能在招标时详细而全面地准备好，投标者能够准确地计算工程量。
- 在合同条件允许范围内，投标人能给予承包商各种必要的方便条件。
- 工程风险不大，即承包商承担的风险不能太大。

② 总价合同的类型

总价合同可大致分为固定总价合同和可调价的总价合同。

- 固定总价合同

承包商与业主一旦签订合同，如业主的设计图纸无变更，承包人不得要求变更承包价。承包商要承担工程中的一切风险，很可能要为诸多不可预见的因素付出代价，因此一般报价较高。采用固定总价合同的条件是：承包商的报价以详细而准确的设计图纸规范和工程量清单为依据，并考虑到一些费用的上涨因素，施工中图纸有变更时，总价也要变更；对项目工期不长（一般不超过1年）、规模较小的工程项目合同内容要求十分明确。对于图纸和技术规范不够详细、工期较长、价格波动大、工程质量及设计变动多的工程，承包人承担的风险较大，为此不得不加大不可预见费或投标的额度，这对业主不利，所以这种方式不适用于一般大、中型的土建工程。

- 可调价的总价合同

合同双方以设计图纸、工程量及当时的价格计算签订合同总价。但双方在合同条款中商定：在执行合同中，合同总价可以因物价上涨而引起工程投入物的成本上升而相应调整。

这种合同，由业主承担了物价上涨这一风险，其他风险还是要承包商来承担。可调价的总价合同适用于工期较长（1 年以上）的工程。

（2）单价合同

在没有详细的施工图及工程数量，对工程某些施工条件也不完全清楚就开工的情况下签订纯单价合同比较合理。

当工程项目非常复杂的时候，不可能在设计完了之后再招标，所以招标时只能向投标人给出各分项工程的工作项目一览表、工程范围及必要的说明，而不提供工程量。承包商只要给出各项目或细目的单价，甚至主要的、最常发生的典型项目细目即可。在施工过程中，按现场实际计量各工程细目的工程量，按承包商报的单价付款。如付给承包商的报酬按单位服务计算（例如，每小时专业服务 70 美元或每立方挖方 1.08 美元），因此该合同的总价值是完成该项目所需工作量的函数。

单价可一次固定，也可随工资及材料价格的调价而调整，具体调价办法应在合同中明确规定，新增加的项目另行议价。

因为合同总价难以控制，我国很少采用这种合同，世界银行项目一般也不用这种合同形式。

（3）成本加酬金合同

这种类型的合同就是向承包商支付（报销）项目的实际成本。成本一般分为直接费（项目直接开支的费用，例如项目人员的薪水）和间接费（由实施组织分摊到该项目上作为经营费用的费用，例如承包商行政人员的工资），间接费在计算时一般都取直接费的某个百分比。成本加酬金合同经常包括某些激励措施，以便达到或超过某些预定的项目目标。

这种承包方式的基本特点是按项目实际发生成本加上商定的管理费和利润来确定项目总价金。在实践中有四种具体做法。

① 成本加固定百分比酬金

可按下式计算。

$$C = C_d + C_d P$$

式中：C——合同总价；

　　　C_d——实际发生的项目成本；

　　　P——固定百分比。

从上式看，总价随着实际成本的增加而增加，显然不利于承包商关心缩短项目周期、降低成本，对顾客（买主）不利，现在较少采用。

② 成本加固定酬金

这种承包方式是项目成本实报实销,但酬金是事先商定的一个固定数目。可按下式计算。

$$C = C_d + F$$

式中:F——固定酬金。

这种承包方式比前一种方式进了一步,虽然还不能鼓励承包商关心降低成本,但从尽快取得酬金出发,将会关心缩短项目周期。

③ 成本加浮动酬金

这种承包方式是预先商定项目成本和酬金的预期水平,根据实际成本与预期成本的离差,酬金上下浮动。计算公式如下。

$$当 C_d = C_0 \quad 则 C = C_d + F$$
$$当 C_d > C_0 \quad 则 C = C_d + F - \Delta F$$
$$当 C_d < C_0 \quad 则 C = C_d + F + \Delta F$$

式中:C_0——预期成本;

ΔF——酬金的增减部分(可以是一个百分比,也可以是一个绝对数)。

④ 目标成本加奖罚

这种承包方式与成本加浮动酬金基本相同,这种办法以项目的粗略估算成本作为目标成本,可以随着项目设计的逐步具体化,对劳务数量和目标成本加以调整。另外,规定一个百分数,作为计算酬金的比率。最后结算时,根据实际成本与目标成本的关系确定计算公式为

$$C = C_d + P_1 C_0 + P_2 (C_0 - C_d)$$

式中:C_0——目标成本;

P_1——基本酬金百分数;

P_2——奖罚百分数。

成本加酬金合同适用于工程内容和技术经济指标尚未完全确定,而又急于上马的工程或完全崭新的工程,以及施工中风险很大的工程。在业主及承包人均有较丰富的工程施工经验及管理经验的条件下,这种方式可以允许随着设计的深入而进行施工。

成本加酬金合同的缺点是承包商可能会不受任何约束地增加工程的直接费用,而不会去精打细算,实际发生的成本越高,提取的管理费和利润也就越多。

（4）计量估价合同

计量估价合同以承包商提供的劳务数量清单和单价表为计算价金的依据。在项目合同的谈判过程中,对诸如合同的类型、条件、成本、价金、日程安排以及是否优先考虑项目启动等问题,双方都要做出明确的规定,但关于合同的协商、准备至最后签约可能需要数月才能完成。如果顾客(买主)需要工作马上开始,那么顾客可能提供一个初级建设性文件给承包商(卖主),通过这一文件授权给承包商在取得其他制造商支持与服务的情况下决定工作先行开始,而合同的最终价格往往要在项目启动之后才能逐步确定。

4. 按承包付款的方式分类

（1）固定价格

承包某一个项目，事先协商好一个固定价格。

（2）实际成本加固定利润

实际成本就是该项目所发生的各项费用实际是多少，由甲方付多少，再加上固定数量的利润。

（3）实际成本加发生费用的固定百分比

这种支付方法与上面类似，甲方不是付给一个固定数字的利润，而是付给发生费用的固定百分比作为利润。如支付实际费用的 10% 给工程建筑公司作为利润。

（4）有保证的最大价格

承包商接受项目时，保证发生的总费用不超过一个定值，如果超过了，由承包商负责。如没有超过这个最大价格，甲乙双方按一定的比例分享。

（5）目标价格

由甲乙双方预先定好一个目标价格，当实际成本超过此价格时，由甲乙双方按一定比例分担，如低于此价格，多余的钱也由甲乙双方按一定比例分享。

（6）部分固定价格、部分实际成本

项目的价款一部分按固定价格、一部分按实际成本支付。

（7）阶段转换

一个项目的前阶段和后阶段采用不同的付款方法。如一开始采用实际成本的支付方法，项目进行了一段时间，可以估计得比较准确的时候，改用固定价格支付。

这些都是最基本的支付方法。实际上，在甲乙两方均同意的情况下，采取哪一种支付方法都可以。

11.2.2　项目合同的选择

项目合同类型的选择主要依据以下因素。

（1）项目实际成本与项目日常风险评价。

（2）双方要求合同类型的复杂程度（技术风险评价）。

（3）竞价范围。

（4）成本价格分析。

（5）项目紧急程度（顾客要求）。

（6）项目周期。

（7）承包商（卖主）财务系统评价（是否有能力通过合同赢利）。

（8）合作合同（是否允许其他卖主介入）。

（9）转包范围的限定。

具体而言,针对不同承包范围的项目可采用某种较为可行的付款方式或不同付款方式的组合。

交钥匙式的项目分大型项目和小型项目,如10亿美元以上为大型项目,10亿美元以下为小型项目。大型项目不容易估算得准确,按实际成本比较合适,用固定价格、有保证的最大价格、目标价格和阶段转换方式都不适合,因为风险太大,估算很可能失误。"混合型"是适合的,有把握的部分按固定价格,估算不准的部分按实际成本。交钥匙的小型项目,各种付款方式都可以。

设计—采供—施工的大型项目,价款比较高,同大型的交钥匙方式一样,不适合用固定价格方式,只能采用实际成本的方式,这样风险就比较小。也可以设计用固定价格,原材料供应和施工采取实际成本。对于小型项目,各种付款方式都可以,根据具体情况而定。

负责设计和采供的合同,不管大项目还是小项目,各种付款方式都可以。

只负责设计的合同,一般采用固定价格或实际成本加利润,很少采用后几种付款方式。

只负责施工的合同,各种付款方式都可以采用,根据具体情况定。

只负责提供技术的合同,最常用的是固定价格和实际成本加利润两种付款方式。

只承包劳务的合同,用固定总价不合适,因为劳力不容易估算得准确,但可采用固定单价。采用实际成本也比较合适,最常用的是实际成本加固定利润的付款方式。

只负责组织管理的合同,固定价格是可行的,但更常见的是按实际成本的方式。

只负责咨询服务的合同,可采用固定单价,但实际成本加固定酬金或浮动酬金的方式也经常采用。

表11-1表示不同的承包范围和不同付款方式的各种组合。

表 11-1　不同承包方式和不同付款方式的组合

承包范围 ＼ 付款方式	固定总价合同	固定单价合同	实际成本＋固定数额酬金	实际成本＋固定%酬金合同	保证最大价格式合同	目标价格或差额共享式合同	部分固定总价合同部分实际成本	阶段转换式合同
交钥匙(大项目)	×	△	☆	☆	×	×	☆	☆
交钥匙(小项目)	△	△	☆	☆	☆	☆	☆	☆
设计—采购—施工(大项目)	×	△	☆	☆	×	×	☆	☆
设计—采购—施工(小项目)	△	△	☆	☆	☆	☆	☆	☆
设计—采购—供应	△	△	☆	☆	☆	☆	☆	☆
承包设计合同	△	×	△	☆	☆	☆	☆	☆
施工承包合同	△	△	△	☆	☆	☆	☆	☆
技术承包合同	△	△	△	☆	☆	☆	☆	×
劳务承包合同	×	△	△	☆	×	×	×	×
承包管理服务合同	×	△	△	☆	×	×	×	×
项目咨询服务合同	×	△	△	△	×	×	×	×

注:△合适;×不合适;☆不常用。

在同一个承包范围内,可以看出有好几种付款方式,究竟选用哪一种更适合,可根据以下条件来选择。

① 甲方特别喜欢某一种方式或者政策规定一定要采用某一种方式。如凯洛格公司在1973 年和 1978 年与中国所签订的合同,都是用固定价格方式,因为当时中国政府规定,任何外商和中国做买卖,所订合同只能采用固定价格方式。

② 合同中的细节是否规定得很明确。如果承包工作的细节规定得不太明确,双方都不会同意用固定价格,只能按实际成本。

③ 项目的规模及其复杂程度。规模过大、过于复杂的工程项目,承包商要担很大的风险,因而不适合用固定价格。如乙方承包了一个核电站的建设项目,预计耗费 20 亿元。对于这样复杂的大项目,任何一家工程公司都不愿意承担巨大的风险签订固定价格的合同。

④ 承包商的意愿和规则。美国有一个很大的工程公司,它的规则就是本公司不实行固定价格式,一律采取实际成本式。

⑤ 根据工程进度的紧迫程度。有些方式比较适合工程进度要求比较快的项目。

⑥ 是否有竞争对手。如甲方提出要签订固定价格的合同,而承包商只有一家,承包商不同意,甲方也只得迁就了。如果有好几家承包商互相竞争,就可以找到愿意接受条件的承包商了。如在 1983 年,工程公司很难找到活干,那时承包一个项目,甲方提出什么样的要求,乙方都愿意考虑接受。相反,如果承包商掌握了先进技术,没有竞争对手,那么签订合同时,主动权就掌握在承包商的手里了。

⑦ 甲方是否有足够的技术人员对工程进行监督。如监督人员很少,最好采用固定价格方式,全部包给乙方。如果合格的监督人员很多,对整个工程能够控制,采取实际成本的方式就好些。一般说来,签订固定价格合同的项目,监督是比较少的,而签订实际成本合同的项目,就需要较多的人来监督。

⑧ 外部因素或风险的影响。如通货膨胀、政治局势、气候等因素,也会影响付款方式的选择。如过去 10 年,世界的商品价格平均以每年递增 10% 的速度上涨,我们无法确定哪种商品价格涨得快,哪种涨得慢。如果商品价格始终上涨,乙方就不会愿意用固定价格形式签订合同。又如某公司要在气候条件十分恶劣的阿拉斯加承包一个项目,它就很难搞清一年里究竟有多少天适合施工,在这种情况下,就不会签订一个固定价格的合同。又假如某公司承包的项目所在地区的法规没确定下来,也不适合签订固定价格的合同。

一个项目究竟应采取哪种合同形式很难确定。有时候一个项目的各个不同部分或不同阶段也可能采取不同的合同形式。要做出最佳决策,必须根据实际情况,全面反复地考虑各种利弊,确定最适合本项目的合同形式。

在签订合同时,甲方总是要求乙方对工程项目负责。所谓负责,一方面是处理项目建设过程中发生的问题;另一方面,要对项目的失败或损失承担责任。承担责任也不意味着乙方要受经济处罚,而只是由乙方提出解决问题和弥补损失的办法和措施。至于在经济方面的负担,合同里要规定明确,使双方了解哪一部分费用由哪方支付。但实际工作中,上面说的两方面责任往往出现矛盾。特别是一个工程完成后,出现这类问题较多。一个项目完成后,生产不能正常进行,承包商必须负责解决出现的问题,但所花的费用应按合同规定该谁付就由谁付。一般来说,固定价格的项目,一切责任都在乙方,所发生的费用也由乙方支付。如果签订的合同是按实际成本加固定利润来支付费用的,出现了问题应由乙方负责处理,费用则由甲方支付。

11.3　合同管理

合同管理是保证承包商的实际工作满足合同要求的过程。在有多个承包商的大项目上,合同管理的一个重要方面就是管理各种承包商之间的关系。合同关系的法律性质要求项目管理班子必须十分清醒地意识到管理合同时所采取的各种行动的法律后果。

合同管理包括在处理合同关系时使用适当的项目管理过程,并把这些过程的结果综合到该项目的总体管理中。

11.3.1　合同管理的概念

1. 合同与合同管理

合同是一个契约,是有关法人之间为了实现某个项目的特定目的而签订的确定相互权利和义务关系的协议。

合同管理是项目管理的实现阶段,也是项目管理的核心内容。合同各方,包括业主、承包商和咨询工程师,都会十分重视合同的管理工作。合同管理直接关系到项目实施是否顺利,各方的利益是否能够得到保护。

合同管理是指参与项目的各方均应在合同实施过程中自觉、认真、严格地遵守所签订合同的各项规定和要求,按照各自的职责行使各自的权利、履行各自的义务、维护各方的权利,发扬协作精神,处理好"伙伴关系",做好各项管理工作,使项目目标得到完整的体现。

虽然合同是有关双方的一个协议,包括若干合同文件,但合同管理的深层含义,应该引申到合同协议签订之前,做好合同签订前的各项准备工作至关重要。这些准备工作包括合同文件草案的准备、各项招标工作的准备、做好评标工作,特别是要做好合同签订前的谈判和合同文稿的最终定稿。

2. 合同交底工作

项目的实施过程实质上是项目相关的各个合同的执行过程。要保证项目正常、按计划、高效率地实施,必须正确地执行各个合同。按照法律和工程惯例,项目管理者负责各个相关合同的管理和协调,并承担由于协调失误而造成的损失责任。例如工程项目中土建承包商、安装承包商、供应商都与业主签订了合同,由于供应商不能及时交付设备,造成土建和安装工程的推迟,这时安装和土建承包商就直接向业主索赔。所以在工程现场需委托专人来负责各个合同的协调和控制,通常监理工程师的职责就是合同管理。

在合同实施前,必须对相关合同进行分析和交底,这包括如下内容。

(1) 合同履行分析。它主要对合同的执行问题进行研究,将合同中的规定落实到相关的项目实施的具体问题和活动上,这常常与项目结构的分解同步进行。在工程项目中主要分析:承包商的主要合同责任、工程范围和权利;业主的主要责任和权利;合同价格、计价方法、补偿条件;工期要求和补偿条件;工程中一些问题的处理方法和过程,如工程变更、付款程序、工程的验收方法、工程的质量控制程序等;争执的解决;双方的违约责任;合同履行时应注意的问题和风险等。

(2) 合同交底。即将合同和合同分析文件下达落实到具体的责任人。例如各职能人员、相关的负责人和分包商等。对项目管理班子、相关的负责人宣讲合同精神,落实合同责任,使参加的各个实施人员都了解相关合同的内容,并能熟练掌握。

(3) 在项目组织、管理系统的建立过程中,落实各项合同规定。

11.3.2　业主方的合同管理

1. 业主方对项目前期的管理

项目前期阶段的工作内容一般包括地区开发、行业发展规划、项目选定阶段的机会研究、预可行性研究以及可行性研究,最后通过项目评估来确定项目。这些工作对于把握住投资机会,对项目进行科学的、实事求是的分析和评估,从而正确地立项是十分重要的。如果立项错误则会对项目实施过程中的合同管理,特别是投产运行,造成极大的困难和损失。

做好上述工作的关键有两点:一是选择一家高水平的咨询公司来从事这些投资前的各项工作,以便能得到一份符合客观实际的可行性研究报告;二是业主应该客观地、实事求是地根据评估的结果和自己的融资能力来决定项目是否立项。

2. 业主方对项目实施期的管理

一个项目在评估立项之后,即进入实施期。实施期一般指项目的勘测、设计、专题研究、招标投标、施工设备采购、安装,直至调试竣工验收。在这个阶段,业主方对项目管理应负的责任主要包括以下内容。

(1) 设计阶段

① 委托咨询设计公司进行项目设计,包括有关的勘测及专题研究工作。

② 对咨询设计公司提出的设计方案进行审查、选择和确定。

③ 对咨询设计公司编制的招标文件进行审查和批准。

④ 选择在项目施工期实行施工管理的方式、选定监理公司或 CM 经理，或业主代表等。

⑤ 采用招标或议价方式进行项目施工前期的各项准备工作，如征地拆迁、进场道路修建、水和电的供应等。

在设计阶段，业主一方要特别注意以下问题。

① 地基勘探工作及地基设计方案的正确性。地基是任何建筑最重要的部位，如果地基勘探资料数据不正确，将导致建筑基础部位设计的错误，危及整个建筑物的安全。

② 设计方案选定后，应要求咨询公司精心审查，尽可能避免或减少在招标确定后或项目已开工的情况下进行设计变更。

地基勘探的失误以及开工后设计图纸的变更将为承包商提供极好的索赔机会，从而影响业主一方的投资控制和进程控制。因此业主一方在进行设计阶段的合同管理时，重点要抓地基勘探和设计质量，可以组织专家或其他咨询公司认真地进行审查，也可组织专家采用价值工程方法对设计方案进行改进。总之，要在设计阶段放慢进度，工作做得细致一些，以避免开工后的变更和索赔。尽管在出现了大的设计问题时可依据咨询合同向咨询公司或保险公司索赔，但仍很难弥补对业主造成的损失。

（2）施工阶段

当一个项目开工之后，现场具体的监督和管理工作全部都交给工程师负责了，但是业主也应指定业主代表负责与工程师和承包商联系，处理执行合同中的有关具体事宜。对一些重要问题，如项目的变更、支付、工期的延长等，均应由业主负责审批。

下面是业主一方在施工阶段的职责。

① 将任命的业主代表和工程师（必要时可撤换）以书面形式通知承包商，如系国际贷款项目还应该通知贷款方。

② 继续抓紧完成施工前未完成的项目用地征用手续以及移民等工作。

③ 批准承包商转让部分项目权益的申请，（如有时）批准履约保证和承保人，批准承包商提交的保险单和保险公司。

④ 负责项目的融资以保证项目的顺利实施。

⑤ 在承包商有关手续齐备后，及时向承包商拨付有关款项。如项目预付款，设备和材料预付款，每月的月结算、最终结算等。这是业主最主要的义务。

⑥ 及时签发项目变更命令（包括批准由工程师与承包商协商的这些变更的单价和总价）。

⑦ 批准经工程师研究后提出建议并上报的项目延期报告。

⑧ 负责为承包商开证明信，以便承包商为项目的进口材料、项目设备以及承包商的施工装备等办理海关、税收等有关手续。

⑨ 协助承包商（特别是外国承包商）解决生活物资供应、材料供应、运输等问题。

⑩ 对承包商的信函及时给予答复。

⑪ 负责编制并向上级及外资贷款单位送报财务年度用款计划、财务结算及各种统计报表等。

⑫ 负责组成验收委员会进行整个项目区段的初步验收和最终竣工验收,签发有关证书。

⑬ 解决合同中的纠纷,如需对合同条款进行必要的变动和修改,需要与承包商协商。

⑭ 如果承包商违约,业主有权终止合同并授权他人去完成合同。

11.3.3　承包商的合同管理

随着承包商的发展,项目的规模日渐增大,一些综合性的项目涉及的专业越来越多,技术性也日益复杂。对于大型项目而言,总承包商不可能将全部项目内容独家包揽,特别是某些专业性强的项目内容,须分包给其他专业公司实施。还有些项目在招标时,业主就规定某些项目内容必须由其指定的几家分包商承担,即指定分包商。项目分包已成为项目承包中普遍采用的方式,这种方式有利于发挥各公司的优势和特长,有助于整个项目的顺利完成。

1. 分包合同和主合同的关系

承包商在获得合同后,把项目中的某些工作交给其他公司,通过另一个合同关系在自己的控制下由其他公司来实施,实施分包工作的承包商称为"分包商"。在这种情况下,直接与业主签订合同的承包商称为"总承包商",该合同则称为"主合同"。总包商与分包商之间签署的制约项目分包部分实施内容的合同称为"分包合同"。

主合同和分包合同由于其合同标的物,即施工(或服务)的范围有重合性,分包合同中所涉及的施工和服务是主合同的一部分,因此它们之间存在着依存关系。如果主合同被解约,分包合同自然也就不可能存在下去。一般地说,在签订分包合同时,往往将主合同作为分包合同的附件,即主合同中业主对总承包商的约束应当对分包商适用。但是,即使分包商明确承认这些约束条件,由于总承包商与业主的关系是主合同确定的,发生任何问题,业主将会根据主合同追究总承包商的责任,而不会直接去找分包商。有时明明知道是分包商的行为导致的问题,业主也只能追究总承包商的责任。因此总承包商不能因项目已分包出去而忽视自己应承担的责任,总承包商绝不能放松对分包商的管理。分包商在拟订分包合同时,主要应注意分包合同的条款,对于主合同则应注意其质量要求、技术条款和采用标准规范等。在同意受主合同约束中也主要指这些方面。如果在这方面产生失误,施工(或服务)的质量未达到主合同的要求,总承包商根据分包合同中主合同约束转移的原则可以向分包商追究责任,要求索赔。

作为项目承包的惯例,主合同常常规定,总承包商不得将整个项目分包出去,因为业主选定总承包商来承包其项目是基于其报价合理性以及对其技术力量的信赖。如果需要部分分包,一般是允许的,但要经过业主批准,这是因为分包商的技术力量关系到项目的质量和工期。有时按照项目所在国的法律,有些分包工作(如永久设备供货和安装)的缺陷责任期(维修期)要比主合同对整个项目规定的缺陷责任期长。也就是说,在总承包商完成了其缺陷责任期的义务之后,此时,就总承包商与分包商之间而言,分包商在分包合同的缺陷责任期的义务还没有完成,因而主合同往往规定,业主在主合同的缺陷责任期结束之时,有权要求总承包商将其在分包合同中的未到期权益(如分包商对某些机电设备或仪器的保修义务)转让给业主。这样,在总承包商撤离之后,业主在分包工作出现问题后就可以直接要求分包商履行其修复缺陷的义务。有时,业主还要求总承包商在分包合同中写明,在业主要求时,分包合同可以转让给业主。在草拟好分包合同后,承包商向业主提供没有标明价格的分包合同供业主审查批准;有的主合同甚至要求在分包合同中写明业主的权利。

2. 分包管理中应注意的问题

分包管理是一项系统性的工作,除了上面提到的各个方面外,还应注意以下问题。

(1)在分包工作实施的过程中,总承包商自身必须首先遵守分包合同的规定,履行自己在分包合同中的义务。这就要求总承包商应当注意自己的内部管理。如果总承包商内部管理出现问题,管理脱节,在总承包商与分包商之间产生了交叉责任,就会为分包商逃避其责任提供借口。

(2)对于某些类型的工作,也不能单纯地按工作量付款,否则,对于较容易做的工作,分包商愿意去做,对于那些难干的部分,则没有积极性,容易拖延进度。如基坑开挖,前期开挖较容易,工作速度快,随着开挖面的降低,开挖难度越来越大,在同样的时间内工作量就会大大降低,导致分包商对后期工作没有积极性,分包商往往拖延,从而影响整个工期。处理这一问题的方法是,最好将整个基坑分为若干工程段,前期的开挖单价低,随着开挖面高程的降低,单价可以逐渐升高。

(3)分包商应遵守项目施工所在地的法律和符合主合同的要求。总承包商应了解当地法律对雇佣分包商的规定,总承包商是否有义务代扣分包商应交纳的各类税收,是否对分包商在从事分包工作中发生的债务承担连带责任。有的主合同规定,在最终款项结算之前,总承包商要提供一份宣誓书,保证并证明他已经支付了在项目执行过程中发生的一切债务,包括分包商所发生的债务。因此,总承包商应对分包商有同样的要求。

(4)由于分包商与业主没有直接合同关系,从合同角度来说,分包商无权直接接受业主代表或工程师下达的指令。如果因分包商擅自执行业主或工程师的指令,总承包商可以不为其后果负责。但在项目的实际执行项目中,为了工作的便利,业主或工程师、总承包商以及分包商三方可以制定一个协调程序,规定在何种情况下,业主代表或工程师可以直接向分包商发布指令,但应该将发布的指令与执行情况及时向总承包商通报。

(5)对于分包工作,总承包商不能存在以包代管的思想。因为受当地条件的限制,总承包商雇佣的分包商自身的管理水平可能比较低,尤其是一些小分包商,更关心的是其效益,可能有时不太讲信誉。所以,总承包商要派专人来监督和管理分包商的工作,及时提醒和纠正分包商工作中出现的问题,使分包工作按时、保质地进行,从而为总承包商顺利完成整个项目提供可靠的保证。

(6) 还要特别注意做好总承包商内部关于分包合同管理的基础工作,如分包合同基础文件体系的建立和所有有关分包合同管理过程中来往信函和其他文件的收集分类和存档工作,分包合同管理程序的制定和严格执行等,为分包合同实施过程中出现的争端解决提供充分的依据,也为主合同的争端解决提供全面可靠的证据资料。

3. 分包体系

发达的分包体系是国外建筑业的特点之一。在某些国家的建筑业法中,对承包商的专业划分有明确的规定,并且详细而全面。对于分包合同的管理在建筑合同制度中占有特殊重要的地位。中小型的专业分包公司人员素质高,专业设备齐全,公司规模小,易于管理。采用分包体系是为了有效地利用竞争,发挥专业分包商的特长,提高项目建设的效率,但同时也应看到,层次过多的分包会起到相反的作用。

国外的大型承包公司同国内的工程建设公司相比,管理人员的比例较高,其原因一方面是由于施工机械化的发展;另一方面则是由于存在合理的分包体系。某些总承包商是纯粹的管理型公司,管理人员素质高,在承担项目时,将所有的具体施工任务分包出去,专门从事项目管理工作。项目管理工作的专业化最终会提高项目的建设效率。但是,在国外也有另一种认识,就是通过资格预审签订合同的承包商,必须自己负责实施一部分项目,而所有准备分包出去的项目必须经过业主的批准。

许多国际上权威性的组织(如 FIDIC、美国建筑师协会等)都制定了专门的分包合同条件,其中包括了对分包商的严格而明确的合同条款,如承包商要求分包单位提供履约保函以及扣发其一部分项目款项作为质量保证金等,这些项目中承包单位对分包单位进行管理和控制的习惯做法,都可以供我们借鉴。

11.4　合同的签订与履行

11.4.1　项目合同的签订

项目合同的签订程序没有统一固定的模式,一般包括要约邀请、要约、新要约与承诺四个阶段。其中要约和承诺是两个最基本、最主要的阶段,是合同签订的两个必不可少的步骤。

1. 要约邀请

要约邀请是当事人一方向对方发出的一种询问，在要约邀请中向对方表示欲签订某种合同的意向，探询签订该合同的相关交易条件。要约邀请只是一种愿意进行交易的表示，没有法律上的约束力，也不是合同磋商所必须经过的步骤。但通过要约，可以了解对方的交易条件和交易诚意，从而决定是否有与对方继续谈判协商的必要。

2. 要约

要约，是指当事人一方以订立合同为目的，向对方作出愿意按照所提的交易条件达成协议、签订项目合同的意思表示。提出要约的一方，称为要约人。收到要约的一方，称为受要约人。要约具有法律效力，对当事人具有约束力，不得随意撤回和撤销。构成要约的条件如下。

（1）要约必须是特定的当事人（承约商或客户的一方）所作的意思表示，并且指向特定的当事人。

（2）要约必须是订立项目合同的建议，即项目的当事人和另一方当事人有订立合同的诚意。

（3）要约必须包括足以使合同成立的主要条件。

判断要约是否具备了合同成立的主要条件，应从标的、数量、价款、成本约束、履行期限和付款方式等几个方面来考虑。当事人除了订立即时清洁的合同外，还应采用书面形式进行要约。要约是一种法律行为，应当在要约中指明要约答复的期限。在要约有效期内，要约人要受要约的约束。具体表现为：①受要约人如果接受要约，要约人有签订合同的义务；②在出售特定物的情况下，要约人不能再向受要约人以外的其他人发出相同内容的要约或者签订相同内容的合同。一项要约的失效，取决于两个原因：①要约被拒绝，即受要约人表示不接受要约；②要约的有效期限届满，即受要约人在指明的期限内未作出答复。

要约邀请与要约的法律效力不同，究竟采用要约邀请还是要约，一定要根据洽商的实际情况灵活运用。要约具有法律效力，易引起项目当事人的注意，有利于迅速达成交易，签订合同。但要约缺乏灵活性，一旦对价款估算不准确，或要约的内容不当，就易陷入被动的局面，因为要约一经发出，要约人即受其约束。要约邀请不具有法律上的约束力，即保留了最后的确认权，所以当行情、环境发生变化时，可以修改、调整交易条件或干脆不予确认，故比较灵活，有充分的回旋余地。然而受要约人（即项目另一当事人）往往因此不予重视，不易迅速达成交易、签订合同。

3. 新要约

受约人收到要约人的要约，应当作出一定的表示，如果受要约人不同意或不完全同意对方提出的要约内容，而是对要约提出修改条件后回答对方，就叫新要约，或叫还约。

新要约是受约人以要约人身份向对方发出新的要约。如果对方完全接受,合同即告成立。如果对方对新要约又有所修改,再要约,就构成又一个新要约。一项合同从要约开始可以经过新要约、再要约的多次往返,反复磋商。新要约是有约束力的一项新要约,是对原要约的拒绝,新要约发出后,原要约即行失效。

在通常的项目交易谈判中,一方当事人在要约中提出的条件与另一方当事人能够接受的条件不完全符合的情况是经常出现的。特别是在大型、复杂的项目中,很少有项目的一方当事人的要约条件被另一方完全接受的情况。所以,虽然从法律上讲,新要约并非交易磋商的基本环节,然而在实际的项目交易谈判中,新要约是普遍的。有时,一项大型、复杂的项目往往要经过多次的新要约,才能最后达成协议、签订合同。

4. 承诺

承诺,也叫接受,是指受要约人向要约人作出的对要约完全接受的意思表示。承诺和要约一样,既属于商业行为,也是法律行为。承诺一经作出,并送达要约人,合同即告成立,要约人不得加以拒绝,受要约人不得反悔。

构成有效承诺的条件有以下三点。

(1) 承诺必须由受要约人作出,并且是向要约人作出

要约必须是向特定的项目当事人发出的,即表示要约人愿意按要约人所提出的条件与对方订立合同,但这并不表示他愿意按这些条件与任何人订立合同。因此,承诺或接受只能由受要约人作出,才具有法律效力,其他人即使了解要约的内容并表示完全同意,也不能构成有效的承诺。当然,这不是说要约人(项目的一方当事人)不能同原定的另一项目当事人之外的其他人进行交易,而是说,在此次项目谈判中,第三方所作出的承诺不具有法律效力,它对要约人没有约束力。如果要约人愿意按照同样的条件与第三方进行交易,他也必须向对方表示同意才能订立合同。因为,受要约人之外的第三方作出的所谓"承诺"或"接受"只是具有一种"要约"的性质,并不能表示合同的成立。

(2) 承诺的内容必须与要约的内容完全一致

原则上说,当承诺中含有对要约内容的增加、限制或修改,承诺均不能成立,并且有新要约的性质。在西方发达资本主义国家的项目合同管理中,把这种对要约内容作出了实际的、重要的修改后的承诺,称为"有条件的承诺"。在实际的项目合同洽商中,有时项目合同的一方当事人在答复另一方当事人的要约时,虽然用了"承诺"这个词,但却附加上某种条件,或者在答复要约内容时对其中的某些条件做了一些修改。例如,项目合同的一方当事人把"三个月之内移交标的"改为"四个月之内移交标的"。"有条件的接受或承诺"不是真正有效的承诺,仍具有新要约的性质,实际上是对原要约的拒绝,其法律后果和新要约是完全相同的,要约人可以不受其约束。

(3) 承诺必须在要约的有限期限内作出

要约中通常都规定了有效期。这一有效期有两方面的约束力:一方面,它约束要约人使要约人承担义务,在有效期内不能随意撤销或修改要约的内容;另一方面,要约人规定有效

期,用来约束受要约人,受要约人只有在有效期内作出承诺才有法律效力。受要约人以何种方式发出承诺,一般应当与要约的形式一致。

项目合同签订中,无论要约的邀请、要约、新要约还是承诺都必须是书面的。同时项目合同一般必须经过一定的严格程序,符合国家法律、行政法规、有关政策的规定。

11.4.2 项目合同的谈判

因签订项目合同而举行的谈判,一般可分为如下几个阶段。

1. 初步洽谈阶段

初步洽谈阶段又分前期准备和初步接洽。

(1) 前期准备

前期准备就是要做好市场调查、签约资格审查和信用审查等工作。

(2) 初步接洽

在初步接洽中,双方当事人一般是为达到一个预期的效果,就双方各自最感兴趣的事项,相互向对方提出,澄清一些问题。这些问题一般包括:项目的名称、规模、内容和所要达到的目标与要求;项目是否列入年度计划或实施的许可;当事人双方的主体性质;双方主体以往是否从事或参与过同类或相类似的项目开发、实施或完成;双方主体的资质状况与信誉;项目是否已具备实施的条件(重点在于物资方面),等等。以上一些问题,有的可以当场予以澄清,有的可能当场不能澄清。如果双方了解的资料及信息同各自所要达到的预期目标相符,觉得有继续保持接触与联系的必要,就可为下一阶段实质性谈判作准备。

2. 实质性谈判阶段

实质性谈判是双方在广泛取得相互了解的基础上举行的。主要是双方就项目合同的主要条款进行具体商谈。项目合同的主要条款一般包括:标的、数量和质量、价款或酬金、履行、验收、违约责任等条款。

(1) 标的

标的是指合同权利义务所指向的对象。因此有关标的的谈判,双方当事人都必须谨慎对待。特别是当项目合同的标的比较复杂时,应力求叙述完整、准确,不得出现遗漏及概念混淆的现象。

(2) 质量和数量

项目合同中的质量与数量应严格注明各标的物的数量和质量要求与规范。由于数量和质量涉及双方的权利与义务,所以要慎重处理。这一问题在涉外合同中尤为突出。另外,还要注意对质量标准达成共识。

（3）价款或酬金

价款或酬金是谈判中最主要的议项之一。价款或酬金采用何种货币计算和支付是首先要确定的。这在国内合同中不成问题，但在涉外合同中，以何种货币计算和支付是至关重要的。这里还涉及一个汇率问题，一般可以选择比较坚挺、汇率比较稳定的硬通货，如日元、德国马克等。事实上目前大多数涉外合同的价款或酬金还都以美元计算和支付。此外，考虑到汇率的浮动还应注意选择购入外汇的时机，以及考虑购买外汇期货以保值。把握价格也是重要的一环。必须掌握各类产品的市场动态，可以通过比价、询价、生产厂家让利或者组织委托招标等手段使自己处于有利地位。

（4）履行的期限、方式和地点

合同谈判中应对履行的期限、方式和地点逐项加以明确规定。履行的方式和地点直接关系到以后可能发生纠纷的管辖地。此外，履行的方式和运杂费、保险费由何方承担，关系到标的物的风险何时从一方转向另一方。

（5）验收方法

合同谈判中应明确规定何时验收、验收的标准及验收的人员或机构。

（6）违约责任

当事人应就双方可能出现的失误或错误导致影响项目的完成而订立违约责任条款，明确双方的责任。具体规定还应符合法律规定的违约金限额和赔偿责任。

3. 签约阶段

签订项目合同必须尽可能具体明确，包括条款完备、双方权利义务明确等，避免使用含糊不清的词句。一般应严格控制合同中的限制性条款；明确规定合同生效条件、合同有效期以及延长的条件、程序；对仲裁和法律适用条款做出明确的规定；对选择仲裁或诉讼做出明确约定。另外在合同文件正式签订前，应组织有关专业会计人员、律师对合同条款仔细进行推敲，在双方对合同内容达成一致意见后进行签订。重大项目合同的签订应由律师、公证人员参加，由律师见证或公证人员公证。只有高度重视合同签订的规范化，才能使合同真正起到确认和保护当事人双方合法权益的作用。

11.4.3　项目合同的担保与审批

1. 项目合同的担保

项目合同的担保是指国家法律、行政法规规定的或者双方当事人协商确定的保证合同切实履行的一种法律形式。确立担保这种法律关系，对于保证项目合同的履行有着重要的作用。担保不能产生独立的法律关系，它所产生的法律关系只能从属于它所担保的合同，对于它所担保的合同来说只是一种补充。

（1）担保的特征

① 担保所产生的法律关系,只能在有了所担保的有效合同时才能发生。

② 这些法律关系以所担保的合同转移为转移(但需要担保人的确认),合同的请求权由原债权人转移给另一人时,因担保新的法律关系而发生的权利义务也转移给新的债权人。

③ 合同的解除同时引起担保义务的消除。

（2）担保的形式

归纳起来,担保形式主要有五种:保证人、违约金、定金、留置权和抵押权。

① 保证人是保证当事人一方履行合同的第三人。被保证的当事人不履行合同的时候,保证人和被保证人一起承担连带责任,保证人有二人以上的,应当共同承担连带责任。保证人履行合同以后,有权向被保证人请求偿还。

② 违约金是缔结合同的一方不履行合同或不适当履行合同时,必须给付对方一定数额的货币。违约金是一种担保形式,因此,只要有一方不履行合同的行为,即使对方没有遭到损失,也要按照法律和合同的约定支付违约金。

违约金与赔偿损失是不同的。只要违约,不管是否有损失都要负担。赔偿损失只是由于当事人一方的过错使对方造成损失时,才负赔偿责任。违约金可起到督促对方当事人认真履行合同、严肃合同纪律的重要作用。

③ 定金是指签订合同的一方为了证明合同的成立和保证合同的履行向对方支付一定数额的货币。定金的作用有以下几点。第一,定金是合同成立的证明。签订合同时合同当事人一方担心对方悔约而给付定金,借以保证和维护合同关系。因此,给付和收受定金的事实是合同成立的法律依据。第二,定金是一种担保形式。定金也是一种法律关系,按照这种关系的要求,给付定金者违约而不履行合同时,无权请求返还定金。接受定金的一方不履行时,应当双倍返还定金。双方当事人为了避免定金罚则的制裁,只能认真履行合同,体现定金的保证作用。第三,定金是一种预先给付。签订合同时,当事人在合同规定应给付的金额中先行给付若干数额的货币作为担保。这种先行给付实质上具有预付款性质。如果合同如期履行,这部分预付款即可充抵部分应付款。但是,不应把定金与单纯的预付款相混同,单纯的预付款不是合同的担保形式,违背合同时,不发生上述法律后果。

④ 留置权是一种法律关系。当事人依照合同规定,保管对方的财物或接受来料加工,在对方不按期或不如数给付保管费或加工费时,有权留置他的财物。依照法律规定,不履行合同超过六个月的,保管人或加工人,可在法律许可的范围内,变卖留置的财物,从价款中优先得到清偿,不足部分可继续向对方要求承担赔偿责任。

⑤ 抵押是当事人一方或者第三人为履行合同向对方提供的财产保证。负有义务的一方不履行义务时,抵押权人在法律、法规许可的范围内,可以从变卖抵押物所得的价款中优先得到清偿,变卖抵押物的价款,不足给付应当清偿的数额的,抵押权人有权向负有清偿义务的一方请求给付不足部分。但是,国家法律、法令禁止流通和强制执行的财物,不得作为抵押物。

经双方当事人同意,抵押物可以由抵押权人保管,也可以由提供抵押物的人自己保管。抵押权人由于保管不善造成抵押物损坏或遗失的应当承担赔偿责任。

2. 项目合同的审批

项目合同的审批一般具有两层含义:一是由国家或国家有关主管部门对合同的审批;二是项目合同当事人对合同的审批。通过国家或国家有关主管部门及项目合同当事人对项目合同的审批,来确定合同的合法性和有效性,在法律程度上予以批准与承认,使之产生法律效力。

(1) 国家或国家有关主管部门按照有关规定对一定的项目合同的审批

主要内容有:

① 审查合同内容是否符合国家的法律、法令以及有关政策;

② 审查合同当事人是否具有合法的名称、经营内容与资格;

③ 审查当事人双方有无实际履行能力;

④ 审查合同的签订是否根据自愿协商、平等互利的原则;

⑤ 审查合同当事人双方的权利义务是否明确;

⑥ 审查合同的条款是否完备、手续是否齐全。

(2) 项目合同当事人对合同的审批

这种审批与国家或国家有关主管部门的审批既有共同点也有不同之处。它们的共同点在于两者都是通过对合同的审批来确定双方当事人的权利义务,确认合同的有效性。两者的不同之处则在于两者审批的侧重点不同,前者主要侧重于当事人的履行能力,侧重于项目是否能够如期或按计划完成规定的工作任务和所要达到的目标等。后者则侧重于合同的合法性、合同双方主体资格的合法性和项目对国计民生、社会公益等产生的作用等方面。

11.4.4　项目合同的履行与违约责任

1. 项目合同的履行

项目合同的履行,是双方当事人根据项目合同的规定在适当的时间、地点,以适当的方法全面完成自己所承担的义务。

严格履行合同是双方当事人的义务。因此,合同当事人必须共同按计划履行合同,实现合同所要达到的各类预定的目标。

项目合同的履行有实际履行和适当履行两种形式。

(1) 项目合同的实际履行

项目合同的实际履行,即要求按照合同规定的标的来履行。实际履行,已经成为我国合同法规的一个基本原则。采用该原则对项目合同的履行具有十分重大的意义。由于项目合同的标的物大都为指定物，因此，一般而言，不得以支付违约金或赔偿损失来免除一方当事人继续履行合同规定的义务。如果允许合同当事人的一方可用货币代偿合同中规定的义务，那么合同当事人的另一方可能在经济上蒙受更大的损失或无法计算的间接损失。此外，即使当事人一方在经济上的损失得到部分补偿，但还是会妨碍预定的项目目标或任务，甚至国家计划的完成，某些涉及国计民生、社会公益项目不能得到实现，会有更大的损失。所以，实际履行的正确含义只能是按照项目合同规定的标的来履行。

当然，在贯彻以上原则时，还应从实际出发。在某些情况下，过于强调实际履行，不仅在客观上不可能，而且还会给对方和社会利益造成更大的损失。这样，应当允许用支付违约金和赔偿损失的办法代替合同的履行。

（2）项目合同的适当履行

项目合同的适当履行，即当事人按照法律和项目合同规定的标的按质、按量地履行。义务人不得以次充好，以假乱真，否则，权利人有权拒绝接受。所以，在签订合同时必须对标的物的规格、数量和质量作具体规定，以便义务人按规定履行，权利人按规定验收，这对于提高产品质量、促进社会生产是十分重要的。

合同履行的期限，是指义务人向权利人履行义务的时间。双方当事人应当在合同中明确规定年月日，不能明确规定的，也必须注明某年某季或某年上半年、下半年。

明确规定合同履行地点也是十分重要的。合同履行的方法，应当符合权利人的利益，同时也应当有利于义务人的履行。

2. 违约责任

违反合同必须负赔偿责任，这是我国合同法规中规定的一项重要的法律制度。

合同关系是一种法律关系，从合同依法成立之时起，即具有法律的约束力。因此，当一方不履行项目合同时，另一方有权请求他方履行合同，并要求支付违约金或者赔偿损失。支付违约金或者赔偿损失，是对不履行合同的一方的一种法律制裁。对于一方当事人不履行合同，当事人的另一方可向仲裁机关和人民法院提出申请和起诉，要求在必要时采取强制措施，强制其履行合同和赔偿损失。

追究不履行合同的行为，须具备以下条件。

（1）要有不履行合同的行为。当事人一方不履行或不适当履行都是一种不履行合同的行为。

（2）要有不履行合同的过错。过错是指不履行合同一方的主观心理状态，包括故意和过失，这是承担法律责任的一个必要条件。法律只对故意和过失给予制裁。因此，故意和过失是行为人承担法律责任的主观条件。根据过错原则，违反合同的不论是谁，合同的一方当事人也好，合同双方当事人也好，或者合同以外的第三方都必须承担赔偿责任。

（3）要有不履行合同造成损失的事实。不履行或不适当履行合同必然会给对方造成一定的经济损失。一般来说,经济损失包括直接损失和间接损失两部分。通常情况下,直接损失通过支付违约金赔偿,而间接损失在实际经济生活中很难计算,一般不采用。但是,法律、法令另有规定或当事人另有约定的除外。

如前所述,法律只要求行为人对其故意和过失行为造成不履行合同负赔偿责任。而对于无法预知或防止的事故致使合同不能履行时,则不能要求合同当事人承担责任。所以在下列情况下,可以免除不履行合同当事人的赔偿责任。

① 合同方不履行或不适当履行,是由于当事人无法预知或防止的事故所造成时,可免除赔偿责任。这种事由在法律上称为不可抗力,即个人(或法人)无法抗拒的力量。

② 法律规定和合同约定的负责条件,当这些条件发生时,可不承担责任。

③ 由于一方的故意和过失造成不能履行合同,另一方不仅可以免除责任,而且还有权要求赔偿损失。

11.4.5　项目合同的变更、解除与终止

1. 合同变更的特征

合同的变更通常是指由于一定的法律事实而改变合同的内容和标的的法律行为。合同变更具有以下特征:一是合同当事人必须协商一致;二是改变合同的内容和标的,一般是修改合同的条款;三是其法律后果应是产生新的债权和债务关系。

2. 合同解除的特征

合同的解除是指消灭既存的合同效力的法律行为。其主要特征为:一是合同当事人必须协商一致;二是合同当事人应负恢复原状的义务;三是其法律后果是消灭原合同的效力。

合同的变更和解除属于两种法律行为,但也有其共同之处,即都是经合同当事人双方协商一致,改变原合同法律关系。所不同的是,前者产生新的法律关系,后者是消灭原合同关系,并不再建立新的法律关系。

3. 合同变更或解除的条件

根据我国现行法律、有关的合同法规以及经济生活与司法实践,凡发生下列情况之一者,允许变更和解除项目合同。

① 当事人双方经协商同意,并且不因此损害国家利益和社会公共利益。

② 由于不可抗力致使项目合同的全部义务不能履行。

③ 由于另一方在合同约定的期限内没有履行合同,且在被允许推迟履行的合理期限内仍未履行。

④ 由于一方违反合同,以致严重影响订立项目合同时所期望实现的目的或致使项目合

同的履行成为不必要。

⑤ 项目合同约定的解除合同的条件已经出现。

当事人一方要求变更、解除项目合同时，应及时通知对方。因变更或解除项目合同使一方遭受损失的，除依法可以免除责任之外，应由责任方负责赔偿。当事人一方发生合并、分立时，由变更后的当事人承担或者分别承担项目合同的义务和享受相应的权利。

4. 项目合同变更或解除的程序

项目合同变更和解除需要什么样的程序？ 按照我国目前的有关法规和司法实践，一般是：属于符合项目合同变更或解除条件②、③、④项规定情况的，当事人一方有权通知另一方解除项目合同，而不必征得对方的许可（应采取书面形式）；除了合同变更或解除的条件②、④项规定的情况外，合同的变更或解除协议未达成之前，原合同仍有效。

5. 合同的终止

当事人双方依照合同的规定，履行其全部义务或双方一致确定合同的目标不可能实现后，合同即行终止。合同签订之后，是不允许随意终止的。我国《合同法》所认可的合同终止原因有以下几种。

① 当事人全部履行合同义务而宣告合同终止。

② 合同的权利人和义务人混同一人时，合同自行终止。

③ 合同因不可抗力无法继续执行而终止。

④ 合同双方当事人协商同意而终止。

⑤ 仲裁机构裁决或法院判决宣告合同终止。

11.4.6 项目合同纠纷的处理

发生合同纠纷是一种正常和常见的现象。如何解决项目合同纠纷对于双方当事人都极为重要。作为一种民事纠纷，项目合同纠纷的解决方式主要有协商、调解、仲裁和诉讼四种方式。

1. 协商

协商解决合同纠纷是指在发生合同纠纷时，双方当事人在自愿互谅的基础上，按照有关法律和合同条款的规定，通过协商，自行解决合同纠纷的一种方式。

2. 调解

调解就是合同纠纷双方当事人在第三人的协调下，由双方当事人自愿达成协议，解决合同纠纷的一种方式。

3．仲裁

仲裁是指双方当事人依据争议发生前或争议发生后所达成的仲裁协议，自愿将争议交付给独立的第三方(仲裁委员会)，由其按照一定的程序进行审理并做出对争议双方都有约束力的裁决的一种非司法程序。仲裁裁决尽管不是国家裁判行为，但是同法院的终审判决一样有效。

4．诉讼

诉讼是指人民法院、案件当事人(原告和被告)以及其他诉讼参与人(证人、鉴定人、翻译人员)在处理案件中所进行的全部活动。根据案件的性质不同，诉讼可以分为民事诉讼、刑事诉讼和行政诉讼。项目合同中一般只包括广义上的民事诉讼(即民事诉讼和经济诉讼)。项目合同当事人因合同纠纷而提起的诉讼一般属于经济合同纠纷的范畴。一般由各级法院受理并审判。根据合同的特殊情况，还可能由专门的法院进行审理。如铁路运输法院、水上运输法院、森林法院以及海事法院等。

协商、调解、仲裁和诉讼的区别在于有无第三者参加。协商完全靠双方当事人自行解决，达成协议。其优点是不必经过仲裁机构或司法程序，可以节省时间和费用；双方可以在一种比较友好的气氛中通过协商解决纠纷，有利于以后的合作。因而，很多合同中有关纠纷解决的条款一般都写明"凡由于在执行合同中所引起的或与合同有关的一切争议，双方当事人应通过友好协商解决"。当事人双方遇到纠纷时一般都愿意先以协商的方式解决。但如果双方都不愿意作较大的让步，或者经过反复协商无法达成一致的协议，或者一方没有协商的诚意时，就必须通过调解、仲裁或诉讼的方式来解决。

11.5　索赔管理

11.5.1　索赔类型

索赔(claim)是国际工程建设中经常发生的现象，其含义非常广泛。广义而言，索赔是经济合同履行过程中，合同当事人的一方，由于不应归其负责的原因而造成合同义务外的额外费用支出，进而通过一定的合法途径和程序，向合同当事人另一方要求予以某种形式的补偿的活动。通俗地说，索赔就是要求取得应该属于自己的东西，也是要求补偿自己损失的权利。索赔是维护合同签约者合法利益的一项根本性管理措施。实质上，索赔是业主和承包商之间，在分担合同风险方面重新分配责任的过程。

在项目实施阶段,当发生政治风险、经济风险和施工风险等意外困难时,项目成本大幅增加,可能大大超过投标时的计划成本。因而应重新划分合同责任,对新增的项目成本进行重新分配,由业主和承包商分别承担各自应承担的风险费用。索赔在执行合同的任何一个阶段都可能发生,而且由于各工程项目的复杂性和特殊性,索赔的内容和形式也不尽相同。由于索赔可能发生的范围比较广泛,其分类方法视其涉及的各当事方和索赔依据而有所不同。

(1) 按索赔的对象分,可分为施工索赔和商务索赔。所谓施工索赔,就是由于业主或其他有关方面的过失或责任,使承包商在工程施工中增加了额外费用,承包商根据合同条款的有关规定,以合法的程序要求业主或其他有关方面偿还在施工中所遭受的损失。一般说来,施工索赔有两种方式,一是要求延长工期,二是要求赔偿款项。所谓商务索赔,是指承包商为承包工程,在采购物资中,由于供应商、运输商等有关方面在数量、质量、损坏及延期交货等方面不符合合同规定而提出的索赔。

(2) 按索赔的依据分,可分为合约索赔、合约外索赔和优惠补偿。合约索赔指索赔内容可以在合同中找到依据的索赔;而合约外索赔,指索赔内容和权利虽然难以在合同条款中找到依据,但权利可以来自普通法律;优惠补偿,这类索赔既不能在合同中找到依据,业主也没有违约或触犯事件,是承包商对其损失寻求某些优惠性付款。

(3) 按索赔发生的原因分,可分为八类:①业主违约索赔;②变更索赔;③业主的指令引起的索赔;④暂停索赔;⑤业主风险索赔;⑥不利自然条件和客观障碍引起的索赔;⑦合同缺陷索赔;⑧其他原因引起的索赔。

(4) 按索赔的目的分,可分为经济索赔和工期索赔。

另外,还有按索赔的有关当事人分类、按索赔的业务范围分类等。

11.5.2　索赔的起因

在有些项目如工程项目中索赔是经常发生的。项目各参加者属于不同的单位,其经济利益并不一致。而合同是在项目实施前签订的,合同规定的进度和价格是基于对环境状况和项目特点预测的基础上,同时又假设合同各方面都能正确地履行合同所规定的责任。所以在项目实施中常常会由于如下原因产生索赔。

(1) 由于客户或其他最终用户没能正确地履行合同义务。例如:未及时交付场地、提供图纸;未及时交付其负责的材料和设备;下达了错误的指令,或错误的图纸、招标文件;超出合同规定干预承包商的施工过程等。

(2) 由于客户或最终用户因行使合同规定的权利而增加了项目组的花费和延误了进度,按合同规定应该给予补偿。例如增加工作量,增加合同内的附加任务;或要求项目组完成合同中未注明的工作,要求项目组作合同中未规定的检查,而检查结果表明项目组的工程(或材料)完全符合合同要求。

（3）工程中经常发生的情况。由于某一个工作组完不成合同责任而造成的连锁反应。例如工程项目中由于设计单位未及时交付图纸,造成土建、安装工程中断或推迟,土建和安装承包商向业主提出索赔。

（4）由于环境的变化。例如战争、动乱、市场物价上涨、法律变化、气候条件反常、地质状况异常等,则按照合同规定应该延长进度,调整相应的合同价格。

11.5.3　索赔管理

由于有些项目技术和环境的复杂性,索赔是不可能完全避免的。在现代工程中索赔额通常很大,一般都有 10%～20% 的合同价,甚至在国际工程中超过合同价 100% 的索赔要求也不罕见。而且,业主与承包商、承包商与分包商、业主与供应商、承包商与其供应商、承包商与保险公司之间都可能发生索赔事件。

因此,合理的组织索赔管理就显得非常重要。索赔管理涉及项目的各方面经验和知识,所以索赔管理人员在处理索赔事件时必须与项目其他职能管理部门紧密配合。索赔管理与质量管理、设计和技术管理、行政与公共管理等其他方面也有一定的联系。一个成功的索赔不仅在于索赔管理人员的努力,而且依赖于项目管理各部门人员的配合和他们自身卓有成效的管理工作。

索赔管理包括索赔和反索赔。

1. 索赔

索赔是对乙方已经受到的损失进行追索。包括在日常的合同实施过程中预测索赔机会,即对引起索赔的索赔事件作预测;在合同实施中及时发现索赔机会;处理索赔事件,及时提出索赔要求,妥善解决争执。

2. 反索赔

反索赔着眼于防止或减少损失的发生。通常反索赔有:反驳对方(合同伙伴)不合理的索赔要求,即反驳索赔报告,推卸自己对已发生的索赔事件的责任,否定或部分否定对方的索赔要求;防止对方提出索赔,通过有效的合同管理,使自己不违约,处于不能被索赔的地位。

11.5.4　索赔管理工作过程

索赔管理工作过程中涉及的工作包括两个层次。一是合同双方索赔的提出和解决过程。它一般由合同规定,如果未按合同规定的程序提出,常常会导致索赔无效。二是项目组织内部的索赔(或反索赔)管理工作。

总体上,按照国际惯例(例如 FIDIC 合同),索赔工作过程包括:索赔意向通知、起草并提交索赔报告、解决索赔等。

1. 索赔意向通知

在引起索赔的事件发生后,承包商必须迅速做出反应,在一定时间内(FIDIC 规定为 28 天),向业主(或监理工程师)发出书面索赔意向通知,申明要对索赔事件提出索赔。这个意向通知书可采用函件的形式,一般包括下述内容:索赔编号和索赔名称;索赔依据的合同条款;索赔的基本依据;索赔事件是否有长期连续性的影响;索赔的大致金额;索赔依据的有关活动或条件的开始日期。

2. 起草并提交索赔报告

在提交索赔意向通知后一定时间内(FIDIC 规定为 28 天),项目单位必须提交正规的索赔报告(包括索赔报告、账单、各种书面证据等)。

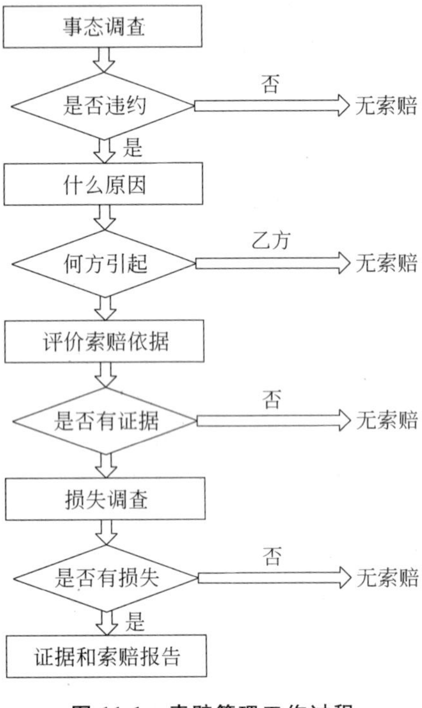

在这个阶段中项目组有大量的管理工作。

(1) 事态调查。即对索赔事件的起因、过程、情况进行调查,这样可以了解索赔事件的前因后果。只有存在索赔事件,才可能提出索赔。索赔管理工作过程见图 11-1。

(2) 索赔事件的原因分析。即索赔事件由谁引起的,是谁的责任。只有是属于对方,或其他方的责任才能提出索赔。

(3) 索赔依据的分析和评价。索赔要求必须符合合同,必须有合同的支持,即按合同条款的规定应该赔偿。在此常常要进行全面的合同分析。

(4) 损失调查。索赔是以赔偿实际损失为原则,如果没有损失,则没有索赔。这主要通过对索赔事件的影响分析、对关键路线和工程成本的分析得到。

(5) 收集证据。没有证据,索赔要求是不能成立的。这里的证据包括广泛的内容,主要为反映索赔事件发生、影响的各种工程文件和支持其索赔理由的各种合同文件及分析文件。

图 11-1　索赔管理工作过程

索赔的证据是完整的工程项目资料,承包商必须指定专人自始至终地负责工程资料的收集和保管。否则,索赔就难以顺利进行。应收集的证据资料包括:

① 平时工地会议记录;

② 来往信件；

③ 施工备忘录；

④ 各种施工进度表；

⑤ 工程照片；

⑥ 工程师填制的施工记录；

⑦ 工资单据和索赔单据；

⑧ 合同文件；

⑨ 工程检查和验收报告；

⑩ 其他(如人员计划表、人工日报、施工用料和施工机械表等)。

(6) 起草索赔报告。索赔报告是上述工作的总结。

(7) 提交索赔报告。

在编写索赔报告时应注意以下事项：承包商应每月向工程师或工程师代表报送一份索赔通知，详细说明有权要求支付额外费用(索赔费用)的事实与理由，并提出按照工程师的指令已经实施的追加工程的细节。提出索赔一般都规定有一定的期限，逾期无效。一般说来，常常规定为索赔事件发生后 28 天内提出为有效。因此，如果发生索赔事件，必须抓紧时间提出。如果承包商未能按照合同规定的期限提出索赔，将失去索赔的权利。所有的索赔都应以合同中规定的语言以书面报告的形式提出。提出后，得到工程师或工程师代表的核实和审定，索赔才能成功。为此，应注意以下几点：实事求是、准确无误、资料充足、文字简练、条理清楚。

3. 解决索赔

从递交索赔报告到最终获得(或交付)赔偿是索赔的解决过程。从项目管理的角度来说，索赔应得到合理解决。不符合实际情况的超额赔偿，或强词夺理，对合理的索赔要求赖着不赔，都不是索赔的合理解决。

由于索赔双方的利益不一致，对索赔的解决会有许多争执，通常可以通过协调、调解和仲裁等手段解决。

11.5.5　常见的工程索赔内容

工程索赔的内容比较常见的有以下几项。

(1) 因合同文件引起的索赔。合同文件内容多，最主要的是图纸、技术规范说明、合同条件和工程量清单。在索赔案例中，关于合同条件和工程量及价格方面产生的问题较多。有关合同文件的索赔内容，常见的有因合同文件的组成问题引起的索赔、因合同文件有效性引起的索赔以及因图纸和工程量表中的错误而引起的索赔等。

（2）有关工程施工的索赔。由于施工过程中施工条件的变化，或因业主和工程师要求变更而引起施工内容的变化，以及施工材料和质量等方面引起的索赔。常见的主要有：地质条件变化引起的索赔、工程中人为障碍引起的索赔、工程量增减引起的索赔、工程质量要求的变更引起的索赔、指定分包商违约或延误造成的索赔等。

（3）关于支付方面的索赔。包括由于价格调整方面的索赔、由于货币贬值和严重经济失调导致的索赔、拖延支付工程款的索赔等。

（4）关于工期延误的索赔。包括展延工期索赔、延误产生损失索赔、赶工费用索赔等。

（5）特殊风险和人力不可抗拒灾害的索赔。

（6）工程暂停、合同中止的索赔。

（7）国际咨询工程师联合会（FIDIC）关于合同条件规定的索赔项目。

11.6 案例分析：小浪底水利枢纽工程施工合同管理的转折点

小浪底水利工程是一个在工程技术和合同管理方面都具有挑战性的大型国际工程。在地质条件复杂的黄河干流上修建一座154M高的黏土心墙堆石坝，本身就是一个重大的技术难题。尤其是要在左岸单薄的山体上修建16条隧洞，其中3条导流洞（导流后改建为3条孔板泄洪洞）、3条排沙洞、3条明流泄洪洞、4条引水发电洞，1条灌溉引水洞，它使小浪底工程的设计和施工技术成为国际水利工程建设罕见的复杂课题。

从工程的招标和施工合同管理方面讲，小浪底水利工程也是一项真正的大型国际工程。1995年5月，外国承包商在导流洞（是第二标范围）施工时遇到了数次塌方，便擅自停工。在咨询工程师的反复催促之下，直至1995年12月，3条导流洞的施工仍处于半停工状态，施工进度较原合同计划工期拖后达11个月，使计划中1997年10月底实现主河道截流即将落空。如果截流拖期，不仅给我国造成政治和经济损失，还将引起承包大坝（系第一标）和发电厂（系第三标）的外国承包商的连环索赔，会引起不可收拾的局面。在这一关键时刻，小浪底工程管理局在上级领导的支持下解决了三个关键性的问题，为工程的按期截流和顺利施工打下了基础。

第一，在施工进度严重拖期的情况下，由谁来督促承包商履约？

小浪底工程是按照FIDIC合同条款进行施工管理的。因此，一切合同实施过程的问题，应由咨询工程师（施工监理）——小浪底工程建设咨询公司来主持处理。但是，二标承包联营体的牵头企业——德国旭普林公司绕过咨询工程师而直接同业主单位——小浪底建设管理局的领导接触，进行"高层会谈"，讨论工期延误和处理的问题，并借此机会向业主提出高额补偿，而且不保证按合同规定的截流日期（1997年10月31日）实施截流。这样的高层会谈反复

10 次,不能达成协议,竟使承包商感到业主单位有求于他。这显然不符合 FIDIC 合同条约的规定,势必使工期延误更趋严重。水利部领导派专家组同业主及监理单位的领导充分协商以后,决定停止高层会谈,而由咨询工程师按合同条款的规定直接处理这一合同问题。这样,才把施工合同管理工作纳入正常轨道,使二标承包商处于承担合同责任的严峻压力之下。

第二,对严重拖期的二标承包联营体,采取什么措施?

导流洞施工进度的严重延误,主要是承包商的责任。隧洞施工中发生塌方,在土建工程中是经常发生的现象,应由承包商自动与咨询工程师磋商,采取克服措施,力争实现合同规定的截流日期,承包商绝对没有权利暂停施工,更不能因此要挟业主。事实上,二标牵头承包公司进场施工设备的数量和时间远远没有达到合同规定的要求。因此,工期延误的责任在承包商方。

对"劳务分包合同"为首的二标承包商的严重拖期如何处理,讨论中产生了不同的意见。有的专家认为,二标承包商没有能力实现按期截流,多次谈判又达不成协议,应按 FIDIC 合同条款 63.1 条"承包商违约"处理,由咨询工程师决定终止二标合同,由中国的施工单位取代,靠我国自己的水电施工队伍,实现按合同规定日期截流。第二种意见是:以旭普林为首的二标承包商已进场相当数量的设备,可向他提供一定数额的赶工费,促其迅速增加设备,加快施工进度,仍靠他实现合同规定的日期截流。第三种意见是:终止合同的风险太大,会导致合同纠纷,影响加速施工及按期截流;应强调其合同责任,要求他按合同规定实现截流,并建议他引进中国的施工力量,进行施工分包,以确保实现按计划截流。

经过反复研究,决定按第三种意见办理,由咨询工程师正式致函承包商,要求其采取施工分包,加速施工极度,实现按计划日期截流。旭普林公司最终屈服于合同压力,不得不采纳咨询工程师的意见和决定。

第三,如何加强施工力量,保证按计划日期截流?

实践已证明,旭普林公司靠自己的能力无法组成强有力的赶工队伍,势必要引进中国的水利水电施工队伍,加强施工管理,才能把已延误了的 11 个月的工期抢回来,实现按计划日期截流。经过艰难而紧张的谈判,旭普林公司在 1996 年 2 月 8 日同中国水电一局、三局、四局、十四局(简写为 OTFF 一方)签订了"劳务分包合同"。

应该说,这项劳务分包使旭普林公司具备了加速施工的实力,也使业主对按期截流有了依靠,对合同双方都是有利的。但是,在"劳务分包合同"正式签字后不久,旭普林公司特别致函咨询工程师及业主,强烈要求咨询工程师承认 1996 年 2 月 8 日签订的"劳务分包合同"为"指定分包商"性质。紧接着,在 1996 年 2 月 21 日,加拿大国际工程管理公司(CIPM)的专家亦来函强调:这个分包应属于"指定分包商"。二标承包商和加拿大咨询专家提出这一要求,在中方领导人员中引起了分歧与争论,不少人坚持认为:应该承认"指定分包商"。

这里有一个责任的问题。旭普林公司既然已经在与 OTFF 的"劳务分包合同"上签了字,为什么又提出是"指定分包商"呢?这说明,他对"劳务分包"是否能实现按计划日期截流没有信心。因为按照合同责任，如果是"劳务分包"，不能按期截流的责任完全在总承包商——旭普林公司的肩上；如果是"指定分包商"，不能截流的责任自然推到咨询工程师和业主"指定的"分包商肩上，其责任在业主方面。与此同时，由于小浪底工程合同"专用条款"中没有采用"指定分包商"的具体规定，业主一方"强迫"承包商接受指定的分包商，则属于业主的违约。因此，很明显，咨询工程师和业主不应该同意 OTFF 是"指定分包商"的提法；轻率地同意为"指定分包商"，会使业主陷入尴尬的合同责任中去。基于这一分析，专家组坚持不能承认为"指定分包商"，并明确指出：旭普林公司想把他已签了字的"劳务分包"改为"指定分包"，是没有道理的。

事实已经证明：成建制地引进中国的施工机构进行劳务分包，是外国承包商应该采用的一种正确的做法，他保证了小浪底工程的按期截流成功。中国水利水电施工队伍介入导流洞施工以后，很快地显示出他们的顽强拼搏精神，使大量延误了的工期逐步被抢回。旭普林公司从这里受到了启发，尝到了甜头。此后，他又主动地把隧洞群的进口段施工分包给水电十一局，把出口段分包给了水电七局。事实证明，如果不采取成建制分包的措施加强施工力量，小浪底工程不可能实现按期截流。

以上三个问题的正确处理，理顺了小浪底工程的合同实施，保证了按期截流。整个工程在水利部关心和领导下，施工进展顺利，工程质量良好，管理工作达到了国际的水平。

问题

（1）具有约束力的合同应该具备什么条件？

（2）发生合同纠纷时应如何进行沟通？

本 章 小 结

项目合同管理是项目管理的重要内容。本章介绍了项目合同的基本概念和法律特征、项目合同的构成要素。项目合同的分类和选择是本章的重点和难点，项目合同可以按照签约各方的关系、承包范围的大小、计价方式、承包付款方式等来划分，针对不同承包范围的项目可采用某种较为可行的付款方式或不同付款方式的组合，同时也要考虑实际操作时的各种情况。对合同的管理涉及对业主方和承包商的合同管理，双方有各自不同的侧重点。合同的管理还离不开合同的谈判、签订、担保以及可能出现的变更、解除和违约责任，对于这些问题的解决必须遵守相应的法律、法规。合同履行过程中出现的索赔问题也是合同管理中的重要内容。本章介绍了合同索赔管理中的工作内容、具体的步骤和注意事项。

习　　题

1. 合同有哪些法律特征，项目合同有哪些特点？

2. 项目合同有哪些类型，包括哪些内容，合同由哪些文件组成？

3. 合同管理包括哪些内容？

4. 什么叫 FIDIC 合同,它主要包括哪些内容?

5. 什么叫索赔,索赔如何分类?

6. 索赔的依据是什么,索赔是按什么程序进行的?

7. 项目合同的签订程序是什么,各阶段的特点是什么?

8. 一项有效的承诺应具备哪些条件?

9. 在哪些情况下,可以不追究项目当事人不履行合同的责任?

第 12 章

项目沟通和冲突管理

学习目标：良好的项目沟通和有效的冲突解决对于项目的成功至关重要。通过本章的学习，旨在促进对沟通重要性的了解，掌握沟通的基本模型和沟通的方式、方法，懂得克服沟通中的不同障碍，达到真正有效地沟通。冲突的解决依赖于对冲突源的认识，在项目生命周期的不同阶段，不同冲突的强度是不同的。掌握解决冲突的方法和策略是学习目的所在。

　　成功的项目管理离不开有效的沟通，对项目过程中的口头、书面或其他形式的沟通开展管理是项目管理者一项非常重要的工作。项目团队成员之间、项目相关利益者之间必须能够顺畅、高效地进行沟通，这样他们才能够了解项目组织的目标和方向，才能在项目组织计划和工作任务等方面达成一致的看法，才能够顺利地完成项目的各项任务。项目管理活动和其他商务活动一样，如果不能进行有效的沟通，即使是再好的计划和想法也终将以失败而告终。项目管理者、项目团队以及项目相关利益者之间的信息传递和思想沟通是项目成功的根本和关键。

12.1　项目沟通管理

　　项目沟通管理是指对于项目过程中各种不同方式和不同内容的沟通活动的管理。这一管理的目标是保证有关项目的信息能够适时、以合理的方式产生、收集、处理、储存和交流。项目沟通管理是对项目信息和信息传递的内容、方法和过程的全面管理，是对人们交换思想和交流感情（与项目工作和项目团队有关的思想和感情）的活动与过程的全面管理。项目管理人员和有关的人员都必须学会使用"项目语言"去发送和接收信息，项目管理人员必须去管理和规范项目的沟通活动和沟通过程。

　　无论何种规模及类型的项目都有其特定的周期。项目周期的每一个阶段都是重要的,甚至是关键性的。特别是大型的土建工程、复杂的成套设备以及生产线安装工程更是如此。显而易见,为做好每个阶段的工作,以达到预期标准和效果,必须在项目部门内、部门与部门之间以及项目与外界之间建立沟通渠道,快速、准确地传递和沟通信息,以便项目内各部门达到协调一致,使项目成员明确其工作职责,了解其工作对实现整个组织目标所做出的贡献。通过大量的信息沟通,找出项目管理的问题,制定政策并控制评价结果。因此,缺乏良好的沟通,就不可能做好人力资源管理工作,更不可能较好地实现项目目标。

12.1.1　项目沟通概述

1. 项目沟通管理的含义及特征

（1）项目沟通管理的含义

有效的项目沟通可以确保在适当的时间以低代价的方式使正确的信息被合适的人所获得。有关沟通的主要概念有如下几个方面。

① 沟通就是相互理解

在沟通过程中,无论通过什么渠道和媒体,沟通的首要问题都是双方是否能够相互理解,他们是否能够理解相互传递的信息的内容和含义,相互理解各自表达的思想和感情,相互理解字里行间或话里话外的意思。

② 沟通就是提出和回应问题与要求

沟通的双方总是向对方提出各种各样的问题和要求,一方希望另一方变成某种角色做某件事情,相信某样东西,或回答某个问题等;而另一方则会要求为此而获得回报。换句话说,沟通就是双方关注、理解对方的问题和要求,然后做出回应,并进而提出自己的问题和要求的过程。

③ 沟通交换的是信息和思想

沟通过程中的主要内容是交换信息和思想。其中,信息是描述一个具体事物特性的数据,是支持一项决策的有用消息;而思想是一个人的感情和想法,包括期望、要求和命令等。任何一个沟通过程都离不开信息的交换和思想的交流,而且在很多情况下这两者是相互依存的。

④ 沟通是一种有意识的行为

沟通是一种有意识的行为,在许多情况下它受主观意志的支配,所以沟通的效果在很大程度上受到双方主观意愿和情绪的影响。人们倾向于倾听那些他们想听的话,而不愿听那些他们不想听或有威胁的话。在沟通过程中,如果接收者所理解的信息不是他期望听到的,他的思维就会产生障碍,从而使沟通无效。

（2）项目沟通管理的特征

① 复杂性。每一个项目的建立都与大量的公司、企业、居民和政府机构等密切相关。另外，大部分项目都是由特意为其建立的项目班子进行实施的，具有临时性。因此，项目沟通管理必须协调各部门以及部门与部门之间的关系，以确保项目顺利实施。

② 系统性。项目是开放的复杂系统。项目的确立将全部或局部地涉及社会政治、经济和文化等诸多方面，对环境、能源产生或大或小的影响，这就决定了项目沟通管理应从整体利益出发，运用系统的思想和分析方法，全过程、全方位地进行有效的管理。

2. 项目沟通的过程

任何一项沟通都必须有沟通的主体，即信息的发送者（或叫信息源）、信息的接收者（或叫信息终点）和信息传递渠道。沟通的双方在沟通过程中。需要通过下述步骤去实现信息的交换和思想的交流。这些步骤的图示说明见图 12-1。

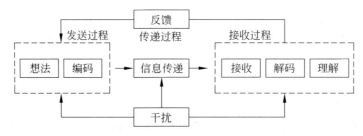

图 12-1　项目沟通过程示意图

（1）确定想法

沟通过程中的信息发送者首先要确定沟通的信息内容和思想想法，这是沟通过程中要努力使对方接受和理解的思想想法和信息，这是实际要发出的信息或思想的核心内容。但是这些真实的想法和信息并不是直接发送出去的东西，它们只是原材料，还需要经过加工处理。

（2）编码

编码（encoding）是指信息发送者要根据信息接收者的个性、知识水平和理解能力等多种因素，努力设法找到并使用信息接收方能够理解的语言、方法和表达方式，将自己要发送的信息或想法进行加工处理。编码的工作也包括将一般的语言转换成工程语言，以便信息传送和接收，只有完成了编码工作以后，信息发送者才能把自己的信息或思想发送或传递出去。

（3）选择渠道

信息发送者在完成信息编码以后，显然需要选择合适的沟通渠道（或叫信息传送渠道），以便将信息传递给信息接收者。沟通渠道的选择要根据所传递信息的特性、信息接收者的具体情况和沟通渠道的噪音干扰情况来确定。特别是要考虑信息渠道是否畅通、是否噪音干扰过大、是否有利于信息反馈等因素。

（4）传送信息

在选定沟通渠道以后，就可以使用选定的渠道将信息传送给信息接收者了。信息的传送过程有时是由机器设备来完成的，有时是人们面对面交流实现的。一般情况下，电子型信息的传送靠各种信息联络，书面型信息的传送可以通过邮局或快递公司等，而思想型信息的传送多数是以交流的形式完成的。

（5）接收信息

此时，信息从发送者手中转到了信息接收者一方，并被信息接收者所接受。在这一步骤中，信息的接收者必须全面关注并认真接收对方送来的信息，特别是在面对面的沟通过程中，仔细倾听对方的讲述，全面接受对方用口头语言和肢体语言传递的信息是非常重要的。

（6）解码

解码（decoding）是指信息的接收者对已经接收到的信息，从初始的形式转化为可以理解的形式的一项信息加工工作。比如，将各种机器码转换成一般语言的过程，将外语翻译成中文的过程，将方言或者暗语、手势转化成能够理解的语言过程都属于解码的过程。

（7）理解

理解是指通过汇总、整理和推理的过程，全面理解那些已经完成解码的信息或数据所表示的思想和要求。例如，全面认识一件事物的特性（信息传递），真正知道对方的意思和想法（交换思想），完全明白对方的想法和感情（感情交流），等等。

（8）反馈

反馈是指信息接收者在对信息发送者提供的信息有疑问、有不清楚的地方、有回应或者是为了回应对方所做出的回馈，这是一种反向的信息沟通过程。反馈是沟通过程中必不可少的一个环节，因为它有助于人们的相互理解，而只有相互理解才能够使沟通继续下去。甚至在信息的发送者不断发送信息的过程中，信息接收者就是没有疑问时也要做出一种反馈，使对方知道你在接收他发出的信息，否则就会影响信息发送者的心态和信息发送质量。例如，当两个人在谈话时，如果一个人在努力地说服对方，可是对方没有丝毫回应，甚至连表示其是否在听对方说话的反应都没有，那么这个沟通过程不是毫无效果，就是很快会中断。由此可见，反馈在沟通过程中是很重要的。

沟通过程中的编码、解码、理解和反馈是沟通有效的关键环节，它们始于发出信息，止于得到全面理解。在这一过程沟通的信息中，既有用语言、文字表达的信息，还包含"字里行间"和"言外之意"的信息，特别是在思想交换和感情交流的沟通过程中更是如此。因此必须充分使用反馈和非语言沟通等手段，否则甚至会造成沟通中断或"言者无意听者有心"等各种误解的结果。

3. 沟通的目的和作用

（1）沟通的目的

从广义上讲，组织中沟通的目的是促进变革，即按有利于组织的方向指导组织的行动。由于组织规模的大小和社会环境的变化，不同类型的组织和不同规模的组织对沟通联络的着重点也有所不同。譬如，在"企业主"也参加劳动、规模很小的工厂（或工场）中，沟通几乎全是对外的。小企业主需要从外部获得情报，以促进自己的事业兴旺发达。他们着重注意社会环境的信息，从而注意社会的变化，以确定他们的产品、生产方向和方式等问题。由于社会的发展，大型组织的出现，使主管人员不仅注意同社会环境的沟通，而且要把相当大的注意力放在组织内的沟通联络上，因为对员工众多的组织，要对外界输入的信息立即理解，并见之行动是有一定困难的。人的因素需要特殊对待，因为他必须先理解，然后才能采取行动，组织中的人员越多，问题涉及就越广，有些事情甚至无法得到完美的解决。

使组织中每个成员认识沟通联络的目的是至关重要的。不仅是最高主管人员发出信息，其他人接收信息；也不仅是下级发出信息，上级主管人员听取信息。事实是，组织中的每个成员既是信息的发出者，又是信息的接收者，这取决于组织中的职权关系、职能关系和协作关系。换言之，组织中的任何人都需要知道传递的是什么信息、向谁传递、何时传递，以及传递信息的有效方法。组织要求每个成员都有沟通情报的技能，为此组织必须经常培养主管人员及其下属的这种技能。

（2）沟通的作用

① 使组织中的人们认清形势

"认清形势"在这里是指，为明智的行动提供必要的情报。在开始向所有新来的人员介绍他们所处的物质环境和人员情况时，更重要的是简单介绍当前的和长远的组织活动情况。显然，一个人对自己的工作和工作环境知道得越多，工作也就越多。这包括以下三方面的工作。

- 使新来的人员认清形势。这项工作可以由人事部门来做，但从管理的角度来看，更应该由顶头上司即上一层的主管人员来做。其内容包括：现在组织的处境，例如物质条件、环境因素、人员情况和组织发展的未来等，更重要的是介绍即将派给他们的有关任务的主要情况，鼓励他们用一些可考核的方法来理解他们的职务和目标；讲解他们的职务与其他工作的关系，明确他们的职责范围以及相应的权力界限；使他们了解如何汇报工作，如何使工作顺利开展，如何与其他人进行交往、联系和工作。
- 不断地认清形势。这是指在确定目标以后，在实现目标的过程中，主管人员不断地讲解和引导，使下级人员领会、认识、明确他们的各项工作，尤其必须经常地对新的或修改过的目标、任务、组织工作的变动情况（与政策、组织和服务对象等有关）以及主管人员的变动有一个清楚的认识。

不断认清形势的困难是：人们对必须重复做的、能完成的工作渐渐不感兴趣。让一个新来的人员很快顺手、准确地认清形势是比较容易的,而主管人员要不断地认清形势则要有坚韧的毅力。

• 使上级认清形势

如果上级对形势的认识不足或认为没有必要去认识,会给工作带来很大的困难。当然,可以通过控制报告和会议使自己了解情况,但这是很不够的。上级应该主动去认清形势。与此同时,每个下级应经常向其上级汇报情况,并且准确地理解上级的需要,以便对报告的内容进行选择,使上级从情报资料堆里摆脱出来,而对于他们自己有不利影响的情报也绝不擅自删改。

② 使决策能更加合理和有效。主管人员要根据情报做出决策。任何组织机构的决策过程,都是把情报信息转变为行动的过程。准确可靠而迅速地收集、处理和传递信息是做出正确决策的基础。

(3) 项目经理的沟通职能

在项目环境下,一个项目会牵扯到有着切身利益的多个项目干系人。项目经理必须是一个负责任的人,他要对项目团队、高级管理层、客户及任何可能与项目的绩效和成果有关的人负责。为此项目经理必须与众多项目干系人就各自关心的问题进行沟通(如图 12-2 所示),对项目各方的利益冲突进行协调,尽可能地为项目创造出良好的环境。项目经理很可能花费90%或更多的个人时间来沟通,典型的职能包括:提供项目指导,决策,授予工作,指导行动,谈判,报告(包括简明指示),参加会议,总的项目管理,市场与销售管理,协调公共关系,对记录、备忘录、信件、简讯、报告、说明书、合同文件等的管理。

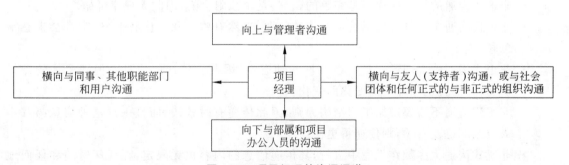

图 12-2 项目经理的沟通通道

一个项目经理必须熟悉项目组织中的沟通过程,充分使用这一过程去分析和发现项目管理中出现的各种沟通障碍,使项目组织中的信息畅通、沟通充分。特别是需要帮助项目团队成员实现全面的沟通,帮助团队成员去充分理解各种信息,努力消除各种误解等。这些都是项目经理在项目沟通管理方面所应该承担的责任和工作。

4. 沟通的方式

（1）正式沟通与非正式沟通

① 正式沟通是组织内部明确的规章制度所规定的沟通方式。它和组织的结构息息相关，主要包括按正式组织系统发布的命令、指示和文件，组织召开的正式会议，组织正式颁布的法令规章、手册、简报、通知和公告，组织内部上下级之间和同事之间因工作需要而进行的正式接触。正式沟通的优点是沟通效果好，比较严肃而且约束力强，易于保密，可以使信息沟通保持权威性。缺点是沟通速度慢。

② 非正式沟通指在正式沟通渠道之外进行的信息传递和交流，如员工之间的私下交谈和小道消息等，是一类以社会关系为基础，与组织内部明确的规章制度无关的沟通方式。其沟通对象、时间及内容等各方面都是未经计划和难辨别的。因为非正式组织是由于组织成员感情和动机上的需要而形成的，所以其沟通渠道是通过组织内的各种社会关系，这种社会关系超越了部门、单位及层次。

这种沟通的优点是沟通方便，速度快，且能提供一些正式沟通中难以获得的信息。缺点是信息容易失真。

在很多情况下来自非正式沟通的信息反而易于获得接收者的重视。因为这种沟通一般是采取口头方式，不留证据、不负责任，有许多在正式沟通中不便于传递的信息却可以在非正式的沟通中透露。

非正式沟通往往具有如下特征。

- 非正式沟通的信息往往不是完整的，有些是牵强附会的，因此无规律可循。
- 非正式沟通主要是有关感情或情绪的问题，虽然有些也和工作有关，但常常会带感情色彩。
- 非正式沟通的表现形式具有多变性和动态性，因此它传递的信息不但随个体的差异而变化，而且也随环境的变化而变化。
- 非正式沟通不需要遵循组织结构原则，因此传递有时较快，而且一旦这种信息与其本人或亲朋好友有关，则传递得更快。
- 非正式沟通大多数在无意中进行，其传递信息的内容也无限定，在任何时间和任何地点都可发生。

（2）上行沟通、下行沟通和平行沟通

① 上行沟通是指下级的意见向上级反映，即自下而上的沟通。项目经理应采取某些措施鼓励向上沟通，例如态度调查、征求意见座谈会和意见箱等。只有上行沟通渠道畅通，项目经理才能掌握全面情况，做出符合实际的决策。上行沟通有两种形式：一是层层传递，即依据一定的组织原则和组织程序逐级向上反映；二是越级反映，它指的是减少中间层次，让项目最高决策者与一般员工直接沟通，信息技术的发展为越级反映提供了条件。

②　下行沟通是指领导者对员工进行的自上而下的信息沟通。一般以命令方式传达上级组织或其上级所决定的政策、计划等信息。例如,生产副总经理可能指示车间经理加紧制造一种新产品,依次地,车间经理向主管发出详细指示,主管以此为根据指示生产工人。下行沟通是领导者向被领导者发布命令和指示的过程。

这种沟通方式的目的包括:明确项目目标,传达工作方面的指示,提供项目进展情况,反馈自身工作绩效。

③　平行沟通是指组织中各平行部门之间的信息交流。所谓斜向沟通,是指信息在不同层次的不同部门之间流动时的沟通。这两种沟通都跨越了不同部门,脱离了正式的指挥系统,但只要在进行沟通前得到直接领导者的允许,并在沟通后把任何值得肯定的结果及时向直接领导汇报,这种沟通就值得提倡。

(3)　单向沟通与双向沟通

①　单向沟通是指发送者和接收者两者之间的地位不变(单向传递),一方只发送信息,另一方只接收信息。双方无论是在情感上还是在语言上都不需要信息反馈。如做报告、发布指令等。这种沟通的速度快,信息发送者的压力小。但是接收者没有反馈意见的机会,不能产生平等感和参与感,不利于增加接收者的自信心和责任心,不利于建立双方的感情。

②　与单向沟通相对应,在双向沟通中,发送者和接收者两者之间的位置不断交换,且发送者是以协商和讨论的姿态面对接收者,信息发出以后还需及时听取反馈意见,必要时双方可进行多次重复商谈,直到双方共同明确和满意为止。如交谈、谈判等。双向沟通的优点是沟通信息准确性较高,接收者有反馈意见的机会,容易产生平等感和参与感,增加自信心和责任心,有助于建立双方的感情。但是,沟通的速度较慢。

(4)　书面沟通和口头沟通

①　书面沟通是指用通知、文件、报刊和备忘录等书面形式所进行的信息传递和交流。其优点是可以作为资料长期保存,反复查阅,沟通显得正式和严肃。

②　口头沟通就是运用口头表达,如谈话、游说和演讲等进行信息交流活动。其优点是传送信息较为准确,沟通比较灵活、速度快,双方可以自由交换意见。

(5)　言语沟通和体语沟通

言语沟通是利用语言、文字、图画和表格等形式进行的。体语沟通是利用动作、表情和姿态等非语言方式(形体)进行的,一个动作、一个表情、一个姿势都可以向对方发送某种信息。不同形式的丰富复杂的"身体语言"在一定程度上也起着沟通的作用。

5. 沟通渠道

沟通渠道分为正式与非正式两种,都是在项目组织内部和内外部之间进行的信息交流和发送活动的渠道。当项目成员在明确规定的组织系统内为解决某个问题进行沟通协调工作时,会选择和组建项目组织内部不同的信息沟通渠道,即信息网络。沟通主体可以根据沟通的需要选择不同的渠道。

（1）正式沟通渠道

因为在大多数沟通中，信息发送者并非直接把信息传给接收者，中间要经过某些人的转换，产生不同的沟通渠道。不同的沟通渠道的信息交流效率是不同的。

正式沟通的渠道通常可分为以下5种（如图12-3所示）。

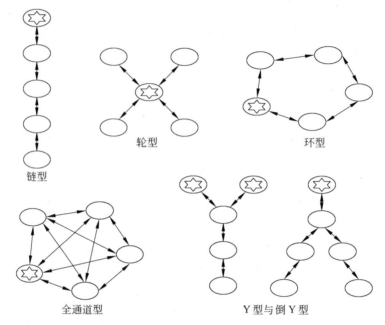

图 12-3 正式沟通的渠道

① 链型沟通渠道。在项目组织系统中，链型沟通渠道相当于一个纵向渠道，信息按高低层次逐级传递，信息可以自上而下也可以自下而上地交流。在这个模式中，层次较多，居于两端的传递者只能与内侧的传递者相联系，居中的则可以分别与上下互通信息。各个信息传递者所接收的信息差异较大。链型沟通渠道的优点是信息传递速度快，适用于班子庞大、实行分层授权控制的项目信息传递及沟通。但是，在这种形式中，信息经层层传递、筛选，容易失真，各个信息传递者接收的信息差异很大。

② 轮型沟通渠道。在轮型沟通渠道这一模式中，有一个信息汇集站和发送中心。由处于领导地位的主管人员了解全面情况，并向下属发出指令，而下级部门和基层公众之间没有沟通联系，他们只分别掌握本部门的情况。这种方式集中化程度高，解决问题的速度快，中心人员的预测程度高，而沟通的渠道少，组织成员满意程度低，士气低落。

③ 环型沟通渠道。环型沟通渠道中的成员依次联络沟通。这种模式大多产生于一个多层次的组织系统之中。高一层主管人员与低一层管理人员建立纵向联系。第一层主管人员

与底层工作人员建立联系,基层工作人员之间与基层主管人员之间建立横向的沟通联系。该种沟通渠道能提高群体成员的士气。

④ Y 型与倒 Y 型沟通渠道。Y 型沟通渠道表示在四个层次的逐级沟通中,两位领导通过一个人或一个部门进行沟通,这个人成为沟通的中心。这种形式集中化程度高,解决问题的速度快,但组织中的成员平均满意程度较低,易于造成信息曲解或失真。倒 Y 型沟通渠道则是一位领导与两个部门进行沟通,这就要求作为"瓶颈"的成员要善于沟通。

⑤ 全通道型沟通渠道。全通道型沟通渠道是一个开放式的信息沟通系统,其中每个成员之间都有一定的联系,彼此十分了解。这种沟通渠道有利于建立浓厚的民主气氛和合作精神。

当然,项目班子或群体之间的沟通并非只有上述五种渠道,实际的沟通渠道可以多种多样。每个项目都有自己的组织结构和具体情况,为了达到有效管理的目的,应视不同情况,采取不同的沟通渠道,以保证上下左右部门之间的信息能得到顺利的沟通。五种正式沟通渠道的比较如表 12-1 所示。

表 12-1　五种正式沟通渠道的比较

渠道类型	速度	信息精确度	组织化程度	领导人的产生	士气	工作变化弹性
链型	较快	较高	稳定、慢	较显著	低	慢
轮型	快	高	稳定、快速	较显著	低	慢
环型	慢	低	不易	不发生	高	快
全通道型	最慢	最高	稳定、最慢	不发生	最高	最快
Y 型,倒 Y 型	较快	较低	不一定	会易位	不一定	较快

（2）非正式沟通渠道

在一个组织中,除了正式沟通渠道,还存在着非正式的沟通渠道,有些消息往往是通过非正式渠道传播的,其中包括小道消息的传播。

国外一些管理专家(如戴维斯)经过调查研究,把非正式沟通渠道分为四种形式,如图 12-4 所示。

① 单线式。消息由 A 通过一连串的人传播给最终的接收者。

② 饶舌式,又叫闲谈传播式。是由 A 主动地把小道消息传播给其他人。如在小组会上传播小道消息。

③ 随机式,又叫机遇传播式。消息由 A 按偶然的机会传播给他人,他人又按偶然机会传播,并无一定的线路。

④ 集束式,又叫群集传播式。信息由 A 有选择地告诉自己的朋友或有关的人,有关的人也照此办理的信息沟通方式。这种沟通方式最为普遍。

项目组织中传播的小道消息,常常会给项目目标带来不良影响。改善的办法在于使正式沟通渠道畅通,用正式消息驱除小道新闻。但是,非正式沟通渠道也有辅助正式渠道不足的

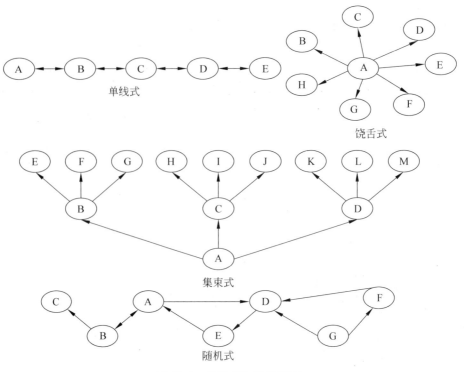

图 12-4　非正式沟通渠道图

作用。

非正式沟通有以下作用。

- 可以满足职工情感方面的需要。
- 可以弥补正式通道传递方式的不足。
- 可以了解职工真正的心理倾向与需要。
- 可以减轻管理者的沟通压力。
- 可以防止某些管理者滥用正式通道，有效防止正式沟通中的信息"过滤"现象。

6．网络沟通

（1）网络沟通的形式

网络技术推进信息化进程，实现三网并举，如图 12-5 所示。

① Intranet

- 发布内部文件。项目组织内部的一些文件、报告等

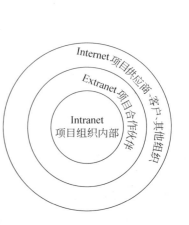

图 12-5　三网关系示意图

信息通过 Intranet 发送给各个部门，无论是常规的还是非常规的信息，都可以方便快捷地传送给每个员工。

- 内部通信。Intranet 提供的电子邮件成为内部员工相互通信的快捷通道。与因特网上提供的电子邮件相比，项目组织内部网提供的电子邮件服务更具针对性，不仅可以实现一对一，也可以实现单对多的通信，而且可以采用标准的通信格式。

② Extranet

项目组织的外部网是面向项目组织的合作伙伴、相关组织和团体的。Extranet 像是架在公用网 Internet 和专用网 Intranet 之间的桥梁，它可以由项目组织与其合作伙伴共同开发完成，也可以由单一组织投资建成。与 Intranet 一样，Extranet 通常位于防火墙之后，不向大众提供公共服务信息，其用途是：项目信息的传播，项目进展情况的报告；采购、销售服务；电子商务服务。

③ Internet

今天，Internet 被广泛运用，任何企业都不会将其置之度外。

项目组织通过这三网可以极其容易地、有效地建设网络沟通系统。它们在满足组织网络沟通的功能上有某些区别，对于实现企业内部网络沟通的目的，Intranet 显得更为可取。正如前述，Intranet 针对企业特定的经营环境、组织结构特点，根据企业的管理特点设计企业沟通体系，取舍网络沟通的形式，真正满足组织沟通的需要。在满足企业与外部环境沟通的目的上，Extranet 具备更明显的优势。Extranet 使企业直接与关系紧密的外部伙伴进行沟通，甚至交易。而针对企业对整个外部环境粗线条的了解、接触和监测的需要，Internet 自然技高一筹。

（2）网络沟通的优势

网络沟通具有以下优势。

① 大大降低了沟通成本。IP 电话大大节省了国际电话的往来成本；e-mail 则不仅可以像传真机一样传递文件、数据和表格，还可以增加内容的色彩信息，增强信息保密性，最重要的是其费用比传真机便宜。

② 使原先一对一的单调语音沟通更加直观化。计算机、调制解调器、三维图像识别和软件技术使电话沟通的价值大大增强。

③ 极大地缩小了信息存储空间。高密度磁盘、光盘和数据存储器强大的信息存储能力，节约了大量的信息存储空间。信息存储无纸化的趋势便于对文件信息的管理。

④ 工作便利。计算机网络方便了被地域、时间限制的员工。

⑤ 安全性好。成熟的防火墙技术可以较好地保证公司内部网的安全性。

⑥ 跨平台，容易集成。采用标准的 TCP/IP、HTTP 可以使公司内部网和外部网实现集成。

12.1.2 项目沟通管理

1. 项目沟通管理的特点

项目沟通管理，就是为了确保项目信息合理收集、传输和处理所需实施的一系列过程。因项目的特殊性，项目沟通管理除具有一般沟通管理的特点外，还具有以下一些特征。

（1）沟通范围广

每一个项目的实施都与诸如业主、上级组织、公司职能部门和下属承包商等众多项目干系人密切相关，项目沟通既包括项目团队与众多项目干系人间的沟通，也包括项目团队内部的沟通。项目实施过程中，必须把相关信息传递给各相关人员，保持各类团体、人员间的信息畅通。

（2）沟通内容多

项目沟通首先必须保证有关项目实施的各类信息能够为相关人员获得，同时为保证项目能顺利完成，必须加强项目团队内部成员间、团队与母公司上级或职能部门间、团队与项目出资方等的情感沟通、冲突沟通，创造出最有利于项目实施的环境。实践表明，对项目的成功而言，项目经理在这方面的沟通职能显得尤为重要。

（3）沟通层次复杂

对一个项目而言，既有对上级组织、下级组织的沟通，也有与同级部门、平行团体的沟通，项目各相关干系人从不同的利益出发，所关注的目标和期望也不尽相同，这时项目经理应考虑哪些人应该获得某类信息，而哪些信息是某些人不感兴趣或不应该了解的。例如，上级公司一般关注项目的运行成本、赢利情况，这类信息必须与上级沟通，向上级传达，但并不是事无巨细都向上级汇报，项目团队自身能够解决的困难就不必过早向上级传达，否则易令上级产生不信任感，从而造成上级对项目不支持等不利后果。

（4）沟通过程贯穿项目始终

处于一个复杂多变的环境中，项目根据实际进展情况会有所调整，变更要求也时有出现，这就要求建立一个有效的沟通管理体系，保证变更的前后不会对项目产生某种震荡；同时因项目众多相关干系人利益的不同，存在着各种各样的冲突，团队的建设也是一个具有阶段特征（组建、磨合、正规、实施和扫尾）的成长过程，这些都需要通过有效的沟通来解决。

2. 项目沟通的管理过程和方式

（1）编制项目沟通计划

编制沟通计划就是确定记录并分析项目的相关利益者所需要的信息和沟通需求，即确定谁需要信息、需要什么信息、何时需要以及信息分发的方法，并以此形成文件，作为沟通计划。

毫无疑问,每个项目都需要充分的信息交流,但是不同的项目对信息的需求和分发方式却存在着很大的差别,这主要是由于项目组织结构的不同而造成的。因此,项目沟通计划常常和项目组织计划紧密相连。项目沟通计划包括对项目全过程的沟通工作、沟通方式和沟通渠道等各方面的计划与管理。项目沟通计划在项目的早期阶段就应该完成,但是为了提高沟通的有效性,项目沟通计划应该根据项目的实施情况和沟通计划的适用情况进行定期检查,并在必要时加以修改。因此项目沟通管理是贯穿于项目全过程的一项管理工作,这样项目沟通管理才能更好地为实现项目目标服务。

① 编制沟通计划的依据

- 沟通需求。指项目的所有利益相关者对信息需求的总和,是通过对这些人所需信息的类型、形式和内容加以分类,并对该信息价值进行分析来确定的。这些信息主要包括三方面:项目组织和项目相关利益者的责任关系;项目同涉及的领域、部门和行业的关系;项目同后勤保证以及其他外部信息之间的关系。
- 沟通方式。即选择哪种沟通方式可以快捷、准确地实现信息沟通。影响项目沟通方式选择的主要因素有信息需求的紧迫程度、沟通技术的可行性、相关人员的能力与习惯以及项目本身的特点(如项目规模、生命周期)等。
- 约束条件和假设前提。项目的任何计划都要以项目的约束条件和假设前提为基础,不能超出两者的限制。

② 编制沟通计划的方法

编制沟通计划的方法主要是对项目相关利益者进行分析。该方法主要是对各利益相关者基于自身利益需要而对项目信息的需求进行分析。这里利益相关者包括项目的业主、客户、项目经理、原料设备供应商和分包商等同项目有直接关系的人员。在挖掘这些利益相关者的信息需求时,还要考虑他们所需信息的来源渠道以及能够使这些信息顺畅地传递出去的办法。同时应该注意传递信息的充分必要性,要尽量避免不必要的信息传递,以免浪费资源,延误时间,甚至会引起不必要的麻烦,影响到项目的实施。

③ 编制沟通计划的结果

编制沟通计划的结果就是一份沟通管理计划。它主要提供下列内容:详细说明信息的收集渠道,即采用何种方法从何处收集信息;详细说明信息分发渠道,即以项目的组织结构图为基础说明信息将以何种形式传递给不同的人员;信息分发形式,即说明信息的格式、内容、详略程度、特殊符号规定和图表说明等情况;生产进度计划表,即以具体时间或者里程碑为标准说明项目在何时将在何人之间进行何种沟通;更新和细化项目管理计划的方法和程序。

（2）项目信息发布

信息分发就是根据一些计划文件将所需要的信息及时、准确地分发给项目的相关利益者。

① 信息分发的依据

- 项目计划的工作结果。确定有哪些信息可供分发。
- 沟通管理计划。确定需要向何人发布何种信息。
- 项目计划。

② 信息分发的方法

- 人员沟通。即通过人员交流的方式分发信息。信息发布者负责将信息及时、准确、清楚、完整地表述出来，接收者的任务是保证信息被完整、正确无误地理解。
- 建立项目信息检索系统。即在项目组织中建立一套信息共享系统（如公开文件、电子数据、项目管理软件），项目相关利益者在需要某方面的信息时，可以根据信息主题词在信息系统中进行检索而得到。
- 建立项目信息分发系统。即采用定期或非定期的、制度性的、经常性的形式发布有关信息。例如项目定期或临时会议、复印文件、电子邮件、视频会议等。

③ 信息分发的结果

- 项目记录。记载项目文档、备忘录、信息反馈等有关内容。
- 项目报告。描述项目的进展情况，说明项目有关信息。有口头形式和书面形式两种，两种都是同等重要的。在项目实施过程中，最常采用的两种报告形式是项目进度报告和工作总结报告。

项目进度报告又称项目绩效报告，是描述项目各项工作的进展情况和取得的主要成果的报告。项目进度报告不是项目活动描述报告，它的重点不在于讲述项目团队正在从事哪些活动，而在于项目已经取得了哪些阶段性成果，朝着项目目标方向前进了多少。项目进度报告可以是由项目组织成员向项目经理或者隶属的职能经理提供；由项目经理向业主提供；由项目经理向项目的上级管理者提供。项目进度报告一般都有固定的报告期，根据项目的特点可以选择一天、一周、一个月甚至更长时间。绝大多数项目进度报告内容只包括发生在本报告期内的主要事件，而不是自项目开工以来的积累进展。一份标准的项目进度报告主要包括以下几部分内容：本报告期间取得的主要成果和达到的关键性指标（里程碑）；项目有关成本、进度和工作范围的实施情况以及同各项基准计划的比较结果；前期遗留问题若没有解决，应该说明原因；本报告期间所发生的问题及存在的隐患（包括技术方面、进度方面和成本方面等）；计划采取的改进措施（包括为了解决各种已显现问题和隐患问题的改进措施，和有关项目工作范围、成本、进度、质量等方面管理工作的改进措施），并且说明这些措施是否会使项目目标受到威胁；在下一个报告期内期望达到的目标。

工作总结报告是指一个项目或者项目某个阶段结束时，或者由于其他原因而使项目或阶段终止时的工作总结，它的目的是阐述项目结果的准确性和成功性，使项目的相关利益者乐意接受项目成果。为了避免遗漏重要的项目信息，在项目实施的过程中就要注意收集和整理，而不应等到项目或项目阶段结束时才开始编制工作总结报告。这份报告主要包括以下几个方面：项目业主的最初需要和期望以及项目组织对各项工作的要求标准；项目和项目各阶段的具体量化目标；有关项目和项目各阶段的工作任务、进度安排、花费成本和质量标准以及各项约束条件和假设前提的简单描述；项目所取得的各项成果和实际利益同预期值的对比；项目各项目标的实现程度以及未能实现目标的原因说明；保持和扩大项目成果的有关善后事宜；项目完工交付物及项目成果一览表（包括交付的机器设备、图纸文件和各种项目成果）；项目成果的测试检验结果；在实施项目的过程中所吸取的经验和教训。

在编写项目报告时，为了使报告接收者能够清楚明确地获取信息，最好依照下列原则：简单明了，勿拖泥带水；多使用短句和通俗易懂的句子，尽量避免使用专业术语或缩写词；各段最好采用总分式结构，先将每一段的重要观点和中心思想表达明确，再加以必要的阐述；尽量采用图表形式描述信息，力争使读者一目了然；注意报告的格式和字体，使读者易于接受。

- 项目说明。项目组织向项目利益相关者或政府有关管理部门提供的关于项目各方面情况的报告。

12.1.3　沟通障碍

1. 沟通障碍的产生

沟通障碍是普遍存在的，而且往往困扰着管理者，使他们的管理效率下降。信息沟通的障碍会阻止信息的传递或歪曲信息，这些障碍可能来自信息发送者，也可能来自信息接收者，或者来自环境因素。无论障碍来自何方，均会破坏整条信息沟通链的连续性和有效性。由于沟通是人与人之间的沟通，所以沟通必然会受人的性格、气质、态度、情绪、见解、处世方式、思想观点、文化水平、工作经验和思维能力等各种主观因素的影响。组织结构造成的职位差别是沟通的客观障碍，特别是在等级森严的组织内，往往只能实现下行的单向沟通，而上行沟通就比较困难。沟通方式的障碍主要表现在沟通方式选择不当所造成的沟通低效和沟通无效。此外，沟通还会遇到语言、信息超载、环境"噪音"的干扰等障碍。

信息发送者希望接收者能够准确无误地接收到全部信息，进而实现有效的沟通。但在实际沟通过程中，有许多因素导致信息的失真，从而影响沟通的有效性，严重时会对项目产生非常严重的后果。图 12-6 形象地反映了沟通失效的现象。

2. 沟通的主要障碍

在项目沟通中主要会有如下障碍。

（1）沟通时机选择不当

注重沟通的时机对有效的沟通来说很重要。在进行沟通之前，要计划好沟通的时间，这包括发送信息的时间和预计对方收到信息的时间。如果时机选择不当，可能使沟通没有任何

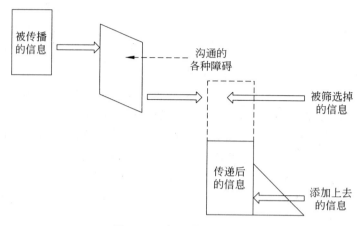

图 12-6 沟通障碍示意图

效果。例如,有的项目管理者向下级下达工作指示时发现下级无动于衷,了解之后方知他们正在为某个亟须解决的问题而大伤脑筋。

（2）信息不完备

即使项目管理者在应该沟通的时间里沟通,也不一定能够取得满意的效果。在很多情况下信息不完备或信息过少会直接威胁到沟通的效果,当然过多的无用信息也不会产生好的沟通效果,所以,项目管理者在进行沟通之前,必须明确沟通的内容和预期目的,在保证要求的前提下尽量全面、准确、完整地提供信息。

（3）噪音干扰

噪音指的是信息传递过程中的干扰因素。典型的噪音包括难以辨认的字迹、电话中的静电干扰、接收者的注意力转移以及沟通过程中的背景噪声。所有对理解造成干扰的因素,无论是内部的(如说话人的声音过低)还是外部的(旁边有人高声喧哗)都是噪声。噪声的干扰可能在沟通的任何环节上造成信息的失真。

（4）虚饰

虚饰是指故意操纵信息,使信息显得对接收者更为有利。例如,如果项目管理者告诉项目经理的信息都是他想听到的东西,这位管理者就是在虚饰信息。虚饰的程度与组织结构的层级和组织文化两个因素有关。在组织等级中,纵向层次越多,虚饰的机会也越多。组织文化则通过奖励、鼓励或抑制这类虚饰行为,使虚饰行为增多或减少。

（5）语言词汇问题

同样的词汇对于不同的人来说含义是不一样的。年龄、教育和文化背景是三个最明显的因素。它们影响着一个人的语言风格以及他对词汇的界定。专业技术人员用词显然与一个只受过高中教育的工人不同。事实上,后者毫无疑问对于理解一些专业词汇存在困难。而在一个项目组织中,员工常常来自不同的背景,各种社会分工也使得专业人员发展了各自的行话和技术用语,在大型的项目组织中,成员的地域分布十分分散(有些人甚至来自不同国家),而每个地区的项目成员都使用该地特有的术语或习惯用语。纵向的差异同样造成了语言问题。比如,像激励和定额这样的词汇,对不同的项目管理层的人员有着不同的含义。

(6) 传播谣言

传播谣言即传播虚假信息。它同虚饰行为不同,虚饰所传递的信息还是真实的,不过是只传递好消息而不传递坏消息,即所谓的"报喜不报忧"。而传播谣言是指信息发布者基于某种目的或需求,传递假信息。当信息接收者急于获取信息或某些居心叵测的人为达到个人目的时,谣言就会产生。大量的、无中生有的谣言会影响项目成员的情绪,影响项目成员的行为,会严重地影响真实信息沟通的有效性,甚至会影响项目目标的实现。

谣言可以在信息范围内扭曲和破坏信息,谣言产生于支配我们信息提出方式的个性滤网,以及使我们认为我们想的就是所说的东西的理解力滤网。谣传因此会引致含糊不清。

① 含糊不清导致我们去听我们想要听的东西。

② 含糊不清导致我们去听小组想要的东西。

③ 含糊不清导致我们没有与过去的经历相联系。

3. 产生沟通障碍的原因

(1) 理解力障碍的出现是由于每个人都可能以不同的方式观察相同的信息。影响理解力的因素包括个人的教育水平和工作经验。理解力问题可以通过使用具有准确意思的问语减至最少。

(2) 个性和兴趣。个人的爱好与厌憎一样会影响沟通。人们趋于仔细倾听所感兴趣的话题,却不听不熟悉的或令人讨厌的话题。

(3) 态度、情感和偏好限制我们解释的意识。恐惧的或者有强烈爱憎感的个人将易于通过歪曲沟通过程来保护自己。强烈的情感夺去了个人理解问题的能力。

影响编码过程的典型障碍包括:沟通目标、沟通技巧、参考的框架、发出信息者的可信度、需要、个性与兴趣、人际关系敏感性、态度、情感以及个人利益、位置和地位、假设(关于接收者)、与接收者的现存关系。

影响解码过程的典型障碍包括:评价的倾向、事先形成的想法、沟通技巧、参考的框架、需要、个性与兴趣、态度、情感和个人利益、位置与地位、对发出者的假设、与发出者的现存关系、缺乏相应的反馈、选择性的倾听。

信息的接收可能受信息接收方式的影响,最常见的方式包括:听觉活动、阅读技巧、视觉活动、触觉敏感性、嗅觉敏感性、外部感觉器官的洞察力。

12.1.4　有效沟通方式与技巧

1. 沟通方式的确定

沟通方法因项目不同而有所差异。例如，在一个项目中，客户可能要求在测试刚刚开始时并且可能在你有机会检验结果之前得到所有的书面测试数据。这种清晰而又开放的沟通类型可能不确定地存在，因为客户在听到项目办公室的立场之前可能已经形成了他自己对数据的看法。类似地，项目经理也不应该希望职能经理在职能分析之前一直向他们提供即时的原始测试数据。

在项目沟通中，不同信息的沟通需要采取不同的沟通方式，因此在编制项目沟通计划过程中还必须明确各种信息需求的沟通方式。因为不同的沟通方式会直接影响到信息传递的准确性、可靠性、及时性和完整性等要素，而且方法不同，沟通双方之间往返传递信息所使用的技巧或方法变化也特别大，从短暂的交谈到长时间的会议，从简单的书面文件到触手可得的网络数据库，这些都是可用于不同信息需求和沟通要求的沟通方式，究竟采用哪种方式需要根据项目实际需求和客观条件决定。沟通方式的确定对于编制项目沟通计划是非常重要的，因为它将直接影响项目沟通的效果和项目沟通工作量的大小。一般来讲，影响选择项目沟通方式的因素主要有以下几个方面。

（1）沟通需求的紧迫程度

项目的成功到底是必须依靠大量的、不断更新的信息沟通，还是只依靠定期发布的书面报告就足够了。例如，一些激烈竞争情况下的新市场开发项目属于前者，而一般的民宅建设项目就属于后者。

（2）沟通方式的有效性

采用什么样的方式最有助于满足项目沟通需要。会议沟通方式更适合于研究和集体决策时采用，公告的方式更适合于规章制度的发布或各种事件的通告。

（3）项目相关人员的能力和习惯

沟通方式的选择还必须充分考虑项目参与者的经历、知识水平、接收与理解能力以及在沟通方面的习惯做法。这包括现有的能力和习惯，以及是否需要进行广泛的学习和培训以改进现有的能力与习惯。

（4）项目本身的规模

如果项目的工作量不大、生命周期很短，一般可以选用现有的、人们习惯的和便于实施（即便是多耗费点时间和资源）的沟通方式；而对于规模大、生命周期长的项目，就需要采取一些先进而有效的沟通方式了。

2．有效沟通技巧

沟通不仅仅是说,而是说和听。只给人好的讲话技巧而不授其听的技能,仅仅是触及沟通问题的一个方面。项目经理在沟通中遇到麻烦,可能在听和说两个方面都存在问题。如在给项目成员讲话时,以别人不易懂的方式讲,同时项目小组成员又没有很好地听。有效沟通离不开沟通双方的共同努力,对于表达者,要求他表达清晰。包括以下内容。

(1) 表达的逻辑性要强。

(2) 声音洪亮、语调抑扬顿挫并使用肢体语言。

(3) 采用多种沟通方式,包括视觉的、听觉的、嗅觉的、动觉的和味觉的等。

(4) 不提供无用、会引起混乱的信息。

对于听众,要求他有效聆听。包括以下内容。

(1) 主动地听代替被动地听。如果我们对讲话者的反应只是"是,是",就会出现被动的听,表达者无法知道你是真正听懂了还是你自己认为听懂了。

(2) 设身处地地站在对方的角度来听。用自己的语言向表达者复述听到的内容,才能做到有效聆听并充分反馈。在沟通过程中,接收者的信息反馈形式可以是语言的,也可以是非语言的。如果信息发布者能够充分利用信息反馈,及时了解接收者的接收效果,就会大大增加沟通的有效性。为了核实信息是否按原有意图被接收,发布者可以询问有关信息的一系列问题,或者让接收者按照自己的理解再复述一遍信息内容,如果复述的内容正如本意,那么发布者就可以判断接收者对信息的理解是正确的。

具体而言,有效沟通的技巧包括如下几项。

(1) 知己知彼

最著名的是 Jonhari 关于认识的窗口(如表 12-2 所示)。该窗口表明,有一些关于自己的事情不仅我们自己知道,也为其他人所知,这是一个开放区域,称为公众型自我。还有一些有关我们自己的事情我们自己知道,但没有其他人知道,这是一个秘密区域,称为隐秘型自我。另外,还有一个盲目区域,我们自己的某些方面自己不知道,但其他人都知道,我们对于自己的这些方面一无所知,即瞎子型自我。

表 12-2　Jonhari 窗口

自己 他人	自己知道自己	自己不知道自己
知道你自己	开放区域	盲目区域
不知道你自己	秘密区域	未知区域

如果想与其他人真正地沟通,必须愿意把有关自己的事情表露给他们,以便帮助他们了解自己。当然,这必然是一个交互的过程。如果对方封闭,那么就很难了解他。了解其他人越多,自己的沟通就越有效。

如果一个人除了表面之外不让别人知道他的任何事情，别人事实上就不可能了解他，也不可能与他有什么关系。因此，项目经理应当营造互相信任、坦诚而亲密的工作气氛，让成员们彼此增进了解，了解越多，他们之间的沟通就越有效。

（2）提出开放式的问题

在进行面对面的沟通与交流时，应尽量提出开放式的问题。开放式的问题可以帮助项目成员积极参与并进行深层次的思考，鼓励他们为项目出谋划策。通过积极的倾听，可以获得项目管理的重要信息。下面是开放式问题的例子。

① 对于这个策划你有什么意见？

② 在开发阶段你如何跟客户保持联系？

③ 为什么你要将项目的这部分工作外包？

④ 后面三个月你负责任务的优先顺序是怎样的？

⑤ 你预计什么时候能完成任务？

另外，要精心选择所使用的语言。不得体的语言是沟通的障碍，因此沟通双方应选择合适的措辞，尽量简化语言，妥善处理组织信息，使之易于被接收者理解和消化，提高沟通效率。还要注意采用最合适的沟通媒介，包括电话、传真和电子邮件等。也应选择最佳的沟通方式，比如面对面的小组会议交流等。

（3）积极有效地倾听

积极主动地倾听，可以有效地提高沟通效率。倾听，说起来容易做起来难，是一种设身处地而且深入的交流方式，这种工具在项目的沟通中所起的作用怎么估计都不会过高，因为它可以提高项目的生产效率以及鼓舞团队士气。积极地倾听应做到以下几点。

① 目光接触。既集中了注意力又联络了感情，同时还表明你的诚意、直率和坦诚。

② 距离要拉近。空间距离的拉近会使你们的交谈更友好，更具建设性，更能增进彼此的感情。

③ 表情要丰富。机警而兴趣盎然的表情能激发说话者坦诚地表达思想，相反，如果你只是装出感兴趣的样子，或者心不在焉，说话者很可能会感到你缺乏热情，不愿与你开诚布公。

④ 要听懂弦外之音。不仅要听别人说了些什么，还要看他是怎么说的，这样才可以获得更多的信息。

⑤ 用探索性和建设性的方式去搞清或收集有关话题的信息，不要质问。

⑥ 按照你的理解把对方的话重复一遍，确保你已听懂他人的意思。

⑦ 不时对对方所说的话作出反应，以表明你在仔细倾听。

⑧ 请说话人举例说明。有时对方打一个比方可能会使你豁然开朗。

总而言之，倾听可能是最重要的沟通技巧。注意不要打断，不要试图去改变话题，也不要接过话头自己往下说。要使得每一个与你交谈的人都感到，他正在说的是你此时此刻最重要的事情。将会影响到项目的结果。

（4）抑制不良情绪

在沟通过程中，不良情绪的存在会使信息的传递严重受阻或失真。当沟通一方的情绪出现问题时，应该暂停进一步的沟通直至恢复平静，以保证沟通的有效性。

12.2　项目冲突管理

有人的地方就有冲突，在项目实施过程中冲突是难免的，也是极为正常的，冲突是项目结构中的一种存在形式。冲突并不可怕，有时冲突也是必要的，关键在于对冲突的认识、利用及对冲突的解决。

12.2.1　冲突的概念

1. 冲突的定义

从心理学的角度讲，冲突是指发生于两个或两个以上的当事人之间，因对目标理解的相互矛盾以及对方对自己实现目标的妨碍而导致的一种激烈争斗。冲突的定义揭示了以下重要关系。

（1）冲突是发生于两个或两个以上的当事人之间的，如果只有一个人，不存在对立方，就无所谓冲突，而不相干的人之间也不可能发生冲突。

（2）冲突只有在所有的当事人都意识到了争议存在时才会发生。

（3）所有的冲突都存在赢和输的潜在结局。参与冲突的各方为了达到各自的目标，总会千方百计地阻碍对方实现目标。

（4）冲突总是以当事人各方相互依存的关系来满足各方的需求。即冲突与合作是可以并存的。例如，企业与员工在一些问题上经常存在着冲突，但当事人双方还始终保持着相互间的合作以达到他们各自的目的，即企业需要员工生产产品或提供优质服务以获取利润，员工则依靠企业为他们提供工作和收入，并实现自身的价值。

2. 冲突的基本观念

传统的观念是害怕冲突，力争避免冲突，消灭冲突，在妥协中维持组织的平静，在消极、退让中保持"团结一致"，在沉闷、怯弱中盲目服从领导的"一言堂"。现代的观念认为冲突是不可避免的，只要有人群的地方，就可能存在着冲突。现代管理学认为，一潭死水式的消极的平静对于组织来说并非好事，相反有些冲突的存在更有利于组织的健康发展，有利于鼓舞人们的进取心，开辟解决问题的新途径，还能帮助克服消极和自满情绪，从而给组织带来高绩效。

当然，冲突的有利一面并不意味着冲突得越厉害就越好。对于那些引发组织成员间敌对分歧、互不信任的冲突，涣散人心、引发内耗、降低组织凝聚力的冲突，必须坚决予以制止、反对。冲突本身并不可怕，关键在于将冲突保持在适当的水平，既不能让它过高、过多，干扰了正常的工作秩序，也不能使其过少，使组织缺乏必要的生机与活力。

项目经理经常被描述成一个冲突经理。在许多组织里项目经理为了平息冲突而引起的战火与危机，不得不对项目班子成员行使着日复一日的职责。尽管这不是最好的局面，但一般不可避免，尤其是在组织结构更新之后或者项目需要新资源初期。

解决冲突的能力需要对冲突为何发生有所理解。下面四个问题的答案将对解决甚至避免冲突有益。

(1) 项目目标是什么？它们与其他项目有冲突吗？

(2) 冲突为何发生？

(3) 怎样解决冲突？

(4) 在冲突发生前，有没有一种预先分析方法可以识别可能的冲突？

12.2.2　冲突的来源

在项目实施过程中，冲突可能来源于不同的方面。它可能来源于项目内部，也可能来源于组织内的其他项目。常见的冲突来源可归纳如下。

(1) 管理程序的冲突。管理程序定义不清楚，如职责定义、工作范围、界面关系等，会导致许多冲突。

(2) 技术意见和性能权衡的冲突。在面向技术的项目中，如在技术问题、性能要求、技术权衡和实现性能的手段上都可能发生冲突。

(3) 资源分配。可能会在决定由谁（项目成员）来承担某项具体任务以及分配的具体任务的资源数量的多少等方面产生冲突。因为项目团队成员有很多是来自其他职能部门或者支持部门，这些人需要接受本部门的调度，而这些部门很有可能为多个项目提供资源支持。因此，在资源的调配和任务的分配上会出现冲突。

(4) 进度计划冲突。冲突可能会来源于对完成工作的次序及完成工作所需时间长短的意见不一。进度冲突往往与支持部门有关，项目经理对这些部门只有有限的权力和控制，但是他们对工作优先权的考虑存在着差异。例如，一件对于项目经理来说十万火急的事在相应的支持部门处理时却只有低的优先级。进度计划冲突有时还与人力资源问题有关。

(5) 费用的冲突。项目实施过程中，经常会由于工作所需费用的多少而产生冲突。

(6) 项目优先权的冲突。当人员被同时分配到几个不同的项目组中工作时，可能会产生冲突，项目成员常常会对实现项目目标应该完成的工作或任务的先后次序有不同的看法。优先权冲突不仅发生在项目团队和其他支持团队（如职能部门）之间，在项目团队内部也会发生。这种冲突的发生往往是因为项目团队没有做过当前项目的类似经验,项目优先权在项目执行过程中与原来的设想发生了很大的变化,需要对关键资源进行重新安排,进度也会因此受到很大影响。

(7) 个性冲突。由于项目团队成员在个人价值观及态度上的差异而容易在他们之间产生冲突。

有时冲突是有意义的,能够产生有益的结果。对于这些冲突,只要不违反约束条件并能得到有益的结果,就应允许其继续。两个技术专家为谁有解决某个问题的更好方法而争论,他们都试图为各自的假设找到更多支持的资料,这是有利冲突的一个例子。

有些冲突不可避免而且持续重复发生。比如原材料和产成品存货。制造部门希望在手头有尽可能多的原材料存货以便不削减产量,市场销售部门希望最多的产品存货来满足顾客需求,然而,财务和会计希望原材料和产成品存货尽可能小,这样账目看起来更理想,也不会发生现金流量问题。

冲突因组织结构而异。在传统的组织结构中,冲突可以避免;在项目结构中,冲突是变更的组成部分,因此不可避免。在传统结构中,冲突因惹是生非者和自私自利者而起;在项目结构中,冲突决定于系统结构和组成部分之间的关系。在传统结构中,冲突是有害的;在项目结构中,冲突可以是有益的。

冲突会发生在任何人和事上。一些人断言个性冲突是最难解决的。以下是几种情形,读者可以考虑一下,如果你置身于这种情况,应该怎样做。

① 你的项目班子中的两个人看起来有些个性冲撞,在决策时几乎总是持相反意见。他们来自相同的职能组织,冲突是不可避免的。

② 你的两个直线经理一直为谁应该执行某个测试争执。你知道这种情况存在,而部门经理则试图让他们自己解决问题,这是十分痛苦的。你不能确定需要多长时间他们才能自己解决这个问题。

③ 制造部门说他们不能按设计要求生产出最终产品。

④ R&D 质量控制和生产操作质量控制为谁应该执行 R&D 项目中的一项测试而争执。R&D 部门主张这是他们的项目,制造部门则认为测试终究要进入生产,所以他们希望尽早介入。

⑤ 在合同谈判期间出现不一致。A 公司的副总裁因为 B 公司的合同谈判人员未直接向某个副总裁报告而命令他的财务主管,也就是合同谈判人员停止了与 B 公司的谈判。

⑥ A 先生是一个负责 6 500 万元项目的项目经理,项目中 100 万元的工作分包给另一个公司,项目经理是 B 先生。A 先生认为 B 先生与他不对等,因而总是与 B 先生所在公司的工程主管沟通。

正确的做法是项目经理应当报告给相应的高层以获得解决冲突的及时帮助。然而,说来容易做来难。所以,项目经理必须对冲突的解决有所准备。举例如下。

① 如果项目经理知道在项目后期的某个时点高强度冲突会发生，他可能希望在低强度冲突上让步。

② 某建筑公司最近得到当地一家公司的 12 000 万元的合同。合同包括三个分离的建筑项目，三个项目同时开工。其中两个项目的工期为 24 个月，另一个为 36 个月，每个项目都有自己的项目经理。当项目之间发生资源冲突时，用户通常被请来协商。

③ A 先生是一个部门经理，他必须给四个不同的项目提供资源。尽管各项目的优先权已经确立，但项目经理们还是抱怨部门资源分配得不够充分。现在，A 先生每个月与四个项目经理开一次会，让他们决定资源的分配。

12.2.3　项目冲突分析

1. 团体间冲突的根源

团体间冲突的根源，一般来说有任务相互依赖、对稀缺资源的依赖、管辖权的模糊、直接与参谋之间的关系四个方面。

（1）任务相互依赖

正如前面所讨论的那样，组织内的团体产生的冲突主要源于其结构，即体系差异和任务相互依赖性。汤普森（Thompson）曾明确地区分了三种不同类型的相互依赖的情形：集合依赖、顺序上的依赖和相互依赖。其中，集合依赖是指项目组织成员相对独立，但是为了项目总体目标做出努力。顺序上的依赖是指一方的产出是另一方的投入。后两种依赖情形是冲突的主要来源。

（2）对稀缺资源的依赖

虽然团体间冲突的根源是差异性和相互依赖，但是冲突的强度却主要取决于各个子团体对某些稀缺资源的依赖程度。在实现各自目标的过程中，一些子团体可能不得不依赖于共同的资源、材料以及其他投入要素等。弗瑞德和辛普逊观察到，在项目既定的资源条件下，当各个子团体的需要不能得到满足时，彼此之间的不协调就会发生。反之，各个子团体之间的不一致又成为持续紧张和间断冲突的根源，特别是在资源分配的时候。所以，各个团体能够察觉到的彼此对共同资源的依赖程度越高，彼此之间发生冲突的可能性就越大。

（3）管辖权的模糊

各个团体（部门）对财产、资源等的管理权限及义务，有时会界定不清。于是，在需要双方共同努力达成某项方案时，冲突就会发生。而且，管辖权的模糊也会导致资源和努力的大量浪费。

（4）直接与参谋之间的关系

现代项目的一大特色是参谋人员的不断扩张和成长，由于自然科学和行为科学所产生的科技混合，使得项目组织中的专业人员愈来愈多。但是，这些参谋人员与直线人员之间、参谋部门与直线部门之间经常会发生冲突。两者冲突的根源主要有：两者都认为自己的领域经常被对方侵占；两者效忠的对象不同；双方进行互动的方式不容易被彼此接受；知识与职权的分离；直线人员与参谋人员看问题的出发点不同，参谋人员求变化，而直线人员则求稳定等。

2. 冲突因素具体分析

项目中的人是最重要的因素，也是冲突的主要因素。下面通过分析项目中人的利益、价值观、信息、权力、态度和动机来了解冲突的来源。

在考虑人的因素时，以下问题可以帮助思考。

(1) 利益团体与个人

① 谁是主要的利益团体？

② 这些团体中哪些已进入冲突中？

③ 为什么他们被包含在内？

④ 其他还有哪些主要团体有利可得？

⑤ 在某问题上哪些团体有次要的利害关系？

⑥ 在特定争论点之外，其他哪些团体可能会被卷入，理由是什么？

⑦ 谁是每一个主要团体中的主要发言人？

⑧ 在他们团体中，代表人是什么地位？

⑨ 其他还有哪些个人已经公然地认同争论点？

⑩ 谁是提出意见的人？

(2) 价值观

① 支撑每位关系人争论点的主要价值标准是什么？

② 有主要的意识形态的、文化的、宗教方面的不同吗？

③ 有个人或团体的价值或意识形态的特定争论点吗？

(3) 信息

① 什么是关系人所依赖的资源来源？

② 这些信息是相同的还是矛盾的？

③ 哪些资源来源是所有关系人重视的？

(4) 权力

分析某关系人的权力来源于以下哪个因素：权威、人力资源、技能和知识、无形的因素、物理资源。

(5) 态度

① 对于争论点，什么是当事人一般的态度？

② 对其他关系人有敌意吗？

③ 对于争论点,他们的期望是什么?

④ 对于其他的关系人,他们的期望是什么?

⑤ 对于解决问题,他们的期望是什么?

⑥ 对于争论点与关系人,还有什么其他的态度出现?

⑦ 对于谈判关系人的态度是什么?

（6）动机

① 关系人的动机是什么?

② 关系人是受现实或非现实的标的及期望激发的吗?

③ 过去的抱怨起了什么作用?

④ 冲突是由复仇所激发的吗?

⑤ 关系人害怕扮演什么角色(改变者、新来者、失去个人地位、失去物资财物)?

⑥ 物欲或贪心如何影响关系人的行为?

⑦ 欲望如何使团体与个人卷入冲突中?

3. 冲突的变动的影响因素

根据戴维·威尔蒙的研究,影响冲突强度的因素有以下几点。

（1）项目班子成员的专业技术差异越大,其间发生冲突的可能越大。

（2）项目经理对项目支持人员和组织部门管理、奖励、惩罚的权力越低,冲突发生的可能性越大。

（3）项目班子成员对项目特定目标(费用、进度计划、技术性能)越不理解,冲突越容易发生。

（4）项目班子成员角色越不明确,越容易引发冲突。

（5）项目班子对上级目标越一致,有害冲突越少。

（6）认为项目管理系统的实施侵占了他们传统角色的职能领域的成员越多,冲突越容易发生。

（7）支持项目的组织单元间的相互依赖性越低,使功能混乱的冲突就越可能发生。

（8）在项目或职能领域内管理的层次越高,越可能由于根深蒂固的小范围怨恨而产生冲突。相对的,在项目或任务层次上,完成项目需要的面向任务和专家主义更可能促成合作。

12.2.4　项目生命周期的冲突

1. 项目生命周期不同阶段冲突的平均强度

项目冲突的平均强度比较是这样的：项目进度冲突强度最大;项目优先权的冲突占据第

二位；人力资源是第三位的冲突源；强度排在第四位的冲突源是技术冲突；管理程序冲突列在第五位；队员的个性冲突通常被项目经理认为是较低强度的冲突；费用是强度最低的一种冲突源，如图 12-7 所示。

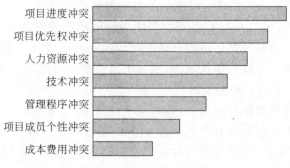

图 12-7　项目冲突的平均强度图

（1）项目进度冲突强度最大

项目进度冲突常因项目经理对这些部门只有有限的权力而发生。例如，当项目团队需要本公司中其他团队来完成项目中某些辅助任务时，由于项目经理不易控制其他团队，这便导致项目进度不能如期推进。再如，当项目经理把项目的若干子项目、子任务承包给分包商来完成时，也会发生类似的情形。

（2）项目优先权的冲突占据第二位

许多项目经理认为，项目优先权之所以经常发生是因为项目组织对当前的项目实施没有经验。因此，项目优先权的形式与最初的预测相比就可能发生一定的变化。同时对关键资源和进度计划进行重新安排时，往往会遭到一些团队队员的强烈反对。相应的，随着已经建立一定进度计划和工作方式的其他合作方被这一变化所困扰时，优先权问题往往就发展为冲突。

（3）人力资源是第三位的冲突源

项目经理们常为在人力资源方面的难以协调而遗憾。在这种情况下，他们经常受到强烈的冲突。问题很明显，当项目团队需要某方面的专业人才，而职能部门难以调配时，人力资源冲突随即发生。

（4）强度排在第四位的冲突源是技术冲突

通常支持项目的部门或组织主要负责技术投入和性能标准，而项目经理更关心如何满足成本、进度和性能目标。支持部门只关心技术问题，因此不能够从项目全局进行把握，常常出现有一些技术人员忽视时间、成本和客户需求等约束因素而追求技术上的尽善尽美。项目经理必须把握项目整体质量，必要时对一些看似不错的技术方案做出取舍。

（5）管理程序冲突列在第五位

大部分管理程序的冲突几乎均衡地分布于职能部门、项目队员和项目经理等几个方面。

在管理部门上发生的冲突可能包括：发生在项目经理权力和职责、报告关系、管理支持、状况审查、不同项目团队间或项目团队与协作方合作上的冲突。其中，项目经理如何发挥作用，如何与公司的高级管理层接触是管理冲突最主要的部分。

（6）队员的个性冲突通常被项目经理认为是较低强度的冲突

许多项目经理认为，虽然人与人之间的个性冲突可能不像其他冲突那么强烈，但它却是最难有效解决的一种。个性冲突还可能会被一些沟通问题或者技术争端掩盖。例如，一位技术人员与项目经理在技术方面的争执，隐藏的真正原因却是彼此个性的冲突。

（7）费用是强度最低的一种冲突源

因为在项目工作的费用估算方面，合作各方有着不同的理解。例如在预算分配时，支持部门往往认为项目经理分配到的预算与承担的工作相对偏小。项目经理往往受到预算紧张的限制，尽可能地控制成本，而项目参与各方都希望自己这份工作能够获得更多的预算支持。另外，引起费用增加的技术问题或进度调整也会引起冲突。

2. 项目生命周期不同阶段冲突的变化

从项目的生命周期角度来考察冲突，把握每阶段中可能出现的冲突源、冲突的性质和冲突的强度，有利于寻找更好的解决冲突的模式。国外学者泰汉和威尔曼收集了有关项目生命周期每一阶段冲突的频率与冲突的重要程度的统计数据，其研究成果如图 12-8 所示。

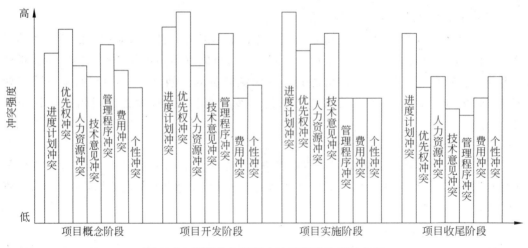

图 12-8　项目生命周期中冲突强度的相对分布

（1）项目概念阶段

概念阶段是项目生命周期中的第一阶段，在这一阶段中冲突源的排序如下。

① 项目优先权。

② 管理程序。

③ 项目进度计划。

④ 人力资源。

⑤ 成本费用。

⑥ 技术问题。

⑦ 项目成员的个性。

在项目的概念阶段，冲突呈现出一些独特的性质。在这一阶段，项目组织还未真正形成，项目经理及其经理班子在其所属的总公司框架中开始启动项目。在工作活动的优先权问题上，项目经理、职能部门、顾问部门常常会孕育和产生冲突。要消除和减少可能引发的有害结果，项目经理必须对优先权引发的冲突、所带来的冲击进行仔细评价和计划。这一步应在项目生命周期内尽可能早地完成。冲突源排在第二位的是管理程序，它涉及几个非常关键的管理问题，例如：如何设计项目组织？项目经理向谁负责？项目经理的权力是什么？项目经理能否控制人力资源和物资资源？应使用什么样的报告和沟通渠道？由谁来建立项目的进度计划和质量、性能要求？这些问题主要由项目经理来负责，冲突常在这个过程中发生。为了避免因这些问题而导致项目工作的延误，尽早地建立清晰的程序是非常重要的。项目的进度计划在另外的领域中也很典型，在那里已建立起来的项目团队可能不得不通过调整他们自己的运行以适应新型的项目组织。大多数项目经理证实，即使在理想的条件下，这种调整也极可能引发冲突，这就意味着有关职能部门的现有运作方式和内部权力的重新定位。这些职能部门可能被完全地分配给了其他项目，从而针对职能部门人员和其他资源的谈判可能成为项目启动阶段重要的冲突源。因此，在项目启动时，针对这些问题的有效计划与磋商就显得非常重要。

（2）项目开发阶段

在这个阶段中，主要冲突源的排序如下（注意它与第一阶段以及第三、四阶段的区别）。

① 项目优先权。

② 项目进度计划。

③ 管理程序。

④ 技术问题。

⑤ 人力资源。

⑥ 项目队员的个性。

⑦ 成本费用。

项目优先权、项目进度计划和管理程序上的冲突仍然是重要的冲突，其中一些表现为上一阶段的延伸。通过比较可发现，在项目启动阶段强度排在第三位的进度计划冲突，到了规划阶段成了第二位冲突。许多进度计划冲突发生在第一阶段是由于在进度计划开始建立上的不一致，相比之下，在项目规划阶段，冲突可能是根据整个项目计划所确定目标进度计划的强制性而发展起来的。在这一阶段中，管理程序冲突的强度开始降低，这表明随着项目的推进、各项规章制度的建立,可能出现的管理问题,无论在数量上还是频率上都会减少。但是,这并不代表项目最初阶段可能发生的管理冲突在以后阶段就可避免,相反,任何管理上的松懈都有可能使项目陷入混乱和冲突状态。在项目规划阶段,技术冲突也变得显著起来,从前一阶段的第六位上升到这一阶段的第四位。这种冲突往往是由于项目的职能部门或项目协作方不能满足技术要求或要求增加它所负责的技术投入而导致的。这种行动会消极地影响项目经理的成本和进度目标。个性冲突往往难以解决。即使看来很小的个性冲突,也可能给整个项目带来比非人员问题冲突(这种冲突可以在理性的基础上解决)更具分裂性和更有害的后果。许多项目经理指出成本冲突在项目规划阶段趋低主要有两个原因:一是成本目标建立的冲突并没有给大多数项目经理造成强烈的冲突;二是一些项目在规划阶段还未足够成熟,不至于引发项目经理与项目有关执行人员之间关于成本的冲突。

(3) 项目实施阶段

在这一阶段中,主要的冲突源排序如下。

① 项目进度计划。

② 技术问题。

③ 人力资源。

④ 项目优先权。

⑤ 管理程序。

⑥ 成本费用。

⑦ 团队队员的个性。

由于项目已处于执行期,主要冲突源的排序与其他阶段相比已发生了明显的变化。在复杂的项目过程中,可能需要其他团队或分包商来协助项目的执行,各个支持方、合作方的协调配合决定着项目能否按计划如期推进。当不同的合作方介入项目时,由于项目工作任务(或子项目)内存的逻辑关系,某一方工作的滞延便会引起整个项目的连锁反应。进度计划冲突往往是在项目的早期发展起来的,它们常与进度计划的建立有关。在项目实施阶段,项目经理的职责常常表现为对进度计划的"管理与调整",计划的调整会导致更加强烈的冲突。技术的冲突也是实施阶段一种最重要的冲突源。有两个主要原因可以解释这个阶段中技术冲突的高强度。一是实施阶段以项目各子系统的第一次集成为特征,比如结构管理。由于集成过程的复杂性,因而常在子系统集成欠缺或一个子系统技术落后时产生冲突,这将轮流影响其他的部件和子系统。二是部件可以按原型设计但并不确保所有的技术问题都被消除。在实施阶段中还可能在可靠性与质量控制标准、各种设计问题和测试程序上发生冲突。所有这些问题都会严重冲击项目,并给项目经理带来强烈的冲突。人力资源在这一阶段排为第三位。对人力的需要在实施阶段达到了最高水平。如果有关的参与方还正向其他项目提供人员,人力供应能力的严格限制和项目需求的一再扩大必定产生矛盾。优先权冲突作为主要冲突源的强度在这一阶段中继续下降。项目优先权是一种极易在项目早期出现的冲突形式。管理程序、费用和个性冲突排在各冲突源的最后。

（4）项目收尾阶段

这一阶段是项目生命周期的最后阶段,此时,冲突源发生了一定的变化,其排序如下。

① 项目进度计划。

② 项目成员的个性。

③ 人力资源。

④ 优先权。

⑤ 成本费用。

⑥ 技术问题。

⑦ 管理程序。

在这一阶段,项目进度计划再次成为最主要的冲突因素。许多在实施阶段发生的进度计划错位很容易传递到项目的结束阶段。从量的积累到项目质的变化,这些错位的积累在这一阶段将会严重影响整个项目,甚至会导致项目目标的最终失败。项目队员的个性冲突排在第二位并不奇怪,这时主要有两个原因:一是项目团队队员对未来的工作安排的关注与紧张是不容忽视的;二是由于项目参加者在满足紧迫的进度计划、预算、性能要求与目标上承受的压力,人际关系可能在这个阶段受到相当大的损伤。排在冲突源第三位的是人力资源冲突。在这一阶段中,人力资源冲突的强度趋于上升,这是因为公司中新项目的启动常常会与进入结束阶段的项目进行人才争夺。相反,项目经理也可能经历这样的冲突,即公司的职能部门应该吸收剩余队员回去,但回去的队员却影响项目团队的预算和项目组织的可变性。结束阶段的优先权冲突经常直接或间接地与公司内其他项目的启动有关。典型地,新组成的项目工作任务可能需要得到急切的关注和承诺,但关注和承诺不得不被压在很紧的进度计划内。与此同时,队员可能因为当前的项目进度变动与事前承诺之间的冲突,或者因为突然而来的新工作安排而过早地离开目前的项目。在任何一种情况下,由于在进度计划、人力和个性上组合起来的压力,都使得优先权冲突退到最后。从图 12-8 可以看出,费用、个性和管理程序基本排在冲突源的最后。众多的项目实践表明,虽然在这个阶段的费用控制很棘手,但强烈的冲突通常不会发生。费用冲突大多数是在前几阶段的基础上逐渐发展起来的,在这一阶段并非项目问题的焦点。技术和管理程序问题排在最后。道理很显然,当项目到达这个阶段时,大多数技术问题已经解决,管理程序问题也基本如此。

12.2.5　项目的冲突管理

项目通常处于冲突的环境之中,如果处理恰当,它能极大地促进项目工作的完成。冲突能将问题及早地暴露出来并引起团队成员的注意;冲突促进项目团队寻找新的解决办法,培养队员的积极性和创造性,从而实现项目创新;它还能引发队员的讨论,形成一种民主氛围,从而促进项目团队的建设。

冲突管理是创造性地处理冲突的艺术。冲突管理的作用是引导这些冲突的结果向积极的、协作的而非破坏性的方向发展。在这个过程中，项目经理是解决冲突的关键，他的职责是在做好冲突防范的同时，在冲突发生时分析冲突来源，运用正确的方法来解决冲突并通过冲突发现问题、解决问题，促进项目工作更好地开展。

好的项目经理认识到冲突是不可避免的而且必须为解决它们开发出一些程序和技术。如果项目经理不细心，他可能很容易因为不知道怎样应付冲突而使之恶化。一旦冲突发生，项目经理必须去注意某些预示，包括：研究问题并收集所有可得到的信息；开发一种针对现有局面的方法或技术；建立适当的氛围。

1. 解决冲突的五种基本策略

（1）回避或撤出

回避或撤出是指卷入冲突的人们从这一情况中撤出来，避免发生实际或潜在的争端。但这种方法有时并不是一种积极的解决途径，它可能会使冲突积累起来，而在后来逐步升级。规避常常被当作一种临时解决问题的方法，问题及其引发的冲突还会接连不断地产生。有人把规避看作面对困境时的怯懦和不得已的表现。规避的方法应当用于：当你无法获胜的时候；当利害关系不明显的时候；当利害关系很明显，但你尚未做好准备的时候；为了赢得时间；为了消磨对手的意志；为了保持中立或者保持名声；当你认为问题会自行解决的时候；当你认为通过拖延能够获胜的时候。

（2）竞争或强制

这种方法是指一方竭力将自己的方案强加于另一方。当一项决议在最低可能的水平上达成时，强制的方法最能奏效。冲突越厉害，就越容易采取强制的方式，其结果就是一种"赢—输"的局面，一方的获胜以另一方的失败为代价。强制的方法应当用于：当你是正确的时候；正处于一种生死存亡的局面；当利害关系很明显的时候；当基本原则受到威胁的时候；当你占上风的时候（绝不要在不能够获胜的情况下挑起争端）；为了获得某个位置或某项权力；短期的一次性交易；当关系不重要时；当明白这是在进行比赛的时候；当需要尽快做出一项决策的时候。这一策略的实质是"非赢即输"，它认为在冲突中获胜要比"勉强"保持人际关系更为重要。这是一种积极解决冲突的方式。当然，有时也可能出现一种极端的情形，如用权力进行强制处理，可能会导致队员的怨恨，恶化工作的氛围。

（3）缓和或调停

这种方法是指努力排除冲突中的不良情绪，它要通过强调意见一致的方面，淡化意见不同的方面才能实现。缓和的一个例子是，告诉他人："五点意见之中的三点我们已经取得了共识，为什么剩下的两点不能达成一致呢？"缓和并不足以解决冲突，但都能够说服双方继续留在谈判桌上，因为还存在解决问题的可能。在缓和的过程中，一方可能会牺牲自己的目标以满足另一方的需求。缓和的方法应当用于：为了达到一个全局目标；为以后的折中先尽义务；当利害关系不明显的时候；当责任有限的时候；为了保持融洽；当任何方案都足以解决问题的时候；为了表示友好；无论如何你都会失败的时候；为了赢得时间。

"求同存异"是这种策略的实质，即尽量在冲突中强调意见一致的方面，最大可能地忽视差异。尽管这一方式能缓和冲突，避免一些矛盾，但它并不利于问题的彻底解决。

（4）妥协

妥协是为了做交易，或者说是为了寻求一种解决方案，使得各方在离开的时候都能够得到一定程度的满足。妥协常常是面对面协商的最终结果。有些人认为妥协是一种"平等交换"的方式，能够导致"双赢"结果的产生。另一些人认为妥协是一种"双败"的结果，因为任何一方都没有得到自己希望的全部结果。妥协的方法应当用于：当冲突各方都希望成为赢家的时候；当你无法取胜的时候；当其他人的力量与你相当的时候；为了保持与竞争对手的联系；当你对自己是否正确没有把握的时候；如果你不这么做就什么也得不到的时候；当利害关系一般的时候；为了避免给人一种"好斗"的印象。

协商并寻求争论双方在一定程度上都满意的方法是这一策略的实质。这一冲突解决方法的主要特征是寻求一种折中方案。尤其在两个方案势均力敌、难分优劣时，妥协也许是较为恰当的解决方式。但是，这种方法并非永远可行。

（5）正视

这种解决问题的方法是，冲突的各方面对面地会晤，尽力解决争端。此项方法应当侧重于解决问题，而不是变得好斗。这是协作与协同的方法，因为各方都需要获得成功。这一方法应当用于：当你和冲突的那一方都至少能够得到所需要的，甚至能得到更多；为了降低成本时；为了建立共同的权力基础时；为了攻击共同的对手时；当技术较为复杂时；当时间足够时；有信任时；当你相信他人的能力时；最终目标还有待于被认识时。

直接面对冲突是克服分歧、解决冲突的有效途径。通过这种方法，团队队员直接正视问题、正视冲突，要求得到一种明确的结局。这种方法是一个积极的冲突解决途径，它既正视问题的结局，也重视团队成员之间的关系。以诚待人、形成民主的氛围是这种方法的关键。它要求成员花更多的时间去理解把握其他成员的观点和方案，要善于处理而不是压制自己的情绪和想法。

通过对众多项目经理解决冲突方式的考察，项目管理专家们总结出了如图 12-9 所示的冲突解决方式的使用情况。

从图 12-9 中可以看出，正视是项目经理最常用的冲突解决方式，有 70% 的经理喜欢这种冲突解决模式。排在第二位的是以权衡和互让为特征的妥协模式，然后是缓和（或调停）模式，最后是竞争（或逼迫）模式和回避（或撤出）模式。在项目经理对冲突解决模式的态度方面，除了经常使用前两种模式之外，他们也经常把其他几种方式应用于解决与团队队员、主管上司、职能部门的冲突。相对而言，正视较多地应用于解决与上级的冲突中，妥协则常常应用

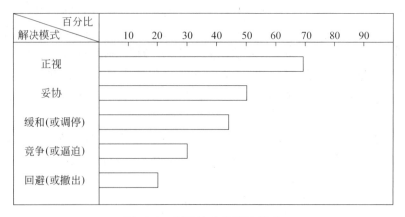

图 12-9　项目冲突的解决模式

于解决与职能部门的冲突中。就项目经理解决冲突和纠纷的方法而言，资料表明，正视模式是最常用的，在以前的研究中，项目专家博克提出正视是解决冲突最有效的办法。虽然正视在大多数情况下被认为是理想的方法，但是根据纠纷局面的特定内容，其他模式也可以同样有效。例如，撤出可以在得到新信息之前暂时用来平息团队队员之间不友好的行为。但如果不能找到根本的解决办法，而把撤出作为一种基本的长期策略的话，最终可能使某个冲突逐渐升级。在其他情况下，只要妥协和缓和不严重影响整体项目目标，项目经理也可以把它们当作有效的策略。另一方面，竞争是一种非赢即输的模式。即使项目经理在特定问题上取胜，与被强制一方的未来关系也可能受到损害。尽管如此，一些项目管理者认为，在某些情形下，竞争或逼迫的模式是唯一的解决方法。从一定程度上来说，正视可能包括了所有处理冲突的模式。正视的实质就是在特定的冲突中寻求最恰当的解决方式。例如，在解决某个冲突中，项目经理或管理者可以采用撤出、妥协、竞争和调停等模式，以期该冲突最终得到有效的解决。而正视的目的，就是寻求恰当的解决方法，从而得到有关方面都能接受的最佳方案。

总之，冲突管理和解决是项目管理中的重要内容。在项目的冲突环境中，项目经理不仅要清楚冲突的可能来源，更要把握冲突的强度和性质，从而预见它们在项目生命周期中何时最有可能发生。研究项目的冲突，无疑会增强项目管理者趋利避害的本领。

2. 项目中的冲突管理

（1）深入分析可能的项目冲突源，减少有害冲突的发生

对于前述项目生命周期中的冲突分布，项目经理必须十分了解，并能在事前通过计划对可能发生的冲突予以考虑或安排处理方案。如果项目经理懂得在项目生命周期中每种冲突源的重要程度和性质，他就能发现更有效减少冲突的策略。表 12-3 针对项目各个阶段最容易出现的冲突，总结了一些具体的减少冲突有害结果的建议。

表 12-3　主要冲突源及减少冲突有害结果的建议

项目周期阶段	冲突来源	建议
项目概念阶段	优先权	制定清楚的规划,与相关各方共同作出决策。
	管理程序	建立执行项目的详细管理程序,并确保得到关键管理者的批准认可。制定项目宪章或者其他说明文档。
	进度	在项目真正开始之前,制定进度计划。预测各部门的优先权,评估对项目进度的影响。
项目开发阶段	优先权	通过项目状态评估会议,向支持部门提供预计的项目计划和支持需求。
	进度	与职能部门一起对工作分解结构中的各个工作包安排进度。
	管理程序	对关键管理问题制定应急计划。
项目实施阶段	进度	连续不断地监督工作进度。向受影响的项目参与方通报信息和工作结果。对问题进行预计并考虑替代方案。
	技术	尽早解决技术问题。与技术人员沟通,介绍项目进度和成本的限制条件。强调尽早进行充分的技术测试。尽早促成对最终设计方案的统一认识。
	人力资源	及早就人力资源需求进行预测和沟通。与人事部门共同确定人力资源需求和优先权。
项目收尾阶段	进度	项目进度监控收尾。考虑重新安排人员到一些关键项目活动上。加快解决技术问题,防止影响项目进度。
	个性和人力资源	为项目结束后人力资源再次分配做出计划。保持与项目团队和支持部门的友好的合作关系。放松项目中紧张的工作气氛。

（2）以正确的观念对待冲突

如前所述,冲突既是不可避免的,也是必不可少的。必须将其保持在适当的水平,既不能让它过高、过多,干扰了正常的工作秩序,也不能使其过少,使组织缺乏必要的生机与活力。当项目团队陷入团队陷阱,产生无敌幻想、自我高估、思考惰性,或片面追求团结、统一时,项目经理必须善于引导、刺激,甚至制造矛盾,让团队成员在现实中保持进取心,保持清醒的头脑,为项目积极出谋划策。当冲突发生后,项目经理要善于根据冲突的程度,采用前述的不同的冲突解决模式的组合,防止冲突的激化。一般而言,只要冲突限于工作范围内,不带有强烈的个人爱憎、喜恶、中伤、攻击等倾向,就都是可以接受的。如果冲突由最初的工作转移到私人之间,或带入私人生活中,这时项目经理就必须介入。

（3）加强沟通,培养团队精神,形成有益的项目文化氛围

如上所述,工作范围内的冲突都可以接受,但实际上项目经理往往很难把握该何时介入冲突调解之中,因为人的外在行为有时并不一定能反映其内心世界。例如,一个小组成员在与其组长发生冲突后,最终可能会表现出服从,但内心可能是完全的反对与不支持,甚至在以后的工作中表现为消极应付。从根源上说,在日常工作、生活中创造出一种和谐、愉悦的项目

文化氛围,培养出正确的工作态度与冲突理念,能帮助我们有效地利用冲突的有利面,而抑制冲突的不利面,实现冲突的有效管理。

以下几点建议有助于形成健康的项目文化氛围。

① 项目目标理念的强化。在冲突双方形成对立、陷入僵局的情况下,关键在于转换思路,从对方言谈中寻求共同点,进一步建立共同语言。只要双方能形成共识,哪怕只是在一个小问题上,也是打破僵局的开始。在项目冲突中,最根本的共识就是对项目目标的响应。在项目工作中,双方积极从共同的项目目标着手,在此基础上彼此的冲突就不至于过度激化。项目经理在日常的项目环境中,应善于安排、布设醒目的标志,让项目目标、子目标深入到团队成员的心中,使其自觉地将自己的各项工作、各种思想统一于共同的项目目标。

② 丰富工作方式、生活方式,加强沟通联系,创造和谐氛围。项目的管理既要强调工作的纪律性、制度性,也要保持一定的自由度,让大家在轻松愉悦中工作,在充实有序的工作中享受生活。在日常工作之余,项目经理可组织各种形式的游戏、活动,通过项目成员的参与,让大家彼此在交往中加强沟通联系,在交往中加深彼此的理解与信任,从而以积极的心态投入到工作中,以健康的心态面对冲突。

③ 培养团队精神。项目是由团队完成的,团队间有分工,更应强调协作。拥有强大凝聚力的团队,工作中不是互相指责、推诿,而是互相帮助、支持。在这样一种精神的支配下,成员间的沟通自然也就更有效,冲突激化的可能性也较小。培养团队精神涉及很多方面,很大程度上在于项目经理在日常管理中的贯彻宣扬,诸如通过张贴标语、发放纪念物品等可加深对团队成员的感官刺激,通过项目目标宣传、项目前景分析沟通可提高团队的责任感和荣誉感,通过开展游戏、组织活动可增强团队的参与性,通过项目成员的管理参与、决策建议可增强团队的协作性等。

（4）冷静面对冲突项目

冲突发生时,项目经理要做的第一件事就是保持冷静。切不可轻易卷入冲突,更不能感情冲动,甚至失去理智,随意压制冲突,其结果只能导致冲突的进一步恶化。冷静并不意味着沉默,冷静是为了让头脑在高度清醒状态下做出有效的决策。只有保持冷静的头脑,才能对冲突进行细致的调查和分析,抓住冲突的要害,从而提出有效对策或采取有效解决方式。

（5）原则性与灵活性相结合

如前所述,统计表明大多数项目经理都认为正视是最有效的解决冲突办法,而事实上也确实如此,它不会为未来的工作生活留下太多"后遗症"。尽管如此,现实中正视冲突并不易于操作,它需要项目经理掌握较多的沟通技巧和策略。在正视冲突时,项目经理必须善于将原则性与灵活性相结合,也就是在不违背项目目标、项目计划任务的大原则下,照顾冲突双方的观点和要求,在一些枝节问题上予以让步、调和,讲求一些变通与灵活,这会大大有助于冲突的解决。

12.3　案例分析：全球合作项目如何沟通

2010 年 8 月,上汽(SAIC)集团和通用(GM)集团经过几个月的谈判后签署了干式双离合器变速箱(DCT)的合作研发合同。干式 DCT 集手动变速箱的经济性和自动变速箱的舒适性于一身,是自动变速箱的发展方向,但其开发难度大,制造精度要求高,当时除大众汽车公司外全球没有第二家车企使用干式 DCT。

此合作研发项目工作范围涉及研发和制造,投资方涉及 GM 北美、GM 中国、SAIC 乘用车公司和 SAIC 变速箱公司,从研发到投产历时 5 年。该合作项目的特点是时间长、技术复杂、涉及面广、全球化程度高。项目的工作场所在底特律和上海两地,两地成员的母语分别是英语和汉语,掌握英语的程度不同。两地时差夏天 12 小时,冬天 13 小时。研发工作在两地按分工同时进行,制造在上海。在研发的同时建设工厂和投资设备。

在这种情况下,项目沟通管理至关重要。该全球合作项目成员分散在两个不同的国家,跨越多个时区,没有重叠的工作时间,给沟通也带来了挑战,必须制定有效的沟通策略;项目团队成员来自多个公司,不同的公司的政策、流程和文化都可能不一样,甚至相互之间有冲突,这对项目沟通管理提出了更高的要求;项目团队成员因为来自不同的国家和组织,他们有不同的风俗习惯和传统,不同的组织文化以及不同的语言,可能会出现很多误解和笑话;研发项目专业性较强,技术上不确定性很多,不像建筑工程项目那样可控性强,这样更要加强各地间的沟通,随时掌握情况的变化。

项目实施过程中,上汽(SAIC)集团和通用(GM)集团采用电话或视频会议等方式提高沟通效率。该全球合作项目的会议有：项目情况评审会,包括每月一次的高层会议(JESC)、每周一次的全球项目执行层会议(Global PET)、每周一次的本地项目执行层会议(Regional PET);项目问题解决会,包括每周一次的工程制造联席会议(EMIM)、每周一次的全球产品改进会(Global PIT)、每周一次的本地产品改进会(Local PIT)、随时召开的问题解决紧急会议;项目技术评审会,包括每周一次各系统的产品设计组会议(PDT)、标定集成组会议(Calibration Integration Team)、试制准备会(BRT)、生产准备会(PRT)、投产会议(LT)。

资料来源：甘道辉.全球合作研发项目的沟通管理[J].江苏科技信息,2013(16)：31.

问题

(1) 其他适用于全球合作项目的沟通方式及技巧有哪些？分析其适用性。

(2) 试分析全球合作项目可能发生的冲突。

本 章 小 结

有效的项目沟通是确保项目信息合理收集、传输和处理所需而实施的一系列过程。沟通就是相互理解,就是提出和回应问题与要求。沟通交换的是信息和思想,沟通是一种有意识的行为。沟通时机选择不当、信息不完备、噪音干扰、虚饰、语言词汇问题、谣言的传播等都会成为沟通中的障碍。沟通的形式有正式沟通、非正式沟通和网络沟通等。在沟通中要懂得运用有效的沟通技巧。

在项目环境中,冲突是不可避免的。冲突是项目结构的必然产物,作为一种冲突性目标的结果通常它会在组织的任何层次发生。在项目的不同阶段,冲突的强度会有所变化,但就平均强度而言,项目进度冲突强度最大,项目优先权的冲突占据第二位,人力资源是第三位的冲突源,强度排在第四位的冲突源是技术冲突,管理程序冲突列在第五位,队员的个性冲突通常被项目经理认为是较低强度的冲突,费用是强度最低的一种冲突源。公司希望能用常见的四种方法去解决冲突,而项目经理应在解决冲突中起到积极的作用。解决冲突的五种基本策略是:回避、强制、缓和、妥协和正视。

本章的重点包括项目沟通概念、沟通方式、冲突概念、冲突类型和冲突管理。本章的难点有沟通的程序、对障碍的理解以及冲突管理方法的运用。

习 题

1. 什么是沟通?
2. 沟通的滤网或障碍有哪些原因?
3. 正式沟通渠道与非正式沟通渠道的优缺点各有哪些?
4. 项目经理通过哪些职能实现沟通?
5. 沟通的过程包括哪些步骤?
6. 怎样才能做到有效地沟通?
7. 最普遍的冲突类型是什么?
8. 项目冲突的强度如何随项目生命周期变化?
9. 解决冲突的普遍方法有哪些?
10. 在解决冲突问题的过程中项目经理应当怎样行动?

第 13 章

项目风险管理

学习目标：项目的风险无时不在，学习项目风险管理就是要理解相关的概念，如风险、风险因素、项目风险和项目风险管理等，同时熟练掌握项目风险管理的阶段划分——风险识别、风险评价、风险处理、风险监控和各个阶段用到的方法和手段。在实际从事项目管理工作时，要时刻把风险意识放在心中，加强对风险的管理，做到以最小的项目成本实现最大的项目目标。

项目同其他经济活动一样带有风险。现代项目管理与传统项目管理的不同之处是引入了风险管理技术。项目风险管理强调对项目目标的主动控制，对项目实现过程中遭遇到的风险和干扰因素可以做到防患于未然，以避免和减少损失。风险管理作为项目管理不可缺少的一个方面，在国际上已形成普遍的实践。

13.1 项目风险管理概述

在项目环境中，由于每个项目都有一定程度的独特性，所以项目非常容易受到风险的影响。项目独特性的程度有很大的差异，这种独特性及其差异意味着过去的经验不能完全用来指导未来的工作，我们不可能完全确定未来究竟会怎样，因而就有不能按计划进行的风险。

20 世纪 80 年代后期风险管理才被正式列为项目管理的一个专门领域，当时美国项目管理协会宣布风险管理是其核心项目管理知识体系的一部分。

早期的项目管理、项目决策多考虑项目的代价和计划，对风险考虑很少。现代项目管理与传统项目管理的不同之处是引入了风险管理技术。项目风险管理强调对项目目标的主动控制，对项目实现过程中遭遇的风险和干扰因素做到防患于未然，以避免和减少损失。风险管理技术可用于几乎所有的项目,实现层次因项目而异,依赖于项目规模、项目类型、项目客户、项目与组织的战略规划和组织文化的关系等。项目风险管理是一种综合性的管理活动,其理论和实践涉及自然科学、社会科学、工程技术、系统科学和管理科学等多种学科。项目风险管理在风险估计和风险评价中使用概率论、数理统计甚至随机过程的理论和方法。本章就风险管理的内容以及在项目管理中的应用作一专门介绍。

13.1.1　风险与风险管理

1. 风险的定义

关于风险的定义有很多种,但最基本的表达是:在给定情况下和特定时间内,那些可能发生的预期结果与实际结果间的变动程度,变动程度越大,风险越大;反之,则风险越小。上述定义认为风险即是不期望发生事件的客观不确定性。

对于这一定义,有三点应注意理解:

① 风险是客观存在的,不因人们的意识而改变。

② 风险的大小是可以衡量的。根据概率论,可以估计出损失概率分布的期望值与标准差,从而判断风险的大小。

③ 风险能发生变化。因为风险的存在与客观环境和一定的时空条件有关,当这些条件发生变化时,风险的性质、大小也可能发生变化。

一般来说,风险具备下列要素:

① 事件(不希望发生的变化);

② 事件发生的概率(事件发生具有不确定性);

③ 事件的影响(后果);

④ 风险的原因。

风险中包含不确定的成分,在这类问题中可使用概率计算。同时,由失败引起的后果和灾难也必须考虑。若没有完成目标 A 的后果比没有完成目标 B 的后果严重,则失败概率只有 0.05 的项目 A 的失败要比失败概率 0.20 的项目 B 的失败严重。

因此,每个事件的风险可定义为不确定性和后果的函数。

$$风险 = f(事件,不确定性,后果)$$

总的来说,不确定性和后果的严重性增加,风险加大。

风险中另一个重要因素为风险原因。某个事物或某个事物的缺乏引起风险,我们把它称为风险源。特定事故能通过对事故的了解和必要措施的采取得到最大限度的避免。因此,

$$风险 = f(事故,安全措施)$$

风险随着事故的增加而加大,随着安全措施的增加而减小,这说明好的项目管理应该能识别事故,并采取安全措施克服事故。如果采取了足够的措施,风险能被减小到可接受的水平。

2. 风险管理的定义

风险管理是识别和评估风险,建立、选择、管理和解决风险的可选方案的组织方法。在风险管理中可运用一些工具辅助项目管理者管理技术领域的风险,理解项目出现偏差的危险信号,尽可能早地采取正确的行动。

风险管理不是一个孤立的分配给风险管理部门的项目活动,而是健全的项目管理过程中的一个方面,可以应用许多系统工程的管理技术。

根据美国项目管理学会的报告,风险管理有三个定义。

① 风险管理是系统识别和评估风险因素的形式化过程。

② 风险管理是识别和控制能够引起不希望的变化的潜在领域和事件的形式、系统的方法。

③ 在项目中,风险管理是在项目期间识别、分析风险因素,采取必要对策的决策科学和决策艺术的结合。

风险管理包含对未来可能发生事件的控制,是预见式而不是反应式的。如一项开发新技术的项目,最初计划是 6 个月,而技术人员认为 9 个月更切合实际。如果项目管理者是预见式的,他可能立刻制定一个应变计划,而反应式的项目管理者则要等到问题发生再采取措施。那时,项目管理者需要对出现的危机尽快做出反应,可能会比事先制定应变计划失去更多宝贵的时间和机会。正确的项目管理不仅要减少风险事件发生的可能性,而且要减少其对项目产生的影响。

13.1.2　项目风险及其特征

1. 项目风险的概念

项目风险就是造成项目达不到预期目标甚至失败的可能性,主要是指项目执行期间的风险。项目的一次性使其不确定性比其他经济活动大得多,因而项目风险的可预测性就差得多。在进行重复性的生产和经营活动时,可以根据历史资料和同行业的经验数据预测出大多数风险。而项目多种多样,每个项目都有各自不同的具体问题,对风险的预测要困难得多。

（1）风险因素

风险因素是指能增加或产生损失频率和损失幅度的条件,它是事故发生的潜在原因,是造成损失的内在和间接原因。在项目的生命期间,风险因素有物质风险因素和人为风险因素两类。

① 物质风险因素

物质风险因素是指那些看得见、影响损失概率和程度的环境条件。例如,建筑项目中的建筑材料、建筑工地的地质环境;糟糕的道路增加了汽车事故的发生机会;劣质的建筑用楼梯增加了打滑和下坠的可能性;旧电线增加了火灾发生的可能性;位置、构造和使用代表了影响财产的有形风险因素;一座建筑物的位置影响了它对火灾、洪水、地震和其他风险因素的敏感性;一座靠近消防队且有良好供水的建筑物,相对于地处偏远地区且没有供水和消防设施的建筑物而言,遭受严重损失的机会要小得多,物体的构造也会影响损失的可能性和损失程度。虽然没有一座建筑物是防火的,但某些建筑物更不易遭受火灾损失。这并不意味着易遭受一种风险因素的影响就一定易遭受所有风险因素的影响。例如,木造房屋比砖造房屋更易燃烧,但它遭受的地震损害却更小。物体的使用和占有也会产生有形风险因素。如果一座建筑物用于做烟花工厂或干洗店,那么它遭受火灾损失的可能性远远大于办公用房;如果商业用车用途变得更广,并处于更危险的环境中,那么,商业用车就比普通家庭用车更易遭受损失。类似地,人们的生理特征也影响风险特征,如有些人骨质较脆、免疫系统较弱或缺乏维他命,所以这些特征都提高了健康开支的可能性和程度。

② 人为风险因素

人为风险因素是指与人们的心理和行为有关的一种无形因素。与项目相关的人有很多,如客户、供应商及项目的具体执行人员等。人员的素质越高,风险越小。保险专业人士把人为风险分为道德风险和行为风险。道德风险指那些鼓励人们故意招致损失的条件。通常,当一个人能从损失发生中获益时,道德风险就存在了。例如,当某人损失了一台旧彩电就能因此获得一台新彩电时,那么他就有动力去招致损失,这种激励增加了损失的可能性。行为风险不包括不诚实行为,它是一种不认真和不谨慎的态度,但也增加了损失的可能性和程度。例如不谨慎的吸烟增加了发生火灾的可能性。

（2）项目风险产生的原因

关于项目风险产生的原因,国际风险管理界有不同的解释。

① 危险因素结合说

这种理论的代表人物是佩费尔、威廉斯和海恩斯。佩费尔认为,不确定性是主观的,概率是客观的。某种事物的发生和不发生,其概率相等时,不确定性最大,风险由此产生。因此,构成风险的就是风险因素的结合。

佩费尔认为,风险是每个人和风险因素的结合体。因此,风险是不幸事故与风险状态的客观关系,其发生的频率是可以用概率测定的。风险和不确定性互为表里,互相依存。前者是表面的,以客观的概率测度;后者是心理状态,凭人的主观意识臆断。佩费尔的观点产生于20 世纪中叶,显得有些陈旧,也没得到广泛的认可。但是,他毕竟把风险和风险因素结合在一起,提出了崭新的见解。

② 预想和结果变动说

这种说法是威廉斯和海恩斯对危险因素结合说进行扬弃后提出的。他们给风险卜的定义是:风险是在风险状态下,一定时期内可能发生变动的结果。如果这种结果只有一种可能,风险状态不发生变动,则风险为零;如果可能发生几种结果,则风险不为零。而变动越大,风险也越大。

2. 项目风险的特征

项目风险具有以下五个特征,即项目风险存在的客观性;项目风险存在的普遍性;某一具体项目风险的发生具有偶然性;大量项目风险的发生具有必然性;项目风险的可变性。

(1) 项目风险存在的客观性

项目都是由人组成的团队为了达到预期的目的在一定的客观条件下进行的,这些客观的物质因素和人为因素都构成潜在的风险因素,这种存在是不以人的意志为转移的,人们可以在有限的空间和时间内改变风险存在和发生的条件,降低其发生的频率和减轻损失程度,而不能,也不可能完全消灭项目风险。

(2) 项目风险存在的普遍性

随着科学技术的发展、社会的进步,风险不是减少了,而是增加了,风险事故造成的损失也越来越大。新技术含量越高的项目,其潜在的风险具有如下特点:技术越先进,事故损失越大;项目技术结构越复杂,总体越脆弱;项目技术收益越高,风险潜在越深。

(3) 某一具体项目风险的发生具有偶然性

项目风险是客观存在的,但对于某一具体风险的发生来说,并不是必然的,它具有随机性。风险何时发生,以及发生的后果都无法准确预测。这意味着风险的发生在时间上具有突发性,在后果上具有灾难性。这种偶然性程度也称不确定性,程度可以用概率来描述。概率在 $0\sim0.5$ 之间时,随着概率的增加,不确定性也随之增加;概率为 0.5 时,不确定性最大;概率在 $0.5\sim1$ 之间时,随着概率数值的增加,不确定性也随之减少;概率为 0 或 1 时,不确定性最小。

(4) 大量项目风险的发生具有必然性

虽然个别项目风险的发生是偶然的、无序的且杂乱无章的,然而总体上来说,风险的发生具有规律性,这使人们利用概率论和数理统计方法去计算其发生的概率和损失幅度成为可能,同时为项目风险管理提供了基础。

(5) 项目风险的可变性

在一定条件下,项目风险可以转化。客观条件变化,风险的性质、风险量可能随着变化。在一定的空间和时间范围内,某种特定的风险可能被消除,同时也可能产生新的风险。

3. 风险的相对性

风险总是相对项目活动主体而言的,同样的风险对于不同的主体有不同的影响。人们对于风险事故都有一定的承受能力,但是这种能力因活动、人和时间而异。对于项目风险,人们的承受能力主要受下列两个因素的影响。

(1) 收益的大小。收益总是与损失的可能性相伴随。损失的可能性和数额越大,人们希望为弥补损失而得到的收益也越大；反过来，收益越大，人们愿意承担的风险也就越大。

（2）投入的大小。项目活动投入得越多，人们对成功所抱的希望也越大，愿意冒的风险也就越小。投入与愿意接受的风险大小之间的关系可见图 13-1。一般人希望活动获得成功的概率随着投入的增加呈 S 曲线规律增加。当投入少时，人们可以接受较大的风险，即获得成功的概率不高也能接受；当投入逐渐增加时，人们就开始变得谨慎起来，希望获得成功的概率提高了，最好达到百分之百。图 13-1 也表示了项目活动主体的地位和拥有的资源。管理人员中，级别高的同级别低的相比，能够承担更大的风险。对于同一风险，不同的个人或组织承受能力也不同。个人或组织拥有的资源越多，其风险承受能力也越大。

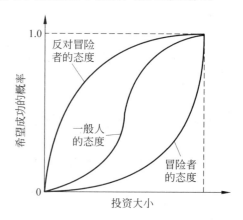

图 13-1 对待风险的三种态度

资料来源：转引自卢有杰，卢家仪编.项目风险管理.北京：清华大学出版社,1998

4. 项目风险成本

项目风险成本是指由于项目风险的存在和项目风险事故发生后，人们必须支出的费用和预期项目效益的减少。它包括项目风险损失的实际成本、无形成本和预防与处理风险的费用。项目风险成本计入项目费用。

13.1.3 项目风险管理的定义和作用

1. 项目风险管理的定义

项目风险管理是项目管理的重要内容，通过项目风险的识别、估测和评价，运用各种风险管理技术，对项目风险实施有效的控制和妥善处理风险所致损失的后果，期望以最小的项目成本实现最大的项目目标。项目风险管理的目标，不在于管理项目风险本身，而在于使项目成本最小化而目标最大化。

2. 风险管理同项目管理的关系

风险管理是项目管理的一部分，目的是保证项目总目标的实现。风险管理与项目管理的关系如下。

（1）从项目的成本、时间和质量目标来看，风险管理与项目管理目标一致。只有通过风险管理降低项目的风险成本，项目的总成本才能降下来。项目风险管理把风险导致的各种不利后果减少到最低程度，正符合项目各有关方在时间和质量方面的要求。

（2）项目范围管理。项目范围管理主要内容之一是审查项目和项目变更的必要性。一个项目之所以必要,被批准并付诸实施,无非市场和社会对项目的产品和服务有需求。风险管理通过风险分析,对这种需求进行预期,指出市场和社会需求的可能变动范围,并计算出需求变动时项目的盈亏大小。这就为项目的财务可行性研究提供了重要依据。项目在进行过程中,各种各样的变更是不可避免的。变更之后,会带来某些新的不确定性。风险管理正是通过风险分析来识别、估计和评价这些不确定性,向项目范围管理提出任务。

（3）从项目管理的计划职能来看,风险管理为项目计划的制定提供了依据。项目计划考虑的是未来,而未来充满着不确定因素。项目风险管理的职能之一恰恰是减少项目整个过程中的不确定性。这一工作显然对提高项目计划的准确性和可行性有极大的帮助。

（4）从项目的成本管理职能来看,项目风险管理通过风险分析,指出有哪些可能的意外费用,并估计出意外费用的多少。对于不能避免但是能够接受的损失,也能计算出数量,列为一项成本。这就为在项目预算中列入必要的应急费用提供了重要依据,从而增强了项目成本预算的准确性和现实性,能够避免因项目超支而造成项目各有关方的不安,有利于坚定人们对项目的信心。因此,风险管理是项目成本管理的一部分。没有风险管理,项目成本管理就不完整。

（5）从项目的实施过程来看,许多风险都在项目实施过程中由潜在变成现实。无论是机会还是威胁,都在实施中见分晓。风险管理就是在认真的风险分析基础上,拟定出各种具体的风险应对措施,以备风险事件发生时采用。项目风险管理的另一内容是对风险实行有效的控制。

（6）项目可支配的所有资源中,人是最重要的。项目人力资源管理通过科学的方法激励项目班子,调动项目有关各方全体人员的积极性,推动项目顺利进行。项目班子成员的工资、奖金、劳保、医疗、退休、住房以及其他福利是项目人力资源管理的重要内容,其中许多都要通过保险来解决,而这些工作恰恰是项目风险管理的范围。另外,项目风险管理通过风险分析,指出哪些风险同人有关,项目班子成员身心状态的哪些变化会影响到项目的实施。

3．风险管理的作用

项目实行风险管理的作用如下。

（1）通过风险分析,可使项目相关人员加深对项目和风险的认识和理解,澄清各方案的利弊,了解风险对项目的影响,以便减少或分散风险。

（2）通过检查和考虑所有到手的信息、数据和资料,可明确项目的各有关前提和假设。

（3）通过风险分析不但可提高项目各种计划的可信度,还有利于改善项目执行组织内部和外部之间的沟通。

（4）编制应急计划时更有针对性。

（5）能够将处理风险后果的各种方式更灵活地组合起来,在项目管理中减少被动,增加主动。

（6）有利于抓住机会，利用机会。

（7）为以后的规划和设计工作提供反馈，以便在规划和设计阶段就采取措施防止和避免风险损失。

（8）风险即使无法避免，也能够明确项目到底应该承受多大损失或损害。

（9）为项目施工、运营选择合同形式和制定应急计划提供依据。

（10）通过深入的研究和情况了解，可以使决策更有把握，更符合项目的方针和目标，从总体上使项目减少风险，以保证项目目标的实现。

（11）可推动项目执行组织和管理班子积累有关风险的资料和数据，以便改进将来的项目管理。

4. 项目风险管理过程

在项目中建立风险管理策略和在项目的生命周期中不断控制风险是非常重要的。风险管理过程包括四个相关的阶段：风险识别、风险评价、风险处理和风险监督（见图 13-2），各个阶段均有自己不同的方法。

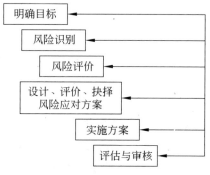

图 13-2　风险管理过程

（1）风险识别

风险识别是指运用一定的方法判断在项目生命周期中已面临的和潜在的风险。识别风险可以通过经验和感性认识，更重要的是通过运用会计、统计、项目执行情况和风险记录进行分析、归纳和整理项目风险的识别过程。首先是对该项目人员和物资的构成与分布的全面分析和归类，然后是对人和物质所面临的潜在风险的识别和判断。项目风险的识别应贯穿项目的始终，其方法也因情况而定。

识别风险的方法可依靠观察、掌握有关的知识、调查研究、实地踏勘、采访或参考有关资料、听取专家意见、咨询有关法规等方法，当然还要掌握正在评估的风险系统或类似的项目发生风险事件的索赔资料等。

可以采用的识别风险的管理技术有头脑风暴法和德尔菲法。

美国管理学会（AMA）向所有的企业和经理人员提供了"潜在损失一览表"，并附有指南。另外，有些国家的保险协会和风险管理协会也定期提供风险研究报告，其中包括新的潜在风险的预警与风险识别的新方法。

（2）风险评价

对已识别的风险要进行风险估计与风险评价。风险估计是指在风险识别的基础上，通过对所收集的损失资料加以分析,运用概率和数理统计,估计和预测风险发生的概率和损失幅度。项目风险的估计是项目风险管理中重要而复杂的一环。风险评价则是根据一定的安全指标,衡量风险的程度,以便确定风险是否需要处理和处理的程度。

上述风险分析、评价是为了确定第三步骤风险处理所采取的方法。

风险的分析与评价的方法涉及统计与财务方法,内容涉及预测技术、总体研究、估计可能的最大损失、严重灾害分析、故障树分析、灾害逻辑树分析等。

(3)风险处理

一旦风险被识别、分析、评价以及风险量被确定之后,需要综合考虑项目的目标、规模和可接受的风险大小,以一定的方法和原则为指导,对项目面临的风险采取适当的措施,以降低风险发生的概率和风险事故发生带来的损失程度。风险应对措施有很多,一般而言,有下列三种风险处理方法。

① 风险控制,包括主动采取措施避免风险、消灭风险、中和风险,或一旦风险发生,即采取紧急应急方案,力争将损失减至最低限度。

② 风险自留,或称保留风险,即风险量被确认为不大,不超过项目应急费用时,可以自留风险。自留风险的好处在于节省保费,又可以将风险损失费用控制在项目的储备金范围之内,从而保证一旦风险发生,项目不至于因损失造成财务的困境。

③ 风险转移,包括将风险转移给合同对手、第三方以及专业保险公司或其他风险投资机构等。

(4)风险监督

风险监督是风险管理中十分重要的环节,它包括对风险发生的监督和对风险管理的监督。前者是对已识别的风险源进行监视和控制,以便及早发现风险事件的苗头,从而将风险事件消灭在萌芽中或采取紧急应急措施尽量减小损失;后者是在项目实施中监督人们认真执行风险管理的组织措施和技术措施,以消除风险发生的人为诱因,此外,还包括对保险方案的监督等。

13.2　项目风险识别

风险管理的第一步是识别和评估潜在的风险领域,这是风险管理中最重要的步骤。它是企业或项目在财产、责任和人身伤亡等风险一出现或出现前,就系统地、连续地识别它们。项目风险经理(或称为项目风险管理人员)若不能准确地识别项目面临的所有潜在风险,就失去了处理这些风险的最佳时机,就将无意识地被动地自留这些风险。

13.2.1　风险的分类

为了深入、全面地认识项目风险,并有针对性地进行管理,有必要将风险分类。分类可以从不同的角度、以不同的标准进行。

1. 按风险后果划分

按照后果的不同,风险可划分为纯粹风险和投机风险。

（1）纯粹风险

不能带来机会、无获利可能的风险叫纯粹风险。纯粹风险只有两种可能的后果:造成损失和不造成损失。纯粹风险造成的损失是绝对的损失。活动主体蒙受了损失,全社会也跟着受损失。例如,某建设项目空气压缩机房在施工过程中失火,蒙受了损失。该损失不但是这个工程的,也是全社会的。纯粹风险总是和威胁、损失和不幸相联系。纯粹风险有四种类型:直接财产损害（direct property damage）、连带损失（consequential loss）、法律责任（legal liability）和个人损失（personal loss）。

遭受直接财产损害的可能是设施,或是用来生产设施的工厂和设备。这些直接财产损害可能是由火灾、洪水、恶劣天气等自然灾害造成的,或是在运输过程中遭受的。连带损失是由于直接财产损失造成的设施的破坏而引起的生产损失。连带损失可能是收入的损失,也可能是提供临时补救措施时所花的费用。法律责任可能是由于损害第三方的财产或伤及第三方的人身安全,或由于忽视他人而造成的。法律责任也包括由于延迟或没有达到特定要求而引起设施不能正常运转所造成的损失。最后,法律责任还包括项目组成员由于项目的工作而可能遭受的人身伤害。

（2）投机风险

既可能带来机会和获得利益,又隐含威胁和造成损失的风险,叫投机风险。投机风险有三种可能的后果:造成损失、不造成损失和获得利益。投机风险可能使活动主体蒙受了损失,但不一定全社会也跟着受损失。相反,其他人有可能因此而获得利益。例如,私人投资的房地产开发项目如果失败,投资者就要蒙受损失。但是,发放贷款的银行却可将抵押的土地和房屋收回,等待时机转手高价卖出,不但可收回贷款,而且还有可能获得高额利润。

纯粹风险与投机风险的主要区别在于以下两点。

① 纯粹风险适用大数定理,而投机风险不适用。

② 在纯粹风险发生时,企业蒙受损失往往对社会有害;在投机风险发生时,企业蒙受损失往往对社会有利。

纯粹风险和投机风险在一定条件下可以相互转化。项目管理人员必须避免投机风险转化为纯粹风险。

风险不是零和游戏。在许多情况下,涉及风险的各有关方面都要蒙受损失。

2. 按风险来源划分

按照风险来源或损失产生的原因可将风险划分为自然风险和人为风险。

(1) 自然风险

由于自然力的作用,造成财产毁损或人员伤亡的风险属于自然风险。例如,水利工程施工过程中因发生洪水或地震而造成的工程损害、材料和器材损失。

(2) 人为风险

人为风险是指由于人的活动而带来的风险。可细分为行为、经济、技术、政治和组织风险等。

① 行为风险是指由于个人或组织的侥幸心理、疏忽、过失、恶意等不当行为造成财产毁损、人员伤亡的风险。

② 经济风险是指人们在从事经济活动中,由于经营管理不善、市场预测失误、价格波动、供求关系发生变化、通货膨胀、汇率变动等所导致经济损失的风险。

③ 技术风险是指伴随科学技术的发展而来的风险。如核燃料出现之后产生了核辐射风险;由于海洋石油开采技术的发展而产生的钻井平台在风暴袭击下翻沉的风险;伴随宇宙火箭技术而来的卫星发射风险。日本关西国际机场在填海筑造人工岛时,遇到了许多特殊的技术问题,最严重的是人工岛沉降。这个问题大大影响了整个项目的工期和造价。

④ 政治风险是指由于政局变化、政权更迭、罢工、战争等引起社会动荡而造成财产损失和损害以及人员伤亡的风险。例如,1990 年伊拉克入侵科威特引起海湾战争,使我国在那里的几家建筑公司蒙受了巨大损失;日本关西国际机场所在海域的渔场被占用之后,沿岸渔民失去了生计,要求赔偿损失。该项目的管理班子——关西国际机场股份有限公司同周围受损失的约 10 000 多渔民进行了旷日持久的谈判,延误了工期。

⑤ 组织风险是指由于项目有关各方关系不协调以及其他不确定性而引起的风险。现在的许多合资、合营或合作项目组织形式非常复杂。有的单位既是项目的发起者,又是投资者,还是承包商。由于项目有关各方参与项目的动机和目标不一致,在项目进行过程中常常出现一些不畅快的事情,影响合作者之间的关系、项目进展和项目目标的实现。组织风险还包括项目发起组织内部的不同部门由于对项目的理解、态度和行动不一致而产生的风险。例如我国的一些项目管理组织,各部门意见分歧,长时间扯皮,严重地影响了项目的准备和进展。

3. 按风险是否可管理划分

可管理的风险是指可以预测,并可采取相应措施加以控制的风险;反之,则为不可管理的风险。风险能否可管理,取决于风险不确定性是否可以消除以及活动主体的管理水平。要消除风险的不确定性,就必须掌握有关的数据、资料和其他信息。随着数据、资料和其他信息的增加以及管理水平的提高,有些不可管理的风险将变为可管理的风险。

4. 按风险影响范围划分

风险按影响范围划分,可分为局部风险和总体风险。局部风险影响的范围小,而总体风险影响范围大。局部风险和总体风险也是相对的。项目管理班子特别要注意总体风险。例如,项目所有的活动都有拖延的风险,但是处在关键路线上的活动一旦延误,就要推迟整个项目的完成日期,形成总体风险。而非关键路线上活动的延误在许多情况下都是局部风险。

5. 按风险后果的承担者划分

项目风险,若按其后果的承担者来划分,有项目业主风险、政府风险、承包商风险、投资方风险、设计单位风险、监理单位风险、供应商风险、担保方风险和保险公司风险等,这样划分有助于合理分配风险,提高项目对风险的承受能力。

6. 按风险的可预测性划分

按风险的可预测性划分,风险可以分为已知风险、可预测风险和不可预测风险。

已知风险就是在认真、严格地分析项目及其计划之后就能够明确那些经常发生的,而且其后果可以预见的风险。已知风险发生概率高,但后果一般比较轻微。项目管理中已知风险的例子有:项目目标不明确,过分乐观的进度计划,设计或施工变更,材料价格波动等。

可预测风险就是根据经验,可以预见其发生,但不可预见其后果的风险。这类风险的后果有时可能相当严重。项目管理中的例子有:业主不能及时审查批准,分包商不能及时交工,施工机械出现故障,不可预见的地质条件等。

不可预测风险就是有可能发生,但其发生的可能性即使最有经验的人亦不能预见的风险。不可预测风险有时也称未知风险或未识别的风险。它们是新的、以前未观察到或很晚才显现出来的风险。这些风险一般是外部因素作用的结果。例如地震、百年不遇的暴雨、通货膨胀以及政策变化等。

7. 按风险的状态划分

按风险的状态划分,风险可分为静态风险和动态风险。所谓静态风险是在社会经济正常情况下的风险;动态风险是以社会经济的变动为直接原因的风险。换言之,静态风险是自然力的不规则作用和人们的错误判断和错误行为导致的风险;动态风险是由于人们欲望的变化、生产方式和生产技术的变化,以及企业组织的变化导致的风险。

(1) 静态风险

① 资产的物理损失。

② 欺诈及犯罪的损失。

③ 法律的错误判断(按法律规定承担的赔偿责任)。

④ 利润的减少(企业收益能力的减退)。

⑤ 经营者的行为能力丧失。

(2) 动态风险

① 管理风险,包括市场风险、财务风险和生产风险。

② 政治风险。

③ 技术革新风险。

其中,管理风险又分为市场风险、财务风险和生产风险。

13.2.2　项目风险识别的基础

在进行风险识别之前要进行风险形势评估,风险形势评估以项目计划、项目预算和项目进度等基本信息为依据,着眼于明确项目的目标、战略、战术以及实现项目目标的手段和资源。从风险的角度审查项目计划,认清项目形势,并揭示隐藏的一些项目前提和假设,使项目管理者在项目初期就能识别出一些风险。例如,项目建议书、可行性报告或项目计划一般都是在若干假设、前提和预测的基础上完成的,这些假设、前提和预测在项目实施期间有可能成立,也有可能不成立。而这其中隐蔽的风险问题又通常被忽视,一旦问题发生,往往使项目管理人措手不及。又例如,某 IT 项目计划中,假设用户实施小组全力支持,脱产或几乎脱产投入 IT 项目的实施,但在实际过程中,用户方人员却不得不抽出大量时间处理原有的业务,造成项目实施进度的拖延和实施效果不尽人意的风险。诸如此类的例子还有很多。为了找出这些隐藏的项目条件和威胁,就需要对与项目相关的各种计划进行详细审查,如人力资源计划、合同管理计划和项目采购计划等。

在对项目基础风险的形势进行评估的基础上,需要对各种显露的和潜在的风险进行识别。项目风险识别是通过调查、了解,识别项目风险的存在,然后通过归类,掌握风险产生的原因和条件,以及风险所具有的性质。

项目风险管理者要想明了项目面临的全部风险,可以从项目的自身特点、外在环境分析,也可以从项目的生命周期分析。

1. 项目自身特点

项目自身的特点包括项目的种类、性质、流程,涉及的人、财、物各自的情况以及项目物资的供应人,项目团队的成员组成和素质。下面以工程项目为例说明项目相关人员可能造成的风险。

(1) 业主和投资者

业主和投资者的支付能力差,企业的经营状况恶化,资信不好,企业倒闭,撤走资金,或改变投资方向,改变项目目标;违约、苛求、刁难,或随便改变主意但又不赔偿因此造成的损失,错误的行为和指令,非程序地干预工程;不能完成自己的合同责任,如不能及时地供应其负责的设备或材料,不及时地交付场地,不及时地交付工程款等。

（2）承包商（分包商、供应商）

承包商（分包商、供应商）没有适合的技术专家和项目经理,技术能力和管理能力差,不能及时正确地履行合同;由于管理和技术方面的失误,造成工程中断;或财务状况恶化,没有财力采购和支付工资,处于面临破产的境地;或没有得力的措施来保证项目的进度、安全和质量要求;或错误理解业主的意图和招标文件,方案错误,报价失误,计划失误;设计承包商设计失误,工程技术系统之间不协调,设计文件不完备,不能及时交付图纸,或无力完成设计工作。

（3）项目管理者

项目管理者的协调能力、组织能力、沟通能力不足;或缺乏工作热情,职业道德差;管理不当导致错误地执行合同;下达错误的指令等。

2. 项目的外在环境

任何一个项目都处于一定的环境中,并受一定的环境因素影响。具体包括以下环境因素。

（1）政治因素

例如政局稳定性、国家的对外关系、政府信用和政府廉洁程度、政策及其稳定性、经济的开放程度和排外性、地方保护主义倾向等。

（2）法律因素

例如法律不健全,有法不依,执法不严,相关法律内容的变化,法律对项目的干预,对相关法律未能全面了解,项目中可能有触犯法律的行为。

（3）经济因素

例如国家经济政策的变化,产业结构的调整,严重的通货膨胀或通货紧缩,项目产品的市场变化,项目的工程承包市场、材料供应市场、劳动力市场的变化,原材料进口风险,金融风险,外汇汇率的变动等。

（4）社会风险

例如劳动者的素质、社会风气等。

（5）自然条件

例如地震,反常又恶劣的雨雪天气,冰冻天气,恶劣的现场条件,周边存在对项目的干扰源,工程项目的建设可能造成对环境的破坏,不良的运输条件可能造成供应的中断。

3. 项目生命周期各个阶段的可能风险

在项目管理生命周期的不同阶段,风险的影响也是不同的,越往后发生的风险,其后果所导致的费用损失越大,不过其发生的可能性就越小。如果在项目的设计阶段管理得好,能够找出那些可能导致项目失败的技术问题,就可以避免在项目运行中资金的浪费。如果在设计阶段能够选择一个已经被验证过的成熟技术,就可以比采用未经测试的设计和技术减少风险。如果采用新技术,项目失败的风险将随着项目生命周期的推进而不断增加。在项目的生命周期的不同阶段和不同要素中有不同的风险因素。表 13-1 列出了项目管理阶段遇到的常见风险。

表 13-1　项目各阶段的常见风险

项目管理阶段	常 见 风 险
启动阶段	目标不明确,项目范围不清,工作表述不全面,目标不现实,技术条件不够……
计划阶段	计划难以实现,资源分配不当,成本预算不合理,速度不合理,计划不够具体……
实施阶段	领导犹豫不决,没有高层管理者的支持,团队成员没有合作精神,沟通不当,通信设施阻碍工作,资源短缺,重要成员变动……
控制阶段	项目计划没有机动性,不能适应变化,管理不灵活,外部环境不断变化……
结果阶段	中断项目,未达到预期目标,资金超出预算……

13.2.3　项目风险识别的方法

风险分析的第一步是风险识别,其目的是减少项目的结构不确定性。风险识别首先要弄清项目的组成、各变数的性质和相互间的关系、项目与环境之间的关系等。在此基础上利用系统的、有章可循的步骤和方法查明对项目可能形成风险的诸事项。在这个过程中还要调查了解并研究对项目以及项目所需资源形成潜在威胁的各种因素的作用范围。为了便于项目管理人员理解和掌握,风险一经识别,一般都要划分为不同的类型。

风险识别,可分三步进行:收集资料;估计项目风险形势;根据直接或间接的症状将潜在的风险识别出来。

风险识别包括:确定风险的来源、风险产生的条件,描述其风险特征和确定哪些风险会对本项目产生影响。风险识别的参与者应尽可能包括:项目队伍、风险管理小组、来自公司其他部门的某一问题专家、客户、最终使用者、其他项目经理、项目相关者和外界专家等。

项目风险识别的任务是将项目面临的损失的不确定因素一一查找并列举出来,因此,风险识别的成果是"潜在损失一览表"。国外的一些专业风险学会或保险公司经常负责发布这种一览表。但这只是一般性的,对特定的企业或项目则需要建立本企业或本项目的"潜在损失一览表",如表 13-2 所示。

表 13-2 潜在损失一览表

项　　目	保险与雇员福利的风险指南	
财产类别	风险类别	潜在损失内容
	直接损失风险 间接损失或因果损失风险 第三者责任风险	

建立这种一览表，首先要辨认风险。辨认风险，实践中最常用的是根据风险源而不是风险发生的概率和影响来对项目风险进行归纳和分类，因为我们有可能控制的是风险源。表 13-3 对项目管理成功与失败原因做了总结。

表 13-3　项目管理成功与失败原因核对表

项目管理成功原因

1. 项目目标清楚，对风险采取了现实可行的措施
2. 从项目一开始就让参与项目以后各阶段的有关方面参与决策
3. 对项目各有关方的责任和应当承担的风险划分明确
4. 在项目设备订货和施工之前，对所有可能的设计方案都进行了细致的分析和比较
5. 在项目规划阶段，组织和签约中可能出现的问题都事先预计到了
6. 项目经理有献身精神，拥有所有应该有的权限
7. 项目班子全体成员工作勤奋，对可能遇到的大风险都集体讨论过
8. 对外部环境的变化都采取了及时的应对行动
9. 进行了班子建设，表彰奖励及时有度
10. 对项目班子成员进行了培训

项目管理失败原因

1. 项目业主不积极，缺少推动力
2. 沟通不够，决策者远离项目现场，项目各有关方责任不明确，合同未写明
3. 规划工作做得不细，或缺少灵活性
4. 把工作交给了能力不行的人，又缺少检查、指导
5. 仓促进行各种变更，更换负责人，改变责任、项目范围或项目计划
6. 决策时未征求各方意见
7. 未能对经验教训进行分析
8. 其他错误

任何能进行潜在问题识别的信息源都可用于风险识别。信息源有主观和客观两种。客观的信息源包括过去项目中记录的经验和表示当前项目进行情况的文件，以及工程文档、WBS、计划分析、需求分析、技术性能评价等；主观的信息源是基于有经验的专家的经验判断。

识别风险是一项复杂的工作，下面介绍七种有代表性的方法。

1. 风险识别问询法

项目风险经理应该向涉及本项目的各部门、各专业技术人员、各位经理或管理人员甚至有丰富施工经验的工人广泛地征询他们对本项目风险的看法。问询时可采取座谈会方式,采取管理学中推荐的"头脑风暴法"漫谈项目风险,而项目风险经理应全面地作记录,并加以冷静地思考,剔除不合理成分,保留其精华。问询也可采取专家预测法(即 Delphi 法)。事先设计好问卷发给各位被征询意见者,回收后分门别类或按事先给定的权重挑选出正确的风险因素。

2. 财务报表法

通过分析资产负债表、营业报表以及财务记录,项目风险经理就能识别本企业或项目当前的所有财产、责任和人身损失风险。将这些报表和财务预测、经费预算联系起来,风险经理就能发现未来的风险。这是因为,项目或企业的经营活动要么涉及货币,要么涉及项目本身,这些都是风险管理最主要的考虑对象。

3. 流程图法

流程图法是将项目的全部过程,按其内在的逻辑联系绘制成作业流程图。项目风险识别采用流程图法就是使用这些流程图去分析和识别项目风险的方法,这种方法的结构化程度比较高,所以对识别项目风险和风险要素都非常有用。通过对项目流程的分析,可以发现和识别项目风险可能发生在项目的哪个环节或哪个地方,以及项目流程中各个环节对风险影响的大小。运用这种方法完成的项目风险识别结果,还可以为后面项目实施中的风险控制提供依据。流程图方法首先要建立一个工程项目的总流程图与各分流程图,它们要展示项目实施的全部活动。流程图可用网络图来表示,也可利用 WBS 来表示。图 13-3 表示了某一项目从采购到预制构件的简单流程,它的潜在损失风险分析如下。

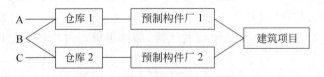

图 13-3　项目采购—预制流程图

(1)财产损失。包括供应商在送货途中的运输损失,以及仓储中的财产损失、车辆、制造设备、在制品与产成品的自然与人为损坏。

(2)责任损失。出于残次产品伤害第三者导致的人身与财产损害而负的责任;由于建筑物不合格招致的罚款责任;由于施工不合格导致返工带来的损失;本企业运输车辆伤害他人或损害他人财产应负的责任。

（3）人员损失。由于负责采购的职员死亡或其他人的伤亡致使企业遭受的损失。

4. 现场视察法

在风险识别阶段，风险经理对现场踏勘非常重要。特别是工程项目，风险经理应直接观察工程现场的各种设施及各种操作，以便能够更多、更细致地识别项目的潜在损失。

5. 相关部门配合法

项目的风险经理应与其他相关部门（如合同管理部门、采购部门、财务部门等）密切配合，共同识别项目风险。这些配合的内容如下。

（1）风险经理应主动争取到项目总负责人的支持，召开项目各部门经理联席会议，以收集各部门对项目风险的认识和建议。这种会议还可以提高风险经理之外的其他经理人员对风险的警觉。

（2）风险经理应保持与其他部门人员广泛、连续、系统的联系，随时全面了解各部门的各种活动，并试图从这些活动中找出风险因素。

（3）风险经理应从其他部门听取口头报告或阅读其书面报告，以便了解掌握本企业或本项目的一切情况。

6. 索赔统计记录法

风险经理在进行风险识别时，应大量查阅已完工的类似工程（本企业或可以查到的别的企业的索赔记录），也许这种方法揭示风险的绝对量要比别的方法少一些，但是这种方法可以识别其他方法不能发现的某些风险。

对于承包商来说，通过调查某一特定业主遭索赔的记录可以判定这位业主可能生性好变，从而导致工程变更频繁；或者了解到他不能按时付款的记录。

对于业主来说，他或许可以通过这种方法了解到某位特定的承包商一贯奉行"中标靠低价，赢利靠索赔"的经营方针而有所警觉。

有时，工程师的苛刻检查也是承包商的风险，而这可以通过查阅索赔记录获知。

7. 环境分析法

环境分析法是指系统地分析项目所面临的内部环境和外部环境，找出这些环境可能产生的风险和损失。在一些具有较高独创性和创新性的项目风险识别中，需要使用这种能够创造性地识别各种项目风险、项目风险因素以及它们的影响程度的方法。内部环境是指项目资金条件、人员素质和管理机制等，外部环境是指市场供需状况、获得资金的难易、资金供应等。环境分析法就是分析项目的内部环境与外部环境的相互关系及其稳定程度，一旦环境发生变化，可以根据这种关系发现潜在的风险。

13.2.4　常见风险识别

识别风险时,几乎所有的项目都会遇到常见的风险。把常见的风险列表会对项目经理识别风险有所帮助。表 13-4 列出了常见风险。

表 13-4　常见风险项目

项目管理阶段	常 见 风 险	项目管理阶段	常 见 风 险
领导	• 团队中重要成员大变动 • 犹豫不决 • 没有客户"买入"或"参与" • 没有高层管理者的支持 • 小组没有对项目计划达成一致意见 • 项目经理权力有限 • 没有项目眼光 • 没有合作精神 • 沟通不够 • 参与者缺少主观能动性	组织	• 通信基础设施不完善 • 缺少资源 • 缺少学科专家 • 没有制定过程/步骤文件 • 任务分配得不好 • 取得资源太复杂 • 项目管理软件选择错误
定义	• 技术太复杂 • 目标不明 • 项目范围不清 • 不断变化的需要 • 不完全的需要或需要没有明确限定 • 工作表述不全面 • 不现实的目标	控制	• 项目管理步骤少或没有 • 没有对变化做影响分析 • 项目计划不灵活 • 不断变化的市场条件 • 项目结果没有估算好 • 不令人满意的评论会 • 管理缺乏变化 • 没能力及时采取正确的行动
计划	• 成本预算不精确 • 时间预算不精确 • 项目计划不全面 • 工作分类结构不全面 • 没有正式的预算工具 • 项目没有先后顺序 • 资源没有很好地分配 • 不现实的计划	结束	• 不能取得成果 • 活动没完成

13.2.5　风险识别的结果

风险识别之后要把结果整理出来,写成书面文件,为风险分析的其余步骤和风险管理做准备。风险识别的成果应包含下列内容。

1. 风险来源表

表中应列出所有的风险。罗列应尽可能全面,不管风险事件发生的频率和可能性、收益或损失、损害或伤害有多大,都要一一列出。对于每一种风险来源,都要有文字说明。说明中一般要包括以下内容。

(1) 风险事件的可能后果。

(2) 对预期发生时间的估计。

(3) 对该来源产生的风险事件预期发生次数的估计。

2. 风险的分类或分组

风险识别之后,应该将风险进行分组或分类。分类结果应便于进行风险分析的其余步骤和风险管理。例如,对于常见的建设项目,可将风险按项目建议书、可行性研究、融资、设计、设备订货和施工以及运营阶段分组。而施工阶段的风险可如表 13-5 所示进行分类,表中每一组或每一类风险还可以根据需要进一步细分。

表 13-5　施工阶段的风险分类

业　主　风　险	承　包　商　风　险
征地 现场条件 及时提供完整的设计文件 现场出入道路 建设许可证和其他有关条例 政府法律、规章的变化 建设资金及时到位 工程变更	工人和施工设备的生产率 施工质量 人力、材料和施工设备的及时供应 施工安全 材料质量 技术和管理水平 材料涨价 实际工程量 劳资纠纷
业主和承包商共担风险	**未　定　风　险**
财务收支 变更的谈判 保障对方不承担责任 合同延误	不可抗力 第三方延误

3. 风险症状

风险症状就是风险事件的各种外在表现,如苗头和前兆等。项目管理班子成员不及时交换彼此间的不同看法,就是项目进度出现拖延的一种症状。施工现场材料混乱、工具随便乱丢、无人及时回收整理就是安全事故和项目质量超支风险的症状。

4．对项目管理其他方面的要求

在风险识别的过程中可能会发现项目管理的其他问题需要改进和完善。例如，利用项目工作分解结构识别风险时，可能会发现工作做得不够详细。因此，应该要求负责工作分解结构的成员进一步完善。又如，当项目有超支的风险，但是又无人制定相应的措施时，就必须向有关人员提出要求，采取措施防止项目超支。

13.3　项目风险评价

项目风险评价是项目风险管理的第二个步骤。项目风险评价包括风险估计与风险评价，对已识别的风险进行估计和评价，包括风险定性分析与风险定量分析两个内容。风险定性分析的主要任务是确定风险发生的可能性及其后果的严重性；风险定量分析则是量化风险的出现概率及其影响，确定该风险的社会、经济意义以及处理的费用/效益分析。

13.3.1　项目风险估计

1．项目风险估计的含义

风险估计就是估计风险的性质，估算风险事件发生的概率及其后果的大小，以降低项目的不确定性。

风险估计有主观和客观两种。客观的风险估计以历史数据和资料为依据；主观的风险估计无历史数据和资料可参照，靠的是人的经验和判断。一般情况下这两种估计都要做。因为现实项目活动的情况并不总是泾渭分明，一目了然。对于新技术项目，由于新技术发展飞快，以前的项目数据和资料往往已经过时，对新项目失去了参考价值。例如软件开发项目，因为很少有人发表软件开发项目的最新资料和数据，所以主观的风险估计尤其重要。

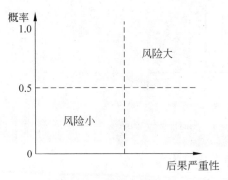

图 13-4　风险事件状态

使用概率分析方法衡量风险大小，需要知道风险事件的发生概率和后果大小。例如，修建核电站和火电站，哪一种环境风险大呢？核电站事故的后果虽然严重，但发生严重事故的概率很小；火电站排放烟尘和污水虽然短时间内不会成灾，但是每天都排放，污染环境的概率却是百分之百。因此衡量风险的大小，必须综合考虑风险事件发生的概率和后果大小。风险事件发生概率和后果大小的乘积叫作风险事件状态。因此，风险的大小可由风险事件状态来计量。风险事件状态大致有图 13-4 表示的四种情况。

风险事件发生的概率和概率分布是风险估计的基础。因此,风险估计的首要工作是确定风险事件的概率分布。

2. 项目风险估计的工具和方法

(1) 统计法

项目的一次性使得每个项目都有自己的唯一性,但是,同一类型的项目具有相似性,也就具有相似的风险。所以,根据统计分析一类项目的历史资料,可以推断出被研究项目的一些风险,这里要用到大数法则和类推原理。

大数法则是概率论中用来阐述大量随机现象平均结果稳定性的一系列定理的统称。一般来说,项目是否发生风险事故,事故带来多大损失都是偶然的,无规律可循。然而,通过观察大量同类项目的风险,可以发现其规律性。经验证明,被观察的同类项目数量越多,这种规律性越明显。

类推原理是指利用事件之间的相似关系,从某一事件的存在和发展来推断另一事件的存在与发展,或者由部分去推断总体。例如:建筑项目随着规模的扩大,参与人员的增多,项目发生人员伤亡、财产损失的概率就会比同样环境下较小规模的项目多。类推原理的运用能弥补资料不全的缺陷,所以常常把大数法则和类推原理结合起来使用。

在统计中,分布频率、平均数、中位数、众数、平均方差、正态分布和概率等几个概念经常被用到。

① 分布频率

收集到大量相关数据后,对数据进行整理,制成分布频率表格或图形,便于判断。直方图最常用,它的绘制方法是由纵轴表示损失特性值(如发生频数、损失幅度),横轴表示影响该特性值变化的因素(如时间、规模等)。有时纵轴表示频数,横轴表示风险单位数,如图 13-5 所示。描绘分布频率还可用到圆形图、频率折线排列图,而且可以很方便地通过软件来完成。

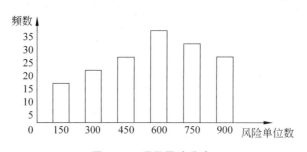

图 13-5　项目风险分布

② 平均数、中位数、众数

平均数是各数之和除以个数。例如,1,3,5,7,9 的平均数为

$$(1+3+5+7+9)/5 = 5$$

当使用权重因素"加权平均数"时,假如,1,3,5,7,9 的权数分别为 2,3,4,5,6,那么加权平均数为

$$(1×2+3×3+5×4+7×5+9×6)/(2+3+4+5+6) = 6$$

其中 $1×2+3×3+5×4+7×5+9×6$ 是各数乘以相应的权数相加,$2+3+4+5+6$ 是权数之和。

中位数的定义是按大小排列数的中间数。例如,2,4,7,9,10 的中位数是 7,而 4,5,7,9,11,12 的中位数为

$$(7+9)/2 = 8$$

即处于中间两个数的平均值。

众数是一组数中出现次数最多的数。例如,3,3,3,4,6,7,7,8,这里 3 出现的次数最多,所以众数是 3。众数也可能有 2 个以上。

③ 平均方差

方差是一种衡量平均数离散趋势的方法。其公式(没有权数时的公式)为

$$s = \sqrt{\sum (X_i - \bar{x})^2 / N}$$

其中,X_i 代表各个数据,$\bar{x}$ 代表平均数,N 代表数据的个数。当频率或权数与 X 联系起来时,上述的数学式(有权数时的公式)就变为

$$s' = \sqrt{\sum f_i (X_i - \bar{x})^2 / N}$$

④ 正态分布

正态分布是一种传统的分布函数,其平均数为 0,均方差为 1。事实证明,风险事故所造成的损失金额较好地服从于正态分布。若随机变量 X 的概率密度函数为

$$f(x) = \frac{1}{\sqrt{2\pi}\sigma} e^{-\frac{1}{2\sigma^2}(x-\mu)^2} \quad (-\infty < X < +\infty, \sigma > 0)$$

则称 f 服从正态分布,式中 $f(x)$ 表示随机变量的概率密度函数,σ 表示方差,μ 表示数学期望值。

⑤ 概率

这里讨论一下损失概率:若设有 N 个独立的相似风险单位,一定时期(如 1 年)内,有 n 个单位遭到损失,则损失概率为 $P = n/N$。当观察的风险单位数足够大时,损失频率稳定在 $[0,1]$ 区间的某一数值 P 附近。当 N 趋于无穷大时,损失频率等于损失概率。

利用概率结合其他数学工具能更科学地做出决策。假如,巴士公司负责线路的营销经理运用概率论提高了他的计划效果。数据分析表明他的顾客平均年龄为 35.5 岁,标准差为 3.5 岁。在年龄服从正态分布的假定下,这位经理运用概率论计算出每 100 位顾客中平均有 95 位的年龄在 28.6~42.4 岁之间,如果他正在开发新的市场营销规划,他可以利用这些信息使他的营销费用花得更有效。通过分析过去的统计序列模式,管理者能够改进当前的和未来的决策。

（2）决策树法

数量有限的结果和给定概率的出现被称为"随机过程"。决策树被用于描述上述过程并计算出现的概率。决策树法的优点是：对每一种不同的结果都预计出可能性，适合分阶段的多级决策，把分析的结果画成树枝状（所以叫决策树），而最终决策以前面的决策为依据。决策树法的不足之处在于：在分析的过程中有些参数没有包括在树中，显得不全面；但如果分级太多或出现的分枝太多，画起来就不方便。

绘制决策树的程序如下：

首先，画树形图。从左到右□表示决策点，箭头①表示决策枝，○表示方案节点，箭头②表示概率枝，决定于风险来源、概率、风险事件的影响和管理者对风险估计的态度。其次，在□、○中填入内容和数字。再次，从左到右计算并求出期望值。最后，选择决策枝，即决策。决策树1见图13-6。

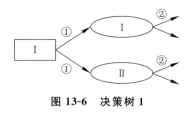

图 13-6　决策树 1

例如，现有某一项目面临某一风险损失情况，具体情况见表 13-6。

表 13-6　风险损失情况表

	不出险的概率为 0.96	出险的概率为 0.04	期　望　值
实施方案	5 000	−10 000	5 000×0.96−10 000×0.04＝4 400
不实施方案	4 000	−5 000	4 000×0.96−5 000×0.04＝3 640

出险的概率为 0.04，不出险的概率则为 0.96，若采取 A 方案，不出险时可获利 5 000，出险时损失 10 000，若不采取 A 方案，不出险时获利 4 000，出险时损失 5 000，其决策树见图 13-7。

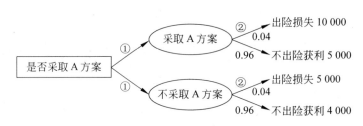

图 13-7　决策树 2

根据期望值计算的结果，可以得出结论，即应该选择采取 A 方案。

（3）事故树分析法

① 事故树分析法的符号

事故树分析法不仅能用来识别导致某一事故发生的风险因素，而且还能计算出事故发生的概率。事故树（见图 13-8）是由一些节点和连接这些节点的线段组成，其中节点表示具体事件，连线表示事件之间的某种特定关系，它遵循由结果分析原因的逻辑原则。

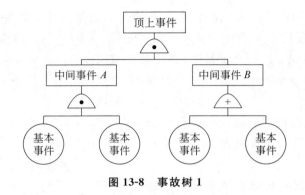

图 13-8　事故树 1

常用符号如图 13-9 所示。

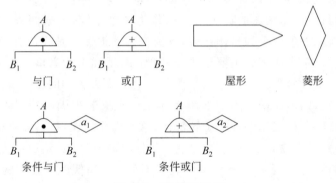

图 13-9　事故树符号

- 矩形符号（□）：表示顶上事件或中间事件。
- 圆形符号（○）：表示基本事件，是具体事件。
- 与门：表示 A 出现的条件是 B_1 和 B_2 同时出现。可用 $A = B_1 \bigcap B_2$ 或 $A = B_1 \cdot B_2$ 表示，事件 B_1 和事件 B_2 都是必要非充分条件。
- 或门：表示 B_1、B_2 只要有一个发生，A 就可以发生，可用 $A = B_1 \bigcup B_2$ 或 $A = B_1 + B_2$ 表示，事件 B_1 和事件 B_2 都是事件 A 的充分非必要条件。
- 屋形符号：表示正常事件，即系统正常状态下所发生的正常功能。在事件分析中，以上正常状态的条件使逻辑变得严密。
- 菱形符号：表示两种事情。其一，表示省略事件，即不必详细分析或原因不明确的事件；其二，表示不是本系统的事故原因事件，而是来自系统外的原因事件。
- 条件与门：表示要使 A 发生，需要 B_1、B_2 同时出现，而且必须满足条件 a，逻辑关系是 $A = B_1 \bigcap B_2 \bigcap a$ 或 $A = B_1 \cdot B_2 \cdot a$，其中 a 表示一种条件，而不是事件。如，建筑材料发生火灾，不仅要有可燃物和点火源，而且点火源必须具有一定的温度和能量。否则，也不可能发生火灾。

- 条件或门：表示在事件 B_1、事件 B_2 至少有一个满足条件 a 的情况下，事件 A 才能发生，其逻辑关系是 $A=(B_1\bigcup B_2)\bigcap a$，或 $A=(B_1+B_2)\cdot a$。例如，氧气瓶超压爆炸的直接原因事件是：在阳光下暴晒、接近热源或与火源接触。三个原因中只要有一个存在，都会使氧气瓶超压，但超压不一定会爆炸，只有在瓶内压力超过钢铁瓶的强度这一条件得到满足时，才会发生爆炸。事故树2如图13-10所示。

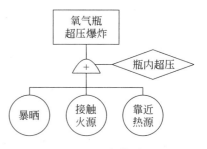

图 13-10　事故树 2

② 绘制事故树

事故树分析的关键是正确绘制事故树，从顶上事件出发，向下一层一层推进，直到基本事件为止，这是一个严密的逻辑思维过程。以钻床伤害为例来分析事故树的绘制过程。以某项目中操作钻床的员工与钻床作为一个系统，根据调查，该项目中操作钻床的员工都为男性，偶尔发生绞手和身体伤害，此类伤害的损失都是无法弥补的。因此确定"钻床伤害"为顶上事件。钻床伤害的主要形式有两种：绞手和击中身体。击中人体的事件由工件异常转动引起，而工件异常转动的原因是切削力突然增大的同时工件夹安装不紧。这两个事件应该用与门连接，因为如切削力突然增大而工件夹安装牢固的情况下，工件也不会异常转动。而绞手的条件是，员工用手接触旋转部位，这时操作错误，护口佩戴又不牢固。

至于切削力突然增大的原因，有三种可能：工件材料有缺陷、钻刃扎刀崩坏或钻刃崩坏。工件安装不牢有两种可能：手持工具和卡具装卡不牢。护口佩戴不妥有两种情况：戴手套操作和袖口未扎紧。戴手套操作时手套易被绞，而手套不易脱手，从而绞手造成伤害。袖口未扎紧易被卷入旋转部位，拖动手和胳膊，从而造成伤害。错误操作有以下三种：钻床未停止转动就取工件，用手刹车或手距离钻头太近。具体见图13-11。

③ 事故树顶上事件发生概率的计算

最小割集是指导致顶上事件发生的最起码的基本事件的集合。它表示系统发生事件的充分和必要条件。每一个最小割集包含一个以上的风险因素，当任意一个最小割集所包含的风险因素同时存在时，顶上事件就会发生。每一个最小割集都是导致顶上事件发生的一种可能原因。所以，最小割集数目越多，顶上事件发生的可能情况就越多，系统的风险就越大。因此，计算出最小割集为控制风险提供了依据。运用布尔代数运算规律，能简化复杂的事故树结构，从而求出最小割集。设顶上事件为 T，基本事件为 X_1、X_2、X_3，以字母代替中间事件，如钻床伤害事故树简化后成为事故树的结构式如下：

$$T = A_1 + A_2 = B_1 \cdot B_2 + X_1 \cdot B_3 \cdot B_4$$
$$= (X_2 + X_3 + X_4) \cdot (X_5 + X_6) + X_1 \cdot (X_7 + X_8) \cdot (X_9 + X_{10} + X_{11})$$
$$= X_2 X_5 + X_2 X_6 + X_3 X_5 + X_3 X_6 + X_4 X_5 + X_4 X_6 +$$
$$X_1(X_7 X_9 + X_7 X_{10} + X_7 X_{11} + X_8 X_9 + X_8 X_{10} + X_8 X_{11})$$

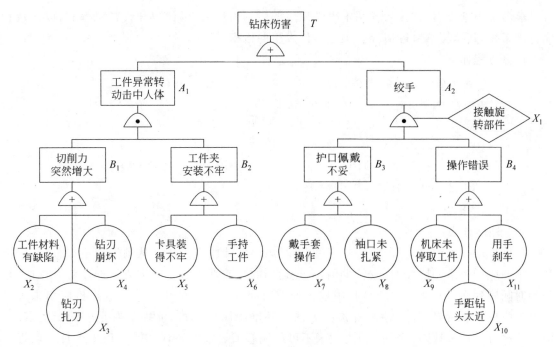

图 13-11　事故树 3

$$K_1 = \{X_2 X_5\}$$
$$K_2 = \{X_2 X_6\}$$
$$K_3 = \{X_3 X_5\}$$
$$\cdots$$
$$K_{12} = \{X_1 X_8 X_{11}\}$$

也就是说,这个系统发生事故有 12 种可能:第一种可能是基本事件 X_2,X_5 同时存在;第二种可能是基本事件 X_2 和 X_6 同时存在……第十二种可能是 X_1,X_8,X_{11} 同时存在。

从最小割集个数的多少可以判断系统的危险程度。同时,每个割集中基本事件的个数决定了系统的危险程度。在各基本事件(即风险因素)发生的概率相近时,割集中基本事件愈少,顶上事件就愈容易发生,系统就愈危险。这是因为割集中的基本事件必须同时存在,才能导致顶上事件的发生。所以,基本事件个数越少,同时发生的可能性越大。反之,基本事件个数越多,它们同时发生的可能性愈小。例如,上述最小割集中,如果基本事件发生的概率相同,则前 6 个最小割集比后 6 个最小割集发生的概率大。

在事故树分析法中,通过基本事件发生的概率计算出顶上事件发生的概率。例如:给予以上基本事件发生的概率,X_n 的概率对应为 q_n。

$$q_1 = 10^{-4} \quad q_2 = 0.02 \quad q_3 = 10^{-3} \quad q_4 = 10^{-5} \quad q_5 = 5 \times 10^{-3} \quad q_6 = 2 \times 10^{-3}$$
$$q_7 = 0.5 \quad q_8 = 10^{-4} \quad q_9 = 10^{-3} \quad q_{10} = 10^{-2} \quad q_{11} = 10^{-3}$$

求出最小割集后,直接将各基本事件发生的概率值代入,以代数和代替概率和,以代数积代替概率积,其运算结果近似等于顶上事件发生的概率。

计算过程如下：

$$g = q_2 q_5 + q_2 q_6 + q_3 q_5 + q_3 q_6 + q_4 q_5 + q_4 q_6 + q_1 q_7 q_9 + q_1 q_7 q_{10} +$$
$$q_1 q_7 q_{11} + q_1 q_8 q_9 + q_1 q_8 q_{10} + q_1 q_8 q_{11}$$
$$= 0.02 \times 5 \times 10^{-3} + 0.02 \times 2 \times 10^{-3} + 10^{-3} \times 5 \times 10^{-3} + 10^{-3} \times 2 \times 10^{-3} +$$
$$10^{-5} \times 5 \times 10^{-3} + 10^{-5} \times 2 \times 10^{-3} + 10^{-4} \times 0.5 \times 10^{-3} +$$
$$10^{-4} \times 0.5 \times 10^{-2} + 10^{-4} \times 0.5 \times 10^{-3} + 10^{-4} \times 10^{-4} \times 10^{-3} +$$
$$10^{-4} \times 10^{-4} \times 10^{-2} + 10^{-4} \times 10^{-4} \times 10^{-3}$$
$$= 1.48 \times 10^{-4}$$

（4）外推方法

外推方法分为前推、后推及旁推三种,都是风险估计的好方法。从预测理论来分析,后推和旁推的应用效果一般较差,故较少用,大量运用的是前推方法。前推方法即趋势外推法,是一种时间序列法。其基本原理是利用取得的按时间顺序排列的历史信息数据推断出未来事件发生的概率和后果,是一种定量预测方法。外推法简单易行,前提是有足够的历史资料。但是这种方法也有缺陷：首先,历史记录不可能完整或者没有错误;其次,历史事件的前提和环境已发生了变化,不一定适用于今天或未来;再者,外推法没有考虑事件的因果关系。由于这些缺陷的存在,可能使外推结果产生较大偏差。正是由于这些偏差,有时必须在历史数据的处理中加入专家或集体的经验修正。

外推法有时必须与理论概率分布配合使用。例如,当历史数据不全或序列显示趋势不明显时,就应从理论上分析它服从哪一种概率分布,然后进行外推。

外推的具体方法有：简单平均法、移动平均法、加权移动平均、指数平滑法、季节变动分析法和线性趋势法等。

（5）专家评定法（德尔菲法）

专家评定法是一种使用广泛的方法,用来进行项目风险分析时,具体步骤如下。

① 由 4～8 个有实践经验又有代表性的专家组建成专家小组。

② 通过专家会议,对风险进行鉴定和量化。召集人应该让专家尽可能多地了解项目目标、项目结构、环境和进行状况,详细地调查并提供信息,必要时还得领专家进行实地考察。对项目实施措施的构想做出说明,使大家对项目有一个共识,否则容易增加评价的离散程度。

③ 召集人有目的地与专家合作,一起定义风险因素和结构,以及可能的成本范围,作为评定的基础和引导。各个专家对风险进行分析,按以下次序逐步深入：列出各风险的原因;风险对整个项目的进度、技术、费用及质量的影响等;将影响统一到对成本的影响上,并估计出影响的程度。

④ 将各个专家的意见收集起来,进行总结比较,编成文件。

⑤ 发给每个专家一份文件,让他们再次做出分析,再收集每个专家的意见,进行比较。

⑥ 反复分析比较,直到各专家的意见趋于一致。

13.3.2　项目风险评价

风险评价就是对各风险事件后果进行评价,并确定其严重程度顺序。

1. 风险评价的目的

(1) 对项目诸风险进行比较和评价,确定它们的先后顺序。图 13-12 是两个风险不确定性和后果大小的评价。风险管理阶段需要知道各个风险的先后顺序。

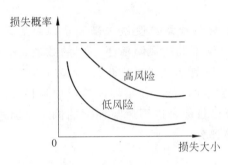

图 13-12　风险比较评价

(2) 表面上看起来,不相干的多个风险事件常常是由一个共同的风险源造成。例如,若遇上未曾预料到的技术难题,则会造成费用超支、进度拖延或产品质量不合要求等多种后果。风险评价就是要从项目整体出发,弄清各风险事件之间确切的因果关系。只有这样,才能制定出系统的风险管理计划。

(3) 考虑各种不同风险之间相互转化的条件,研究如何才能化威胁为机会。还要注意,原以为是机会的,有可能在某一条件下转化为威胁。

(4) 进一步量化已识别风险的发生概率和后果,减少风险发生概率和后果估计中的不确定性。必要时根据项目形势的变化重新分析风险发生的概率和可能的后果。

2. 风险评价的步骤

(1) 确定风险评价基准。风险评价基准就是项目主体针对每一种风险后果确定的可接受水平。单个风险和整体风险都要确定评价基准,可分别称为单个评价基准和整体评价基准。风险的可接受水平可以是绝对的,也可以是相对的。

(2) 确定项目整体风险水平。项目整体风险水平是综合了所有的个别风险之后确定的。

(3) 将单个风险与单个评价基准、项目整体风险水平与整体评价基准对比,看一看项目风险是否在可接受的范围之内,进而确定该项目应该就此止步,还是继续进行。

3. 评价基准

在大多数情况下,项目达到了事先设定的目标,就可以认为项目成功。项目目标多种多样,例如,工期最短、利润最大、成本最小、风险损失最少、销售量最大、周期波动小、树立最好的形象、使服务质量达到最好、使公司的威信达到最高、雇员最大程度的满意、生命和财产损失最低等。以上各目标多数可以计量，可以选做评价基准。以"销售量最大"目标为例，可以把某个销售收入金额或产品的某个售出数目定做评价基准。"使公司的威信达到最高"也能想出办法量化。例如，可以把本公司在报纸杂志上被提到的具体次数定做评价基准。

评价时还要确定对风险应该采取什么样的应对措施。在风险评价过程中，管理人员要详细研究决策者决策的各种可能后果，并将决策者做出的决策同自己单独预测的后果相比较，判断这些预测能否被决策者接受。各种风险的可接受度或危害程度互不相同，因此就产生了哪些风险应该首先或者是否需要采取措施的问题。风险评价方法有定量和定性两种。进行风险评价时，还要提出防止、减少、转移或消除风险损失的初步办法，并将其列入风险管理阶段要进一步考虑的各种方法之中。

风险评价的最后一步是排序工作。可采用顺序度量法或系数度量法来表示风险后果。顺序度量法是将风险按简单的顺序排列；技术度量法是给不同的风险赋予不同的数值，这些数值可以是线性的（如 0.1, 0.3, 0.5, 0.7, 0.9···），也可以是非线性的（如 0.05, 0.11, 0.20, 0.63, 0.97···）。两种方法的意图都是在假设某一风险发生的情况下，给该风险对项目目标产生的后果赋予一个相对值。表 13-7 所示为一个参照项目目标来进行风险评估的例子。通过使用矩阵给出每一项风险的影响范围，也可以完成风险评分。

表 13-7 风险影响等级

项目目标	成　　本	进　　度	范　　围	质　　量
极低(0.05)	增加不明显	拖延不明显	范围减少几乎觉察不到	几乎不降低
低(0.1)	增加幅度<5%	拖延程度<5%	范围的次要部分受影响	只有某些非常苛求的工作受影响
中(0.2)	增加 5%～10%	总体项目拖延<4%～10%	范围的主要部分受影响	质量的降低需得到业主的批准
高(0.6)	增加 10%～20%	总体项目拖延<10%～20%	范围的减少不被业主接受	质量降低不被业主接受
极高(0.9)	增加>20%	总体项目拖延>20%	项目最终产品没有实际用途	项目最终产品实际不能使用

13.4　项目风险处理

风险应对可以从改变风险后果的性质、风险发生的概率和风险后果大小三方面提出多种策略，对不同的风险可用不同的处置方法和策略，对同一个项目所面临的各种风险，可综合运用各种策略进行处理。

13.4.1　回避风险

回避风险是指当项目风险潜在威胁发生可能性太大,不利后果太严重,又无其他策略可用时,主动放弃项目或改变项目目标与行动方案,从而规避风险的一种策略。如果通过风险评价发现项目的实施将面临巨大的威胁,项目管理班子又没有别的办法控制风险,甚至保险公司也认为风险太大,拒绝承保时,就应当考虑放弃项目的实施,以避免巨大的人员伤亡和财产损失。在以下几种情况下,常需要考虑是否采用回避风险的策略。

(1) 客观上不需要的项目,没有必要冒险。

(2) 一旦造成损失,项目执行组织无力承担后果的项目。

(3) 仅仅为了个人的功名利禄,但是客观上不需要的项目。

消除风险因素是回避风险的常规做法,也是一般意义上的回避。彻底放弃项目则是回避风险采取的极端措施,尽管这样做干净利落,不拖泥带水,但又不可避免带来其他一些问题。

(1) 为避免损失而放弃项目就丢掉了发展机会。因为有时候风险又意味着更多的机会与收益。

(2) 降低了项目有关各方的创造力。项目管理班子可以通过发挥主观能动性,调动各方面积极性,消除一部分风险因素,降低项目的风险。更何况有些风险在一定条件下可以转化。如果不努力消除风险因素,不创造条件促进风险因素的转化,简单地放弃项目,就会挫伤人们的积极性,对于以后的发展会产生不利影响。

采取回避策略尤其是放弃项目的做法时一定要慎之又慎,因为无论是放弃还是改变一个正在进行的项目都必须付出高昂的代价。

避免风险这种方式的缺点或限制如下。

① 对某一具体风险单位来说,有些风险是不可避免的。如自然灾害、人的疾病或自然死亡等。

② 任何经济活动都有一定的风险,这是风险的客观性和普遍性。而一般说来,高收益伴随着高风险,避免该风险也就同时放弃了该项高收益的机会。

③ 避免一种风险的同时很可能产生另一种新的风险,譬如用新材料代替传统原材料,可能带来新材料的隐患。

④ 如果主体不了解风险,就不能有效地避开风险。这种方法只在损失概率和损失幅度都相当高或应用其他风险管理技术的成本超过该项活动产生的效益时才采用。另外,这种方法最好在某一活动尚未进行之前实施,否则要放弃或改变正在进行的经济活动或正在兴建(甚至已经建成)的某项工程,代价十分高。所以,对一些投资大的项目,必须进行风险分析和评价。

13.4.2　预防风险

预防策略通常采取有形和无形两种手段。工程法是一种有形的手段。此法以工程技术为手段,消除物质性风险威胁。

1. 工程法

工程法预防风险有多种措施。

(1) 防止风险因素出现。在项目活动开始之前,采取一定措施,减少风险因素。

(2) 减少已存在的风险因素。在项目进行中发现的各种风险因素都应尽早消除。

(3) 将风险因素如人、财、物在时间和空间上隔离。风险事件发生时,造成财产损失和人员伤亡是因为人、财、物在同一时间处于破坏力作用范围之内。因此,可以把人、财、物与风险源在空间上隔离,在时间上错开,以达到减少损失和伤亡的目的。

工程法的优势在于每种措施都与具体的工程技术设施相联系,因此严谨而可靠,但采取工程措施往往需要大量的人力、物力投入,成本极高。

2. 无形法

无形的风险预防手段有教育法和程序法。

(1) 教育法

由于人为原因而出现的不当行为很多时候也会构成项目的风险因素。为预防此类风险,有必要对相关人员进行风险和风险管理教育。教育内容应该包含有关安全、投资、城市规划、土地管理与其他方面的法规、规章、规范、标准和操作规程、风险知识、安全技能和安全态度等。风险和风险管理教育的目的是,要让有关人员充分了解项目所面临的种种风险,了解和掌握控制这些风险的方法以及由于个人的疏忽或错误行为可能给项目造成的巨大损失。

(2) 程序法

程序法是指以制度化的方式从事项目活动,以减少不必要的损失。项目管理班子制定的各种管理计划、方针和监督检查制度一般都能反映项目活动的客观规律性。因此,项目管理人员一定要认真执行。实践表明,不按程序办事,就会犯错误,就会造成浪费和损失。所以,要从战略上减轻建设项目的风险,就必须遵循基本建设程序。那种图省事、走捷径、抱侥幸心理甚至弄虚作假的想法和做法都是项目风险的根源。

预防策略还应在项目的组成结构上下功夫,增加可供选用的行动方案数目,提高项目各组成部分的可靠性,从而减少风险发生的可能性。为了最大限度地提高项目的风险预防能力,应该在项目结构的最底层,为各组成部分设置后备方案。

合理地设计项目组织形式也能有效地预防风险。项目发起单位如果在财力、经验、技术、管理、人力或其他资源方面无力完成项目，可以同其他单位组成合营体，预防自身不能克服的风险。

使用预防策略时需要注意的是，在项目的组成结构或组织中加入多余的部分同时也增加了项目或项目组织的复杂性，提高了项目的成本，进而增加了风险。

13.4.3　降低风险

此策略的目标是降低风险发生的可能性或减少后果的不利影响。降低风险的具体目标是什么，在很大程度上要看风险是已知风险、可预测风险，还是不可预测风险。

对于已知风险，项目班子可以在很大程度上加以控制，可以动用项目现有资源减轻。例如，可以通过压缩关键工序的时间、加班或采取"快速跟进"来减轻项目进度风险。

可预测风险或不可预测风险是项目班子很少或根本不能够控制的风险。因此，有必要采取迂回策略。例如，政府投资的公共工程，其预算不在项目管理班子直接控制之中，存在政府在项目进行当中削减项目预算的风险。为了减轻这类风险，直接动用项目资源一般无济于事，必须进行深入细致的调查研究，减少其不确定性。例如，在决定是否上一个项目之前，先进行市场调查，了解顾客对项目产品是否需要、需要多少和愿意以什么样的价格购买。在这样的基础上提出的项目才有较大的成功机会。

在实施降低策略时，最好将项目每一个具体"风险"都降低到可接受的水平。具体的风险降低了，项目整体失败的概率就会减小，成功的概率就会增加。失败概率减少和成功概率增加的关系可见图 13-13。实施降低策略时，应设法将已识别的可预测或不可预测的风险变成已知风险。这样，项目管理班子就可以对其进行控制，动用项目的资源来降低。项目管理班子可动用的资源包括有形的，例如，把项目组成员从一项任务中调出去支援别的任务；无形的，例如鼓舞士气、激发干劲。

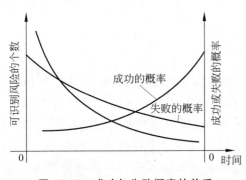

图 13-13　成功与失败概率的关系

另外，不要忘记时间这个重要因素。可预测和不可预测风险的不确定性只有经过一段时间之后才能减少。为了能够直接控制，可以把这些风险从将来"移"到现在。例如，为了减少项目使用阶段维护方面的风险，可以通过精心设计、精心施工，即减少项目设计阶段以及实施阶段中质量保证体系的不确定性来实现。

把可预测和不可预测风险变成已知风险的例子还有许多。出现概率虽小，但是后果严重的风险一般列为不可预测风险，是最难降低的一种。对于此类风险，可以设法提高其发生的频率，使严重的后果尽早暴露出来。此类风险只要一发生，就变成了已知风险，就能找出相应的降低办法。例如，将地震区待建的高层建筑模型放在振动台上，进行强震模拟试验就可增加地震风险发生的频率。显然，这样做需要投入资源，也就是花钱买信息。所以，上述将风险"在时间轴上移动"的办法不可多用。

根据帕累托二八原理，项目所有风险中只有一小部分对项目威胁最大。因此，要集中力量专攻威胁最大的那几个风险。有些时候，高风险是由于风险的耦合作用而引起的，一个风险降低了，其他一系列风险也会随之降低。

13.4.4　转移风险

转移风险又叫合伙分担风险，是借用合同或协议，在风险事故一旦发生时，将损失的一部分转移到项目以外的第三方身上。实行这种策略要遵循两个原则。首先，谁承担风险谁受益；其次，能者担之，即由最有能力者分担各项具体的风险。

采用这种策略所付出的代价大小取决于风险大小。当项目的资源有限，不能实行降低和预防策略，或风险发生频率不高，但潜在的损失或损害很大时可采用此策略。

转移风险主要有四种方式：出售、发包、开脱责任合同及保险与担保。

1. 出售

出售是以买卖契约的方式转移风险。也就是说，项目所有权转移的同时，风险也随之转移给了其他单位。

2. 发包

发包就是通过从项目执行组织外部获取货物、工程或服务而把风险转移出去。发包时又可以在多种合同形式中选择，例如总价合同、单价合同和成本加酬金合同。总价合同适用于设计文件详细完备、工程量不大又易于计算或简单的项目。成本加酬金合同适用于一些设计文件不完备但又急于发包，施工条件不好或由于技术复杂需要边设计边施工的项目，一般的建设项目采用单价合同。采用单价合同时，承包单位和业主单位承担的风险彼此差不多，因而承包单位乐意接受。

3. 开脱责任合同

在合同中列入开脱责任条款，要求对方在风险事故发生时，项目班子本身不承担责任。

4. 保险与担保

保险是指由项目班子向保险公司交纳一定数额的保险费，一旦发生自然灾害或意外事故，造成参加保险者的财产损失或人身伤亡时，即用保险金给予补偿的一种制度。它的好处是,参加者付出一定的小量保险费,换得遭受大量损失时得到补偿的保障,从而增强抵御风险的能力。工程项目应投保哪几种保险,要按标书中合同条件的规定以及该项目所处的外部条件、工程性质和业主与承包商对风险的评价和分析来决定。其中,合同条件的规定是决定的主要因素,凡是合同条件要求保险的项目一般都是强制性的。工程项目常用的保险包括:建筑工程一切险和安装工程一切险。建筑工程一切险是对各种建筑工程项目提供全面保障,既对在施工期间工程本身、施工机具或工地设备所遭受的损失予以赔偿,也对因施工而给第三者造成的物质损失或人员伤亡承担赔偿责任。建筑工程一切险多数由承包商负责投保。安装工程一切险主要适用于安装各种工厂用的机器、设备、储油罐、铜结构、起重机、吊车以及包含机械工程因素的各种建造工程。

除了保险,也常用担保转移风险。所谓担保,指为他人的债务、违约或失误负间接责任的一种承诺。在项目管理上是指银行、保险公司或其他非银行金融机构为项目风险负间接责任的一种承诺。当然,为了取得这种承诺,承包商要付出一定代价,但是这种代价最终要由项目业主承担。在得到这种承诺之后,项目业主就把由于承包商行为方面不确定性带来的风险转移到了出具保证书或保函,即银行、保险公司或其他非银行金融机构身上。

13.4.5　应急计划的编制

在不同的情况下,完成项目风险的处理有若干种替代方案。应急计划有三种类型。

(1) 纯事后的:指那些事先编制好,但只是在风险发生后才实施的计划。

(2) 带有必要事前行动的事后计划:也是事先编制并在风险出现后实施的计划。但是,必须做一些准备工作,比如要提前采购某些部件。

(3) 缓和结果的事前行动:已经编制了应急计划,但是通过修改项目产品或工作方法的设计,来降低实施应急计划的成本。前期成本可能会增大,但它会降低风险的影响。

如果替代方案成本低,就选择它们,但是这些方案的实施可能需要更多的成本,也可能不需要。

与其增加成本、延长工期以应对风险,不如采取措施克服风险的影响;与其等到风险发生,采取措施克服风险的影响,不如尽早制定预防计划,消除或者减少风险发生的可能性。你可以为 5 个系统目标(范围、组织、时间、成本和质量)中的任何一个准备应急,但典型的有两种主要方法:通过增加时间和成本预算准备应急费用,草拟对已识别的风险的应急计划。对范围做出变更,调整时间和成本的称为“基准计划”,它是要传达给项目组的,对它们是一种激励;而后者则是提交给业主,确保他们能提供充足的资金和资源。项目经理还要维护另外两个估算值:最有可能的结果,也就是他们正在工作的目标;当前估算,即已经耗损过部分应急费用后的基准估算。不告诉项目组还有多少应急费用的原因在于:他们很少在估算内完成工作,如果把应急费用给他们,他们就会消耗掉。而把包含应急费用的估算告诉业主的原因在于他们希望根据可能的最大时间和成本做出预算。可以一次性按照上面所说的自下而上的方法计算出来的数字准备整个项目的应急费用,或者循序渐进地根据每项工作要素准备应急费用。两种方法中,项目经理都应该维护至少两个估算值,一个是不包括应急费用的估算值,另一个是包括应急费用的估算值。

13.4.6　风险自留

风险自留是一种风险的财务对策,即由企业或工程项目自身承担风险。因这种承担方式是以自身的风险自留基金为保障,所以把它归结为财务对策。自留风险是与保险或有偿转移风险对立的方式。

风险自留主要分两种:主动自留和被动自留。主动自留是当企业识别了风险,但经评价后决定予以自留;被动自留是企业根本没有识别出该风险而自留的情况。因此,主动自留是有意识的、有计划的自留;而被动自留是无意识的、无计划的自留。项目风险是否自留的判断准则如下。

（1）风险自留对策在以下情况下有利

① 自留费用低于保险人的附加保费。

② 项目的期望损失低于保险公司的估计。

③ 项目有许多风险单位(意味着风险较小,而企业有抵御风险的较大能力)。

④ 项目的最大潜在损失与最大预期损失较小。

⑤ 短期内项目有承受项目预期最大损失的能力。

⑥ 费用和损失支付分布于很长的时间里,因而导致很大的机会成本。

（2）风险自留对策在以下情况下不利

① 自留费用大于保险人的附加费用。

② 项目的期望损失大于保险公司的估计。

③ 项目的风险单位较少。

④ 项目的最大潜在损失与最大预期损失较大。

⑤ 投资机会有限且收益低。

⑥ 项目在短期内没有承受最大预期损失的能力。

13.5　项目风险监控

风险监控过程就是跟踪已识别的风险,监测剩余风险并不断识别新的风险,修订风险管理计划,保证其切实执行,并评估这些计划对降低风险的效果。风险监控是项目整个生命周期中的一个持续进行的过程。随着项目的成长,风险会不断变化,可能会有新的风险出现,而预期中的风险也有可能会自行消失。良好的风险控制能为我们提供信息,使风险防患于未然。

13.5.1　项目风险监控的目标和依据

1. 项目风险控制的目标

项目风险控制的目标主要如下。

(1) 努力及早地识别项目的风险。项目风险控制的首要目标是通过开展持续的项目风险识别和度量工作,及早发现项目所存在的各种风险,以及项目风险各方面的特性,因为这是开展项目风险控制的前提。

(2) 努力避免项目风险事件的发生。项目风险控制的第二个目标是在识别出项目风险以后,要采取各种风险应对措施,积极避免项目风险的实际发生,从而确保不给项目造成不必要的损失。

(3) 积极消除项目风险事件的消极后果。并不是所有的项目风险都可以避免发生的,有许多项目风险会由于各种原因最终还是发生了。对于这种情况,项目风险控制的目标是要积极采取行动,努力消减这些风险事件的消极后果。

2. 项目风险监控的依据

(1) 项目风险管理计划。这是项目风险控制最根本的依据。通常项目风险控制活动都是依据这一计划开展的,只有新发现或识别的项目风险控制例外。但是,在识别出项目新的风险以后,需要立即更新项目风险管理计划,所以可以说所有的项目风险控制工作都是依据项目风险管理计划开展的。

(2) 实际项目风险发展变化情况。一些项目风险事件是要发生的(风险概率达到了 1),而其他的可能不会发生(风险概率变成了 0)。这些发生的项目风险的发展变化情况也是项目风险控制工作的依据之一。

(3) 潜在风险识别和分析。随着项目的进展,在对项目风险进行评估时,可能会发现以前未曾识别的潜在风险事件。应对这些风险继续执行风险识别、估计和量化,制订应对计划。

13.5.2　项目风险监控的步骤与内容

(1) 建立项目风险监控体系。建立项目风险监控体系就是要根据项目风险识别和度量报告所给出的项目风险的信息,制定整个项目的风险监控的方针、项目风险控制的程序以及项目风险控制的管理体制。这包括项目风险责任制度、项目风险信息报告制度、项目风险控制决策制度、项目风险控制的沟通程序等。

（2）确定要监控的具体项目风险。这一步是根据项目风险识别与度量报告所列出的各种具体项目风险,确定对哪些项目风险要进行控制,而对哪些风险可以容忍并放弃对它们的控制。通常这要按照项目具体风险后果严重性的大小和风险的发生概率,以及项目组织的风险控制资源情况去确定。

（3）确定项目风险的监控责任。这是分配和落实项目具体风险监控责任的工作。所有需要监控的项目风险都必须落实负责监控的具体人员,同时要规定他们所负的具体责任。

（4）确定项目风险控制的行动时间。这是指对项目风险的控制也要制定相应的时间计划和安排,计划和规定出解决项目风险问题的时间表与时间限制,因为没有时间安排与限制,多数项目风险问题是不能有效地加以控制的。许多由于项目风险失控所造成的损失都是因为错过了风险控制的时机而造成的。所以必须制定严格的项目风险控制时间计划。

（5）制定各具体项目风险的控制方案。这一步由负责具体项目风险控制的人员,根据风险的特性和时间计划,制定各具体项目风险的控制方案。在这一步要找出能够控制项目风险的各种备选方案,然后要对方案作必要的可行性分析,以验证各个风险控制备选方案的效果,最终选定要采用的风险控制方案。这一步还要针对风险事件的不同阶段,制定在不同阶段使用的风险事件控制方案。

（6）实施具体项目风险控制方案。这一步要按照确定的具体项目风险控制方案,开展项目风险控制活动。在具体实施时,必须根据项目风险的发展与变化,不断地修订项目风险控制方案与办法。

（7）跟踪具体项目风险的控制结果。这一步的目的是要收集风险事件控制工作的信息并给出反馈。即利用跟踪去确认所采取的项目风险控制活动是否有效,项目风险的发展是否有新的变化等。这样就可以不断地提供反馈信息,从而指导项目风险控制方案的具体实施。这一步是与实施具体项目风险方案同步进行的。通过跟踪给出项目风险控制工作信息,根据这些信息去改进具体项目风险控制方案的实施,直到对风险事件的控制完结为止。

13.5.3　项目风险监控的方法

1. 审核检查法

审核检查法是一种传统的控制方法,该方法可用于项目的全过程。审核多在项目进展到一定阶段时,以会议形式进行,主要是查出错误、疏漏、不准确、前后矛盾之处。审核还会发现未注意或未考虑到的问题。检查是在项目实施过程中进行,而不是在项目告一段落后进行。检查是为了把各方面的反馈意见及时通知有关人员,一般以完成的工作成果为研究对象。审核和检查结束后,都要把发现的问题及时交代给原负责人,让他们马上采取行动,予以解决。问题解决后要签字盖章。

2. 监视单

监视单是项目实施过程中需要管理工作给予特别关注的关键区域的清单。监视单的编制应根据风险评估的结果,一般应使监视单中的风险数目尽量少,并重点列出那些对项目影响最大的风险。随着项目向前进展和定期的评估,可能要增补某些内容。

3. 直方图

直方图是发生的频数与相对应的数据点关系的一种图形表示,是频数分布的图形表示。直方图有助于形象化地描述项目风险,同时直方图可直接地观察和粗略估计出项目风险状态,为风险监控提供一定的参考。

4. 因果分析图

因果分析图是表示特性与原因关系的图,它把对某项、某类项目风险特性具有影响的各种主要因素加以归类和分解,并在图上用箭头表示其间关系。因果分析图主要用于揭示需要改进的特性以及这种后果的影响因素之间的关系,以便追根溯源,确定项目风险的根本原因,便于项目风险监控。

13.6 案例分析:沪杭高速公路项目的风险管理

大型工程项目的施工中由于受原材料、施工方法、组织管理、人员组成、工程投资、施工环境以及工期等因素的影响,使得投资者和工程承包方等在保证施工现场和人员安全方面往往要承受很大的风险,因此必须综合运用风险控制和处理风险的基本原理与方法。

沪杭高速公路部分投资利用了世界银行贷款,根据国际惯例,工程的各项管理等都应符合国际上的要求,例如实施工程保险、人身意外伤害事故保险等措施。经验表明,这样大的工程项目,在施工期间的风险性是很大的。作为业主或施工方一般说来要承受较大的损失风险,这些已引起人们的思考。

沪杭高速公路的施工安全风险管理与保险主要是结合施工现场,提出和建立了一种新的施工安全控制模式,促使施工单位与指挥部定期沟通、交流,使得安全事故大幅度地下降,施工单位普遍认为若不采取这一特殊的方式,沪杭高速公路的施工所出现的伤害事故绝不是今天这个数字。按照研究预测,本工程在施工期间,死亡事故两人(不含第三者的责任伤害),重伤一人,但由于加强了风险控制后,目前死亡一人,即避免了一死、一重伤事故的发生,按国家标准(GB6721—86)计算,企业减少了直接经济损失 10 万~15 万元,间接损失为 30 万元以上(按死一人折算),重伤一人约 20 万元,另外还有一些无法计算的损失等。尽管经济损失的计算可能有一定的出入,很难准确计算,但实施风险管理后所产生的经济与社会效益是显而易见的。

1. 风险分析

沪杭高速公路无论从工程量还是从施工条件来分析,在控制施工安全方面都存在着共同的困难点,这些难点似乎是该项目本身所固有的,只有正视这些困难,科学地分析和承认这些困难所导致的风险,并有效地利用保险这一机制恰当地转移风险和控制风险,才能提高企业的效益,增强企业的竞争和求生存的能力。任何回避风险或不承认风险的做法都被视为冒险行为。

三个标段所蕴含的共同的施工安全风险,主要表现在以下几个方面。

（1）工程施工环境差

沪杭高速公路（上海段）所处地段为稻田和茭白田,河道纵横,水网密布,地表含水量大,工期偏紧,施工期一般受气候等不利因素的影响较大,在长江三角洲地区,三、八月份水量较大,给路基的施工带来很大困难。

（2）材料的运输难度大

沪杭高速公路（上海段）的路基施工需要耗用大量的土方和粉煤灰,施工场地狭长,材料的运输量大,沿线大部分为乡间道路,等级较差,需要花大精力进行重新修建和养护管理工作。同时也对车辆的性能提出了更高更严的要求,对车辆和驾驶人员的管理也显得十分重要。

（3）桥涵工程量大

在高速公路工程的施工中,桥涵工程因结构复杂,施工技术要求高,难度大,往往成为全线的"卡脖子"工程。

（4）作业现场狭长,外包施工队伍多

由于工程量总体很大,施工点多和面广,容易出现人员多而散、施工层层转包的局面,各分包队伍的专业知识和业务水平各不相同,管理上难度大,随时都可能出现事故。

（5）施工临时用电量大,机构设备类型多

沪杭高速公路的施工项目多而分散,人员多而杂,施工临时用电频繁;施工机构（包括运输车辆）品牌、型号之多是一般工程项目施工所无法比拟的,加之施工道路泥泞,尘土飞扬,机电设备的损伤严重,设备的使用管理难度相当大。

2. 风险评价

沪杭高速公路施工的危险性评价,采用了预测和系统分析相结合的方法。对现有的工艺过程、设备、环境、人员素质和管理水平等,从历史、现状,直到未来,进行安全评价,采用了列表由现场管理人员打分的方法,估算危险状态的概率分布,将整个施工期（约 32 个月）内的月最不利状态抽象为一个平稳过程,按照平稳二项随机过程,最后测算出伤亡事故的概率。

3. 风险控制

风险控制的目的,一是降低事故发生的频率,二是减少事故的严重程度。危险控制的技术有宏观和微观之分,宏观一般以整个系统为对象,运用系统工程的原理,对危险进行控制,其手段主要有法制(政策、法令、规章)、经济(奖、罚、惩、补)和教育等手段(长期、短期、学校和社会的);而微观则是以具体的危险源为对象,以系统工程的原理为指导,对危险进行控制,所采用的手段主要是工程技术措施和管理措施。

沪杭高速公路施工的风险控制结合我国的国情,建立了一种新型的安全监理模式,实践证明,该模式对现场的安全起到了相当好的控制作用。

根据前面的分析,可以得出以下结论。

① 为了提高施工企业的安全防范能力,大型施工项目必须依据工程的施工难度、施工环境、人员以及施工设施条件,对施工安全做出客观的风险分析、识别与评价,并寻找控制的合理手段。

② 大型施工项目的安全状态是一个动态的过程,其表现可以用平稳二项随机过程来近似描述,安全事故的概率分布近似服从极值分布。

③ 风险控制的可行办法,利用跟踪安全监理的手段比较切合我国的实际情况,行之有效。

④ 风险转移的有效手段是利用保险这一机制增加对安全管理的制约性,而不是施工总包方利用合同向分包方转移施工安全风险的方法,后者的转移手段不太适合我国的国情,其责任不易追查,安全管理易失控。

(本案例根据中铁一局第四工程公司的资料编写,http://www.crfeb4.com/technology/)

问题

(1) 风险管理的几个阶段在风险管理过程中各起什么作用?

(2) 沪杭高速公路项目的风险管理有哪些值得借鉴的经验?

本 章 小 结

项目风险管理是项目主体了解和掌握项目风险的来源、性质和发生规律并加以处理的过程。本章介绍了项目风险及风险管理的相关概念。风险是指在给定情况下和特定时间内,那些可能发生的预期结果与实际结果间的变动程度。项目风险管理则是通过项目风险的识别、估测和评价,运用各种风险管理技术,对项目风险实施有效的控制,妥善处理风险所致损失的后果,期望以最小的项目成本实现最大的项目目标。项目风险管理可划分为四个阶段:风险识别、风险评价、风险处理和风险监控。风险识别包括确定风险的来源、风险产生的条件,描述其风险特征和确定哪些风险会对本项目产生影响。可采用的方法有:风险识别询问法、财务报表法、流程分析法、现场勘察法、相关部门配合法、索赔统计记录法和环境分析法等。项目风险评价包括风险估计与风险评价。在风险估计中可采用统计法、决策树、事故树和外推方法。风险评价就是对各风险事件后果进行评价，并确定其严重程度顺序。回避风险、预防风险、减轻风险和转移风险是风险处理中经常采用的手段。在某些情况下，风险还可以自留。风险监控是项目整个生命周期中一个持续进行的过程，它是指跟踪已识别的风险，监测剩余风险并不断识别新的风险，修订风险管理计划并保证其切实执行，同时评估这些计划对减低风险的效果。本章的重点是项目风险概念、风险管理各阶段的方法。本章的难点是项目风险识别和估计的方法。

习　　题

1. 风险管理是如何定义的？

2. 风险管理的过程怎样？

3. 静态风险和动态风险有什么差异？

4. 风险识别有哪几种方法？

5. 风险评价准则有哪些？

6. 项目风险控制的方法有哪些？

7. 项目风险自留在哪些情况下是有利的，哪些情况下是不利的？

8. 某公司准备生产一种新产品，提出了甲、乙两个投资方案，分别投资 900 万元和 500 万元，两种方案实施后都生产 12 年。经过市场调查和预测，估计新产品上市后销路好的概率是 0.65，销路不好的概率是 0.35。销路好时方案甲、乙每年赢利分别为 180 万元和 75 万元，销路不好时方案甲亏损 36 万元，方案乙赢利 25 万元。试对这一项目的风险进行评价。

第 14 章

项目启动和终止管理

学习目标：通过学习了解项目启动和终止的方法和过程，掌握项目识别的一般方法、一般建设项目的程序；通过学习掌握项目终止的概念、方式等。

14.1 项目选择

14.1.1 项目选择的原则

如何选择一个合适的项目是项目管理的开端，也是项目管理成功与否的前提。人们往往从不同的角度选择项目，市场需求是自主补偿性项目首要考虑的问题，同时，项目选择还需要符合企业发展战略方向，作为实施企业发展战略的具体措施。

1. 从现实需求中选择项目

识别需求是项目的开始，任何项目都开始于识别需求、问题或机会，结束于竣工验收。识别需求、问题或机会，是为了更好地实现市场成功，因为项目开发者是为了获取更多的经济效益，支撑企业发展战略的实施。

随着社会和经济的发展，人们的需求日益增长和多样化，为了满足这些多样化的需求，必须开发各种类型的项目。社会发展和国家建设需要解决各种问题，常常要通过项目来满足。

例如，20世纪80年代初，当我国城镇越来越多的家庭开始购买彩电、电冰箱和洗衣机等家电时,国民经济的发展也需要越来越多的电力。于是电厂建设项目的需求越来越迫切,中央和一些地方政府陆续提出和建成了许多电厂项目,满足了人们的需要。现在,随着国民经济发展,人们生活水平提高,对电力需求量大幅上升,自备电厂、小型发电机的需求日益增加。

经济的快速增长、人口的急剧膨胀以及城市化进程的加快造成了居住和交通拥挤、水资源短缺以及大量的垃圾和污水等,往往使人们的居住和工作环境不断恶化。

要改善城市环境,就要实施许多项目。例如,要有效地处理城市垃圾,就需要建设垃圾焚烧项目、填埋场等;改善城市用电,就要改造城市电网系统、建设电厂项目等。

为了解决城镇人口的居住、交通问题,就要实施大量的旧城区改造项目、经济适用房建设项目、城市道路建设项目等。

企业面对激烈的市场竞争,要生存和发展越来越需要开展技术创新活动,开发新产品,所以,技术创新项目成为企业发展的战略问题,也是企业技术需求的热点问题。围绕这个问题企业开展与科研院所技术创新合作项目、购买技术成果、独立开发技术等。

市场竞争归根结底是人才竞争,为了提高市场竞争能力,企业纷纷开展人才引进争夺战,不惜代价引进高级人才。企业组织开展了各种人才培训项目,提高本组织人员的知识水平和工作能力。

2. 符合产业发展方向

企业应该从市场需求的源头选择项目,把握市场需求变化的脉搏,预测市场需求的趋势。产业发展是决定市场需求变化的主要因素,产业结构的调整会引起相关市场结构、供给和需求结构的调整,从而导致项目选择的变化。

随着我国城市居民生活水平的提高,汽车逐渐进入城市居民家庭,汽车工业成为拉动国民经济的新兴产业,因而,汽车工业也成为国家重点扶持的产业。在这个背景下,各地政府纷纷出台优惠政策扶持汽车工业,近几年,汽车制造投资项目如雨后春笋在全国各地纷纷上马,成为拉动投资需求的主要工业产业项目。

国民生活从温饱向全面小康阔步迈进的过程中,住房需求成为城市居民的重要话题,房地产是国民经济发展的重要支柱产业,房地投资开发项目成为近几年地方经济的热点,它既符合产业发展方向,又是市场需求的热点。

3. 具有创新性

投资项目选择既要满足市场需求、产业发展的方向,同时也要有创新性。创新性是开发项目的取胜、竞争力的源泉,任何投资项目要实现经济效益必须有自我独特、创新的一面,完全模仿或抄袭只能取得一时的低回报,不能产生垄断性利润。

14.1.2　项目的识别

1. 项目机会识别

一个投资意向的产生和实施,不仅要看项目本身是否符合社会和市场的需求,同时,也要考虑发起人的自身能力和企业资源的现实情况。一个具有很好市场发展潜力的项目,并不一定适合所有的开发者。如果开发者自身技术能力、资金实力、市场开拓能力不能满足项目本身发展的需要,那么,选择该项目就有可能失败。

所以,对一个投资意向要进行可行性研究,研究投资项目产生收益的可行性大小,其研究成果应列入可行性研究报告中。

可行性研究始于项目构思或项目识别,随着对项目以及制约和限制条件认识的深入而逐步完善。可行性研究一般分为机会研究、初步可行性研究、详细可行性研究以及最后决策和评价报告几个阶段。

在项目识别、构思和设想阶段进行的可行性研究叫机会研究。它通过对自然资源、社会和市场的调查和预测,确定项目,选择最有利的投资机会。机会研究是进行具体可行性研究前的预备性调查研究。有些个人或组织进行机会研究一般是为了向投资者介绍投资机会,引起他们的兴趣,最后找到投资者。

投资机会的来源有很多种情况,企业决策层是捕捉投资项目机会的主要角色,尤其,企业家是投资项目的决策者。一位精明的企业家会抓住各种机会,寻找各种投资机会。一般投资项目机会的来源如下几个。

(1) 市场调研。企业家在进行市场调研的基础上,对市场需求发展有新的认识和把握,往往会产生投资意愿,产生投资项目的初步设想。这种设想仅仅是概念和框架性的,还没有经过充分的论证和详细的调研。

(2) 新技术开发成功。企业内部或者外部新技术开发成功,往往会直接引导企业投资的意愿,是项目投资的一个重要机会。在科技成果洽谈会上,有时也会产生投资意向。

(3) 技术推广。例如,国家星火计划的推广也是企业吸收新技术、进行投资的机会。此外,国家科技攻关项目、863 研究项目的最新成果都是企业获取投资机会的一个重要渠道。

(4) 引进项目。企业为了提高生产技术水平、提高市场竞争力,引进国外先进技术是一条重要的途径。改革开放以来,我国很多企业技术改造项目都是引进国外先进的技术设备。例如,海尔集团就是通过与德国合资,引进德国冰箱制造技术才逐渐发展起来。

有了机会并不等于一定投资,还要进行更深一步的可行性研究,对项目进行深入识别。具体由谁来做可行性研究,则有多种情况,例如由项目识别者、由项目识别者委托的他人、两者各做一部分等。原因可能在于:

① 社会的某种投资机会,往往可以通过多种不同的项目来满足。例如,城市交通拥挤问

题,可以通过道路扩建来解决,也可以通过改善交通管理来解决。道路扩建也可以有很多方案,可以是拓宽马路,也可以是兴建轻轨电车等。

② 个人和组织可能会同时识别出多个项目,但是可以利用的资源却有限,特别是那些需要由政府拨款投资的项目。由于政府资金有限,往往会有多个项目争夺有限的财政资金。在这种情况下,要综合考虑政治、经济、文化、环境保护、技术、财务、物资和人力资源、组织机构和风险等多种因素,权衡项目的利弊,对备选项目进行筛选。

在以上两种情况中,都必须对多种可能的项目设想进行比较,选择那些投入少、收益大的项目设想继续进行研究,进而付诸实施。

2. 项目构思

项目最终是否满足社会和企业的需求,是要看项目实施方案和结果。对于商业项目来说,项目发起人和实施者的直接目的是为了实现他们自己的经济效益,例如大多数的房地产开发项目,BOT项目等。在市场经济中,只要符合国家的经济和社会发展规划,遵守国家法律,就应当允许这些项目存在,有时还应大加鼓励。

为了追求自身利益的最大化,把投资机会付诸实施,必须构思或者构想一个项目。尤其对于风险投资公司来说,必须对投资设想进行包装,并构思一个可以操作的项目。所以,项目的构思又称为项目的创意,是对投资概念进行策划和调查研究的过程。对承约商来说,项目的构思是指为了满足客户识别的需求,在需求建议书约定的条件和具体情况下,为实现客户的目标而进行的设想。项目构思必须有创新意义,或者有某种方面的"突破"。

创新可以是将新技术应用到项目中生产原有产品,或提供原来的服务;也可以是使用新技术开发新产品,或提供新服务。创新可以是渐进的产品或工艺改进,也可能是具有"突破"意义的创新,这个称为"重大产品创新";"突破"创新是指在工艺或产品上有全新概念上的变化,而不是简单的改进。

渐进创新和突破创新都可以通过新产品或新服务开辟新市场,即便提供的仍是原有产品或原来的服务,只要采用了新技术,降低成本、节约资源,就可以提高市场竞争力,争取更多的市场份额。

在激烈的市场竞争中,项目构思将越来越成为项目投资者、发起人的重要活动。在许多情况下,识别有市场前景的新项目本身就是一个项目。因此,社会上有专门的"项目策划"企业、"市场调查公司"为需要者提供项目调查、策划服务。

项目识别或构思实际上是一种创造性劳动。在识别和构思项目时要像艺术家那样有激情和灵感。深入实际进行调查,掌握第一手实际资料,对项目实施的市场前景、技术需求、资金需求等有一个比较全面的了解。

实行改革开放以来,我国有很多企业家、科技人员为我国经济和社会发展构思了很多好项目。例如,香港实业家胡应湘先生第一个把BOT项目引入了我国,北京大学王选教授构思成功计算机汉字激光照排系统让我们的报社告别了"铅与火"。

项目构思还常常是个别人受到某种启发产生的想法或灵感。例如,某人参观英吉利海峡隧道工程,赞叹之余,联想到我国有台湾海峡,为什么不在那里也建一隧道?回国之后,便写出关于台湾海峡隧道的构想。

10 多年前,台湾一名商人欲在宁波投资一旅游项目。实地考察后发现,此地电力供应不足。旅游项目即便建成,也难以开业。忧虑之中一转念,何不投资建电厂,一为旅游项目,二为解当地缺电之困。这一转念成就了一个非常成功的电厂项目。

3. 项目识别和项目构思的方法

提出一个项目并不难,难的是选择一个好的项目。好项目不是一个人自己构思出来的,而是来自市场、社会和科技成果,是集体智慧的结晶。

例如,我国经过 20 多年改革开放,经济得到快速发展,计划经济时期的物质短缺已经基本得到解决,一度市场供不应求的家用电器商品,已经成为供大于求;国民经济发展"瓶颈"的基础设施不足问题也已大大缓解。但是,当 1998 年中央政府投入几十亿元成立了旨在推动中小企业技术创新的科技型中小企业技术创新基金时,有关部门却提不出像样的项目。能提出来的,大多重复、技术含量低、包装过度等。可见,识别能够满足上面所说的各种要求、又不重复、科技含量高的项目实际上并不容易。

应该如何识别、构思项目呢?市场调查是项目识别基本和直接的方法。在市场调查过程中必然会发现许多项目或酝酿出许多项目设想。对于具体的个人或社会组织而言,除了直接进行市场调查之外,还可以从别的渠道了解到对项目的需要。例如,各级政府的社会经济发展规划、社会团体和国际组织的建议、政协委员和人大代表的提案、民众的呼吁、学者和专家的见解和意见、企业申报等。还可以通过主动地了解和评价社会、经济和科学技术的发展现状和未来方向而识别项目。

可以发动企业、组织内部职工的合理化建议、创新小组、项目构思小组等,鼓励本组织所有的人积极参与,深入思考,大胆地提出各种项目设想。这样做,不但可以广开思路,而且还可以减少少数人决策时的失误。

发达国家在预测、决策、规划以及其他方面非常重视发挥集体的作用,利用集体的智慧。其中有一个方法,就是在遇到问题时把有关人员召集在一起,让参加者出主意,想办法。通过适当的安排和组织,给参加者充分的自由,不加任何限制,让其广开思路,海阔天空,提出想法。当有人提出想法后,其他人就会受到启发,也提出一些想法。而其他人提出的想法反过来又触动自己的想法,头脑中升腾出更多、更深入、更好的想法。参加者就是如此相互启发、互相补充、共同完善,最后归纳出好主意来的。他们把这种方法叫作头脑风暴法(智力激励法)。

头脑风暴法是美国 BBDD 广告公司的奥斯本提出的一种创造性思维方法。头脑风暴

(brainstorming)原是精神病理学上的术语,指精神病患者精神错乱时的胡思乱想,这里转意为无拘无束、自由奔放地联想。具体地说,头脑风暴法是针对一定问题、召集由有关人员参加的小型会议,在融洽轻松的会议气氛中,与会者敞开思想、各抒己见、自由联想、畅所欲言、互相启发、互相激励,使创造性设想起连锁反应,从而获得众多解决问题的方法。

这种会议由10个左右有关专家参加,设一名记录员。主持人应对要解决的问题十分了解,并头脑清晰、思路敏捷、作风民主,既善于造成活跃的气氛,又善于启发诱导。其他人当中最好有几名知识面广、思想活跃的,以防止会议气氛沉闷。应用头脑风暴法构思项目应该注意以下问题。

① 要讨论的问题、需求比较明确,不宜太小,不得附加各种约束条件。

② 强调提新奇设想,越新奇越好。

③ 提出的设想越多越好。

④ 鼓励结合他人的设想提出新设想。

⑤ 与会者不分职务高低,一律平等相待。

⑥ 不允许对提出的创造性设想作判断性结论。

⑦ 不允许批评或指责别人的设想。

⑧ 不得以集体或权威意见的方式妨碍他人提出设想。

⑨ 提出的设想不分好坏,一律记录下来。

会议结束后,将提出的设想分析整理,分别进行严格的审查和评价,从中筛选出有价值的提案。

情景分析法是在现代社会技术迅速发展,不确定性因素日益增长的背景下,通过专家集体推测,对可能的未来情景的进行描述。对未来情景,既要考虑正常的、非突变的情景,又要考虑各种受干扰的、极端的情景。情景分析法就是通过一系列有目的、有步骤的探索与分析,设想未来情景以及各种影响因素的变化,从而更好地帮助决策者制定出灵活且富有弹性的项目目标、框架等。

在进行情景分析时,尽管不同的分析者采取的具体步骤可以略有不同,但基本步骤可归纳如下。

（1）建立信息库

在充分调查、整理的基础上,建立一个内容充实的信息库是有效地进行情景分析的基本前提。信息库应当是全面的,包括可能影响决策目标实现的各种内部和外部因素。信息库不仅要与现有状态有关,而且要与影响未来的历史状态有关。

（2）确定问题

确定研究的目标,即明确需要解决什么问题,是情景分析的重要步骤。由于参加讨论的专家来自不同的领域,具有不同的观点,因而需要对问题进行系统的讨论,以统一认识,并确认与问题有关的各种因素。

（3）分析并构造影响区域

对影响问题的环境因素进行分析，并将这些因素分类构成影响区域；对这些影响区域及其与问题之间的关系再进行分析，确定有重大影响的区域；最后检查分析是否包括了所有有关的方面。

（4）确定描述影响区域的关键变量

对每一影响区域确定关系变量，以便定性或定量地描述现有的状态和未来的变化趋势。

（5）探寻各种可能的未来发展趋势

围绕每一个关键变量，探寻该影响区域未来可能的变化趋势。这些影响区域及其假设的变化趋势必须是与情景分析的问题相符合的。

（6）选择并解释环境情景

根据相符性、可能性和有代表性，选出 3～5 个假想的发展趋势，构建环境情景，并通过定量和定性的方法，确定情景问题的未来状态、通往这些状态的路线以及设想的不同发展趋势之间的相互关系。

（7）引入"突发事件"，检验其对未来情景的影响

第（5）步和第（6）步中构建的可能的未来情景，会由于一些未曾预见的突发事件而发生根本性的变化。为了使决策者能有所准备，就要预先在未来情景中引入可能发生并具有重大影响的突发事件，研究其效应。如果引入这些突发事件使未来情景发生了极有意义的变化，就需要分析这一新的情景。

（8）详细阐明问题情景

系统地评价环境情景对问题的各种影响，整理所有情景预测的结果。在此基础上，找出解决问题的可能途径。

经过上面一系列的步骤后，项目决策人员可以构思能够解决未来情景问题的项目。因为是在对未来环境因素变化的分析基础上，通过对影响问题的因素归类、相关分析等，以解决情景问题为目标，所以，用这种方法构思的项目更加全面，降低了环境风险性。

14.1.3　项目建设的程序

一般项目建设的程序包括七大内容：提出项目建议书；进行可行性研究；经过可行性论证，编制方案初步计划；技术设计；项目实施管理；生产准备；竣工验收。

（1）项目建议书

项目建议书是企事业单位根据国家经济发展长远规划和行业、地区发展规划，结合资源条件和市场预测等，在调查研究、搜集资料、综合分析项目建设的必要性和合理性的基础上提出的拟建项目的轮廓设想，主要申述项目申报的理由及主要依据、项目的市场需求、生产建设条件、投资概算和简单的经济效益和社会效益情况。项目建议书仅仅是一种设想、概念，需经

过决策层平衡、审批。项目建议书获批准后,可以进行下一阶段的工作。

(2)可行性研究

可行性研究分为初步可行性研究和详细可行性研究。初步可行性研究是对投资意向进行技术本身的成熟性、市场潜力、竞争对手、替代产品、投资方的承受能力以及相关供应情况的分析。完成初步可行性论证并得到决策层的认可以后,按照建设项目的程序还要进行更加深入的分析,对项目实施的技术经济可行性进行详细的分析,这就是详细可行性研究,这步骤工作包括技术调研、市场需求预测、投资详细估算、成本估算、财务分析、国民经济分析等。可行性研究是投资前期工作的中心环节,是项目决策的依据。可行性研究的目的是论证项目是否适合建设、技术上是否可靠、经济上是否合理。

(3)设计

设计主要包括初步设计和施工图设计。初步设计是项目可行性研究的继续和深化,是对项目各项技术经济指标进行全面规划的重要环节。初步设计一般包括设计概论、建设规模与产品方案、总体布局、工艺流程及设备选型、主要设备清单和材料、主要技术经济指标、主要建筑物、公用辅助设施、劳动定员、"三废"处理、占地面积及征地数量、建设工期计划、总投资概算等文字说明及图纸。

(4)施工准备及施工

施工准备工作的目的是保证施工建设顺利进行,防止疏忽和遗漏,避免施工建设期间停工带来损失。施工准备的主要内容有:设备和原材料的定购和采购,编制施工组织设计和施工图预算,建筑工程的招标以及征地、拆迁、辅助性临时房屋建设等。

(5)竣工验收

竣工验收是全面考查建设项目的实施成果,检查设计与施工质量的重要环节。按照设计要求检查施工质量,及时发现问题并解决它。以保证投资项目建成后达到设计要求的各项技术经济指标。竣工验收一般采取先单项工程逐个验收,后整体工程验收的程序,验收合格后应及时办理固定资产交付使用的转账手续。

竣工验收也是对项目管理结果的全面考察与审核,项目管理的目的是完成预定的目标任务,达到或者超越预先设计要求指标。通过第三方对项目实施管理的结果进行验收,起到公正审核的目的,也是对项目承担者工作的承认。

(6)投产准备

建设单位要根据建设项目或主要单项工程生产技术的特点,有计划地做好各项生产准备工作。生产准备工作一般包括:按计划要求培训管理人员和工人,组织生产人员参加主要设备和工程的安装、调试,在投产前熟悉工艺流程和操作技术。

综上所述,一个项目从构思到确立要经过一系列的过程。根据环境条件,对项目构思选择、项目明确定义、可行性研究等环节进行研究并做出决策,最后下达项目任务书,如图14-1所示。

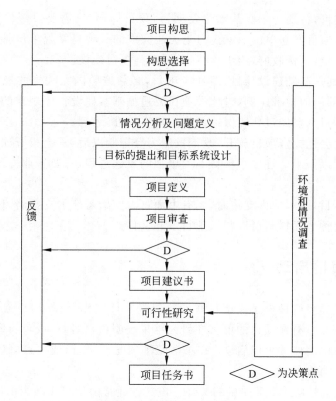

图 14-1　项目确立过程图

14.2　项目启动

14.2.1　项目发起

　　项目选定之后，还要有一个发起过程，才能使项目行动起来。所谓发起，就是让项目利益相关人员承认项目必要性，让他们根据自己的义务投入人力、物力、财力、信息或精力等。

　　充当这种角色的叫作项目发起者、项目发起人或项目发起单位。项目发起人可以是投资者、项目产品或服务的用户或者提供者、项目业主、建设项目的施工单位。项目发起人可以来自政府或民间。长江三峡水利枢纽工程的发起人是国务院，京九铁路的发起人是铁道部，而北京恒基中心这个房地产开发项目的发起人是香港恒基集团。

　　许多项目发起人并不自己实施项目，而是将其委托他人。这时候，项目发起人就是项目委托人。项目委托人就是把项目交给项目管理班子的个人或组织。项目委托人可以来自项目所在组织的内部，也可以来自外部。

现代的一些项目,特别是一些基础建设项目,项目周期长、需要巨额的资金,投入大量的人力和物力。单靠项目发起单位一家之力是无法完成的。项目发起单位必须宣传、说服和动员社会上的有关力量,包括政府,给予支持,共同参与项目建设。

许多项目,尤其是基础建设项目、房地产项目,必须按照国家法规的规定,通过必要的程序,取得政府有关部门的批准。例如,建设项目要遵循基本建设程序规定的各个步骤,对环境产生不利影响的项目则要经过环境保护部门的审查批准,等等。

自从政府对社会性投资项目放开,改审批制为登记制以后,社会投资项目只要合法,不用经过政府审批就可以做了。许多小项目不用单独的发起过程,只要企业内部决策层通过就可以成立项目班子。

在发起一个项目,寻求他人支持时,要有书面材料交给可能的支持者,使其明白项目的必要性和可能性。这种书面材料可以叫做项目发起文件。

14.2.2 项目启动

项目启动就是项目管理班子在项目开始阶段的具体工作,包括项目或项目阶段的规划、实施和控制等过程。只有在项目的可行性研究结果表明项目可行,或项目阶段必备的条件成熟或已经具备条件的时候才可以启动;在不清楚项目是否可行,或项目阶段的必备条件成熟之前贸然启动是不可取的。

项目许可证书就是正式批准项目的文件。该文件通常由项目实施组织的高层管理者或者项目的主管部门颁发。但是,项目许可证并不等于项目启动,项目正式起动过程完成有两个标志:一是任命项目经理,建立项目管理班子;二是项目许可证。应该尽可能早地选定项目经理,并将其委派到项目上去。一般来说,项目经理确定以后,由项目经理负责制定项目执行计划。

14.3 项目终止

项目终止是项目生命周期的最后阶段的最后一步,它的出现标志着项目的目标已经实现,或是该项目的目标已不再需要或是不可能实现。即该项目已经到了终点。由于项目终止涉及项目完成或结束与否的决策,因此对于整个项目管理仍具有重要意义。当需要终止而没有终止或终止时间不适当时,会给项目利益关系者带来更大的损失。研究项目终止会为我们今后的项目管理工作积累一些有益的经验。

14.3.1 项目终止概述

从项目的计划阶段开始,项目的业主、项目管理团队、项目的承包商、项目监理等方面,就要为项目营造良好的氛围,促进项目的顺利进行。当一个项目已经完成或超越了预定目标,或者已经明确项目的目标不可能实现的时候,终止该项目就非常必要了。项目终止是对项目有效管理的一次最终检验和确认,同时也是对项目整个管理过程的一次总结,项目终止要按照一定的程序进行,通过分析项目成功或者失败的原因,为进一步项目管理提供经验和借鉴。项目的结束阶段是一般项目生命周期的最后阶段。在这一阶段,仍然需要进行有效的管理,适时地做出正确的终止决策,总结分析该项目的经验教训,为日后的项目管理工作提供有益的经验。

一般来说,项目完成后就要终止,当项目没有正常实施直至结束,而采取各种方式进行终止,说明项目进行中产生一些导致项目终止的原因,这些原因通常是多方面的、综合的。概括起来,有如下原因之一就会出现项目终止。

（1）项目的目标已经实现

项目的实施是在时间、质量、成本三个因素的约束之下进行的,当由于某些因素的改变,而导致项目提前得以实现的时候,可以根据实际情况对项目实施终止,以节约项目的资源投入。

（2）项目进一步进展已经很难或不可能获得好的结果

在很多的实施过程中,可能会由于这样或那样的原因,导致项目无法进行,如项目所在地发生影响到项目的战争、其他不可抗拒的力量,为保证人员安全和减少损失,项目被迫终止。例如,在项目实施期间,由于其中一个重要的投资方的公司发生危机,甚至倒闭,预期投资的资金现在不能到位,这直接导致了项目由于缺少资金支持而被迫终止。

（3）项目被无限期地延长

导致项目被无限期延长的原因往往以政治、战争等原因较为常见,业主常常是一方面由于无法再继续进行项目实施;另一方面,业主又不愿意终止项目,寄希望影响项目实施的政策上的、战争威胁上的或经济上的原因在一段时间后能够有所缓和,这样的项目在间隔一段时间后,仍然可以继续进行。

（4）项目所必需的资源被转移出该项目

有时候,由于某些突然发生的原因,使得正在应用于项目的某些资源会被转用到其他的方面。例如,在项目发生地的国家宣布进入紧急状态,很多属于战备物资的钢铁、水泥等材料以及外汇等被国家征用,这时,项目因为物资和资金缺乏,不得不宣布终止。又例如,出现大范围自然灾害的情况,国家为了确保人民生命财产的安全,调用社会上的物资、材料用于抗灾赈灾,项目被迫停止。

（5）项目的关键成员离开项目组

一个项目的实施除了必要的资金和物资投入之外,人力资源也是关系项目实施的关键因素,尤其是研发项目,它的成功与否、进展情况主要取决于关键人员,一个高科技网络项目,只要核心技术人员的出走就会造成项目被迫终止。

除了以上原因,导致项目终止的因素还有项目目标和范围定义不清楚;高层管理人员不支持,项目经理人选不当以及计划和控制薄弱等其他方面的原因。通过这些分析可以看出,项目终止的决定因素是比较复杂的,它包括政治方面、经济方面、市场方面、人事方面及其他一些方面的因素,甚至是这些因素的混合形成,因此在处理项目终止的时候,应综合考虑这些决定因素,同时参考项目的实际情况,在定性分析的基础上,做出是否终止的决策。图 14-2 显示了项目在实施过程中由于各种不确定因素的影响而导致项目提前完成或项目目标无法实现,直至项目终止的过程。

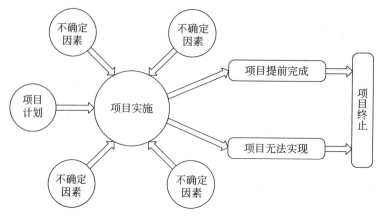

图 14-2　项目终止影响因素

实践中,上述情况并不是非常清晰地出现,有时项目是否终止需要相关人员分析各种情况以后做出综合判断。

14.3.2　项目终止方式

项目的最后执行结果只有两个状态:成功与失败。相应地,项目进入终止阶段也只有采用两种方式来终止项目:正常终止和非正常终止。在项目正常终止后,应对项目进行项目竣工验收和后评价,实现项目的移交和清算。当采用非正常终止方式对项目进行收尾时,要综合考虑影响终止项目的决定因素,制定项目终止决策,制定项目终止以后的事后处理事宜。

由于项目的性质以及出发角度不同,项目终止的形式也各不相同。根据项目的结果,可分为成功式终止和失败式终止;根据造成终止的原因,可分为正常式终止和非正常式终止;根据项目终止的程度,可分为完全终止和非完全终止;按照项目终止时的性质,可以分为自然式终止、整合式终止、内含式终止和绝对式终止。

1. 正常终止与非正常终止

（1）正常终止

当项目的目标已经实现,该项目已经达到了它的终点——成功,这种结束项目的方式属于正常终止。这里所谓的项目成功是指项目已经达到了其成本、进度和技术性能目标,并融入客户的组织中,促进了客户工作的开展。一个成功的项目意味着组织成功地定位了自己的未来,设计和实施了一个具体的战略。

判断一个项目管理成功与否主要看:

① 是否达到了客户预定的目标;

② 项目承担单位是否实现了既定的经济效益目标;

③ 项目团队是否按照计划安排完成项目任务;

④ 通过项目管理与实施,项目团队成员是否得到了锻炼;

⑤ 项目实施的结果是否给项目利益相关者带来了效用。

为什么有些项目能够得到成功,而另一些项目却失败?其中原因各异。从成功的角度看,一般要遵循如下原则。

① 在同客户充分交流的基础上规划出一份真实、可行的、符合客户要求的项目计划。

② 有效地解决项目管理过程中的冲突。

③ 项目整体目标清楚简洁,分目标具有可操作性,项目团队每位成员都能充分地理解。

④ 项目目标从启动到结束都处于有效地控制和跟踪状态。

⑤ 项目资源充足、资源配置合理。

⑥ 项目任务界定明确,并且任务分配合理。

⑦ 项目经理经常与项目团队交流,倾听他们的建议,帮助他们解决问题,掌握了项目进展的第一手资料。

⑧ 项目经理时刻掌握项目进展,对项目进展中出现的问题有良好的监控手段、解决问题的能力。

⑨ 项目计划合理、科学、可行。

⑩ 项目是在充分可行性认证的基础上立项,项目目标和计划能够随着环境因素的变化而调整。

项目在工程实施完成后,进入了项目收尾阶段——总结和后评价阶段。项目后评价的实施是以项目建设实施过程中的监测、监督资料和施工管理信息为基础,分自我评价和独立评价两个步骤来完成的。

(2)非正常终止

非正常终止是指项目由于种种原因不能完成预定目标,或者项目管理者自动放弃对目标的实施而造成的项目任务完结。一般来说,项目非正常终止是出于不得已而为之,是对预期目标的脱离。不同的项目有不同的经验教训和启示。对那些失败的项目,研究错误出现在哪里,为什么项目的目标不能实现,从中可以得到许多有益的启示。

当项目可能因为政治原因、经济原因、管理原因,没有办法维持一个项目,或项目目标不可能实现时,高层管理人员应考虑终止项目的执行,避免进一步的损失。例如,东南亚金融危机使得泰国大量在建的建设项目由于资金被抽回而被迫停止。项目失败意味着项目没有达到其成本、进度和技术性能目标，或者它不适合组织的未来。因此失败是一个相对的因素。

由于不可预见的因素而导致失败的项目并非是真正的失败项目，由于环境变化、组织变化、目标变化而失败的项目也非真正的失败项目。因为从某种意义上来说，这些因素是不可抗拒的。只有那些因为管理、决策问题而导致预算超支、进度推迟、资源严重浪费的项目才是项目管理的失败。

这里有一些基本的原因决定着项目的目标难以实现，或者项目中途终止，这些原因恰好与成功项目的原因相反。

① 项目计划太简单，或者过于复杂，甚至脱离实际，难以操作。

② 项目的主要冲突无法解决，浪费了过多的时间和资源。

③ 项目经理或经理班子的管理水平、领导艺术欠佳。

④ 项目和团队对最初的项目目标理解有分歧。

⑤ 在项目进程中，项目监控不充分，不能预见即将要发生的问题；问题出现时，又不能适当地解决。

⑥ 团队队员不充足，工作效率低下。

⑦ 项目中所需的项目经理以及主管单位之间缺乏有效合作。

⑧ 优柔寡断的决策。

⑨ 项目中所需的资源供应缓慢，导致项目进度一再拖延。

对项目终止问题的探讨，需要考虑决定项目终止的因素有哪些，如何做出项目终止决策，以及决策制定后，如何来执行决策和处理终止后的行动。

2. 自然终止与非自然终止

按照项目总结的过程分，可以分为自然终止与非自然终止。自然终止指当项目达到其目标后，项目活动自然停止，已经没有继续的必要了。非自然终止指项目在没有完成其使命的中途停止运行。这是因为项目的某些约束、性能受到破坏，或项目目标和一些整体需要不再需要。

（1）项目的自然终止应考虑的问题

① 剩余的要交付的最终产品的识别。

② 确认目标与任务。

③ 未完成任务的识别。

④ 项目费用的控制。

⑤ 分配给项目的设施的识别与清理。

⑥ 项目人员的识别。

⑦ 项目历史数据的收集和构造。

⑧ 项目原材料的处置。

⑨ 同客户在未交付最终产品上的协议。

⑩ 获得所需的认证。

⑪ 同供应商就未完成任务进行协商。

⑫ 通知终止。

⑬ 关闭物理设施

⑭ 确定对审计跟踪数据的外部需要。

（2）项目的非自然终止要考虑的问题

① 对未来工作可能产生的不好影响。

② 由此带来的经济与非经济损失。

③ 团队的士气。

④ 收益或损失的分担。

⑤ 新开始项目任务的资源配置等。

　　不管是自然终止还是非自然终止，必须考虑各种与之相关的问题。不同类型的项目需要考虑的问题不同，基础设施建设项目更多地考虑建设资金和社会反对团体的问题；高新技术项目则更多地考虑技术本身的问题；产业投资项目和研发项目考虑的问题也有区别（如表14-1所示）。把这些问题进一步归类，其中两种类型问题是不可缺少的，一个是情感问题，另一个是理性问题（如图14-3所示）。任何项目对终止的判断都离不开人主观的分析，难免受到情感的影响。

表 14-1　在研发项目中终止项目需要考虑的因素排序

因　　素	认为此因素重要的公司的数量
技术方面	
完成技术目标或者商业化成果的概率	34
可用的研发技能不能解决技术或生产问题	11
其他项目对研发人力或资金需求的优先级较高	10
经济方面	
低投资回报率或低收益性	23
作为一个单独的产品来开发成本太昂贵	18
市场方面	
市场潜力低	16
竞争因素或市场需求方面的变化	10
其他	
要达到一个商业成果所需要的时间太长	6
对其他项目或产品有负面影响	3
专利问题	1

资料来源：林树岚，邓士忠译. 项目管理实践[M]. 北京：电子工业出版社，2002.

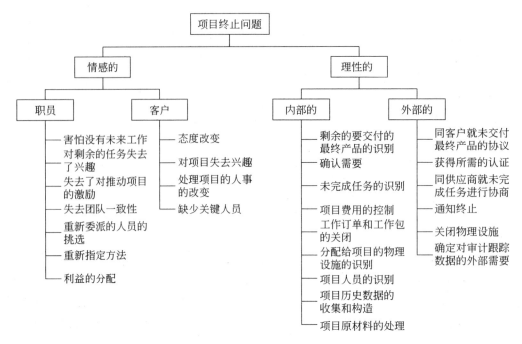

图 14-3　项目终止问题的工作分解结构图

资料来源：杨爱华等译.项目管理——战略设计与实施[M].北京：机械工业出版社,2002,341.

3. 完全终止与非完全终止

按照项目终止的程度可以分为完全终止与非完全终止。完全终止是已经完成所有的任务，按照承包合同向业主提交了产品或服务，标志着项目的合同关系已经结束。非完全终止是项目进展过程中由于某种原因不能完全按照原计划进行实施，只能放弃一部分任务，或者暂停项目活动的进展，以平衡资源的配置。例如，由于政府预算经费的缩减，某个标段工程项目下马。

除了上述项目终止方式以外，还可以按照其他方式分类。例如，按照终止的条件可以分为绝对终止和附件终止。所谓绝对终止，就是项目一旦终止，所有与项目有关的实质性活动都将停止，项目组将解散，项目成员回到原来的单位或重新安排工作。所谓附加终止，是指项目终止时被发展为企业或组织的一个组成部分，也就是"附加给"企业。

14.3.3　项目终止的程序

做出项目终止的决策以后，就开始项目终止的具体实施过程。实际的终止过程可以是按照计划有序地进行，也可以是简单地立即执行，即立即放弃项目。通常为了使项目终止有一个较好的结果,特别是对一些较大的项目或有着较大影响的项目,有必要对终止过程进行计划,整理相应的各种资料,作好相应的人员安排,并提交项目终止的详细报告。

项目终止过程需要解决两方面的问题,一方面是项目外部的事务,如项目利益相关者,处理好利益相关者的利益,清算他们的利益分配关系;另一方面是项目内部的事务,如处理好项目团体人员的安排、设施的处理、财务清算、最终产品(服务)的交接、验收等。

项目终止的实施是一个复杂的过程,除了对资金、物资进行必要的处理之外,还有许多需要处理的文档资料。但往往在项目终止过程中,相关人员常常忽略对文档资料的整理和归档,这些是正式项目后续工作的基础材料,因此,在项目终止过程中,必须注意项目有关文件资料的整理,它将为日后类似项目的资料收集、管理方法提供借鉴。此外,项目文件资料的流失既不利于保密,又不利于项目审计和检查。

在项目终止过程中,处理项目终止过程的负责人负责全面的工作,其工作情况如何直接关系到项目终止的最终效果。通常这项工作是由项目经理负责,因为项目经理对项目的执行情况最熟悉。项目终止负责人的职责主要有如下几个方面。

① 通知所有项目利益相关者。

② 保证涉及项目终止的所有任务的完成。

③ 通知客户项目完成情况,保证与客户达成的各种协议的实施,各种涉及客户的处理必须获得客户的认可。

④ 监督项目有关账目的结清,理清最终的账目。

⑤ 决定保存的文档(电子文档、手册、报告和其他文件),保证有关文件存放在适当的地方,并负责将文件递交给相应的文档管理员保管。

⑥ 重新安置人员、物资、设备及其他资源。

⑦ 保证完成有关文件,包括项目的最终评价,并准备提交项目终止报告。

由于许多项目的项目终止负责人的职务实际上是由项目经理担任,因此,项目经理在此时成为实施项目终止的关键。在有些项目里,在项目经理的直接监督下,项目终止的实施得以进行,但这容易造成一些对斥情况。对于大多数项目经理来说,项目终止也就意味着他们作为项目经理职责的结束。如果他同时还负责其他项目,项目经理本人的后续工作不成问题,反之,项目经理可能会考虑本人的问题,对项目终止产生情感上的顾虑。项目其他职员同样也会产生相似的问题,所以项目终止时必须妥善考虑、处理这些问题,以免影响项目最终结果。

当出现项目经理未来工作任务难以安排的情况时,对项目的人事安排便成了项目终止的关键。一般有几种情况可以参考,一是对整个项目终止过程让项目外的管理人员来负责处理;另一种是由熟悉项目环境的项目组内部管理人员处理。当然,当项目终止过程需要必要的技术知识时,项目组的技术人员也可以负责项目终止工作,因为这种安排既可以起到一种激励作用,也是对他管理经验的一种培养,因此,从上面的分析可以看出,对于项目终止的管理和人事安排，应根据不同的项目情况进行处理。

此外，项目终止负责人需要注意项目终止的过程中对项目组的解散和对项目组成员的重新任命，防止处理不当造成工作矛盾。项目终止负责人应该就新的任命争取与项目组成员单独或以小组的方式沟通，使项目组成员了解项目终止计划，并尽力帮助项目组成员找到自己的新位置或新工作。如果由于一些原因，项目终止负责人不能与每个项目组成员进行沟通，那也应该委托有关的人事负责人来处理这项工作。

对项目外部利益相关的处理，应该尽可能谨慎，及早通知项目利益关联人员，让所有项目利益相关人员知道项目终止的程序、方式及其处理方法，应该召开相应的项目终止碰头会，在会议上通知相关人员，通过谈论的方式确定关键问题的处理方法。处理、平衡项目利益相关人员之间关系的依据和准则是项目建议书、许可证、合同及协议书等。

不同类型项目的终止程序不同。例如，工程项目主要以竣工验收为主，最终工程产品通过验收、交付使用，标志着项目团队的解散；科研项目主要以交付研究成果报告、通过相关部门的鉴定的方式说明研究项目已经结束；技改项目以试车成功，交付使用的时候，说明项目建设与管理宣告完毕，项目团体宣告解散。同时，不同规模的项目终止程序也会不同，小型项目因为其规模和内容简单，终止过程就相对简单、方便，然而大中型项目因为其牵涉面广、内容复杂、延续的时间长等特点，终止程序必须正规化、程序化和有法律依据。

1. 小型项目的终止过程

小型项目的终止过程和程序显得比较简单。一般只要进行两项工作就可以完成项目的终止。

（1）召开项目结束会议

同项目团队队员和客户一起确认项目目标已经完成，以书面形式交由相关人员签署。由于小型项目的内容较少、目标明确且便于考核、项目管理过程中鉴定比较充分，所以，在最终阶段的结果各方都比较清楚，在终止会议上各方容易达成一致看法，往往这个会议成为庆功会。

（2）项目结束报告

项目终止必须编写结束报告，对项目执行情况、提交的内容、成功的经验、存在的问题等都要提供相应的书面文件。

2. 大型项目的终止过程

大型项目的终止过程比较复杂。例如，美国帝国大厦的终止就相当复杂，它有许多子项目和子计划，对于一个项目新手来说，很难轻松地处理结束阶段的工作。确实，项目主体工程已经完成，但是通信网络、管道工程以及装修工作又做得怎么样？

对于大型项目来说，结束阶段多少会给团队队员带来一些压力和忧虑。有时，甚至一些项目队员由于害怕项目竣工后将要丧失已建立团队的安全感和转换工作岗位的不适应,他们会较为拖沓地执行某些细节活动,这使得项目结束阶段显得较为漫长,甚至人为地拖延项目结尾工作。

在最后阶段,帮助团队队员消除紧张、焦虑感,让他们共享项目成功的快乐,激发他们善于把握新机会,迎接新项目的挑战,是项目经理的重要职责和义务。强调项目已取得的成就,赞许他们在项目中的表现,这会使团队队员有一种成就感、责任感,努力做好最后一阶段的所有细节工作,做到善始善终,不留尾巴。这也是我国很多工程项目管理存在的薄弱环节。

当大型项目主体工程将要完成时,仍然需要处理一些细节的工作。由于一些细节的扫尾工作的拖延会影响整体工程的竣工验收,所以,项目经理需要在结束阶段更加注重好收尾工作。

检查项目收尾工作时,通常要设计一张项目终止核对清单,把原来的计划和实际进展情况作一一的对照,核对项目任务完成情况。项目终止核对清单因项目不同而异,主要是反映项目计划进度、剩余工作的界定、项目团队自检和他检情况、自我评价和结束会议记录等内容(如表 14-2 所示)。

表 14-2　项目终止核对清单

任 务 描 述	要　求		要求日期	责任分配(项目成员)	备　注
	是	否			
界定剩余工作活动					
项目终止计划					
队员自我评估					
支付供应款项					
客户培训					
设备重新布置配置					
材料物质的盘存					
队员安置					
工程技术文件					
项目结束会议					
项目结束报告					
项目回顾会议					

3. 项目终止的一般程序

项目无论大小其终止工作必须处理好各种事项,按照一定的法律程序执行,不留死角,不产生遗留问题。如果项目不能以圆满的方式终止,一些遗留问题就会相继而来。在日常生活中,你可能听到许多此类问题。例如,刚启用的新公寓很快出现渗漏现象;某小学围墙倒塌砸伤数十名学生;刚刚启用的宽敞大马路却在连接处堵塞;某城市高架桥启用以后,由于断头处没有明显的标志,夜间行车坠落高架桥酿成事故等。

所以,项目终止要遵循一定的终止程序。很多项目虎头蛇尾,开始轰轰烈烈剪彩,结束追追赶赶搞献礼工程,领导到场搞完典礼,人们就松劲了,剩下的工作没有人做,结果就会造成上述的情况。

一个大型项目中,有许多子项目、子任务,它们的终止工作要相互衔接、相互配合,应遵循正式的终止程序,一个个阶段性子项目的胜利是总项目成功的基础。中国有句俗语:"一步一个脚印",正是这些众多阶段性的胜利,才铸就了通向成功宝座的阶梯。每个阶段性成果的验收、鉴定要遵守正式的终止程序。

项目终止的程序通常包括如下几个步骤。

（1）项目终止决策

在做出终止决策之前,需要仔细核查项目的工作范围,从而确定项目是否已经完成。在

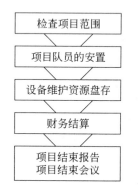

图 14-4　项目终止程序

这一过程中,现场查看是一种有效的管理手段,它能避免遗留问题的出现以及项目团队对工程的乐观估计。图 14-4 所示为项目终止程序。

（2）工作活动清单

把一些需要完成的细微工作活动列在一张清单上,并安置专人负责处理。例如,工程已经竣工,但用户需要使用手册,由谁来负责这项工作,什么时间完成等要有具体的安排。把这些工作活动列在任务清单上能引起足够的重视,便于管理、监督和检查。

（3）团队的一致意见

当项目已成功地实现项目的目标时,项目经理、管理班子、团队队员会很容易达成终止意见;但是,如果项目的终止是由于预算枯竭、突发事件造成的,他们会在项目终止决策上发生较大的分歧。这时及时沟通、情况通报、明确责任就成为顺利终止项目的重要方面。

（4）结束阶段中的会议

在项目结束阶段中,同团队队员、管理人员会谈非常重要。经过一个较长时期的奋斗,项目已接近尾声,这时召开项目管理团队的全体会议非常必要,在会议项目经理对项目进展工作做一个比较全面的总结,客观地评价项目团队成员的工作成绩和存在的问题,同时在会议上宣布进一步需要完成的工作和任务以及安排。在同项目成员的会谈中,可以了解到他们对项目的分析评价,对项目经理的领导水平的看法,以及他们将来的打算。必要时,做些记录,这些都是将来工作的镜鉴。

（5）内部沟通

当项目经理做出终止决策时,应及时用文件通知项目团队队员,相应团队队员掌握了项

目终止的最后期限之后,就会根据时间的要求来调整自己的工作进度。对于那些需要延长一定时间的队员来说,可能会产生一种压力。项目经理应经常亲临这些工作活动的现场,以评估他们的工作进程。

（6）外部沟通

把项目终止的日期及时地通知客户、供应商、分包商也是非常关键的,让相关人员做好一些准备工作。例如,项目将在某年某月某日终止,当客户接到在自终止日起20天内付清项目款项的信息时,就能及早做好资金的准备工作。这是一种有效的策略,它不仅能帮助项目组及时清收款项,还能为团队节省一定的财务开支。

（7）项目决算

项目实施最终究竟花费了多少成本、使用了哪些材料资源、已收到客户多少资金、应收款项是多少、还应支付给哪些分包商、供应商多少款项等问题应该在项目终止之前结算清楚,并告知相关人员。

在这一阶段中,财务部门的成员们应该显得异常繁忙,他们所提供的数据和报告将为项目的绩效评估提供第一手材料,是判断项目管理成功与否的主要标准。

（8）庆祝活动

一旦项目顺利完成,项目经理应举行一次庆祝活动,向团队队员们表示感谢和祝贺,并给队员们颁发一定的奖金,评选项目管理的优秀队员、先进项目工作者,使每位项目成员享受成功的喜悦。同时,扩大项目对外部的影响,提高项目产品（服务）的社会知名度。

一般说来,项目停止时要处理好各方面工作,如组织机构、财务、设备资源、人事等,如图 14-5 所示。

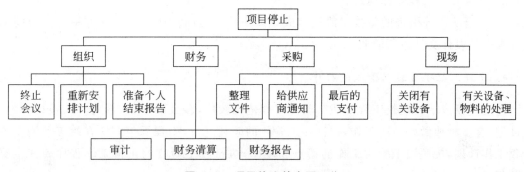

图 14-5　项目终止的主要工作

（9）资源重新处理

把项目中使用过的设备、仪器以及所剩余的物质、原材料进行检查、清理、登记,归还公司设备管理部门。暂时出租和外借的设备仪器应及时归还或办理相关手续。完成项目所有的设备、物质相关手续以后,对项目的现场进行清理,工程项目要拆除临时建筑物,清理垃圾等。

（10）对用户培训

一些科技含量较高的项目在交付之前要对用户进行培训,讲解使用说明等。尤其是软件开发项目,在项目终止之前,除了要交付给用户一套软件,很重要的一个环节是帮助用户使用软件,调试软件,为用户培训维护技术人员等。

(11) 竣工验收

项目验收是指在整个项目完成并通过试运行后,为证明项目完成并实现交接而进行的一系列手续和过程,同时也是对验收过程中发现的问题进行调整的过程。由于在项目管理过程中,前期在时间、费用、人员、技术、质量等许多方面投入了大量资源,因此验收这个环节往往易被人忽视,实际上验收工作好坏与否对于公司品牌的建立、项目的正常运行有着重要影响。同时,验收工作结果也是一些工程项目参加评奖工作的基础,许多房地产项目由于得奖往往能够获得好的品牌,价位大幅度提高。

项目验收的操作安排往往在合同或招投标文件中有所反映,它一般分为工程完成后的初验和工程试运行一定时间后的终验两个阶段。

工程项目竣工验收更加复杂,竣工验收的依据,除了必须符合国家规定的竣工标准(或地方政府主管机关的具体标准)之外,在进行竣工验收和办理工程移交手续时,应该以下列文件作为依据。

① 上级主管部门有关工程竣工的文件和规定。

② 建设单位同施工单位的工程承包合同。

③ 工程设计文件(包括施工图纸、设计说明书、设备说明节等)。

④ 国家现行的施工验收规范。

⑤ 建筑安装工程统计规定。

⑥ 凡属从国外引进的新技术或进口成套设备的工程项目还应按照双方签订的合同书和国外提供的设计文件进行验收。

4. 建筑工程项目竣工验收的程序

建设项目或单位建筑工程的竣工验收工作范围较广,涉及的单位、部门和人员也多,为了有计划、有步骤地做好各项工作,保证竣工验收的顺利进行,工程承包方应在竣工前制定竣工验收工作计划,按照竣工验收工作的特点和规律,执行竣工验收的正常工作程序。其主要程序包括:

① 现场工程项目经理部进行竣工验收准备工作,主要任务范围是围绕工程事务的硬件方面和工程竣工验收资料的软件方面做好准备;

② 施工单位企业内部组织自验收或初步验收;

③ 施工单位提出工程竣工验收申请,报告驻场监理工程师或业主方代表;

④ 监理工程师(或业主代表)对竣工验收申请做出答复前的预检和核查;

⑤ 正式召开竣工验收会议。

5．建筑工程项目主要验收内容

在全部工程验收时，建筑工程已建成了，有的已进行了"交验"，在最后竣工验收时，还需要进行如下三方面的内容。

① 工程技术资料验收。包括工程地质、水文、气象、地形、地貌、建筑物、构筑物及重要设备安装位置、勘查报告、记录；初步设计、技术设计、关键的技术试验、总体规划设计；土质试验报告、基础处理；建筑施工记录、单位工程质量检查记录、管线强度、密封性试验报告、设备及管线安装施工记录及质量检查、仪表安装施工记录；设备试车、验收运转、维护记录；产品的技术参数、性能、图纸、工艺说明、工艺规程、技术总结、产品检验、包装、工艺图；设备的图纸、说明书；涉外合同、谈判协议、意向书；单项工程及全部管网竣工图等资料。

② 工程综合资料验收。包括项目建议书及批件、可行性研究报告及批件、项目评估报告、环境影响评估报告、设计任务书、土地征用申报及批准的文件、承包合同、招投标文件、施工执照、项目竣工验收报告和验收鉴定书。

③ 工程财务资料验收。包括历年建设资金供给（拨、贷）情况和应用情况、历年批准的年度财务决算、历年年度投资计划、财务收支计划、建设成本资料、支付使用的财务资料、设计概算、预算资料和施工决算资料。

6．建筑工程验收内容

在全部工程验收时，建筑工程早已建成了，部分隐蔽工程已经通过验收，这时进行复查验收的内容如下。

① 建筑物的位置、标高、轴线是否符合设计要求。

② 对基础工程中的土石方工程、垫层工程、砌筑工程等资料的审查，因为这些工程在"交工验收"时已验收过。

③ 对结构工程中的砖木结构、砖混结构、内浇外砌结构、钢筋混凝土结构的审查验收。

④ 对屋面工程的木基、望板油毡、屋面瓦、保温层、防水层等的审查验收。

⑤ 对门窗工程的审查验收。

⑥ 对装修工程的审查验收（抹灰、油漆等工程）。

7．安装工程验收的内容

安装工程验收分为建筑设备安装工程、工艺设备安装工程、动力设备安装工程验收。

（1）建筑设备安装工程（指民用建筑物中的上下水管道，暖气、煤气、通风管道、电气照明等安装工程）应检查这些设备的规格、型号、数量、质量是否符合设计要求，检查安装时的材料、材质、材种，检查试压、闭水试验、照明。

（2）工艺设备安装工程包括生产、起重、传动、试验等设备的安装，以及附属管线铺设和油漆、保温等。检查设备的规格、型号、数量、质量、设备安装的位置、标高、机座尺寸、质量、单机试车、无负荷联动试车、有负荷联动试车、管道的焊接质量、洗清、吹扫、试压、试漏、油漆、保温等及各种阀门。

（3）动力设备安装工程指有自备厂的项目或变电配室（所）、动力配电线路的验收。

14.4　项目结束报告

项目终止过程中，项目经理的一项重要工作就是要撰写项目结束报告。项目结束报告是项目的最后一个重要文件，也是一个总结性文件。项目结束报告一般由项目经理撰写，项目结束报告不是简单地对项目过程的记录，而是项目的自我评价，目的是累积项目管理经验，为改进将来的项目管理服务提供经验，为公司高层领导提供决策参考。

项目结束报告应包含如下六项内容。

① 项目绩效。把项目最终所实现的结果与计划要实现的目标作比较，比较之后提出项目管理的一系列建议。与同类型项目的成本和结果进行比较，说明本项目的经济效果问题。

② 管理绩效。记录项目管理过程中出现的问题及解决问题的方式，总结管理经验。管理虽不能解决项目中的技术问题，但却对技术的实现起促进作用，并可避免某些问题的发生。管理的绩效主要表现在项目达到的技术水平、成本节约、时间的节省等指标上。

③ 项目组织结构。记录项目所采用的特有的组织形式，并分析该组织形式的优缺点。

④ 项目小组成员。对小组成员的表现、成员之间的沟通及相互合作精神进行评价，提出同类型项目关键人员在项目管理中起到的作用。

⑤ 项目管理技术的运用。项目的实施结果在一定程度上依赖于项目管理技术的运用，如预测技术、计划技术、预算技术、进度计划及资源分配技术、控制技术等。这里主要对这些技术是否运用得当、应用中的效果以及存在的问题进行检查与总结。

⑥ 项目管理的经验。包括项目实施管理过程中遇到的主要问题、总结的成功经验、对同类型项目的建议等。

项目结束报告的最后递交，也就标志着项目的最后结束。

14.5　案例分析：非营利项目的目标

当地一家非营利组织的理事会成员正在举行 2 月份的理事会会议，这一组织负责筹集和购买食品，然后分发给生活困难的人群。参加会议的人员有理事会主席史密斯和两个理事会成员奥尔森和安德鲁,以及其他成员。史密斯先发言:"我们的预算几乎用光了,而食品储备和施粥场的需求却一直在增加。我们需要弄清楚怎么才能得到更多的资金。"

"我们必须建立一个筹集资金的项目。"奥尔森响应道。

安德鲁建议:"难道我们不能向地区政府要求一下,看他们是否能给我们增加分配额。"

"他们也紧张,明年他们甚至可能会削减我们的分配额。"史密斯回答。

"我们需要多少钱才能度过今年?"安德鲁问道。

"大约 1 万美元。"史密斯回答,"我们两个月后就会开始急需这部分钱了。"

"我们除了钱还需要很多东西。我们需要更多的志愿者、更多的储存空间和一台安放在厨房里的冰箱。"安德鲁说。

"哦,我想我们完全可以自己做这份筹集资金的项目。这将是很有趣的!"罗斯玛丽兴奋地说。

"这个项目正在扩大,我们不可能及时做完。"贝斯说道。

奥尔森说:"我们将解决它并且做好。我们一向能做到的。"

"这个项目是我们真正需要的吗?我们明年将做什么,另一个项目?"安德鲁问道,"此外,我们正在经历一个困难时期,很难得到志愿者。或许我们应当考虑一下,我们怎样能用较少的资金来运作一切。例如,我们怎样能定期得到更多的食品捐献,这样我们就不必买这么多食品。"

奥尔森插话说:"多妙的主意,当我们去试着筹集资金时,你又能同时继续工作。我们可以想尽所有办法。"

"好了,"史密斯说,"这些都是好主意,但是我们只有有限的资金和志愿者,并且有一个增长的需求。我们现在需要做的是,确保我们在两个月后不必关门停业。我想,我们都同意必须采取行动,但是不能确定我们的目标是否一致。"

问题

(1) 已识别的需求是什么?

(2) 项目目标是什么?

(3) 如果有的话,应当从事的有关项目应具备什么样的假定条件?

(4) 如何启动项目?

本 章 小 结

本章对如何选择一个合适的项目作了论述,提出选择一个合适的项目应该从现实需求出发,从识别需求开始,把握问题与机遇,适应经济、社会与市场发展的要求,选择合适的项目。

项目选择要遵循一定程序,从项目概念产生、项目构思到初步可行性论证、详细可行性论证、审批等过程,严格把握各个过程的工作。

项目选定以后,有了项目许可证,就可以进行项目启动。项目启动就是项目管理班子在项目开始阶段的具体工作,包括项目或项目阶段的规划、实施和控制等过程。项目正式启动过程的完成有两个标志:一是任命项目经理、建立项目管理班子;二是项目许可证。

项目启动意味着项目开始,然而,项目终止标志着项目结束。项目终止是项目生命周期的最后阶段的最后一步,它的出现标志着项目的目标已经实现或是该项目的目标已不再需要或是不可能实现。

项目终止有各种情况,主要概括为如下几方面:①项目的目标已经实现;②项目进一步进展已经很难或不可能获得好的结果;③项目被无限期地延长;④项目所必需的资源被转移出该项目;⑤项目的关键成员离开项目组。

项目终止一般可以分为,正常终止与非正常终止;自然终止与非自然终止;完全终止与非完全终止;绝对终止和附件终止等。

项目终止一般要经过一定的程序,不同类型的项目终止程序不同,不同规模的项目终止的程序不同,一般要经历如下几个方面的过程:①项目终止决策;②工作活动清单;③团队的一致意见;④结束阶段中的会议;⑤内部沟通;⑥外部沟通;⑦项目决算;⑧庆祝活动;⑨资源重新处理;⑩对用户培训;⑪竣工验收等。

习　　题

1. 项目选择的原则如何?

2. IT 项目需求的特点是什么,如何识别需求?

3. 项目构思主要有哪些方面,如何应用常用的构思方法?

4. 建设项目的程序主要包括什么? 举例说明。

5. 什么叫项目启动,怎样才能叫项目正式启动了?

6. 什么叫项目终止,项目终止有什么必要?

7. 什么情况下要项目终止,终止的方式有几种?

8. 简述项目终止的一般程序。

9. 大项目与小项目终止的异同点主要有哪些?

第 15 章

项目管理软件

学习目标：本章主要学习项目管理软件的使用方法。以梦龙智能项目管理软件为例，系统科学地介绍如何利用项目管理软件对项目工作任务、项目资源进行管理；本章还将介绍利用项目管理软件进行项目网络计划。通过本章学习，巩固项目管理理论与方法，比较熟练地应用计算机管理项目。

15.1 项目工作

15.1.1 工作分类

每一个项目都由许多任务组成，合理地安排各项任务对一个项目来说是至关重要的。创建一个任务网络图是合理安排各项任务不可缺少的，通过梦龙智能项目管理系统创建任务列表可为项目策划者节省许多宝贵的时间。

在输入任务之前，用户最好能够创建一个项目网络图，以便能够更清楚、更直观地表示出项目发生的不同阶段，以利于更好地创建项目。网络图上清晰地显示出项目的主要阶段，各个阶段包含着的单一任务，每个任务包括若干工作。工作，有时也称工序，是网络图中最基本的元素。表示工程项目的工作有以下几种：实工作、虚工作、子网络（工作）、里程碑（工作）、辅助工作及挂起工作。正确地理解并运用它们将有助于我们编制出符合实际的合理的工程网络计划。

1. 实工作

实工作是最一般、最平常的工作。一般地说，任何需要一定的时间和资源才能实现的工作都可以称为实工作，如图 15-1 所示（本章图片取自梦龙智能项目管理软件，由梦龙公司提供）。

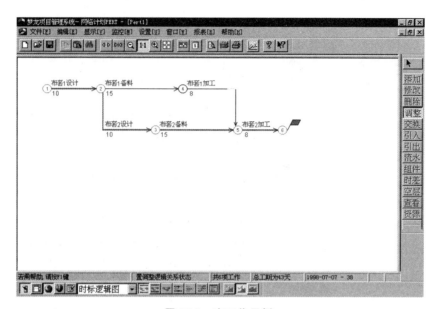

图 15-1　实工作示例

2. 虚工作

虚工作不是实际意义上的工作，而是一种逻辑连线，它表示某些工序间的逻辑关系（如图 15-2 所示）。

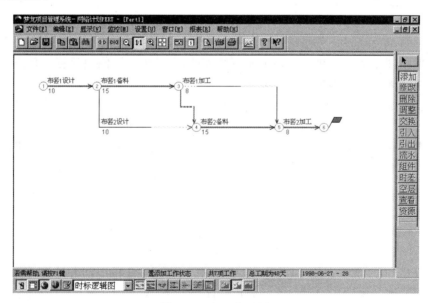

图 15-2　虚工作示例

3．里程碑

在网络计划中里程碑是确立某一阶段或某些工作开始或结束的时间目标。里程碑的本质是控制点，它分为输入控制点和输出控制点，在多个网络计划联合控制中起着桥梁作用，尤其有利于计算机网络上的操作（如图 15-3 所示）。

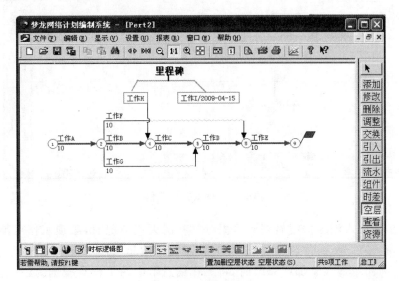

图 15-3　里程碑示例

4．辅助工作

在很多时候，我们会遇到这样一些工作，它们可能与主工序时间相同，但却又不是关键工作。例如宣传、思想工作、伙食工作，它们都是实工作，但其工期却由其他实工作的工期来定，随它们的工期延长而延长、缩短而缩短。它们却永远不能成为关键工作。这样的工作就称为辅助工作。

如图 15-4 中将安全宣传工作设为辅助工作，虽然时间不变，但它再也不是关键线路了。

提示：辅助工作均是作为其他工作的"伴侣"出现的。其工期由它所相伴工作的前后端点来确定。利用辅助工作还能解决一些特殊工作关系的描述，参见辅助工作的使用技巧。

5．挂起工作

挂起工作是另一种特殊的工作，需要时间消耗而不需要资源消耗。它被用来表示某项工作在指定时间段内不能实施而处于等待状态。

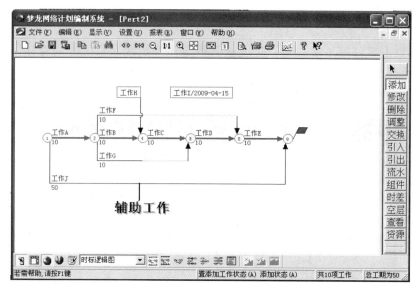

图 15-4　辅助工作示例

当施工中出现如水泥养护或者遇到暴雨等糟糕的天气情况时，某项工作可能需要等待或间歇一段时间，待条件允许再继续实施。此时就需要用挂起工作来解决。挂起工作的创建与其他工作类似，即简单地在添加或修改时，将工作信息卡中的工作类型选为【挂起工作】即可。表示方法如图 15-5 所示。

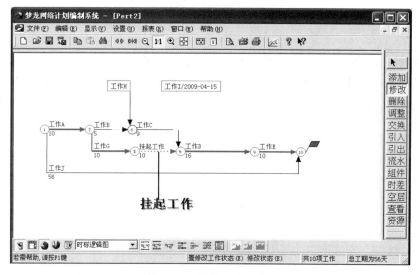

图 15-5　挂起工作示例

用挂起工作除了可以表示工作等待或间隙外,与组件工作结合使用还可以解决搭接问题。

15.1.2　创建工作信息卡

编辑时最常用的工作是添加、修改。以上所列出的任何工作几乎都可以通过添加或修改得到。而创建各种类型的工作离不开"工作信息卡"。工作信息卡中包含了大量关于工作的信息。

1. 概况工作信息卡

最初创建工作时,只需在此卡中将中文名称和此工作的持续时间给定即可,其他信息都可以不输。

(1) 输入工作名称

在【中文名称】、【外文名称】内输入工作名,可以给一个工作同时输入中文名称和对应的外文名称。在网络图中以何种文字显示将由属性设置中的选择设定:如可以选中文、外文、中外文或外中文等不同情况显示。

(2) 输入工作时间

在【持续时间】、【单位】等选项填写或选择工作所需要的时间。其中单位可以是天、小时与分钟。对于一些要求控制精度很高的工程项目,单位可以细分到分钟。另外,可以用实数表示工期的天或小时。如 1.5 天、10.5 小时等。工程日(制)可以设定每个工程日为若干小时。对于一些特殊工作,如扰民工程可能每天限制几个小时来做,而一些紧迫工作可能要求是 24 小时连续作业。这就要求对每个工作可以单独设定其工程日制。休息日有效:如果设置休息日有效,表明该工作碰到休息日时,其工期要按休息日顺延。当有些工作必须连续作业时,可以将此项设置设为无效。

【开始时间】与【结束时间】的设置:其中可设计划、实际、强制等几种。这些时间值一般都不需要输入,除非用于控制。

(3) 输入工作进度类

工作进度是用完成率来描述的。实际完成率:默认值为 -1%,此值表示工作仍未进行。当输入【实际完成】的百分比后,系统会自动生成前锋线图。计划完成率:默认值也为 -1%,表示工作未进行。

(4) 使用其他设置

【工作类型】:工作的类型设置在此设定,可选值为实工作、虚工作、子网络、里程碑、辅助工作与挂起工作,默认值为实工作。

【工作编码】:工作编码共 15 位。可参考工具条横道图部分内容。

【横道序码】：为横道图手工排序时使用。即当你给定了每个工作的顺序号后，以后对它们手工排序。

【操作方式】：它将提示对打开工作信息框的方式。可以在添加工作时做适当的改变。以减少误操作。在修改和查看状态，其中的内容不可变。

图 15-6 为概况工作信息卡。

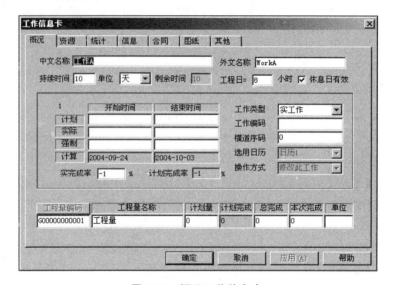

图 15-6　概况工作信息卡

2. 资源工作信息卡

资源工作信息卡用于设置一项工作所需要的资源。资源的输入可以在添加工作时输入，也可以通过对工作修改加入。在工作信息卡状态鼠标单击【资源】进入该界面。

（1）编辑与该工作相关的资源

可以通过该卡片中提供的【添加】、【修改】、【删除】等操作编辑各种与该工作相关的资源。具体操作如下。

① 单击【编码】选项：既可以直接输入，也可以从资源定额库中选择。若是从库中选择的内容，资源编码是不可修改的。

② 单击【名称】选项：可以输入，也可以从资源定额库中选择（控制版功能）。若名称不合适可以随时修改。

③ 单击【总量】选项：是一种分布值，它与强度值密切相关，总量值＝强度值×工期。你只需要在选择合适的计量方式后，输入总量或强度值中的一个即可。

④ 单击【实际】选项：此值在网络控制时才用到，此处可以不输入。

⑤ 单击【单位】选项：从定额中选择的资源，其单位一般是固定的，若有不合适的资源单位，可做适当的修改。

⑥ 单击【单价】选项：表示单位资源的费用，操作同上。

⑦ 单击【计量】选项：选择计量方式有四种，即总量、强度、常量与复用。

提示：梦龙软件系统中只用到前两种方式来表示资源的投入方式。

⑧ 单击【分布】选项：选择包括四种分布方式，即平均、正态、集中与三角。

提示：梦龙软件系统目前只采用平均分布形式。

（2）资源定额库

资源定额库中的内容是从用户指定的数据路径中的资源库中读取的，其内容可以通过【设置】菜单中【资源数据库】中定义和维护。

图 15-7 为资源工作信息卡。

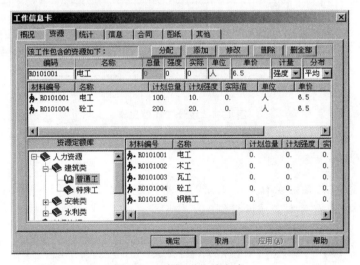

图 15-7　资源工作信息卡

3. 统计工作信息卡

单击【统计】选项进入统计工作信息卡，此卡中将显示对该工作所含资源费用等情况的统计，包括：人工费、机具费、材料费、管理费、其他费等几项。当用户不输入资源或只想输入计划值时，可以采用直接输入的方式而不用统计值。

（1）直接输入资源值

选择输入开关，【输入计划值】与【输入实际值】变为有效状态，单位默认为元。然后输入费用、总人数、总工日等有关内容。【统计总费用】栏中的数字会随费用输入的内容变化而自动发生变化，若遇到不及时变化的情况，请单击【统计总费用】按钮。

（2）统计资源值

在这种方式下，【统计计划值】与【统计实际值】将为有效状态。这些值来源于对资源卡中与该工作相关的资源内容的统计。

图15-8为统计工作信息卡。

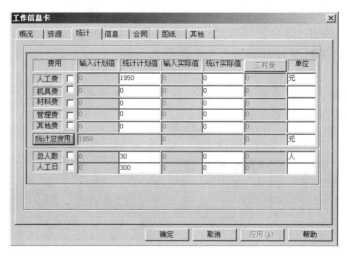

图 15-8　统计工作信息卡

4. 描述工作信息卡

描述工作信息卡主要记录有关本工作的基本描述信息，如图15-9所示。其中包括记录负责人、施工地点以及有关本工作的详细的工作记录。

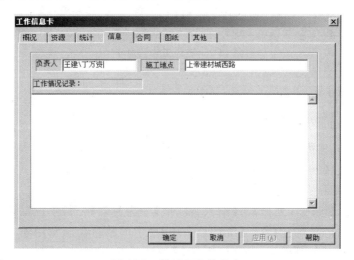

图 15-9　描述工作信息卡

5．合同工作信息卡

梦龙系统可以实现网络计划与合同的关联和冲突检测。它与《梦龙合同管理与动态控制系统》进行信息交换和数据共享，从而实现合同的动态管理，使合同管理不仅仅作为一个静态的文档管理。

如图 15-10 所示，在合同信息卡片中包括上下两部分，上列表为与本工作有关的合同的详细内容，下列表为与该网络计划相关的所有合同的详细信息。梦龙软件与《梦龙合同管理与动态控制》的数据交换参见【设置】中的数据库路径设置。

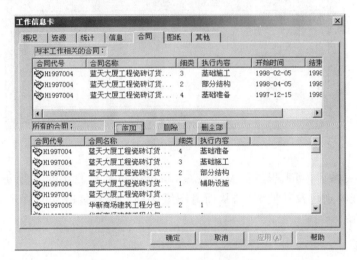

图 15-10　合同工作信息卡

从所有合同列表中选择合适的合同，添加到上列表中。

具体操作如下：

可以简单地通过鼠标的双击操作实现添加和删除操作：从下列表信息框中选中与本项工作相关的合同，然后选择【添加】或者双击，即可将其选入上半部分信息框中。从上列表选择内容后，选删除或直接双击合同项完成删除操作，还可以用【删全部】操作删除所有相关合同。相关联的合同将随工程的执行进度情况进行冲突检测。

如果某一项工作因为不可预测的因素需要进行更改，则它的更改可能与有关的合同发生冲突，即与合同不符。用户可经常性地检查和与合同管理系统的信息交互就可有效地避免因不能及时发觉合同冲突造成的损失。

6．图纸工作信息卡

单击【图纸】选项进入图纸信息卡，图纸卡用于设置梦龙软件与《梦龙图纸文档管理动态控制系统》的相互关联。设置及操作方法与合同设置基本相同，但它可以输入提前时间值。

系统间的数据共享可使图纸文档的管理也实现动态化，而不仅仅将其作为一个静态的文档管理。如图 15-11 所示。

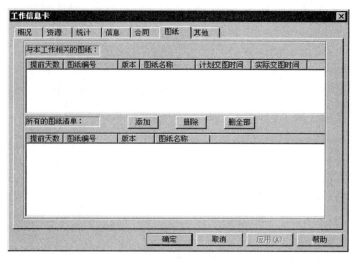

图 15-11 图纸工作信息卡

建立好关联关系后，当工程进度发生变更，系统将自动检测出与本项工作相关联的有关图纸项，检测图纸的到位及其他情况，从而对图纸文档实现有效的动态管理，反过来也可以对网络计划产生影响。

7. 其他工作信息卡

此项主要包括了一些有关的参数，如图 15-12 所示。

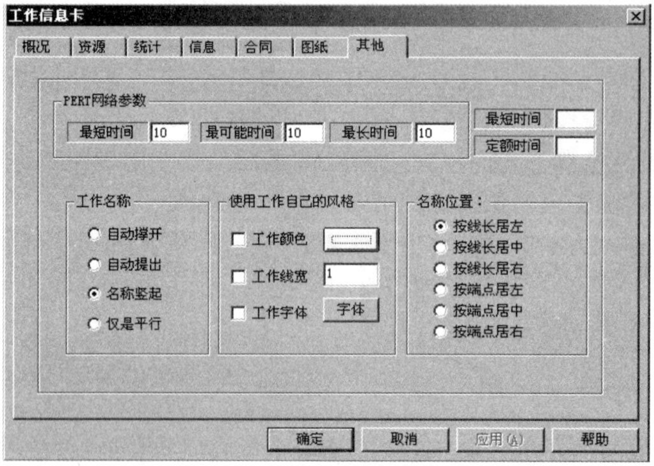

图 15-12 其他工作信息卡

其他工作信息卡包括以下几部分内容。

（1）PERT 网络参数

包括【最短时间】、【最可能时间】、【最长时间】等项。不同的时间设置将对工程工期预测、控制、优化等产生很大的影响。这些控制功能将在控制系统中逐一介绍。在此不再叙述。

（2）工作名称处理

设定各种显示的方式和风格，主要用于作图排版上的方便。

工作名称包括"自动撑开"、"自动提出"、"名称竖起"与"仅是平行"四项选择，主要是为了解决工作时间与工作名称不相配的问题。另外它还可以有效地控制网络图的输出长度。实际上，在做网络计划时，经常遇到持续时间短而名称长的工作，尤其在做大型网络图而又需要输出在较小的纸张上的网络图时，会经常用到这几项功能，现简述如下。

自动撑开：此功能是将按工作名称的长度将表示工期的线长度自动撑长以便于显示名称，如图 15-13 所示。

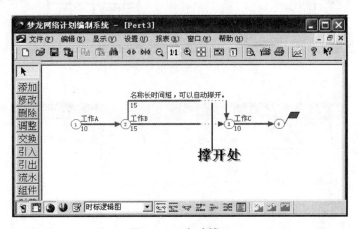

图 15-13　自动撑开

自动提出：可以将工作名称提出，放在图中右边说明栏中。如图 15-14 所示，图中时间为 2 天的工作项工作名称标为[6]，而内容却自动提出，放在说明栏中显示。

名称竖起：当遇到长名称时，名称自动叠起为若干行，这样可以有效地缩短整个网络图的长度。该项为默认状态。如图 15-14 所示，两项时间分别为 5 天与 6 天的工作，名称会自动叠起为几行。

仅是平行：指工作名称会照其长度显示，不竖起，也不提出。这样可能会与其紧后工作名称造成重叠，适当地调整相关工作的层距也可以达到美观的排网效果。如图 15-15 所示。

（3）名称颜色和字体

可以对所有工作的字体型号、颜色等进行统一设定，同时也可以选择工作自身的字体型

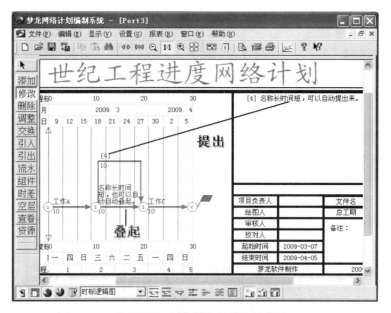

图 15-14 自动提出与名称竖起

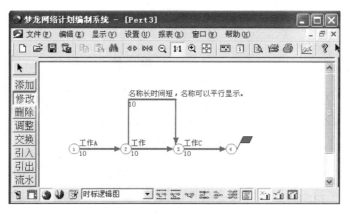

图 15-15 仅是平行

号、颜色。以上设置的组合使用，如将【使用工作自身的工作字体】与【名称竖起】共同使用，会产生很好的效果。如图 15-16 所示。

（4）名称位置

指工作名称位于持续时间线上的相对位置，包括 6 项选择：【按线长居左】、【按线长居中】、【按线长居右】、【按端点居左】、【按端点居中】与【按端点居右】。其中默认值为【按线长居左】，如图 15-17 所示。

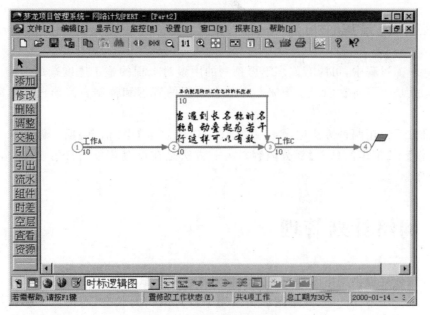

图 15-16　名称颜色和字体

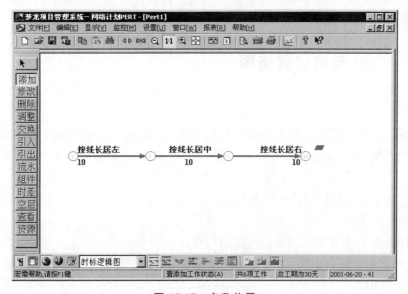

图 15-17　名称位置

15.1.3　记录工作日志

在实际施工过程中,可能有许多不可预测的因素对工程的施工进度造成影响。系统中提供工作日志就是为了将它们记录下来。对整个工程的管理和控制自然形成一本完整的工作档案。

工作日志可以用两种方法记录:一是随【工作信息卡】中【信息】项中做记录。具体操作可参考【工作】中【工作信息卡】部分内容。另一方法是在设置菜单的日历设置中,单击【工程日记录】操作。

15.2　网络计划管理

项目管理软件提供网络图编辑方式和横道图编辑方式。两种编辑方式都分别带有自己的编辑工具条。所不同的是,网络图编辑条用来设置编辑的状态,而横道图编辑条则表示直接的操作。除了编辑条外,系统还提供了一些其他的辅助编辑网络计划的命令和操作。有些内容可以参见相应的菜单命令和工具条命令。以下将重点介绍如何编制网络图,之后也将简略介绍梦龙软件的横道编辑方法。

15.2.1　创建与编辑网络图

1．添加工作

置工作添加状态,移动光标,若当前鼠标位置有工作,则光标变为如下四种状态:十字光标，左向光标，右向光标，上下光标。如果鼠标没有捕捉到工作,则光标为一般光标。

添加方法包括:"通过工作线加"和"通过节点加"两种。

(1) 通过工作线加

通过工作线加分五种形式:上、下、左、右、空。

① 工作线右加:移光标到工作 A(线)的右端,鼠标左键双击可将工作 B 加到工作 A 后面(如图 15-18 所示)。

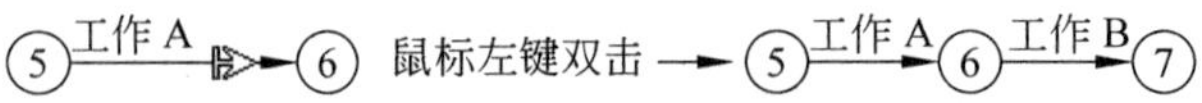

图 15-18　工作线右加

② 工作线左加：移光标到工作 A（线）的左端，鼠标左键双击可将工作 B 加到工作 A 前面（如图 15-19 所示）。

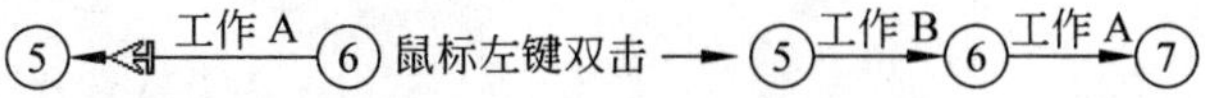

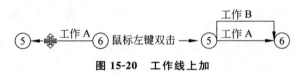

图 15-19 工作线左加

③ 工作线上下加：移光标到工作 A（线）的中间，鼠标左键双击可将工作 B 加到工作 A 上面（或下面）（如图 15-20 所示）。

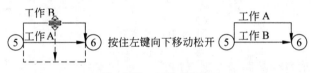

图 15-20 工作线上加

④ 如果想使工作 B 在工作 A 的下方，用光标选中工作 B，按住鼠标左键向下移动如下（如图 15-21 所示）。

图 15-21 工作线下加

⑤ 空白处加：移光标在空白处（鼠标移动时，下面的状态条中会自动显示出当前位置的时间）双击，可在此位置添加一个前后都不连接的独立工作。如图 15-22 所示。

（2）通过节点加

通过节点加有四种形式：点到空、点到点、点本身、点跨距。

点到空加：移光标到第一节点⑥上，按住鼠标左键拖拉到空白松开，加一工作 D。如图 15-23 所示。

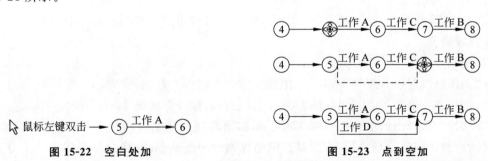

图 15-22 空白处加   图 15-23 点到空加

若光标向左拉（拉到⑥点左侧）则结果如图 15-24 所示。

点到点加：移光标到第一节点⑤上，按住鼠标左键拖拉到另一节点⑦上松开，在两点间加一工作 D。如图 15-25 所示。

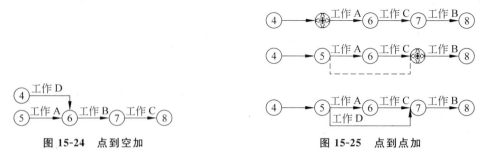

图 15-24　点到空加　　　　图 15-25　点到点加

点本身加：移光标到工作 A 和工作 B 的节点上,鼠标双击可在工作 A 与工作 B 间加一个工作 C。如图 15-26 所示。

图 15-26　点本身加

点跨距离加：添加过程类同于点到点加。

技巧：对于大网络图,远距离的操作可使用 Shift 键,即在光标捕捉到第一点时,按下 Shift 键同时鼠标左键按下抬起(单击),此时光标变成如下状态 ⊕,然后可用鼠标点滚动条等,将光标移至另一点单击即可完成跨接添加工作。

2. 修改工作

在编辑修改状态：

（1）操作方法一

置工作修改状态,移光标到工作(线)上,鼠标左键双击,出现对话框,如图 15-27 所示,可将工作内容修改。

（2）操作方法二

在"工作修改"状态,按住 Shift 键,用鼠标放在工作线上拖动,会弹出一个时间信息卡,此时 Shift 键可以一直按下,也可以在弹出时间信息卡后松开。如图 15-28 所示。

修改时间时,弹出的信息栏中将实时显示起始时间与结束时间的变化,并且实时显示出修改时间对整体网络计划的影响,尤其在网络计划的动态调整时,将会使操作变得十分直观,轻松自如。

提示：修改与添加操作在许多方面可以实现同样的功能,不同的是添加操作创建新的工作,而修改只能改变工作的类型。

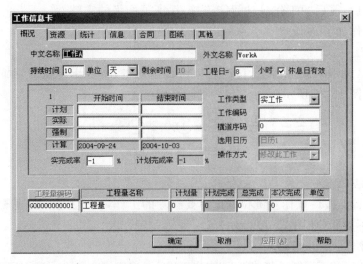

图 15-27 工作信息卡

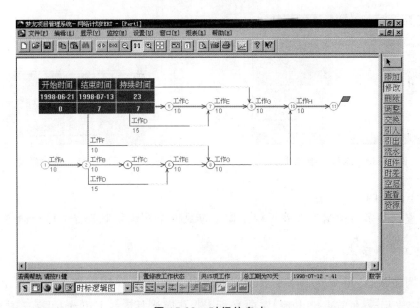

图 15-28 时间信息卡

3．删除工作和连线

在编辑删除状态，有以下四种删除操作方式可供选择。

删除单个工作；删除一组工作；删除竖线（可以将不正确的连线断开）；通过网图检查删除多余的不合逻辑的工作。

当工作删除后,前后的工作自动智能连接,保证了网络的完整性。

删除具体操作如下。

（1）操作方法一

删除单工作:如图 15-29 所示,移动光标到 B 上双击,将弹出确认对话框确认删除操作,【确定】后结果如图 15-29 所示。

图 15-29　删除单工作

（2）操作方法二

一组工作删除:按住鼠标左键拉框选择要删除的工作,松开按钮,出现删除提示,确定将全删除,取消则不删除（如图 15-30 所示）。

（3）操作方法三

删除竖线:光标移至要断的竖线处,双击出现提示:确定将全删除,取消则不删除（图 15-31）。

图 15-30　删除一组工作　　　　　　　　**图 15-31　删除竖线**

（4）操作方法四

通过检查删除多余逻辑连线及无效工作。参见网络图编辑状态条:检查命令。

4. 调整工作和节点

在编辑调整状态,可调整工作及节点间的关联。鼠标捕捉到工作上或节点上,光标有四种状态:十字光标⬦在节点上出现,左向光标◁,右向光标▷,上下光标⬍三项光标出现在工作线上。如果鼠标没有捕捉到工作或节点,则光标为一般光标⬉。

你经常会需要调整工作,操作方法非常简单。

具体操作方法:①调整工作;②调整节点,两点合并;③断开同一节点竖线,分成两个节点。

（1）调整工作

调整工作分为两个状态,调左右端、跨距离调。

① 调工作左右端：将光标移至工作线上，若调工作的右端，将光标移至工作的右端，出现右向光标⬛，然后按下鼠标左键拖动到要连接的节点上松开即可完成调整。如图 15-32 所示。

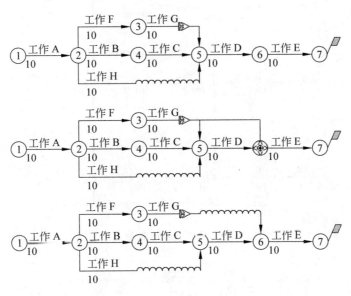

图 15-32　调工作左右端

在图 15-32 的第一图光标选中【工作 H】右端按下鼠标，第二图按住拖光标至节点⑥上松开，第三图为最后调整结果。同样，也可以调整工作的左端点。即出现向左箭头时按住鼠标左键拖到要连接的节点上（鼠标变为⬛状态，表明处于节点上）松开即可调整完毕。

② 跨距离调：对于远距离的调整，可用 Shift 键，即在光标捕捉到工作的左（右）端点时，按下 Shift 键同时鼠标左键按下抬起（单击），此时光标变成⬛或⬛状态，然后可用鼠标点滚动条等，将光标移至要连接的节点上（光标为⬛），单击即可完成调整工作，如图 15-33 所示。

图 15-33 的第一图光标选中【工作 G】左端，按下 Shift 键同时单击鼠标；第二图移动光标至节点②上单击（注：移动状态可去移动滚动条等），第三图为最后调整结果，此方法可调整远距离的工作和节点。同样，也可以调整工作的右端点。

（2）调整节点、两点合并

将光标移至第一节点上，然后按下鼠标左键，拖动到要连接的另一节点上松开即可完成两点连接。如图 15-34 所示。节点④与节点⑤连接，同样也可以使用 Shift 键。

（3）断开同一节点竖线，分成两个节点

光标移至要断的竖线处，双击即可断开竖线。如图 15-35 所示。

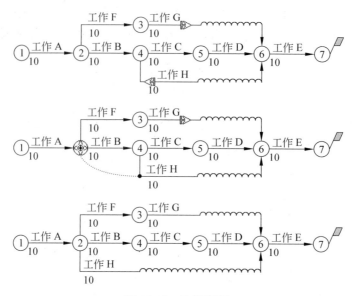

图 15-33　跨距离调

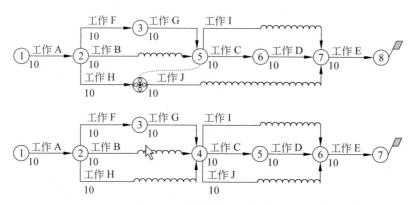

图 15-34　调整节点、两点合并

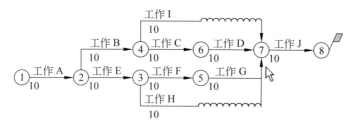

图 15-35　断开同一节点竖线——断开前

450

在图 15-35 的节点⑦光标处双击,断开竖线,如图 15-36 所示,分成两个节点⑦、⑧。

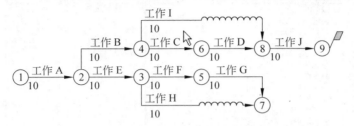

图 15-36　断开同一节点竖线——断开后

5．引入工作操作

具体操作步骤如下(如图 15-37 所示)。

(1) 将编辑的状态设置为【引入】;

(2) 在某一个工作上用鼠标左键双击,出现一个引入对话框;

(3) 选择从剪贴板、文件中或从网络图库中引入若干工作(见图);

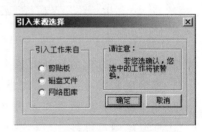

图 15-37　引入来源选择

(4) 确定后,当前选中的工作将被引入的内容替换。

提示

① 若是从剪贴板上引入,则要首先确保剪贴板中有内容。

剪贴板中的内容是这样得到的:用左鼠标在工作区背景上(不在任何工作上)单击,并保持按下状态,然后拖动鼠标,此时会有一个虚线方框随鼠标移动。当鼠标弹起后,位于虚框内的工作将被选中,单击工具条中的【剪贴】按钮或【编辑】菜单中的剪贴命令,刚才选中的内容就会被拷贝到剪贴板中,之后就可以从剪贴板上引入工作了。

② 若是从网络图标准件库引入,出现对话框,如图 15-38 所示。

网络图标准件库指平时积累的素材库。你可以将平时各种常用的标准工程和实例按树状结构有条理地存放起来,引入时可从中选择,省工省时。引入与"引出"功能配合使用,能建立丰富的数据库。

③ 若是从磁盘文件引入,将出现打开文件对话框。你可以从中选择所需的网络图,其结果是用该网络图文件的内容替换当前选中的工作。这种操作方法类似于打开多个文档,选取某个网络图中的局部内容,复制到要编辑的网络图中。也可以直接进行网上的操作。

当你在网络图间进行复制拷贝操作时,系统会同时保证拷贝块中工作间的逻辑关系不变。这样你就可以按分项工程,分工艺,分细节做好一些标准模块,需要时把它们组合起来即可,从而快速准确地建立网络图,也为一个工作组成员间分布协作工作,共享彼此已有的成果。在网络上使用该功能再好不过了。

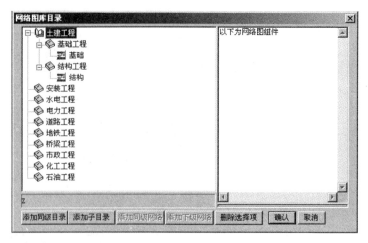

图 15-38　网络图库

提示：引入/引出的好处有很多，具体如下。

① 可实现复制功能，若工作含有资源，则也同时复制资源；

② 可实现计算机网络上多用户分布且同时编制网络计划；

③ 可通过调用网络计划标准图库，快速编制网络计划。

6. 引出工作

引出工作的具体操作步骤如下。

（1）将编辑的状态设置为【引出】。

（2）选取所要引出的工作块，出现引出对话框。用左鼠标在工作区背景上（不在任何工作上）单击，并保持按下状态，然后拖动鼠标，此时会有一个虚线方框随鼠标移动。当鼠标弹起后，位于虚框内的工作将被选中，同时有一个引出对话框出现（如图 15-39 所示）。

（3）选择引出目的地：磁盘文件或组件库。确定后，当前选中的工作将被引出。

① 若选择引出到磁盘文件，其结果与文件存储一样，只是用引出方式可以只选取部分内容存储。引出内容可以存放在网络盘上也可以存放在本地磁盘上（如图 15-40 所示）。

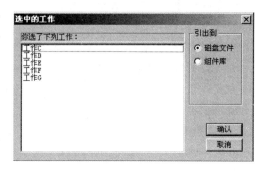

图 15-39　引出对话框

② 若选择【标准组件库】，会出现对话框。在引出对话框中不能对分类结构操作。引出结果将是目录树中的叶子节点。

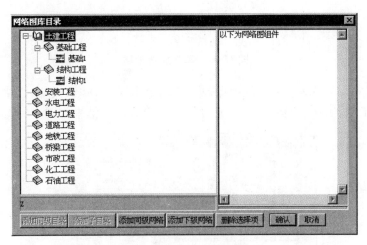

图 15-40　网络图库目录

7. 工作流水处理

流水网络计划是以网络计划技术为基础,引进了流水作业中流水步距和流水节拍的概念。流水施工组织是建筑工程(工厂生产)中常用的一种科学的组织方法。它的组织计划要点如下。

(1) 将施工对象(建筑群、单项工程或分布工程等)划分若干工程量(劳动量)相等或大致相等的施工段(流水段)。

(2) 将工程施工划分为若干个"施工过程",并为每个施工过程组织相应的专业施工队(组),负责各流水段上该施工过程的施工作业。

(3) 各专业队(组)按顺序,依次在逐个流水段上进行连续(或必要的合理间断)的施工作业,各专业队(组)的施工作业时间尽量搭接起来。

采用流水作业的好处在于:通过分段作业搭接施工,能充分利用作业空间,达到合理缩短工期的目的;专业队(组)的连续作业,可以做到资源均衡,保持施工作业的均衡性和稳定性,提高经济效益。

梦龙项目管理软件不仅可以生成普通流水网络,还可以分层、分段生成小流水网络(立体流水网络)。

具体操作方法如下:用鼠标拉选择框,选择基准流水段,流水段必须是串行的若干个工作,如果要插入并行工作或对某些工作要修改,可以在流水完成后再进行操作。若流水条件成立,出现流水对话框,否则,提示不满足条件原因。

① 首先选取基准流水段,用鼠标左键在背景上(不在工作上)单击并拖动产生的虚框选择流水基准段;当鼠标弹起后,若不符合条件,系统将提示出错,否则出现流水参数对话框;如图 15-41 所示。

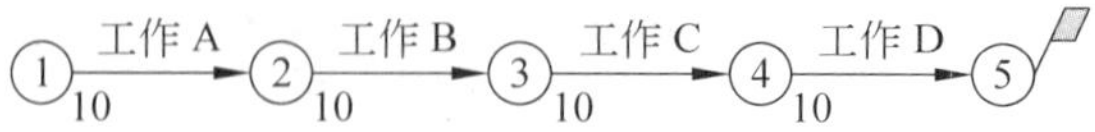

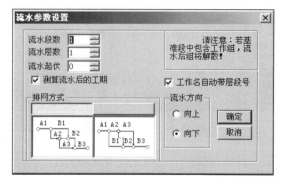

图 15-41　工作流水处理

② 出现对话框，在对话框中，可以对流水层数、流水段数、起伏周期、流水方向、流水网络类型、是否测算工期、工作名是否带层段标号等。选定后出现结果如图 15-42 所示。

图 15-42　流水参数设置

③ 如果不合适，可以选择【否】返回修改，单击【确定】后生成结果如图 15-43 所示。

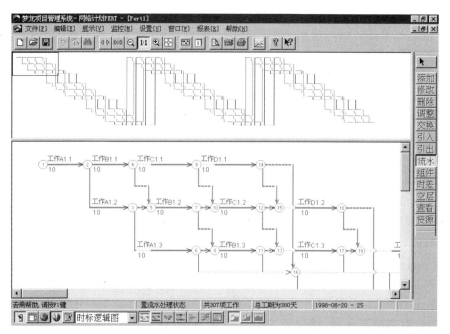

图 15-43　生成结果

要生成流水网络,必须满足一定的条件:

- 选择流水基准段,流水基准段中的工作数大于一个;
- 这些工作必须逻辑上在一条线上,且中间没有分支。

8. 组件工作操作

组件在网络计划中是一个新名词,它有着非常强的控制能力和操作能力。它可以解决搭接网络中,工期控制不准,甚至工期算错问题。

人们都知道,传统搭接网络存在 4 种搭接关系:SS(开始到开始)、SF(开始到结束)、FS(结束到开始)、FF(结束到结束)。在 4 种搭接关系中,实际常用的是 SS 和 FS。很多人使用它时,根本没有去想实际控制问题,只是用于静态的网络计划,甚至根本就没有去用它,那么传统搭接网络究竟会有什么问题? 下面用 SS 搭接举例说明。

搭接是逻辑联系中通过给定时间来进行的。在实际应用当中,该时间是有物理含义的,(例如挖土工作进行到某种程度另一工作才能进行),在搭接网络中要表现这种关系是通过搭接时间来体现的,而搭接时间又不能体现其物理含义,没有度的概念。如果紧前工作发生变化,对紧后工作的影响程度无法确定,就引起工期控制不准的问题。

例如工作 A(15 天)是工作 B(20 天)的紧前工作,SS 搭接时间为 5 天,如图 15-44 所示,总工期为 25 天,作为静态表示没什么问题。但是在工作中,如果工作 A 的持续时间发生变化就会产生问题,如果工作 A 延期到 18 天,总工期为多少呢? 按传统搭接计算仍为 25 天。这些搭接方式仅对开始点(或结束点),在实际应用当中,一般是工作 A 干到某种程度工作 B 才能开始,而工作 A 延期到 18 天时,可能要达到工作 B 能干的程度需要 7 天,这样总工期应为 27 天。

若用组件来表示,是将工作 A 分成两个阶段工作 A1 和工作 A2(如图 15-45 所示),两段组成一个工作 A,因为阶段有物理意义,可以达到按度控制的目的。可以确定工作 A 延期或提前对总工期的影响。

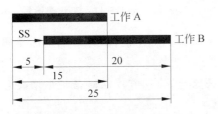

图 15-44 组件工作——组件之前

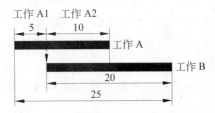

图 15-45 组件工作——组件之后

如果工作 A 变为 18 天,工作 A1 为 7 天,工作 A2 为 11 天,可计算出总工期 27 天的结果。

成组操作步骤如下。

（1）将编辑的状态设置为"组件"。如图 15-46 所示。

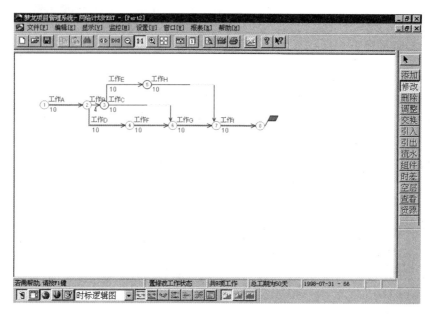

图 15-46　设置为组件

（2）选取成组内容，出现对话框，如图 15-47 所示。

（3）确定后，成组结果如图 15-48 所示。

成组后，三个工作虽然变为一个，但同时还可以引出多个逻辑关系，以准确控制工期。

组件操作小结

① 成组：用鼠标左键在背景上（不在工作上）单击并拖动产生的虚框选择将要成组的工作。成组的条件是：所选择的所有工作必须位于一层上。

图 15-47　工作组设置

② 解组：在一个组件所包含的任意一个工作段上双击鼠标左键，从对话框中选择解组处理即可。

③ 修改：组件的名称通常为组中第一个工作段的名称，你也可以在对话框中修改它。

9. 工作时差处理

将编辑的状态设置为时差。

在时标逻辑状态下，调整工作的时差分布。光标选中工作双击，出现对话框，调整对话框中的标尺，即可完成对时差分布的调整。如图 15-49 所示。

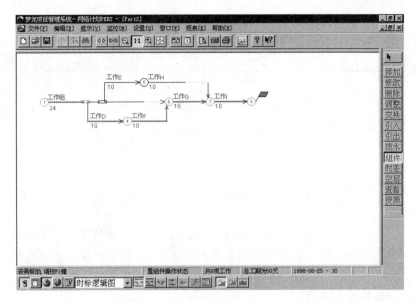

图 15-48　成组结果

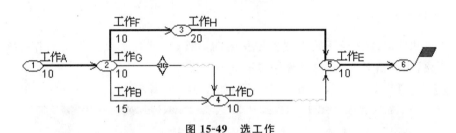

图 15-49　选工作

双击出现对话框,如图 15-50 所示,其中各项含义及操作如下。

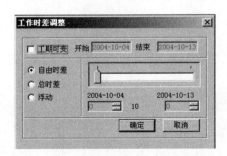

图 15-50　工作时差调整

工期可变:将工期可变置为有效后,开始和结束时间则变实,此时可以通过调整工作的起始时间来改变工作。

自由时差:表示在总时差范围内可以自由调整的时差。

总时差:此项工作可以调整的总时间。

浮动:取消计划时间,使工作处于浮动状态。

左差、右差:即工作开始前空余时间与做完工作后空余的时间。如上图所示,左差与右差分别为 8 天与 2 天。

调整后结果如图 15-51 所示。

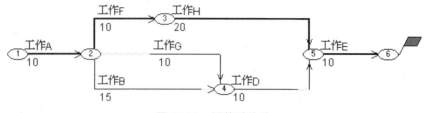

图 15-51　调整后结果

技巧

① 光标在某一个工作上双击,从出现的时差调整对话框中查看并调整该工作的自由时差和总时差等值。

② 按住 Shift 键,在一个工作的线段上,按下鼠标左键并保持按下状态拖动,若此时该工作有时差或网络图有累计时差,你会看到网络图实时的调整,同时关键线路也可能会发生变化。

15.2.2　编制网络图

1. 齐头并进法

齐头并进法顾名思义从开始作图根据关系向后推进,清楚一个工作向后作一个,中间或最后进行连接,为更清楚起见,具体操作步骤如下。

(1) 选【添加】状态,双击出现第一个工作(如图 15-52 所示)。

图 15-52　第一个工作

（2）根据工作【方案设计】，确定其紧后工作，也就是说一边做图一边思考，正确与否一目了然。添加四个工作：布套 1 设计；设备 1 改造；布套 2 设计；设备 2 改造（如图 15-53 所示）。

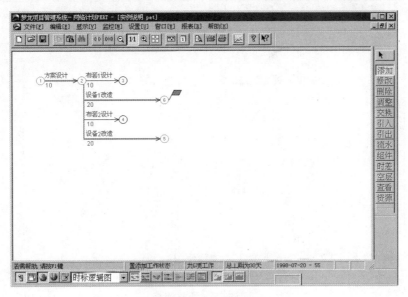

图 15-53　添加四个工作

（3）再做"布套 1 设计"、"布套 2 设计"的紧后工作如图 15-54 所示。四个工作是：布套 1 工装改造、布套 1 备料、布套 2 工装改造、布套 2 备料。

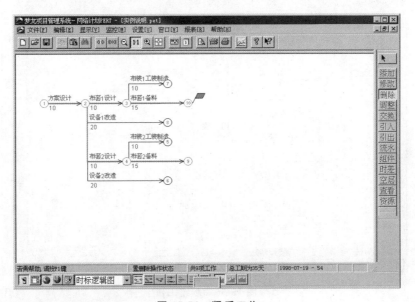

图 15-54　紧后工作

（4）用调整连接如下（如图 15-55 所示）。

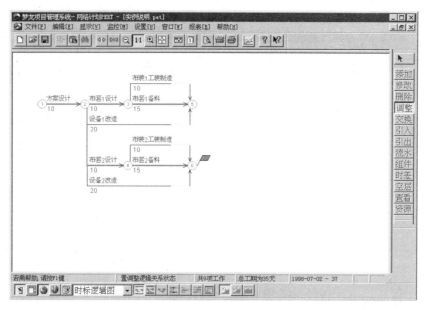

图 15-55　调整连接

（5）继续单击已有工作，确定，后续工作如图 15-56 所示。

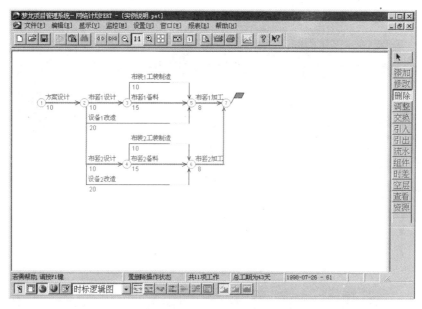

图 15-56　后续工作

（6）根据上图,确定最后一工作,如图 15-56 所示。

提示:从以上看"齐头并进"法,是一个非常实用的方法,可以完全达到不画草图直接做网络图的目的,在画图过程中逐步理清关系,一步步向后推进,符合人的思维逻辑,这种方法与文本(或横道编辑)方法相比,其优越性是不言而喻的。

2. 主线路法

主线路法与齐头并进法所不同的是先做主线路,根据主线路内容一步一步确定紧前紧后关系。具体操作步骤如下。

（1）如图 15-57 所示,先将一条主线路做出来。

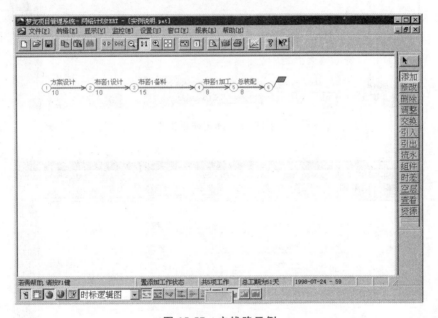

图 15-57　主线路示例

（2）根据已有主线路的工作确定其前后工作,如图 15-58 所示。

（3）按另一主线用向后插入的方法,可将一个工作变成两个工作(一变二,二变三,三变四……),得到如图 15-59 所示结果。

（4）同样方法可建立图 15-60 所示结果。

（5）最后形成与齐头并进方法一样的网络图,结果见图 15-61。

主线路法同样也是非常有效的方法,它可按主线路关系逐步确定所有关系,不画草图就能做网络图,与文本编辑相比,有着不可比拟的优越功能。

图 15-58　确定前后工作

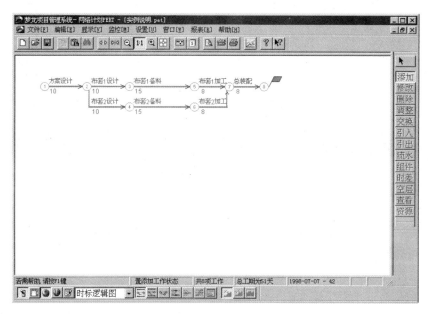

图 15-59　结果一

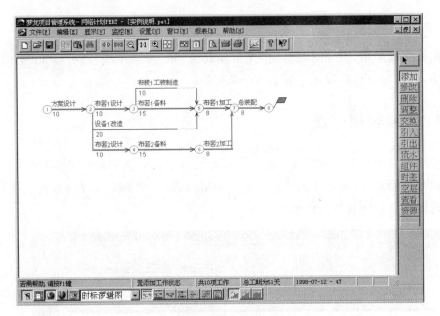

图 15-60　结果二

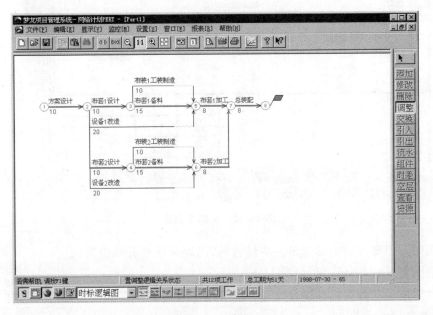

图 15-61　结果三

3. 混合法

混合法其实很简单，只要同时会用"齐头并进法"和"主线路法"就可以了，把两者有机结合起来应用，会达到更佳的境地。动手试一试吧！

15.2.3　编辑横道图

设置绘图方式为横道显示格式。以上几种图形显示模式自动转换，可以做出网络图后自动生成其他几种模式（由横道图无法直接生成网络图，因为横道图没有网络图的逻辑关系，无法先做横道图而自动转为其他模式），如图 15-62 所示。

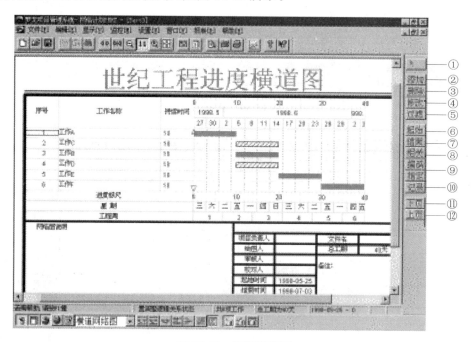

图 15-62　编辑横道图

可以在图形上要设置的部分单击鼠标右键，出现对话框进行设置。

对横道图可进行各种设置，如图 15-63 所示。

通过对话框可对各项内容进行设置。对横道条可用鼠标直接操作，当光标捕捉到横道条时，光标可有三种手型状态。

① 位于工作条的中部。

② 位于工作条左端。

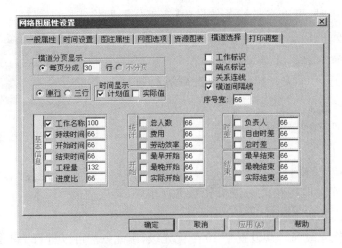

图 15-63　网络图属性设置

③ 位于工作条右端。

当光标为①时按左键拖动可调整横道条的开始与结束时间位置；当光标③时按左键向左右拖动可调整横道条结束时间位置同时持续时间被调整，光标②亦如此。

当需要调整开始或结束时间时，可以参照以上介绍，出现光标②或③时拖动鼠标，会出现如图 15-64 所示的画面。

开始时间	结束时间	持续时间
2004-09-24	2004-10-04	10
0	0	0

图 15-64　拖动鼠标结果

在图中会显示出详细的时间变化，包括开始时间、结束时间以及持续时间。此卡片在网络图中调整时同样会出现，可参考有关内容。

横道编辑条有 12 项操作内容，单击横道编辑条按钮直接操作横道图内容。

（1）空闲状态 ▶

（2）添加命令 添加

可添加插入工作，但插入的工作只能是并行工作，对于需要插入带逻辑关系的工作时，应转到时标网络图状态下进行添加。

（3）删除命令 删除

删除光标位置的工作。当需要删除某个工作时，首先将工作选中，然后单击【删除】项。

（4）修改命令 修改

修改光标位置的工作。当需要修改某项工作时，首先将工作选中，然后单击【修改】项。

（5）过滤命令 过滤

可过滤显示各种工作，可以按某种条件，如实工作、关键路线等将其工作过滤出来。尤其下发给施工人员使用时，可以将过滤条件设为【实工作】，即将实际需要施工的工作名称、起始时间与持续时间给定的信息过滤出来（如图 15-65 所示）。

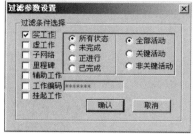

（6）起始排序命令 起始

按开始结束排序。即按开始时间的先后进行排序，为自动排序。

（7）结束排序命令 结束

按结束时间排序。

（8）相关排序命令 相关

按相关关系排序。即按相关的逻辑关系进行排序。

图 15-65　过滤参数设置

（9）指定编码优先级 编码

指定编码排序优先级别。共设置了 15 个优先级，用此方法可以进行手工排序（图 15-66）。

（10）记录当前结果或恢复上次记录 记录 （如图 15-67 所示）

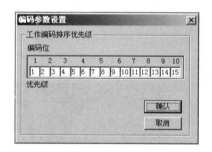

图 15-66　编码参数设置

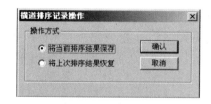

图 15-67　横道排序记录操作

（11）显示下页命令 下页

单击此按钮可显示下页内容。

（12）显示上页命令 上页

单击此按钮可显示上页内容。

15.3　资源图表处理

15.3.1　资源定义

资源可分为狭义资源与广义资源两种形式。

狭义的资源指传统意义上的人力、材料、机具，即工程上所称为工料机资源。

广义上讲，资源可以泛指工作中的任何需求。它们是可以被分布、累加与统计的各种信息(可以参考资源图表设置与工作信息卡)。为此我们将除人、机、材等基本资源曲线以外的其他各种曲线统一称为资源曲线。如管理费、总费用、总人数、人工日、工作交接、开始工作数与结束工作数统计等。

因此,该软件系统以传统方式管理资源输入和维护;同时,按广义概念管理资源种类和分布曲线输出。

15.3.2　资源分类表

1. 工作含资源类统计

资源数据库用来管理分类的各种资源,一般包括传统意义上的人力、机具、材料等。

网络图中所用到的各种资源会被分类汇总统计,形成一个资源分类表。除此之外,管理费、总费用、总人数、人工日、工作交接、开始工作与结束工作等几项统计值作为常量始终存在于资源分类表。因此网络图的资源图表分为两类:附加的资源统计表与基本的资源统计表。其中,后者就是始终存在的资源图表,共计 11 个。

2. 自定义资源图项

对于自定义的资源项,也将被加入资源分类表中。

自定义资源图是一种描述任意资源分布的曲线图。它在处理宏观调控、快速计划分布资源等方面非常便利,故它也被作为一种资源列入资源分类表。

添加的具体操作步骤如下。

(1) 在【设置】中菜单单击【自定义资源图设置】,出现如图 15-68 所示的对话框。

(2) 在框内输入自定义资源的编码、名称与单位,系统会在输入的编码前加"Z"以区别,表明是自定义资源类。选【添加】将所输入的资源添加进去。系统会将这些定义好的资源项加进该网络图的资源种类库中,这在【资源图表信息】中会有体现。

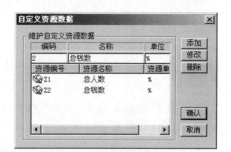

图 15-68　自定义资源数据

(3) 依次加入所需定义的资源项。以后可以随时输入自定义资源的分布值。

15.3.3　网络计划资源输入

在编制网络计划时,系统提供了若干种资源输入的方法。

1. 以工作内容形式输入

在添加或修改工作时,按工作分布,从工作资源卡中输入。

（1）受资源库约束的输入

首先可打开网络图属性图标,查看"资源输入受库约束"是否在有效状态。如果是此种状态,你必须有一个已经输入好了的资源种类定额数据库（通过资源数据库命令建立和维护,可参考设置菜单中【维护资源数据库】项有关内容）。

在添加或修改一个工作时,该工作的资源信息卡片中会出现一个资源库的索引树列表,当添加到工作中的资源不属于资源库时,系统会给出如图 15-69 所示的提示。

图 15-69　系统提示

建议用户先加该资源到库中。可以选择先维护库,在库中将此项资源加进去以后再分布此项资源,如果选择【否】,则可以直接将此类资源加入。该种输入法利于保证你输入有效的资源。

（2）不受资源库约束的输入

在此状态下,你可以不受资源库约束地给每一个工作加入任意输入的资源内容（可以随意输入也可以从库中选择）。此时要注意的是,资源是以资源编码唯一来区分的,在不同工作中的同种资源的编码必须一致。否则其后的统计处理可能会产生不可预测的后果。

提示：如果输入的资源编码与已定义好的编码相符时,则对应的资源项会自动列出,如果编码的第一个字母为 R、J、C 时,系统会自动统计为人力资源、机具设备资源和材料资源。其费用也会统计到相应的费用中。

该种输入法可以有较大的灵活性。

（3）通过工程量定额库的资源子表分配输入

在添加或修改工作时,该工作的基本情况信息卡中的工程量定额按钮允许你从一个工程量定额数据库中选取一个与该工作相关的工程量。该工程量所包含的资源列表可以通过单击资源卡片的分配按钮分配到工作的资源列表中。

原先已有的资源内容将被清除。分配完成后,你还可以添加其他的资源内容。

（4）直接输入各种费用

在弹出的信息卡中,单击统计,会出现如图 15-70 所示的内容。

点击【统计总费用】,其统计值是根据所输入的资源自动计算的值。在此状态,还可以将其中某一项选为有效状态,给定其费用。如图 15-70 所示,选中【其他费】项,直接输入费用值,然后单击【统计总费用】按钮,进行总费用统计。

2. 以工期阶段分布输入

它表示在编制好网络图后按工期分布资源。这种方法要求事先定义分布资源的种类,而

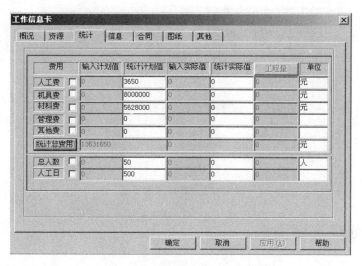

图 15-70　直接输入各种费用

不能从库中选择。这种方法有它独特的使用场合。具体操作步骤如下。

（1）从设置菜单中执行自定义资源设置命令；

（2）在出现的对话框中添加所需的资源种类（包括：编码、名称、单位等），添加的内容将作为该网络图的一种新的资源种类；

（3）在网络图含时间刻度状态下，单击编辑条中的"资源"按钮，置编辑状态为资源；（可以先完成第 8 步内容，资源分配时，实时显示资源曲线。）

（4）在网络图项目工期范围内，拖拉鼠标选择时间段，出现资源量输入对话框，如图 15-71 所示。

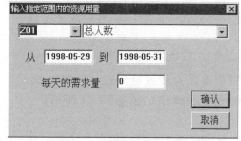

图 15-71　资源量输入对话框

（5）从对话框中选择定义的资源并输入该时间段所需的资源分布量，时间不准确时可以进行调整，一是在此卡片中直接修改起始与结束时间，二是重新用鼠标单击正确的时间段（对已有资源分布的资源段，也可以通过鼠标重新选取时间段进行资源的更改）。

（6）重复上述（4）、（5）两步得到一种资源曲线的分布值；

（7）重复前面的动作得到若干自定义曲线的分布值；

（8）从设置菜单或工具条或直接在网络或横道图的底边界以下单击右键，弹出资源图表设置对话框，从中设置要绘制的自定义曲线（如图 15-72 所示）。

当用户编制好一个网络图后，可以按工期的时间段分配各种资源的数量。

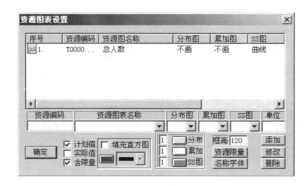

图 15-72　资源图表设置

15.3.4　处理资源图表

资源图表用于对网络图、资源图表进行设置和选择，如图 15-73 所示。

1. 资源分类

任何一个网络图都包含基本的资源统计表，即资源图表默认的 11 项。当网络图中含有资源时，就会有附加的资源统计表。

凡是网络图中工作包含的资源项都会作为资源类出现在资源图表的分类列表中。只要它们有分布值，我们就可以选择它们，得到它们的分布曲线和累加曲线。

由于资源分布是有时间约束的，故它只能随着时标逻辑、时标网络图、横道图这三种方式绘制（在显示时间刻度的情况下才出现）。

2. 资源图表内容

资源图表设置对话框中含有这样几类内容：资源种类列表、资源曲线绘制参数、当前要绘制的资源清单。如图 15-74 所示。

图 15-73　资源图表　　　　　　　　　　图 15-74　资源图表设置

3．设置资源图表

具体操作步骤如下（如图 15-75 所示）。

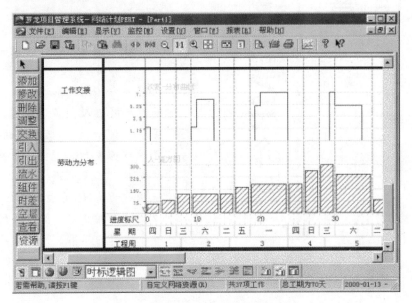

图 15-75　设置资源图表

（1）从资源种类列表中选择合适的内容；

（2）设置合适的绘图方式和绘图参数；

（3）添加到要绘制的资源曲线清单中；

（4）当感觉不满意时，可以从资源分布清单中选择一项修改或删除。

（5）结束设置；

此时，曲线是否绘制，要看当前是否是时标逻辑图、时标图或横道图显示方式，并且，资源图表与相应网络图的关系是"含资源图"或"只画资源图"状态。

提示： 选好的资源种类列表，可单击鼠标左键修改其顺序号，使其重新排列顺序。

本 章 小 结

本章主要介绍了项目管理软件——梦龙智能项目管理软件上机操作的基本方法，分三节介绍了项目工作、项目网络计划和项目资源管理的图表处理。项目工作部分主要介绍了工作的分类、如何创建工作信息卡和记录工作日志；在网络计划这一节中，主要介绍了如何创建和编辑网络图，编制网络图和横道图等；还介绍了如何利用软件的功能进行资源图表的处理。在运用过程中，还穿插介绍了梦龙项目管理软件中的一些涉及操作需要的基本设置。通过这一章的学习，希望能够很好地运用项目管理软件对项目进行科学有效的计划管理。

第 16 章

PMP介绍

学习目标：项目管理是管理学的重要分支，近 10 年来发展很快。PMI 举行 PMP 资格认证考试的目的在于鼓励人们多了解这门新兴的管理学科，把握其思想的精髓，适应新的市场发展的需要，并推动行业的发展。本章主要介绍与 PMP 考试相关的情况，通过本章的学习，可以使读者对 PMP 各方面的情况有一个基本的了解。

16.1 PMP 概述

据中国国家外国专家局培训中心最新统计资料表明，2003 年全国共有 4 500 多人报名参加 PMP 考试。业内人士指出，一个继 MBA 后的 PMP 热悄然兴起了。面对这种热潮，人们不禁要问，什么是 PMP，PMP 有多大的含金量，怎样获得 PMP 认证？

16.1.1 PMP、PMI 与 PMBOK

1. 什么是 PMP

PMP(Project Management Profession)就是项目管理资格认证，是由美国项目管理学会(Project Management Institute，PMI)发起的项目管理专业人员资格认证，其目的是为了给项目管理人员提供一个行业标准，使全球的项目管理人员都能够得到科学的项目管理知识。

为了适应社会各界对项目管理人才的迫切需求，成立于 20 世纪 60 年代末的美国项目管理学会在 20 世纪 70 年代末 80 年代初提出了项目管理知识体系和专业证书制度，并在 1984 年正式开始实行项目管理专业人员的资质认证(PMP)制度。20 世纪 90 年代中期，美国陆续在麻省理工学院、乔治·华盛顿大学、美国管理技术大学等大学中开设了项目管理专业硕士和博士学位教育。同时,不断发展和维护严格的考试基准,逐渐被全球项目管理界公认,随之而来的就是项目管理专业人员资质认证,PMP 也迅速兴起。项目管理资格认证制度的责任是在全球范围内针对在项目立项、规划、实施、控制和完成等过程中已被国际上项目管理从业人员普遍接受和使用的项目管理概念、技术和程序,对要求认证的人员进行评估。通过培训学习和项目管理实践,并通过证书考试成为 PMP(项目管理专业人士),表明他已经在项目管理知识和应用方面达到了非常专业的水准。PMP 证书已成为全球最有价值的项目职业资格证明,获得这份认证的人士,无异于得到一份国际认可的"金饭碗"。美国时代华纳属下的《财富》杂志曾经断言:项目经理将成为 21 世纪的最佳职业。

2. PMBOK

美国项目管理学会的 PMI 资格认证之所以能在如此广泛的行业和地域范围内被迅速认可,首先是由项目管理本身的重要性和实用性决定的,其次在很大程度上是得益于该项认证体系本身的科学性。PMI 早在 20 世纪 70 年代末就率先提出了项目管理的知识体系(Project Management Body of Knowledge,PMBOK)。PMBOK 的中译本《项目管理知识体系指南》已经由 PMI 在 2000 年 1 月 19 日授权北京现代卓越管理技术交流中心翻译出版。

该知识体系构成了 PMP 考试的基础。PMBOK 的第 1 版是由 PMI 组织了 200 多名世界各国的项目管理专家历经 4 年才完成,可谓集世界项目管理界精英之大成,避免了一家之言的片面性。而更为科学的是,每隔数年,来自世界各地的项目管理精英会重新审查更新 PMBOK 的内容,使它始终保持最权威的地位。

由于从提出知识体系到具体实施资格认证有一整套的科学手段,因而使 PMI 推出的 PMBOK 充满了活力,并得到了广泛的认可。国际标准组织(ISO)以 PMBOK 为框架制定了 ISO 10006 标准。同时,ISO 通过对 PMI 资格认证体系的考察,向 PMI 颁发了 ISO 9001 质量管理体系证书,表明 PMI 在发展、维护、评估、推广和管理 PMP 认证体系时,完全符合 ISO 的要求,这也是世界同类组织中唯一获此荣誉的。

3. PMI

(1) PMI 概述

美国项目管理学会一直致力于项目管理领域的研究工作,全球 PMI 成员都在为探索科学的项目管理体系而努力。今天,PMI 制定的项目管理方法已经得到全球公认,PMI 也已经成为全球项目管理的权威机构,其组织的项目管理资格认证考试也已经成为项目管理领域的权威认证。每年全球都有大量从事项目管理的人员参加 PMP 资格认证。同时,全球的 PMP 人员也在为保持其项目管理的科学性和权威性进行着不懈的努力。对参加 PMP 资格考试的人员资格也有相当严格的要求,其考试程序也有具体的规定,详细情况将在后文介绍。

（2）PMI 协会在中国推出的证书体系

PMI 遵循普遍接受的心理测试原则、全球项目管理专业人员广泛参与原则和适用法律、法规原则等，为全球市场和项目管理专业开发了数种项目管理综合评估体系。近期在中国推出的是其主要的三种评估体系。

① 项目管理专业人员（PMP）资格证书

PMP 资格认证考试在全球范围内进行，针对在项目立项、规划、实施、控制和完成等过程中已被国际上项目管理从业人员普遍接受和使用的项目管理概念、技术和程序，对要求认证的人员进行评估。目前，全球市场把 PMI 的项目管理专业人员（PMP）资格证书作为本专业最主要的资格证明。

通过培训学习和项目管理实践，并通过证书考试而取得 PMP 资格的人员，表明他已经在项目管理知识和应用方面达到了非常专业的水准。获得 PMP 资格认证的专业人员也非一劳永逸，每三年 PMI 会重新审查其有效性，只有那些在三年内积累了一定的参加培训和实际从事项目管理经历的 PMP 才能保持其资格的有效性。这就是 PMI 所谓的"专业发展计划（professional development program）"。

② 项目管理基础知识评估（project management basic knowledge assessment）

项目管理基础知识评估是考核基础的、必需的项目管理知识。测试中的题目主要是为了评估对项目管理的原则、原理、术语、观点和要素等方面知识的掌握。相比而言，PMP 资格证书考试则在较高水平（应用和理解）上对项目管理知识进行测试。项目管理基础知识评估适用于：需要考查职员的基础项目管理知识的机构；提供项目管理培训的机构；有认证计划的公司；要确定自己目前的项目管理知识水平的个人。项目管理基础知识评估的具体内容是一份具有代表性的问卷，由针对项目管理过程（项目立项、规划、实施、控制和完成）的提问构成。

③ 项目管理自我评估手册（project management self-assessment manual）

项目管理自我评估手册是为评估个人目前项目管理知识及经验水平而编制的。这本手册可以帮助个人确定他们的培训和专业发展计划，包括项目管理经验。这本手册也可以用于检查学习和培训的效果和作为考试准备的资料。

16.1.2　中国项目管理师国家职业资格认证

随着中国社会经济制度的深入改革，加入 WTO 后与国际惯例接轨步伐的不断加快，项目管理的重要性被越来越多的中国企业及组织所认识，企业决策者开始认识到运用项目管理知识、工具和技术可以为他们大大减少项目的盲目性，减少项目中种种失误带来的巨大损失。那些受过良好项目管理教育并拥有丰富实践经验的项目管理人员早已成为实力公司猎取的对象，在美国，项目管理师已成为超越 MBA 的最炙手可热的"黄金职业"。

中国项目管理师国家职业资格认证是中华人民共和国劳动和社会保障部在全国范围内

推行的四级项目管理专业人员资质认证体系的总称,代表了当今国内项目管理专业资质认证的最高水平。它共分为四个等级:项目管理员、助理项目管理师、项目管理师、高级项目管理师,每个等级分别授予不同级别的证书。

中国项目管理师具有广泛的代表性和权威性,代表了当今国内项目管理专业资质认证的最高水平,得到了国家和社会各界的广泛认可,项目管理师证书已成为项目管理人员执业、求职、任职的资格凭证,是用人单位招聘录用人才的主要依据,国家承认,全国范围有效。

1. 证书价值

(1) 对个人

项目管理师是对项目管理人员知识、能力及经验的认可与证明。不同级别的项目管理师证书表明个人在项目管理专业领域里的不同等级水平。拥有项目管理师证书的项目管理者,不仅证明了他们掌握项目管理原理和知识的程度,而且证明了他们在实践中的能力水平和创新意识。

无论是国外还是国内,项目管理专业人员已成为企事业争夺人才资源的热点。项目管理师已经成为超越 MBA 的"黄金职业",项目管理师在时髦职业排行榜上的排名不断挺进。

项目管理师资质认证从一开始就考虑到与国际接轨。从培训考试到评估、审核,均采用当今国际先进的认证体系和方法手段。项目管理师的含金量及受欢迎程度将逐渐超过国内同类职业证书。项目管理师证书是一种国家职业资质证书,获得项目管理师证书不仅证明你拥有项目管理专业的知识和技能,更重要的是对你所具有的管理能力、实践经验和职业水平的认可和证明。

项目管理师国家职业资格认证是由中华人民共和国劳动和社会保障部在全国范围内推行的国家职业资格认证体系,具有广泛的代表性和权威性,代表了当今国内项目管理专业资质认证的最高水平。我们相信,拥有项目管理师证书将为个人执业、求职、任职和发展带来更多的机遇;拥有项目管理师证书的人,将会拥有更辉煌的明天。

(2) 对组织

随着中国加入 WTO 及经济全球化趋势的发展,项目管理领域发生了根本性的变化,一方面市场需求日益增大;另一方面高素质、高水平的项目管理人才严重匮乏,远远不能满足日益增长的市场需求。尤其是入世后,国外企业和管理机构的纷纷进入,我国本土化的企事业机构面临市场竞争的巨大考验。因此,是否拥有大批优秀的项目管理人才成为企事业生存、发展及参与国际竞争的关键。

在项目管理界,企事业组织需要一种行业标准,需要一种认可和证明,能够证明组织内管理人员在项目管理专业方面的知识、能力、经验和创新意识,而项目管理师国家职业资格认证给管理人员提供了一个国内公认的标准,拥有获得项目管理师证书人员的多少也必将成为一个企业的形象标志。

2. 证书特点

中国项目管理师是一种对项目管理专业人员知识、经验、能力水平和创新意识的综合评估证明，具有广泛的认可度和专业权威性，代表了当今国内项目管理专业人员资格认证的最高水平。项目管理师证书已成为我国各企事业机构、组织对项目管理专业人员素质考核的主要参考因素，是对项目管理专业人员执业、求职、任职的基本要求。主要表现在以下几个方面。

（1）具有专业资质认证的权威性

中华人民共和国劳动和社会保障部是唯一具有颁发国家职业证书职能的权威机构。

（2）具有系统完善的认证标准

项目管理师国家职业资质认证是一套系统全面的认证体系，它将知识和经验分为若干个核心要素及若干个附加要求进行考核。对中级以上还须对应试者的专业素质和能力水平以及总体印象等各个方面进行综合考察。

（3）资质能力的划分更为科学

项目管理师把项目管理人员的专业水平分为四个等级：高级项目管理师、项目管理师、助理项目管理师、项目管理员。每级证书分别表明了项目管理专业人员的执业资质水平，中级以上还注明了专业方向。因此，项目管理师认证更具科学性与合理性。

（4）培训考试体系完整

项目管理师的培训考试采取标准授权方式，所有培训考试定点机构均需经过劳动和社会保障部国家职业技能鉴定中心项目管理专业资格认证管理办公室审核、考察及认可。所有申报人员均需经过授权机构统一培训、统一考核及全国统考，从而确保了项目管理师证书的质量和含金量。以项目管理师级别认证为例，需要经过申请者资格审查、从事项目管理工作经历审查、授权机构集中培训考核、案例讨论、实习作业、全国统考、专家评估几个过程，只有通过每一个环节的人员才可授予相应证书。

（5）认证程序严格、系统且完善

项目管理师的认证程序对每一级都有严格的认证要求，其专家委员会集中了国内最负盛名的专家、教授和管理师。项目管理师采用国际先进的认证模式：培训考试＋全国统考＋业绩评估，从而保证了认证的公证、透明和有效性。

（6）是项目管理专业设计人员执业求职的通行证

项目管理师证书是项目管理人员执业、求职、任职和发展的通行证，是国内各企事业机构招聘人才的重要参考和依据，国家承认，全国范围有效。毫无疑问，随着项目管理师认证工作的逐步开展，项目管理师将会具有更为广泛的社会影响和社会认可度。

16.2　PMP 考试介绍

16.2.1　成为 PMP

项目管理专业人员资格(Project Management Profession,PMP),是美国项目管理学会(PMI)开发的一种专业资格认证。1999 年年底,北京现代卓越管理技术交流中心(BMMTEC)与 PMI 签订合同,将 PMP 认证引入中国。2000 年,由北京现代卓越组织在中国的北京、上海、广州和深圳四个城市举行了两次 PMP 考试,共有 300 多人参加,近 100 人通过了考试并成为中国的首批和第二批 PMP。

项目管理专业人员资格认证可以为个人的事业发展带来很多好处。在世界大多数国家,特别是在西方发达国家,PMP 已经被认为是合格的项目管理专家的标志之一。通过准备 PMP 考试,可以开阔个人的项目管理视野并掌握丰富的项目管理知识。当你和你的项目成员对于项目管理有了共同的理解和认识,将大大节省项目沟通成本。

1. PMP 考试

对于亚洲地区的 PMP 应试者,通过考试不太容易。考试由 200 道选择题组成,考试时间为四个小时。考虑到该考试刚刚引进中国,2000 年在中国的 PMP 考试曾延长半个小时,即四个半小时。但根据很多考生的经验,四个小时对于答完 200 道试题一般不是太困难。

2000 年在中国举行的两次 PMP 考试都是采用英文,但只有一种考试形式,即传统的纸笔考试。目前,在北美、欧洲、韩国、日本等国家和地区,PMP 考试全部采用上机考试的形式。从 2001 年 1 月 1 日起,中国的 PMP 考试也可以通过计算机上机考试,机试考点遍布全国。为了实现由纸笔考试到全面机试的过渡,2001 年在中国的 PMP 考试可以选择机试,也可以选择 6 月和 11 月的纸笔考试。纸笔考试将采用中英文双语,2001 年 8 月之后的上机考试也将采用中英文双语。表 16-1 为 PMP 试题的分布情况。

表 16-1　PMP 试题分布情况

项目管理的生命周期	试题百分比/%	试题数量/题
项目启动	4	8
项目计划编制	36	72
项目实施	25	50
项目控制	28	56
项目收尾	7	14

注:项目管理生命周期请参考 PMBOK 第 3 章,64% 的试题来自计划编制和控制部分。

双语考试的题样如下。

The _____ is a time-phased budget that will be used to measure and monitor cost performance in the project.

A. Work breakdown structure　　　B. Project schedule

C. Cost baseline　　　　　　　　D. Cost budget

_____是按时间安排的预算，用于测量和监控项目中成本执行情况。

A. 工作分解结构　　　　　　　　B. 项目进度计划

C. 成本基准　　　　　　　　　　D. 成本预算

答案：C

这类所谓的"情形题"（situation question）的数量在不断增加。大多数情况下，这类试题一般会问你作为一名项目经理你会如何做。

例1 在项目执行阶段任命的一位新的项目经理发现，客户对项目状态报告感到不满意。他首先要做的是什么？

A. 与客户面谈，允诺满足客户的需求

B. 审查所有变更指令并改变进展测量基础

C. 检查沟通系统

D. 约见项目队伍成员，分析项目利益相关人的需求

与项目管理过程有关的试题（PM process related questions）——只有一小部分试题问你是否知道 PMBOK 中定义的各种项目管理过程、各种过程的输入、输出和所用的工具和技术等。

例2 在哪个采购过程中合同终止？

A. 询价　　　B. 合同管理　　　C. 采购计划　　　D. 供应源选择

项目经理必需的知识（Knowledge necessary for a PM）——项目经理可能不是每个领域的专家，但 PMP 考试会考你是否具有有关项目各方面的基本知识。

例3 下面哪一种折旧方法交税最为不利？

A. 双倍余额降序法　　　　　　　B. 直线法

C. 年数总和法　　　　　　　　　D. 折余值

计算题——需要计算的试题不会超过 5 个。

在过去的考试中，有很多计算题，特别是关于净值管理系统的计算题。现在，考试变得更加注重对于计算的分析和理解。

例4 如果 CPI＝0.94，SPI＝1.05，你将判断出什么？

A. 成本没有超支，进度延迟了

B. 成本超支，进度没有问题

C. 成本超支，进度提前了

D. 在作任何判断之前,我们应当知道 CV 和 SV

2. 准备 PMP 考试

（1）200 小时～400 小时

PMP 考试是一项考试,因此,应试者应当对此作一些准备。

也许你已经广泛了解项目管理的知识,并具有作为项目经理或项目协调员的丰富的项目管理经验,但还是要建议你至少花 200 小时来准备 PMP 考试。如果你是在项目管理环境下工作,但主要是做某一专业的工作,你应当花更多的时间准备考试。

（2）西方思维方式

必须了解西方人的思维方式。你应当知道美国人的思维方式。比如:平等合同关系就是一个典型的例子。

"如果客户要求你做出变更以得到更好质量的产品,你应当如何做?"

"我应当让他们下一个变更单。"

"当客户不发任何变更单,还一直要求变更时,你应当如何做?"

"我将提交这一变更的估算。如果我的建议书不被接受,我将继续按照原来协定的技术规格生产。"

这就是你应当采取的思维方式。当然,采用这种思维方式在大多数亚洲国家是不太容易的。但是,要学习项目管理和准备 PMP 考试,必须采用西方的思维方式。了解"文化差异",在项目管理中考虑中西方文化差异。

（3）美国项目管理学会的理念

美国项目管理学会对提高社会对项目管理重要性的认识起了重要的促进作用,它也不遗余力地促使为项目经理放权。如果你重复阅读 PMBOK,你会了解一些 PMI 政策。也可以通过阅读其他资料如杂志和会议论文等来了解这些政策。理解这些政策和理念对于选择正确答案至关重要。

3. 推荐的方法

（1）熟悉项目管理术语

应当熟悉 PMBOK 后面的项目管理术语表。既要学习英文的术语表,又要熟悉对应的中英文术语。

首先,快速阅读该术语表。即使你已经知道了其中的大多数术语,也应当检查一下自己的理解是否与 PMI 的定义相一致。如果这些术语对你还比较新鲜,第一次阅读就弄清楚每个术语不太容易,应该反复阅读。

在阅读 PMBOK 时,一定要尽量多复习这些术语。在学习 PMBOK 时遇到奇怪的英文词,首先要看术语表,然后再查英文字典。例如,mitigation(减轻风险)、workarounds(权变措施)等。

（2）阅读 PMBOK

首先,快速阅读 PMBOK,尤其应当集中阅读第 1～3 章,比较熟练地掌握项目管理基本概念与方法。其次,做 PMP 考试的模拟题,进行自我测试,参照正确答案检查自己的结果,然后非常仔细地阅读 PMBOK 的相应章节。当遇到不理解的术语时,一定要参考 PMBOK 的术语表,弄清楚每个术语。

16.2.2　怎样参加 PMP 考试

任何一个从事项目管理的人员都可以参加 PMP 项目管理资格认证考试,只要符合下面类别之一规定的教育背景和专业经历的都可以参加考试。参加考试人员需将个人简历及申请表交予考试中心,由考试中心进行初步审核,然后交由美国项目管理学会进行最终审核,审核合格者将发给准考证,再由考试中心具体安排考试。

1. 报考 PMP 的步骤

（1）PMP 认证申请者必须满足以下类别之一规定的教育背景和专业经历。

第一类:申请者为具有学士学位或同等大学学历或以上者。

PMI 要求申请者需至少连续 3 年,具有 4 500 小时的项目管理经历,且仅在申请日之前 6 年之内的经历有效。需要提交的文件有:一份详细描述工作经历和教育背景的最新简历(需提供所有雇主和学校的名称及详细地址);一份学士学位或同等大学学历证书或副本;能说明具备至少 3 年以上,4 500 小时的项目管理经历审查表。

第二类:申请者为不具备学士学位或同等大学学历或以上者。

PMI 要求申请者需至少连续 5 年,具有 7 500 小时的项目管理经历,且仅在申请日之前 8 年之内的经历有效。需要提交的文件有:一份详细描述工作经历和教育背景的最新简历(请提供所有雇主和学校的名称及详细地址);能说明具备至少 5 年以上,7 500 小时的从业经历审查表。

（2）报名和申请程序

报名 PMP 认证考试者需要先在 www.pmi.org 网站申请到用户名,然后按照网站要求在线提交英文申请资料或者邮寄文本材料。记住用户名和密码,然后携带报名材料和考试费提前到全国指定的报名机构报名,并提供如下资料:

① 中文报名表(见图 16-1)

考生需要保留一份中文报名表,保管好 PMI 网站用户名及密码,并注意密码的大小写。考试机构工作人员只是使用您的用户名和密码为您预约考试,您可以在考试后更改密码。

PMP 认证考试中文申请表

编号：

中文姓名		First Name		Last Name		照
性别		民族		现居住地		
有效证件号码						片
毕业学校			毕业时间			
专业		学位		从事行业		
PMI 网站用户名			密码			
联系方式	电话		手机			
	E-mail					
	通讯地址			邮政编码		

工作履历	单位名称	职位	核心工作	起止时间

注意事项

1. 请仔细阅读在 www.chinapmp.cn 网站上关于英文材料提交、审查等关于 PMP 考试的中文信息支持。如果您报名参加考试，就表示您已同意 PMI 关于考试相关规定。
2. 在 PMI 网站提交英文材料时，您需要对您提交的材料内容负责，包括姓名。请确保在线申请时填写的姓名与进入考场携带的有效证件姓名一致。特别提示：First Name 填写您的名，Last Name 填写您的姓，Middle Name 不需填写。
3. 请保存好 PMI 发送给您的对英文材料反馈的邮件，并请在您的英文材料有效期内办理缓、退考或重考等相关事宜。
4. 如果您被抽中审查（Audit）请按照 PMI 要求完成。
5. 您在各报名机构缴纳考试费后，为避免联系出现问题，请务必关注国家外国专家局培训中心网站 www.chinapmp.cn 首页考试信息部分的考试通知。

您已经认真阅读了注意事项中涉及的各种问题，并同意，请签字：

填表日期：　　年　月　日

图 16-1　PMP 认证考试中文报名表

② 身份证复印件

③ 学位证书复印件

④ 学历证书复印件

⑤ 大于或等于 35 小时的培训证书复印件

⑥ 考试费（3 300 元人民币）

（3）申请合格通知

PMP 在线申请材料将在 5 个工作日内得到处理，文本材料将按照如下流程进行：PMI 在收到单个考生邮寄的 PMP 认证材料后的 10～14 个工作日内进行处理；在收到由公司统一邮寄的 PMP 认证材料后的 20 个工作日内进行处理。

PMI 在收到材料后将通过电子邮件方式发给考生说明材料。此认证说明材料与考生核实以下内容：考生有可能具备考试资格，在支付费用后应该服从审查要求，考试有效期为一年。如果被认为不合格，进一步的详细说明书也会通过电子邮件的方式发给考生。

（4）准考证

北京地区考生在考试前 7 天到国家外国专家局培训中心网站 www.chinapmp.cn 下载，参加考试时必须携带此证。此外，通过考试者到国家外国专家局培训中心领取证书时必须跟身份证件同时出示。外地考生的准考证由各考试机构发放。

（5）申请材料审查

PMP 认证部按一定比例抽查审核申请资料。提交给 PMI 证书部的任何虚假和错误信息将受到惩罚，包括中止或撤销考试资格或（和）证书。

所有合格的材料都必须服从审查。考生只有完成审查才能参加 PMP 考试。考生在收到准考证、支付考试费用后才被通知材料是否被选中审查。提交申请材料表明考生同意遵守审查条款。

资格审查随机抽取，PMI 可以在任何时间（包括考生获得认证后）抽取任何考生的材料进行审查。被抽取到的考生将收到来自 PMI 的一封电子邮件说明书，详细阐明如何遵守审查条款。审查过程中，考生需要提交支持性文件。例如：学历学位证明复印件；经验证明表中涉及的项目监管者或经理人的签名；为满足 35 小时项目管理教育要求，参加培训机构课程教育所获得的培训证书或书信复印件。

项目管理经历审查表是 PMP 认证考试资料的一个可选部分，供申请者以书面资料全面报告其项目管理经历。在有效时间范围内，每个项目都要提交一份经历审查表。

每份中以下内容必须填写。

① 申请者全名。

② 列出项目管理经历的雇主名称和详细地址。

③ 雇主的电话和传真号码。

④ 项目开始和完成日期（在申请时若项目未完成，用申请日期代替完成日期）。

⑤ 在项目管理五个过程中的大约工时数（对任何五个过程无最低要求）。

⑥ 申请者签名和日期。

（6）考试命题

PMP 认证考题由 PMP 工作组编写，由 PMP 评判员独立裁决，参考项目管理教科书的最新资料,满足工作分析的测试规范。心理咨询顾问对每道考题按技术适用性进行编辑。命题专家(PMPS)编写考题并且验证其考试适用性,同时测试专家通过审查这些考题以确保其达到预期的目的。

(7) 成绩及证书

PMP 认证考试及格线是由一种称做 ANGOFF 改进技术的标准参照法确定的。当前这项技术被考试专家认为是确定及格线最可靠的标准参照法之一,因为它是基于命题专家们的综合判断。采用这种方法,要求 PMP 一组评审员审阅考试的每一项。对每一个题目,评审员确定知识水平最低考生能正确回答此题的概率。这些概率的平均值乘以考试的总题数,其结果就是最低限度的得分。最终的及格线是基于这种综合判断和平均标准误差的计算而确定的。最后,对每个考题计算其各项分析和可靠性指数。

在考试后 4~6 周,可以登录 PMI 网站查看自己是否通过考试。

在考试后 8~12 周,PMI 会将大部分证书邮寄到国家外国专家局培训中心,证书到达分拣后,会在国家外国专家局培训中心网站 www.chinapmp.cn 上公布北京地区证书到达人员名单,外地考生可与各地考试机构联系领取证书。

(8) 申请特殊考试调整

参加笔考考生必须在考前 35 个日历天提出缓/退考申请。没有在规定时间内通告相关人员及(或)满足预约条件的考生将支付本次 PMP 考试的全额考试费用,再次参加考试须支付全额的重考费用。

遇到某些情有可原的情况(如医疗事故、家庭成员逝世)参加不了考试的考生必须对情况做出解释并提交支持性文件(如事故报告、医疗证明、死亡证明等)。这些文件必须在考试结束后 72 小时以内完成。如果在考后 72 小时内不能提交支持性文件,则必须向认证部门提交解释信并尽可能迅速地完成提交。PMI 将针对不同的案例对待所有的请求。如果考生的请求不被视为情有可原的情况,考生需申请重考,支付重考费用才能参加 PMP 考试。考生最多可以在一年以内预约并参加考试。考生最晚可在考试有效期结束前一个月向 PMI 提交书面申请,请求退考。PMI 将收取 100 美金的手续费。参加过 PMP 考试的考生以及没有在规定时间内提出缓(退)考申请的考生不得退考。审查不合格的考生在退费过程中也将被扣除100 美金的手续费。

(9) 考试行为准则和注意事项

PMI 只准许姓名在注册登记表上的人参加考试。考生进入考场需出示正式、有效的带相片的身份证件。已注册的考生不允许替换。在考试中心,希望考生以职业态度要求自己的行为。如果考场管理官员认为某考生扰乱考场秩序,考场监考员将驱逐此考生出场。被驱逐和因扰乱行为要求离开考场的考生得不到退款。考生在考场不得接待客人(包括小孩)。考生桌上不得放置食物、饮料、外衣、书包、行李、呼机、手机、录音机或其他个人物品。在允许进入考场之前,考点将为考生提供带锁的存物柜以放置个人物品。另外,考场不得吸烟和使用任何电子设备。不得使用可存储数学公式的可编程计算器。允许使用非编程计算器，但这些计算器需无噪音、带内置电源（电池）、不能带有打印功能和全字符字母集。考场将提供草稿纸，考试结束后，考生不得将草稿纸带走。考试结果通知和分数报告将在考试日期之后30个工作日之内通过邮件联系每位考生确认考试结果。应试者必须通过考试才能获得PMP证书。没有通过考试的考生将收到考试成绩单及补考表，须重新考试才能获得证书。

（10）PMI考试安全和保密条例

PMP认证考试、题库、答案、答题纸、工作单或任何其他考试或与考试相关的材料均专属于PMI。这些资料是保密的，不得以任何理由向任何人及机构公开。考试分数是保密的，除非由有效合法的传票或法院指令不得公开。要求将分数公开给第三方的考生必须向PMI提交书面申请，具体说明要公开哪些考试分数和对哪些个人或机构公开。对PMI考试安全和保密条例的任何侵犯，PMI认证部可以采取惩罚措施。

（11）PMP申请资料和认证申请程序

PMP认证程序受PMI认证程序经理管理和监督。有关对PMP认证程序实施的任何质疑须遵照PMP认证申请程序中的包含和排除法则。此认证申请程序是解决PMP申请、资格、考试、资审、行业发展和其他认证疑问、各种申诉和（或）索赔的唯一途径。申请者或资格者可以向PMI认证程序经理书面申请审查违反PMP认证程序的运作和决定，这是符合认证申请程序的。

PMI要求具有学士学位的申请人必须提供在至少3年内具有至少4 500工时的项目管理工作经验的书面材料。工时必须以最低的时间要求为跨度。自申请之日起6年以前的工时将不予考虑。没有学士学位的申请人必须提供在至少5年内具有至少7 500工时的项目管理工作经验的书面材料。工时必须以最低的时间要求为跨度。自申请之日起8年以前的工时将不予考虑。同时，需要注意的是，PMI不接受任何通过传真收到的PMP认证考试申请。所有申请原件必须邮寄。任何申请人均可以申请在美国或加拿大的某个Sylvan技术中心参加PMP认证考试。不住在美国或加拿大而有意申请在Sylvan技术中心参加在计算机上的考试的申请人必须填写适当的进入美国或加拿大的申请，并交纳相应的考试费。申请人的简历也有比较严格的格式。申请人可在PMI的www.pmi.org网页的认证栏上查看简历模式。申请人在与资历说明表一起提交详细简历时可以此简历模式为指导。PMI要求申请人的简历与资历说明表中所列的项目相对应。所有的教育和经验背景在简历中均应详细列出。

2. 考试费用和时间

（1）考试费用

① 考试报名费：100元人民币。

② 资格认证考试费为3 300元人民币。

（2）考试时间

国家外国专家局培训中心每年举办四次 PMP 资格认证中英文对照考试,分别是每年的3月、6月、9月和12月。

3. PMP 的认证程序和原则

（1）认证程序

PMP 认证程序提供国际一流水平的项目管理产品和服务,以保证项目管理专家证书在全球范围内(包括公共和私有部门)的可靠信誉。

（2）项目管理协会认证概述

PMP 认证程序是由美国项目管理协会(PMI)发起的,其目的是使严格的、基于考试基础上的最高品质的专业认证程序得到开发、保持、评价、提高和管理。PMP 认证程序支持项目管理专家国际团体,客观评估和测试专业知识水平。PMP 程序的要求和合格的标准是公平的、公正的,并与适用法律是一致的。无论考生是否属于任何组织、协会或团体,PMP 认证程序遵守美国各州和联邦政府的反歧视法并独立授予证书。申请者必须达到 PMI 规定的教育和经历要求,并对项目管理专家认证考试测试的关于对项目管理的理解和知识达到认可及合格程度才能获得 PMP 证书。另外,为满足行业发展计划的需要,PMP 证书获得者必须继续致力于项目管理领域。

4. 如何选择 PMP 培训

随着项目管理在国内的迅速兴起,通过美国项目管理协会的 PMP 认证,已成为各行业项目管理和中层管理人士的追求目标。随着 PMP 影响力的扩大,PMI 也在逐渐加强运作管理,以使 PMP 认证更加规范和权威。从 2003 年 6 月份开始,要求提供 36 小时以上的项目管理的培训证明就是其行动之一。

由于培训认证的出现,原来很多不想参加项目管理培训的人员,也不得不参加相应的项目管理培训;为了方便地通过 PMP 考试,PMP 考前培训班成为大家的首要选择。

参加培训班有以下几点建议。

（1）明确目的

在选择培训班时,一定要先问自己：参加这个班的目的是什么?

参加培训班的目的一般有以下三种。

① 通过 PMP 认证考试。

② 系统学习项目管理的基本理论,将工作经验上升到理论化和系统化层面上来。

③ 提高项目管理的水平。

如果把学习目的仅仅集中于其中的一条,对个人的帮助不会很大。参加 PMP 考前培训班应该融合以上三个目的。36 小时以上的培训时间对于系统学习项目管理的理论和提高项目管理水平来讲非常合适,如果简单地把重点放在通过 PMP 认证考试上,有些太"奢侈"——如果不能利用此机会,更大程度地使自己的项目管理能力有所提高,即便通过了 PMP 考试,实际工作水平和能力也不可能有质的飞跃。

（2）做好准备

从参加培训的效果上来讲,最好能够在参加培训之前有一定的项目管理实践经验,同时能简单浏览过 PMI 的 PMBOK,这样可在听课前对课程内容有一定了解,同时还能明确个人不理解的重点及难点问题,听课的效果会更好。

从参加考试的角度出发,最好在参加考试前两个月参加培训班,培训后留出一定的时间进行知识的理解与记忆。

（3）中英文授课各有利弊

目前,国内的 PMP 考前培训班,大多数均聘请外籍教师。这里普遍存在着一种误区:外籍教师讲课有权威性。然而,英文授课有很多问题。

① 英文授课的缺点

- 没有翻译的英文授课:如果学员的英语口语和听力基础不好,听课的效果会比较差,学员会将多数时间用在听力练习上;同时,沟通和表达难度会增大,阻碍沟通的进行。
- 有翻译的英文授课:授课的有效时间会减少一半,同时,翻译的水平和对项目管理的理解程度会大大影响听课的效果。外籍教师授课更多的是讲 PMBOK 中的理论知识,重点在讲解书本和模拟题,仅是简单应试,存在一定程度上的照本宣科现象,书本外的内容很少,学员在综合项目管理能力和管理水平方面提高不多。

② 英文培训的优势

- PMI 的主体语言为英文,没有翻译的英文授课班可避免翻译引起的误解和差错。
- 老师介绍的内容围绕考试的内容较多,如果只为通过 PMP 考试,会感觉较好。

③ 中文培训的优势

- 采用中文授课,可方便地向老师提问,无须经过语言转换,避免了沟通障碍。
- 国内老师更重视案例分析和在理论相结合的层面上讲解,这样在接受理论知识的基础上,可与实际工作有机结合,有利于了解和掌握项目管理的精髓,真正提高学员的实际项目管理水平。
- 由于考试使用中英文双语试题,在习惯了中文环境后,正式考试时,答题速度会快很多。

④ 中文培训的缺点

- 由于采用中文授课,但权威资料是英文的,可能会在翻译的准确性和权威性上存在问题。

如果学员的英文基础好,同时又是以通过 PMP 考试作为唯一目的,最好参加没有翻译的英文授课班;否则,最好参加中文授课班。为避免出现中文培训的翻译资料准确性的问题,建议学员选择中文授课、资料为中英文混合的培训班。

（4）怎样选择老师

参加项目管理类的培训，最重要的是选择培训讲师。因此，大家在参加 PMP 考前培训班时，对培训班讲师重点考察以下几点。

① 是否是 PMP？如果没有通过 PMP 考试，只是简单地给大家作 PMP 的考前培训，效果不会理想。

② 是否具有丰富的项目管理经验？项目管理理论是一门实践性极强的学科，必须由实际项目管理经验丰富的老师讲解，才能比较透彻和深入。

③ 是否有丰富的讲课经验和水平？虽然有些人满腹经纶，但讲课水平不高，这种培训会浪费大家的时间和金钱。因此，可考察该教师以往的成功授课经验。

（5）模拟题"不重要"

目前，培训班多数选择大量试题，将老师对模拟题的揣摩及对模拟题的研究作为一个卖点。大家不要太相信这种宣传，更不要把重点放在模拟题的研究上。因为，任何人都无法通过合法的途径获得 PMP 的历史考题和答案，即便是参加过多次考试的人，也只可能知道题目，不可能获知准确答案。市场上流行的模拟试题及答案，多为老师根据自己以往的经验、参照理论知识编制，与实际考题还存在一定的差别。一味地研究没有标准答案的考题，必然使大家落入为考试而考试的误区，影响大家进行深入学习的时间和效果。

适当地做一些试题是必要的，可以熟悉题型和命题方式，但千万不要把重点放在这上面。

（6）课后及时复习

参加培训之后，应立即进行知识的学习和课堂知识的反思，这能加强记忆效果，真正吸收课堂的讲课内容。同时，在条件允许的情况下，多参加一些网上的交流和论坛，这将对大家的学习和项目管理能力的提高有很大的帮助。

5．例题分析

以上介绍了 PMP 的基本情况，包括它的历史、在中国的现状及考试的一些相关信息。下面将列举一些 PMP 考试的模拟题，给读者更直观的了解。

（1）你在管理一个大项目，该项目有代表 7 个公司的 20 个项目利益相关人，并与 8 个承包商有关。他们的工作也需要协调，你的直接项目团队有 6 个项目领导。每个领导负责一个项目约 15 人的团队。因此，你认识到你必须特别注意有效地综合变更控制。这意味着你主要关心：

A. 影响导致变更的因素，确定已发生的变更并管理实际发生的变更

B. 保持基准计划的完整性，整合产品和项目的范围，并且协调跨知识领域的变更

C. 整合从项目的不同职能专业部门交付来的结果

D. 设立一个变更控制部门来监控所有的项目变更

参考答案：A

分析：综合变更控制是由在整个项目过程中协调和管理变更两部分组成。发生在综合变更控制范围内的活动是：范围变更控制、范围确认、日期变更控制、成本变更控制、质量控制、风险跟踪与控制以及合同管理。［控制］

（2）你的项目预算为第一年 150 万美元，第二年 300 万美元，第三年 2.2 万美元，第四年 80 万美元。大部分的项目预算将花在以下哪个阶段？

A. 项目计划的形成 B. 项目计划的实施

C. 综合变更的控制 D. 项目开始

参考答案：B

分析：在这一阶段，影响项目的各种因素需要协调，并形成项目产品或服务。［实施］

（3）你准备了一份完整的项目计划和日程安排，将其交给委员会并得到了通过。主要的项目利益相关人接受了这项计划。项目计划和日程安排都应该分发给：

A. 执行机构中所有的项目利益相关人

B. 所有项目的项目利益相关人

C. 项目团队队员和项目发起者

D. 沟通管理计划中规定的人

参考答案：D

分析：沟通管理计划定义谁接受什么样的信息及每个人接受信息的详细程度。比如，执行机构中的经理可能只需要从项目计划中得到总的信息，而销售经理却有可能需要得到与他们的销售活动有关的计划的更详细的部分。［计划］

（4）你的机构公布了要在项目计划中包括的信息条款指导原则。其中一条是描述你公司的项目管理方法或缺陷。要这样做，你应该总结：

A. 项目的章程

B. 范围声明

C. 时间和成本的绩效测量基准

D. 从其他知识领域得到的个别管理理论

参考答案：D

分析：补充管理计划通常是项目计划的一部分。补充管理计划包括范围管理计划、进度管理计划、成本管理计划、质量管理计划、人员管理计划、沟通管理计划、风险应变计划和采购管理计划。对项目管理方法或战略的描述，是这些单个管理计划的总和。［计划］

（5）你受雇于一个正在建造"新千年优构"的自动化公司，负责管理一个产品开发项目。开始时，产品被定义为"最先进的个人运输工具"，后来被描述成"不需要汽油的最先进的个人运输工具"。最后，与设计工程师进行了整夜的讨论后，该产品被定义为"成本在 15 000 美元以下的不产生噪音的最先进的个人运输工具"。这表明产品的特征在不断改进。但是，虽然产品的特征在不断改进,还需要将其与_____进行仔细的协调。

A. 适当的项目范围定义　　　　　B. 项目利益相关人

C. 范围变更控制系统　　　　　　D. 客户的战略计划

参考答案:A

分析:产品特征的进一步改进必须在适当的范围定义下进行,特别是对有合同的项目。项目范围,也就是所要完成的工作,一旦定义好后应该保持不变,即使产品特征在不断改进。[计划]

(6) 你被任命为一个新项目的项目经理,因而必须要准备一个项目计划,为提供该项目的框架,你决定准备一个 WBS 来显示投入工作的量级和复杂程度,没有现成的 WBS 模板能帮助你,为准备 WBS 你要做的第一步应该是:

A. 确定每个项目阶段的估计成本和时间

B. 确定主要的项目可交付事项

C. 确定每个项目阶段的组成部分

D. 确定要完成的关键工作

参考答案:B

分析:这是分解项目的第一步。可交付事项应按照将怎么对项目进行组织来定义。比如,项目生命周期中的阶段作为可分解的第一级,而项目可交付事项作为第二级。[计划]

(7) 你所在的会议管理公司正在向新的领域发展,为了响应某个政府代理机构的要求,对一个历史研究项目的招标。你们公司投标成功,你是第一个历史研究项目的经理。不幸的是,你的工作的结果不满足对历史研究标准的要求。公司总经理刚收到政府代理机构合同办公室发来的正式文件,文件说他们将终止这一项目。现在,你必须_____

A. 将最新的工作结果送到你的合同办公室的技术代表处

B. 将这一教训归案并建立记录索引

C. 确立并归档现已完成的水平

D. 关闭项目办公室并解散所有人员

参考答案:C

分析:范围核实过程包括项目利益相关人对项目的正式承认。如果一个项目在其完成之前被终止,其完成的水平和程度应该被确认和记录。[控制]

(8) 你们公司是当地最大的化工厂之一,被当地起诉向城里的河中非法倾倒有毒物质,从而导致鳄鱼成倍增加。其结果是,当地狗的数量大大减少。法庭裁定公司的清理活动必须在 2 月 15 日之前完成。这样一个约束是以下哪种情况的例子?

A. 一个关键事件　　　　　　　　B. 一个主要里程碑

C. 一个强制日期　　　　　　　　D. 一个外部的依赖

参考答案:C

分析：项目发起人、客户或其他外部因素对完成特定的可交付事项所要求的日期，被认为是一个强制日期。［计划］

（9）你们公司正采取项目管理的方法来处理业务。公司现在有 50 个正在进行的项目。你是一个大项目经理，有 4 个项目经理为你工作。每个项目经理至少负责两个项目。你必须为你的每个项目安排进度和分配资源。以下哪个参数对你至关重要？

    A. 资源的使用和资源的评估   B. 时间的压缩和模拟

    C. 活动清单和 WBS   D. 进度的滑移和进程中的存货

参考答案：D

分析：当项目的实际期限或交付日期落后于计划的日期时，进度滑移就发生了。这个参数可能导致罚款带来利润的减少，而且一个项目的滑移可能导致另一个项目的滑移。进程中的存货是等待处理的工作数量。项目资源的缺乏可通过创造昂贵的备用存货来影响这个参数。［控制］

（10）你在设计一个允许电子邮件使用语音识别系统的产品。你们公司的市场部刚刚通知你主要的竞争对手也在开发一个类似的产品。最初你本来决定应用资源的平衡，因为你的早期启动进度计划表明某些时间段比其他的时间段需要更多的资源，还因为你完成项目的时间压力不是很大。现在，既然你有在市场上打败竞争者的压力，就需要发展一个与原先计划尽量接近的项目计划。为做到这一点，你应该用_____。

    A. 资源操纵   B. 倒转资源的分配

    C. 关键链计划   D. 资源再分配

参考答案：D

分析：资源平衡经常导致项目历时比预计的要短。资源从非关键活动向关键活动的重新分配，是将项目带回或尽量接近原来预定历时的常用办法。［计划］

（11）一项活动的最早开始日期是 10 日，最晚开始日期是 19 日。该活动历时 4 天，其间没有休息日。从已给出的信息，能对该活动得出什么结论？

    A. 这项活动总的浮动时间为 9 天

    B. 这项活动的最早完成日期是在 14 日结束时

    C. 最晚完成日期是 25 日

    D. 如果投入其中的资源加倍的话，这项活动能在 2 天内完成

参考答案：A

分析：总的浮动时间是通过从最晚开始日期中减去最早开始日期，即 19－10＝9。如果期限是 4 天，为计算最早完成日期，应该从 10 日上午开始计算。因此，活动应该在 13 日（10，11，12，13）而不是 14 日下班前完成。如果在其最晚开始日期即 19 日上午开始，应该在 22 日而不是 25 日下班前完成。因此给的信息不够，所以不能决定如果资源加倍的话这一活动是否能在 2 天内完成。［计划］

（12）提供基准用以确定必须完成的工作工具叫作_____。

A. 主要进度　　　　　B. 预算　　　　　C. WBS　　　　　D. 甘特图

参考答案：C

分析：WBS 为建立一个切合实际的进度提供了一个重要的基础，因为它确定了所有必须要完成的工作。〔计划〕

（13）你为一个服装制造商工作。目前，你在管理一个项目，该项目旨在重新设计零售商店的分布以改造顾客的流量及提高效率。很多工作必须在现场完成，并且需要店员的积极参与。这些店员中的很多人是一个工会成员，该工会因工人运动而著名。你计划的一个重要组成部分必须是_____。

A. 一个资源容量矩阵　　　　　B. 缓冲和储备

C. 一个资源日历　　　　　D. 一个资源柱状图表

参考答案：C

分析：项目和资源日历确定工作需要的时间。项目日历影响所有的资源。资源日历影响一项特定的资源或一种资源类型，比如一个劳务合同可能会约束一定数量的工人在一周的某天工作。〔计划〕

（14）一个自动化设计团队应该熟悉最新的自动装配技术。团队可通过一系列的途径得到这种知识：它可以雇用一个专程的项目问题专家，可以请一个顾问，可以将一个现有的工程师送去参加一个有关机器人的讲座或者请一个制造部门的人加入团队。每一种方法的相关成本必须在项目计划中给予考虑。这显示了以下哪一点重要性？

A. 在完成活动定义前完成资源计划

B. 保证一个资源分配矩阵被准备好并用做控制工具

C. 通过成本估计来准确地调整资源计划

D. 将资源计划用做挣值的输入

参考答案：C

分析：资源计划应在成本估计和活动期限估计之前做好。这些估计是依赖于其他事项的核心计划过程。这就要求它们在大部分的项目中按基本相同的次序进行。资源需求是成本估计的一个输入项。这个问题中的例子表明协议资源计划和成本估计过程的必要性。〔计划〕

（15）你认识到质量控制对项目的重要性。但是，你也知道质量控制会增加成本，而项目的预算是有限的。减少质量控制成本的办法是_____。

A. 保证总的质量规划符合 ISO 标准　　　B. 应用抽样统计

C. 在整个过程中观测检验　　　　　D. 应用趋势分析

参考答案：B

分析：因为抽样统计只选择整个对象的一部分来检查，能极大地减少质量控制的成本。〔控制〕

(16) 持续改进过程为公司创造并保持了一种不断提高的文化。它应该由谁来领导？

A. 项目经理　　　　　　　　　　　B. 总经理

C. 参加质量链的员工　　　　　　　D. 项目利益相关人

参考答案：B

分析：总经理应该努力刺激创造力、自尊心、团队精神和对知识的渴求，创造一个共同努力的工作环境，以便在每个级别和每项活动中改善绩效。[实施]

(17) 你的项目管理工作让你觉得灰心丧气。虽然如果达到项目的成本目标，管理层将会奖励你，但是那些目标是不可能达到的，因为你不能控制人员和采购分配。你必须给职能经理施加压力使其按计划放人，而且你好像总是在和合同部门的人吵架，要他们将合同给质量好的卖方。因为你的抱怨，管理层让你领导一个团队，向项目经理提出一个公平奖励和认同体系。你的团队已完成了这份报告并会将其摘要抄送到主管人员。在详细解释计划之前，你想保证主管人员了解奖励体系的基本目标。这个目标是_____。

A. 与职能经理确立的奖励系统是相似的，该系统旨在显示平等及向公司显示项目管理的重要性

B. 将项目绩效和奖励之间的界线定得更清楚、明确和可行

C. 激励项目经理们向着公司规定的共同目标而努力

D. 吸引人们加入项目管理事业

参考答案：B

分析：将绩效和奖励定得明确、可行，才能真正地鼓舞士气。[实施]

(18) 作为一个项目经理，你相信通过“个人接触”能促进团队发展。一个被证明有效的办法是_____。

A. 给团队取个名字　　　　　　　　B. 提供灵活的工作时间

C. 颁布一个项目宪章　　　　　　　D. 庆祝一些特别的时刻

参考答案：D

分析：项目经理能通过庆祝生日、机构的周年纪念和特别成就时刻等表现出自己对队员的兴趣。其他方法也是有助益的。应该清楚并获悉每个队员的信息，并保证这些信息在想用时可以找到。[实施]

(19) 买方与卖方已谈好了一个成本加激励合同。合同的标的成本是 30 万美元，目标费用是 4 万美元，各方承担比例是 80：20，最大费用是 6 万美元，最小费用是 1 万美元。如果卖方实际的成本是 38 万美元，买方将是多少？

A. 104 000 美元　　　　B. 56 000 美元　　　　C. 30 000 美元　　　　D. 24 000 美元

参考答案：D

分析：实际成本比目标成本超支了 80 000 美元。这些超支按 80：20 分摊（买方的部分总是列在前面）。在这种情况下，80 000 美元的 20% 是 16 000 美元，这就是卖方的部分。从

目标费用 40 000 美元减去 16 000 美元,得到 24 000 美元就是要付给卖方的费用。[收尾]

（20）为了在竞争激烈的市场中努力求生存,你们的".com"公司正在寻找新的市场机会。公司正在考虑竞标由省交通运输部门发布的请求建议,建造一个自动系统来警告将要跨过中线的司机。这将是一个大合同,你们公司需要这笔收入来维持其电子商务业务。但是你们公司认识到,对于政府部门的合同,在技术符合的情况下,只有低报价才能赢得合同。你担心与市场行情和别人可能的报价比较,你们公司的系统工程师的工资可能太高。因为你是一个PMI 成员及你有很高的专业水平,请你来做申请评审员,并想办法降低项目成本。你应该向管理层提出以下哪一条建议?

A. 将现有的员工工资率降低到与竞争对手类似的水平。也可以选择从另一个项目的账号中付款给员工以补偿工资降低部分

B. 将现有的员工工资率与价值工程方法相结合以降低整体成本

C. 将现有员工的简历放在申请中,但一旦项目申请成功,则准备雇用新的工资更低的员工

D. 应用参数模型,按总价合同提供各种类型的成本报价

参考答案: B

分析: PMI 成员有责任就估计的成本、服务和可能的结果向公众提供精确可靠的报告。当有更有效、更经济的方法达到同样的结果时,应该用价值工程方法。[控制]

（21）人大代表质询省环保局在许多项目上没有严格按照环保规定进行审查和监督,致使这些项目对环境造成了极大的破坏,要求停止审批这类项目。你们公司正在对一个省级项目进行投标,这个项目要求在开始建设前进行环境影响的研究。进行这一研究的要求指的是:

A. 人大代表的质询对政府工作产生的影响

B. 项目的约束条件

C. 作为投标还是不投标决定的一部分考虑因素

D. 遵守国家法律的一个实例

参考答案: B

分析:制约因素是限制项目管理组进行选择的因素。要求项目在社会上、经济上和环境上是可以持续的,这一要求也将对项目范围、人员配备和进度产生影响。[范围]

（22）公司正在按照总部的要求实施 6σ 管理,你的工作是带领一项目团队去调查目前的流程情况,为流程改进提供一份详细、充分的报告。总部为这个项目提供 10 万元人民币的资助,但只有在成功完成这个项目后,才由总部核销这笔费用。你有一个月的时间来完成这个项目,并提交最后的调查报告。三个星期过去了,你已经完成了三条生产线和一个自动化仓库的流程调查。还剩一条生产线,它的供应链涉及一个全球的物流网络,连接着多个国家和地区的多个不同的企业组织。要完成最后这个调查,你必须得到所有这些协作者的流程资

料。但是,你的经理已经在其他方面花费了9万元人民币,项目的最后期限马上就要到了。现在,你的项目经理要求你利用这些不完全的调查数据完成这个项目,并在本周末提交调查报告。在这种情况下,你应该怎么做?

    A. 根据你对此项目的了解做一个粗略的描述,以完成这个项目

    B. 通过书面和口头的方式作出解释,说明在缺乏完整数据的情况下你无法完成此项目

    C. 即使无法获得原始数据,但是可以把相关的二手数据作为实际调查数据的替代,完成报告

    D. 通知管理层你需要更多的时间,并要求正式的文件表示允许延期

参考答案:B

分析:工作结果是项目计划实施完成的成果。在这种情形下,尽管由于数据不全你不能完成分配给你的工作,尽管那可能意味着你不能完成分配给你的任务,你也应该通过书面和口头形式给出解释,以此来确保你个人的诚实和专业精神。[综合]

(23)你管理着一个国际咨询团队,正在准备一套关于如何将新鲜虾肉制作成即食肉肠的流程操作规则。为了保护消费者的权益,你经常同肉肠制作行业的代表一起参加专业技术会议,以了解最新的肉肠制作工艺和加工技术。在刚结束的一次会议上,一家厂商向你赠送了一些目前流行的励志类图书,其中夹杂着一张某大型连锁商场的优惠券,凭券可于今年年底前,在任何一家该连锁商场的副食品专柜享受购买红肠一折优惠。红肠可是你最爱吃的,不过你在犹豫是不是应该把这个优惠券还回去。在这种情况下,你一般应该

    A. 不接受这个礼物,因为这可能被说成是你中饱私囊

    B. 看一下那个厂商是不是给每个出席会议的人都送了这个礼物,如果是这样,那么你就可以接受

    C. 接受这个礼物,但回到自己的工作岗位上时要将这件事告诉项目主管

    D. 尽管这可能不符合举办会议所在国家的习惯,但你还是应该收下这个礼物

参考答案:A

分析:作为一名项目管理的专业人士,个人轻易地接受他人的礼物或馈赠是不恰当的,同样赠送礼物给他人也是如此。除非这些给予和接受符合适用的法律和实施项目管理服务所在国的惯例。

(24)项目小组衡量风险应对计划实施的有效性时,是将计划实施结果与下列哪个因素进行对比?

    A. 可接受的风险承受度   B. 风险评分

    C. 风险的概率/影响评级   D. 项目的总体风险评级

参考答案:A

分析:项目所有者、客户或者项目监控方可能对风险表现出不同的承受能力。风险管理

计划应该制定出可接受的风险承受度,作为项目小组衡量风险应对计划实施有效性的标准。[风险]

(25)你正在为你的项目识别可能的风险,该项目是开发一种便携旅行凳,可以用在旅行途中,作为休息用的凳子。你需要首先识别并列出所有可能的风险,再对这些风险进行定性和定量的分析。虽然可以利用许多技术,但是在风险识别中可能最常用的是:

A. 面谈　　　B. 概率/影响分析　　　C. 风险清单　　　D. 头脑风暴法

参考答案:D

分析:头脑风暴法可能是最常用的风险识别技术。它的目的是获得一个全面的项目风险列表,并在随后的定性和定量风险分析中应用这个列表。在一个会议协调员的领导下,与会的项目小组成员和(或)跨专业的专家一起提出有关项目风险的想法。在一个较大的范围内分析风险的来源,然后再提交给会议进行检查。之后,再对这些风险进行分类,并进一步明晰定义每一项风险。[风险]

(26)你负责管理一个数据中心建设项目,涉及 10 个主要干系人,他们分别代表 7 个大公司。这个大项目涉及物业、装修、强电、弱电、计算机硬件、系统软件、系统集成和 IT 咨询8 个不同的承包商,他们的工作必须相互协调。你直接管理的项目团队有 6 个团队领导。每个团队领导各带领一支由 7 人组成的团队。因此,你认识到必须投入大量的精力进行有效的整体变更控制。这意味着你主要关心:

A. 促使引发变更的因素朝有利的方向发展;确定变更已经发生;管理实际发生的变更

B. 保持基准线的整体性,整合产品和项目的范围,在各个不同的知识领域之间协调变更

C. 整合来自项目的不同职能部门的可交付成果

D. 建立一个变更委员会来监视所有的项目变更

参考答案:A

分析:总体变更控制关心的是促使引发变更的因素朝有利的方向发展;确定变更已经发生;管理实际发生的变更。总体变更控制要求保持基准线的整体性,整合产品和项目的范围,在各个不同的知识领域之间协调变更。包括协调和管理项目进程中的变更,包括的行为有范围变更控制、范围验证、进度变更控制、成本变更控制、质量控制、风险监视和控制以及合同管理。而变更委员会属于变更控制系统的一部分。[范围]

(27)你们的项目团队正在设计和制造一种具有 20 千克负荷能力的高强度真空吸壁挂钩,你建立了一个质量管理系统并在整个项目过程中同时实施质量保证和质量控制。你发现某些工作有必要进行返工。然而,在你们公司中从来没有人在工作上"返工"。你应该如何解释"返工"?

A. 在一定情况下是可以接受的

B. 是基于质量控制衡量做出的一种调整措施

C. 修改一些不符合要求的产品以使它们达到预定的要求

D. 如果能够及早地发现这些错误就不用重来一遍了

参考答案：C

分析：返工是质量控制过程的一个结果。在许多应用领域，返工往往都是项目延期的原因。项目团队必须尽一切可能的努力来控制并将返工率减少到最小。［进度］

（28）当过程被认为是处于控制之中时，它：

A. 不应该被调整

B. 不能通过对其进行调整以达到某些方面的改进

C. 能表现出由于预料到的原因或正常原因引起的差异

D. 不能因为任何原因而进行审查或返工

参考答案：A

分析：在过程处于控制之中时，不应该进行调整。但是，可以为了提供过程的改进，而进行调整甚至改变过程。［质量］

（29）项目的质量保证部门最近对项目进行了质量审计，得到了一系列发现和建议。其中有一条建议看起来非常关键，应该采纳，因为它影响到能否向顾客成功地提交项目产品。如果这条建议没有得到采纳的话，产品很可能达不到要求。下一步你应该怎么做？

A. 召开一次项目团队会议，看看应该由谁来负责这个问题

B. 重新指定这个问题的负责人

C. 马上进行产品的返工

D. 发布一项变更申请，以采取必要的纠正措施

参考答案：D

分析：通过质量审计获取的信息可以用于改善质量系统和业绩水平。在大多数情况下，实施质量改善工作需要先准备变更要求。［质量］

本 章 小 结

本章主要介绍了 PMP 考试的一些基本情况，包括报考条件、考试题型、时间、注意事项等。还介绍了 PMP 在中国的最新发展状况。同时，为了给读者一个更直观的了解，我们还提供了一些 PMP 考试模拟试题，并给出了分析，这将有助于读者更好地准备 PMP 考试。

参 考 文 献

1. 白思俊. 现代项目管理[M]. 北京：机械工业出版社，2002.

2. (英)柏茨纳(Posner K)，(英)艾泊嘉(Applegarthnh M). (英汉对照)项目管理[M]. 上海：上海交通大学出版社，2003.

3. 北京信达思信息技术有限公司. 项目管理常用工具[M]. 北京：中国对外经济贸易出版社，2001.

4. 毕星，翟丽. 项目管理[M]. 上海：复旦大学出版社，2000.

5. 边萌，王英杰. 建设工程招投标与合同管理[M]. 北京：机械工业出版社，2001.

6. (美)波特尼. 如何做好项目管理[M]. 宁俊等译. 北京：企业管理出版社，2001.

7. 布鲁斯·兰登. 项目管理[M]. 王钦，张飞译. 上海：上海科技出版社，2001.

8. 柴宝善，殷永昌. 项目管理学[M]. 北京：中国经济出版社，2001.

9. 陈飞. 工程项目管理[M]. 成都：成都科技大学出版社，1993.

10. 陈灿华，卢守著. 工程项目管理与建设法规[M]. 长沙：湖南大学出版社，1998.

11. 陈光健. 中国建设项目管理实用大全[M]. 北京：经济管理出版社，1993.

12. 陈永强. 项目采购管理[M]. 北京：北京机械工业出版社，2002.

13. 成虎. 工程项目管理[M]. 第 2 版. 北京：中国建筑工业出版社，2001.

14. 丛培经. 实用工程项目管理手册[M]. 北京：中国建设工业出版社，1999.

15. 杜嘉伟，郑煜，梁兴国. 哈佛模式——项目管理[M]. 北京：人民出版社，2001.

16. (英)菲尔德(Field M). 项目管理. 严勇等译. 大连：东北财经大学出版社，2000.

17. 冯之楹，何永春，廖仁兴. 项目采购管理[M]. 北京：清华大学出版社，2000.

18. 符志民. 项目管理与实践[M]. 北京：中国宇航出版社，2002.

19. (美)福斯伯格(Forsberg K)，(美)穆兹(Mooz H)，(美)科特曼(Cotterman H). 可视化项目管理：获取商务与技术成功的实用模型[M]. 刘景梅，许江林，于军译. 第 2 版. 北京：电子工业出版社，1992.

20. 甘华鸣. 项目管理[M]. 北京：中国国际广播出版社，2002.

21. 海得曼(Heldman W). IT Project＋项目管理全息教程[M]. 何道君等译. 北京：电子工业出版社，2002.

22. 韩长纲，相继民. 世界银行贷款项目管理工作指南[M]. 济南：济南出版社，1992.

23. (美)赫耳德曼. PMP：项目管理专家全息教程[M]. 马树奇等译. 北京：电子工业出版社，2002.

24. 黄金枝. 工程项目管理——理论与应用[M]. 上海：上海交通大学出版社，1995.

25. 黄琳贻. 高效率项目管理 Project 4.1[M]. 北京：北京理工大学出版社，1997.

26. 黄勇，徐玖平. 项目管理案例[M]. 北京：经济管理出版社，2008.

27. (英)霍布斯. 项目管理[M]. 包晓闻译. 北京：中国社会科学出版社，2001.

28. 胡文发. 现代工程项目管理[M]. 上海：同济大学出版社，2007.

29. 吉多(Gido J)，(美)克莱门斯(Clements J P). 成功的项目管理(英文版)[M]. 北京：机械工业出版社，2002.

30. 吉多(Gido J)，(美)克莱门斯(Clements J P). 成功的项目管理. 金成等译. 北京：机械工业出版社. 1999.

31. 纪燕萍. 中外项目管理案例[M]. 北京：人民邮电出版社，2002.

32. 简德三. 项目管理[M]. 上海：上海财经大学出版社,2000.

33. （美）科兹纳（Kerzner H）. 项目管理的战略规则：项目管理成熟度模型的应用[M]. 张增华,吕义怀译. 北京：电子工业出版社,2002.

34. （美）克利兰（Cieland D）. 项目管理——战略设计与实施[M]. 杨爱华等译. 北京：机械工业出版社,2002.

35. 郎荣燊,刘荔娟. 现代项目管理学[M]. 天津：天津大学出版社,1996.

36. 雷俊卿,秦骧远. 土木工程项目管理手册[M]. 北京：人民交通出版社,1996.

37. 李慧民. 建筑工程经济与项目管理[M]. 北京：冶金工业出版社,2002.

38. 李慧民. 工程项目管理案例分析[M]. 北京：中国建筑工业出版社,2006.

39. 李建伟,徐伟. 土木工程项目管理[M]. 上海：同济大学出版社,2002.

40. 李丽著. 项目管理精要[M]. 广州：广东经济出版社,2002.

41. 李启明,陈以寿. 国际工程承包与项目管理[M]. 苏州：江苏科技出版社,1994.

42. 梁世连. 工程项目管理[M]. 北京：人民邮电出版社,2002.

43. 刘积仁等. 软件开发项目管理[M]. 北京：人民邮电出版社,2002.

44. 刘军,张振轩. 成功项目管理文案[M]. 北京：中国经济出版社,2002.

45. 刘哲. 当代康乐项目管理实务[M]. 北京：经济管理出版社,1999.

46. 卢有杰,卢家仪. 项目风险管理[M]. 北京：清华大学出版社,1998.

47. 鲁照旺. 采购法务与合同管理[M]. 北京：机械工业出版社,2008.

48. 陆海等. 项目管理全攻略[M]. 广州：广东世界图书出版公司,2002.

49. （英）马克·布朗. 成功的项目管理[M]. 杨卫东译. 上海：上海译文出版社,1994.

50. （美）曼特尔（Mantel S J）等. 项目管理实践[M]. 林树岚,邓士忠译. 北京：电子工业出版社,2002.

51. 戚安邦. 现代项目管理[M]. 北京：对外经济贸易大学出版社,2001.

52. 邱菀华等. 项目管理学——工程管理理论、方法与实践[M]. 北京：科学出版社,2001.

53. 《世界银行项目管理》编写组. 世界银行项目管理[M]. 北京：新华书店北京发行所发行,1983.

54. （美）施瓦尔贝（Schwalbe k）. IT 项目管理[M]. 王金玉等译. 北京：机械工业出版社,2001.

55. 舒森,方竹根. 项目管理精华读本[M]. 合肥：安徽人民出版社,2002.

56. 孙树栋. 机械工程项目管理[M]. 武汉：武汉理工大学出版社,2001.

57. 檀文茹,郝杰. 沟通和项目管理[M]. 北京：中国人民大学出版社,2002.

58. 田振郁. 工程项目管理实用手册[M]. 北京：中国建筑工业出版社,1991.

59. 王长峰,李英辉. IT 项目管理案例与分析[M]. 北京：机械工业出版社,2008.

60. 王定山. 企业与项目管理[M]. 北京：中国地质大学出版社,1996.

61. 王槐林. 采购管理与库存控制[M]. 北京：中国物资出版社,2002.

62. 王立文. 现代项目管理基础[M]. 北京：北京航空航天大学出版社,1997.

63. 王明远. 项目管理[M]. 北京：煤炭工业出版社,1993.

64. 王庆富. 项目管理实用手册[M]. 广州：南方日报出版社,2002.

65. 王守清. 计算机辅助建筑工程项目管理[M]. 北京：清华大学出版社,1996.

66. 王维才,戴淑芬,肖玉新. 投资项目可行性分析与项目管理[M]. 北京：冶金工业出版社,2000.

67. 王晓辰. 成功项目管理制度[M]. 北京：中国经济出版社,2002.

68. 王雪青. 国际工程项目管理[M]. 北京：中国建筑工业出版社,2000.

69. 王亚超.市场营销项目管理[M].北京：中国纺织出版社,2002.

70. 王英军.工程项目管理[M].北京：中国石化出版社,1996.

71. 王玉龙.建设工程项目管理大全[M].上海：同济大学出版社,1998.

72. 王忠宗.采购管理99招[M].广州：广东经济出版社,2001.

73. 王忠宗.采购管理手册[M].广州：广东经济出版社,2001.

74. 王卓甫,章志强.建设项目管理[M].开封：河南大学出版社,1996.

75. (美)威索基,(美)贝克,(美)克兰.有效的项目管理[M].第2版.李盛萍,常春译.北京：电子工业出版社,2002.

76. (美)韦如(Verzuh E).MBA实务——项目管理速成教材[M].邱琼译.海口：海南出版社,2002.

77. 魏方.工程项目法律与实务[M].北京：机械工业出版社,2008.

78. 魏连雨.建设项目管理[M].北京：中国建筑工业出版社,2000.

79. 乌云娜,孔晓.北京国际金融大厦的项目管理——一个成功的房地产开发项目[M].北京：中国水利水电出版社,1998.

80. 吴吉义,殷建民.信息系统项目管理案例分析教程[M].北京：机械工业出版社,2008.

81. 吴涛.建设工程项目管理规范实施手册[M].北京：中国建筑工业出版社,2002.

82. 吴之明,卢有杰.项目管理引论[M].北京：清华大学出版社,2000.

83. 吴之明.国际工程承包与建设项目管理[M].北京：中国电力出版社,1997.

84. 徐权光.现代项目管理制度与表格精选[M].北京：企业管理出版社,2002.

85. 许高峰.国际招投标[M].北京：人民交通出版社,2001.

86. 严鸿娟.成功的项目管理[M].长春：长春出版社,2001.

87. 严薇.土木工程项目管理与施工组织设计[M].北京：人民交通出版社,1999.

88. 阎文周.工程项目管理实务手册[M].北京：建筑工业出版社,2001.

89. 杨建基.国际工程项目管理[M].北京：水利水电出版社,1999.

90. 杨永英.施工企业项目管理[M].北京：中华工商联合出版社,1999.

91. 叶江迅.老李佳法——李嘉诚项目管理魔法[M].西安：陕西师范大学出版社,2001.

92. 叶守礼.国际投资项目管理理论与实务[M].上海：华东师范大学出版社,1994.

93. 易志云,高民杰.成功项目管理方法[M].北京：中国经济出版社,2002.

94. 尹贻林.工程项目管理学[M].天津：天津科学技术出版社,1997.

95. 殷焕武,王振林.项目管理导论[M].第2版.北京：机械工业出版社,2008.

96. 应试指导丛书编委会.Project 2000项目管理问题解答及操作指导[M].北京：机械工业出版社,2003.

97. 袁全超,刘卫东,李家瑛,刘海波.Microsoft Project——项目管理软件使用教程[M].北京：电子工业出版社,1993.

98. 张华镛等.投资项目管理[M].合肥：安徽教育出版社,1992.

99. 张金锁.工程项目管理学[M].北京：科学出版社,2000.

100. 张明等.投资项目评估与工程项目管理.北京：中国物价出版社,2001.

101. 张庆范,王长林,王宝义.建筑施工项目管理[M].哈尔滨：哈尔滨船舶工程学院出版社,1992.

102. 张竹君,方荷生,伍斌.外国投资项目管理[M].北京：中国财政经济出版社,1988.

103. 赵天银,刘安胜,詹汉生.建筑工程项目管理[M].北京：中国建筑工业出版社,1991.

104. 中国项目管理研究委员会.中国项目管理知识体系与国际项目管理专业资质认证标准［M］.北京：机械工业出版社,2002.

105. 周桂荣,惠恩才.成功项目管理模式［M］.北京：中国经济出版社,2002.

106. 周国强,林少培.工程项目管理的计算机方法［M］.上海：上海交通大学出版社,1990.

107. 周直主.工程项目管理［M］.北京：人民交通出版社,2002.

108. 朱嬿.计算机在施工项目管理中的应用［M］.北京：中国建筑工业出版社,1996.

109. John M NichoIas.面向商务和技术的项目管理［M］：原理与实践.第2版.北京：清华大学出版社,2001.

110. （印）Rejeev T Shandiilya.软件项目管理［M］.王克仁等译.北京：科学出版社,2002.

教师服务

感谢您选用清华大学出版社的教材！为了更好地服务教学，我们为授课教师提供本书的教学辅助资源，以及本学科重点教材信息。请您扫码获取。

≫ 教辅获取

本书教辅资源，授课教师扫码获取

≫ 样书赠送

管理科学与工程类重点教材，教师扫码获取样书

 清华大学出版社

E-mail: tupfuwu@163.com
电话: 010-83470332 / 83470142
地址: 北京市海淀区双清路学研大厦 B 座 509

网址: http://www.tup.com.cn/
传真: 8610-83470107
邮编: 100084

　　为更好地服务于教学，本书配套提供智能化的数字教学平台——智学苑（www.izhixue.cn），使用清华大学出版社教材的师生可以在全球领先的教学平台上顺利开展教学活动。

为教师提供

- 通过学科知识点体系有机整合的碎片化的多媒体教学资源——教学内容创新；
- 可画重点、做标注、跨终端无缝切换的新一代电子教材——深度学习模式；
- 学生学习情况的自动统计分析数据——个性化教学；
- 作业和习题的自动组卷和自动评判——减轻教学负担；
- 课程、学科论坛上的答疑讨论功能——教学互动；
- 群发通知、催交作业、调整作业时间、查看作业详情、发布学生答案等课程管理功能——SPOC实践。

为学生提供

- 方便快捷的课程复习功能——及时巩固所学知识；
- 个性化的学习数据统计分析和激励机制——精准的自我评估；
- 智能题库和详细的习题解答——个性化学习的全过程在线辅导；
- 收藏习题功能（错题本）、在线笔记和画重点等功能——高效的考前复习。

⊅ 我是教师

● 建立属于我的在线课程！

注册教师账号并登录，在"添加教材"处输入本书附带的教材序列号（见封底），激活成功后即可建立包含该教材全套资源的在线课程。

⊅ 我是学生

● 加入教材作者的在线课程！

注册学生账号并登录，在"加入新课程"处输入课程编号 XMG-ZXY-0001 和报名密码 123456，同时输入本书附带的教材序列号（见封底），即可加入教材作者的在线课程。

● 加入任课教师的在线课程！

注册学生账号并登录，在"加入新课程"处输入课程编号和报名密码（请向您的任课教师索取），同时输入本书附带的教材序列号（见封底），即可加入该教师的在线课程。

建议浏览器：　 Google Chrome　 Firefox　 IE9.0

如有疑问，请联系 service@izhixue.cc
或加入清华教学服务群 213172117